中国改革开放30年丛书

SERIES OF CHINA'S REFORM AND OPENING-UP FOR THE PAST 30 YEARS

聂振邦 主编

郄建伟　任正晓　张桂凤　杨　兵　曾丽瑛　副主编

# 中国粮食流通体制改革30年(1978～2008)

30 Years Of Grain Distribution System Reform In China

经济管理出版社
ECONOMY & MANAGEMENT PUBLISHING HOUSE

**图书在版编目（CIP）数据**

中国粮食流通体制改革 30 年：1978~2008/聂振邦主编. —北京：经济管理出版社，2009.7

ISBN 978-7-5096-0633-9

Ⅰ. 中… Ⅱ. 聂… Ⅲ. 粮食—商品流通—经济体制改革—研究—中国 Ⅳ. F724.721

中国版本图书馆 CIP 数据核字（2009）第 078408 号

出版发行：经济管理出版社
北京市海淀区北蜂窝 8 号中雅大厦 11 层
电话:(010)51915602　　邮编:100038

印刷：北京交通印务实业公司　　经销：新华书店

责任编辑：申桂萍　孙　宇
技术编辑：黄　铄
责任校对：陈　颖

787mm×1092mm/16　　32.75 印张　　545 千字
2009 年 7 月第 1 版　　2009 年 7 月第 1 次印刷

定价：88.00 元

书号：ISBN 978-7-5096-0633-9

谨以此书

向中华人民共和国成立六十周年献礼

# 序 言

仓廪实而知礼节，衣食足而知荣辱。对于一个拥有13亿多人口的发展中大国来说，粮食始终是经济发展、社会稳定和国家安全的基础。党中央、国务院历来高度重视粮食工作。改革开放30年来，各地区、各部门认真贯彻落实中央关于粮食工作的方针政策，积极稳妥地推进粮食流通体制改革，大力促进现代粮食流通产业发展，保障了国家粮食安全，为国民经济平稳较快发展做出了重要贡献。

30年来，我国粮食流通体制经历了统购统销、购销价格“双轨制”、“放开销区、保护产区”和全面放开粮食购销市场等几个主要阶段，目前已基本建立起适应社会主义市场经济发展要求和符合我国国情粮情，在国家宏观调控下充分发挥市场机制配置粮食资源基础性作用，确保国家粮食安全的新的粮食流通体制。国家粮食宏观调控能力不断增强，初步实现了粮食管理体制从过去高度集中的计划管理向国家宏观调控下的粮食省长负责制的转变，保证了粮食市场供应，维护了粮价基本稳定。国有粮食购销企业改革不断深化，从过去“计划主渠道”向“市场主渠道”的转变，保护了种粮农民利益，搞活了粮食流通。粮油政策法规体系逐步健全，粮食流通管理手段从过去的行政手段直接管理国有粮食企业向依法管理全社会粮食流通的转变，保证了储备粮油等政策性粮油存储安全，维护了正常粮食流通秩序。粮食流通体系建设逐步加强，粮食流通发展方式从传统的粮食流通产业向现代粮食流通产业的转变，提高了粮食宏观调控的能力，夯实了确保国家粮食安全的基础。粮食流通对生产的引导作用逐步增强，初步建立起了保护和调动地方抓粮、农民种粮的体制机制，促进了粮食生产的稳定发展，较好地满足了城乡居民日益增长的粮油食品消费需要。

30年来，粮食流通体制改革走过了不平凡的历程，取得了不平凡的成就，积累了丰富的经验，为我们在新的历史起点上进一步深化改革、促进发展、保障安全提供了重要的启示。一是必须以科学发展观为指导，坚持解放思想、实事求是、与时俱进，处理好大胆探索与稳步推进的关系，积极稳妥地推进粮食流通体制改革不断深化。二是必须坚持粮食购销市场化取向，处理好放开市场与加强调控监管的关系，建立健全在国家宏观调控下充分发挥市场配置粮食资源基础性作用的体制机制。三是必须坚持发挥国有粮食企业主渠道作用和粮食市场主体多元化，处理好“主渠道”与“多渠道”的关系，形成主渠道保稳定、多渠道活流通的粮食流通新格局。四是必须坚持立足国内保障粮食基本自给，处理好国际国内两个市场、两种资源的关系，采取有效措施保障国内粮食供求总量与品种结构的基本平衡。五是必须坚持为耕者谋利、为食者造福的理念，积极发挥粮食流通对生产和消费的引导作用，始终把保护种粮农民利益和确保国家粮食安全作为改革发展的出发点和落脚点。六是必须坚持国家宏观调控下的粮食省长负责制，充分发挥中央和地方两个积极性，健全和深化各地区承担国家粮食安全责任的体制机制。

在充分肯定成就的同时，也要清醒地认识到改革和发展中还存在一些矛盾和问题。当前比较突出的有：一是国有粮食企业历史包袱还未完全解决，国有粮食购销企业产权制度改革还没有完全到位，发挥主渠道作用缺少必要的政策支撑，多渠道作用的发挥也需要统筹兼顾。二是充分发挥市场机制配置资源的基础性作用，市场形成粮食价格机制还需要进一步完善。三是种粮收益和比较效益还有待提高，部分地区地方政府实施粮食调控的手段和动力不足，促进地方抓粮、农民种粮的粮食支持保护政策有待进一步完善。四是符合社会主义市场经济发展要求的粮食市场主体发育不够，大多数粮食企业规模小，经营方式还比较传统、粗放，企业与农民之间还没有形成有效的利益联结机制，粮食产业化经营水平不高，与外商投资企业相比，国内粮食企业的市场竞争力较弱。五是现代粮食流通产业发展步伐亟待加快，粮食宏观调控的体制机制需要进一步健全，粮食市场体系、粮食物流体系、粮食监管体系以及粮食法制建设都还需要进一步加强。

党的十七大以来，中央对确保国家粮食安全作出了一系列重要部署，把确保国家粮食安全写入了党的重要文献，十七届三中全会把完善粮食支持保护制度、确保国家粮食安全作为推进农村改革发展的重要内容，为我们在新的历史起点上，按照全面贯彻落实科学发展观的要求，继续深化粮食流通体制改革，积极推进现代粮食流通产业发展，加快构建供给稳定、储备充足、调控有力、运转高效的粮食安全保障体系，确保国家粮食安全，指明了方向，明确了目标。我们要坚持以体制创新和机制创新为动力，以科技创新和管理创新为支撑，以市场化和产业化为重点，统筹各方面利益关系，充分发挥各方面的积极性，加快健全“四个体系”，即加快健全以粮食生产稳定发展为基础，中央和省级粮食储备为依托，国有粮食企业为主渠道、多元市场主体共同发展，粮食应急供应系统为保障的粮食宏观调控体系；加快健全以粮食收购、零售市场为基础，国家粮食交易中心和重点粮食批发市场为骨干，粮食期货市场为先导的统一开放、竞争有序的现代粮食市场体系；加快健全以优势企业为龙头，现代粮食物流和加工业为依托，科技为支撑的粮食产业化体系；加快健全以粮食法律法规为依据，库存监管为主线，质量安全为重点的面向全社会的粮食流通行政执法监督保障体系。

以史为鉴，面向未来。系统回顾总结改革开放30年来粮食流通体制改革和现代粮食流通产业发展的光辉历程、伟大成就和宝贵经验，分析当前面临的形势，有利于我们客观评价工作成绩，明确今后的工作任务，以昂扬的工作状态，进一步推动粮食流通科学发展。当前，国际国内经济形势错综复杂，更加需要在总结历史经验的基础上，进一步完善体制机制，推动科学发展，为确保国家粮食安全、促进经济平稳较快发展作出新的更大的贡献。为此，国家粮食局在改革开放30周年之际组织编写本书，并撰写了总论，收录了“‘国粮杯’粮食流通体制改革与现代粮食流通产业发展”征文活动中的部分优秀作品。本书既有理论研究又有实践总结，无论是对粮食理论工作者，还是对粮食实际工作者，抑或是对关心粮食工作的人士，都不无裨益。

谨以此书纪念改革开放30周年，向国庆60周年献礼！

聂振邦

国家粮食局局长、党组书记

2009年1月

# 目　录

## 调控监管篇



## 产业发展篇

# 总　论

国以民为本，民以食为天。粮食问题是关系国计民生的重大战略问题，党和政府历来高度重视。改革开放以来，为从根本上解决人民的吃饭问题，党中央、国务院从保障国家粮食安全、深化经济体制改革的全局高度，把粮食流通体制改革作为一项大事来抓，作出一系列重大决策。各地区、各部门认真贯彻落实中央的决策，以市场化为取向的粮食流通体制改革在探索中不断前进，从缩小粮食计划管理范围、扩大市场调节比重，到全面放开粮食购销市场，在国家宏观调控下充分发挥市场机制在粮食资源配置中的基础性作用，逐步实现粮食购销市场化、市场主体多元化，初步建立起符合我国国情粮情、适应社会主义市场经济发展要求的粮食流通体制，为保护种粮农民利益、促进粮食生产稳定发展、保障国家粮食安全，发挥了十分重要的作用。

## 一、改革历程

从我国基本国情、粮情出发，解放思想，以人为本，革故鼎新，建立和完善中国特色的粮食流通体制，是粮食流通体制改革 30 年的辉煌写照。30 年来，根据经济社会发展的需要和粮食供求形势的变化，国家适时调整粮食购销政策，完善体制机制，推动粮食流通体制改革沿着正确的方向稳步前进。

**第一步：提高粮食统购价格，恢复粮食集市贸易（1979~1981 年）**

新中国成立初期国民经济恢复阶段的 1950~1953 年，国家实行国营商业领导下的粮食自由购销。从 1953 年开始，国家开展大规模经济建设，粮食收支难以平衡，国家对粮食实行统购统销。1978 年党的十一届三中全会后，开始改变高度集中的计划经济体制，在粮食问题上坚持立足国内、自力更生、发展生产、厉行节约的方针，坚持统购统销的粮食购销体制和“统一领导，分级管理”的粮食管理体制。从1979年开始，大幅度提高粮食统购价格和超购加价幅度，调减粮食征购基数，开展粮食议购议销，恢复粮食集市贸易，逐步放宽农村政策，调动农民生产粮食的积极性，为粮食流通体制改革作了物质上和思想上的准备。

**第二步：实行征购、销售、调拨包干，允许多渠道经营（1982~1984年）**

为继续稳定农民负担、促进农业生产发展，促进各级政府搞好粮食供求平衡，发挥中央、地方和粮食部门的积极性，国务院决定从1982年粮食年度起，对各省（区、市）实行“粮食征购、销售、调拨包干一定三年”的粮食管理办法。在完成国家粮食征超购任务后，积极开展粮食议购议销，调剂余缺。粮食包干以后，实行中央和省（区、市）两级管理粮食的办法，国家储备、中央直接掌握的周转库存、省间调拨、归中央支配的议价转平价粮、军粮、棉糖奖售粮、进口和出口，由中央统一管理；粮食征购、销售、定额周转库存、议价粮库存、代队储备，由省（区、市）统一管理。根据粮食包干办法和当时“分灶吃饭”的财政体制，粮食财务仍由中央粮食管理部门和省（区、市）两级管理。

1983年初，根据《中共中央关于当前农村经济政策的若干问题的通知》精神，农村家庭联产承包责任制的推行，打破了我国农业生产长期停滞不前的局面，促进农业从自给半自给经济向较大规模的商品生产转化。这一年，经国务院同意，在完成粮油统购任务后实行多渠道经营，国营粮食商业是粮食多渠道经营中的主渠道，积极开展议购议销业务，参与市场调节。供销社和农村其他合作商业组织可以灵活购销，农民私人也可以经营。

这一步粮食流通体制改革坚持计划经济为主、市场调节为辅的原则，在延续以固定征购基数和低于市场价格的统购价为特征的统购统销政策的前提下，对各地实行购销调拨包干，允许多渠道经营进行市场调节。农村家庭联产承包责任制的实行和粮食流通体制改革的推进，带来了农业生产力的解放和粮食生产的跨越发展，粮食连续丰收，并于1984年首次出现农民“卖粮难”。

**第三步：取消粮食统购，实行合同定购（1985~1992年）**

1984年10月，党的十二届三中全会通过的《中共中央关于经济体制改革的决定》，提出社会主义经济是有计划的商品经济的重要论断。1985年，针对当时实行粮食统购统销，粮食产量增加，但质量、品种不适应市场需求，农民“卖粮难”，影响粮食生产发展和农民收益提高等问题，党中央、国务院决定取消粮食统购，实行合同定购，同时调整农村粮油购销价格，改变农村粮油购销倒挂的状况。实行合同定购的品种是小麦、稻谷、玉米和辽宁、吉林、黑龙江、内蒙古、安徽、河南的大豆，定购以外的粮食自由购销。合同定购粮食计划由国家确定，各省（区、市）按照国家确定的合同定购计划，合理安排分品种的定购数量，逐级下达，通过同农民签订合同予以落实。各地落实合同定购计划时，从有利于调整农村产业结构出发，根据不同情况区别对待，重点放在适宜种粮、提供商品粮较多的地区，以保护粮农的生产积极性。取消粮食统购、实行合同定购，标志着实行了 32 年的统购统销制度开始逐步退出历史舞台。此后，国家数次调整粮食合同定购任务，逐步缩小计划调节范围，扩大市场调节范围；提高粮油合同定购价格和统销价格，使粮油定购价逐步接近市场价，逐步改变粮食购销价格倒挂状况；充实粮油合同定购的经济内容，实行粮食合同定购与供应化肥、柴油和发放预购定金“三挂钩”，以增加农民收入，调动农民种粮积极性。

1990 年，针对当时一些主产区出现农民“卖粮难”、粮食部门储粮难、产区和销区之间调销不畅的现象，国务院决定在完成国家粮食定购任务、敞开收购议价粮的基础上，建立国家专项粮食储备制度，成立国家粮食储备局负责管理国家粮食储备，各省（区、市）也逐步建立地方粮食储备，以保护农民粮食生产积极性，防备灾荒，调剂余缺，增强宏观调控能力，保证粮食市场供应和粮价基本稳定。同时，逐步建立粮食批发市场，开展有组织的余缺调剂，搞活粮食流通。1991 年、1992 年，国家先后多次对粮食统销价格和定购价格进行了调整。

这一步粮食流通体制改革坚持计划经济与市场调节相结合，其主要特征是实行粮食经营和价格“双轨制”。

**第四步：放开粮食价格和经营，积极探索粮食购销市场化的改革路子（1993~1995 年）**

1992 年，邓小平同志南巡谈话和党的十四大提出建立社会主义市场经济体制的总目标，党的十四届三中全会通过《中共中央关于建立社会主义市场经济体制若干问题的决定》，推动粮食流通体制改革加快步伐。1993 年，国务院决定在国家宏观调控下积极稳妥地放开粮食价格和经营，实行“保量放价”，即保留粮食定购数量，价格随行就市，继续实行和改进粮食定购“三挂钩”政策，取消国家食油收购计划和食油定量供应政策，取消食油指令性调拨计划。同时，建立粮食收购保护价格制度和粮食风险基金制度，保护价的制定以弥补生产成本并有适当利润，有利于优化品种结构，并考虑国家财政承受能力为原则。随着国家财力的增强，逐步提高保护价格水平，在条件具备时向支持性价格过渡。保护价的实施范围限于原国家定购和专项储备的粮食。

1993 年末，粮食品种结构不能满足消费需求，粮价上升较快，市场供应一度比较紧张。为加强国家和地方政府对粮油市场的宏观调控，1994 年，国务院批准了财政部、国家计委、国家经贸委、内贸部、农业部、国家粮食储备局六部门提出的《粮食风险基金实施意见》；组建了以经营农产品收购资金为主的农业政策性金融机构——中国农业发展银行；国务院发出深化粮食购销体制改革的通知，决定提高粮食定购价格，要求切实做好粮食收购工作，确保国家掌握必要的粮源，建立健全粮食储备调节体系和灵活的粮食吞吐调节机制，组织好产区和销区的购销衔接，建立两条线运行机制，深化粮食企业改革，充分发挥粮食部门主渠道作用，并提出了中央统一领导、地方分级负责的粮食管理原则和省、自治区、直辖市政府领导负责制。1995 年，国务院又进一步强调坚持和完善省长、自治区主席、直辖市市长负责制，明确划分中央和地方粮食事权，搞好两级总量平衡；将粮食部门政策性业务和商业性经营分开，实行两条线运行，并建立精干、高效、责权统一的中央粮食调节管理系统。

这一步粮食流通体制改革是在建立社会主义市场经济体制的大背景下进行的，长达 40 年的粮食统购统销制度彻底结束，从 1955 年开始发行给无数中国人留下难忘记忆的粮票进入收藏市场，并对全面放开粮食购销市场，在粮食歉收情况下加强粮食宏观调控，进行了探索和尝试。

**第五步：确定“四分开一完善”的改革原则，推行“三项政策一项改革”措施（1996~2000 年）**

1996 年，中央决定从当年新粮上市起进一步提高粮食定购价格，调动农民粮食生产积极性，当年我国粮食产量首次突破 1 万亿斤大关，粮食供给形势明显好转。但粮食系统销售下降，导致经营性亏损猛增，粮食财务挂账日趋增多，给各级财政、银行造成很大负担；省际间调销不畅，有的粮食企业停止议价粮收购，部分地区出现粮食市场价低于定购价的趋势；粮食收购资金被挤占挪用现象相当严重，调销资金回笼缓慢，影响收购资金周转。针对这些情况，国务院决定要按照政企分开、储备和经营分开、中央与地方责任分开、新老财务挂账分开和完善粮食价格机制的原则，进一步深化粮食流通体制改革。1997 年，为切实保证农民增产增收、保护农民生产积极性，国务院决定，在粮食丰收情况下，要按保护价敞开收购农民余粮，加强粮食市场管理，严格执行国家粮食销售价格政策。

在党中央、国务院一系列政策措施作用下，粮食生产迈上新的台阶，粮食流通体制改革取得了一定进展，但粮食流通体制仍然没有摆脱“大锅饭”的模式，不适应社会主义市场经济的要求。“不改革，中央和地方的责权关系不清，中央财政不堪重负；不改革，国有粮食企业就难以扭转亏损，不能担当粮食流通主渠道的重任；不改革，不利于保护农民的生产积极性，必将影响粮食生产的持续稳定增长。”按照党的十五大提出的目标和要求，1998 年中央 1 号文件进一步明确了“四分开一完善”（即政企分开、中央与地方责任分开、储备与经营分开、新老粮食财务挂账分开和完善粮食价格机制）的改革原则。同年 5 月，国务院作出进一步深化粮食流通体制改革的决定，按照“四分开一完善”的原则，转换粮食企业经营机制，实行政企分开；合理划分中央和地方的粮食事权，全面落实粮食省长负责制；完善粮食储备体系，实行储备和经营分开；建立和完善政府调控下市场形成粮食价格的机制；积极培育粮食市场，促进粮食有序流通；妥善解决粮食财务挂账，改进资金管理办法。同时，经国务院批准，国务院有关部门制定了关于完善粮食风险基金管理的办法、关于完善粮食价格形成机制的意见、关于实施粮食企业附营业务与收储业务分离的方案、关于做好国有粮食企业减员分流工作的意见、关于清理消化国有粮食企业新增财务挂账和其他不合理占用贷款的办法、关于划转中央直属粮食储备库（站）的有关规定等六个配套文件。

根据国务院领导调查各地粮食工作后的指示，同年国务院办公厅发出进一步做好粮食购销和价格管理工作的补充通知，强调粮食流通体制改革工作重点是坚决贯彻敞开收购、顺价销售、收购资金封闭运行三项政策，加快国有粮食企业自身改革，提高市场竞争力。1998 年 6 月、8 月，国务院先后发布《粮食收购条例》、《粮食购销违法行为处罚办法》。同年 10 月召开的党的十五届三中全会通过的《中共中央关于农业和农村工作若干重大问题的决定》进一步强调，各地和有关部门要按照中央的部署，统一认识，坚决贯彻按保护价敞开收购农民余粮、粮食收储企业实行顺价销售和粮食收购资金封闭运行三项政策，加快国有粮食企业自身改革，确立自主经营、自负盈亏的新机制，确保粮食流通体制改革顺利实施，达到预期目标。同年 11 月，国务院印发当前推进粮食流通体制改革的意见，对落实“三项政策、一项改革”作了进一步部署。为应对亚洲金融危机，确保按保护价敞开收购农民余粮政策的落实，国务院还决定利用国债资金进行大规模的粮库建设。

1999年，针对我国粮食已由长期短缺变成总量大体平衡、丰年有余，粮食生产结构性矛盾日益突出，优质品种相对不足，一些粮食品种销售不畅，库存大量积压，而农民仍在继续大量生产；按保护价收购的范围偏大，影响粮食生产结构调整和效益提高；粮食超储补贴办法不尽合理，导致一些国有粮食企业不积极销售、坐拿超储补贴，财政补贴负担过重的状况，国务院决定进一步完善粮食流通体制改革政策措施，在继续坚定不移地贯彻“三项政策、一项改革”的基础上，适当调整粮食保护价收购范围，降低粮食收购价格水平，完善粮食超储补贴办法，促进顺价销售。为深化粮食流通体制改革，完善中央储备粮经营管理体制，国务院决定调整中央储备粮管理机构，将原国家粮食储备局改为国家粮食局，负责全国粮食流通宏观调控的具体业务、行业指导和中央储备粮行政管理；同时组建中国储备粮管理总公司，负责中央储备粮的经营管理。2000年，为促进农业和粮食生产结构调整，经国务院同意，退出保护价收购的粮食品种范围进一步扩大，粮食收购渠道拓宽。

这一步粮食流通体制改革是在我国粮食连年丰收的背景下进行的，坚持了市场化取向，对粮食丰收情况下保护农民粮食生产积极性，加强粮食宏观调控，促进粮食生产结构调整，进行了探索和尝试。

**第六步：放开销区，保护产区（2001~2003年）**

2001年，我国加入世界贸易组织，对深化改革、扩大开放产生广泛而深刻的影响。特别是经过1998年以来的改革，粮食收购渠道逐步拓宽，粮食流通体制发生了很大变化。针对我国社会主义市场经济体制初步建立，粮食生产和流通形势的变化，以及加入世界贸易组织给粮食产销带来的机遇与挑战，2001年7月，国务院下发了进一步深化粮食流通体制改革的意见，要求主销区加快粮食购销市场化改革，放开粮食收购，粮食价格由市场供求形成；完善国家储备粮垂直管理体系，适当扩大中央储备粮规模，增强国家宏观调控能力；中央财政将粮食风险基金补贴完全包干给地方，真正建立起粮食生产和流通的省长负责制；粮食主产区继续发展粮食生产，在继续实行“三项政策、一项改革”的前提下，赋予省级人民政府自主决策的权力，切实保护农民种粮积极性；加快国有粮食购销企业改革，切实做到自主经营、自负盈亏。同月底召开的全国粮食工作会议进一步确定了“放开销区、保护产区、省长负责、加强调控”的改革思路。

北京、天津、上海、江苏、浙江、福建、广东、海南8个粮食主销省（市）率先放开了粮食购销市场。粮食主产区在继续坚持按保护价敞开收购农民余粮政策的同时，按照粮食省长负责制的要求，进行了粮食购销市场化改革的尝试和探索，如安徽、湖南、湖北、内蒙古、新疆5个省（区）全面放开粮食收购市场和价格，在全省范围或省内部分地区对农民实行直接补贴试点；河北、河南、吉林、辽宁、江西5个省在坚持保护价制度的同时，在省内部分地区实行对农民直接补贴或价内补贴，在实行直接补贴的地区放开粮食收购市场和价格；黑龙江、山东、四川、陕西4个省缩小保护价收购范围，放开省内部分非主产区的粮食收购市场和价格。产销平衡区的广西、重庆、云南、贵州、青海5个省（区、市）也实行了粮食购销市场化改革。

为加强对中央储备粮的管理，保证中央储备粮数量真实、质量良好和储存安全，保护农民利益，维护粮食市场稳定，有效发挥中央储备粮在国家宏观调控中的作用，2003年8月，国务院颁布《中央储备粮管理条例》。

这一步粮食流通体制改革，为在全国全面放开粮食购销市场积累了经验，创造了条件。

**第七步：全面放开粮食购销市场和价格，实现粮食购销市场化（2004年以后）**

2003年党的十六届三中全会通过《中共中央关于完善社会主义市场经济体制的决定》，标志着我国社会主义市场经济体制从建立走向完善。随着国民经济市场化程度的提高，粮食流通体制改革的深入和农村税费改革的全面实行，进一步推进粮食购销市场化改革的条件基本具备。2004年5月，国务院出台《关于进一步深化粮食流通体制改革的意见》（即粮食流通体制改革的总体方案），决定在总结经验、完善政策的基础上，按照有利于粮食生产、有利于种粮农民增收、有利于粮食市场稳定、有利于国家粮食安全的原则，全面放开粮食收购市场。提出深化粮食流通体制改革的总体目标是：在国家宏观调控下，充分发挥市场机制在配置粮食资源中的基础性作用，实现粮食购销市场化和市场主体多元化；建立对种粮农民直接补贴的机制，保护粮食主产区和种粮农民的利益，加强粮食综合生产能力建设；深化国有粮食购销企业改革，切实转换经营机制，发挥国有粮食购销企业的主渠道作用；加强粮食市场管理，维护粮食正常流通秩序；加强粮食工作省长负责制，建立健全适应社会主义市场经济发展要求和符合我国国情的粮食流通体制，确保国家粮食安全。深化粮食流通体制改革的基本思路是：放开收购市场，直接补贴粮农，转换企业机制，维护市场秩序，加强宏观调控。深化粮食流通体制改革的步骤和要求是：全面规划，分步实施，因地制宜，分别决策，加强领导，落实责任。同时，颁布施行《粮食流通管理条例》，依法规范粮食经营者和市场监管者的行为，维护正常的流通秩序。

2006年，为妥善解决改革中出现的新问题，以科学发展观为统领，坚持既定的粮食流通体制改革总体目标和基本思路，国务院下发了《关于完善粮食流通体制改革政策措施的意见》，从规范政府调控与企业经营关系、加快国有粮食购销企业组织结构创新、发展粮食产业化经营、解决国有粮食企业历史包袱、培育和规范粮食市场、建立产销区之间利益协调机制、完善最低收购价政策和直接补贴政策、健全粮食宏观调控体系等方面，进一步完善政策措施，健全体制机制，保证粮食流通体制改革的顺利推进。

这一步粮食流通体制改革，从真正意义上全面放开粮食购销市场和价格，标志着粮食流通体制完全迈上社会主义市场经济的轨道。

## 二、辉煌成就

30年弹指一挥间，大地沧桑巨变。30年的改革开放，带来了粮食流通体制从计划经济体制到社会主义市场经济体制的历史性变化，实现了粮食供给由长期短缺到总量基本平衡、丰年有余的历史性转变，创造了用占世界9%的耕地养活20%人口的伟大奇迹。

### （一）粮食购销市场全面放开，实现了粮食购销体制从过去统购统销到粮食购销市场化的根本性转变

从统购统销到合同定购，从购销、价格“双轨制”到“放开收购市场，直接补贴粮农，转换企业机制，维护市场秩序，加强宏观调控”，粮食购销体制发生了根本性变化，在日益发挥市场配置粮食资源基础性作用的同时，促进粮食生产，引导粮食消费，维护了国家粮食安全。一是形成了国有粮食企业为主渠道、市场主体多元化的新格局。据统计，截至2008年底，全国各类取得粮食收购资格的市场主体达到77498户，其中多元主体占到75%左

右。2008年全国各类粮食企业累计收购粮食29180万吨，其中国有粮食企业收购17035万吨，其他多元主体收购12145万吨，分别占总收购量的58.4%和41.6%。二是粮食市场体系逐步健全。在积极培育和发展各类市场主体的同时，目前全国已形成由20家国家粮食交易中心、533家区域性粮食批发市场、遍布城乡的集贸市场、期货市场以及国家粮食竞价交易系统等构成的统一开放、竞争有序的市场体系。三是粮食价格形成机制逐步完善。正常情况下，粮食价格主要由市场供求形成，各类粮食市场主体随行就市收购、销售粮食。开通全国粮油市场信息系统，建立全国主要粮食品种市场行情和价格监测体系。为保护种粮农民利益和种粮积极性，稳定市场粮价，国家通过对重点地区、重点粮食品种实行最低收购价政策和粮食储备吞吐调节等手段，及时加强对市场的调控，保证国内粮食市场和价格基本稳定，保护了粮食生产者和消费者利益。四是对种粮农民直接补贴机制初步建立。为保护种粮农民利益，从粮食风险基金中安排一半以上资金用于对种粮农民直接补贴，实现了对农民“取”向“予”的重大转变。2008年对种粮农民直接补贴资金达到151亿元。广西、福建、浙江等省（区）通过直接补贴与储备粮订单收购挂钩，充分发挥了直接补贴对调动农民种粮积极性的重要作用，促进了粮食生产稳定发展。

**（二）粮食宏观调控能力不断增强，初步实现了粮食管理体制从过去高度集中的计划管理向国家宏观调控下的粮食省长负责制的转变**

从国家统一管理，到购销调拨包干，逐步发展到国家宏观调控下的粮食省长负责制，粮食管理体制发生了深刻变革。一是合理划分中央和地方粮食管理事权，发挥中央和地方两个积极性。中央政府主要负责制定粮食流通的中长期规划、搞好全国粮食总量平衡、确定粮食购销和价格政策、管理中央储备粮和粮食进出口以及应对全国性粮食市场波动等宏观调控，支持主产区粮食生产；省级政府对本区域粮食生产、流通和安全全面负责。二是逐步健全粮食储备体系，夯实粮食宏观调控的物质基础。1990年，国家建立专项粮食储备制度，此后不断增加中央储备规模，逐步调整储备粮布局，并建立中央储备粮垂直管理体制，加强对中央储备粮的管理，确保中央储备粮数量真实、质量良好、储存安全，确保需要时调得动、用得上。同时，各地按照粮食省长负责制的要求，建立和充实了地方粮食储备。我国粮食库存消费比例大大高于国际公认的安全线，为国家宏观调控提供了雄厚的物质基础。

1998年发生特大水灾、历次粮油价格较大幅度上涨，以及2008年抗冰雪灾害、四川汶川特大地震时，中央和地方都及时动用储备粮油，为应对自然灾害和突发事件、保障军需民食、平抑市场粮价、促进粮食生产、确保粮食安全发挥了重要作用。三是利用国际国内两个市场、两种资源，调剂国内粮食供求余缺。在中央确定的深化粮食流通体制改革等一系列强农惠农政策作用下，我国粮食生产稳步发展，小麦、稻谷、玉米三大谷物品种实现产需基本平衡或略有结余，1998~2007年，我国共出口谷物10635万吨，年均净出口谷物664万吨，其中小麦、大米、玉米三大品种年均净出口达817万吨。由于近几年大豆需求增长较快，产需缺口逐年扩大，大豆进口量不断增加，但谷物继续保持净出口态势。

**（三）国有粮食购销企业改革不断深化，初步实现了国有粮食购销企业从“计划主渠道”向“市场主渠道”的转变**

统购统销时期，国有粮食购销企业接受粮食行政管理部门的购销调拨指令，按国家计划收购、销售和调拨粮食。购销、价格“双轨制”时期，国有粮食购销企业仍由粮食行政管理部门直接管理，承担了部分政府职能，发挥着“计划主渠道”作用。全面放开粮食购销市场后，粮食行政管理部门切实转变职能，与粮食企业“人、财、物”完全分开。国有粮食企业通过战略性改组，调整产权结构，转换经营机制，基本解除“三老”（老人、老粮、老账）历史包袱，建立现代企业制度，成为自主经营、自负盈亏、自我发展的市场主体，活力明显增强。截至2008年11月底，全国国有粮食企业总数18989个，与1998年比减少34251个，减幅为64.3%。全国国有粮食企业职工总数69.9万人，与1998年比减少260.7万人，减幅为78.9%。安置分流职工再就业131.4万人，占全部分流职工数的50.4%。在粮食购销市场全面放开的新形势下，国有粮食企业继续发挥在粮食流通和宏观调控中的主渠道作用，同时企业经济效益不断提高，2007年国有粮食购销企业实现了自1961年来的首次盈利。据统计，2008年全行业国有粮食企业统算盈利21.3亿元，北京、天津、吉林、上海、江苏、浙江、安徽、福建、江西、山东、河南、湖北、湖南、广东、四川、云南、陕西、青海、新疆19个省（区、市）及新疆生产建设兵团实现了统算盈利。河北、广西、海南等省（区）国有粮食购销企业实现了统算盈利。

**（四）粮油政策法规体系逐步健全，初步实现了粮食流通管理手段从过去的行政手段直接管理国有粮食企业向依法管理全社会粮食流通的转变**

长期以来，国家对粮食流通的管理，主要依靠行政手段直接管理国有粮食购销企业。2003 年、2004 年，国务院先后颁布《中央储备粮管理条例》、《粮食流通管理条例》。在此基础上，国家有关部门先后制定实施了《粮食流通监督检查暂行办法》、《粮食库存检查暂行办法》、《中央储备粮代储资格认定办法》、《粮食收购资格审核管理暂行办法》、《粮食质量监管实施办法》、《陈化粮食处理若干规定》、《国家粮食应急预案》等一系列配套行政规章制度，全国有 29 个省（区、市）和 80%以上的地（市）、70%的县级粮食部门设立了粮食监督检查机构；优化粮油产品国家标准，建立了粮油质量标准体系，粮油产品质量安全限量标准和检验方法标准与国际标准和发达国家标准基本一致，在全国设立专业粮油质量检验机构 889 个，保障粮油产品消费安全。我国粮食流通、粮食应急和粮油质量管理逐步走上法制化、规范化、科学化的轨道。

**（五）粮食流通体系建设逐步加强，初步实现了粮食流通发展方式从传统的粮食流通业向现代粮食流通产业的转变**

经过改革开放 30 年特别是“九五”以来的建设和发展，粮食流通呈现崭新面貌和良好发展态势。一是初步形成了比较合理的现代粮食仓储体系和物流体系。目前，全国粮食总仓容增加到 3.2 亿吨，其中 1979 年之后建成近 2.4 亿吨，约占 83%。粮食现代物流体系建设实现了从单纯依靠政府投资向多元化投资模式的转变，建设了辽宁大连北良、营口、锦州，广东新沙港、东莞，上海民生港、江苏张家港、浙江舟山等重要粮食物流枢纽。二是粮食科技创新能力显著增强。开发出 20 多项粮食“四散”（散装、散运、散卸、散存）储运新技术新设备，粮食散储比例由 1978 年的 70%上升到 2007 年底的 80%，大中型粮库基本实现机械化作业；建立了粮食仓储技术标准体系，开发出 75 项具有自主知识产权的粮食储藏安全保障及快速检测关键技术设备，机械通风、计算机粮情检测、环流熏蒸、谷物冷却等储粮新技术得到广泛应用。三是农村粮食产后安全保障工程建设得到加强。启动国家“十一五”科技支撑计划“粮食科技丰产工程”产后减损项目，与 12 个粮食主产省签订建立农户储粮示范点合同，推广适合不同区域、不同品种的农户储粮技术和装具，深受广大农户的欢迎和好评。利用国家预算内专项资金，在四川、山东、辽宁 3 省启动农户科学储粮试点，配置标准化储粮装具，推广普及农户科学储粮取得明显的经济效益和社会效益。四是粮食产业化经营稳步推进。结合推进国有粮食企业改革，以资本为纽带，开展跨地区兼并联合重组，主动向粮食生产和加工转化领域延伸。截至 2008 年 11 月底，全国规模以上粮食加工企业 11977 家，其中国有粮食产业化龙头企业 1324 家。国家粮食局和中国农业发展银行重点支持的粮食产业化龙头企业 1684 家，在粮食收购、技术改造、基地建设等方面获得贷款 997.7 亿元。粮油产品精深加工技术得到推广，“放心粮油”进农村、进社区工程全面推进，粮食品牌建设取得显著成效，涌现出一大批全国名牌产品，全国 1379 个企业生产的 2652 个产品被命名为“放心粮油”。目前，由现代粮食市场体系、粮食宏观调控体系、粮食产业化体系和粮食流通行政执法监督保障体系共同构成的现代粮食流通产业雏形已然形成。

## 三、主要启示

回首粮食流通体制改革 30 年的伟大实践，走过了一段不平凡的历程，取得了不平凡的成就，积累了丰富的经验，为在新的历史起点上进一步推进改革、促进发展、保障安全，提供了重要的启示。

### （一）必须以科学发展观为指导，坚持解放思想、实事求是、与时俱进，处理好大胆探索与稳步推进的关系

科学发展观是我国经济社会发展的重要指导方针，是发展中国特色社会主义必须坚持和贯彻的重大战略思想。粮食流通体制改革的历程和实践充分证明，只有坚持以科学发展观为指导，不断解放思想、实事求是、与时俱进，才能推进粮食流通体制改革走向科学发展的轨道。回顾 30 年的历程，改革的每一步都是从解放思想、实事求是的思想路线中得到启迪，产生力量，取得新的胜利；每一步都是既立足基本国情粮情，坚持统一政策，稳步推进，又分析各地差异，允许分散决策，鼓励各地积极探索，根据改革中出现的新情况新问题，审时度势，及时调整政策，科学决策，完善措施，健全

机制，确保改革顺利推进和社会和谐稳定，促进粮食事业又好又快发展。

**（二）必须坚持粮食购销市场化，处理好放开市场与加强调控监管的关系**

粮食是关系国计民生的特殊商品。要确保国家对粮食的主动权，必须把市场机制和宏观调控有机结合起来，主要运用经济、法律手段，辅之以必要的行政手段。既要加快建立全国统一开放、竞争有序的粮食市场体系，充分发挥市场机制配置资源的基础性作用，促进粮食快捷顺畅有序流通；又要坚定不移地规范和加强宏观调控，合理调节粮食供需，引导粮食资源实现合理配置，规范粮食经营行为，维护粮食正常流通秩序和价格基本稳定。

**（三）必须坚持发挥国有粮食企业主渠道作用和粮食市场主体多元化，处理好“主渠道”与“多渠道”的关系**

“没有主渠道不稳，没有多渠道不活。”实践证明，妥善处理好粮食流通中“主渠道”和“多渠道”的关系，是保障粮食安全、市场稳定和搞活流通的重要关节点。只有不断深化国有粮食企业改革，通过整合优势资源，鼓励和支持国有粮食企业做大做强，提高市场竞争力，发挥其粮食购销主渠道和宏观调控载体作用，才能保证市场和价格的基本稳定。同时，必须积极培育和发展多元粮食市场主体，实现投资主体多元化、经营形式多样化，发挥多元主体点多面广、经营灵活的优势，衔接粮食产销，搞活粮食流通。

**（四）必须坚持立足国内基本自给，处理好国内与国际两个市场的关系**

要清醒认识到我国人口众多与土地资源短缺的矛盾，粮食安全警钟长鸣；要清醒认识保证我国粮食安全必须立足提高粮食生产能力，确立“粮食自给”为基本国策，加大强农惠农、兴粮强粮的政策力度，建立对种粮农民的支持保护体系，充分调动粮食生产积极性，稳定和提高粮食自给水平。同时要积极利用国际市场调剂国内粮食品种和余缺，实现粮食供求“紧平衡”的调控目标；要重视加强粮食安全忧患意识教育，在全社会广泛宣传粮食的重要性，形成重视粮食、爱惜粮食、节约粮食的社会风气和环境。

**（五）必须坚持为耕者谋利、为食者造福的理念，处理好促进粮农增收与保护消费者利益的关系**

生产决定流通，流通反作用于生产。必须充分发挥流通对生产的引导作用，以订单为纽带，以科技为支撑，引导和鼓励农民种植适销对路品种，让农民分享流通、加工环节带来的增值收益，促进种粮农民增产增收；必须把好粮食质量关，努力降低粮食流通成本，为消费者提供质优价廉的食品。

**（六）必须坚持国家宏观调控下的粮食省长负责制，充分发挥中央和地方两个积极性**

我国幅员辽阔，各地自然条件不同，发展重点也不尽相同，必须在保证国家粮食安全和促进粮食供需“紧平衡”的目标下，合理划分中央政府和省级政府对粮食的职责和事权，进一步完善国家宏观调控下省级政府对本地粮食生产、流通和安全全面负责的体制，充分发挥中央和地方两个积极性。

## 四、未来展望

粮食流通体制改革 30 年，成就和巨变辉映，经验和问题交织，机遇与挑战并存。

在充分肯定粮食流通体制改革成就的同时，也要清醒地看到改革中还存在一些矛盾和问题，总体上看，落实中央与地方粮食事权的政策不够配套，“谷贱伤农”与“米贵伤民”的矛盾还不时地交替出现，支持粮食生产、保护农民利益的长效机制尚未完全建立起来。当前比较突出的，一是国有粮食企业历史包袱还未完全解决，国有粮食购销企业产权制度改革不到位，发挥主渠道作用缺少必要的政策支撑；二是地方政府实施粮食宏观调控的手段和动力不足，粮食价格支持体系不健全，一些地区直接补贴对农民种粮的激励效用减弱，粮食支持保护政策有待进一步完善；三是现代粮食市场主体发育还不完全适应社会主义市场经济发展的需要，企业与农民之间还没有形成有效的利益联结机制，粮食市场体系和物流体系建设滞后，粮食产业化经营水平不高，大多数粮食企业规模小，经营方式还比较传统、粗放，与外商投资企业相比，国内粮食企业的市场竞争力较弱。为妥善解决这些矛盾和问题，根据党的十七大提出的“关键要在加快转变经济发展方式、完善社会主义市场经济体制方面取得重大进展”的精神，必须坚持围绕以发展深化改革，以推进改革促进发展，继续深化和完善粮食流通体制改革。

### （一）继续深化和完善粮食流通体制改革的指导思想

认真贯彻党的十七大和十七届三中全会精神，坚持以邓小平理论和“三个代表”重要思想为指导，深入贯彻落实科学发展观，按照中央关于粮食工作的方针政策，紧紧围绕保障国家粮食安全和服务“三农”，以体制创新和机制创新为动力，以科技创新和管理创新为支撑，以市场化和产业化为重点，统筹各方面利益关系，继续健全和完善体制机制，加强和改善粮食宏观调控，充分发挥市场在粮食资源配置中的基础性作用，转变粮食经济发展方式，大力发展现代粮食流通产业，促进粮食经济又好又快发展。

### （二）继续深化和完善粮食流通体制改革的主要目标

一是健全以粮食生产稳定发展为基础，中央和省级粮食储备为依托，国有粮食企业为主渠道、多元市场主体共同发展，粮食应急供应系统为保障的粮食宏观调控体系。

二是健全以粮食收购、零售市场为基础，粮食批发市场为骨干，粮食期货市场为先导的统一开放、竞争有序的现代粮食市场体系。

三是健全以优势企业为龙头，现代粮食物流和加工业为依托，科技为支撑的粮食产业化体系。

四是健全以粮食法律法规为依据，库存监管为主线，质量安全为重点的面向全社会的粮食流通行政执法监督保障体系。

### （三）继续深化和完善粮食流通体制改革的基本原则

一要坚持立足国内保障粮食基本自给和努力保持粮食供求紧平衡相统一，切实保障粮食有效供给。既要防止粮食短缺供不应求、“米贵伤民”，威胁国家粮食安全；又要防止粮食价格走低、“谷贱伤农”，影响粮食生产稳定发展。

二要坚持促进粮食增产、农民增收和财力增强相统一，进一步完善粮食支持保护制度。既要健全粮食补贴制度，逐年较大幅度增加农民种粮补贴，支持增粮增收；又要健全粮食价格保护制度，继续提高粮食最低收购价，完善价格形成机制，理顺比价关系，充分发挥市场价格对增产增收的促进作用。

三要坚持落实中央要求和调动地方积极性相统一，加快构建“供给稳定、储备充足、调控有力、运转高效”的粮食安全保障体系。既要求各地区明确和落实粮食发展目标，强化扶持政策，落实储备任务，承担国家粮食安全责任；又要建立主产区利益补偿制度，加大对产粮油大县财政奖励和粮食产业建设项目扶持力度，充分调动农民种粮、地方抓粮的积极性。

四要坚持深化粮食流通体制改革和促进粮食流通科学发展相统一，切实加强现代粮食流通产业建设。加大对主产区的扶持，完善粮食风险基金政策，加快取消主产区资金配套；加强和充实粮食储备，完善粮食进出口和吞吐调节机制，保持粮食价格合理水平；加大对粮食产业建设项目的扶持，加强粮食物流体系建设，改善粮食仓储条件；积极搞活流通，支持销区企业到产区采购，完善产销衔接；加强对粮油消费的引导，提高全社会节粮意识，强化从生产到消费全过程节粮措施。

### （四）继续深化和完善粮食流通体制改革的工作重点

一是加快推进国有粮食企业改革，做大做强粮食经营主渠道。继续研究妥善解决国有粮食购销企业财务挂账有关遗留问题，比较彻底地解决企业历史包袱，进一步为企业深化改革和促进发展创造条件。建立地方政府消化政策性粮食财务挂账的激励机制，建立健全防止发生新增政策性粮食财务挂账的长效机制。制定和落实支持国有粮食购销企业改革的有关配套政策，推进国有粮食企业产权制度改革、兼并重组和技术改造，进一步优化企业布局和结构，增强国有粮食企业的市场竞争活力，继续发挥其在粮食经营中的主渠道作用。

二是大力培育现代粮食市场主体，积极推进以优势企业为龙头、粮食现代物流为依托的粮食产业化经营。加快培育粮食产业化龙头企业、粮食经济合作组织等现代粮食市场主体，择优扶持若干个有竞争力、带动力、效益好的大型骨干粮食产业化龙头企业和物流企业做大做强。鼓励和支持龙头企业收购、兼并基层国有粮食购销企业，大力发展粮食订单收购，延伸和完善产业链条。积极培育和发展多元粮食市场主体，搞活粮食购销和经营。

三是积极推进粮食市场体系建设，提高粮食流通效率。继续组织实施全国粮食市场体系建设“十一五”规划，加快完善全国统一的粮食竞价交易系统，扩大交易市场联网范围，健全市场交易规则，完善交易监督机制，提高交易效率。加强大中城市成品粮批发市场建设，满足居民生活需要。加强农村粮食流通体系建设，发展乡村粮油超市、连锁店、配送中心等新型粮食流通业态，巩固和发展农村粮食流通网络。加强粮食流通基础设施建设，促进粮食市场体系与粮食物流体系衔接，粮食商流与物流配套。

四是完善粮食支持保护制度，充分调动农民种粮、地方抓粮的积极性。完善农民种粮补贴机制，增加农民种粮补贴力度，支持增粮增收。提高粮食最低收购价水平，完善粮食最低收购价执行预案，充分发挥价格政策保护农民增粮增收的作用。完善粮食价格形成机制，理顺比价关系，充分发挥市场价格对增产增收的促进作用。完善粮食风险基金政策，加大对粮食主产区的支持力度，充分调动主产区发展粮食生产积极性。

五是健全粮食调控机制，切实保持粮食市场和价格基本稳定。进一步完善中央、省级政府粮食事权制度，明确粮食调控的目标和责任，确保国家粮食安全落到实处。完善粮食储备制度，按照国家规定抓紧充实地方储备；加强中央储备粮行政管理，进一步优化中央储备粮布局和品种结构；根据粮食应急工作需要，充实成品粮油应急库存。发展粮食产销衔接，加强粮食领域国际交流合作，促进粮食供求的区域、品种平衡。注重事前预调，建立健全灵活高效的储备粮吞吐调节机制，进一步提高粮食宏观调控能力和水平。

回顾过去，我们深感艰辛与欣慰；展望未来，我们深感任重而道远。我们坚信，只要我们高举中国特色社会主义伟大旗帜，坚持以邓小平理论和“三个代表”重要思想为指导，深入贯彻落实科学发展观，坚持以人为本，坚持统筹兼顾，始终把保护种粮农民利益、确保国家粮食安全作为改革的出发点和落脚点，就一定能够不断巩固和发展粮食流通体制改革成果，就一定能够推动现代粮食流通产业又好又快发展，为实现全面建设小康社会的宏伟目标作出新的更大贡献。

（作者：国家粮食局 颜波 陈玉中）

# 综合改革篇

# 天津市粮食流通体制改革回顾与思考

1998年以来，在天津市委、市政府领导下，天津市粮食局认真贯彻落实国家有关粮食流通体制改革的一系列方针政策，改革不断深化。经过十几年的艰苦努力，天津市政府粮食行政管理职能与粮食企业经营分离。粮食收购和价格完全放开，粮食购销实现了市场化。按照《粮食流通管理条例》赋予的职能，政府粮食行政管理部门加强了对全社会粮食流通的管理，初步建立了在国家宏观调控下发挥市场机制在粮食资源配置中的基础性作用的粮食流通体制。粮食工作在确保天津市粮食安全，服务经济社会发展上发挥了重要作用。

## 一、认真贯彻落实国务院粮改决定，全面推进粮食流通体制改革

1998年5月，国务院印发了《关于进一步深化粮食流通体制改革的决定》。为了贯彻国务院粮改决定和随后下发的一系列粮改文件精神，天津市政府制定了《关于贯彻国务院进一步深化粮食流通体制改革实施意见》，先后印发了《关于进一步深化我市粮食流通体制改革的通知》等18个文件，全面部署和积极推动天津市粮改。随着改革的不断深入，天津市粮食流通管理体制和运行机制发生了很大变化。

### （一）政企分开、储备与经营分开，实行了新的粮食管理体制

根据国务院“粮食工作实行在国务院宏观调控下，省级人民政府对粮食生产和流通全面负责”的要求，从1999年开始，天津市粮食工作实行了由市人民政府统一领导，市和区、县人民政府分级负责的粮食管理体制。为了保证新的粮食管理体制正常运行，按照国务院“政企分开、储备与经营分

开”的改革原则，全市粮食管理和经营机构进行了重新设置和组建，同时合理划分了相关粮食事权。

一是重新设置了市和区县两级粮食行政管理机构。天津市和有农业的区及各县组建两级粮食管理局（后改称粮食局，大港区和新四区改称粮食办公室），市内 6 区设立粮食管理办公室。粮食管理局和粮食管理办公室是同级政府的粮食行政管理机构，代表市和区、县人民政府对全社会粮食流通进行管理。粮食行政管理机构与国有粮食企业在人、财、物方面彻底脱钩，不参与和直接干预企业自主经营。按照国务院确定的原则和地方储备粮数量，建立市和区、县两级粮食风险基金。财政部核定天津市粮食风险基金最低规模为 15744 万元，其中，中央财政补贴 2000 万元，地方财政自筹 13744 万元。粮食风险基金纳入市和区、县年度财政预算，优先安排，及时拨付。

二是组建了市和区县粮食储备（购销）公司，建立了市和区县两级粮食储备。天津市设立粮食储备公司；有农业的区及各县分别设立粮食收储公司（后改为粮食购销公司）。天津市粮食储备公司归口天津市粮食管理局，受天津市政府委托负责市级储备粮（含市内六区储备粮）的实物管理。区、县粮食购销公司负责本区、县储备粮的实物管理，承担定购粮的收购和敞开收购农民余粮的经销工作。建立市和区、县两级、以市为主的粮食储备体系，建立健全粮食储备管理制度，对储备粮与企业经营周转粮实行分开管理。按照国务院有关粮食主销区地方储备粮的规模应保证非农业人口半年口粮供应的确定原则，建立了市级粮食、食用油的储备和县粮食储备。

三是以原市粮食局直属国有粮食企业为主体，组建了天津市粮油集团有限公司。天津市粮油集团有限公司是具有法人资格的国有独资性质的控股公司，独立核算、自主经营、自负盈亏，为市计划单列单位，不承担粮食行政管理职能。区、县国有粮食企业政企分开后，相应组建了区、县粮食经营性公司。

1999 年 1 月 11 日，天津市粮食管理局（后改称粮食局）和天津市粮油集团有限公司正式挂牌。3 月 12 日，天津市粮食储备有限公司正式挂牌。4月 16 日，全市 18 个区、县粮食行政管理机构初步建立。5 月 1 日，天津市粮食流通新的管理体制正式运转。

### （二）多措并举、全力推进，国有粮食企业改革取得了明显成效

在深化粮食流通体制改革过程中，天津市根据国有粮食企业的不同情

况，采取多种措施，不断深化和积极推进企业改革的进程和步伐，企业改革取得了明显成效。

一是认真贯彻“三项政策”，积极推进粮食购销企业改革。根据有关政策规定，在全市选择界定了70个具备条件的国有粮食企业为粮食购销企业（主要是市粮食储备有限公司和区、县粮食购销公司及其所属企业），承担储备粮的实物管理、定购粮收购和敞开收购农民余粮的经销工作。粮食购销企业改革的重点是严格贯彻落实“三项政策”（即按保护价敞开收购农民余粮、国有粮食购销企业实行顺价销售、粮食收购资金实行封闭运行）。加强企业内部管理，推行目标管理责任制，大力压缩各项费用支出，促进扭亏增盈。

二是实施资产重组，积极推进粮食经营性企业改革。按照现代企业制度要求，充分利用国家有关深化国有企业改革的政策，积极推动国有粮食经营性企业盘活存量资产，实施资产重组、规范破产、鼓励兼并、改革劳动用工制度等多种形式放开搞活。如利达面粉有限公司以品牌实力和管理优势先后兼并了金牛面粉有限公司等七个亏损企业，组建成“利金粮油股份有限公司”，盘活了存量资产，分流了富余职工，扩大了加工能力，消灭了亏损企业，使该公司面粉产销量和效益始终排在全国粮食系统前列。原塘沽面粉厂由于产品滞销，长期亏损，已经资不抵债，在有关部门支持下，通过法律程序实施了破产，使职工得到了合理安置。

三是加大改革力度，在产权制度改革方面进行了有益的探索。如原和平区粮贸公司和南开区粮贸公司，是1999年政企分开后新成立、负责管理两个区粮食零售站点的区级公司。2002年在区政府的支持下，这两个公司充分利用政策，加大改革力度，通过资产置换职工身份的方式，实现了两个区级公司整体转制，摘掉了“国有帽子”，穿上了“民营衣裳”，成为真正独立核算、自负盈亏、自我约束、自我发展的民营企业。随后几年，其他几个市区的粮贸公司也实行了类似的改革。

四是改革企业内部用工制度，实行减员增效，下岗分流。天津市国有粮食企业1998年末共有职工32526人。经过多年的改革，截至2007年底，国有粮食企业现有在册职工6713人，实际在岗4114人。其中国有粮食购销企业在册职工4818人，实际在岗3262人。与1998年相比，全市国有粮食企业职工人数减少了25813人，占原有职工总数的79%。

减员增效的主要做法：①实行定岗定员。由企业按照经营量和实际需要，根据优胜劣汰的原则，采取竞争上岗、择优录取的办法，把企业需要的人员留下来。②实行内部退养。对不符合上岗条件且距离法定退休年龄不足 5 年或工龄满 30 年的职工，采取企业内部退养的办法，由企业发给基本工资或生活费，按规定继续为其交纳社会保险，待达到退休年龄时，为其正式办理退休手续。③下岗分流，解除劳动关系。根据职工自愿的原则，经企业与职工协商制定出富余职工分流安置办法，经职工代表大会讨论通过后实施。企业与职工解除劳动关系时，由企业按照天津市劳动局有关文件，根据企业经济实力给予职工一定的经济补偿。给予职工的经济补偿资金主要来源于企业产权制度改革、土地出让、网点置换、盘活闲置资产等途径。按照职工工龄长短和企业不同情况，每个职工经济补偿金为 5000~60000 元不等。

五是妥善解决“老粮”库存，为地方财政减轻了负担。粮改前，天津市国家粮食定购任务每粮食年度 6 万吨。从 1997 年开始到 2001 年夏粮收购截止，天津市共收购保护价粮食 43.3 万吨。为减轻地方财政负担，天津市对历年收购的国家粮食定购以及按保护价收购的粮食库存，除一部分在市、区财政部门大力支持下进行抛售外，其余部分（国家定购和保护价收购的小麦 23.8 万吨）全部转为市级地方储备粮库存，妥善解决了“老粮”问题。2001 年以后，天津市实行粮食购销市场化改革，取消了粮食定购和保护价收购，放开了粮食收购市场和收购价格，粮食购销开始由企业完全按照市场化运作。

六是清理财务挂账，减轻了企业包袱。根据《国务院办公厅转发财政部等部门关于清理国有粮食企业新增财务挂账和其他不合理占用贷款办法的通知》精神，按照天津市政府的部署，市财政、审计、粮食、农发行等部门和单位对全市国有粮食企业截至 1998 年 5 月 31 日的财务挂账情况进行了全面的清查。经企业自查和四部门核查，全市国有粮食企业财务挂账共计 19 亿元，其中符合文件规定的清查标准和范围，并经国务院核准的新增财务挂账 6 亿元；地方财政在市政府的指示下，扩大补贴范围，增加 4 亿余元的补贴款，以减轻企业负担，扶持企业发展。两项补贴款共计 10 亿余元，全部补贴到位，为国有粮食企业改革与发展创造了有利条件。

### （三）大力推进粮食购销市场化改革，全面放开了粮食市场

2001 年 8 月，国务院提出要继续深化粮食流通体制改革，明确了放开销区、保护产区、省长负责、加强调控的改革思路，确定了包括天津市在内的八省市为加快推进粮食购销市场化改革的地区。按照国务院《关于进一步深化粮食流通体制改革的意见》精神，天津市人民政府制发了《批转市计委

关于进一步深化我市粮食流通体制改革的意见》，自2001年秋粮收购开始，天津市进行了粮食购销市场化改革。

一是取消了粮食定购和保护价收购。农民可根据自己的意愿，大力发展适销对路的优质高效农产品。

二是放开了粮食收购市场，实行经营主体多元化。凡具备一定条件、经区县以上粮食行政管理部门审查具备粮食经营资格、由工商行政管理部门核准登记的多种所有制经济主体、均可从事粮食收购，特别是鼓励超市、便民连锁店从事粮食零售业务，常年开放粮食集贸市场、鼓励农民自销自产粮食。进一步向全国开放天津市的粮食市场，鼓励和支持各类经济主体到天津市从事粮食批发、零售、加工等业务。鼓励天津市粮食加工、流通企业面向全国采购、加工、运销粮食，采取在市内外粮食产区建设原料基地等措施，建立稳定的粮食购销关系。

三是放开了粮食收购价格，实行随行就市。在正常情况下，政府不再规定粮食收购价格，粮食价格通过市场供求关系形成。政府通过吞吐储备粮的形式来调节市场供求，平抑市场粮价，保持粮食市场稳定。大力发展订单农业，即国有粮食购销企业要主动与种粮农民签订购销合同，按合同价收购。

## 二、认真履行粮食流通管理职能，加强宏观调控，确保粮食安全

粮食市场全面放开后，天津市通过一些新的政府规章、政策和措施的实行，增加了各级政府的责任，进一步加强了政府对粮食的宏观调控能力。市粮食局主动沟通、协调政府相关部门，形成了分工明确、衔接紧密、调控及时的决策机制和运作机制，保证了天津市市场稳定和粮食安全。采取的主要做法和措施是：

### （一）建立粮食流通监测机制，及时掌握国内外及全市粮食生产和流通情况

2002年7月，天津市粮食局建立了天津市粮油市场监测中心。该中心通过计算机网络，上与国家粮油信息中心相连，内与各省市粮油信息部门相

接，下在全市范围内设立了24个信息采集点，每周收集一次粮食市场的销售、需求、价格和动态情况。监测中心据此分析国际、国内、本市粮油市场情况，每季度向市委、市政府有关领导及市有关部门报送一期《粮油市场分析预测报告》，为市领导及时了解掌握世界、全国及本市的粮食动态和市场趋势，提供可靠的决策依据。当粮食市场出现波动时，这个中心则每天向市政府及市有关部门报送一次粮油市场情况（重大情况随时报送）。为各级领导提供及时准确的信息，使决策层掌握应对突发情况的主动权。

**（二）建立粮食市场价格平抑机制，保护粮食生产者和消费者利益，确保粮食市场稳定**

充分发挥国有粮食购销企业主渠道作用，按照市场化运作方式，制定合理的收购价格，敞开收购农民余粮。在宏观管理上采取保量稳价、总量平衡的措施，鼓励外地粮食经销企业进入天津市开展粮食经营活动。同时及时掌握辖区内全社会粮食需求动态，粮价变动情况。当市场粮价过低时，通过收购增加粮食储备，防止粮价过度下跌，保护农民利益；当市场粮价过高时，通过抛售储备粮，平衡市场粮价，保护消费者利益，维护粮食市场流通秩序。

**（三）与粮食主产区建立比较稳定的产销合作关系**

大力加强与国内粮食主产区的购销业务联系，积极探索与粮食主产区开展多种形式的产销合作，先后与吉林、黑龙江建立了省际政府间稻谷合作关系，在东北地区建立了四个储备稻谷采购基地；与山东、河北、河南建立了省际小麦产销合作关系，建立了三个储备小麦采购基地；每年与主产区省粮食局共同组织粮食企业产销对接，发挥产区粮源与天津市市场优势，推动与主产区产销合作的实际运作。同时积极探索、引导天津市粮食企业到产区建立粮食生产基地、设立收购点、办加工厂。如天津市金芦米业有限公司在黑龙江五常市建立了大米加工厂；天津利金粮油股份有限公司在山东陵县建立了面粉加工厂。实施引粮入津，支持主产区粮食企业在天津建立粮油经销基地，或集储、加、销为一体的粮食经营企业。通过多种形式的产销合作，与粮食主产省、区之间形成了比较稳定的粮油购销网络，保障了全市粮源供给和粮食市场稳定。

## （四）改革和完善地方储备粮管理体系

重点抓了四个环节的工作。一是创新并完善了储备粮管理模式。市级储备粮所有权归市人民政府，天津市粮食局代表天津市政府在总量、品种、质量、布局、轮换等方面进行宏观管理；市粮食储备公司作为代理货主在库点选择、安全储存、质量把关、轮换进度等方面进行实物管理，通过签订“市级储备粮油委托承储合同”与各承储单位建立承储关系，实现了储备粮油管理的经济化、合同化、法制化。二是创新了储备粮轮换方式。在储备粮推陈储新的轮换工作中，采取竞价销售和邀标竞买的形式销出、购入市级储备粮。采取这种方式取得了最佳的经济和社会效益：一方面在储备粮的销售和购入过程中，按照市场原则，最大限度地实现了公开、公平、公正；另一方面在竞卖和竞买中所形成的价格，一般都高于或低于内定的底价，最大限度地节约了财政开支。三是对原来分布在天津市 192 个粮库储存的市级储备粮，结合储备粮的轮换工作，逐步集并到储存条件好、管理规范的 19 个粮食储备库中，保证储备粮的安全储存。四是认真落实储备粮管理制度，逐渐在储备粮油管理上创新汇总了“规模集并、规范管理、市场轮换、品质强检、体外监督、年度三查、科学保粮、队伍培训、持证上岗、合同承储”十个方面的管理做法，粮油仓储管理工作取得了明显成效。

## （五）建立和落实城市粮食应急供应保障体系

出台了《天津市粮食应急预案》。根据预案总体要求，在全市建立了五大网络（资源网络、监测网络、加工网络、供应网络、运输网络）为主体的粮食应急供应保障体系。

应急时期的粮油货源，按照国家关于“销区保持 6 个月销量”的要求，建立天津市地方储备粮油规模和制度。原则上以地方储备粮油为主，必要时征用社会粮油库存。一是地方储备粮安排。在应急时期，由市粮食应急指挥中心办公室提出动用计划，报请市政府批准后，安排加工生产和供应。二是地方储备油安排。在应急时期内，经市政府批准后，根据市场情况，采取分批加工，限量投放市场。三是社会周转粮油安排。在应急时期，根据粮食市场情况，必要时经市政府批准，采取临时借用等方式，安排社会周转粮油投放市场。四是成品粮油安排。出台了《天津市成品粮油应急供应预案》，按照国家发改委、国家粮食局提出的大中型城市要建立满足 10 天供应量的成品粮油储备的要求，已建立面粉、大米和食用油的成品粮油储备，实行动态管理，在应急预案启动后用于市场供应。

应急时期的粮油加工和销售，由天津市粮食局考察认证，与比较有规模、信誉好的粮油加工企业进行协商，本着自愿的原则签订应急定点加工协议，明确各自责任。筛选确定 15 家粮油加工企业为粮食应急时期的粮油供应主体。其中，面粉加工企业 6 家、大米加工企业 5 家、食用油加工企业 4 家。并由市政府统一授牌，实行挂牌经营。同时要求定点加工企业在正常生产的情况下，根据需求，保持一定规模的、稳定的应急加工能力，确保应急情况下的正常生产。由市内六区粮食行政管理部门代表当地政府按照行政区域、人口分布、合理摆布的原则，以现有信誉好的大中型超市、便民连锁店、粮油销售放心店和粮油专销点为主设立定点粮油销售网点。其他 12 个区县以现有粮油销售放心店、军供站及大型超市为基础，设立若干个经营面积在 80 平方米以上的定点粮油销售网点。目前，全市确定的定点粮油销售网点达到 287 个，与定点加工企业共同组成了天津市应急时期粮油加工销售网络体系。

**（六）加快市场体系建设，完善中国天津粮油批发交易市场功能**

充分利用中国天津粮油批发市场作为国家级粮食市场的优势，以完善市场功能为重点，以扩大市场辐射为主旨，加快了天津市粮食市场体系建设。在国家和市有关部门的支持下，新的粮油批发交易市场大厦已建成投入使用。市场的粮油交易中心、信息中心、质量检测中心已建设完成。市场每年自行筹措百万元经费，创办的津粮信息网及五种粮食信息刊物，已成为本市及国内外粮食企业了解天津及国内粮食市场动态和行情的重要信息载体。粮油质量检测中心通过政府招标采购的方式，从国内外购置了一批先进的粮油检验设备，成为国内为数不多的最先进的粮油检验中心之一。粮食交易中心近年来组织了多次储备粮竞价销售和邀标竞买，实现了交易量的进一步扩大，其中 2007 年交易量 120.3 万吨，交易额 19.9 亿元，成交率达到 100%。各项指标在全国重点粮食批发市场中名列前茅。

**（七）加强粮食风险基金管理，确保各项费用补贴及时足额到位**

粮食市场全面放开以后，天津市粮食风险基金保持国家核定的规模不变，列入市、区两级财政预算。两级财政对粮食购销企业的粮食收购及地方储备粮轮换等各项费用补贴足额及时拨付到位，农业发展银行积极支持天津市粮食流通体制改革，及时调整了粮食信贷政策，保证了新的粮食流通体制顺利运行。

### （八）认真履行粮食流通管理职责，全面推进了粮食依法行政

2004年5月，国务院颁布了《粮食流通管理条例》（以下简称《条例》）。几年来，天津市各级粮食行政管理部门认真履行职责，深入贯彻落实《条例》规定，以抓好制度建设和队伍建设为基础，着力推进和完善粮食流通监督检查体系建设，粮食行政管理工作逐步纳入了法制化轨道。一是加强法制建设。起草制定了《天津市粮食流通管理办法》，经市政府常务会议通过后，以第109号政府令公布，自2007年3月1日起施行。二是加强队伍建设。建立并完善了监督检查工作体系，经市编委批复同意，市粮食局市场管理处加挂监督检查处牌子，18个区县粮食行政管理部门分别增设了监督检查科或明确了监督检查科室，全系统135人取得天津市政府或国家粮食局颁发的行政执法资格证书。按天津市政府要求，粮食行政执法人员进行执法活动，着全市统一的执法服装，彰显了粮食行政管理部门的行政执法主体地位和权威性。三是加强制度建设。制定了《天津市粮食流通监督检查工作实施细则》等一系列规范性文件，对粮食流通行政管理、行政执法，粮食流通监督检查工作等进行了系统的规范。四是完善运行机制。建立了完整的监督检查基础情况数据库和监督检查综合评价体系，加大了粮食流通监督检查力度，提高了监督检查工作水平，有效规范了粮食流通市场秩序。

## 三、进一步深化粮食流通体制改革的思考与建议

回顾改革历程，可以清晰看到，天津市粮食工作认真贯彻落实国务院在不同时期提出的一系列粮改方针政策，在各项改革过程中，以加强粮食宏观调控和抓好粮食安全为重点，以服务粮食企业、发展粮食经济、促进经济社会发展为目标，突出了新观念，研究了新办法，实施了新措施，取得了明显效果，也为今后进一步深化改革，继续完善体制机制奠定了坚实的基础。

2006~2008年，粮食形势和粮食流通管理工作较以往发生了很大变化。

从 2006 年 9 月以来，国际粮食价格一路飙升，国际市场多方面因素对国内粮食供求和市场的影响越来越大，粮食供求形势和价格走势的不确定因素增多，我国粮食宏观调控的难度进一步加大。国家“十一五”规划纲要和国务院《关于推进天津滨海新区开发开放有关问题的意见》实施以来，天津市正在加速经济建设和社会发展，各方面的工作均处于一个新的上升期。必须清醒地看到，新形势下天津粮食工作面临着一些新的问题。一是人口持续增长，粮食销量升、产量少，粮源对外依赖度加大，粮食宏观调控、总量平衡的任务不断加重，困难加大。二是在国内粮食连年丰收形成的“买方市场”基础上与主产区建立的粮食购销合作关系，还没有经受粮食减产和大范围市场波动而形成的“卖方市场”的考验。三是市级储备粮油管理制度需创新，向规模化、规范化、精细化发展。四是粮食市场体系建设需要加强，以适应粮食流通市场化发展的要求。五是粮食行政管理体制要进一步改革创新，依法行政、依法管粮的工作体系和工作机制需进一步加强。

天津是全国较大的粮食主销区，为确保粮食安全，使粮食工作服务经济和社会发展，近期应重点做好以下工作：

**（一）继续深化改革，完善政策措施，增强政府粮食宏观调控能力**

一是建立和完善天津市与粮食主产区之间的利益协调机制。加大工作力度，积极协调、争取市财政等有关部门支持，尽快出台《关于进一步加强我市与粮食主产区开展粮食产销合作的意见》。按照《国务院关于完善粮食流通体制改革政策措施的意见》有关“经济发达的粮食主销区要调整粮食风险基金的支出结构，将中央财政补贴的粮食风险基金专项用于粮食产销衔接的资金需要”的要求，建立粮食产销合作基金。主要作为与粮食主产区开展订单农业、粮食产业化经营、粮食运输补贴、粮食购销合作以及其他有关粮食产销合作的奖励、费用开支。以市场为导向，利益为纽带，实施“四个倾斜”政策，即“向天津在主产区的七个采购基地倾斜；向天津企业‘引粮入津’倾斜；向主产区进津粮食企业倾斜；向天津市稳定粮食市场贡献大户倾斜”，通过政策引导和市场竞争，鼓励并支持双方参与产销合作的企业充分发挥各自比较优势，搞好产销衔接，形成多元化的产销合作格局，确保天津市粮源的有效供给。

二是继续完善粮食应急体系建设，随时应对和化解粮食市场出现的波动与变化。要加强粮食市场预警监测和粮食形势分析，做好市场价格监管，做到监测及时，分析准确，粮食监管波动早知道、早报告、早准备。要在已出台《粮食应急预案》、《成品粮油应急预案》和《成品粮油动态储备管理办法》的基础上，尽快制定《粮食应急工作考核办法》，进一步规范市区两级粮食部门应急工作职能、加强应急演练，一旦出现应急情况，按照市政府统一部署，迅速组织实施，确保全市粮油市场供应稳定。

三是继续坚持做好粮食流通调查统计工作，为领导决策和宏观调控政策的实施提供信息服务。按照《统计法》和《天津市粮食流通统计制度》有关规定，进一步健全统计机构、稳定统计队伍。以提高调查统计工作质量为核心，建立和完善调查统计工作考核评比奖惩机制，从队伍建设和工作机制上确保调查统计工作的顺利完成。加强调查统计基础工作，从源头上确保调查统计数据真实可靠。科学量化各项指标数据，做好粮食供求平衡分析，为确定全市粮食重点工作和宏观调控政策措施的实施提供依据。

**（二）继续深化改革，完善体制机制，促进粮食经济发展**

一是继续改革和完善粮食行政管理体系。为顺利履行《粮食流通管理条例》赋予粮食行政管理部门的职责，强化粮食行政管理职能，确保粮食工作市长负责制体制下粮食宏观调控政策措施的顺利实施，力争尽快改变天津市粮食行政管理部门条块分割的管理模式，由市粮食局对区县粮食局（粮食办公室）实行垂直管理，形成权责一致、精干高效、统一管理的粮食行政管理新体制。使“经济调节、市场监管、社会管理、公共服务”的政府职能在粮食流通领域得到全面发挥。

二是继续改革和完善储备粮管理与运作机制。确保市级储备粮油数量真实、质量完好、储存安全，需要时调得动，用得上，是全面落实粮食工作市长负责制的核心和关键所在。为此，要积极与市有关部门沟通、协调，继续探索实施一些新的政策、措施，逐步加大市级储备粮垂直管理的比例；建立粮食储备调控基金，专项用于市级储备粮油管理体制改革和仓储设施的更新改造；根据城乡居民口粮消费结构变化情况（城镇居民口粮消费的大米占口粮消费总量的40%，已接近面粉50%的比重。由于养殖业快速发展，玉米的消费量也呈快速上升趋势），适当调整地方储备粮品种结构，在现有储备规模内增加玉米的储备量。

三是创新企业管理模式，做大做强国有粮食企业。积极探索实行“党务合一、政企分开”的企业管理模式，改变天津市国有粮食企业“条块分割、多头管理、分散经营”的状况，通过管理体制和经营机制创新，使国有粮食企业主渠道作用得到有效发挥。支持和鼓励国有粮食企业在全市范围内实行联合、兼并、重组，通过整合资源优势，增强企业综合实力，形成紧密型、半紧密型、松散型的粮食企业集团。通过政策扶持，引导和鼓励国有粮食企业向粮食生产领域延伸，到主产区建立自己的粮源基地，建立辐射全国的营销网络，实行粮食生产，收购、加工、销售一体化，大力发展产业化经营。适时按照有关规定，加强属地粮库建设和管理，规范操作行为，宽松经营环境，提高企业效益，维护储粮安全。

四是继续完善粮食市场体系建设。加大工作力度，建成和完善以中国天津粮油交易批发市场为龙头、以各区县粮食批发交易市场为骨干、以粮油便民连锁店、超市以及集贸市场为基础的粮食批发市场体系。要科学制定发展规划，坚持从实际出发，以调整改造、重组提高为主，兼顾当前和长远。要注意政策引导，加大扶持力度，完善规章制度，促进市场优化结构，提升档次，完善功能，推动天津市粮食市场从量的扩张向质的提升转变，由传统市场向现代粮食物流中心发展。

**（三）积极推进依法行政，提高粮食行政管理水平**

认真学习《粮食流通管理条例》等法律法规，采取多种形式提高粮食行政执法人员依法管粮的意识和水平。开展粮食依法行政示范创建活动，促进各级粮食行政管理部门转变管理职能，依法行政、依法管粮。强化粮食行政执法监督，健全完善行政执法责任制、执法公示制和执法过错责任追究制，严格行政执法程序，促进公开、公平、公正执法。贯彻落实《行政复议法实施条例》，加强粮食行政复议工作，及早做好化解粮食行政争议的行政复议工作。要将各类粮食企业都纳入依法管理范围，以粮食收购、加工企业为主，建立粮食经营者诚信档案系统，全面了解掌握企业的诚信情况。建立公平公正、处罚与教育相结合的长效监督检查工作机制，使企业和广大粮食经营者知法守法，营造依法管粮的良好社会氛围，有效保护粮食生产者积极性、维护粮食经营者和消费者的合法权益。

（作者：天津市粮食局）

# 河北省粮食流通体制改革回顾与展望

改革开放30年来，我国粮食流通体制发生了深刻变化，1985年取消粮食统购，实行合同定购，1993年取消粮食定购，1994~1997年，国家加强粮食宏观调控，实行“米袋子”省长负责制，恢复粮食定购。从1998年起，国家进行了新的一轮粮食流通体制改革。2003年以来，按照国家粮食流通体制改革的总体要求和省委、省政府的决策部署，河北省各级各有关部门齐心协力，以粮食购销市场化为目标，以保护农民利益为出发点，以国有粮食购销企业改革为重点，以加强粮食宏观调控为手段，积极推进粮食流通体制改革，为进一步做大做强河北粮食产业奠定了基础。

## 一、粮食流通体制改革措施和成果

### （一）粮食购销市场化目标顺利实现

从1998年起，河北省粮食购销企业和附营企业分开，粮食购销企业按保护价敞开收购农民余粮。2001年，河北省将玉米初步退出保护价收购范围，保护价品种只保留小麦。2003年，河北省将全省保护价小麦收购范围由敞开收购调整到对中南部小麦主产区定量保护45亿斤。从2004年新粮上市起，全省统一取消了小麦保护价收购政策，粮食收购市场和价格全面放开。同时，进一步降低了企业和个人入市收购粮食的资格条件，对符合粮食收购准入条件的经营者及时审批发证。截至2008年6月底，全省取得收购资格的粮食经营者共计3978家，其中非国有粮食经营企业及个体工商户达到2900多家，形成了以国有及国有控股粮食企业为主导、多种所有制经济成分共同参与的粮食流通新格局。2006年以来，随着部分地区小麦市场收购价格的走低，为了保护种粮农民利益，国家在包括河北省在内的六省，连续启动了小麦最低收购价预案。在日趋激烈的市场竞争中，国有粮食购销企业转变观念，改善服务，较好地发挥了收购主渠道作用，1998~2007 年，国有粮食经营企业累计收购粮食 1725.5 亿斤，有效保护了种粮农民利益。河北省的商品粮库存 2007 年为 232 亿斤，比 1978 年增加了 172 亿斤，商品粮库存大幅度增加，较好地满足了市场需求。

### （二）粮食宏观调控体系逐步完善

一是地方储备粮体系逐步完善。1992 年，河北省政府确定了省、市两级地方储备粮规模，2005 年，河北省粮食局会同有关部门先后三次组织了省储粮库点及省储粮的招标，共有 63 家企业取得省级储备粮承储资格。初步建立了省、市两级地方储备粮调节体系，按产区三个月、销区六个月销量的要求，核定了省、市地方储备粮规模。调整了储备粮库点布局和品种结构，进一步加强了储备粮的规范化管理，初步建立了省级储备粮轮换机制。二是粮食应急体系基本形成。2006 年，河北省出台了《河北省粮食应急预案》。为确保应急状态下《预案》的顺利启动，2007 年河北省粮食局会同省有关部门制定下发了《河北省粮食应急加工调运供应方案》，截至 2007 年底，全省 11 个设区市均制定出台了市级粮食应急预案，86 个县制定出台了县级粮食应急预案。全省已确定粮食应急加工、供应、储运网点 440 个，粮食应急网络已经初步建立。三是粮食价格监测体系更加完善。全省已建立粮食市场价格监测点 250 个，形成了覆盖全省的粮食价格调查测报网络，通过河北粮油信息网每天向社会发布粮食政策、省内外粮油价格信息和供求信息。每周发布一期《粮食政策与信息》，为粮食宏观调控提供决策依据。四是粮食市场体系建设积极推进。2003 年，省粮油批发交易中心成立并开始运行，2007 年，由国家粮食局批复，成立石家庄国家粮食交易中心，截至 2008 年 8 月底，省粮油批发交易中心已举办各类招标采购和交易会近 100 次，成交粮油近 1000 万吨。2006 年，制定了《河北省“十一五”粮食批发市场建设专项规划》，坚持突出重点，分步推进的原则，重点支持省政府确定的 10 大粮食批发市场。五是粮食质量检测体系建设有了较大进展。经过几年的建设完善，省粮油质检中心检验检测功能明显提升，在粮食收购、陈化粮销售、军粮供应、退耕还林补助粮和省级储备粮招标采购以及城市成品粮市场粮油制品检验检测等方面较好地发挥了作用。

## （三）国有粮食企业改革成效显著

根据国家粮改政策，1998年河北省国有粮食企业实行“主附分离”，分为国有粮食购销企业和国有粮食附营企业两部分，并将附营企业逐步推向市场，实行了投资主体多元化。2003年，河北省委、省政府继续坚持市场化改革方向，明确了推进国有粮食购销企业改革的政策措施。经过多年来的不懈努力，国有粮食企业改革取得重大历史性突破。一是解决了长期困扰企业的“老粮、老人、老账”问题。按照“锁定库存、核定差价、企业挂账、财政贴息、限期销售”的原则，顺利完成了163亿斤库存保护价小麦的销售任务，组织了10亿斤陈化小麦的处理工作，每年减少财政补贴近7亿元，使国有粮食企业的商品粮库存降到了合理水平，为企业改革的顺利推进创造了条件；全省共筹集资金17.92亿元，用于职工身份置换，国有粮食购销企业在职职工由9万人减少到2.2万人，并全部与企业建立了新型劳动关系；按照国家规定，河北省有关部门及时完成了对1998年6月1日至2004年5月31日期间发生的政策性挂账的清理审计，认定政策性财务挂账83.15亿元，将占用农发行贷款部分从企业剥离，集中到县级以上粮食行政主管部门统一管理，确保改制后的企业轻装上阵。二是全面完成了企业产权制度改革任务，全省国有粮食购销企业由改制前的2210家减少到了840家，减少62%。三是切实加强了国有资产管理。结合企业改制，成立具有粮食国有资产管理职能的机构145家。其中，成立国有资产管理公司77家，组建国有资产管理办公室（中心）68家，委托粮食局直接代管国有资产的17家，形成了责任明确、监管有序的国有资产监管体系。四是现代企业制度初步建立。改制后企业法人治理结构进一步规范，形成了管理者能上能下、职工能进能出、收入能高能低的用人机制，企业活力大为增强，改制后的国有粮食购销企业当年实现盈利，扭转了粮食行业多年亏损的局面，2007年实现利润4981万元。五是产业化经营快速发展。遵循“大产业、大基地、大项目、大园区”发展思路，引导新企业探索“订单基地—加工龙头—项目园区”产业化经营模式，全行业竞争能力明显提升。2007年全省粮油加工企业316家，现价工业总产值270.5亿元，跻身全国前列；培育组建粮食企业集团7家，带动区域粮食经营跨越式发展；培育省级农业产业化重点龙头企业有45家，国家级农业产业化龙头企业5家。统一开放、竞争有序的粮食市场体系初步形成，现货交易进一步活跃，期货交易稳步发展。

### （四）粮食流通管理步入法制化轨道

2004 年，国家颁布了《粮食流通管理条例》。依照《条例》赋予的职责，河北省积极推进依法行政，切实转变粮食行政管理职能。一是加快地方立法，完善政策规定。2006 年，出台了《河北省粮食流通管理规定》。为进一步规范粮食行政行为，促进各级粮食行政管理部门依法行政，几年来，河北省粮食局会同有关部门先后制定了《河北省省级储备粮管理暂行办法》、《河北省粮食应急预案》等七个规范性文件，以省政府、省政府办公厅或部门名义下发执行。河北省粮食局相继制定了《河北省粮食局规范性文件起草及初审办法》、《河北省粮食局行政复议工作制度》等 10 多项工作制度。二是建立机构，充实法律人才。河北省粮食局除由内设法制机构——政策法规处负责全省粮食法律法规建设，组织贯彻实施国家粮食法律法规工作外，经多次协调积极争取，于 2005 年 11 月成立了监督检查处，各级粮食监督检查制度和工作体系已基本建立。为充实法律人才力量，2006 年、2007 年，河北省粮食局先后招录了三名大学本科以上法律专业的公务员，分配到政策法规处和监督检查处，加强了法制机构和执法机构人员力量。三是加强队伍建设，促进依法行政。各级粮食部门行政执法人员以及局领导和政策法规科（处）同志积极参加粮食行政执法和执法监督培训，并取得了行政执法和执法监督资格。2006 年以来，全省开展各种单项检查和综合检查共计 10190 多次，共受理涉粮案件 771 件，规范了粮食流通秩序。地方规章和配套制度的制定、机构的建立、执法队伍的建设，为依法行政、依法管粮提供了保障，粮食流通管理已步入法制化轨道。

### （五）粮食仓储设施建设取得历史性突破

1978 年全省粮食仓容总量为 109 亿斤。1996 年河北省发生特大水灾，1997 年省财政拨款对水毁仓房进行了恢复重建，到 1998 年粮食仓容总量达到 180 亿斤。1998~2003 年，通过积极争取，国家共批准河北省粮库建设项目 79 个（次），总投资 13.77 亿元，建设仓容 52.6 亿斤。利用农发行发放简易建仓贷款用于粮库建设的有利时机，采取省财政贴息的办法，贷款 1.35 亿元，新（扩）建粮库 30 个，新增仓容 9 亿斤。与此同时，市、县粮食行政管理部门和部分粮食企业经多渠道筹集资金，建设仓容 40 亿斤。全省共新增仓容 101.6 亿斤，结束了露天存粮的历史。2004 年以来，部分粮食企业经多渠道筹集资金，积极建仓。截至2007年底，全省总仓容达到300亿斤，比1978年增加了191亿斤。同时，各级粮食部门还狠抓安全生产和储粮安全工作，层层建立安全生产责任制，加强督导检查。近10年来，全省粮食系统没有发生特大安全生产事故和储粮事故，储粮企业“一符四无”率每年都达到95%以上。

## 二、粮食流通体制改革的主要经验体会

总结河北省粮食流通体制改革工作取得的成绩，主要是得益于始终遵循了“五个坚持”。

### （一）坚持把购销市场化作为推进改革的基本取向

按照有利于粮食生产、有利于种粮农民增收、有利于粮食市场稳定、有利于粮食安全的原则，积极稳妥地推进粮食购销市场化进程，注重发挥市场配置粮食资源的基础性作用，结合企业改革，大力培育市场主体，改善流通环境，初步建立了宏观调控下的粮食购销新体制。

### （二）坚持把强化责任作为推进改革的重要保证

粮改工作从一开始就列入了各级政府粮食行政首长负责制的重要内容，河北省政府先后下发了冀政［2003］20号、冀政［2004］31号两个专门文件，制定了政策，明确了责任。省政府主要领导多次听取情况汇报，主管副省长先后8次召开会议部署具体工作。市、县政府高度重视、组织有力，有关部门尽职尽责、协调联动，粮食部门全力以赴、精心组织，为改革提供了强有力的组织保障。

### （三）坚持把落实政策作为推进改革的先决条件

各级各部门把中央精神同河北省实际紧密结合，在处理老粮、分流老人、解决老账、筹措改制资金和职工再就业方面，研究制定了切合实际的政策措施。几年来，全省共筹措改制资金17.92亿元，其中省财政补助5.57亿元，市县财政补助1.35亿元，企业自筹11亿元。

### （四）坚持把建立现代企业制度作为推进改革的主要目标

按照有利于国有资产保值增值、有利于宏观调控、有利于转换经营机制、有利于提高企业竞争力的原则，在摸清底数的基础上，合理界定企业产权归属，科学选择改制形式，完善企业经营机制，建立法人治理结构，企业市场竞争意识明显增强。

### （五）坚持把规范操作作为推进改革的根本要求

为确保改革的平稳运行，各地严格依据国家法规政策规范操作，坚持公开、公正、公平原则，凡是重大事项，都提交职工代表大会审议通过，切实维护职工的知情权和参与权，正确处理国家、企业、职工三者利益关系，基本做到了“三满意”，确保了改革平稳推进。

## 三、下一步工作设想

2008 年，国务院印发了《国家粮食安全中长期规划纲要（2008~2020 年）》，提出了 2008~2020 年保障我国粮食安全的指导思想、目标和主要任务及相关政策措施，这是做好今后一个时期粮食工作的重要依据。结合河北省实际，今后一个时期河北省粮食工作的重点是：以科学发展观为统领，以加快发展为主线，深入推进粮食流通体制改革；贯彻落实《粮食流通管理条例》，切实转变行政管理职能，完善宏观调控体系，依法加强对全社会粮食流通的监督管理；培育粮食流通主体，壮大粮食龙头企业规模，提高河北省粮食综合竞争能力；发展现代粮食流通产业，加快推进物流体系建设，做大做强粮食产业。主要任务是：

### （一）加强宏观调控，确保全省粮食安全

一是健全粮食统计制度，完善粮食统计调查手段。认真开展全社会粮食统计，正确分析和把握粮食供求形势，完善社会粮食产需平衡调查办法，健全统计网络，提高统计质量，搞好统计分析。二是积极推进粮食应急工作。积极推进全省各级粮食行政管理部门，完善粮食应急预案和粮食应急体系，积极组织河北省粮食应急演练活动，以检验预案的可操作性。健全粮食市场

监测预警预报机制。三是完善全省粮食储备体系。进一步完善全省粮食储备调控体系，优化储备布局和品种结构。积极探索新型地方储备粮管理机制，考虑进一步理顺省储粮油管理的措施办法。积极探索成品粮储备的有效办法，在全省建立起成品粮储备制度。健全省级储备粮油轮换管理机制，加强省储粮业务管理，逐步实现省储粮承储企业的规范化管理。完善储备粮监管制度，确保数量真实、质量良好和储存安全。加强储备粮仓储基础设施建设，改善储粮条件。完善安全储粮的各项规定，积极推广科学储粮新技术，搞好“一符四无”库站建设，确保储粮安全。四是加强粮食质量监管。健全和完善省、市、县三级粮油质检机构体系建设，实施“放心粮油”工程等活动，确保粮油质量安全。五是加强粮食行政管理体系建设。落实和健全粮食行政执法、监督检查和统计调查职责，保障粮食宏观调控的需要。

**（二）继续推进国有粮食企业改革**

加快推进国有独资、国有控股粮食企业公司制改造，完善法人治理结构，建立现代企业制度。除承担国家、省、市级储备粮储存任务和军粮供应任务的企业外，大力吸纳其他经济成分入股粮食企业，逐步实现国有参股企业国有资本全部退出。搞好国有粮食企业资产重组，依托优势企业，通过市场化运作，组建大型粮食购销企业集团，促进企业之间各类要素的合理流动。继续推进附营企业改革，因企制宜，稳妥操作。加强粮食企业的国有资产监督管理，对国有资产管理机构及国有企业，落实扭亏增盈目标责任制和综合绩效考核机制，督促各地定期搞好经济运行情况分析，帮助企业解决一些实际问题，提高企业经营管理水平。

**（三）推进粮食产业化经营，提高粮食市场主体竞争能力**

一是搞好产销衔接，发展订单农业。充分发挥粮食流通的引导作用，进一步搞好省内及省际粮食产销衔接，推进粮食购销、加工和种植之间的联合协作。在粮食主产区大力发展订单业务，把粮食生产与市场有效对接起来，发展效益型农业，使生产与流通协调互动，推动河北省由粮食大省向粮食强省转变。二是大力培育产业龙头，促进粮食加工转化增值。结合产权制度改革，按照“重点扶持、培育品牌、扩大规模、延长链条”的思路，大力推进粮食企业跨区域、跨所有制、跨行业的联合协作，加快培育大型粮油加工、经营企业集团。采取“公司 + 基地 + 农户”、“市场 + 中介组织 + 农户”等运行模式，走产加销、贸工农一体化路子。三是搞好以连接东北、北粮南运为主要功能的秦皇岛粮食物流园区，以玉米、杂粮为主的北京—张家口之间粮食物流园区，以散装流通及集装运输为主的石家庄物流园区等主要枢纽物流项目的谋划和建设。立足河北省粮食资源优势，大力提高自主创新能力，促进粮食加工向“专、新、特、精”方向发展，研究开发新的粮油品种，提高粮食产品附加值。

**（四）推进粮食法制建设，严格依法管粮**

一是抓好粮食流通相关配套制度建设。认真贯彻落实《行政许可法》、《行政复议法》、《粮食流通管理条例》、《河北省粮食流通管理规定》等法律、法规、规章和国家粮食政策。进一步健全相关配套制度，抓紧制定省级储备粮轮换管理办法,修订《河北省省级储备粮管理暂行办法》等规范性文件，规范全省粮食收购资格审批工作制度，完善规范性文件的合法性审查及备案等管理办法，建立健全行政决策机制、行政决策跟踪反馈等制度，提高行政规范化水平。二是加强粮食执法体系建设。积极组织执法人员参加上级的执法培训，实行执法人员资格管理。组建专业执法队伍，为依法管粮提供组织保证。三是推动粮食行政复议工作。积极推动各市粮食行政管理部门健全粮食行政复议制度，尽快建立健全粮食行政复议机构，配备必要的办案人员，为办理行政复议案件提供条件。四是依法监管全社会粮食流通。按照《粮食流通管理条例》的规定，认真履行好管理全社会粮食流通的职责。鼓励多渠道经营，严格资质标准，搞好粮食流通监督检查工作。为从事粮食购销活动的企业和个人提供平等的政策环境。同时与相关部门密切配合，共同做好粮食流通的管理和监督工作，维护河北省粮食安全。

（作者：河北省粮食局　徐受棠　杨洲群　董志伟　孟瑞英　修宗睿）

# 山西省粮食流通体制改革回顾与探讨

1978年12月党的十一届三中全会以来，山西省各级粮食部门认真贯彻党中央、国务院和省委、省政府关于粮食流通体制改革的总体部署和粮食工作的方针政策，坚定不移地推进改革开放，不断深化粮食流通体制改革，扎扎实实做好各项粮食流通工作，逐步打破了计划经济条件下粮食流通的旧体制，初步建立了适应社会主义市场经济要求的粮食流通新体制，粮食流通工作走上了新轨道，增加了粮农收入，促进了企业发展，保证了市场供应，稳定了粮食市场价格，确保了全省粮食安全，为全省的经济发展和社会稳定做出了积极的贡献。

## 一、山西省粮食流通体制改革的简要历程

改革开放30年来，随着社会主义市场经济体制改革的推进，山西省的粮食流通体制改革大体经历了从量变到质变的四个阶段：

第一阶段（1978年12月~1984年12月）为粮食统购统销阶段。这一阶段继续沿袭了1953年以来实行的粮食统购统销政策，即对农村农民的余粮实行计划收购，对城市市民和农村缺粮农民实行计划供应，价格由国家统一制定，国家严格控制粮食市场，由粮食部门统一垄断经营，严禁私商粮贩经营粮食。1979年在实行统购价基础上，对超购部分加价50%，调减征购基数，1982年省对地市县实行了粮食征购、销售、调拨包干“一定三年”办法不变。

第二阶段（1985年1月~1998年5月）为粮食购销价格“双轨制”阶段。这个阶段，一是在粮食购销上实行定购和议购，定量供应和议价供应；二是在价格上实行“双轨制”。1985年取消了统购，改为合同定购，1989年改为国家定购，定购以外的粮食可以自由上市，价格实行市场调节。1987

年对农民交售粮食实行柴油、化肥、预购定金“三挂钩”办法。同时缩小了统销范围，扩大了市场调节范围。1988年山西省在全国率先改革，省政府决定，从1988年4月1日起，平价粮食销售只保证非农业定量人口基本口粮，部队平价购粮，大中专、中学生定量标准口粮以及省辖五市及行署所在地的菜农口粮，农村选留公母猪饲料粮，对工种粮、糕点、副食、酿造、城乡饲料、各项补助粮全部放开，改为议价供应和市场调节。1992年底，山西省粮食销售价格全部放开，告别了票本制，实行了40年的城镇居民粮食供应被取消，统购统销体制解体，但保留了城镇居民粮食关系，一直保留到2001年。1995年实行粮食地区平衡和实行“米袋子”省长负责制，建立粮食储备风险基金。1994年、1996年国家两次大幅度提高了粮食定购价格。

第三阶段（1998年6月~2004年5月）以“三项政策、一项改革”为重点的，以粮食市场化为趋向的粮改阶段。1998年实行“四分开、一完善”（即实行政企分开、中央和地方责任分开、储备和经营分开、新老财务挂账分开、完善粮食价格机制），同年，国务院颁布了《粮食收购条例》，实行“三项政策、一项改革”，即按保护价敞开收购、顺价销售、资金封闭运行、深化国有粮食企业改革。2001年5月1日起山西省取消了《市镇居民粮食供应转移证明》。同年，调整了粮食收购保护价范围，玉米退出保护价收购范围，定购任务同时取消，实行了保护小麦、退出玉米的政策。

第四阶段（2004年6月至今）为新型的粮食购销市场化改革阶段。2004年6月，按照国务院的部署，全国以放开购销市场，直接补贴粮农，转换企业机制，维护市场秩序，加强宏观调控的基本思路进行了大规模的粮食流通体制改革。山西省从2004年6月起，小麦也退出了粮食收购保护价范围，取消了粮食定购任务，全面放开了粮食收购和市场价格，实现购销市场化，市场主体多元化。农民可以随行就市自由出售自己的粮食，凡符合收购条件的多元主体都可经营粮食，开始建立对种粮农民的直接补贴机制，实行最严格的耕地保护制度，完善地方储备粮保障机制，转换企业机制，维护市场秩序，加强宏观调控，确保粮食安全。2004年5月26日，国务院颁布了《粮食流通管理条例》。2008年，山西省政府自主决定在夏粮收购期间，在省内小麦主产区实行最低收购价政策，当小麦市场价格低于最低收购价格时，由省、市粮食储备库和批准委托的国有粮食购销企业按最低收购价挂牌收购农民交售的小麦，用于充实省、市两级储备。

## 二、山西省粮食流通体制改革取得的主要成效

改革开放以来，山西省粮食流通体制从统购统销的“四统一”格局走上了大市场、大流通、大贸易、多元化、开放式的流通格局，促进了粮食生产的稳定发展，保护了种粮农民利益，增强了政府宏观调控能力，粮食企业活力得到增强，确保了粮食市场供应和价格的基本稳定，保证了全省粮食安全。

### （一）初步形成了粮食购销多元化的新格局，搞活了粮食流通

粮食购销市场化，打破了国有粮食企业独家经营粮食的局面，民营、个体等多元粮食经营主体如雨后春笋般成长，形成了多种经济成分和经济形式互相竞争、合作的新格局。山西省取得粮食收购资格的单位 1940 户，其他经济组织和个体户 608 家。国有粮食购销企业继续发挥了主渠道作用。四年来，山西省国有粮食购销企业共收购粮食 241.5 亿斤，销售粮食 348.3 亿斤。

### （二）促进了农业发展，粮食综合生产能力得到了提高

党的十一届三中全会以来，山西省农村普遍实行了家庭联产承包责任制，极大地解放了生产力，农民生产粮食积极性空前高涨。之后，国家又多次提高了粮食收购价格，实行“三挂钩”政策，取消农业税，对农民种粮实行直接补贴等办法，加大了支农惠农政策力度，增加了农民收入，保护了农民利益，进一步调动了农民种粮积极性，山西省粮食生产保持了稳定增长势头，粮食综合生产能力得到进一步提高。1979 年全省粮食产量 160.14 亿斤，到 1989 年粮食产量达到 175.82 亿斤，10 年间增加了 15 亿斤，从 20 世纪 90 年代开始，粮食产量增长较快，1990 年粮食产量 193.8 亿斤，1996 年首次突破 200 亿斤大关，产量达到 215.42 亿斤，1998 年产量达到 216.3 亿斤。2004~2007 年四年间有三年的总产量达到 200 亿斤以上，标志着山西省粮食生产已上升到一个新的台阶，并进入稳定发展的阶段。1979 年山西省粮食平均亩产 298 斤，1990 年达到 392 斤，2007 年平均亩产达到 436 斤，比 1979 年增加 138 斤，比 1990 年增加 44 斤，粮食综合生产能力进一步提高。

### （三）粮食储备体系逐步完善，增强了政府的粮食宏观调控能力

1988 年，山西省建立“丙字粮”作为省级储备以来，1993 年建立了地市储备制度，储备粮规模不断得到充实。从 2004 年起，全省一些有条件的县市增加了县级政府调控粮，各级政府粮食宏观调控能力进一步增强。加强粮食产销衔接，保证了全省粮食总量和品种结构平衡，确保了粮食市场供应和价格的基本稳定。

### （四）大力推进粮食物流和“放心粮油”工程建设，保证了城乡居民粮油食品安全

为了搞活山西省粮食流通，净化粮油市场，让城乡人民吃上优质安全的放心粮油，全省粮食部门大力推进粮食物流体系建设，实施“放心粮油”进农村、进社区活动，完善和扩大放心粮油工程规模。目前，山西省粮食物流中心已经筹资 3000 多万元落实了项目选址，总投资 3.6 亿元，预计 2010 年底建成。国家粮食局批准山西省粮油批发市场成立太原国家粮食交易中心，已经正式挂牌运营。我们制定了“放心粮油”三年规划，目前已经建成 4 个区域物流（配送）中心，30 个县级粮油配送中心，4594 个“放心粮油”销售店。经过粮食行业协会的审查评比，到 2007 年底，全省共有“放心粮油”企业 84 个，品牌 40 个，品种 77 个，其中有 11 个企业，11 个品牌、21 个品种被评为全国“放心粮油”品牌。每年全省销售“放心粮油”约 10 亿斤，“放心粮油”工程更加深入人心，品牌市场占有率进一步提高。

### （五）推进国有粮食购销企业改革，企业的活力得到了增强

山西省 30 亿斤“老粮”处理完毕。1998 年 6 月至 2004 年末的 32.7 亿元政策性挂账，已经剥离到县以上粮食行政管理部门。积极稳妥地推进了国有粮食购销企业的产权制度改革。截至 2008 年 5 月底，山西省 119 个县已有 51 个县推进了产权制度改革，企业数量由原来的 552 个减少到 249 个，其中：国有独资企业 92 个，占 37%，国有控股企业 67 个，占 26%，租赁企业 90 个，占 37%。经省政府批准，山西粮油集团有限责任公司已经正式成立运行，整合了资源，壮大了实力。企业的经济效益有了明显提高。2007 年全省粮食系统购销企业比 2006 年减亏 2.51 亿元，减亏幅度达到 50%。2008 年在 2007 年的基础上再减亏 50%。

### （六）粮食产业化经营取得了新进展，带动了农民致富

在粮食购销市场化改革中，山西省各地国有粮食购销企业逐步突破传统的收原粮、卖原粮的经营方式，主动向粮食生产、粮食加工和消费领域延伸。一方面，通过订单农业，“公司＋农户”等形式，建立订单粮食生产基地，掌握粮源，减少粮食生产风险，增加农民收入；另一方面，通过转化增值，提高粮食产品的竞争能力。与此同时，各地积极培育粮食产业化龙头企业，组建集科研、生产、收购、加工和销售一体化的经济实体，大力开展粮食产业化经营，初步涌现了如忻州天维尔、山西红鑫淀粉有限公司，稷山红楼集团、山西金绿禾科技有限公司等一批粮食产业化龙头企业，带动了当地农民致富。

### （七）粮食应急机制和监测、预警体系初步形成，提高了应对突发事件的能力

为了应对突发公共事件等因素引起的粮食生产异常波动，各地积极采取措施，建立粮食应急工作机制，明确粮食应急工作机构，建立应急联系和值班制度，加强粮食购销和调运工作，有效地保证了粮食市场供应。2007 年《山西省粮食应急预案》正式下发，并制定下发了《山西省粮食应急预案实施意见》，各地也大都制定了粮食应急预案。到2007 年底，全省共建立粮食应急供应网点 393 个，应急加工企业 55 个，为特殊情况下的粮食供应提供了保障。

### （八）粮食市场监督体系得到完善，维护了正常流通秩序

2004 年，国务院颁布的《粮食流通管理条例》得到了较好的贯彻落实，山西省 11 个市粮食局都成立了监督内设机构和执法队伍，全省 119 个县有 94 个县粮食局具备了行政执法主体资格，均成立了内设机构或明确相关股（室）监管职能。有 67 个县组建了稽查队，占具备执法主体资格总数的 71.3%，为行政执法提供了组织保证。制定了 14 个粮食行政执法配套制度和规定，为规范粮食流通监督检查提供了制度保障。严把市场准入关，全省已累计办理粮食收购资格许可证 2062 家，其中国有企业 987 家，非国有企业 1075 家，同时加强了对粮食库存质量、卫生现状、夏粮、秋粮收购和军粮供应的监督检查，维护了正常的粮食流通市场秩序。

## 三、山西省粮食流通体制改革面临的困难和问题

山西省的粮食流通体制改革虽然取得了很大的成绩，但是也必须看到还面临很多的困难和问题。旧的体制已经打破，但仍有痕迹；新的体制已经建立，但还不成熟；新旧体制交替的状况还不能完全适应社会主义市场经济的需要，有待进一步深化。

### （一）粮食稳定发展和粮农持续增收的难度加大，种粮效益低，影响农民种粮积极性

一是农户分散经营方式不适应现代农业的需求；农业综合生产能力不高，农业基础薄弱，粮食成本高、效益低，促进粮食增产和农民增收的长效机制没有完全建立起来，直接补贴的具体措施有待完善。二是粮食宏观调控体系有待进一步完善。调控的物质基础尚待增强。山西省的地方储备粮规模现状与山西省政府确定的规模还有一定的距离。一些县市特别是贫困县还没有建立县级政府调控粮。在全省粮食储备中，成品粮储备偏少，还不能保证非农业人口 10 天的成品粮油消费需求。储备粮管理体制轮换机制需进一步完善，如何发挥省市储备粮在宏观调控中的作用，需要认真研究。

### （二）粮食行政管理部门的编制和人员、经费不足或缺

山西省 119 个县（市、区）有 112 个粮食局，其中 83 个行政局，行政挂牌局 7 个，事业挂牌局 20 个，事业局 2 个，有 7 个县（市、区）未设粮食局。县级机关人员中仅有 18%的人员为公务员，经费仅有 50%的来源财政拨款。有 11 个县没有一名公务员，有 10 个县只有 1 名公务员，有 30 个县只有 2 到 5 名公务员。这种状况极不适应粮食行政管理工作。

### （三）粮食产销区稳定的粮食产销协作机制不完善

粮食产销合作大部分停留在粮食行政管理部门的层面上，真正落实到企业的还不够；省内各市间粮食产销合作基础不牢固，山西省还未同周边的小麦主产省和东北大米主产省建立长期稳定的合作关系，产销合作形式少，产销合作机制不完善，缺乏互惠互利的制衡机制。

### （四）粮食物流基础设施薄弱

山西省粮食“四散化”程度很低，物流成本高，效率低，粮食加工缺乏整体规划和政策支持，企业经营单一，功能单一，信息化程度低，粮食流通有很大的盲目性和滞后性。

此外，粮食产业化不发展，龙头企业规模小，数量少，科技含量低，带动力不强；国有粮食企业体制机制改革滞后，缺乏内在活力，竞争力不强等，这些都需要在今后深化粮食流通体制改革中加以解决。

## 四、山西省粮食流通体制改革工作的启示

在改革开放30年来的粮食流通体制改革过程中，我们既有经验，也有教训，主要有以下几点启示：

### （一）深化粮改，必须从省情和粮情出发

从地理自然条件看，山西省地处黄土高原，土壤贫瘠，十年九旱，粮食生产低而不稳。党的十一届三中全会以来，全省粮食生产有较大发展，但人均占有量与全国平均水平比，仍有较大差距。2006年，山西省粮食产量达到214.67亿斤，为历史较高年份，但人均占有粮食仅638斤，低于全国平均水平134斤。山西省有30%的人口占有量低于全省平均水平，特别是24个国家级贫困县中有14个缺粮县，2003~2006年人均占有量只有319斤，比全省平均水平还低290斤。而且人口逐年增加，耕地逐年减少，因此，粮食安全的警钟必须长鸣，不能掉以轻心。再从山西省粮食产销的情况看，山西省是粮食调入省，粮食总量不能平衡，购销缺口大，品种结构矛盾大，细粮不足，粗粮有余。长期以来，小麦不能自给，每年缺口50多亿斤，稻谷基本不产，年消费的20亿斤大米全靠省外调入。食用油年消费缺口11亿斤，需从省外调入解决。因此，深化粮改，做好粮食工作必须紧紧把握山西省的粮情和省情。

**（二）深化粮改，必须立足加强宏观调控，确保粮食安全**

粮食既是一般商品，又是一种特殊的商品。首先要充分认识粮食的商品属性，粮食是商品，它受价值规律等经济规律的制约，在粮食购销市场化的新形势下，要充分发挥市场在配置粮食资源中的基础作用，同时，也不能忽视粮食商品的特殊性，忽视这一点，政策上也会进入误区。粮食，特殊在它是关系国计民生的重要商品，特殊在它是关系全国十几亿人民吃饭的第一商品，因此，无论怎样放开搞活，都必须加强政府的宏观调控，掌握一定储备规模和强有力的调控手段，保证粮食安全，应对突发事件，维护社会稳定。

**（三）深化粮改，必须着眼于充分调动农民的种粮积极性**

农村实行联产承包责任制，解放了生产力，粮食生产连续丰收，1978年山西省粮食产量141.39亿斤，到1984年达到了174.4亿斤。由于粮食连续丰收，产生了盲目乐观思想，再加上严重的自然灾害，从1985年起山西省粮食连续三年减产，引起了社会各界的普遍关注。1985年粮食产量164.5亿斤，1986年146.49亿斤，1987年下降到142.5亿斤。为此，1988年采取了调减粮食定购任务，提高“三挂钩”标准等办法，减轻农民负担，调动农民种粮积极性，粮食生产结束了徘徊不前的局面，粮食生产得到恢复性增长，1988年产量恢复到163.66亿斤，1989年175.82亿斤，1990年达到了较高水平的193.8亿斤。2004年，山西省出台了粮食直补及良种补贴政策，2006年又出台了农业生产资料增支综合直补政策，极大地调动了农民种粮积极性，粮食种植面积得到恢复性增加，粮食生产保持了稳步增长势头。2007年粮食作物面积4759万亩，比2004年增加8.5%，2004~2007年四年间有三年的总产量达到200亿斤以上。

**（四）深化粮改，必须充分发挥国有粮食购销企业主渠道作用**

在多元市场主体参与经营的情况下，如果没有国有粮食企业的主渠道作用，市场很难稳定，调控措施很难落实，粮食安全就没有保证。1994~1995年，粮食市场供应紧张，市场粮价迅速上涨，国家抛售储备粮食，及时将粮食价格迅速平息下来，2003年“非典”期间以及2007年四季度以来的粮油价格大幅度上涨，粮食部门及时采取措施，确保了粮食市场供应和价格稳定。多年来改革的实践证明，国有粮食企业的主渠道地位不能动摇，深化粮改千万不能忘记这一点。

## 五、山西省下一步继续深化粮食流通体制改革的思路

按照国务院的统一部署和省政府对粮食工作的要求，山西省粮食流通体制的改革要以科学发展观为指导，努力革除不适应科学发展的思想观念和体制机制，建立适应粮食经济科学发展的思想观念和体制机制。一是建立和完善粮食生产的直补调控机制，调动农民的种粮积极性，维护和提高山西省的粮食生产综合能力。特别是直补机制应与交售的商品粮数量相挂钩。二是加强和充实粮食储备规模，增强各级政府的粮食宏观调控能力。力争在三年时间将省政府确定的粮食储备规模落实到位。落实成品粮油的储备规模。三是稳定和加强粮食行政管理机构，转变职能，提高驾驭粮食市场经济能力。按照国务院和省政府的要求，落实县（市区）级粮食行政管理部门的编制、机构、人员和经费。四是加强粮食现代物流体系和市场体系的建设，提高粮食流通快捷畅通的能力。特别是加快建设山西省粮食物流中心和太原国家粮食交易中心建设，完善市、县粮食市场体系。五是大力推进粮食产业化经营，发挥粮食产业化龙头企业的辐射和带动力。要制定发展规划，完善扶持政策，抓好发展典型，采取得力措施，提升产业水平。六是切实抓好国有粮食企业的产权制度改革，创新体制机制，提高粮食企业适应市场经济的竞争力。力求 2009 年国有粮食企业的产权制度改革全面完成，经济效益不断提高，实现扭亏为盈。七是建立健全粮食监测预警机制，加强应急体系建设，提高快速反应和应对突发事件的能力，真正做到有备无患。八是不断探索建立粮食产销衔接的长效机制，提高粮食总量和结构平衡的能力。九是加大力度，推进惠及全民的“放心粮油”工程建设，提升建设质量，打造名牌品牌，提高市场占有率等，从而建立起适合市场经济要求的粮食流通新体制，促进山西省粮食经济的全面、协调和可持续发展。

（作者：山西省粮食局　李忠平　白喜明）

# 吉林省粮食流通体制改革研究报告

## 一、30 年来改革取得的主要成果及基本经验

1978 年以来，在党的一系列改革开放方针政策的指导下，我国的粮食流通体制进行了持续深入的不断改革，实现了由原来高度集中统一的计划管理向国家宏观调控下的市场经济体制根本转变。

### （一）改革历程

第一阶段（1978~1983 年）提高粮食统购价格，放开粮食集市贸易。1978 年党的十一届三中全会后，为了解决粮食价格长期偏低、影响农民种粮积极性的问题，国家首先从提高粮食统购价格、调减粮食征购基数、放开粮食集贸市场入手进行改革，初步打破了粮食完全由国家定价和国有粮食企业独家经营的计划经济模式，允许农民完成统购任务后的余粮在集市上出售，允许国有粮食部门按市场价格经营部分粮油，这些措施有效地提高了种粮收入，调动了农民的生产积极性，满足了城乡人民生活的多种需求。

第二阶段（1984~1997 年）逐步取消统购统销，扩大市场调节范围。为改革“统得过死，管得过多”的粮食统购统销体制，国家于 1984 年开始逐步缩小粮食统销范围，加大市场调节力度，并于当年首先将工业、饲料用粮退出统销范围，改为由市场调节。1985 年 1 月，中共中央、国务院在《关于进一步活跃农村经济的十项政策》中明确宣布取消粮食统购，改为合同定购。1989 年又将合同定购改为国家定购，定购价格由国家制定，定购外的粮食实行市场价。从而形成了定购价、统销价与市场收购价和市场销售价并存的“双轨制”价格。1993 年 2 月，国务院发出《关于加快粮食流通体制改革的通知》，提出了要在国家宏观调控下放开粮食价格和经营，主要措施是

保留粮食定购数量，价格随行就市；为了防止“谷贱伤农”或粮价暴涨，实行收购最低保护价和销售最高限价，由各省分散决策，逐步推进，两三年内完成。但到1993年上半年，各省基本上都放开了粮食价格和经营。1994年，国内粮食情况发生变化，供给趋紧，价格上涨，为了加强宏观调控，平抑市场粮价，5月份国务院发出《关于深化粮食购销体制改革通知》，重申定购是农民应尽的义务，必须完成。1995年下半年，国内粮食供给趋于缓和，市场粮价开始回落。粮食购销和价格“双轨制”的实行，进一步扩大了市场机制在粮食价格形成上的作用，促进了生产，活跃了流通。

第三阶段（1998~2000年）推行“三项政策，一项改革”，加强对粮食购销的管理。为解决国有粮食企业亏损问题，1998年5月出台了《国务院关于进一步深化粮食流通体制改革的决定》，重点是“三项政策，一项改革”，即“敞开收购，顺价销售，封闭运行，加快国有粮食企业自身改革”。其中，敞开收购就是按保护价敞开收购农民余粮，品种有小麦、玉米、稻谷和大豆，保护价格由各省政府制定，禁止国有粮食购销企业以外的单位和个人直接到农村收购粮食；而顺价销售就是要按收购保护价加上各项费用来适当制定销售价格，不顺价不允许销售；封闭运行是指粮食收购资金不准挪作他用。这一政策的实施，加强了国家对粮食购销和价格的管理。这一时期粮食收购保护价定得比较高，远远超过市场销售价，极大地调动了农民生产积极性，刺激了粮食生产增长，但同时也阻断了农民与市场有效需求的衔接，造成购销价格倒挂，无法实现顺价销售，国有粮食企业亏损逐年增加。

第四阶段（2001~2003年）逐步放开粮食购销和价格，加快向市场经济转轨。2001年7月出台了《国务院关于进一步深化粮食流通体制改革的意见》，明确了粮食流通体制改革的目标模式：在国家宏观调控下，充分发挥市场机制对粮食购销和粮食价格形成的作用，完善粮食价格形成机制，稳定粮食生产能力，健全完善国家粮食储备体系和市场体系，逐步建立适应社会主义市场经济发展要求和我国国情的粮食流通体制。改革的思路是“放开销区，保护产区，省长负责，宏观调控”。在各方面的着力推动下，全国粮食购销市场化改革步伐明显加快。

第五阶段（2004年至今）实现了粮食购销市场化的根本转变，继续完善改革措施。2004年5月国务院下发了《关于进一步深化粮食流通体制改革的意见》，决定全面放开粮食收购和价格，并提出了“放开收购市场，直接补贴粮农，转换企业机制，维护市场秩序，加强宏观调控”的改革思路，初步完成了我国粮食价格形成机制由计划为主向市场为主的转变。

**（二）主要成效**

1. 实现了粮食购销市场化。2004 年以来，实行对种粮农民直接补贴，全面放开粮食购销市场和价格，形成了粮食购销市场化新格局。2004 年至今，吉林省经批准取得收购资格的非国有粮食经营企业已达 1702 户，占粮食经营主体的 66%，活跃了城乡粮食购销市场，实现了粮食购销市场化、经营主体多元化的新局面。近年来，吉林省粮价逐年攀高，农民从粮食购销市场化改革中得到了实惠，还有效化解了“卖粮难”、储粮难和增收难的问题，从而进一步拉动了粮食生产的发展。

2. 调动了农民积极性，促进了粮食生产发展。粮食流通体制改革解决了计划经济体制下粮食购销价格长期偏低，工农比价不合理，“剪刀差”过大的弊病，提高了农民的种粮收入，调动了农民生产积极性，实现粮食持续增产。1978~2007 年，我国粮食总产由 30477 万吨增加到 50150 万吨，人均粮食消费量由 316.6 公斤提高到 379.6 公斤，粮食由改革开放前的长期供给不足转变为现阶段的供求基本平衡，结束了粮食凭证供应的历史。

3. 活跃了粮食市场，丰富了人民生活。粮食流通体制改革不仅解决了温饱问题，还增加粮食供应品种，满足了城乡人民生活的多种需求，保证了人们生活水平不断提高需要。

4. 基本建立了以市场为主的粮食价格形成机制。价格形成机制是粮食流通体制改革的核心。30 年来，通过不断缩小国家定价范围，扩大市场形成价格比例，我国粮食价格最终实现了完全由国家直接制定向国家宏观调控下以市场为主形成的转变。在正常情况下，粮食价格主要由市场供求决定；为防止粮食价格大起大落，国家还对主要粮食品种实行调控，有效地保护生产者和消费者的利益。使价值规律对资源配置的基础作用和对生产、流通、消费的引导作用得到了较好发挥。

5. 初步建立了统一开放、竞争有序的粮食市场体系。市场体系的建立是社会主义市场经济的主要标志，经过 30 年来的改革，我国由关闭粮食市场到全面放开粮食市场，初步建立起了以城乡粮食集贸市场为基础，以区域性粮食批发市场为骨干，以国家级粮食交易中心和期货市场为主导的统一开放、竞争有序的粮食市场体系，培育起了多元化的粮食市场主体，结束粮食购销完全靠国家调拨的历史。现代粮食市场的聚散粮食、发现价格、规范交易、引导流通等一些主要功能开始得到发挥。

6. 建立和完善了以经济手段为主的粮食宏观调控体系。转变粮食宏观调控方法是粮食流通体制改革的重点。经过30年来的改革，我国粮食宏观调控基本完成了以行政命令为主到以经济手段为主的转变，建立了国家和省级专项粮食储备体系，粮食储备数量初具规模；建立了国家和各地区的粮食安全预警体系和粮食安全应急预案，改进了粮食进出口方法，积极利用国际粮食市场和资源平衡国内供求，这些都为以经济手段为主进行粮食宏观调控奠定了基础；市场经济观念的树立，多年来的实践也使经济手段在宏观调控中得到了自觉运用。

7. 在转变行政管理职能，推进国有粮食企业改革方面取得突破性进展。粮食行政管理部门职能实现了向依法管粮的重要转变。2003年、2004年，国务院相继颁布实施《中央储备粮管理条例》和《粮食流通管理条例》，粮食法制建设取得重大进展，粮食流通管理纳入法制化轨道。各级粮食行政管理部门按照国务院的规定和要求，适应粮食工作的新形势，努力搞好粮食宏观调控、储备粮行政管理和行业指导，切实履行对全社会粮食流通监管的职责，启动粮食行政执法、全社会粮食流通统计、行政复议等新工作，拓宽了工作领域，使"经济调节、市场监管、社会管理和公共服务"的政府职能在粮食流通领域得到更为全面的落实。经过30年来的改革，国有粮食企业也从政府的"附属物"转变为自主经营、自负盈亏的市场主体，在市场竞争中求生存谋发展。吉林省国有粮食企业改革也有了较大突破，稳妥完成企业富余人员分流安置任务，基本上解决长期以来困扰粮食流通改革和发展的"三老"问题。

8. 提高了粮食流通现代化程度。经过30年来的改革，我国粮食流通在现代化建设上迈出了较大步伐，公平的市场竞争环境基本形成，优胜劣汰的竞争使企业不断提高经营管理水平，降低流通成本，有了活力和竞争力；多年来的粮食基础设施建设使粮食企业的仓房化、机械化、自动化水平有了较大提高，吉林省粮食完好仓容达210亿斤，比改革开放前增加1倍多，粮食烘干能力250亿斤，比改革开放前增加了7倍，装卸粮食彻底告别了跳板，收粮核价基本实现了微机化，电子商务、连锁经营等现代化经营手段得到了普遍推广应用。

## （三）基本经验

1. 解放思想是粮食流通体制改革的前提。粮食是我国进入计划经济较早、退出较慢的产品，受计划体制的影响深，如果不解放思想，创新观念，树立商品经济意识、市场意识，就不能突破计划经济意识和传统观念束缚，推进粮食流通体制改革。而且解放思想并不是一朝一夕的事情，要与时俱进，不断更新。回顾30年来深化粮食流通体制改革的历程，实际上就是不断解放思想，创新观念的历程。

2. 坚持市场化方向是深化粮食流通体制改革的关键。改革必须明确目标模式，否则就会迷失方向，难以进行。粮食流通体制改革的目标模式就是根据社会主义市场经济要求，建立与之相适应的粮食流通体制。多年来的粮食改革实践也证明，什么时候坚持了市场化的改革方向，改革就得以深入，与目标的距离就会缩短；什么时候偏离了市场化方向，就会出现反复，甚至倒退。因此，无论客观环境出现变化，还是思想认识上出现分歧，只能从实际出发，适时调整改革力度，但绝不能偏离市场化改革的大方向。

3. 循序渐进是推进粮食流通体制改革的主要方法。粮食流通从计划经济体制到市场经济体制的转变是一次根本性的改革，是一项长期的任务。人们对改革有一个不断深化认识的过程和经验积累过程，改革措施也需要一个不断完善的过程，不可能一步到位。如果操之过急，就会超出客观条件限制和人们认识的水平，出现大量问题影响改革发展，欲速则不达。

4. 有利于促进粮食生产发展和农民增收是粮食流通体制改革必须坚持的出发点和落脚点。粮食生产是粮食流通得以进行的前提，保证粮食安全是粮食生产和流通的根本任务，而促进粮食生产发展就必须要调动农民生产积极性，增加农民收入。因此，粮食流通体制改革必须有利于促进粮食生产发展和农民增收。而我国粮食流通体制改革正是从提高粮食价格，增加农民收入开始的，并通过转变粮食价格形成机制，实行粮食最低收购价等措施保护农民利益，提高农民收入，建立起有利于粮食生产发展的长效机制。

5. 坚持市场调节与宏观调控有机结合是粮食流通体制改革的重要原则。在市场经济中，由于市场调节的自发性和盲目性，需要政府进行一定程度的干预，以弥补市场调节的缺陷。特别是粮食商品需求弹性很低，供给弹性高，受自然条件影响强，价格波动幅度大，调整时间长，如果完全任由供求关系决定粮食价格，就会出现歉年粮食价格暴涨，超出消费者承受能力；丰年粮食价格暴跌，“谷贱伤农”，粮食价格大起大落，影响经济发展和社会安定。因此，当今世界上没有一个国家的粮食是完全靠市场调节的，关键在于市场调节与宏观调控有机结合起来，形成政府运用经济手段调控市场，市场形成价格，价格引导粮食生产、流通、消费的高效调控机制，让市场机制在国家宏观调控的框架内更好地运行。

## 二、当前粮食流通体制改革面临的突出矛盾和问题

30 年来，粮食流通体制改革取得了较大成就，但还有一些新的矛盾和问题需要解决。

### （一）产权制度改革尚未完成，国有粮食企业经营困难

粮食流通体制改革虽然完成了由计划经济体制到市场经济体制的根本转变，但粮食管理体制改革却相对滞后，国有粮食企业产权制度改革尚未完成，企业产权不明，机制不活，经营困难；粮食行政管理部门职能转变正在进行，还有待于探索和深化；其他一些改革措施也需要进一步落实和完善。

### （二）支持政策效果下降，粮食最低收购价有待改进

近两年来，随着物价急剧上涨和粮食生产成本大幅度提高，原来制定的粮食支持政策效果明显下降，直接补贴政策需要在实践中不断总结完善；最低收购价格也已经变得偏低，并且容易扭曲市场价格，影响价格机制作用的发挥，质量高低一个价，不利于提高粮食品质，也需要进一步改进。

### （三）供求和价格波动较大，粮食宏观调控仍需改进

我国虽然逐步建立起粮食储备体系和粮食风险基金，开始用经济手段调控粮食价格和市场，但从近些年来的实践看，仍然存在问题。一是在调控手段上，行政命令运用的多，经济方法运用的少，调控时机和效果滞后；尤其是在粮食供大于求的情况下，缺乏调控经验和有效的调控手段。二是在储备粮调节的操作上，时效性不强，该吐时没有及时吐，该吞时没有及时吞，效率低、成本高，管理和轮换办法也有待于进一步改进。三是进出口时机和节奏把握不准，往往在需要出口时国际市场粮价低，进口时国际市场粮价高，

利益流失较多，加剧了粮食价格波动幅度。

**（四）粮食市场主体发育滞后，市场体系仍需完善**

目前我国统一开放的粮食市场体系虽已形成，但存在的问题是：粮食市场中介组织少，农民难以直接进入粮食批发市场卖粮；大多数粮食集贸市场设施简陋，管理不到位；商流粮食批发市场建设过多，部分市场有场无市；各层次粮食市场间缺乏联系，没有形成一个有机整体；一些必要的市场法规也没建立起来，粮食交易合同缺乏法律约束，兑现率低。

**（五）供给趋紧，粮食安全面临新问题**

近几年来，国际市场粮食消费增加，库存下降，价格大幅度上涨；国内工业加工用粮迅速增加，供给由宽松转向趋紧，玉米出口减少，大豆进口增加，确保粮食安全的压力增大。

**（六）粮食流通现代化程度低、费用高**

目前我国流通现代化程度虽然有了较大提高，但与经济发展要求和发达国家相比还存在着很大差距，粮食企业规模小，保管条件差，“四散化”程度低，铁路运力紧张，粮食运输不畅，现代化流通方式和手段应用不够，环节偏多，粮食流通费用高于发达国家。

**（七）粮食产业化发展不够，为新农村服务有待加强**

目前我国粮食生产仍以千家万户农民家庭为主，粮食生产、流通、加工、销售各环节之间有机联系不够，大品种粮食订单推广困难，龙头企业少，带动力差，在为社会主义新农村服务方面还有许多工作要做。

## 三、继续深化改革的目标任务、战略重点、政策措施

按照《国务院关于完善粮食流通体制改革政策措施的意见》和吉林省政府有关粮食改革的要求，新时期吉林省粮食流通体制改革的目标是：进一步落实和完善粮食流通体制改革的各项政策措施，健全国家宏观调控下的粮食流通市场体制。总体思路是：深化粮食改革，健全调控体系，保证供给，搞

活经营。主要任务是建立现代粮食流通体系，提高粮食流通效率，保证粮食供求平衡与安全。重点是抓好“一项改革，一项改进，五个体系建设，一个服务”。

### （一）继续深化粮食流通体制改革

一是加快推进国有粮食购销企业产权制度改革，建立现代企业制度，转换企业经营机制，使粮食企业真正成为自主经营、自负盈亏的独立市场主体。通过企业产权转换、资产重组、股份制改造等途径，对国有粮食企业的产权结构、组织结构、经营结构，进行跨行政区域、跨所有制形式、跨行业的整合，在全省形成若干个具有较强竞争力的国有控股或参股、购储加销一体化的大型粮食企业集团，充分发挥作为政府实施粮食宏观调控的重要载体作用。二是加快转变粮食行政管理部门职能。各级粮食行政管理管理部门要按照政府职能定位和保障国家粮食安全的要求，切实转变职能，做到政企分开，把工作重心转到宏观调控、市场监管、行业指导和做好服务上来，努力提高粮食流通管理水平。三是继续完善各项改革措施。

### （二）改进粮食支持政策

要从实际出发进一步完善粮食支持政策，根据农民的种植成本和市场供求情况及时调整最低收购价格水平，拉开地区差价和品质差价，探索转变最低收购价支付方式，增加反周期补贴项目等保护办法，建立保护农民利益的长效机制。

### （三）健全粮食调控体系

进一步改进粮食宏观调办法，增强粮食宏观调控能力，建立健全以政府粮食储备为基础、粮食市场购销为调节、粮食应急供应系统为保障的粮食宏观调控体系，确保省内粮食供给和余粮外销。一是改进粮食宏观调控办法，更好地利用各种经济杠杆，搞好粮食供求调节和价格调节，提高调控效率和效益；二是扩大省级储备粮规模，合理调整储备粮品种结构，搞好储备粮管理；三是根据全省粮食供求平衡需要，积极搞好粮食的购入和销出，积极开展粮食进出口贸易，充分利用国际粮食资源和市场平衡国内粮食供求；四是落实“米袋子”行政首长负责制，分级制定粮食应急预案，保证粮食供给和市场粮价的基本稳定；五是建立中长期粮食供求平衡机制和快速敏捷的市场监测系统，及时掌握市场动态，定期发布市场信息，指导企业经营，引导农民适时售粮，为宏观调控奠定基础。

**（四）完善粮食市场体系**

要进一步完善粮食市场法规，搞好粮食市场建设，建立健全以城乡集贸市场和超市等零售市场为基础、地区性粮食批发市场为骨干、长春国家粮食交易中心为主导的开放统一、竞争有序的现代粮食市场体系。积极培育多元化的粮食市场主体，探索和发展以农民为主体的股份合作式的粮食流通服务组织，提高农民进入市场的组织化程度，促进粮食市场发展。

**（五）发展粮食产业化体系**

建立健全以优势企业为龙头、现代粮食物流和加工业为依托、科技为支撑的粮食产业化体系，大力发展订单生产、订单收购，促进农民增收、企业增效。要延长产业链，以现有国有粮食购销企业为基础，实行工商联合、购储加销一体化经营。

**（六）健全粮食监管体系**

按照《粮食流通管理条例》要求，加强对粮食市场的监管执法，建立健全以粮食法律法规为依据、以库存监管为主线、以质量安全为重点的面向全社会的粮食流通行政执法监督保障体系。打击扰乱粮食流通秩序的违法、违规行为，保证粮食质量和安全，维护消费者合法权益和正常的粮食流通秩序。

**（七）建立高效的现代粮食流通体系**

要大力发展现代化的粮食流通方式和手段，推广电子商务和期货交易，形成网上交易和市场交易相结合，现货交易和期货交易相结合的粮食交易体系，减少流通环节；要搞好粮食仓库建设和布局，发展物流配送、“四散运输”、连锁经营，降低粮食流通成本和费用，提高粮食流通效率。

**（八）为社会主义新农村建设服务**

粮食流通体制改革要服务于新农村建设这个大局。国有粮食购销企业产权制度改革要与县域经济发展、农业产业化和农村现代物流产业发展紧密结合起来。搞好国有粮食购销企业与当地或外地粮食加工龙头企业对接，主动为其服务，促进加工转化增值；延长粮食产业链条，通过订单上连市场、下接农户，把农民、企业、市场紧密地整合在一起，采取“公司 + 粮库 + 基地 + 农户”等形式，实现粮食产购销加销一体化经营。还可以通过试点探索国有粮库入股农村经济合作组织，成为农村农产品流通体系的一部分，为农民增收致富服务。

（作者：吉林省粮食局）

# 上海市粮食流通演变历程与发展成果

## 一、上海市粮食流通演变历程回顾

### （一）改革开放前粮食流通体制概况

1949 年 5 月 30 日，中国人民解放军上海市军管会接管国民党“上海市粮食紧急购储会”机构及其存粮。7 月成立第一家国营粮食机构“上海市粮食公司”，负责粮食批发、调运、配售和市场管理。同年各县相继成立粮食管理机构，负责本县粮食收购、储运、保管、供应等。至 1952 年，在上海市粮油市场上，国营、公私合营、合作、私营和个体五种经济成分并存，实行粮油自由购销体制。粮油批发由国营粮油商业控制，国家牌价在市场上起主导作用。

为保证人民生活和国家建设所需要的粮食，稳定市场物价，1953 年，党中央、国务院从我国的国情和粮情出发，决定实行粮食计划收购与计划供应政策（简称统购统销政策）以及中央统一管理下的粮食计划管理体制。1954 年 1 月，上海市贯彻执行粮食统购统销政策，同时关闭粮油交易市场，停止私营粮商自由收购和经营、贩运粮食；3 月起，实行居民口油凭票定量供应；12 月成立上海市人民政府粮食局（1955 年 4 月更名为上海市粮食局），负责全市城乡粮食计划收购、供应和储运管理。1955 年 10 月，实行了以人定量供应制度，同时印制发行上海市粮票、居民购粮证等“五票一证”，实行居民口粮凭票、凭购粮证和定量供应。由此粮票、购粮证作为第一票证步入了新中国的票证历史舞台。它是在当时农业比较落后、粮食供给不足条件下的必要举措，也是我国特定的社会、政治和经济背景下的必然产物。在计划经济时期，粮食按计划凭票凭证供应，有利于国家实行供需总量平衡，保障供应，控制销售，起到了平抑物价、稳定市场、保证经济建设顺利进行等积极作用。

1963~1968 年，开展粮食议价（高于统购、统销价格）收购和销售。1969 年，因国内粮食供应出现紧张状况，停止粮食议价收购和销售。1972 年，按照国务院的统一部署，实行“四统一”（统一征购、统一销售、统一调拨、统一库存）的粮食计划管理体制。

### （二）1978~1997 年粮食流通体制改革历程

党的十一届三中全会召开后，随着国家实行经济体制改革，对粮食流通体制也进行了一系列改革。按照国务院关于在完成国家粮食征购任务后，允许农民通过集市进行粮食、油料等卖买，粮食部门也可以议价收购和销售的精神，上海市于 1979 年和 1980 年先后恢复粮食议价销售和议价收购以及粮食集市贸易，开始实行粮食购销平价（统购价、统销价）和议价相结合的粮食流通体制。

根据《中共中央国务院关于进一步活跃农村经济的十项政策》精神，1985 年，上海市取消粮食统购，实行合同定购，定购以外的余粮，由农民自由上市，粮食流通实行多渠道经营。1987 年，又取消油菜籽统购，实行合同定购，定购以外的按议价收购，同时工业用粮也由平价计划供应改为议价销售。

1990 年，上海市执行《国务院关于建立国家专项粮食储备制度的决定》，建立地方专项粮食储备，增强宏观调控能力，保证粮食市场供应和粮价的基本稳定。

1993 年 4 月 1 日起，按照《国务院关于加快粮食流通体制改革的通知》精神，上海市取消了粮（油）票和定量供应制度，实行粮油商品敞开供应。从此，伴随城镇居民 39 年历程的粮（油）票退出了票证历史舞台。同年，上海将粮食合同定购改为指导性计划收购，计划外的按议价收购；开始进行粮食批发市场建设，建立了第一家市级粮食批发市场——上海粮油商品综合交易市场；国内贸易部和上海市政府联合组建的国家级粮油期货交易所——上海粮油商品交易所开业；同时，对中心城区 1700 余家国有粮店经营方式进行改革，以区域为单位实现连锁经营，实行“一业为主，多种经营”。

1994 年，贯彻《国务院关于深化粮食购销体制改革的通知》精神，上海开始实行“米袋子”市长负责制，负责本市粮食总量平衡，稳定粮田面积，稳定粮食产量，稳定粮食库存，灵活运用地方粮食储备进行调节，保证粮食供应和粮价稳定。制定实施《上海市粮油经营管理暂行办法》，规范粮油市场经营行为。1995年，按照《国务院关于深化粮食棉花化肥购销体制改革的通知》精神，粮食收购由指导性计划收购改为计划定购，并实行奖售政策，充分调动了农民种粮积极性。在完成定购粮收购任务的同时，继续开展议价粮收购，搞活粮食流通。同年，根据《国务院关于粮食部门深化改革实行两条线运行的通知》的精神，上海市粮食部门实行政策性业务和商业性经营两条线运行。

**（三）1998~2008年粮食流通体制改革历程**

1998年起，粮食流通体制改革进入深化阶段。1998年8月，按照《国务院关于进一步深化粮食流通体制改革的决定》要求，上海市进一步深化粮食流通体制改革。一是实行“四分开，一完善”（政企分开，储备与经营分开，市与区、县政府的粮食责权分开，新老财务账目分开；完善粮食价格机制）。上海市粮食行政管理部门在全国率先实行政企分开，组建了新的上海市粮食局，同时按照现代企业制度要求，组建了上海良友（集团）有限公司。郊区粮食收储企业以收储业务与附营业务分离为重点，推进企业改革，转换经营机制；市区粮油零售企业理顺资产关系，大力推进连锁经营，扩大经营规模。二是执行“三项政策，一项改革”，按保护价敞开收购农民余粮，国有粮食收储企业实行顺价销售，农业发展银行市分行收购资金封闭运行，加快国有粮食企业自身改革，转换经营机制，提高市场竞争能力。

1999年7月起，上海市进行郊区粮食流通体制改革。一是建立粮食工作行政首长责任制，落实“三项政策、一项改革”和粮食收购市场管理的责任，并列入目标责任制以及考核行政首长政绩的重要内容；二是区县粮食行政管理部门实行政企分开，粮食行政管理职能与粮食企业经营职能分离，粮食行政管理部门与粮食企业机构分设，粮食购销公司在区县粮食局的指导下从事粮食购销业务；三是实施国有粮食购销企业购销业务与附营业务的分离；四是国有粮食企业实施减员分流。

按照国务院办公厅有关文件精神，从2000年夏粮上市起，上海市小麦退出保护价收购范围，允许经市工商行政管理部门会同粮食行政管理部门批准的粮食加工、经营企业直接收购、经营退出保护价收购范围的小麦；同时，实行粮食收购市场准入制度。从2000年秋粮上市起，上海市允许农业产供销一体化的龙头企业和具有相应粮食仓储及加工能力的企业入市收购粮食。

2001 年，国务院决定在八个主销区率先实施粮食购销市场化改革。按照《国务院关于进一步深化粮食流通体制改革的意见》精神，上海市深入推进粮食流通体制改革，并全面实现粮食购销市场化。一是全部取消粮食收购计划；二是全面放开粮食收购价格，粮食购销企业按市场供求确定粮食收购价格，随行就市收购；三是开放粮食收购市场，鼓励符合一定条件的多种所有制经济主体，经市、区（县）粮食行政管理部门审查粮食经营资格、工商行政管理部门核准登记后，按照国家有关规定从事粮食收购；四是推动国有粮食购销企业加快走向市场，转换经营机制，真正成为自主经营、自负盈亏的市场主体；五是建立灵活、高效的储备粮吞吐机制；六是培育和健全粮食批发交易市场体系，鼓励多元投资建设粮食批发交易市场，同时健全了以良友便利店、超市、便利店为主体的粮食零售骨干网络；七是培育和建立以粮食价格信息、市场供求行情为主要内容、咨询中介组织为主体的社会化信息服务体系，引导农民按照市场需求调整粮食种植结构；八是鼓励本市粮食企业与主产区建立稳定的粮食购销关系。

2003 年，以根本上解决“老粮”问题为突破点，进一步推进上海市粮食流通体制改革。在各级政府领导下，在有关部门支持下，各级粮食行政管理部门有序推进改革，稳妥解决了“老粮”问题，不仅化解了深化粮食流通体制改革中的“瓶颈”问题，而且保证了粮食储存质量，为增强政府的粮食宏观调控能力奠定了物质基础。

2004 年，国务院发布《关于进一步深化粮食流通体制改革的意见》，决定全面放开粮食收购市场；同年，国务院颁布实施《粮食流通管理条例》，为依法管粮提供了法制保障，粮食行政管理部门对粮食流通秩序监管逐步走上法治化、规范化轨道。上海市认真贯彻实施《粮食流通管理条例》，制定并执行《上海市粮食收购资格暂行规定》，推进粮食行政许可工作规范、透明；依法履行对粮食收购、储存、运输活动和政策性用粮购销活动以及粮食质量的监管职责，建立健全粮食流通社会统计等制度。

2006 年，深入贯彻实施《粮食流通管理条例》和《上海市商品交易市场管理条例》，依法监管粮食流通秩序、依法促进市场发展；按照《国家粮食应急预案》要求，市政府发布《上海市粮食应急预案》，初步建立市、区（县）两级粮食监测预警机制和预警网络，抓好预警预控，实施先兆预警，及时有效应对市场供求波动。2006 年，国务院制定了《关于完善粮食流通体制改革政策措施的意见》。按照国务院有关要求，上海市政府于 2007 年制定并发布了《上海市人民政府关于完善粮食流通体制改革政策措施的实施意见》，将上海粮食流通改革和发展工作进一步推向深入。同年，上海市结合新农村建设和都市现代农业发展，稳定粮食生产和粮食市场供应，积极开展粮食订单收购，加强粮食流通和生产的产业化衔接。2008 年，继续推进和完善粮食订单收购工作机制，着力扩大订单收购覆盖面；经市政府同意，市经委、市发展改革委、市粮食局制定并发布了《上海市粮食经营者最低和最高库存量标准》，规范经营行为；继续严格依法实施粮食收购行政许可，开展粮食流通监督检查，有力地推动粮食流通向多元化、规范化、法治化发展。

## 二、改革开放 30 年来上海市粮食流通工作取得的成绩

回顾改革开放 30 年，特别是以政企分开和粮食购销市场化为主要内容的近 10 年来的粮食流通体制改革历程，上海市认真贯彻落实党中央、国务院关于推进粮食流通体制改革的各项部署和要求，结合上海经济社会发展实际和粮食主销区特点，发挥市与区县两级政府的功能，调动多元市场主体的积极性，各有关部门协调配合，积极稳妥地推进上海市粮食流通体制改革，取得了阶段性成效。

### （一）粮食流通体制改革稳步推进，粮食流通格局不断优化

1. 率先实现政企分开，为深化粮食流通体制改革进行了先行探索。按照国务院关于推进粮食流通体制改革的统一部署和要求，上海在全国率先实行政企分开，原市粮食局下属企业组建成立上海良友（集团）有限公司，通过加大深化企业改革、转换经营机制，成为真正面向市场、自负盈亏、自我发展的市场主体；新组建的上海市粮食局重新配置内设机构和人员编制，内设机构精简 50%，人员精简 71%。粮食局与上海良友（集团）有限公司机构分设，职能分清，粮食局不参与、不干预企业自主经营活动，上海良友（集团）有限公司不具有、不行使政府的行政职能。各区县也以“政企分开”为

重点，采取了粮食局与国有粮食购销公司分设等形式，改革改制顺利推进。通过政企分开，粮食行政管理部门的职能逐步由经营和行政的双重职能向单一的依法行政职能转变，由对粮食流通的直接管制向间接调控转变，由对国有粮食系统内的管理为主向全社会粮食流通管理转变。1998 年 8 月 23 日《人民日报》在头版刊发了“上海全面启动粮食流通体制改革”的报道，对上海市的粮食流通体制改革予以高度评价。上海市粮食流通改革的率先探索，为国家粮食流通体制改革的深入推进进行了先行的实践。

2. 深化国有粮食企业改革，在充分发挥主渠道骨干示范作用的同时积极培育多元市场主体。市和区县深入推进国有粮食企业改革，按照有进有退原则进行企业改制、兼并重组，健全法人治理结构，强化企业内部管理，大力拓展业务领域，不断创新赢利模式，切实提高企业的市场竞争能力。例如政企分开后组建的上海良友（集团）有限公司坚持在改革中加快企业发展，逐步成为具有较强市场竞争力及行业影响力的大型现代化粮食企业集团，2006 年在中国企业 500 强中名列第 354 名，在中国制造业企业 500 强中名列第 191 名，在中国食品加工制造业中高居第 2 名，在上海企业 100 强中位居第 33 名。近年来，上海良友（集团）有限公司在支持政府粮食宏观调控、承担市级粮食储备、稳定粮油市场供应等方面发挥了骨干示范作用。在国有粮食购销企业发挥主渠道作用的同时，多种所有制粮食企业也得到了迅速发展。截至 2004 年末，全市国有粮食企业改制企业数为 844 个，其中，股份制企业 190 个，兼并企业 142 个，民营企业 132 个，承包租赁企业 149 个，其他企业 231 个；2007 年全市统计涉粮单位中，重点非国有粮食经营企业占 34.5%，外资企业及中外合资经营企业食用植物油产量占全市总产量的三分之二，多元市场主体基本形成。

3. 基本解决“三老”问题，减轻了粮食企业负担。上海市政府与各区县政府高度重视“老账、老粮、老人”（“三老”）问题，市有关部门齐心协力帮助国有粮食企业解决各种困难，国有粮食企业加快自身改革和改制。全市共消化 1998 年 6 月 1 日以前的粮食财务挂账 12.65 亿元，按期完成粮食财务挂账消化任务；截至 2003 年底全市共销售处理 1998 年以前的库存“老粮”104 万吨，全部解决“老粮”问题；截至 2005 年底，全市国有粮食企业分流职工近 4.2 万人，比 1998 年粮改前下降 75%，超额完成减员分流的预定目标。“三老”问题在“十五”期间基本得到解决。

## （二）粮食市场体系建设初见成效，粮食流通渠道平稳顺畅

1. 粮食批发市场体系逐步完善，吸纳粮源功能稳定发挥。为适应上海作为国际化大都市和特大型粮食消费城市的需求，按照市政府对粮食批发市场规划要求，以“市场吸引流量，价格引导流向”为原则，制订市场建设规划，安排财政专项资金 2300 多万元予以支持，引导多元投资主体建设，各地粮食企业参与经营，初步形成以 10 个大中型粮食批发市场为骨干的粮食批发市场体系，基本构筑了吸引全国粮源的粮食市场交易平台，以有效的价格调控机制、较低的交易成本、完善的市场功能实现批发市场交易量的稳步提高，年粮食交易量由 2003 年的 78 万吨上升到 2007 年的 152 万吨，其中粳米交易量由 2003 年的 75 万吨上升到 2007 年的 122 万吨（占年粳米消费量的 58%），很好地发挥了吸纳粮源、活跃流通、稳定市场、保障供应的重要作用。

2. 粮油零售市场体系基本健全，保障供应稳定丰富。为有效满足市民就近、方便购买各类粮油商品的需求，上海市不断健全粮油零售市场体系，推动粮油零售市场形成多层次、多渠道、多元化发展格局。截至 2007 年底，全市粮油零售网点约有 5800 家，连锁超市年销售大米已达 35 万吨，超市、大卖场、便利店已成为市民粮油消费的主渠道，社区专业粮油商店和标准化菜市场方便居民就近购买；全市有 677 家帮困粮油指定供应点，确保困难群众基本必需。目前，以超市、便利店为网络的粮油零售市场体系初具规模，已成为全市粮食市场供应保障体系的重要组成部分，保障了上海市粮油货源充足、品种丰富、价格合理、供应稳定。

3. 粮油期货交易不断发展，促进了农产品生产和流通。上海曾组建全国首家粮油期货交易所——上海粮油商品交易所，这是由国内贸易部和上海市人民政府联合组建的国家级粮油商品期货交易市场，于 1993 年 6 月 30 日试营业。“上海粮交所”首批推出上市粳米、籼米、大豆、玉米、红小麦、白小麦、大豆油、菜籽油 8 个品种的期货合约，实行交易会员制、集中公开竞价制、涨跌停板制等一系列符合国际期货交易通行规则的规章制度，在全国率先实行每日结算制度，迅速成为国内交易规模最大的农产品期货交易所。后来根据中央关于期货市场规范改革的建议，上海粮油商品交易所和其他几个交易所合并为今天的上海期货交易所，暂停部分粮食品种的期货交易。目前，上海的经营者借助郑州、大连期货交易所继续进行农产品的期货交易。

经过十几年的发展，期货市场逐步走向规范，期货市场的发现价格和转移风险的功能正逐步得到发挥，对农产品生产和流通的促进作用日益明显。

**（三）粮食储备和应急体系逐步完善，政府有效调控能力增强**

1. 地方粮食储备运行机制逐步完善，储备粮管理水平全面提升。按照国家关于“销区保持六个月销量”的有关要求充实省级粮食储备，上海市调增地方储备粮规模。按照上海市委、市政府的要求，以确保粮食安全为目标，在确保粮食储备规模的同时，不断优化粮食储备品种结构和提高粮食库存质量，不断完善粮食储备运行机制和宏观调控体系。建立健全了市和区（县）两级地方粮食储备体系，粮食安全保障能力得以提高；逐步建立了利益共享、风险共担的市级储备粮轮换新机制，实行市级储备粮“藏粮于企”和电子竞价销售，实现动态储备和常储常新；注重推广绿色储粮技术，积极引入ISO9001：2000质量管理体系，开展信息化、标准化、精细化管理，推进科技储粮、科学管粮，全面提升了储备粮管理水平。

2. 粮食应急管理体系日趋完善，应急供应保障能力增强。根据《国家粮食应急预案》和《上海市粮食应急预案》要求，以提高粮食应急供应保障能力为核心，上海市加强了粮食应急管理体系建设，基本形成粮食应急预案体系，建立和完善了粮源应急保障、应急加工配送和应急供应零售网络，管理组织体系健全，保障网络运行良好。目前，已选定10家企业作为上海市粮食应急加工企业，其大米、小麦粉和食用油加工能力分别占全市的33.9%、53.8%和10.8%；同时，按“市中心街区500米、市区周边街区800米、郊区城中心街区1000米以内，其他区域以街道、乡镇商业集中区域范围进行布点，网点密度与人口密度相适应，保持区域之间均衡协调”的布局原则，在各区县选定粮食应急供应零售网点821家；开展粮食应急管理趋势分析评估工作，加强粮食流通统计、市场监测工作，完善预警和应急体系，初步建立起市、区（县）两级粮食监测预警机制和预警信息网络，提高了粮食市场预警监测能力。完善的应急保障体系，确保了在突发情况下全市粮食应急预案的顺利实施，从而可以稳定供给，维护市场，保障社会和谐稳定。

3. 有效应对市场价格波动，粮油市场保持基本稳定。随着上海市地方粮食储备体系、市场体系、应急保障体系等逐步完善，政府粮食宏观调控能力不断提高，特别是有效应对了近年来出现的几次粮油市场价格波动。例如2004年一季度，上海市粮油市场出现粳米价格持续上涨。对此，全市各级粮食行政管理部门和国有粮食企业坚决贯彻落实中央和市委、市政府领导有关批示精神和要求，会同有关部门迅速落实一系列应急措施，结合市级储备粮轮换，实施应急调控，先后将储备粳稻谷 1.5 万吨、粳米 0.45 万吨、大豆 0.05 万吨投放上海市粮油市场；上海良友（集团）有限公司所属企业增加 5000 吨小包装大米加工量，粮食批发市场粳米货源日平均投放量 3100 多吨。又如 2007 年四季度和 2008 年上半年，受国际国内市场影响，上海市食用植物油市场价格持续上涨，有关粮油加工经营企业积极组织货源，加大生产和投放，确保市场供应，特别是保证零售门店、高校、部队和帮困粮油供应；粮食行政管理部门帮助连锁超市解决配送环节的货源和运力，组织机关干部分赴超市、大卖场实地查看粮油市场价格，及时上报市场信息，同时组织力量开展粮油市场监督检查。由于措施得力，应对及时，有效确保了上海粮油市场和社会稳定。

**（四）现代粮食物流平台基本建立，粮食物流功能稳步提升**

1. 加强粮食储备库改扩建工作，粮库布局日益合理。结合上海城市建设发展规划，按照市政府关于“高起点规划粮库布局，高标准建设粮库”的要求，发挥大型国有粮食企业和区县粮食部门积极作用，加强了粮库改扩建工程。其中规模最大的奉贤邬桥粮食储备库扩建工程于 2006 年 7 月底竣工，新粮库的粮食仓容达到 35 万吨，油库库容达到 5 万吨，其谷物冷却、环流熏蒸、无线射频、粮情检测等先进的储粮科技走在全国同类粮库前端，实现粮油动态管理信息化、智能化，大力推进“四散化”运作，成为上海重要的粮食储备基地。嘉定区、浦东新区加快储备粮库建设和结构调整，不断完善粮库物流配套设施，成为区内骨干粮食物流节点，为保障上海市粮食安全和供应提供基础设施保障。

2. 积极推进外高桥粮食储备物流中心建设，提高粮食流通效能。按照国家粮食物流总体规划和上海城市总体规划要求，调整原有粮食仓储物流基础设施布局，发挥上海良友（集团）有限公司大型国有粮食企业主导作用，推进外高桥粮食储备库及码头设施项目建设。该项目被列为市政府重大建设项目，将建成总仓容 35 万吨储备粮库和 20 万吨食用油库，5 万吨级船运码头、铁路专用线、500 吨内河粮食码头、公路等，大米、面粉、植物油加工基础设施设备比较齐全，主要设施 2008 年基本建成。该项目江海河水路相连，铁路公路相通，形成完善的粮食物流多式联运系统，具有物流中转、仓库储备、粮食加工和贸易等主要功能，建成后将成为上海和东南沿海联结东北粮食主产区的重要粮食物流节点，既能为确保上海粮食安全起到重要作用，也能服务于长三角地区以至长江流域粮食集散辐射。

**（五）粮食流通信息化平台基本构建，信息化建设取得成效**

根据上海市委、市政府和国家粮食局关于信息化建设的总体部署，上海市加快推进粮食流通信息化建设，并取得显著成效：以推进上海粮食网（www.shgrain.gov.cn）网站建设为重点，努力构建上海市权威的粮食信息发布中心及粮食行政管理部门与社会公众互动的渠道；扎实推进“两金”（“金农”、“金宏”）工程建设，上海市粮食流通数据中心于2008年4月18日开通并运行，是全国粮食系统中第一家省（市）级粮食流通数据中心，形成了全市粮食流通信息集成的枢纽；完善粮食市场监测信息系统，积极推进粮食流通统计信息系统，粮食批发市场信息体系建设取得成效；国有粮食购销企业和多元粮食企业主体大力加强信息化建设和管理，全市粮食行业信息化建设达到一定水平；积极发展粮食电子商务，与国家粮油交易中心竞价交易系统链接，启用了网上粮食竞价交易系统，推动了市级储备粮的竞价销售；此外，还推进建立了苏浙沪地区粮食收购信息联动网络，加强对粮食市场供求形势的监测、分析和判断，为科学决策提供依据。

**（六）粮食产销合作不断深化，粮食产业化发展取得成效**

1. 积极推进粮食产销合作，粮源渠道稳定拓展。上海市作为粮食主销区，80%以上的粮源需从国内采购和部分国外进口，为稳定粮源、保障供应，上海市委、市政府积极推进与粮食主产区产销合作，巩固扩大粮源基地。根据“政府推动、部门协调、市场机制、企业运作”的原则，2004年6月，韩正市长率上海代表团赴黑龙江、吉林两省签订粮食产销合作政府协议，2004年度粮食购销合作协议数为30万吨，其中黑龙江10万吨（稻谷），吉林20万吨（稻谷10万吨，玉米10万吨）。此后，协议采购总量逐年增多，2007/2008年度协议采购数量提高到86万吨，且保持较高的协议履约率。近5年来，上海市合同采购东北粮食总量已达230多万吨，多元主体市场化运作也不断扩大，社会粮食经营企业参与运作的比例已由2004年度的24.7%，提升到2007/2008年度的76.7%以上。同时，上海市还与江苏、河南、安徽等地加强粮食产销合作。粮食产销合作平台的逐步建立和深化，为本地粮食市场稳定供应、供需平衡起到了保障作用。

2. 积极推进粮食产业化经营，产业化龙头企业健康发展。在国有粮食企业改革过程中，上海良友（集团）有限公司力争做大、做强，逐步发展成为上海粮食产业化的龙头企业，于 2007 年被列为全国第二批重点支持粮油产业化企业之一。目前上海良友（集团）有限公司拥有多家规模宏大、技术领先、管理先进的粮油食品精深加工企业，拥有上海规模最大的粮油仓储物流设施，拥有已发展至 543 家门店的"良友"（原"良友金伴"）便利连锁销售网络，是具有较强市场竞争力和行业影响力的大型国有粮食企业集团，在粮食产业化过程中发挥着举足轻重的作用。公司自成立至今一直秉承着传统粮食企业集"购销调存加"业务于一身的特色，并积极推进品牌营销，生产的乐惠大米、海狮食用油在上海地区市场占有率分别为 14.6%和 33%，福新面粉市场占有率达到 25%，在稳定市场、保障供应方面发挥着骨干示范作用。

### （七）粮食流通监管体系得以完善，流通管理实现法制化

1. 加强粮食法制建设，推进粮食流通管理法制化。上海市十分注重加强粮食法制建设，如 1994 年制定了《上海市粮油经营管理暂行办法》，这是全国最早颁布的该类地方政府规章，为粮油经营管理提供了法律依据。国务院颁布《粮食流通管理条例》后，上海市深入贯彻实施《粮食流通管理条例》，为切实履行条例赋予粮食行政管理部门的法定职责，还制定和完善了《上海粮食行政管理部门监督检查实施细则》、《上海市粮食流通统计报表制度》、《上海市粮食经营者最低和最高库存量标准》等一系列地方性的配套规章、制度，并认真开展粮食行政执法职权分解与行政执法责任确定工作，开展粮食行政执法自查工作，提高粮食行政执法能力，实现粮食流通管理法制化；积极做好市政府规章清理工作，开展粮食法制宣传和教育培训工作，提高粮食执法能力。此外，以规范流通和粮食质量为重点，依法加强对粮食批发、零售和收购市场以及粮食储存等的监督检查，特别是针对粮食市场价格波动，协同工商、质监等部门联合开展粮食市场执法检查和粮食质量安全专项整治行动，确保了粮食质量安全和百姓放心消费。

2. 健全粮食流通监管体系，确保粮油食品安全。上海市积极推进粮食流通监管工作，明确粮食流通监督检查主体，依法开展粮食出入库质量检查制度执行情况和粮食经营台账、收购环节专项检查，有效维护流通秩序；构建

粮油食品安全检测网络，实行食品安全“QS”市场准入制度，开展粮油标准化管理，确保粮油安全供应。2007年按照国家粮食局《全国粮食质量安全专项整治行动方案》的部署和要求，结合上海市实际，在全市范围内开展了粮油质量安全专项整治活动。通过整治将上海市具备《粮食收购许可证》的粮食收购企业100%纳入质量安全检测范围；粮油产品QS标识率达100%，粮食批发市场、超市进货索证率达100%，基本保证了粮油质量安全。

## 三、上海市粮食流通体制改革的启示与思考

### （一）上海市粮食流通体制改革的启示

改革开放30年，上海市粮食流通体制改革取得了明显成效，这是在坚定不移地贯彻落实党中央、国务院的政策和要求前提下，上海市委、市政府正确领导，各级党委、政府高度重视，各有关部门大力支持，全市粮食系统团结奋进、改革创新发展、务实开拓的结果。纵观改革开放30年来上海市粮食流通体制改革的艰辛历程，回顾上海市粮食系统发生的深刻变化，带给我们很多启示，总体上看，主要有以下几方面。

1. 必须高度重视粮食安全问题，切实把粮食工作作为推进经济社会平稳较快发展的重要基础。粮食是一种特殊的商品，既是无可替代的生活必需品，也是极为重要的战略物资，事关国家的经济安全和社会安定。党中央、国务院始终高度重视粮食问题，党的几代领导集体都强调“手中有粮，心中不慌”，特别是党的十六大以来，粮食安全问题逐步被提升到国家战略问题的高度。上海市委、市政府历来也十分重视粮食工作，多次在市委常委会、市委全会、市政府常务会议上强调深化粮食流通体制改革、确保粮食安全的重要性，这是上海市粮食流通体制改革得以顺利推进并取得突破性进展的重要前提。因此，必须思想上重视、行动上支持、政策上倾斜，才能进一步推进粮食流通领域的改革与发展。各级地方政府和粮食部门必须树立全局眼光，从确保粮食安全的大局出发，把做好粮食工作作为保证城市经济社会正常运行、构建和谐社会、保障民生需求的重要工作，主动关注粮食行业改革发展态势，主动关心粮食工作推进情况，帮助解决关键问题，化解难点和薄

弱环节，进一步落实“米袋子”行政首长负责制，真正担负起本地区发展粮食生产、稳定粮食供应、落实地方储备、维护市场秩序的全部责任。

2. 必须因地制宜，把贯彻中央精神和联系本地实际结合起来。一方面，粮食流通体制改革的每一步重大决策和部署，都是党中央、国务院审慎作出的，这些决策和政策法规是推进粮食流通体制改革的基础，地方政府特别是地市级以下政府及其粮食行政管理部门必须予以坚决贯彻，认真研究细化贯彻执行的措施，而不能别出心裁、标新立异。但另一方面，国家粮食流通体制改革政策、方针的制定往往具有全局性、方向性和共性，各地方在深化粮食流通体制改革中，要在国家大政策的导向下，坚持解放思想，注重结合本地现实情况，根据其特殊性，因地制宜地制定恰当的政策措施和制度，而不是改革形式“一刀切”。例如上海市在贯彻中央对上海市解决好粮食问题必须“一是建立稳定的购销关系，保证粮源；二是要保证储备”的精神时，从其作为粮食主销区、流通主导型的特点出发，紧紧围绕这“两个前提”，制定并执行了一系列政策措施，在发展产销合作和推进“藏粮于企”动态储备等方面做了有益探索，取得较好成效。因此，在深化粮食流通体制改革中，必须按照国家大政策统一部署和要求，根据各地的经济发展水平和实际情况制定适合本地的政策和措施。

3. 必须解放思想，把积极稳妥落实政策和改革创新结合起来。改革从来不是一蹴而就的。粮食流通体制是在我国计划经济体制下产生的，又伴随着经济体制向社会主义市场化经济转变而逐步转变，其改革和发展是逐步深化的。因此，粮食流通体制改革必须坚持解放思想，坚持以马克思主义中国化的最新理论成果为指导，充分认识国情粮情，了解全国经济形势，理解国家粮食政策，在全国发展的潮流中“顺势而为”，按照党中央、国务院关于做好粮食工作和推进粮食流通体制改革的总体部署，加强与有关部门的沟通配合，深入调查研究，科学合理制订改革方案，积极稳妥地落实各项改革措施。同时，要坚持与时俱进、改革创新，注重把新技术、新手段、新方法积极引入和应用在粮食领域，为粮食流通发展不断注入新的动力和活力。这是推进粮食流通体制改革的关键。

4. 必须坚持市场化改革方向，把推动粮食流通多渠道发展和保持市场稳定运行结合起来。回顾整个粮改进程可以发现，粮食流通是伴随着我国经济体制从计划经济向社会主义市场经济的转变，逐步实现了向国家宏观调控下的粮食购销市场化的历史性转变。因此，以市场化改革为取向，是深化和完善粮食流通体制改革的根本。我国尚处于社会主义初级阶段，粮食部门具有其特殊性，必须在遵循社会主义市场经济规律的前提下，坚持市场化改革方向，并以此为导向推动粮食流通多渠道、多元化发展，推进实现粮食资源合理配置、建立产销区自主衔接的经营机制、搞活粮食流通，并实现粮食市场的有效运行。但在操作层面，往往面临有效落实粮改政策与同时保持粮食市场稳定运行的困难，对此要坚持国有粮食企业为粮食流通主渠道，既有利于发挥国有企业的龙头作用，带动整个粮食行业的改革，又有利于政府发挥其监管调控职能，控制其调控力度，确保改革的稳定性。

### （二）关于进一步推进上海市粮食流通改革和发展的思考

上海市粮食流通体制通过30年的改革取得了显著成效，但也存在一些需要解决的问题，主要表现为三个“不适应”：一是粮食市场体系建设的完善程度与上海市场的特殊地位不完全适应。主要是上海市粮食批发市场规模、功能仍有待进一步拓展，与其作为粮食主销区和集散辐射中心的地位不相匹配，相关价格机制、管理机制等还有待完善，粮食电子商务发展的优势尚不明显。二是粮食物流和应急保障体系与上海流通主导型的粮食消费特点不完全适应。虽然近年来，上海市在粮食应急物质基础建设和应对突发事件能力方面取得了较大进展，但在粮食物流基础设施、“四散”化运作以及粮食应急加工配送和供应的衔接等方面，仍然存在薄弱环节。三是粮食行政管理机构及粮食法制建设状况与依法管粮的要求不完全适应。总体来看，上海市粮食法律框架特别是地方配套规章制度还需要完善，且市与区县粮食行政管理部门人员配置不平衡，与切实履行《粮食流通管理条例》赋予的各项法定职责还有差距，依法管粮水平有待进一步提高。因此，按照服务政府、责任政府、法治政府、效能政府的要求，以深化粮食流通体制改革为动力，以稳定粮源、保障供应为目标，注重健全粮食调控体系，完善粮食市场体系，进一步加强粮食行政管理创新和区域联动发展，实现其职能向市场监管、社会管理、公共服务层次的转变，仍然是未来上海市粮食流通改革和发展的方向。

1. 继续深化粮食流通市场化改革，大力推进粮食产业化发展。一方面，进一步深入贯彻落实国务院和上海市关于完善粮食流通体制改革的各项政策措施，深化粮食企业改革，发挥国企主导作用，同时积极支持多种所有制企业健康发展，发挥多元市场主体积极作用；继续推进建立规范化、多元化的粮食流通体系，发挥流通对生产和消费的引导促动作用，完善大市场、大流通格局。另一方面，加快构建以粮食加工、购销企业为龙头的粮食产业化体系，从政策引导、项目建设上重点扶持和培育一批有资质的粮食产业化龙头企业；用市场化方式整合粮食流通资源，不断增强粮食企业自主创新能力；与上海都市现代农业发展有机结合，带动粮食生产基地及农户的发展，为上海市粮食市场供应和安全提供有效保障，为社会主义新农村建设提供有力支撑。

2. 充分发挥市场机制功能，完善粮食市场体系。一是按照城市总体规划，继续坚持“市场吸引流量，价格引导流向”的原则，进一步扩大粮食批发交易市场规模，加强产销衔接，发挥市场自身优势，发展特色市场，提升市场功能，完善交易机制，进一步建立健全粮食批发市场信息系统和检验检测系统，推进粮食批发市场设施现代化、交易规范化、管理信息化。二是进一步完善多层次、多渠道、多元化的粮油零售体系，保证供应，方便购买。三是做好特殊群体粮油供应，确保困难群众、部队、高校基本必需。四是加强与兄弟省市协调和资源共享，推进粮油期货交易健康发展，进一步扩大粮食电子商务。

3. 进一步优化健全粮食宏观调控体系，确保市场稳定和粮食安全。一是继续完善粮食储备制度，构建高效的储备粮运行机制。适应粮食调控需要，调整优化地方粮食储备规模和结构，重点保障粮食供给和市场稳定；进一步完善地方储备粮轮换机制，继续规范推进市级储备粮“藏粮于企”和竞价销售，促进地方储备粮规范有序轮换和常储常新，确保调控有效；继续加强上海市地方储备粮信息化、标准化、精细化管理，积极推进科技储粮。二是进一步深化粮食产销合作，拓宽粮源渠道。继续稳定与东北等粮食主产区产销合作，积极组织协调粮食调运；不断深化粮食产销合作机制，探索创新产销合作形式，组织更多有规模、有品牌、有信誉的粮食经营加工企业进入产销合作平台，推进粮源基地建设，试行“异地订单收购”合作方式，确保粮源稳定，保障本市粮食市场稳定供应。三是完善粮食应急保障体系，确保供应有效有序。根据《国家粮食应急预案》和《上海粮食应急预案》要求，进一步健全机制，重点深化细化应急加工、配送、供应网络建设，加强粮食市场监测预警，做到反应灵敏、无缝对接、保障有力。

4. 加快粮食物流体系建设，提高粮食流通现代化水平。加快推进重要物流节点建设，尽快形成本市快捷高效、节能低耗的现代粮食物流体系。一是要努力发挥外高桥等现代粮食物流中心的功能和作用，逐步成为“北粮南运”及粮食进出口的重要枢纽，为集散辐射粮源、发展多式联运服务，为长三角及其周边地区粮食物流和粮食安全服务。二是加快上海市粮食流通“四散化”进程，进一步改进物流功能，推进形成粮食流通重点环节的供应链，保障粮食顺畅流通、安全储备、稳定供应。

5. 依法加强粮食行业监管，努力提高粮食行政管理水平。加快转变政府职能，深入开展粮食流通理论研究，以科学发展观统领粮食流通管理工作。一是深入贯彻实施《粮食流通管理条例》，依法加强粮食流通监督检查，确保粮食供需安全，调控有力；确保粮食质量安全，市民放心。二是围绕建设服务政府、责任政府、法治政府、效能政府要求，进一步加强粮食行政管理创新，加强粮食法制建设和粮食立法自身的程序建设，积极试行行政建议、行政契约等新方式，努力做到市场监管、公共服务不缺位、不错位，切实提高行政效能，增强政府执行力和公信力。

6. 充分发挥区域优势，促进长三角地区粮食流通联动发展。长江三角洲地区是我国综合实力最强的区域，在社会主义现代化建设全局中具有重要战略地位和极强的辐射带动作用。同时，长三角地区也是我国最大的粮食主销区，粮食需求量和流通量大，确保长三角地区的粮油市场供应和价格的基本稳定，对我国保障粮食安全具有十分重要的意义。因此，加强长三角地区粮食流通合作将是未来的发展方向。我们要按照《国务院关于进一步推进长江三角洲地区改革开放和经济社会发展的指导意见》要求，在“科学发展、和谐发展、率先发展、一体化发展”的目标指引下，以推进长三角地区协调发展为契机，以“深化、放大、提升、搭台”为基本工作思路，深化长三角地区粮食部门全方位、多领域的合作，构筑快捷高效、节能降耗的现代化粮食物流网络，建立健全统一、开放的粮食市场体系，搭建信息畅通、资源共享的粮食流通信息平台，共同提升长三角地区粮食流通综合实力和市场竞争力，推进区域粮食流通联动发展。

（作者：上海市粮食局）

# 安徽省粮食行业改革发展的十项成果

党的十一届三中全会以来，我国粮食流通体制改革经历了从粮食统购统销到双轨制的粮食合同定购；从政策性业务、商业性经营“两条线运行”到“三项政策、一项改革”；从“放开销区，保护产区，省长负责，加强调控”，到全面放开市场，直接补贴粮农；从国有粮食购销企业改革攻坚，到《粮食流通管理条例》的颁布实施，粮食行业彻底告别了计划经济体制，粮食行政管理实现了从单纯的系统内行政管理向全社会粮食行业依法监管转变，真正走上了全面市场化和法治化轨道。

安徽作为全国粮食主产省之一，改革开放 30 年来，始终坚持解放思想为先，大胆改革创新，“三项政策、一项改革”发源于安徽，粮食直接补贴改革试点起始于安徽，主产省粮食购销全面市场化发轫于安徽，粮食产业园区建设从安徽率先拉开序幕，这为全国粮食流通体制改革与发展作出了成功的探索，提供了新鲜的经验，得到了国务院和国家粮食局领导的充分肯定。改革开放 30 年，安徽粮食流通体制发生了一系列深刻的历史变化，粮食产业经济发展步入快车道，粮食工作步入了全国先进行列，具有安徽特色的现代粮食流通产业体系正在形成，安徽粮食事业为促进农业增产、农民增收和保障国家粮食安全发挥了重要作用，为支援国家经济建设和推进安徽社会经济发展作出了重大贡献。

30 年来安徽粮食流通事业的巨大发展，推动安徽由一个粮食大省向粮食强省转变。30 年来，全省粮食年总产量大幅增长，连续登上 150 亿公斤、200 亿公斤、250 亿公斤三个台阶，到 2007 年全省粮食种植面积 647.8 万公顷，粮食产量更是达到 290 亿公斤，创历史最好水平；油料种植面积 95.7 万公顷，油料产量 230.7 万吨。2008 年粮食总产达到 300 亿公斤。全省有 47 个是全国商品粮生产基地。正常年景全省社会粮食商品量 120 亿公斤，国有粮食企业收购粮食 80 亿公斤左右，调出省外粮食 60 亿公斤左右。长期以来，粮食生产和流通在全省国民经济中占有重要位置，安徽为全国粮食总量平衡，为国家粮食安全作出了重大贡献。丰富的粮油资源为安徽粮油加工业发展提供了坚实基础。到 2007 年全省规模以上粮油加工业 543 个，大米加工能力 1136 万吨、面粉 697 万吨、油脂 222 万吨，粮油加工实绩 913 万吨，实现工业总产值 311.8 亿元，实现利润 6.5 亿元，综合经济指标居全国前列。拥有全国名牌产品 6 个，占全国粮油类 8%。

改革开放 30 年来，特别是“九五”、“十五”期间，是安徽粮食流通工作改革力度最大、发展步伐最快的时期。回顾 30 年安徽省粮食改革和发展的历程，可以概括为十大标志性重要成果：

## 一、以在全国率先拉开粮食主产区购销市场化改革为标志，粮食行业彻底告别高度垄断计划经济体制，全面步入开放的市场化的轨道

粮食作为特殊重要战略商品，其市场化进程略晚于其他行业。即使在整个粮改过程中时快时慢，但迈向市场化的大方向始终如一。20 世纪 70 年代末至 1997 年主要是由粮食计划经济向市场经济过渡，一定程度上是由“三高”向“三多”转变，即由高度集中、高度垄断、高度单一，向多种成分、多条渠道、多种经营转变。1998 年以来，粮改不断向深层次推进，2001 年国务院下发了《关于进一步深化粮食流通体制改革的意见》，赋予省级政府自主决策的权力，中央财政将粮食风险基金补贴完全包干给地方，建立粮食生产和流通省长负责制。2002 年国务院决定在安徽省来安、天长两县市开展粮食直接补贴试点并取得成功。2003 年 6 月安徽省委、省政府审时度势，决定在全省范围内率先推行以放开粮食收购价格，放开粮食收购市场，调整对农民的间接补贴为直接补贴为主要内容（简称“两放开一调整”）的粮食流通体制改革，从此在全国拉开了粮食主产省购销市场化改革序幕，并取得了显著成效，得到了国务院和国家有关部委的充分肯定。2004 年全省粮食直补资金 6.85 亿元，2008 年增加到 8.89 亿元，占粮食风险基金总额的 50% 以上，农民直接得到粮食补贴 15~35 元/亩，极大地提高了农民种粮积极性。

## 二、以安徽省政府出台《关于加快国有粮食企业改革的意见》为标志，国有粮食企业实现了脱胎换骨的历史性变化，迸发出勃勃生机

一直以来，国有粮食企业在执行国家粮食购销政策、保障军需民食、实施粮食宏观调控中发挥着重要的主渠道作用，但随着市场经济的不断发展、深入，国有粮食企业在体制机制上长期形成的积弊日益凸显，加快推进国有粮食企业改革刻不容缓。2002 年，安徽省政府出台《关于加快国有粮食企业改革的意见》，决定实施“两步走”改革方略，首先解决“三老”问题。全省粮食系统以咬定青山不放松的毅力，经过两年时间的强力推进，全省实现了“老人”走得稳、“老粮”卖得快、“老账”挂得实的第一步目标。全省购销企业依法解除劳动关系 10.56 万人，职工总数减少 80%；兑付改革资金 18.64 亿元（省级补助 4 亿元）。对离开企业的职工，基本做到了结清补偿金和历史拖欠，办好养老保险证、失业证和下岗再就业优惠证，转好档案管理和党团组织关系。需财政补贴的保护价老粮库存从 2002 年高峰时的 125 亿公斤到 2004 年初全部清仓，财政一年减少支付利息费用近 8 亿元；经审计确认政策性财务挂账 186 亿元已于 2005 年 9 月底前全部从企业剥离，统一挂到市县粮食局，由省财政用风险基金支付利息。在此基础上，全力推进以产权改革、企业重组为主要内容的第二步改革，重点优化企业结构和布局，创新企业内部运行机制，提高企业市场竞争力。截至 2005 年 12 月底，全省国有粮食企业产权制度改革基本完成，粮食购销企业数由改革前的 1065 个减少到 781 个，精减了 27%；内部人事、用工、分配三项制度进一步完善，充满竞争活力的市场主体逐步显现。南陵成功改革经验被国家粮食局作为首选模式推介全国，安徽省国有粮食企业改革工作荣获全国一等奖，并被国务院办公厅《政务情况交流》单题印发全国交流。同时积极推介霍邱经验，依法处置消化企业自补挂账 5 亿多元，有效减轻企业历史包袱，激发企业内在活力，连续 5 年实现了全行业扭亏为盈，盈利额位居全国前列，其中 2004 年全省国有粮食购销企业实现利润 1.32 亿元，盈利额在全国名列第一。

## 三、以建立三级地方粮食储备为标志，粮食宏观调控体系建设取得显著成效，粮食安全得到有效保障

1990年9月，国务院作出《关于建立国家专项粮食储备制度决定》，并下达安徽省国家专项粮食储备计划。1991年安徽省遭受特大洪涝灾害，经国务院批准动用国家专项粮食储备，对保障灾区口粮供应、平抑粮价发挥了重要作用。2001年1月，国务院决定成立中国储备粮管理总公司，对中央储备粮实行垂直管理，同年10月中国储备粮管理总公司安徽分公司成立，安徽省中央储备粮的管理业务由省粮食局移交安徽分公司。根据国务院要求，1993年安徽省政府在《关于放开粮食购销和价格的通知》中，明确提出建立地方粮食储备制度。2008年安徽省政府常务会议又决定，建立省级食用油脂储备。同时，要求省辖市按照确保当地10天以上成品粮供应量建立成品粮应急储备。继2004年5月30日以省政府第166号令颁布实施《安徽省省级储备粮管理办法》，有61个市县政府出台了地方储备粮管理办法，储备粮管理正向法治化、科学化、制度化、规范化、精细化迈进。目前省、市、县三级地方粮食储备体系初步形成。2004年省政府还出台了《安徽省突发粮食事件应急办法》、《安徽省突发粮食事件应急预案》，有67个市、县建立了粮食预警系统和粮油市场价格监测预报体系，为政府科学决策、实施粮食宏观调控提供了依据。分级粮食应急保障预案的具体实施方案和工作机制进一步健全，并在2008年初特大雪灾中功效显现。2008年6月，安徽省粮食局接到省政府援川地震灾区1万吨大米任务，全局上下联动在最短时间圆满完成招标采购、组织加工和发运工作，受到多方好评。

## 四、以机械化大库和国债三批粮库建成为标志，粮食流通基础设施建设成就显著，粮食仓储条件发生了质的飞跃

1978年，安徽省粮食仓容总量仅491.2万吨，其中基建仓仅占58%，其他均为简易仓和民祠仓。十一届三中全会以后，随着粮食产量的快速提高，

粮食仓库的需求逐年增大，中央和省财政持续加大对粮食仓储设施的投入，特别是 1992 年国家动用总理基金在全国建设 18 个机械化骨干粮库，总仓容 12.2 万吨的合肥机械化粮库就是其中之一，1998 年国家分三批利用国债资金投资建设 525 亿公斤粮库项目，安徽省共批准建设 67 个项目，总仓容达 218.3 万吨。同时，省财政累计投入粮食仓储设施资金达 5 亿多元。到 2007 年底，全省粮食企业总仓容 1616.3 万吨（国有粮食企业 1434.1 万吨），另有简易仓 68.5 万吨，其中：5 万吨以上的粮库 84 个，具备环流熏蒸条件仓容 534 万吨，97%的仓容实现了机械通风。全省粮库拥有地中衡、清理筛、输送机等保粮设备 9200 多台（套），烘干能力 1568 吨/小时。拥有铁路专用线 22 条，专用码头 31 个，总吨位 2.78 万吨。

## 五、以“合肥国家粮食交易中心”挂牌成立为标志，粮食市场体系建设取得了重大突破，调控和稳定市场粮价作用进一步彰显

伴随粮食购销市场化的进程，安徽省粮油批发市场从最初的市场不发达、交易不规范，逐步形成了一个以省粮食批发市场为中心，区域性粮食批发市场为骨干，城乡粮食集贸市场和粮食购销网点为基础的、现货与期货相结合的多层次粮食市场体系。全省已建国家级粮食市场 1 个，区域性粮食批发市场 7 个，市县级市场 36 个，年粮食交易量 500 万吨以上。特别是安徽粮食批发交易市场自 2002 年成立以来，以“中国粮食网”为依托，通过运用信息化、电子化等现代手段，实现了从传统的现场举牌交易到现场电子交易和远程网上交易的飞跃，已建成集粮油交易中心、信息处理中心、价格形成中心、期货代理中心、电子商务中心和客户服务中心于一体。2006 年该市场经国家粮食局批准，增挂“合肥国家粮食交易中心”，并被国家粮食局确定为国家临时存储粮竞价销售中心市场，到 2008 年 8 月累计成交政策性粮食 6984 万吨，交易额突破 1000 亿元，成为覆盖全国 25 个省市的粮食交易中心和国内重要的粮食价格形成中心，为亚洲最大的粮食现货批发市场和国家实施粮食宏观调控的重要载体。与粮食销区长期稳定协作关系进一步巩固，合作领域进一步扩大，合作成效进一步彰显。

## 六、以发展粮食订单和“662强龙工程”提前完成为标志，全力推进粮食产业化经营，粮食产业经济发展空间得到了进一步拓展

20世纪80年代中期，安徽省粮办工业作为粮食附营业务得到快速发展，到1996年全省大米年加工能力511万吨、面粉271万吨、植物油料137万吨、粮油食品33万吨、饲料279万吨。但到90年代末由于实行主附分离和粮食收购资金封闭运行，粮办工业失去政策性扶持和资金短缺，几乎面临全面倒闭。随着粮食购销市场化的不断推进，安徽省粮食局于2001年第一次召开全省粮食产业化会议，确立“农民是我们的衣食父母，粮源是我们的生存之本，产业化是我们发展之路”的指导理念，粮食产业化的概念正式提出，从此打破了粮食产供销分割的单一化组织经营方式，逐步建立起以龙头加工企业为带动、粮食产业链有机结合的综合化发展新模式，为粮食经济发展注入新的活力。近年来，安徽省粮食局连续七年每年召开一次全省规模的产业化会议，重点围绕扩大订单、培育龙头、发展协会、拓展市场四个方面推进粮食产业化发展，粮食产业化经历了从提高粮食订单覆盖率到实施“622强龙工程”；从在全国率先提出“退城进郊”到加快粮食产业园区建设；从发展粮食现代物流到全面启动“518提升工程”，已初步形成以市场为导向、以粮食订单为基础、以科技为动力、以服务为手段、以龙头企业为骨干、以商业购销为网络的产购销、农工贸一体化的产业发展新格局。全省优质粮订单面积、订单收购量屡创历史新高，带动农民年增收5亿元以上。粮食类龙头企业列全省农业产业化十大主导产业之首，国家和省级农业产业化龙头企业分别达到8个、123个；年销售收入超10亿元和5亿元的企业各达8家，丰原生化、皖王集团等企业规模和实力已进入全国前例。全省入统粮油加工企业实现销售收入、利润居全国第五位和第八位。中国名牌从2006年实现“零”的突破，目前达到6家，占全国粮油类的8%。有39家粮油企业获得“安徽名牌”产品称号。积极培育和发展粮食中介组织，健全城乡粮油服务体系。继2002年成立了省粮食行业协会及其米、面、油3个专业分会，全省粮食协会等中介组织已发展到47家，专业合作组织82家。

2004 年度安徽省粮食行业协会荣获民政部表彰的“全国先进民间组织”称号，是全国粮食行业中唯一获此殊荣的社团组织。发展军供连锁店和农村服务社 4288 个，有力地推进了“放心粮油”进城入乡。

## 七、以全面启动粮食产业园区建设为标志，积极发展现代粮食经营业态和运营网络，初步实现了由传统粮食产业向现代粮食流通产业转变

伴随着粮食产业化和新型粮食经营业态和运营网络迅猛发展，在充分调研的基础上，2006 年安徽省政府办公厅出台《关于加快建设粮食产业园区的通知》，提出以加快建设粮食产业园区为平台，以发展粮食园区经济为载体，运用现代发展理念、现代科学技术、现代经营方式、现代产业体系、现代基础设施，加速传统粮食流通业向现代粮食流通业转型，促进粮食流通产业又好又快发展。利用现有国有粮食收购、仓储、加工等企业在城区的土地和其他闲置资产，通过“退城进郊”进行出让、整合，盘活存量，并以产权为纽带，采取集团带动、股份合作和招商引资等模式，全面推进粮食产业园区建设。截至 2008 年 8 月，全省启动建设或规划粮食产业园区或产业集聚区 97 个，总占地 2.77 万亩，64 个园区动工兴建，完成投资 22.5 亿元，其中 33 个园区基本建成或主体工程竣工投入使用发挥效益。粮食产业园区建设呈现出“高起点、多元化、多功能、多业态”的蓬勃发展态势，与县域经济同频共振，已成为各地经济极有扩大辐射力和带动力的发展平台，效应逐渐显现。注重园区建设与粮食流通产业相互衔接、相互促进。出台《安徽省粮食现代物流发展规划》，全力推动粮食现代物流建设，一批以粮食散装、散卸、散储、散运为主要标志的现代粮食物流中心陆续兴建。

## 八、以实施“五心工程”为标志，服务社会主义新农村建设成效斐然，粮食部门社会形象、社会地位进一步提升

粮食作为重要的涉农部门，始终坚持“三农为重、农民至上”服务理

念，始终坚持以保护农民利益为己任，充分发挥国有粮食企业市场主渠道作用。2006年，安徽省粮食局提出并组织实施“五心工程”：全面执行最低收购价政策，千方百计稳定市场粮价，努力增加农民收入，让农民放心；大力开展粮食订单收购，提高粮食优质率，努力增加农民收入，让农民顺心；以园区经济和对接双赢为突破口，加快发展粮食产业化龙头企业，提高加工转化率，努力增加农民收入，让农民开心；加强粮食市场监管，营造稳定、公平、开放、顺畅的市场环境，千方百计防止卖粮难和损农现象，让农民安心；积极发展村级服务社，推动放心粮油进农村，开展多形式便民服务，让农民称心。同时主动参与“小麦高产攻关活动”、“水稻提升行动”、“玉米振兴计划”，着力提高粮食综合生产能力。并通过扩大优质订单，发布市场信息，引导种植结构调整，促进农民增收。仅从2005年，国家相继启动水稻和小麦最低收购价政策来，全省国有粮食企业就累计按最低收购价收购粮食229亿公斤，全省因增产和执行粮食最低收购价政策直接为农民增收85亿元，有效地保护了种粮农民利益。从2006年开始省粮食局连续三年实施新农村科学储粮示范工程，累计惠及3万多农户。2008年1.5万个储粮示范仓进入招标采购阶段，有力带动了农户储粮环境和生活环境的改善，得到了党委、政府的充分肯定，受到了农民和社会各界的普遍赞誉。

## 九、以依法治粮工作机构、制度和机制逐步建立为标志，粮食行政执法体系建设迈出了坚实的步伐，粮食流通管理步入法治化轨道

1998年，国务院颁布了《粮食收购条例》及《粮食购销违法行为处罚办法》，特别是2004年5月《粮食流通管理条例》颁布标志着我国粮食流通依法监管进入一个新时期。从2002年起，安徽省政府相继制定出台了《安徽省省级储备粮管理办法》、《安徽省粮食收购资格管理办法》等一系列规范性文件，2005年经省政府批准省粮食局成立政策法规处、监督检查处，目前从省到市县粮食局依法治粮工作机构、制度和机制基本建立并得到逐步完善，依法监管方式不断创新，“繁昌经验”在全国推广。全省已批准粮食收购市场准入资格8746家，其中社会法人和其他经济组织以及个体经营者占

近 80%。粮油质量检测体系建设得到进一步加强，全省 46%的粮油质检中心（站）纳入国家粮食质检体系。全面启动了覆盖全社会的粮食统计报告新制度并取得实质性成效。定期会同工商、质检等部门依法组织开展了省级储备粮管理、收购市场准入和社会统计执法大检查，有力地维护了粮食流通秩序。安徽省粮食局被授予 2001~2005 年全国法制宣传先进单位，粮食流通监督检查工作连续三年荣获全国先进单位。

## 十、以开展“三反、三正”活动为标志，大力推进行业文化和行业文明建设，实现了全系统党风、政风、行风的进一步好转

按照“把风气搞正，把作风搞实，按规矩办事”的要求，高度重视干部职工队伍建设，涌现出一批全国粮食行业劳动模范和先进工作者。2006 年，淮北市粮食局等 5 家单位和葛时升等 6 名同志被国家人事部、粮食局授予“十五”全国粮食系统先进集体、先进工作者（劳动模范）称号，受到国务院领导的亲切接见。高度重视行业教育与人才培养，全面启动“442”培训工程。2007 年，成功举办了首届安徽粮食行业职业技能大赛，并在全国首届粮食行业职业技能大赛中勇夺团体第一名和优秀组织奖，6 名参赛选手荣获 2 金 4 银的骄人成绩。高度重视党风廉政建设，深入持久地开展“反腐败、反违规、反造假、正党风、正政风、正行风”和创建文明行业活动，治理商业贿赂工作被国家粮食局作为“安徽经验”在全国推广。高度重视加强机关效能建设，效能建设在机关已深入人心，成为谋实事、快干事、干成事的自觉行动，整个系统呈现出创新、奋进、团结、和谐的良好氛围。

（作者：安徽省粮食局）

# 江西省粮食流通体制改革成果与经验

## 一、江西省粮食流通体制改革简要回顾

以党的十一届三中全会召开为标志，全国各行各业开始了一场广泛而深刻的变革，并持续至今。30 年来，江西省粮食流通体制改革遵照党中央、国务院的统一部署，在省委、省政府的正确领导下，依靠全省粮食干部职工的共同努力，基本实现了粮食供求从紧缺到供求基本平衡的转变，粮食购销由计划向市场的转变，粮食行政管理由行政手段向法制管理的转变，粮食购销由单一国有向多主体的转变，粮食工作各项事业都发生了飞跃性的变化和发展。回顾改革历程大体经历了以下五个阶段：

第一阶段，1978~1984 年，主要是减轻农民负担、发展粮食生产。期间，通过采取提高粮食收购价格、调减粮食征购基数、增加粮食进口、恢复粮食集市贸易等措施，调动农民种粮热情，江西省粮食生产一度处于历史发展最快的时期，基本缓解了粮食供求关系长期紧张的局面。

第二阶段，1985~1992 年，进行粮食购销体制改革。粮食供求基本缓解为粮食流通体制改革提供了坚实的物质基础。1985 年，江西省取消粮食统购，改为合同定购，合同定购以外的粮食，由市场调节供求，实行议购议销。1988 年实行粮油购销调存“三年包干”。1992 年，改革粮食购销价格倒挂的价格体系，实行粮油购销同价。

第三阶段，1993~1997 年，全面进行粮食流通体制改革探索，1993 年实行“三放开”，即价格放开、市场放开、经营放开，粮食流通体制开始由计划经济向市场经济转变。1994 年实行粮食“两线运行”改革。1996 年实行粮食保护价制度，农民种粮积极性空前高涨，当年粮食总产量创出历史最高。

第四阶段，1998~2006 年，深化粮食流通体制改革。1998 年，按照国务

院关于实行以“四分开一完善”的改革要求，江西省人民政府印发抚州地区县级粮食系统自身改革综合试行方案，全省粮食系统按照“一局两司一场”模式，实行国有粮食收储企业的主营业务与附营业务分开。2000 年，江西省放开早稻收购市场，2004 年，放开晚稻收购市场价格，实行粮食购销市场化。期间，全省粮食系统以解决“三老”问题为突破口，提出了“三步走”发展思路，分三年逐步解决“老粮”、“老账”和“老人”问题，基本解决困扰国有粮食企业发展难题。与此同时，按照新的粮食流通体制要求，与其相适应的管理体制——粮食依法行政体系建设开始起步，粮食法制建设逐步完善。

第五阶段，2006 年至今，完善粮食流通体制改革。2006 年国务院印发了《关于完善粮食流通体制改革政策措施的意见》，江西省人民政府于 2007 年制定了《关于完善粮食流通体制改革政策措施实施意见》，各地重点围绕国有粮食企业体制机制、粮食市场体系建设及粮食宏观调控等新问题进行改革，掀开了粮食流通体制改革新的篇章。

## 二、30 年粮食流通体制改革取得的主要成果

改革开放 30 年来，江西省粮食流通体制改革在省委、省政府的正确领导和国家粮食局的有力指导下，依靠全省粮食部门广大干部职工共同努力，认真贯彻落实党中央、国务院关于深化粮食流通体制改革的一系列政策措施，以购销市场化为取向，以粮食增产、农民增收、农业增效和确保粮食安全为目标，积极推进粮食流通体制改革，建立和完善粮食行政管理、储备调节和粮食购销市场体系，促进粮食生产与流通的协调发展，粮食流通体制改革取得了丰硕成果，具体表现在：

### （一）粮食生产稳步增长，品种结构和品质不断优化，农民收入持续增长

随着农村家庭联产承包责任制，税费改革及农村综合改革等一系列政策措施的实施，江西粮食生产产量和质量不断提高，农民收入持续增长，体现在：一是粮食生产稳步增长，全省粮食产量由 1978 年的 1125.7 万吨增加到 2007 年的 1904.2 万吨，增长 69%。二是粮食品种结构进一步优化。各级粮

食管理部门通过不断引导农民调优适销对路种植品种，2007 年全省种植的优质稻谷品种比率达 80%左右，优质高效粮食品种成为农民增收的重要组成部分。三是农村居民收入不断增加。农村居民人均纯收入由 1978 年的 133 元增长到 2007 年的 4098 元，增长 30.8 倍。

### （二）粮食购销体制发生重大变革，实现了从统购统销到完全市场化的转变

1982 年以前，全省基本实行高度集中的粮食管理体制，即粮权集中在中央，国家统一征购、统一销售、统一调拨、统一库存。此后，经过调减粮食征购基数，扩大超购比重，扩大市场调节范围等一系列改革，基本完成了对粮食购销体制市场化改革，形成了在国家宏观调控下，粮食购销和粮食价格主要由市场形成的机制。

### （三）市场主体多元化，粮食市场体系逐步建立

随着粮食购销从统购统销到完全市场化的转变，粮食市场逐步放开，江西省粮食市场经营主体经历了从国有粮食企业一统天下到一主多元、有序竞争的深刻变化，初步形成了多元市场主体平等竞争、和谐发展的新格局。截至 2007 年底，全省共核发粮食收购许可证 4440 户，其中非国有企业和个体工商户 3083 户，占已办证数量的 70%。多主体的参与，极大地活跃了粮食流通。国有粮食企业在其中仍然发挥了主渠道作用，即使在完全市场化的条件下，国有粮食企业收购量仍然占到社会总收购量的 60%。

同时，江西省的粮食市场体系建设也取得了重大突破。江西省粮油批发市场控股的南方（九江）粮食交易市场，经过几年的发展，成长为具有较强影响力的区域性粮食交易市场。从 2007 年开始，该市场大力推广网上电子交易平台建设，在省内部分市县设立了分市场，促进了粮食交易手段的现代化，形成了有形市场与无形市场共同发展、传统交易与电子交易手段相互补充的市场体系，交易额逐渐扩大。2008 年，江西省粮油批发市场被纳入国家粮食市场体系，国家粮食局批准在该市场基础上组建“南昌国家粮食交易中心”。

### （四）粮食储备体系日渐完善，宏观调控能力显著增强

江西省按照“粮食省长负责制”的要求，于 1994 年建立了省级储备，

此后，一部分市、县（区）陆续设立了地方粮食储备。2000 年 11 月，中国储备粮管理总公司在江西省组建了分公司，并对分公司的人、财、物实行垂直管理，中央储备粮的管理业务全部移交给中国储备粮管理总公司江西分公司。2007 年底，江西省顺利完成了长达 8 年未进行轮换的省级储备粮轮换工作。2008 年，新的省级及市县储备粮规模已经下达各地，正加紧轮入。为加强对地方储备粮的管理，江西省成立了省储备粮管理有限公司，并积极协调有关部门抓紧制定省级储备粮管理办法，完善省储备粮公司内部管理制度。至此，全省已形成以中央储备为主、以省、市（县、区）储备为有效补充的比较完整的粮食储备体系。与此同时，江西省加强粮食流通基础设施建设，为实施粮食宏观调控创造了良好条件，全省共完成中央粮库建设项目 64 个，建设仓容 42.3 亿斤，总投资 11.4 亿元。各级国有粮食企业还自筹资金建设、维修和改造了一批地方粮库，截至 2007 年底，全省总仓容达 240 亿斤，比 1998 年改革前增加 44 亿斤，总资产达 23 亿元。

**（五）国有粮食企业体制机制不断创新，粮食产业化经营取得新进展**

2002~2004 年，江西省粮食系统完成了 142 亿斤高价位周转粮的销售处理，累计分流和安排内部退养职工 13 万多人，组织清理国有粮食企业的政策性亏损挂账 97.73 亿元，长期困扰国有粮食企业发展的“三老”问题得到妥善解决。在此基础上，国有粮食企业积极创新体制机制，推进产权制度改革，江西省粮油集团改造重组、兼并扩张，成为省农业产业化“十百千”工程龙头企业，并通过行政推动、政策扶持、市场运作组建了上饶万年贡米集团、宜春天地和赣西米业集团等区域性企业集团。各地普遍进行了以股份制改革为主要内容的产权制度改革，放开搞活一批中小企业。各地国有粮食企业适应粮食购销市场化需要，大力发展粮食产业化经营，从传统的“收原粮、卖原粮”的一元经营方式，主动向粮食生产和加工转化领域延伸，实现多元经营方式。截至 2007 年底，江西省已有国家、省、市级粮食产业化龙头企业 217 家，资产总额 24 亿元，稻谷生产能力 762 万吨。一批名优产品脱颖而出，其中的“金佳”、“玉珠”牌大米和“春丝”牌面条 3 个品牌获“中国名牌产品”称号。与此同时，国有粮食企业盈利能力不断提高，2006 年江西省粮食行业实现了 1998 年粮改以来的首次盈利，实现利润 4522 万元。2007 年在最低收购价粮食政策性补贴减少 3 亿多元的情况下，全年累计盈利 7020 万元，其中购销企业实现盈利 5216 万元，做到了县县无亏损，成为全国唯一的无亏损县的省份。

### （六）粮食行政管理职能逐步转变，行政执法体系基本确立

江西省各级粮食行政管理部门根据《粮食流通管理条例》赋予的职责，不断转变行政职能，由主要管理国有粮食企业转向对全社会粮食流通管理，大力开展依法行政、依法管粮的探索与实践，行政执法工作不断得到完善和加强。一是粮食行政执法制度逐步完善。江西省政府公布施行《江西省粮食收购资格许可管理办法》，省粮食局制定完善了粮食行政许可、粮食流通监督检查、粮食行政执法责任制、粮食流通统计和粮食行政复议等规章、制度及办法。二是健全和规范行政许可工作，严格按照规范程序开展了陈化粮购买企业资格、粮食收购资格、军供粮站（点）供应资格及中央储备粮代储资格企业的资格初审工作。三是开展了全省粮食库存大检查。会同有关部门组织对全省粮食购销企业储存的中央储备粮、地方储备粮、其他政策性粮食和商品粮进行了全面检查，摸清了全省粮食库存情况，加强了执行粮食收购政策、粮食准入、社会粮食统计等粮食经营活动的监督检查。四是开展了粮食行政执法监督检查，及时纠正不当和违规行政行为。五是质量监督检验体系基本建立。江西省粮油质量监督检验中心及四个市级粮油质量监督检验站成为全国粮食质量监测网的重要组成部分，为保障粮食食用安全发挥了重要作用。

## 三、江西省粮食流通体制改革和发展积累的经验

### （一）粮食流通体制改革的不断完善必须始终坚持当地党政的正确领导

江西历届省委、省政府都非常重视粮食工作，主要领导同志多次就粮食工作进行专题调研，并在粮食体制改革发展的关键时期多次作出重要指示，为全省粮食流通体制改革发展指明方向。省政府按照粮食工作省长负责制的要求，积极贯彻落实国务院关于粮食流通体制改革的战略部署，因地制宜地制定适合本省粮食体制改革的政策和措施，统一部署改革方案，对国有粮食企业改革、粮食流通基础设施建设、粮食收购、粮食依法行政等方面给予了

大力支持。吴新雄同志担任省长后在第一次全体会议上就强调了两个决不动摇：一是江西作为粮食主产省的地位坚决不能动摇；二是肩负国家粮食安全的责任坚决不能动摇。省委、省政府对粮食工作的高度重视，保障了全省粮食流通体制改革工作的顺利推进。

**（二）推进粮食流通体制改革必须始终坚持市场化改革方向**

在国家宏观调控下，充分发挥市场机制在配置粮食资源中的基础性作用，是我国粮食流通体制改革的必然选择。以市场化引导粮食生产，农民自主选择种植品种，促进了粮食生产的稳步增长和种植结构优化；健全粮食价格机制，促进了粮食生产的大开放和大流通，极大地提高了粮食流通效率；理顺粮食行政管理部门职能，政府部门不直接干预企业的日常经营活动，使国有粮食企业成为自主经营、自负盈亏的市场主体，充分发挥其主渠道作用，并通过积极培育和发展多元市场主体，促进企业公平有序竞争，增强企业的竞争能力和活力。

**（三）推进粮食流通体制改革必须始终牢记粮食宏观调控保障粮食安全目标**

江西省粮食流通体制改革坚持以确保国家粮食安全为己任，不断强化地方粮食储备体系建设，宏观调控手段持续丰富和完善，形成了较为完备的省、市、县三级储备网络。各地在改革中坚持“优质资产基本不动、收购网点基本不撤”的原则，2007年底，全省仍保留了2063个收购网点，并通过多方筹资不断新建和修缮仓储设施，有效仓容不但没有因为改革影响受到削弱，而且有所增加，粮食宏观调控能力不断提高。

**（四）推进粮食流通体制改革必须始终坚持以人为本和服务“三农”原则**

一是坚持服务“三农”。服务“三农”是粮食部门的神圣职责，在推进粮食流通体制改革过程中，江西省粮食部门始终牢记服务“三农”的“四帮”要求，即引导帮助农民选种适销对路的优质品种，促进农民增产增收；坚决执行粮食收购政策，帮助农民卖好粮，江西省粮食收购价格历年都略高于周边省份，有效保护了粮农利益；提供科学储粮技术指导，帮助农民储好粮；大力发展粮食产业化经营，帮助农民实现增产增收，推动了全省粮食生产的稳步发展，为粮食流通体制改革奠定了良好基础。二是充分尊重和维护职工合法权益。江西省粮食系统职工参加基本养老保险比率达100%、参加医疗保险比率达78.6%、参加失业保险比率也达54.8%。改革过程中，各级粮食部门切实加强对改制企业落实富余职工安置方案的监督检查，及时化解改革中的矛盾，维护职工的合法权益，营造和谐改革氛围，保障了粮食流通体制改革的顺利推进。同时，各地注重关心干部职工的生产生活，共享改革丰硕成果，在岗职工的收入由改革前2003年的年人均4199元提高到2007年的8503元，增长了一倍多。三是努力维护市场稳定，保护消费者利益。一直以来，全省粮食部门以保障粮食供给、稳定粮食供应为己任，特别是2008年，面对雨雪冰冻灾害及国际粮油市场价格大幅上涨，各地粮食部门全力以赴保障受灾地区的成品粮油供应和保证江西省粮食市场基本稳定，维护了正常的粮食流通秩序，保护了消费者权益。

### （五）推进粮食流通体制改革必须始终加强和改进粮食依法行政建设

随着粮食流通体制改革的不断完善，与之相适应的管理体制也必须相应作出调整，江西省粮食流通体制改革在全面贯彻落实国发［2004］17号、国发［2006］16号文件和《中央储备粮管理条例》、《粮食流通管理条例》的基础上，切实加强和改进粮食法制建设，全省粮食流通管理方式实现了由行政手段为主转向以法律手段、经济手段为主，辅以必要的行政手段的转变。2002年，江西省粮食局会同省财政厅、省农发行颁布实施了《江西省省级储备粮油管理办法（试行）》（该办法经修订已列入江西省2009年立法计划），2004年，江西省人民政府以136号令公布施行《江西省粮食收购资格许可管理办法》。此后，江西省陆续印发了《江西省粮食应急预案》、《江西省粮食流通统计制度》、《江西省粮食行政管理部门行政处罚主要依据和种类》和省粮食局依法行政责任制、行政执法责任追究制度和行政执法考评制度等10多项省级粮食流通管理的规章及制度，各设区市及一部分县（市、区）政府制定了地方储备粮管理办法和粮食质量监管、大宗粮食交易活动监督的办法或意见，充实和完善了粮食行政执法体系建设，对促进粮食行政职能部门管理方式的转变，增强粮食行政执法人员的依法行政意识，为继续推进粮食流通法制建设和在更高水平上实现依法管粮打下了坚实的基础。

30年来，江西省粮食流通体制改革发展取得了显著成效，但仍然面临着许多深层次矛盾和问题。我们将以邓小平理论和“三个代表”重要思想为指导，深入贯彻落实科学发展观，全面贯彻党的十七大精神，按照国务院和省委省政府关于完善粮食流通体制改革的决策部署，加快粮食流通体制改革步伐，推动全省粮食经济实现又好又快发展，为夺取全面建设小康社会新胜利作出更大的贡献。

（作者：江西省粮食局）

# 湖北省粮食流通体制改革成就与经验

改革开放30年，经济体制改革是贯穿始终的一条主线，经济体制改革的不断深化为我国经济社会快速发展提供了强大动力。粮食流通体制作为经济体制的重要组成部分，经历了艰辛的改革历程并取得了显著成效。湖北省是粮食主产省和全国重要的商品粮生产基地，在省委、省政府强有力的领导下，全省粮食行业坚持解放思想，深化改革，加快发展，不断开创粮食流通工作新局面。

## 一、湖北省粮食流通体制改革的历程

粮食流通体制改革主要包括粮食购销体制改革和粮食部门自身改革两个方面。

### (一) 粮食购销体制改革

“民以食为天”，粮食是关系国计民生的特殊商品和重要战略物资。随着我国粮食供求形势的变化和经济体制改革的推进，我国粮食购销体制经历了从长期计划经济向市场经济逐步转变的过程。湖北省作为粮食主产省和全国重要的商品粮生产基地，其粮食购销体制的变革基本与全国保持同步。从新中国成立至1984年大致经历了两个阶段：1949~1952年，粮食自由购销阶段；1953~1984年，粮食统购统销阶段。特别是粮食统购统销阶段长达31年之久，具有典型的计划经济特征，国家对粮食实行统一管理与调度，收购和供应的数量、标准、价格由中央统一规定和批准，国营粮食系统对粮食实行垄断经营。粮食统购统销政策虽然对国家保障供给、稳定物价、维护粮食安全起到了重要作用，但也使国家背上了沉重的包袱，国有粮食企业经营受到制约，缺乏活力，改革势在必行。随着我国经济体制改革的深化，从

1985 年开始，我国的粮食购销体制走上了渐进式的改革道路，至今大致经历了三个阶段。

1. 1985~1997 年，粮食购销“双轨制”阶段。这一时期，国家逐步缩小粮食计划管理范围，扩大市场调节比重，在粮食购销和价格上形成了计划与市场并行的“双轨”制格局，多种经济成分开始参与粮食流通，促进了粮食生产，丰富了市场供应，活跃了粮食经济。1985 年国家取消粮食统购，改为合同定购，合同定购以外的粮食可自由上市。国家还多次提高粮食定购价格，使粮食定购价格逐步接近市场价格。为了改变粮食统销数量过大、价格过低、中央补贴不断增加的状况，国务院逐步缩小了粮食统销范围，提高粮食统销价格。1984 年，首先将工业、饲料用粮退出统销范围，改为市场调节。1992 年实行放开粮食购销和价格的试点，全国约 98%的县（市）基本上放开了粮食购销和价格。由于 1993 年粮食减产，粮食供求出现紧张，粮价上涨较快，1994 年国家恢复粮食定购制度，对主要粮食品种的销售价格实行国家定价，国家定购以外的粮食价格实行市场调节。

2. 1998~2003 年，保护价敞开收购阶段。1998 年 6 月，国务院颁布了《粮食收购条例》和《粮食购销违法行为处罚办法》，国家实行以“三项政策、一项改革”为主要内容的粮食流通体制改革，即国有粮食收储企业按保护价敞开收购农民余粮，实行顺价销售，农发行对收购资金实行封闭运行，加快国有粮食企业自身改革。国家希望通过国有粮食企业垄断收购并控制粮源，实现粮食顺价销售，减轻财政负担，同时保护种粮农民利益。但由于有关政策法规难以执行到位，粮食价格出现倒挂，保护价高于市场价，保护价粮顺价销售非常困难。2001 年 8 月，国务院下发了《关于进一步深化粮食流通体制改革的意见》，对保护价收购政策进行调整：粮食主产区继续坚持按保护价敞开收购农民余粮，适当调整缩小保护价收购范围。粮食主销区加快粮食购销市场化改革，放开粮食收购，粮食价格实行市场调节。浙江、上海、福建、广东、海南、江苏、北京、天津 8 个粮食销区率先放开粮食收购市场。湖北省积极探索深化粮食购销体制改革的新路子，从 2002 年开始，将保护价收购政策调整为按 30 亿斤中晚稻收购量分解到 17 个主产县（市），由国有粮食购销企业与农户签订保护价粮订单收购合同，按市场价收购，实行价外补贴，其他地区、品种全部放开，到 2003 年演变为对种粮农民实行直接补贴。

3. 2004 年至今，粮食购销市场化改革阶段。保护价敞开收购，解决了农民卖粮难问题，促进了农民增收。但在粮食连年丰收、阶段性供大于求的情况下，保护价粮顺价销售非常困难，大量积压，亏损和资金占用严重。面对新的粮食生产和流通形势，2004 年 5 月，国务院印发了《关于进一步深化粮食流通体制改革的意见》并颁布了《粮食流通管理条例》，全面放开粮食购销市场，粮食价格主要由市场供求形成，国家鼓励多种所有制市场主体从事粮食经营活动，促进公平竞争，同时加强粮食流通管理，增强对粮食市场的调控能力，建立对种粮农民实行直接补贴的机制。为了保护种粮农民利益，促进粮食生产，国家从 2005 年开始启动最低收购价执行预案，即当市场收购价低于国家规定的最低收购价时，国家按照不低于最低收购价的价格收购农民粮食。2005 年湖北最低收购价执行预案确定的品种为早籼稻和中晚稻，2006 年新增了小麦品种，2007 年根据市场行情只启动了小麦品种。

### （二）粮食部门自身改革

随着改革开放的推进，湖北省粮食流通领域发生了深刻变化。体制机制等深层次问题逐步浮出水面，成为全省粮食部门必须认真解决的重大难题。由于长期受计划经济体制的深刻影响，粮食部门政企不分的问题十分突出，国有粮食企业摊子大、冗员多、机制不活、亏损严重，不能适应市场经济发展的要求。粮改前的 1998 年底，湖北省粮食干部、职工总数达 28.14 万人（含离、退休 3.54 万人），比产销量相当的邻省湖南省多 12 万人，比安徽省多 10 万人。由于体制不顺、管理不善、企业效率低下，连年巨额亏损。1997 年全省亏损额居全国同行业第四位，受到国务院的通报批评。国有粮食企业到了举步维艰、生存危机的紧要关头。

湖北省粮食局知难而上，下定决心推进改革，确立了“统一部署，全面推进，分步实施，不断深化”的改革思路。全省粮食部门改革从 1998 年底开始研究部署，1999 年初全面推开，并一直在不断深化。湖北省粮食部门改革先后迈出了“三分一建立”（政企分开、主附营业务分离、富余人员分流和建立新的企业经营管理机制）、“三减一完善”（减“灶”、减官、减人和完善企业经营管理机制）、“两改一重组”（企业职工改变国有身份、附营企业实行民营改制和购销企业战略重组）、“创新加转变”（创新企业经营管理体制机制和转变行政管理部门职能）四大步。

1. 1999 年实行“三分一建立”的第一步改革。一是实行政企分开。湖北省政府和各级政府下文明确各级粮食局为粮食行政主管部门，重新核定机关人员编制，行政经费纳入财政预算，粮食局不再向企业收取管理费，在人、财、物上与所属企业彻底脱钩，不再参与企业经营，从根本上改变了粮改前粮食局和粮食总公司“两块牌子、一套班子”这种政企不分的做法。政企分开后，全省市、州、县粮食局行政人员由粮改前 1998 年底的 3983 人减少到 2428 人，减少 1555 人，减幅 39.04%。二是实行主附营业务分离。按照“业务分开、企业分设、资产分离、核算分账”的原则，做到储备、政策性业务与粮油工业、多种经营坚决分开，实现了购销企业与附营企业彻底分离。分离后购销企业和附营企业各自成为独立核算、具有法人资格的经济实体。三是富余人员分流。购销企业按粮食收储量和收益补偿的原则定岗定员，省对市县下达了减员分流任务指标。主产区、销区和山区结合粮食收储实际，分别核定定岗定员标准。经过严格的考试考核和公开竞争上岗，将购销企业的富余人员全部进行了分流。1999 年全省购销企业职工由改革前 1998 年底的 14.78 万人减少到 4.78 万人，减幅 68%。四是建立新的企业经营管理机制。购销企业干部职工全部实行竞争上岗，企业一律实行管理人员聘任制、职工劳动合同制、岗位效益工资制。同时狠抓企业管理制度建设，尝试会计委派工作。

2. 2000 年开始实行“三减一完善”的第二步改革。在第一步改革的基础上，进一步深化购销企业改革。一是减“灶”。粮食主产县市购销企业由原来的按乡镇区划设置改为按经济区域设置，对销区、山区购销企业进一步压减。购销企业撤并的地方，根据需要设置购销站点。二是减官。购销企业的领导职数按一正两副或一正一副配备，不设虚职，进一步压缩管理人员。三是减人。在进一步撤并精简购销企业的同时，湖北省粮食局将 2000 年全省购销企业定岗定员指标由 1999 年的 4.8 万人调减到 4.2 万人，各地加大减员力度，全省实际减少到 3.64 万人，比省定指标多减 0.56 万人，实现了购销企业人员二次分流。四是完善企业经营管理机制。继续推进干部人事制度、劳动用工制度和分配制度改革。企业逐步建立起了干部能上能下、人员能进能出、收入能增能减、国有资产保值增值的新机制。在管理上着重抓了企业会计核算和财务制度建设。省里制定了国有粮食购销企业会计核算办法、财务管理办法和经济效益考核办法。全面实施会计委派制，各级政府向市、州、县粮食局委派总会计师，各级粮食局向购销企业委派主管会计。

3. 2001 年开始实行“两改一重组”的第三步改革。为了巩固改革成果，避免分流人员反弹，进一步搞活企业经营机制，在全省及时推行了以企业职工改变国有身份、附营企业实行民营改制、购销企业撤并重组为重点的第三步改革。大力推进企业用工制度改革，全员买断工龄置换国有身份。购销企业进一步按经济区域和粮油流向撤并重组，实行定岗定员，职工置换身份后通过竞争重新返聘上岗，签订新的劳动合同；分流的富余人员通过经济补偿等多种办法妥善安置到位，不允许定岗不定员或轮流上岗。附营企业大力推进以民营化为基本取向的改革，职工全部置换身份。置换身份的主要途径是：有条件的企业采取与大企业联合、实行股份制、整体出售等办法置换；通过资产变现、清收应收款、返聘职工交纳责任保证金、职工欠款顶抵等筹措资金置换；以门面、土地、经营场所、公有住房及售房资金用于置换；对离退休人员其养老保险按政策落实，纳入当地社会保险统筹。通过买断工龄改变职工国有身份和重新竞争返聘上岗，彻底解决了减员分流中藕断丝连，随时可能反弹的难题。

4. 2004 年至今，不断深化“创新加转变”的第四步改革。2004 年，我国的粮食流通政策发生了重大变化，对粮食流通体制改革提出了新的要求。《国务院关于进一步深化粮食流通体制改革的意见》明确要求“实行粮食购销市场化和市场主体多元化；……深化国有粮食购销企业改革，切实转换经营机制，发挥国有粮食购销企业的主渠道作用”。《粮食流通管理条例》明文规定“县级以上地方人民政府粮食行政管理部门负责本地区粮食流通的行政管理、行业指导”，赋予了粮食行政管理部门在粮食收购许可、粮食监督检查、粮食行政处罚等全社会粮食流通监管上的职权。根据新的形势和要求，湖北省粮食部门从创新体制机制入手，在积极探索国有粮食企业产权制度改革的同时，加快转变粮食行政管理部门职能，促进依法行政和依法管粮。这一时期国有粮食企业改革的主要特点是：分类指导，因地制宜，充分发挥各地的积极性和创造性。各地结合实际在企业股份制改造、战略重组、组织结构创新、租赁经营、目标责任制管理等方面进行了各种有益的探索，并创造出不少成功经验。

# 二、湖北省粮食流通体制改革的成就

改革开放30年特别是1998年以来，湖北省按照国家的统一部署和要求，结合本省粮食工作实际，大力推进粮食流通体制改革，促进粮食经济又好又快发展，工作成效显著，湖北省粮食局多次被国家粮食局和湖北省政府授予改革先进单位。

**（一）积极推进粮食购销市场化改革，搞活了粮食流通**

1985年，国家取消粮食统购，改为合同定购后，广大农民完成公粮、定购任务后多余的粮食可以到农村集贸市场、粮食交易市场出售，湖北省农村出现了走村串户收购、加工粮食的个体户，城镇出现了个体粮油经销商，搞活了市场，方便了消费。1995年，国家对粮食部门实行“两条线运行”的粮食购销体制改革，要求国有粮食企业将政策性业务和商业性经营分开，政策性业务由国有粮食企业经营。由于粮油加工和零售被划为商业性经营，各种所有制形式的经营主体全面进入这两个领域，打破了国有粮食企业的垄断格局。从2004年开始，国家全面推行粮食购销市场化改革，鼓励多种所有制市场主体从事粮食经营活动。截至2007底，湖北省已批准颁发《粮食收购许可证》4057家，其中非国有粮食企业占80%以上。多元主体公平竞争，繁荣了粮食市场，搞活了粮食流通。

**（二）加强粮食宏观调控工作，保障了全省粮食安全**

湖北省注重加强粮食宏观调控能力建设，全省已经建立了省、市、县三级粮食储备、食用油储备，建立了粮食市场监测预警机制，制定了粮食应急预案，确定了一批应急加工、供应企业，扎实开展全社会粮食流通统计和全省粮食供需平衡专项调查，为粮食宏观调控提供决策依据。从2007年冬到2008年春，全国粮油市场出现较大波动，我国南方发生严重的雨雪冰冻灾害，湖北省由于调控措施得力，保证了粮油市场供应和价格基本稳定，经受住了严峻的考验。

### （三）不断深化国有粮食企业改革，企业综合实力显著提升

从1999年至今，经过四大步改革和十年的艰辛努力，湖北省国有粮食企业的“三老”（老粮、老账、老人）问题基本解决。到2004年8月底，湖北省在全国率先销完定购粮和保护价“老粮”，减轻了粮食库存压力，减少了粮食陈化损失，遏制了企业亏损。到2005年底，全省国有粮食购销企业政策性挂账经清理审计后全部集中到县市粮食行政管理部门统一管理并实行停息。国有粮食企业及员工数量得到大幅精减，截至2008年上半年，全省国有及国有控股粮食企业（包括购销企业和附营企业）在岗职工23153人（其中已置换身份22795人，占在岗职工数的98.45%），比改革前1998年底的28.14万人（含离退休3.54万人）减少22.28万人，减幅90.57%；全省国有粮食购销企业重组调减到645个（含储备库），企业数比改革前1988年底的1498个减少853个，重组调减幅度为56.94%，全省现有国有粮食购销企业中实行产权改革改制的企业数365个，产权改制企业比例达到56.59%。通过不断深化改革，激发了企业活力，促进了企业经济效益逐步好转。企业人均收购量由1998年的2.15万公斤增加到2007年的22.2万公斤，是改革前的10倍多。1999年改革当年，全省购销企业减亏26.89亿元，减幅达91%。2006年，全省国有粮食购销企业实现利润0.62亿元，实现了全系统扭亏增盈的可喜局面。2007年，全省国有粮食购销企业实现盈利0.73亿元，由1997年的全国同行业亏损第四位，跃居全国同行业盈利第四位，实现了历史性跨越。

### （四）加快转变粮食行政管理部门职能，全社会粮食流通监管工作不断加强

通过1999年“三分一建立”改革，湖北省粮食部门实现了政企分开。在省委、省政府的支持下，湖北省粮食局会同省编办、省财政厅联合下发了《关于省、市、县三级粮食行政管理机关人员编制及行政经费有关问题的通知》，明确将机关人员纳入行政编制，经费列入财政预算，各级粮食行政管理部门与企业在人、财、物上彻底脱购。2004年，国务院颁布《粮食流通管理条例》后，全省粮食行政管理部门加快转变职能，全社会粮食流通监管工作逐步加强。一是粮食行政执法机构体系基本建立。2005年，省政府批准省粮食局增设政策法规处和监督检查处两个内设机构，并增加了人员编制。

到 2007 年底，省、市、县三级粮食行政执法机构体系已基本建立。二是粮食流通管理法规的配套制度逐步健全。先后出台了《湖北省粮食流通管理办法》、《粮食收购资格审核管理办法》、《粮食质量监督管理实施细则》、《粮食流通统计制度》、《湖北省粮食市场监管联合执法实施意见》等政府规章和规范性文件。三是粮食市场监管不断加强。认真做好粮食收购资格的审核办证工作，引导和规范多元主体开展粮食收购。从督促指导多元粮食经营主体建立粮食经营统计台账入手，努力做好全社会粮食流通统计工作。认真开展粮食收购资格、粮食最低收购价政策、粮食库存和粮食统计等专项检查，检查对象涵盖各种所有制的粮食经营者，并依法对各种违法行为给予了责令纠正、行政警告、取消收购资格、移交工商部门处理等不同形式的处罚，维护了正常的粮食流通秩序。

### （五）认真执行国家粮食收购政策，保护了种粮农民利益

1979~1992 年，国家七次提高粮食统（定）购价格，使国家收购价格逐步接近市场价格，增加了农民收入，促进了粮食生产。1998 年，国家开始实行保护价收购政策，截至 2002 年底，湖北省累计收购保护价粮 350.52 亿斤，按每斤保护价粮高于市场价 0.08 元匡算，全省农民共增收 28 亿元。2005 年，国家启动粮食最低收购价预案，截至 2008 年 6 月，湖北省累计收购最低收购价粮食 209.13 亿斤，按每斤最低收购价粮高于市场价 0.06 元匡算，全省农民共增收 12.5 亿元。粮食最低收购价政策、粮食直接补贴、良种补贴、农机补贴等一系列惠农政策的实施，保护了农民利益，有效调动了农民的种粮积极性。2004~2007 年，湖北省粮食生产逐年增长，2007 年达到 457 亿斤，已连续四年丰收。

### （六）大力发展粮食产业化经营，粮食经济又好又快发展

改革开放以来，湖北省的粮油加工业不断发展壮大，尤其是近些年来，省委、省政府把发展粮食产业化作为全省的一项重要工作来抓，给予了大力支持。从 2003 年起，到“十一五”结束，省财政每年安排 2000 万元资金用于粮油精深加工和粮食产业化项目贴息，大力发展粮油精深加工和粮食产业化经营。粮食产业化龙头企业不断壮大，粮油产品日益丰富，粮油加工综合实力大幅提升。截至 2007 年底，全省共有国家级粮油龙头企业 8 家，占全省国家级农业产业化龙头企业的 36%，另有省级龙头企业 81 家；全省粮油

加工企业全年总销售收入达到271亿元，全省20强粮食产业化龙头企业年销售额全部过亿元，其中京山“国宝”和监利“福娃”两家突破10亿元，洪湖浪、安陆禾丰、枣阳金华、夷陵绿秀、钟祥中粮祥瑞五家超过5亿元；京山“国宝”、监利“福娃”两个大米产品荣获中国名牌，实现了湖北省大宗农产品中国名牌零的突破。1999~2007年，湖北省已连续九年成功举办全省粮油精品展示交易会。截至2007年底，在全省粮油产品中，有两个大米产品荣获中国名牌，另有湖北名牌产品32个。2008年，“福娃”大米荣获中国驰名商标。全面启动粮食现代物流体系特别是两大通道、10个节点建设。武汉粮食物流基地规划2000亩，2007年落实了第一期征地656亩，2008年开工建设。2008年，武汉国家稻米交易中心开始破土兴建，并完成了工商注册。2008年4月，宜昌三峡物流中心投入使用。

## 三、湖北省粮食流通体制改革的经验

### （一）必须坚持以改革发展总揽粮食工作全局

改革开放30年特别是近10年来，湖北省各级粮食部门坚持以改革发展总揽粮食工作全局，深入贯彻落实科学发展观，坚持把党中央、国务院和省委、省政府关于粮食工作的一系列方针政策同湖北粮食工作实际结合起来，创造性地开展工作，用改革发展的办法解决前进中的问题和困难，不断开创全省粮食流通工作新局面。

### （二）必须坚持粮食购销市场化的改革方向

粮食流通体制是社会主义市场经济体制的重要组成部分。按照国家的统一部署，从粮食购销“双轨制”开始，湖北省一直在不断推进粮食购销市场化改革，市场机制在配置粮食资源中的基础性作用越来越明显。实践证明，粮食购销市场化有利于搞活粮食流通。

### （三）必须坚持把粮食宏观调控工作放在首位

我国人口众多，土地资源有限，粮食安全的警钟始终长鸣，随着工业化、城镇化的推进，粮食紧平衡的格局将会越来越紧，粮食流通体制改革的根本目标就是确保国家粮食安全。改革的实践证明，越是放开粮食市场，越是要加强粮食宏观调控，切实维护粮食市场稳定和国家粮食安全。

**（四）必须坚持以人为本的理念**

一切为了群众，一切依靠群众，让广大职工积极支持和参与改革，共享改革发展的成果，是粮食流通体制改革得以顺利推进的重要保证。湖北省国有粮食企业改革中富余人员分流安置任务十分艰巨。各级粮食部门始终坚持以人为本的理念，克服种种困难，千方百计地解决富余人员分流安置问题，努力做到"无情分流、有情安置"。为了确保人员分流工作顺利推进，全省按"公开、公平、公正"的原则，普遍推行了考试、考核、考评，竞争上岗，择优录用的办法，收到了良好的效果。并想方设法筹措资金，对分流下岗人员给予经济补偿的同时，大力发展粮食流通产业，不断拓展富余人员的就业空间。由于较好地解决了富余人员分流安置问题，全省基本上没有发生大的群体性事件，维护了社会稳定。

**（五）必须统筹兼顾地处理好各方面的关系**

在推进粮食流通体制改革进程中，必须学会运用科学发展观统筹兼顾的根本方法，注意处理好粮食生产者、消费者和经营者之间的关系，市场机制和政府调控的关系，强化监管与搞活流通的关系，粮食部门与工商、质检、物价等部门的分工协作关系，找准工作的结合点和平衡点，推动粮食工作健康发展。

**（六）必须争取党委、政府的重视和支持**

粮食流通体制改革涉及方方面面，关系到利益格局的重大调整，阻力大，任务十分艰巨，没有党委、政府的重视和支持，没有有关部门的配合，改革就不可能顺利推进。湖北省委、省政府十分重视粮食改革工作，多次下文部署推动改革，并建立起粮食工作行政首长负责制。各级政府成立了由政府负责同志挂帅、有关部门负责人参加的国有粮食企业改革领导小组，下设专门办公室，负责组织实施本地区的企业改革工作。

（作者：湖北省粮食局）

# 广东省粮食流通体制改革回顾与展望

改革开放以来，广东省按照中央的部署和要求，充分发挥改革试验田作用，解放思想，大胆探索，在粮食流通领域率先推行市场化改革，打破了传统的粮食统购统销体制，于全国率先放开粮食市场、经营和价格，率先实行粮食工作各级政府负责制，率先出台粮食安全责任考核办法，率先建立省、市、县三级地方粮食储备和粮食风险基金制度，率先出台粮食应急预案，初步建立适应社会主义市场经济要求、以市场配置粮食资源为主要手段、以政府粮食储备和调控为后盾的粮食流通新体制。全省粮食流通顺畅，粮油产品丰富，人民群众“米袋子”消费需求得到有效满足，粮食工作成功经受了“非典”、雨雪冰冻灾害、洪涝灾害等多次考验，粮食供应和价格保持总体稳定，为广东省当好改革开放的排头兵提供了有力支撑。

## 一、广东省粮食流通体制改革回顾

### （一）改革背景

粮食流通体制改革前，广东省实行粮食统购统销体制，按计划生产、收购和供应粮食，并由国营部门独家经营。在当时的社会经济条件下，这种体制曾有效保证了人民群众的粮食供应。但是，随着经济社会的不断发展，粮食统购统销体制的不适应性日益凸显：一是由于粮食购销价格背离价值规律，粮食流通不畅，农户种粮积极性受到影响，用高产质次的三级籼稻抵缴国家任务，粮食品种结构越来越不适应城乡居民消费需求。二是由于粮食购销价格倒挂，财政和企业负担沉重，全省财政用于粮食的补贴每年以几十个百分点的幅度增加，粮食问题一直是困扰各级政府的重大问题。三是政企不分，政府对粮食企业干预过多，粮食政策性业务与商业性经营没有完全分开，形成“企业经营”与“政府调控”的交叉矛盾。四是粮食企业冗员过多，管理落后，成本上升，吃“大锅饭”现象严重。总的来说，粮食流通体制若不进行改革，粮食生产者、经营者、消费者和政府都将继续面临困境，进而影响经济建设和改革开放大局。

### （二）改革历程

为摆脱粮食购销体制的困境，按照国家的决策和部署，广东省实行以粮食流通市场化为目标的粮食流通体制改革，充分发挥价值规律作用，在粮食生产、购销、价格等各环节进行全面改革，充分调动农户种粮积极性，促进粮食品种结构调整，理顺粮食购销关系，增强企业活力，减轻财政负担。广东省粮食流通体制改革主要分三个阶段：一是改革探索阶段（1979~1991 年），实行计划管理与市场调节并存的粮食购销“双轨制”；二是改革加速阶段（1992~2000 年），放开粮食销售市场，建立省、市、县三级地方粮食储备和粮食风险基金制度，实行粮食工作各级政府负责制和年度考评，国有粮食企业开始走向市场；三是全面改革阶段（2001 年后），率先全面实行粮食购销市场化改革，初步建立适应社会主义市场经济要求的粮食流通新体制。

1. 粮食购销“双轨制”（1979~1991 年）。1979 年开始，全省逐步改革粮食统购统销体制，实行粮食购销“双轨制”，逐步扩大市场调节范围。一是恢复粮食议价议销。逐步取消粮食统购，实行合同定购，定购以外的粮食可以自由上市。同时，逐步缩小粮食统销范围，调整粮食购销价格。二是实行多渠道经营。1984 年起，以县为单位，完成粮食征购、超购任务后，可以贩运粮食出县、出省。同时，新粮上市时即开放农村粮食集市。打破国有粮食企业单一渠道经营的局面，粮食企业“本业为主，多种经营，多元发展”。三是在深圳特区试点放开粮食购销。1984 年 11 月，对深圳市粮油管理实行“一包两放”，即对粮油调拨和财务指标实行包干，一定 3 年；深圳特区粮食、食油放开，粮油统购统销改为议购议销。

2. 构建市场化粮食流通体制的初级阶段（1992~2000 年）。1992 年初，经国务院批准，全省按照“计划指导、放开价格、加强调控、搞活经营”的原则，在全国率先进一步改革粮食购销管理体制。一是进一步放开粮食购销。除农业税（公粮）继续征收实物外，其余粮食定购改为指导性收购计划，其后实行粮食收购合同制度。按保护价敞开收购农民余粮，放开城镇粮食销售价格。保留城镇居民粮食关系，在全国内地省份中第一个停止使用粮票。二是进一步搞活粮食经营。各级粮食行政管理部门与粮食企业政企分开。粮食企业实行“两条线运行”，政策性业务与商业性经营财务分开。清理审计并逐步消化粮食政策性财务挂账。在粮食批发领域实行准入制度，全面放开粮食零售市场。三是率先实行“米袋子”各级政府负责制。1992年，率先于全国建立省、市、县三级地方粮食储备制度。1994年，实行粮食生产和供应各级政府责任制，各市对辖区粮食种植、收购、储备、销售包干负责；省、市、县建立粮食风险基金制度。1995年，实行“米袋子”各级政府负责制。“九五”时期，围绕“一系三线”（珠江水系、京广线、广梅汕线、广茂湛线）选点布局，启动“珠江粮食走廊”建设。

3. 全面实行粮食购销市场化改革（2001年后）。2001年，根据国务院有关决策，广东按照“稳定生产能力，自主种植经营；取消定购任务，放开购销价格；规范市场管理，搞活粮食流通；政府分级负责，确保粮食安全”的思路，全面实行粮食购销市场化改革。一是进一步发挥市场机制配置粮食资源的基础性作用。在确保全省200万公顷基本农田和1750万吨粮食年生产能力的前提下，取消指令性粮食生产计划，让农户按市场需求自主优化种植结构。完善政府宏观调控下市场形成粮食价格机制。坚持粮食市场准入制度，进一步发展多元化粮食市场主体。二是坚持和完善粮食工作各级政府负责制。全省各级政府逐级签订了粮食安全责任书，省政府率先于全国出台了粮食安全责任考核办法，促进各级政府切实承担起保护基本农田面积、落实粮食储备、落实粮食风险基金和确保辖区粮食总量平衡等责任。三是不断增强粮食宏观调控能力。率先于全国制订了粮食应急预案，地方储备粮规模逐步增加，粮食风险基金制度进一步健全。“十五”期间，省政府投资6亿元建设50万吨仓容省直属粮库，进一步提升“珠江粮食走廊”功能。四是深化国有粮食企业改革。基本解决国有粮食企业“老粮”和“老人”等历史遗留问题，审计剥离“老账”并按计划逐步消化。按照现代企业制度要求，通过重组、兼并、转制改造等方式，促进国有粮食企业真正成为自主经营、自负盈亏、自我约束、自我发展的市场主体。

### （三）改革成效

经过改革，在广东省粮食流通领域存在了约40年的统购统销体制被打破，种什么收购什么、供应什么吃什么、凭证定量供应的粮食计划模式结束，农户按照价值规律自主种植、粮食企业自主经营、城乡居民自由选购、政府宏观调控的粮食流通新体制初步建立，市场配置粮食资源的基础性作用得到有效发挥，政府粮食宏观调控能力不断增强，粮食安全得到有效保障。

1. 市场机制配置粮食资源的基础性作用得到有效发挥，粮油产品丰富。全省粮食总产量从 1976 年的 1581 万吨迈上几个新台阶，一度上升至年产量最高时期的 1967 万吨；市场适销对路的中优质稻（二级以上）面积占水稻总面积比例在 2007 年达到 88%，粮食消费结构实现从“温饱型”向“小康型”转变。粮食市场主体多元化局面初步形成，具有收购资格的非国有粮食企业占收购企业总数 53.9%。纳入统计范围粮油企业约 2100 多家，获得国家批准的粮油产业化企业 43 家，部分粮食企业年产值超 2 亿元，涌现了广州“8 字店”、佛山“嘉惠”等一批粮油综合连锁店。全省粮食流通顺畅，粮油产品琳琅满目，粮食行业呈现蓬勃发展的良好局面。

2. 国有粮食企业改革成效显著，粮食宏观调控载体作用日益突出。国有粮食企业重组工作顺利完成，各市县原则上保留了一家国有独资或控股粮食企业，作为政策性粮食供应和政府粮食宏观调控的主要载体。国有粮食企业超期库存粮食得到妥善处理；分流安置职工 10.4 万人，支付职工经济补偿、社会保险等费用约 20 多亿元；粮食政策性财务挂账审计剥离工作已完成，挂账正按计划于 2010 年底前消化完毕。全省国有粮食企业多年来一直亏损的局面得到扭转，实现盈利。广州市粮食集团有限公司、深圳市粮食集团有限公司、湛江霞山粮食企业集团公司、台山市粮食购销总公司等一批知名国有粮食企业在市场竞争中不断做大做强。

3. 政府粮食宏观调控能力不断增强，全省粮食安全得到有效保障。全省地方粮食储备规模逐步增加，品种结构不断优化；粮食风险基金管理制度不断完善。基本形成以省直属粮库为核心、以市县粮库为骨干、以国家储备粮库为后盾，与国内东北、长江和西南粮食走廊相衔接，辐射华南、调控全省的现代化粮库网络。纳入统计范围粮食仓储企业 519 家，有效仓容 846 万吨。初步建立以广州国家粮食交易中心为龙头、以省内区域性粮食批发市场为骨干、以市县粮食批发市场为基础的粮食市场体系。县级以上粮食批发市场超过 150 个，粮油零售网点遍布城乡各地。粮食应急体系不断健全，已落实粮食应急加工联系点 372 个、运输联系点 222 个、供应联系点 774 个。粮食工作成功经受了 2003 年“非典”引起的粮食抢购风波、2003 年底和 2004 年初市场粮价快速上涨、2005 年超百年一遇洪涝灾害、2006 年连续多次强台风袭击以及 2008 年初严重低温雨雪冰冻灾害等考验，有效保障了粮食供应。

4. 粮食市场管理从以计划手段为主向以法律和经济手段为主转变，粮食流通秩序逐步规范。适应粮食流通市场化要求，全省粮食法制建设不断加强，《广东省粮食安全保障条例》、《广东省粮食收购资格审核及监督管理暂行办法》、《广东省省级储备粮管理办法》、《关于实施粮食经营者最低和最高库存量标准的规定》、《广东省地方储备粮库存检查暂行办法》等规章制度已颁布实施，粮食市场准入、政府储备粮管理、粮食流通监督检查方面制度已相应建立，有效确保了政府储备粮数量真实、质量良好、存储安全，维护了正常的粮食流通秩序。2004 年、2007 年，省政府动用省级储备粮专供广州地区高等院校，减轻了市场粮价上涨对高校学生生活的影响，消除了相关社会安全事件隐患。在雨雪冰冻灾害和国内外市场粮价上涨的不利影响下，全省粮食系统积极组织粮源，密切监控市场，有效保持了市场粮食供应和价格的总体稳定。政府运用经济和法律手段调控粮食市场取得良好成效。

### （四）改革经验

广东粮食流通体制改革，得到了党中央、国务院和国家发展改革委、国家粮食局等有关部门的关怀指导和大力支持，是在省委、省政府的正确领导下，一代代粮食人发扬“宁流千滴汗，不坏一粒粮”的光荣传统，解放思想、艰苦奋斗、勇于开拓而取得成功的。广东省粮食流通体制改革的主要经验是：

1. 充分认识粮食工作的重要性，矢志不移地把粮食工作作为重中之重来抓。“国以民为本，民以食为天。”粮食问题是重要的经济问题，更是关系社会安定和政局稳定的重要政治问题。实践证明，什么时候我们把粮食工作的位置摆正了，什么时候我们的经济社会建设就顺利推进。反之，就会遭受挫折。十一届三中全会以后，广东省大力推动农业尤其是粮食生产发展，推行联产承包责任制，调减农民粮食征购任务，按照价值规律逐步理顺粮食购销价格，率先放开粮食经营，创造了解放以来广东省粮食工作和经济社会发展的黄金时期。但是，在这种形势下，一些同志产生了错觉，认为“放开了就可以不管了”，放松了对粮食生产和流通的必要调控和引导。粮食生产从 1991 年起连续三年滑坡，粮食收购锐减，库存薄弱，供求矛盾扩大；一度出现粮价波动、群众心理不稳的局面。广东省委、省政府及时采取了一系列加强农业和粮食工作的政策措施，有效加强了粮食生产，促进了社会稳定。

粮食流通体制改革 30 年的历程证明：对于广东这样一个粮食消费大省和缺粮大省，应当始终将关系国计民生的粮食工作作为重中之重来抓。

2. 客观科学设计符合广东省粮情的粮食流通新体制，把放开市场和加强调控有机结合。邓小平同志指出，市场经济不是没有计划。宏观调控是社会主义市场经济健康发展的保障。粮食作为特殊商品，在充分发挥市场机制配置粮食资源作用的同时，必须更加注重宏观调控。在粮食流通市场化条件下，在粮食供应出现紧张的时候，我们曾经有到外省购粮但空手而回的经历。这给我们敲响了警钟，有钱不一定买到粮，不能把保障粮食安全的责任推给市场。必须一手抓市场机制的完善，一手抓政府粮食宏观调控能力的增强，在粮食流通体制改革中体现调控的要求，把“放开”和“调控”有效结合，做到放而不乱、放而有序，为人民群众提供粮食消费的定心丸。同时，广东省粮食自给率较低，粮食生产绝不能放松。广东作为经济大省和粮食消费大省，在产业结构调整、转变经济增长方式的同时，有责任为保障国家粮食安全、实现粮食生产和供应基本平衡承担义务、做出贡献。

3. 以解放思想引领改革，不断冲破不符合粮食流通市场化要求的束缚。粮食流通体制改革意味着打破固有的桎梏，冲破不合时宜的观念束缚，消除阻碍粮食工作发展的体制障碍。改革要取得成功，必须以实践作为检验真理的唯一标准，大胆地闯，大胆地试，以解放思想为动力，推动粮食工作科学发展。例如，1992 年广东省坚持解放思想，下决心争取中央批准广东先行一步，率先实行了“三放开”（放开粮食市场、经营和价格）。经过改革，人民群众的“米袋子”得到了丰富，实践证明当初思想解放的路子是对的。再比如，粮食流通体制改革前，国有粮食企业“主渠道”是政府赋予的，“天下独此一家，别无分店”。粮食经营放开后，“主渠道地位”不能由政府赋予了，只能按“优者胜，劣者汰”的规律，靠企业的真本领在竞争中取得，企业员工必须在市场竞争中自求生存、自谋发展。这对于习惯于吃“大锅饭”的员工来说，转变是空前的。

4. 注重以人为本，重点围绕民生需求设计和实施保障粮食安全的制度和措施。粮食工作必须以保障粮食安全为核心，服从和服务于人民群众的粮食消费需求。粮食流通体制改革的出发点和落脚点，就是更有效地满足人民群众的粮食消费需求。通过粮食流通市场化，赋予人民群众在粮食生产和消费方面更多的自主权，促进粮食消费结构升级。广东省率先实行粮食工作各级政府负责制和粮食安全责任考核制度，充分体现了政府对民生的关怀，更好地树立了为民、爱民的政府形象，充分体现了全心全意为人民服务的根本宗旨，把以人为本的要求贯彻落实到粮食工作的方方面面。实践证明，根据保障民生需求设计和实施的粮食工作各级政府负责制，是保障粮食安全行之有效的制度，得到了广大人民群众的肯定，提高了政府的形象和威信。

5. 把改革的力度与社会可承受的程度统一起来，在稳定中推进改革，以发展促进稳定。粮食问题事关社会稳定，粮食流通体制改革必须周密谨慎，不可急于求成。广东省粮食流通改革采取分步走的方式，摸着石头过河，在总结经验的基础上稳步推进，最终取得了成功。例如，在放开食油经营方面，我们允许深圳先行先试，为全省全面放开食油经营提供了有益经验。在国有粮食企业改革方面，广东省多次组织开展调研，反复论证改革方案，做到改革方案成熟一个、审批一个，切实把改革、发展和稳定有效结合。同时，充分考虑各地的实际情况和承受能力，以细致灵活的安排确保改革攻坚的有效性。例如，在国有粮食企业改革资金安排上，考虑到各地实际情况不一样，经济社会发展程度不同，省政府安排专项资金对困难地区分流安置企业职工给予补助，力促改革平稳进行，不激化新的矛盾。实践证明，粮食流通体制改革的科学设计和稳步推进，是实现改革、稳定、发展协调统一的有效保障。

## 二、新形势对广东省粮食流通体制改革提出了新要求

30 年来的粮食流通体制改革，为广东省粮食工作进一步科学发展奠定了良好基础。但是，随着经济全球化和粮食安全问题日益突出，粮食工作面临新的挑战。新形势下的粮食安全保障工作，对完善粮食流通体制提出了新的更高要求。

### （一）保持粮食供需长期平衡面临越来越大的压力

近年来，国际市场粮食供求紧张、价格上涨、库存下降，全球性粮食安全问题日益突出。就我国而言，在中央的高度重视和支农惠农政策措施的有效作用下，全国粮食连续五年丰收，库存充裕，产需紧平衡，未受国际市场

直接的较大影响，但保障粮食长期供需平衡的任务仍很艰巨。广东省是粮食消费大省和缺粮大省，受土地等种植资源有限以及粮食单产提高难度加大等因素制约，粮食增产空间有限；同时，随着经济发展、城市化水平提高以及人口不断增加，粮食消费需求刚性增长，产需缺口逐年扩大，粮食自给率目前已不足 40%。预计未来广东省粮食消费需求将继续保持刚性增长，产需缺口将进一步扩大，保持粮食供需长期平衡的压力越来越大。

### （二）实现经济社会平稳较快发展要求保持粮价基本稳定

粮食是关系国计民生的重要商品，粮价是百价之基。粮价上涨，将拉动粮食转化商品涨价，带动其他生活消费品价格上涨，形成“多米诺效应”。改革开放 30 年来有六次较大的粮价波动，分别是 1978 年、1981 年、1994 年、1996 年、2004 年和 2007 年。这六次粮价波动，主要受国内外粮食市场变化、突发事件、粮食政策变动等因素影响。由于党和政府不断总结经验，切实采取有效措施，维护粮食安全，有效保障了国家长治久安。因此，防止经济运行出现大起大落，保持粮价和其他物价的基本稳定是关键。必须充分认识进一步加强农业和粮食生产的极端重要性，切实做到“粮食安全的警钟要始终长鸣，巩固农业基础的弦要始终绷紧，解决好‘三农’问题作为全党工作重中之重的要求要始终坚持”，努力保持粮食供应和价格的基本稳定，促进经济社会平稳较快发展。

### （三）应对粮食市场突发事件要求不断增强粮食安全保障能力

广东省粮食自给率低，自然灾害频繁。在发生突发事件造成交通运输受阻时，粮食顺畅流通就会受到影响，粮食安全保障工作将面临考验。同时，尽管全省粮食安全保障基础不断夯实，但粮食工作仍存在有待完善的地方，主要是：粮食工作责任制需要进一步落实；部分市、县粮食管理机构有待健全，粮食行政管理职能需要进一步理顺；地方储备粮管理制度有待完善，储备粮品种结构和地区布局有待优化；社会仓储资源作用有待进一步发挥，政府储备与社会储备相结合的粮食储备体系仍在探索；粮食应急体系有待完善；粮食法制建设有待进一步推进，市县粮食监督检查和统计工作有待加强。这些问题，需要我们进一步深化粮食流通体制改革，推进粮食工作科学发展，以发展解决前进中的问题。

# 三、完善粮食流通体制，确保粮食安全

面对新形势，广东省粮食流通体制改革任重而道远。作为粮食流通体制改革的排头兵，我们应当继承30年来在粮食流通领域不断解放思想、改革创新的光荣传统，继续发扬敢为人先、勇于创新、超越自我的精神，不断深化粮食流通体制改革，在新的起点上创造广东省粮食工作的新辉煌。

深化广东省粮食流通体制改革的基本思路是：认真贯彻党的十七大、十七届三中全会和省委十届二、三、四次全会精神，继续解放思想，坚持改革创新，深入贯彻落实科学发展观，进一步完善以市场配置粮食资源为主要手段、以政府粮食储备和调控为后盾的粮食流通新体制，充分发挥市场机制配置粮食资源的基础性作用，促进粮食生产增长和流通顺畅，立足国内市场为主，利用国际市场为补充，解决缺口粮源；不断增强政府粮食宏观调控能力，适时采取有效措施稳定粮食市场，确保突发情况下的粮食应急供应，保持粮食供需基本平衡和价格总体稳定，为全省继续当好改革开放的排头兵提供有力支撑。

按照上述思路，深化广东省粮食流通体制改革的主要任务是："落实一项制度，健全二个机制，完善四大体系。""落实一项制度"，即进一步落实粮食工作政府负责制。实行粮食工作政府负责制，是党中央、国务院为确保国家粮食安全作出的重大战略决策。广东省实行粮食工作政府负责制以来，粮食流通体制改革和各项粮食工作取得明显成效，粮食安全得到有效保障。我们必须坚持和完善这一制度。"健全二个机制"，即健全粮食市场调节机制和政府粮食宏观调控机制。健全粮食市场调节机制，就是利用"市场"这只"无形的手"，引导粮食生产和消费，促进粮食生产和流通协调发展。健全政府粮食宏观调控机制，就是政府在实施粮食宏观调控时，主要采用经济手段，辅之以必要的法律手段，尽量减少对粮食市场和价格的行政干预。"完善四大体系"，即完善粮食宏观调控体系、粮食市场体系、粮食产业化体系和粮食流通监督保障体系。完善粮食宏观调控体系，必须严格保护耕地特别是基本农田，完善种粮直接补贴机制和粮食最低收购价政策。在健全和完善各级政府粮食储备体系的基础上，探索建立全社会粮食储备体系。加强粮食安全监测预警，增强粮食应急能力。推进粮食流通基础设施建设，进一步提升“珠江粮食走廊”功能。完善粮食市场体系，要培育多元化的粮食市场主体，搞活粮食流通。进一步完善统一开放、竞争有序的粮食市场体系，维护公平竞争的市场环境。完善粮食产业化体系，要注重培育粮食产业化龙头企业，扶持粮食购销、存储、加工一体化企业发展，促进形成粮食产业园区和产业带，提高粮食科技和信息化水平。完善粮食流通监督保障体系，要继续加强粮食建章立制工作，促进粮食依法行政和守法经营。进一步加强粮食流通监督检查，维护粮食市场公平竞争的良好环境。

为完成上述任务，今后一段时期广东省深化粮食流通体制改革的主要措施是：

**（一）进一步落实粮食工作政府负责制，健全粮食行政管理体制**

按照粮食工作各级政府负责制的要求，结合《广东省粮食安全责任书》和《广东省粮食安全责任考核办法》的有关规定，进一步落实考核要求，促进各级政府切实承担起在落实粮食播种面积、粮食总产量、粮食储备规模、粮食风险基金规模等方面的责任，确保辖区粮食安全。推进各地健全粮食行政管理机构，理顺粮食行政管理职能，不断增强粮食安全保障能力。

**（二）进一步保障粮食生产，确保必要的粮食自给率**

坚守 3834 万亩基本农田和 1750 万吨粮食年生产能力的红线。严格落实耕地保护制度，稳定粮食播种面积，努力提高粮食产量。切实落实种粮补贴等各项支农惠农政策，严格执行国家粮食最低收购价政策，切实控制农资价格过快上涨，促进粮食生产，保证必要的粮食自给率。

**（三）进一步完善粮油储备体系，为政府粮食宏观调控提供重要抓手**

认真落实地方粮食储备规模。贯彻落实广东省《关于实施粮食经营者最低和最高库存量标准的规定》，加快建立政府储备与企业储备相结合的粮食储备体系。研究实行动态粮食储备制度，提高储备灵活性和实效性。按照国家要求，落实成品粮油应急储备，建立健全食用植物油储备制度。

**（四）进一步健全粮食应急网络，增强粮食应急保障能力**

指导和督促各地根据《广东省粮食应急预案》，抓紧修订和完善本级粮食应急预案，建立健全粮食应急工作指挥机构和相关制度，有针对性地制定具体实施方案。从满足粮食应急储备、加工、运输、供应等需要出发，按照“有设施、有协议、有牌子”的要求，进一步落实粮食应急加工、运输、销售网点。适时开展粮食应急演练。

**（五）进一步加强粮食流通基础设施建设，夯实政府粮食宏观调控的物质基础**

做好粮库设施建设的统筹规划，通过支持重点项目建设，促进全省粮库设施发展，进一步提升“珠江粮食走廊”功能。加强粮食市场体系建设规划，通过盘活现有粮食设施资源、增加财政投入、引导社会投资主体参与等多种方式筹集资金，进一步完善统一开放、竞争有序的粮食市场体系，提高粮食流通效率。加大粮食质检体系建设力度，争取早日形成区域性粮食质检网络。

**（六）进一步培育和发展粮食市场主体，搞活粮食流通**

继续实行粮食收购市场准入制度，允许和鼓励符合资质条件的各种所有制经济主体从事粮食经营，进一步搞活粮食流通。按照国家所有、分级管理、授权经营、分工监督的原则，积极探索国有粮食企业资产经营和监管的有效形式，促进其加快建立现代企业制度，切实转换经营机制，不断增强市场竞争力，进一步发挥组织市场粮食供应和服务政府粮食宏观调控的重要载体作用。

**（七）进一步提高粮食产业化水平，为活跃粮食流通提供良好的产业支撑**

按照“调整结构、培育龙头、发展园区、打造品牌”的思路，促进全省粮食流通产业新一轮大发展。通过优化整合，集中资源，支持重点粮食企业做大做强。鼓励多种所有制粮食企业通过联营、合作、收购等多种资本运作模式，实现规模发展。积极研究粮食产业园区、产业带和粮食物流重要节点规划，扶持粮食仓储、加工、物流、销售一体化龙头企业发展。支持粮食企业打造知名品牌，不断促进技术和产品升级。

**（八）进一步加强粮食法制建设，规范市场粮食流通秩序**

进一步完善粮食市场管理的法制化环境，会同有关部门依法加强粮食流通领域监管，严厉打击各种粮食违法经营行为，保护粮食生产者、经营者和消费者的合法权益。大力推进粮食质量检测检验体系和监测网络建设，加强粮食质量安全监督抽查，严把粮食质量安全关，严禁不符合质量卫生标准的粮食流入口粮市场。逐步建立粮食流通监督检查信息通报机制，并扩大社会覆盖面。

（作者：广东省粮食局）

# 广西壮族自治区粮食流通体制改革回顾与展望

1978年，中国改革开放的大幕徐徐开启。30年来，伴随改革的大潮，广西壮族自治区（以下简称广西）粮食流通体制改革不断深化，逐步建立起适应社会主义市场经济体制要求的粮食流通体制和运行机制。

## 一、广西粮食流通管理体制改革历程

30年来，广西粮食流通体制改革大致分为四个阶段。

**（一）第一阶段（1979~1984年）：调整粮食购销政策**

这期间粮食流通体制的主要特征是：实行粮食统购统销，价格由国家统一制定，经营主体单一。党的十一届三中全会以后，广西粮食大幅度增产，有效地缓解了全区粮食供求紧张状况。为此，广西人民政府对粮食统购统销政策进行了调整，包括减少粮食统购数量，提高收购起征点；大幅度提高粮食统购价格，增加农民收入；恢复和发展粮食集市贸易，开始试行多渠道经营等。

**（二）第二阶段（1985~1992年）：实行粮食合同定购**

1982~1984年，粮食连续增产为深化改革奠定了比较丰裕的物质基础，同时出现财政补贴大幅增加，粮食部门仓容严重不足，导致农民“卖粮难”，市场粮价大幅下滑的情况。据此，1985年起，广西人民政府对粮食流通体制试行了较大的改革。

1. 取消粮食统购制度，实行合同定购，合同以外的粮食可以自由上市，形成价格“双轨制”。1985年，全区粮食合同定购基数16亿公斤，收购价格按“倒三七”比例计价（即三成按原统购，七成按原超购价）。合同定购内每 50 公斤贸易粮奖售标准化肥 17.5 公斤。对农村人口口粮、补助粮等实行购销同价，改变购销倒挂状况。这是广西粮食流通体制向市场化方向迈出的一大步。但由于种种原因，也产生诸如粮食价格上涨幅度较大，合同定购基数完成很不理想等问题。为此，广西人民政府 1986 年作出若干政策调整，将粮食合同定购任务调减为 11 亿公斤；明确粮食合同定购既是经济合同，又是国家任务，必须完成；提高奖售化肥数量，发放预购定金以及运费补贴等。1987 年，又将粮食合同定购任务调减为 9.6 亿公斤，提高早、晚籼稻收购价格，实行柴油奖励，从而形成“三挂钩”即粮食合同定购与供应平价化肥、柴油、发放预购定金挂钩政策。至此，粮食合同定购事实上又演变成为“统购+补贴”。

2. 实现粮食购销同价。1988 年，广西人民政府对地市粮食采取购、销、调包干，一定三年。通过实施粮食“稳购、压销、提价、包干”等政策，广西粮食生产在经过多年徘徊后，1989 年和 1990 年连续丰收，深化粮食购销体制改革的条件趋于成熟。1990 年，建立地方粮食专项储备制度，将粮食合同定购改为国家定购。1991 年和 1992 年两次提高粮食销售价格，基本上达到购销同价，粮食购销由计划体制向市场体制过渡迈出了实质性的一步。

**（三）第三阶段（1993~2001 年）：保留粮食定购任务，放开粮食定量销售**

1. 放开粮食收购，取消城镇居民粮食定量供应。1993 年，广西人民政府决定，取消粮食定购任务，收购价格随行就市，对农民余粮实行保护价收购；取消城镇居民粮食定量供应；取消广西对市、县粮食购销调包干，建立粮食储备和粮食风险基金制度。粮食流通体制改革逐步向粮食商品化、经营市场化方向推进。1994 年，为应对粮价大涨局面，稳定粮食市场，自治区人民政府发出通知，明确规定，粮食定购和议购都是任务，正常年景必须完成；提高粮食收购和销售价格，对部分城镇居民实行定向补贴；要求各地加强粮食市场管理，建立健全粮食储备制度和粮食风险基金制度；等等。广西粮食购销体制随之基本回到粮食价格和购销“双轨制”的状态。

2. 执行“米袋子”省长负责制。1995 年，按照国务院部署，广西建立政策性业务和商业性经营分开的两条线运行机制，实行广西人民政府统一领导，地、市、县对粮食产、购、销、调、存分级负责、分级管理的体制。

3. 推行四分开一完善改革。随着粮食产量的增长，粮食库存逐年增加，广西粮食供求形势也发生了很大变化。为保护农民的种粮积极性，做到增产增收，1998年，广西人民政府下发了进一步深化广西粮食流通体制改革的通知，按照国务院确定的“四分开一完善”（即政企分开、中央与地方责任分开、储备与经营分开、新老财务挂账分开，完善粮食价格机制）改革原则，实行粮食收购资金封闭运行，按保护价敞开收购农民余粮，顺价销售粮食，加快国有粮食企业自身改革。2000年，调整了保护价收购粮食品种范围，从新粮上市开始，将早籼稻和玉米退出保护价收购，中晚稻继续按保护价敞开收购。

4. 出台粮食购销市场化改革政策措施。2001年11月，广西人民政府根据国务院“放开销区、保护产区、省长负责、加强调控”的粮食流通体制改革基本思路，决定从2002年起，实施以“一取消、两放开”（取消国家粮食定购任务，放开粮食购销市场，放开粮食购销价格）为主要内容的粮食购销市场化改革。鼓励和支持符合一定条件的多种所有制经济主体，经县以上粮食行政管理部门审查粮食经营资格、工商行政管理部门核准登记后，按照国家有关规定从事粮食经营，参与粮食流通。

### （四）第四阶段（2002年至今）：完善粮食流通体制改革政策措施

随着粮食购销市场的开放，这一时期的粮食流通主体呈现多元化局面。粮食行政管理部门的管理对象由过去的国有粮食企业转变为全社会各种经济成分的粮食经济主体；管理手段由过去的以行政手段为主转变为以法律、经济手段为主；管理方式由重事前审批转为事前、事中和事后的全过程监管。积极稳妥推进粮食购销市场化改革，确保粮食流通体制改革各项政策措施落实到位，进一步完善粮食宏观调控体系，加大企业改革力度，加快体制创新和科技创新，积极推进粮食产业化经营，是2002年后广西粮食部门的中心工作。面对新形势、新机遇，广西各级粮食部门抓住我国加入世贸组织和西部大开发，尤其是建设广西北部湾经济开发区机遇，坚持以邓小平理论和“三个代表”重要思想为指导，落实科学发展观，努力做到粮食安全，农民增收，企业增效，职工稳定。

# 二、粮食流通体制改革的成效

## （一）粮食购销市场全面放开，确立了适应社会主义市场经济要求的新的粮食流通体制

全面放开粮食购销市场后，广西积极培育、发展多种所有制市场主体，规范粮食经营活动，形成粮食购销市场多元化主体公平竞争的格局，国有粮食购销企业实现了由“计划主渠道”向“市场主渠道”的转变，粮食市场秩序在市场杠杆和相应法律法规的作用下，活而有序、放而不乱，维护了粮食生产者、经营者和消费者的合法利益。

## （二）粮食宏观调控体系逐步完善

1. 建立粮食工作市长、县长负责制。一是稳定和加强各级粮食行政管理机构和职能。在市、县政府机构改革中，粮食行政管理部门的设置问题得到了各地党政部门的高度重视，各级粮食行政管理部门均作为政府职能部门给予保留。二是在边远山区、贫困地区和城市郊区保留适当的粮食购销网点，保证退耕还林用粮、水库移民、灾民和不可预见的自然灾害及突发事件的粮食供应。三是扶持和发展一定规模的骨干粮店、粮食加工企业和粮食购销企业，保证粮食供应及应付突发性危及粮食安全的事件。在 2008 年初遭遇历史罕见的低温雨雪冰冻灾害中，桂林市力源粮油食品有限公司、广西农乐米业有限公司等企业充分发挥了龙头企业的骨干作用，圆满完成了粮食应急加工、调运任务，保障了灾区和市场粮食供应。

2. 建立对种粮农民直接补贴机制，促进粮食生产持续稳定发展。从 2004 年开始，实施对种粮农民直接补贴与储备粮订单收购挂钩政策，直接补贴对象从开始的对 18 个试点县种粮农民发展为 2008 年对全区所有的种粮农民；补贴资金从 2500 万元增加 16000 万元；订单粮食收购计划从 31 万吨增加到 80 万吨；补贴品种从单一的早籼稻扩大到早、中、晚籼稻、专用稻、优质稻、玉米等粮食品种；兑现方式由原来农民自己领取发展为通过农补网“一折通”直接划入售粮农户的银行账户。实现了粮食生产补贴由流通领域向生产领域的转变，有效地保护了农民利益，促进粮食生产持续发展，确保

全区储备粮源稳定。

3. 地方储备粮体系进一步完善。一是增加粮食储备规模，在稳定市场粮食供应方面发挥着“调节器”的作用，在救灾应急方面发挥着“蓄水池”的作用。2003 年“非典”引起粮价大幅上涨，群众恐慌，抢购粮油，自治区人民政府及时抛售储备粮，增加市场粮食供给，稳定了市场粮价，对保持广西经济社会平稳运行发挥了积极的作用。2005 年昭平县发生特大洪涝灾害，人民生命财产受到严重危害，广西人民政府和当地政府动用储备粮，帮助灾区群众开展生产自救，恢复家园，安定了民心。2008 年初低温雨雪冰冻灾害期间，全区粮食系统共抛售大米 6 万多吨，安排因灾缺粮农户 64 万户、290 万人，使灾民平安度过冻灾。二是健全自治区、市、县三级储备粮管理体系。对广西储备粮实行垂直管理，建立区、市、县储备粮信息管理系统，形成储备粮管理网络，规范储备粮吞吐制度，确保各级储备粮储得好、调得动、用得上。三是抓好粮库等粮食流通基础设施建设，进一步改善储粮和粮食流通条件。

4. 建立和完善粮食风险基金管理办法，专款专用，增强了粮食宏观调控能力。

5. 加强粮食产销合作。先后与吉林、湖南、河南、江西等粮食主产省建立长期稳定的粮食购销关系，为区内粮食安全提供粮源保证。

6. 建立粮油质量监督检验体系。成立了自治区粮油质量监督检验站，建立了市、县粮油质量监督检验网络，加强粮油质量监督检验检查，确保消费者吃到“放心粮油”。

### （三）国有粮食企业改革稳步推进，企业效益明显提高

1. 国有粮食企业改革取得显著成效。截至 2007 年底，广西已有 103 个县级人民政府出台了国有粮食企业改革方案。有两个地级市和 54 个县（市、区）已基本完成国有粮食企业优化重组和职工分流安置工作。国有粮食企业产权制度改革稳步推进，非公有制经济快速发展，多元经济结构逐步形成。

2. 国有粮食企业历史遗留问题得到进一步解决。截至 2007 年底，广西 14 个市和自治区粮食局直属企业已完成了粮食财务挂账的清理审计工作，对政策性粮食财务挂账进行了认定。分流安置粮食企业职工 3.67 万人，实现职工再就业 1.27 万人，国有粮食企业职工基本纳入社会养老保险体系。

3. 企业管理进一步加强，经济效益明显提高。2007 年，全区国有粮食

企业销售收入 28.8 亿元，比上年同期增加 4.13 亿元，同比减亏 3600 多万元，剔除挂账因素，实现利润 4500 多万元。

**（四）粮食流通管理步入依法行政轨道**

1. 加强立法工作。一是根据《粮食流通管理条例》有关规定，发布实施《广西壮族自治区粮食收购资格暂行规定》，同时制定《粮食收购资格审核管理暂行办法》，保护粮食生产者和收购者的合法权益。二是根据《中央储备粮管理条例》制定实施《广西壮族自治区储备粮管理办法》，同时配套制定《广西壮族自治区储备粮代储资格认定办法》和《广西壮族自治区储备粮代储合同管理办法》等规章制度，加强和规范自治区本级储备粮管理。三是根据《粮食流通管理条例》和《国家粮食应急预案》的要求，制定实施《广西壮族自治区粮食应急预案》，保持全区粮食市场供求平衡，确保紧急情况粮食供应，稳定粮食市场和粮食价格，维护正常的社会秩序。四是根据国家发改委等七部委关于《粮食质量监管实施办法（试行）》以及广西有关法规的精神，制定实施《广西壮族自治区粮食质量实施细则（试行）》。

2. 依法行政，依法管粮。一是建立了全社会粮食流通监督检查体系。2007 年，全区粮食行政管理部门内设监督检查机构共 78 个（市级 12 个、县级 66 个），其中经编制部门批准成立的市级粮食流通监督检查科 9 个、市县级粮食流通监督检查股 29 个。二是依法清理行政审批项目，取消粮食凭证运输制度。三是加强市场准入管理。截至 2007 年底，全区具有粮食收购资格的经营者 1529 个，其中国有及国有控股粮食企业 723 个，民营企业 172 个，个体工商户 606 个。四是开展全社会粮食流通监督检查，维护粮食流通秩序。

30 年的粮食流通体制改革，实现了粮食流通由计划体制向市场体制的转变，管理方式由以行政手段为主向以经济、法律手段为主转变，经营活动由国有粮食企业独家垄断向各种所有制主体公平竞争转变。但现行的粮食流通体制还有待健全和完善，一是粮食宏观调控水平有待提高；二是粮食市场体系不够健全；三是粮食产业化经营企业竞争力较弱；四是粮食行政执法和监督检查体系不够健全，机构、人员和经费不够落实等，市场在粮食资源配置中的作用还有待进一步发挥。

# 三、粮食流通面临的新形势

## （一）粮食生产分析

一是耕地资源呈减少趋势，粮食生产增长空间变小。统计资料显示，广西2001~2005年平均每年减少耕地面积23.5千公顷，粮食播种面积继续扩大的余地较小，发展粮食生产的难度加大。二是农资价格持续上涨，尤其是磷肥和钾肥，近两年上涨幅度高达70%，粮食生产成本增加，种粮比较收益下降，农民生产投入减少，增产增收难度加大。三是土地经营规模狭小，粮食劳动生产率和商品生产率较低。

## （二）粮食需求分析

一是随着人口的增长，粮食消费需求呈刚性增长趋势。二是工业化、城镇化的发展和人均收入水平的提高，带动了城乡居民食品结构的改变，引起饲料用粮和工业用粮数量加大，导致粮食间接消费大幅度上升。三是生物质能源的快速发展，致使粮食加工转化速度过快。四是粮油结构性短缺的矛盾将长期存在。五是全球粮食供求趋紧，国际市场粮价居高不下。

## （三）粮食流通领域分析

一是粮食购销市场全面放开后，粮食流通主体多元化，对粮食行政管理和粮食市场调控提出了更高的要求。二是粮食流通活动多样化，规范经营行为和保证国家粮食安全任务加重。三是国有粮食企业不断深化改革，不断创新经营方式、确保社会和谐稳定任务艰巨。

## 四、完善粮食流通体制改革政策措施的思考

### （一）不断提高粮食宏观调控水平

1. 完善“米袋子”行政首长负责制。一是建立基本农田长效保护机制，稳定粮食生产面积。实行最严格的耕地保护制度，实现耕地占补平衡；加大农业基础设施建设投入，保证粮食生产可持续发展。二是推进土地合理流转，引导适度规模经营，提高粮食劳动生产率和商品生产率。三是进一步完善区、市、县三级储备粮管理体系。搞好储备粮平衡布局，适当向边远、交通不便的地区倾斜；在中心城市和人口较多的城市建立成品粮油储备；改进和完善储备调节方式，建立吞吐灵活、储存安全、调用畅通、运作高效的储备粮管理体制和调控机制，确保粮食安全。四是加强粮食内外贸之间的衔接和协调，发挥国内国外“两个市场”、“两种资源”的积极作用。

2. 认真落实对种粮农民直接补贴政策，确保掌握充足粮源。各级政府应加强领导，切实落实直补政策，各级粮食行政管理部门应落实责任，强化措施，认真落实对种粮农民直接补贴政策，同时要引导和鼓励各类粮食经营主体和粮油加工企业积极入市收购，认真履行市场监管责任，加强对收购市场的监督管理，维护粮食市场秩序，确保掌握充足粮源。

3. 处理好国有粮食购销企业和其他收购主体关系。国家在信贷、运输和仓储等方面应给予非国有粮食经营主体与国有粮食企业同等的待遇，特别是农业发展银行应当平等对待非国有粮食经营主体，对于那些有信誉、有能力偿还贷款的经营主体给予资金支持。同时要引导和鼓励农民组建粮食购销合作组织，使其成为市场竞争的参与者，培育和规范粮食市场主体，促进批发市场和零售市场相结合、现货市场和期货市场相结合。

4. 加强公共服务。一是建立完备的农情灾害预警机制，及时提供天气预报和灾害预警，提高粮食生产抗灾能力。二是提升粮油市场监测预测体系工作水平。完善粮油市场监测预测体系建设，科学布点，适时监测，做好市场价格、粮油购销、重点节假日粮食销售、粮食收购企业监测和储备粮监测，定期编发各种粮油生产、供需、价格信息，服务宏观调控，促进粮食流通。

**（二）加快建立统一、开放、竞争、有序的粮食市场体系**

一是发展初级粮食市场。初级粮食市场是粮食生产者以生产的粮食商品在农村或城镇同消费者和经营者直接进行商品交换的交易场所，是粮食市场发展的低级形式和最初形式，也是由小规模粮食市场向大规模粮食市场、零售市场向批发市场、现货市场向期货市场过渡的起点。所以，应遵循立足产地、便利粮农、公平交易、有序运行的原则发展粮食初级市场。二是抓好粮食批发市场建设。重点抓好南宁粮食批发市场以及柳州、桂林等中心城市和产粮区、销量大的市县粮食批发市场建设，扶持一批专业性粮油批发市场发展，充分发挥市场机制在配置粮食资源中的基础性作用。三是完善市场服务功能。大力推广电子商务等先进的交易方式和手段，增加交易的透明度，发挥粮食批发市场购销价格信号的引导作用。四是完善粮食交易法规，强化竞争机制。切实贯彻《反不正当竞争法》，使粮食交易规范化、契约化。

**（三）继续推进国有粮食企业改革，转换企业经营机制**

一是加快产权制度改革。加强对国有粮食企业改革和发展的指导，处理好服从国家粮食宏观调控与发挥市场机制的关系。结合产权制度改革，鼓励企业以资本为纽带，整合粮食购销、储运、加工各环节的优势，通过联合、兼并、重组等办法，逐步向规模化、集约化方向发展，发展一批起点高、效益好、有带动力和市场竞争力强的骨干粮食企业，不断巩固已取得的改革和发展成果。二是创新经营机制，提高经营管理水平。按照现代企业制度的要求，健全法人治理结构，引进高素质的管理人才和技术人才，建立有效的激励约束机制，规范企业核算和资产运营，提高经济效益，使企业真正成为自主经营、自负盈亏、自我发展的市场经营主体。三是继续做好分流职工就业和社会保障工作，妥善解决历史遗留问题。积极筹措改革资金，妥善安置分流职工，做好职工社会保障和再就业工作。同时，做好政策性粮食财务挂账清理、审计、剥离工作，妥善解决国有粮食企业财务挂账等历史遗留问题。

**（四）大力发展粮食产业化经营**

一是做好规划，拓展粮食产业化发展思路。在进一步加快优质稻、优质木薯、优质茶油产业化经营的同时，拓展经营思路，扩大经营范围，因地制宜地发展桑蚕业、油桐、马铃薯等产业化经营。二是加快良种繁育和基地建设，夯实粮食产业化经营基础。增加科研投入，培育优质、高产粮食品种；实施良种工程，根据市场需求，建立优质、特色粮油的良种繁育和种植示范基地。三是完善粮食产业化经营利益机制。尝试“资产纽带”和“二次分配”办法，促进粮食企业与农户的联合，以增强粮食生产经营抵御市场风险的能力。四是着力培育一批具有竞争力、带动力强的龙头企业。结合粮食企业产权制度改革，培育组建产业化龙头企业；也可以通过对外开放和招商引资，跨部门、跨行业、跨所有制发展壮大龙头企业；加快粮食产业园区建设，建立企业集群示范基地。利用南宁、防城港等城市初具规模的粮油精深加工产业带动，积极扶持大型粮食加工龙头企业，大力发展临海粮油加工业，建设临海粮油精深加工园区，形成较强集聚效应的粮食产业区，实现大资源、大工业、大贸易，辐射带动社会经济全面发展。不断提高产品质量和科技含量。加强科技创新，对粮油副产品进行多元化开发，走循环经济发展道路，实现低投入、低能耗、低污染，高产出、高质量、高效益和“环境友好”的目标。

**（五）建设物流体系，促进粮食顺畅流通**

一是抓好粮食流通走廊建设。广西背靠西南，面向东盟，连接港澳，沿江、沿海、沿边，在中国与东盟、泛北部湾、泛珠三角等国际国内区域合作中具有不可替代的战略地位和作用。应利用这一得天独厚的区位优势，抓住机遇，抓好南宁、防城港、柳州、贵港、凭祥五个区域物流中心建设。二是加快发展农村物流，服务新农村建设。大力改善农村粮食收购、储运方式和条件，提高农村物流水平，为新农村建设提供多层次、多功能的社会化、一体化的物流服务，加快粮农产品的市场流通。

**（六）继续转变职能，依法行政**

一是深入贯彻落实《粮食流通管理条例》，不断提高依法行政水平。按照党的十七大提出的“深入开展法制宣传教育，弘扬法治精神，形成自觉学法守法用法的社会氛围”要求，继续加大《粮食流通管理条例》等粮食行政法规的宣传力度，提高社会对粮食行政管理部门的职能、粮食市场经营规则、粮食宏观调控的相关内容的认知度，着力提升粮食行政管理部门依法行政的水平和能力。二是完善粮食流通监督检查体系。加强队伍建设。积极争取有关部门支持，落实监督检查机构、人员和办公经费，推动监管工作向规范化、制度化、常态化、科学化发展。加大全社会粮食流通监督检查力度。认真做好粮食企业入市收购资格审核、统计制度和最低、最高库存量制度执行情况等专项检查，积极配合有关部门严肃查处哄抬物价、串通涨价、无证经营和超范围经营等违法违规经营行为，规范粮食流通秩序，维护粮食市场供应和价格基本稳定，保障国家粮食安全。

**（七）加强粮食法制体系建设**

市场经济是法治经济，市场化程度越高，法制体系应越健全、越规范。我国是粮食生产与消费大国，粮食经济的全面市场化需要独立的粮食法规来规范粮食生产者、投资者和经营者的经济行为，协调各利益主体的关系，维护市场秩序。应该借鉴先进国家的经验，在总结现行的《粮食流通管理条例》、《中央储备粮管理条例》等粮食行政法规的基础上，尽快完善我国粮食法制体系。制定《粮食法》，使我国的粮食生产和粮食流通政策能通过法定程序具体化、规范化、法制化，提高粮食生产及流通效率，改善资源配置的粮食政策体系，确保国家粮食安全。

（作者：广西壮族自治区粮食局）

# 四川省粮食流通体制改革回顾与启示

“天府之国”四川，“水旱从人”，“沃野千里”。几千年来，勤劳的巴蜀儿女传承了源远流长的农耕文化，将这片“像天然粮仓一样富足的地方”，开垦成了华夏西部重要的商品粮基地。溯古及今，新中国成立以来，特别是党的十一届三中全会以后，新天府人民在中国共产党的领导下，乘着改革开放的春风，大力解放和发展生产力，狠抓粮食工作，从“土地承包”到“订单农业”，从“四川无好米”到“遍种优质稻”，短缺经济下的粮食计划供应已成历史，丰富的市场粮源极大地改善了居民膳食结构。30 年来，四川省粮食工作认真贯彻国家粮食大政方针，粮食购销体制循着从“高度计划下的统购统销到双轨制再到市场购销”的改革路径，经历了粮食收购从“统购到定购再到市场收购”的发展历程，粮食销售从“统销到包干限量再到敞开供应”的发展阶段，粮食管理体制从“高度集中、政企合一”到“分级负责、自主经营”的转变过程。四川 30 年渐进式的粮改，始终紧紧服务于粮食安全大业，把握了前进的总体方向，取得了来之不易的成绩，宏观调控保证了总量平衡和口粮安全，储备体系应对了自然灾害和市场波动，主渠道收购调动了农民种粮积极性，产业发展促进了粮食的加工和转化。30 年，虽然只是历史长河的一瞬间，然而，四川粮改却走过了前人不曾走过的开拓之路，“艰难困苦、玉汝于成”，今天，四川粮食工作发生的深刻变化，在让人们汲取过往改革经验教训的同时，更让人们感叹艰难的选择成就了粮改历史的跨越。

## 一、四川省粮改的历程

以党的十一届三中全会为起点，拉开了“调整粮食购销政策、改革粮食流通体制”的改革序幕。30 年来，四川粮改以粮食购销体制为主线，大致经历了五个阶段。

第一阶段：1978~1984年，粮食流通体制改革萌芽期。放开集市贸易，开展议购议销，在高度计划经济体制上开了一个市场的小口。围绕四个方面的改革，促进了粮食生产大发展。在粮食购销政策方面，调减粮食征购基数，提高粮油统购价格，放开集市贸易，开展议购议销，活跃了粮食流通；在调整生产关系方面，1978年四川省率先试行扩大自留地，缩小生产队规模，1979年实行包产到组和随后包产到户与家庭联产承包，发挥了集体的优越性和个人的积极性，促进了劳动生产率的提高；在生产技术方面，继续主攻中籼稻，因地制宜发展双季稻，为粮食生产发展提供了技术支持，全省粮食生产迎来了六年大增产的良好局面。四川省粮食总产量从1978年的2382万吨，到1983年，第一次迈上了3000万吨大关，全省人均粮食占有量首次达到400公斤；在粮食管理体制方面，1982年从高度统一的集权制改为了包干制，对粮食购销调拨实行包干一定几年的办法。1984年，全国粮食生产大丰收，出现了新中国成立35年以来的第一次“卖粮难”。在连续丰收面前，人们过早乐观地认为，粮食问题已经得到解决，政府重农政策也随之有所调整。1984年，实行“取消增加收购粮食加价65%~80%的政策，增加收购并作超购，统一加价50%”的政策，实际上较大幅度地降低了粮食收购价，挫伤了农民种粮积极性，向农民传递了“粮食多了”的信息，埋下了次年粮食大减产的隐患。

第二阶段：1985~1992年，粮食流通体制改革启动期。粮食统购改为了合同定购，缩小粮食计划供应范围，扩大市场调节空间，形成了粮食流通双轨运行的局面。粮食企业扩大自主权，实行经营承包，多种经营蓬勃发展。1985年，《中共中央国务院关于进一步活跃农村经济的十项政策》中规定“国家不再向农民下达农产品统购派购任务，按照不同情况，分别实行合同定购和市场收购”，“定购以外的粮食可以自由上市”。这一文件的发布，标志着从1953年开始实行了32年的农产品统购派购制度被打破，是中国农产品流通体制走向双轨制进而创造条件走向市场化的转折点。在这段时期内，因经济结构调整、农产品比价关系变化和自然灾害影响，粮食生产呈现周期性波动。1985年，四川省粮食比上年减产149万吨，供需矛盾突出，导致了粮价快速上涨，农民认为合同定购不是征购，在市场价远高于定购价的利益驱动下，定购合同难以兑现，国有粮食企业出现了“买粮难”。1987年，四川省政府明确提出“合同定购既是经济合同，又是国家任务，是农民应尽的义务”。当年，四川省从 27 个省外地区调进议价粮 150 万吨，创调入议购粮历史纪录。1988 年，成都等地连续发生几次粮食抢购风后，1989 年四川省政府决定在全省征收粮食补贴基金以应对粮食危机，并从当年 11 月 1 日起，取消自 1965 年以来对居民实行“粮食供应凭证不定点”的办法，变为“实行凭证、凭票、定点、限量供应”。一些地方农民改种蚕桑、水果、苎麻等经济作物失败后又回过头来改种粮食。一系列强硬政策的推行和农民种植非粮作物的受挫促进了粮食生产，到 1989 年，全省粮食总产量恢复到 1984 年的水平，重新回到了 3000 万吨的关口之上。1990 年，四川省粮食大丰收，出现了第二次农民“卖粮难”。为缓解农民卖粮难，四川省按国家政策规定，在 1989 年“敞开收购”的基础上，次年“按保护价敞开收购”，当年定购贸易粮 394 万吨，居全国第三位，议购 118 万吨，国有粮食企业库存大增，银行收购资金贷款紧缺，粮食收购中出现不少给售粮农民“打白条”的现象。1991 年、1992 年，全国粮食生产连续徘徊，产量低于 1990 年，而同期对外净出口增加，粮食涨价风波再起。1992 年 11 月，四川省政府宣布四川省粮票不再流通。这一时期，在粮食流通双轨运行和扩大企业自主权的共同作用下，四川省粮办工业得到了快速发展，通过大规模的产业布局和技术改造，粮油食品加工业不断发展壮大，饲料工业从无到有，发展迅速，1988 年全省粮油工业、饲料和运输总产值近 20 亿元，实现利润 1.75 亿元，粮办工业到达了发展的鼎盛时期。

第三阶段：1993~1997 年，粮食流通体制改革探索期。这一时期粮食购销政策在计划经济向市场经济的过渡中不断调整，粮食价格波动频繁，国有粮食企业经营困难。粮食管理体制从“包干制”转到了“分级负责制”，加大了地方各级政府在粮食工作上的责任。1993 年 2 月，国务院《关于加快粮食流通体制改革的通知》提出了“要在国家宏观调控下放开价格，放开经营”的要求，结束了从 1953 年开始实行了 40 年的粮食统购统销制度。在国内粮食连续两年减产的情况下，粮价突然放开，加之政府宏观调控措施准备不足，1993 年底，全国从南到北出现了粮价超常波动，刮起了 1978 年以来的第二次粮食“涨价风”，国家在 1994 年采取了提高粮食定购价等措施，促进粮食生产发展，四川省稻谷的定购价比 1993 年提高了 44%。1994 年 5 月，国务院发出《关于深化粮食购销体制改革的通知》，规定继续坚持政府收购，恢复国家粮食定购政策，即“保量放价”。1994 年，四川省粮食产量在上年大幅度减产的基础上继续减产，致使粮油供应偏紧，牌市价差拉大，省内部分地市出现了排长队购买粮油的现象，城镇居民口粮口油供应不得不重新实行“凭证凭票限量供应”的老办法。同年，国家一方面暂停了粮食出口，另一方面动用了大量的储备粮食平抑粮价。当年，国务院提出实行中央集中统一领导，地方分级负责的省、自治区、直辖市政府领导负责的分级管理体制，1995 年进一步完善为“米袋子”省长负责制。这一分级负责的管理体制一直延续至今。1995 年 6 月，国务院提出并要求国有粮食企业在经营上实行政策性业务和商业性业务分开的“两线运行”机制。1996 年，国家加强宏观调控，增加对农业投入，并再次比上年大幅度提高粮食收购价格 44%，促成了粮食大丰收，国家开始了第二次“保护价收购”，保护价连续三年大幅度高于市场粮价，极大地刺激了粮食生产。在定购价格不断提高而销售价格几年不变的情况下，粮食购销价格长期倒挂，全省新增粮食财务挂账等贷款大幅度攀升。

第四阶段：1998~2003 年，粮食流通体制改革突破期。这一时期，粮食流通体制改革进入了深水区，以市场化为取向的“四分开一完善”和“放开销区，保护产区”的政策使粮食流通体制向市场化的方向一步步靠近，深化国有粮食购销企业改革为积极培育多元市场主体赢得了发展空间，建立和完善中央、省、市粮食储备体系增强了宏观调控的能力。1998 年 5 月，《国务院关于进一步深化粮食流通体制改革的决定》开始了深化粮食流通体制改革的攻坚战役。“四分开一完善”政策中首要的一条是政企分开，将政府行政职能和企业经营分离，彻底改变了粮食部门自新中国成立以来政企合一的管理经营格局，国有粮食企业开始了分流减员和转换国有职工身份的艰难改革历程。1998 年，粮食在远高于市场价的“保护价敞开收购”政策的刺激下继续增产，四川省粮食总产量在 1999 年创造了 3668 万吨的历史纪录，农民“卖粮难”转变成国有粮食企业“卖粮难”。国有粮食收储企业执行保护价收购的粮食远高于市场价格，难以顺价销售，出现了企业仓容吃紧、大量粮食因超期储存而陈化的现象。为减轻财政负担，相继出台的加大商品粮库存消化力度和处理陈化粮的办法进一步刺激粮价走低，2001 年省内稻谷三价区的定购价仅为每 50 公斤 54 元，比 1996 年每 50 公斤 72 元下降 25%。从 1999 年到 2003 年，全省粮食总产量不断下跌，2003 年的产量比 1999 年少 485 万吨。2001 年 5 月，四川省粮食局根据《国家粮食局关于取消市镇居民粮食供应转移证明的通知》的规定（简称《市转证》），在全省范围内取消了《市转证》即“粮食关系”，从 1955 年开始实行的粮油票证管理制度退出了历史舞台。按保护价敞开收购政策逐渐被 1999 年后部分主要粮食品种退出保护价和 2001 年“放开销区、保护产区”的政策取代。

第五阶段：2004 年到现在，粮食流通体制改革转型期。粮食流通体制改革由双轨制进入到宏观调控下的市场化新阶段，粮食行政职能由系统内管理向社会行业管理转变，依法管粮工作逐步推进。2004 年 5 月，国务院颁布《粮食流通管理条例》，同时下发了《关于进一步深化粮食流通体制改革的意见》，标志着粮食计划经济时代的结束和粮食流通市场化时代的开启，尊重市场配置粮食资源的选择权，新的粮食流通体制的总体框架设计为“在低门槛收购许可和最低保护价支持下放开收购、放开价格”，放开收购使粮食收购由单渠道流通向多渠道流通转变，放开价格使扭曲价格的双轨制向市场形成价格的单轨制回归。粮食收购许可和宏观调控责任赋予粮食行政主管部门社会粮食管理执法权，将粮食行政管理逐步推上法制化轨道。新型粮食流通体制从 2004 年运行以来，四川省粮食生产稳产增收，粮食价格出现恢复性上涨，有效抵御了 2007 年以来世界粮价大幅波动的冲击，经受了世界粮食危机的考验。

## 二、四川省粮改取得的成就

粮食流通体制改革 30 年的历史，是四川人民在人均粮食生产资源相对贫乏的条件下战胜饥饿、保障供给，“为耕者谋利、为食者造福”的奋斗史，是全省粮食职工坚定不移地推进改革，不断促进四川粮食事业发展的创造史。

### （一）深化体制改革，实现了短缺经济下的粮食计划供应向宏观调控下市场配置粮食资源的转变

30 年来，粮食流通体制走过了由“统购统销—平议双轨—市场调节”的历程，基本形成了政府引导市场、市场形成价格，市场需求引导生产结构调整的价格机制和资源配置机制。四川省粮食流通体制改革在萌芽、启动、徘徊、突破和转型的各个时期，经受了各种复杂困难条件的考验，四川省粮食部门认真执行国家政策，促进了粮食工作的科学发展，推动粮改工作走在了全国前列。“前途光明、道路曲折”，粮食政策的演变过程是一个不断探

索，寻找适应中国特色道路的实践、认识和再实践、再认识的过程，中国以占世界9%的耕地，养活了占世界20%的人口，这是世界上一项了不起的成就，四川省粮食的稳定供给为全国粮食安全作出了积极的贡献。

**（二）努力搞活购销，保证了四川人民“有饭吃”和“吃好饭”的粮食安全需求**

1. 抓好购销本业，保证了粮食供应。1978~2007年末，按统计口径，全省共收购粮食1.49亿吨，占四川省粮食总产量的16.4%，平均每年粮食收购497万吨，1978~2007年共销售粮食1.61亿吨。1978年，四川省人均占有粮食337公斤，2006年人均占有粮食373公斤。国有粮食购销企业为完成国家每年下达的粮食收购任务，在粮食紧张时深入农户家中，千方百计做好群众工作，方便农户售粮，在粮食相对有余时，认真执行国家粮食保护价收购政策，切实保障种粮农民利益，充分发挥了粮食购销主渠道作用，实现了由“计划主渠道”向“市场主渠道”的转变。

2. 开展品种余缺调剂和救济、救灾工作，满足了缺粮地区和困难群体的粮食需求。在1985~1988年粮食涨价、供应紧张期间，四川省从省外共购进议价粮370万吨，平息了“抢购风”，稳定了市场供应。1986~2007年，按统计口径，全省粮食系统共调入粮食3895万吨，平均每年177万吨，调出粮食3533万吨，平均每年161万吨，以稻谷出川和小麦、玉米进川为主的余缺调节，缓解了省内稻谷供求有余，小麦、玉米供给不足的结构性矛盾。1988~1992年，四川省共安排救灾贸易粮71.6万吨。2001年，四川省部分地区因特大干旱等自然灾害造成粮食作物减产，省政府采取“借粮渡荒”的办法，帮助灾区群众渡过难关，借出省储备粮6.5万吨，市、州借出商品周转粮2万吨，灾区群众生活得到妥善安排。在1998年洪灾、2003年抗击“非典”和2008年汶川大地震期间，全省粮食部门全力做好粮食加工、调运和供给工作，保证了灾民和救援部队粮食供应和粮食市场正常流通，维护了社会生活稳定。

3. 建立粮食储备，提高了粮食调控能力。1990年，按照国务院《关于建立国家专项粮食储备制度的决定》，四川省在定购任务外多购小麦和食油，逐步建立日常粮食储备制度，应对粮食丰歉调节。1997年，为落实粮食省长负责制，从每年定购节余中划转建立省级粮食储备。2003年，省政府颁布了《四川省省级储备粮管理暂行办法》，按照“管得住、调得动、用得上、不陈化”的原则，通过轮换手段，对省储备粮进行了集并，实现了相对集中储存。2004 年，省政府确定省、市地方粮食储备规模。2005 年，开展了中央储备粮代储和省储备粮承储资格认定工作，当年底，全省各地市、州按照省政府确定的省级储备粮规模全部入库到位，中央和地方储备粮管理逐步走向规范化。2007 年，省政府批准建立地方食用油储备。为满足民族地区粮食应急供应的需要，自 2003 年起，在甘孜、阿坝、凉山“三州”每个县建设或改造了 50 万公斤粮食仓库并安排省、州二级储备粮存储应急，有效地增强了边远地区的粮食调控能力。2008 年汶川特大地震灾害发生后，紧急供应中央储备救灾粮 50 万吨，食油 1.4 万吨，向灾区调配成品粮油 31 万吨，确保了 800 多万灾区群众及抢险救灾部队等救援人员的粮食供应。1979~1987 年，四川省迎来了新中国成立后的第二次大规模粮仓建设高潮，到 1990 年底，全省共投资 4.4 亿元，新建或改造粮仓 700 万吨，配套建成粮油仓库铁路专用线 10 条。1998~2004 年，全省利用国债资金开展了新一轮建库工作，共新建或扩建粮库项目 43 个，建设仓容 160 万吨，完成投资 9.67 亿元，较大程度地改善了四川粮食流通基础设施落后的面貌。2006 年，四川省作为全国三个试点省之一，全面启动“农户科学储粮工程”，到目前为止，共为 1.6 万农户新建或购置了标准小粮仓，减少了农户粮食产后损失，将“藏粮于民”工作落到实处。

4. 实施“川粮优化工程”，提高了四川粮食品种质量。为优化粮食品种结构，加快粮食企业发展，完善粮食产业链体系，1999 年，四川省启动了依托龙头企业，通过订单种植发展优质专用粮油，开展精深加工，着力打造名优品牌为主要内容的“川粮优化工程”。省内粮食产业化经营龙头企业从最初的 6 家发展到 2007 年的 351 家，其中省粮食产业化龙头企业 100 家，省级重点农业产业化龙头企业 33 家。1999~2007 年，全省订单粮油面积从 100 万亩发展到 2330 万亩，其中优质专用粮油面积发展到 1521 万亩；订单粮油年收购量上升到 220 万吨；2007 年订单收购惠及 1000 多万户农民，助农增收 7.8 亿元。粮油订单的品种从稻谷、小麦、玉米、油菜籽等大宗粮油品种，拓宽到青稞、大麦等小杂粮。“川粮优化工程”发挥了“引导生产、服务消费、衔接产销、提升效益”的作用，取得了“农民增收、企业发展、消费者受益”的多赢效果。截至 2007 年，省内粮食企业产品获“中国名牌”产品 2 个、“国家地理标志产品保护”认证 2 个、“绿色食品”标志 182 个、粮油“无公害”标志 97 个、“四川名牌”28 个、四川省“著名商标”21 个和“全国放心粮油”80个。四川省1999年、2000年、2003年共举办三届“四川省优质商品粮油展示交易会”，2002年组织参加“四川·中国西部农业博览会”，2005年承办中国（四川）粮油精品展示交易会。五次展交会协议和直销粮油产品数量达293万吨，合同金额49亿元，充分展示了全省粮食产业发展成果，凸显了“川粮优化工程”良好的社会效应和经济效益。

5. 发展乡村粮油超市，促进了新农村建设。为更好地服务于社会主义新农村建设，改制后的粮食购销企业主动适应市场化要求，因地制宜，充分利用原有仓库设施，发挥与农民长期合作的营销优势，按照连锁经营理念，通过建立粮油物流配送中心，大力发展乡村粮油超市和连锁店，整合了改制后国有粮食企业的仓储设施和有效资产，构建了新形势下的农村粮油购销服务体系，截至2008年6月，四川省已建成3582家乡村粮油超市和连锁店。粮食流通方式的转变，促进了粮食物流通路的再造，既为农民种粮提供了“农资配送、粮食收购、代农储粮”的“一条龙”服务，又盘活了原国有企业的存量资产，保住了粮食购销调控载体，受到了农民群众的普遍欢迎。

**（三）妥善处理“三老”问题，转换了国有粮食企业经营机制**

深化粮食流通体制改革的重点和难点是全省国有粮食企业的改革。计划经济时期政企合一的国有粮食购销企业，从“吃政策饭”到“市场找饭吃”，完成了体制机制的重大转变，经历了市场化条件下的竞争考验，自我造血功能得到不断增强。2006年，国家粮食局授予四川省粮食局“全国国有粮食企业改革先进单位”称号。

1. 精心安排用好政策，卸掉了“老粮”包袱。1993~1999年，四川省国有粮食购销企业执行按保护价敞开收购的政策，导致商品粮库存积压，总量高达834万吨，各地粮仓纷纷“胀库”，财政补贴负担沉重。为此，四川省粮食局按照国家对“老粮”促销政策的要求，采用“成本搁置、等量对冲”的办法，从1999年开始，一是结合“退耕还林”补助粮食供应安排使用，消化高价位粮食295万吨，全省保质保量供应了“退耕还林”所需粮食399万吨；二是做好“陈化粮”的销售处理工作，全省2001年清仓查库认定的“陈化粮”240万吨到2006年底全部处理完毕。通过一系列促销措施，经过八年的努力，全省定购粮、保护价粮等高价位库存“老粮”全部消化完毕，解决了“老粮”带来的资金利息费用负担难题。

2. 努力筹措改革成本，置换了“老人”身份。1998年以来，四川省各地共变卖资产筹集安置资金 6.9 亿元，借入风险基金和使用节余的粮食风险基金等筹集职工分流资金 1.4 亿元，加上地方政府配套改制资金政策支持和企业自筹改制资金等共计 22.2 亿元，全力推进职工国有身份置换工作。国有粮食企业职工由 1999 年改制前的 17.1 万人，到 2007 年精减到 1.7 万人。改制后，购销企业 3.3 万名职工参加了社会养老保险，3.1 万名职工参加了医疗保险，妥善解决了职工后顾之忧。

3. 开展财务挂账清理审计，解决了"老账"问题。四川省于 1994 年、1998 年、2007 年对全省国有粮食企业亏损挂账进行了全面清理，经审计认定，从 1992 年 4 月 1 日起至 2006 年 12 月 31 日止，四川省政策性粮食财务挂账余额 189.3 亿元。按照"核定余额、据实剥离"的原则，将占用农发行贷款部分从企业剥离，上挂到县级以上粮食行政管理部门，彻底卸下了企业包袱，减轻了企业负担，提高了企业资产运行质量。至 2006 年 12 月 31 日已从企业剥离的政策性粮食财务挂账 175.4 亿元。到 2006 年底，购销企业总资产由挂账前的 264.3 亿元，调减为挂账剥离后的 130.6 亿元，总债务由挂账前的 279.4 亿元，下降到 100.7 亿元，资产负债率由挂账前的 105%，下降到 77%，所有者权益由挂账前的–18.8 亿元，增加到 29.9 亿元，资产状况明显改善，卸下了长期影响国有粮食购销企业发展的挂账包袱，国有粮食购销企业实现了轻装上阵，自主经营。

4. 实施重组改造，适应了市场竞争要求。从 1999 年起，四川省粮食企业实施了兼并、重组、资产置换等一系列改革。截至 2007 年底，全省粮食购销企业由 1998 年初的 1301 家改组为 628 家，购销企业户均净资产大幅提高到 445 万元。全省粮食企业加快了经营机制转换，主动适应市场需求，经济效益明显提高。全省国有粮食购销企业从 2002 年统算亏损 2.7 亿元到 2003 年扭亏为盈。到 2008 年，全省国有粮食企业连续六年累计盈利 1.5 亿元，摘掉了长期亏损的帽子，走上了健康发展的道路。

### （四）推进依法管粮工作，逐步规范粮食流通秩序

2004 年，国务院《粮食流通管理条例》（以下简称《条例》）颁布后，四川省广泛开展了《条例》的宣传工作，省政府还颁布了《四川省〈粮食流通管理条例〉实施办法》，将《条例》的有关要求作了进一步细化和完善。同时，四川省粮食局先后会同有关部门制定了《四川省粮食收购资格审核管理办法》、《四川粮食流通监督检查实施细则》、《四川粮食流通统计制度》等 19

项配套制度和规范性文件，完善了相关配套制度。为加强粮食行政执法监督检查，实现粮食流通管理由无序向有序转变，四川省各地粮食行政管理部门加强了行政执法体系建设，执法机构从无到有，逐步建立。截至2007年底，全省落实粮食监督检查机构115个，组建粮食行政执法队112个，持证上岗执法人员2133人。按照依法行政要求，开展了粮食收购资格许可审批，到2008年6月，全省共办理粮食收购许可证7483户，除了国有及国有控股粮食企业外，获得收购许可其他粮食经营户达5595家，占75%，实现了购销主体多元化。各级粮食行政管理部门每年结合大、小春收购和粮食库存检查，开展了各项粮食行政执法检查和质量专项整治，有效规范了粮食市场秩序。

## 三、深化粮改的启示

30年粮改，人们挥手作别了粮食计划经济时代，票证供应消融成了历史的记忆。“忽如一夜春风来”，2004年的粮食新政，将酝酿了多年的粮食流通市场化运行机制“破茧”启动，这一巨大的变化，正深刻影响着粮食工作的方方面面。

迈步粮食流通市场化后的发展初期，四川省粮食工作出现了四个方面的新情况。一是粮食供需形势由总量平衡向供求紧平衡下的结构性矛盾转变，粮食“增产爬坡难，减产下坡易”的状况更加突出；二是计划经济下“行政定价、国企购销、粮店直供和储备吞吐”的“硬调控”手段相继弱化和消失，仅剩下“储备吞吐”作为市场化下调控的常态手段，粮食宏观调控的形势更加严峻；三是粮食政策进入了相对稳定时期，各地由过去“执行政策”变成了现在“自主发展”，合理利用资源，争夺粮食市场发展先机的任务更加紧迫；四是WTO框架协议对我国粮食的保护期相继结束，国际油价的联动效应和粮食资源能源化的趋势导致粮食价格体系的重新定位，省内粮食市场受国际、国内、期货、现货市场波动影响日益加大，价格变化传递迅速，粮食市场动荡加剧，稳定粮价的任务更加艰巨。

在变化的形势面前，我们应对变化的能力和手段的欠缺导致了工作中的困难。一是粮食生产稳定增长缺乏长效机制，四川省粮食商品率大大低于全国平均水平，粮食生产略微减产就会放大市场风险；二是全省粮食企业规模小，市场集中度低，参与竞争的能力弱；三是粮食流通业态传统，物流基础设施较差，产业园区发展滞后；四是市场监管经验不足，监管能力亟待加强。目前，在全国粮食连续五年增产，四川省粮食产量相对稳定这一难得的发展机遇下，迫切需要总结经验，汲取教训，抓紧时机，谋求解决关键难题的突破。

### （一）加强科学研究，提高宏观调控决策水平

正确把握长期趋势，切实搞好短期平衡，避免政策大起大落是今后粮食工作要注意的一个的重要问题。保证市场粮食平稳供应是一项长期而艰巨的任务，“一日三餐、军需民食”的粮食供应既刻不容缓又重之又重。粮食长期紧缺下的短期不足和过剩交替问题一直是宏观调控的难点。30 年中，四川省经历了三次“卖粮难”和“买粮难”交替的考验，特别是在个别正常年份仍需大量调入粮食平息抢购风的事件和粮食持续增产、粮价大幅上涨的情况表明了宏观调控的艰巨性和复杂性。“一收就紧、一放就乱”，“多了砍，少了赶”是粮改过程中多次重复出现的问题，政府并为之付出了高昂的政策成本，“逆向调节和高成本调控”是粮改的主要教训。在以行政主导下的计划调控向宏观调控下以市场调节的转变中，在粮食“多”时，合理实行保护价政策，保障农民种粮积极性，建立和加大省级储备，在粮食“少”时，及时抛售储备，减缓粮价波动幅度，确保粮食市场供应平稳等手段是粮改中取得的宝贵经验。面对日益复杂多变的国际、国内形势，四川在粮食问题上要做到适度调控、科学调控不是一件容易的事，“行政的老手段”不适应“市场化的新路子”是调控中容易出现的问题，加强粮食供求预测和分析，开展信息沟通，增强涉粮部门工作协调性有助于提高粮食宏观调控的决策水平。

### （二）加大粮食产业的政策支持力度，以可持续发展确保四川粮食安全

“粮食安全、安全粮食”是粮食数量和质量的和谐统一。30 年来，四川省耕地面积由 1978 年的 7365 万亩下降到 2006 年的 5880 万亩，特别是 1999~2003 年耕地减少 825 万亩。四川省人均耕地面积下降到 0.67 亩，已低于联合国确定的人均 0.8 亩的警戒线，粮食生产呈现虽然亩产增加但是总产下降的态势，四川省粮食总产量由 1999 年的 3668 万吨下降到 2006 年 3250 万吨。其中，主要粮食品种稻谷总产量由 1999 年的 1724 万吨下降到 2006 年的 1392 万吨，而同期稻谷每亩平均产量由 1978 年的 319 公斤上升到

2006年的467公斤，2006年，粮食复种指数也高达1.76，可以说粮食增长的潜力已经得到极大发挥。不容置疑的是，短短十年间，四川省粮食供求形势已从20世纪末期的供求有余到21世纪初期的供求基本平衡继而向供不应求转变，入川粮源呈现“价高量少”的趋势，省内正常年份粮食总量缺口近100万吨，总量紧平衡下的结构性矛盾增大了全省转化用粮下游饲料、养殖业行业的风险。2007年，四川省重点转化用粮企业消耗粮食285万吨，比上年增加60万吨，转化用粮的消费数量占2007年社会粮食总收购量590万吨的48%，占总销售770万吨的37%，转化用粮需求较大已成为四川省粮食购销的敏感性需求和供给的主要矛盾。粮食产出是自然资源消耗的过程，我们依靠对耕地的过度开发获得的粮食高产，虽然解决了近期粮食供给，但日益严重的土壤肥力下降、重金属及化肥含量超标、水土流失等问题迟早会引发粮食产量增长的拐点，严重威胁着四川粮食长期安全。实施农田水利建设、改善土壤肥力、加快现代粮食种植基地开发、培育大型粮食仓储加工转化企业等是四川粮食产业发展的必然选择，走集约化可持续发展之路，将粮食生产、流通、加工、转化和品种余缺调剂结合起来，加强粮食产业体系和流通体系的对接，将传统的“粮食—经济作物”二元结构转变为“粮食—经济作物—饲料作物”三元结构的综合开发是粮食产业化发展的内在要求。改变粮食生产“靠天吃饭、基础落后”的局面，需要各级政府的高度重视和强力支持，需要各部门的通力合作。目前，国家财政收入相对宽松，有能力也更加有必要加大反哺农业的力度，充分发挥财政投入的杠杆作用，从抽血变成输血，提升粮食产业综合发展能力，着力稳定粮食基础地位。

### （三）规范粮食流通秩序，完善粮食市场体系

过去依靠行政手段制定粮食价格的老办法已让位于市场机制形成价格的新方式，市场化能够进一步发挥市场内在调节功能收敛价格波动的区间，减少行政手段对价格的扭曲。2004年，国家从政策层面制定了粮食流通市场化的大政方针，但是，市场化需要的要素市场的培育却是一个长期的过程，加快市场要素发育，完善市场体系是成熟市场的基本要求。一是规范市场行为。健全粮食收购准入制度，打击压级压价，哄抬价格等违纪违法行为。二是积极培育市场主体，加大粮食经纪人队伍建设，鼓励各类具有资质的市场主体平等参与竞争。三是加快市场体系建设，构筑粮食流通平台。将电子交

易系统、批发市场建设、粮食产业物流园区、储备粮体系建设统一规划，提高流通效率，降低交易费用，增强辐射功能。加强产销区协作，打通转化用粮入川通路，促进畜牧养殖业的顺利发展。四是完善粮食行政执法体系，加强粮食市场监管。市场监管要和市场预警相结合，在个案中发现市场波动先兆，在监管中修订完善法律法规制度缺陷，在学习借鉴中提高法律法规制定水平，着力提高依法行政能力，促进粮食市场健康发展。

“但得苍生俱温饱”是中国人民几千年来追求的幸福境界，在漫长的追求中，只有在中国共产党领导新中国人民坚持改革开放，坚持走中国特色的社会主义道路的奋斗中才得以实现温饱并进入小康社会。改革开放30年，四川省粮食工作在党的正确路线的指引下，在国家粮食局、省委、省政府的直接领导和多方的通力合作支持下，全省粮食工作经受了各种严峻形势的考验，正确把握和认真执行了“贯彻中央政策不走样，紧抓粮食安全不放松，推进流通改革不停步”的大局要求。通过狠抓收购维护了种粮农民利益，稳定销售保证了口粮基本安全，建立储备平息了粮价风波，加快流通促进了行业发展。今天，站在时代发展新的起点，改革的大潮助推着四川粮食工作向建立现代粮食流通体系的新目标开拓前进，促进四川由“农业大省”向“农业强省”的转变。“雄关漫道真如铁，而今迈步从头越”，历经艰难、不畏挫折的四川粮食事业在锐意进取中必将迎来更加光明的未来。

（作者：四川省粮食局　谭嘉林　侯勇　蔡开泉　黄玖辉）

# 贵州省粮食流通体制改革成果与经验

国以民为本，民以食为天。我国是传统的农业国，粮食生产在整个农业生产中占据着相当大的比重。粮食生产和流通的好坏直接关系着整个农业生产的好坏，关系着整个经济社会能否健康发展。

党中央、国务院历年高度重视粮食工作。党的十一届三中全会以来，通过实施一系列重要的政策措施，有效地保护了农民利益和种粮积极性，稳定和提高了粮食综合生产能力。作为经济体制改革的重要组成部分，粮食流通体制改革一直在不断探索，不断发展，并取得了明显的成效。贵州省认真贯彻执行国家有关政策，稳步推进粮食流通体制改革，促进了粮食生产的发展，有效地保护了农民利益，活跃了粮食流通，丰富了市场供应，逐步建立起了符合社会主义市场经济要求的粮食流通体制。

## 一、粮食流通体制改革历程

党的十一届三中全会后，农村实行了家庭联产承包责任制，极大地调动了农民的生产积极性，粮食产量逐年较大幅度提高，产需供求矛盾初步得到了缓解，粮食市场逐步开放。1985年，全国取消粮食统购改为合同定购。贵州省明确从1985年起，取消粮食统购，实行计划定购。1992年，党的十四大提出建立社会主义市场经济体制，粮食流通体制改革步伐逐步加快。1993年7月，贵州省放开粮食价格和经营，对粮食定购实行“保量放价”，制定粮食收购保护价制度。因下半年全国粮价出现大幅波动，市场秩序较为混乱，1994年，国务院对粮食购销政策进行调整，加强了政府宏观调控。根据国务院部署，贵州省对粮食购销管理工作进行了完善，调整了保量放价和敞开供应政策。1995年底，贵州省政府出台实行两条线运行的方案，明确划分粮食政策性业务和商业性经营范围，实行两条线运行。

1998 年，国务院下发《关于进一步深化粮食流通体制改革的决定》，加快粮食流通体制改革。贵州省贯彻落实文件精神，认真实施“四分开、一完善”的改革，并按照国务院确定的保护价原则制定了全省粮食收购价保护政策，重点实施了“三项政策、一项改革”。2000 年，贵州省根据国务院文件对保护价及保护价收购范围进行了调整。2001 年，国务院下发《关于进一步深化粮食流通体制改革的意见》，明确提出“放开销区、保护产区、省长负责、加强调控”的改革思路，贵州省被划为产销大体平衡区。2002 年，省政府下发《关于深化粮食流通体制改革的意见》，文件明确，经过 1~2 年过渡，逐步放开粮食市场。

2003 年 4 月 1 日，贵州省全面取消粮食定购，放开市场、放开价格、放开收购，实现了粮食购销市场化。2004 年 5 月，全国放开粮食市场，这标志着粮食流通体制由计划体制转为市场体制。粮食购销市场化以来，贵州粮食市场流通顺畅、库存充实，粮食价格在合理水平保持基本稳定，新的粮食流通体制运行平稳。

## 二、取得的主要成果

### （一）建立了覆盖全省的储备粮管理体系，储备库存充裕

贵州省于 1990 年建立省级粮食储备制度。随着粮食流通体制改革的不断推进，储备管理工作取得了很大发展。一是储备体系逐步建立和完善。粮食储备从无到有，现已有中央、省、市、县四级储备，基本涵盖到全省每个县市。二是储备品种不断丰富。原来仅有稻谷，现已有稻谷、大米、小麦、玉米和食用油等。三是省级储备管理逐步规范。2002 年，经省政府批准，贵州省成立了省储备粮管理总公司，对 12 个直属库实行垂直管理，对 17 个代储库实行直接管理和委托监管。9 个市（州、地）和 75 个县（市、区）也建立了地县级粮食储备。目前，贵州省地方储备粮库存管理规范，储备库存充裕。

### （二）建立了粮食市场监测预警和粮食应急机制

2004年以来，逐步在全省建立了54个粮油市场价格监测点并实行动态监测；对贵阳谷丰、遵义兴邦和六盘水三大粮食批发市场实行价格日报制度；对各市、州、地所在地粮油市场价格实行周报制度；每月对全省粮油收支、市场监测情况进行统计分析。坚持开展年度粮食供需平衡调查，掌握全省粮食供需状况，为宏观调控决策提供科学依据。及时发布有关信息，做好预警预报。为应对发生重大自然灾害、重大疫情或其他突发事件引起的粮食市场供应的异常波动，适应粮食市场全面放开的需要，贵州省建立了由省政府统一指挥，粮食、财政、发改等近20个省级职能部门协调行动的粮食应急机制，制定了《贵州省粮食应急预案》，地县也相应制定了应急预案和实施方案。国债投资300万元建设大型粮食批发市场，省财政投入扶持性资金5940万元，在全省9个市（州、地）政府所在地和粮食销区改扩建30个粮食应急加工点，安排21个省级储备库12.64万吨的应急粮源，确定27个粮食应急加工企业、17个粮食应急供应企业和57个应急供应网点。在2008年初的雪凝灾害期间，贵州省粮食监测预警和应急机制得到实战检验。由于准备充分，安排得当，措施有力，市场没有出现大的波动，基本保持了平稳状态。

### （三）初步建立了粮食流通行政执法监督保障体系

《粮食流通管理条例》颁布实施以来，贵州省粮食局积极转变行政管理职能，通过短短三年时间，逐步建立起贵州省粮食流通行政执法监督保障体系。一是执法机构数量不断增加。从2005年7月成立“监督检查处”伊始，贵州省粮食局不断加强工作力度，督促地县粮食部门尽快成立监督检查行政执法机构，2008年贵州省行政执法机构的数量已达到了69个，超过了全省行政区划数的2/3，行政执法监督保障体系得到有效延伸。各级粮食部门与政府法制部门配合，开展粮食行政执法培训，全省已有1087人取得了行政执法资格证。二是粮食收购行政许可对象不断扩大。贵州省各级粮食部门依法办理粮食收购行政许可，全省持有效许可证粮食经营户已达2036户。从2005年开始，对到期的《粮食收购许可证》开始实行年检，加强了粮食收购许可的动态监管，较好地维护了正常的收购秩序。2008年，贵州省又对1531份粮食收购许可资格证进行了年检。三是监督检查推进有力。积极与工商部门配合，依法开展监督检查，维护正常粮食市场秩序。仅 2007 年全省组织 5599 人次，开展了 788 次粮食流通执法检查，对 80 起粮食行政执法案件进行了行政处罚，无一起粮食行政复议和诉讼案件。由于成绩显著，2005 年、2006 年连续两年贵州省粮食局被国家粮食局评为全国粮食流通监督检查工作先进单位。

### （四）初步建立了粮食市场体系

1992 年后，贵州粮食销售市场交易不断扩大，各地陆续建立起一些较为集中的粮食市场，普通集贸市场也非常活跃。2001 年，国务院明确提出在国家宏观调控下，充分发挥市场机制对粮食购销和粮食价格形成的作用，健全完善粮食市场体系。2002 年，贵州省政府下发了《关于深化粮食流通体制改革的意见》，提出了健全粮食市场体系，加强粮食市场管理的目标，要求各级政府将粮食批发市场建设纳入总体规划，多渠道筹集资金加快粮油市场体系建设。按照总体目标，通过财政扶持（约 1000 万元）和其他渠道筹集（约 3000 万元）等，贵州省粮食批发市场逐步建立起来。至 2003 年末，初步建成 1 个省级（贵阳谷丰）、2 个地级（遵义兴邦、六盘水）和部分县级市场组成的粮食批发市场体系。其中贵阳谷丰、遵义兴邦、六盘水三大粮食批发市场年交易额在 10 亿元以上。

### （五）建立和完善了粮食风险基金制度

根据国家文件精神，1995 年贵州省建立了粮食风险基金制度，国家核定规模为 17686 万元，按照中央和省 1∶1.567 的比例，中央拨付 6890 万元，省级财政匹配 10796 万元。粮食风险基金在本级农业发展银行设立存款专户，通过专户拨补，专款专用，滚动使用。基金主要用于省级储备粮油的利息、费用补贴；省级储备粮油轮换价差和费用补贴；陈化粮处理价差补贴；按政策规定新增粮食财务挂账贴息；退耕还林粮食差价及调运费用补贴；处理库存“老粮”的价差补贴；国有粮食购销企业改革的资金补贴等。2005~2006 年，按中央要求，粮食风险基金调整用途，增加补贴项目，每年开支 7000 万元用于对种粮农民的直补。

### （六）逐步推进了粮食产业化发展

2006 年，贵州省下发关于推进粮食产业化发展的指导意见，指导各地大力发展粮食产业化经营。一是鼓励和引导企业向粮食生产领域和加工领域延伸，通过“公司+农户”、“公司+优势粮油生产基地”等形式，积极发展优质粮油订单粮食生产和收购。贵州省国有粮食企业实施“订单粮油”种植面积已由2003年起步时的10多万亩发展到2007年的200多万亩。二是认真用好财政扶持性资金。从2004年起，贵州省利用财政扶持性资金，连续三年对80家粮油加工企业进行设备更新和技术改造，累计投入扶持性资金7654万元，提升了企业生产效能，为发展产业化经营发挥了积极作用。三是实施“品牌战略”，培育龙头企业。贵州省已有38家企业的38个品牌、47个粮油产品荣获全国“放心粮油”称号。“康星油”、“茅贡米”、“大凉山米”、“梵净山米”等成为深受消费者青睐的知名粮食品牌。2003年以来，连年有“茅贡米”、“大凉山米”、“雅晶米”等贵州省品牌在中国稻米博览会上荣获“全国稻米金奖”。康星油脂集团等21家粮食企业获得省农业产业化龙头企业称号。从2007年开始，贵州省粮食行业协会在全省范围内开展了省级“放心粮油”和“放心粮店”评选活动，已向社会公布了评选出的23个“贵州省放心粮油”产品和15家“贵州省放心粮店”。

总体上看，贵州省粮食行业逐步走出低谷，呈现出良性发展的态势。2007年，安顺市国有粮食企业保持全面盈利，遵义、湄潭、长顺等24个县国有粮食企业全行业实现盈利，盈利额322万元；遵义、湄潭、长顺等31个县购销企业实现盈利，盈利额488万元，全省国有粮食企业同比减亏30%。粮油加工业产值由2006年17.3亿元增加到2007年22.5亿元，经济效益增长明显。

### （七）粮食基础设施建设取得了丰硕成果

1998年，党中央、国务院作出了加大基础设施建设的重大战略决策，粮库建设作为基础建设的一个重要组成部分，获得前所未有的发展机遇。中央分别于1998年、2000年、2001年三批下达贵州省建设国家粮食储备库计划，总仓容64万吨，总投资3.38亿元。2001年，贵州省政府决定建设省级粮食储备库。总投资5500万元，仓容12.5万吨。2004年底，中央和省级粮食储备库全部建成并投入使用，实际建成仓容达77.5万吨。现代化粮库的建成，不仅较大幅度增加了粮食仓容总量，而且有效地提升了粮食仓储设施的水平，明显改善了贵州省粮食基础设施落后的状况。

### （八）完成国有粮食购销企业改革工作

2003 年 3 月，贵州省政府下发《关于贵州省国有粮食购销企业改革和发展的实施意见》，全面推进贵州省国有粮食购销企业改革。至当年年底，贵州省国有粮食购销企业改革基本完成。改革后，国有粮食购销企业独立核算单位由 2001 年底的 394 个减为 186 个、减幅 52.7%；粮食购销站点由 2615 个减为 1809 个、减幅 32.7%。全省国有粮食购销企业职工由 2001 年底的 23577 人减少到 2003 年底的 9223 人，共减员分流 14354 人，分流比例达 60.9%，其中，实行企业内部退养 4236 人，调出等自然减员 1216 人，一次性分流安置 8902 人。改革取得了积极成效，达到了减轻企业历史包袱、理顺关系、调整布局的预期目的，为企业进一步改革发展创造了条件。

## 三、几点体会

粮食流通体制改革的目标，是建立适应社会主义市场经济发展要求和符合我国国情的粮食流通体制和运行机制。在国家粮食宏观调控下，充分发挥市场对粮食资源的基础性配置作用。这是一个不断完善、不断发展的过程。贵州省在改革工作中有这样几点体会。

### （一）完备稳妥的改革政策措施是搞好粮食流通体制改革的前提条件

粮食流通体制改革是一项系统工程，牵涉面广，不仅粮食部门要积极参与，财政、银行、工商、税务、劳动保障等部门和单位也需要积极配合，更需要政府和社会各方面的大力支持。改革开放以来，党中央、国务院、国家有关部委、贵州省委省政府等制定了许多深化改革的政策措施。仅从省里来看，按照党中央、国务院部署，贵州省政府制定了许多政策措施。如 1985 年《关于调整农村粮食购销政策和价格的通知》、《粮食包干管理办法》、《加强粮食管理稳定粮食市场的若干规定》；1994 年《关于加快粮油流通体制改革的通知》；1996 年《关于粮食部门深化改革实行两条线运行的实施方案》；1998 年《关于贯彻国务院关于进一步深化粮食流通体制改革决定的通知》等四个文件；1999 年《关于贯彻国务院进一步完善粮食流通体制改革政策措施的通知》；2002年《关于深化粮食流通体制改革的意见》；2003年《省人民政府关于我国有粮食购销企业改革和发展的实施意见》；2005年《关于进一步深化粮食流通体制改革的实施意见》等。正是由于政策措施比较完备，加上各地结合实际制定了具体的实施方案，才使改革得以顺利推进。同时，由于改革涉及方方面面，特别是涉及粮食系统广大职工的切身利益，制定的政策措施都比较稳妥，确保了改革的有序实施。

**（二）稳慎实施国有粮食企业改革是搞好粮食流通体制改革的关键之举**

国有粮食企业改革关系到整个粮食流通体制改革成败大局。在计划经济体制下，国有粮食企业是政府连接农户和广大消费者的载体，同时承担了部分政府行政管理职能，企业没有自主决策经营权，产销不能自主。粮食购销市场化以后，国有粮食企业真正走向了市场，成了市场主体。要适应角色的转变，国有粮食企业必须进行改革。为稳慎实施好改革，贵州省认真进行了调查摸底，统筹掌握全面情况，适时进行了改革试点，制定了详尽可操作的改革实施方案，妥善处理了“老粮、老人、老账”问题，积极促进企业转换经营机制。由于方法得当、措施稳妥，贵州省国有粮食企业改革稳步推进，促进了粮食流通体制改革的不断深化。

**（三）建立和完善粮食储备等粮食宏观调控体系是搞好粮食流通体制改革的重要措施**

粮食流通体制改革30年来，贵州省逐步建立了粮食储备、监测预警、粮食市场和执法监督体系，完善了粮食风险基金制度，改善了粮食基础设施状况。这些保障体系的建立，是市场化条件下搞好粮食宏观调控、确保省内粮食安全的重要保障，是粮食流通体制改革顺利实施的重要保障。1993年，粮价放开后出现的大幅波动，后来进行了政策调整并动用部分储备；2008年年初贵州省出现的凝冻灾害所采取的一系列举措，都充分证明了上述保障体系的重要性。

**（四）培育一支好的队伍是搞好粮食流通体制改革的重要保障**

粮食系统是一个老系统，粮食部门的干部职工经历过辉煌，也遭遇过失落，但是讲政治、顾大局，具有吃苦耐劳、忍辱负重、甘于奉献的精神，是一支可信赖的队伍。贵州省粮食流通体制改革的顺利实施和稳步推进，正是有了这么一支好的队伍。经历了粮食流通体制改革后，粮食部门仍然是确保国家粮食安全的主要载体，是加强和改善宏观调控的主要载体。

（作者：贵州省粮食局）

# 甘肃省粮食流通体制改革成果与经验

改革开放以来，甘肃省粮食流通体制改革工作，在省委、省政府的正确领导下，按照国家统一部署，稳步推进，逐步完善，取得了明显成效。主要表现在：粮食生产不断恢复和发展，粮食生产在国民经济中的基础地位进一步稳固；粮食流通秩序和市场不断规范，多元市场主体参与粮食流通的市场化体系初步建立，粮食流通由计划主渠道稳步转变到市场主渠道；粮食储备制度不断完善，粮食宏观调控手段进一步加强；国有粮食企业体制机制不断转变，主渠道作用进一步发挥；粮食法制建设步伐加快，粮食行政管理职能逐步转变，依法管粮的行政管理体制基本形成。

## 一、改革30年的成果

### （一）粮食生产能力进一步提高，粮食总产基本稳定

甘肃省农业基础条件薄弱，历史上是一个缺粮省。改革开放前，全省粮食总产约100亿斤。党的十一届三中全会以后，随着“一个中心，两个基本点”的确立和工作重点的转移，粮食流通体制也开始变革，粮食流通由计划经济向市场经济逐步转变，大幅度调减了粮食征购任务，提高粮食统销价格和超购加价幅度；1979年，重开粮食市场，恢复议价经营；1980年，贯彻少购少销方针，实行农村粮食购销差额包干办法；1983年，实行粮食多渠道经营；1985年又取消粮食统购实行合同定购。1988年，实行粮食“五包干”（粮食生产、收购、销售、调拨、财务）的管理体制，1988~1990年，粮食产量连续三年超产，从近120亿斤提高到134.34亿斤。这些政策的实施，加之农村土地承包政策的到位、家庭联产承包责任制的实行和农业基础条件的改善，粮食生产逐步恢复和发展，有效提高了粮食自给能力。1995

年，实行主附营业务“两条线”运行体制，明确划分粮食事权和责任，搞好粮食总量平衡，在统一政策、统一市场、统一进出口管理的原则下，实行省政府领导的各级政府分级负责、分级管理的运行体制。国家对粮食宏观调控，实行中央和地方两级平衡，地方的粮食平衡，实行省、地、县、乡各级政府主要领导负责制，即粮食行政首长负责制。规定了各级政府的责任、省粮食局的职能、省地县三级粮食局的人员编制和经费预算等；明确了大力发展粮油生产，完成国家定购、计划收购和平衡调剂任务，组织好加工、储存、销售，管理粮油市场，保证本地区的粮油供应，通过各种措施保持市场和价格基本稳定。1998 年，贯彻国务院《关于进一步深化粮食流通体制改革的决定》，实行政企分开、中央与地方责任分开、储备与经营分开、新老账目分开，完善粮食价格机制的“四分开一完善”改革，建立粮食风险基金，完善粮食储备体系，国有粮食购销企业按最低保护价，敞开收购农民余粮，对稳定粮食生产发挥了积极作用。2001 年，国务院放开销区，保护产区的改革措施实施后，甘肃省比照主产区，继续实行保护价政策，对保护价收购品种进行了调整；2004 年，放开粮食收购市场和价格、直接补贴种粮农民政策的实施，在稳定粮食生产，保护农民种粮积极性方面发挥了积极作用，全省粮食总产连续几年基本稳定在 160 亿斤左右，与改革前相比，增长 60%，从而使甘肃长期缺粮的不利局面得以根本性扭转。

### （二）主体多元、流通有序的市场体系初步建立

随着社会主义市场经济的确立，粮食流通历经了重开粮食市场，平议价经营，放开销售市场等多个阶段，逐步从计划经济向市场经济转变。2004 年，推行购销市场化改革，取消粮食定购任务、全面放开粮食收购市场和价格，标志着粮食流通由计划经济模式下的统购统销，彻底转变到社会主义市场经济条件下粮食购销全面放开、多种市场主体共同参与的多渠道经营，统一开放的粮食市场基本形成，市场配置粮食资源的基础性作用得以有效发挥。截至 2007 年底，甘肃省粮食经营单位 2256 个，其中：国有及国有控股企业 384 个，占 17%；非国有经营单位 1872 个，占 83%，1623 个粮食经营企业取得粮食收购资格。2008 年上半年，全省收购粮食 15.33 亿斤，同比增加 2.54 亿斤，增幅 19.8%，其中：国有粮食企业 7.64 亿斤，占 49.8%；非国有粮食企业 7.69 亿斤，占 50.2%。全省销售粮食 20.52 亿斤，同比减少 9.57 亿斤，减幅 31.8%，其中：国有粮食企业 8.30 亿斤，占 40.5%；非国有粮食

企业12.21亿斤，占59.5%。全省粮食商品周转库存18.80亿斤，同比减少7.69亿斤，减幅29%，其中：国有粮食企业14.39亿斤，占76.5%；非国有粮食企业4.41亿斤，占23.5%。以国有粮食企业为主，多种市场主体共同参与粮食流通的市场体系初步建立。

**（三）粮食储备体系基本建立，宏观调控手段进一步加强**

1990年以前，我国的粮食储备主要是战略储备。1990年10月，根据国务院国发〔1990〕44号文件精神，甘肃省政府成立国家专项粮食储备领导小组，并决定在搞好国家专项粮食储备收购的同时，建立省级粮食储备，以备灾年使用，逐步改变一遇灾害就单纯依靠国家救济的被动局面。1993年4月，甘肃省政府《关于加快粮食流通体制改革的通知》确定，从国家周转库存中划出一定规模的粮食作为省级粮食储备；同年7月，省政府决定将现有部分平价食用油库存划转为省级食用油储备，省级储备粮油由市县代管，费用由省上拨补。甘肃省粮食局要求，有库存的地方在5月底前一次划转完毕，库存不足的地方应在12月底全部划完。1994年12月，甘肃省粮食局下发《省级储备粮油管理办法》，对省级储备粮油的管理进行了规范。1994年经省政府同意，先后销售省级储备粮2.57亿斤，同时转入市场调节粮6800万斤后，当年年末省级粮食储备、储备油规模到1998年6月底一直未变。1998年6月，甘肃省政府《关于贯彻国务院关于进一步深化粮食流通体制改革的决定的实施意见》决定，省级储备粮按照储得进、调得动、用得上的要求和降低成本、减轻财政负担的原则，适当调整规模，合理调整布局，将目前过于分散的省级储备粮储存点主要集中到交通沿线的省、地储备库存放，县以下粮食企业原则上不再承担省级储备，但为充分利用现有仓储设施，基层粮库经资格审核后，可受粮食主管部门委托，代理省级粮食储备。由此调减了省级储备粮规模，储存单位进行适当集并，基本上达到除省、地粮食储备库外每县一个储存点的布局要求。2005年，甘肃省政府根据国务院“各省级人民政府必须按照‘产区保持三个月销量、销区保持六个月销量’的要求，建立地方粮食储备，没有达到国家规定规模的，要逐步充实和补充”的要求，在《甘肃省人民政府关于进一步深化粮食流通体制改革的意见》中明确规定，“各地应根据调控当地粮食市场需要，安排一定财力，建立市、县级粮食储备”。2007年，按照中央“两个防止”和“控总量、稳物价、调结构、促平衡”的总体要求，甘肃省政府决定，省级食用植物油储备在原有的基础上，再增加几百万斤。各市州政府认真落实全省粮食流通体制改革政策，积极建立市、县粮食储备，尤其是 2007 年以来，随着粮食价格恢复性上涨，省内商业周转粮库存下降，市县政府对建立市、县粮食储备的认识进一步提高，步伐进一步加快。截至 2008 年 10 月底，在原有省级粮食储备的基础上，14 个市州和部分县区已明确市、县粮食储备规模。增加的食用植物油储备已于 10 月初通过省粮油批发市场竞购成功，按计划要求陆续入库。2007 年 12 月，省政府召开省长办公会议，专题研究加强粮油、肉类储备供应问题。会后，甘肃省粮食局和各市州政府制定了成品粮特别是小包装面粉、大米、食用油储备的应急预案。天水市建立了食用油储备，嘉峪关市建立食用油和成品粮储备，兰州市确定建立 10 天成品粮油储备。全省已建立面粉、大米和食用油的成品粮储备，储备结构进一步完善，调控手段进一步加强。

**（四）深化国有粮食企业改革，转换企业经营机制，主渠道作用进一步发挥**

长期以来，国有粮食企业既承担粮食收购、储存、调运、加工、销售等经营性业务，又承担部分政府宏观调控的政策性职能，突破历史形成的政企不分的格局是深化国有粮食企业的重要任务。改革开放后，随着粮食流通体制改革的深入，国有粮食企业也历经承包经营、三项制度改革等多次改革，但是，由于体制机制的问题，仍然没有摆脱“大锅饭”的模式，经营管理落后、政企职能交叉、人浮于事、经营机制不活、成本费用较高等问题依然存在，受国家粮食流通政策制约，企业经营自主权没有完全放开。国家政策因素和企业自身因素的双重影响，导致经营亏损，亏损挂账剧增，超过了财政承受能力，到了非改不可、不改不行，刻不容缓的时候。按照国务院要求，1995 年，主附营业务分离，非粮食购销企业退出政策性经营；1998 年，国有粮食购销企业实施减员分流；2004 年，以产权制度改革和职工身份置换为核心的国有粮食购销企业改革全面开始。甘肃省国有粮食企业改革值得一提的是，省粮食局直属企业改革迈出了关键性的一步，为全省国有粮食企业改革带了个好头，奠定了基础。2001 年，根据省政府办公厅转发省计委等五部门《关于省粮食局直属企业改革指导意见》要求，对原有 11 个直属公司按业务性质进行划分，分粮食购销企业与非购销企业两类，因企施策、分类指导。对粮食购销类企业采取改革与调整相结合，按照重组联合的方式进行改革，公司与库站相结合重组了三个总公司，新企业按照业务量重新核定用工编制，定岗定员，分流安置富余人员；对非粮食购销企业采取改制、关闭和解散的方式，长期亏损，扭亏无望的粮油运输公司和甘肃饲料厂，1户关闭解散，1户实施兼并，妥善安置了职工；两户商贸企业合并改制为省粮油批发市场下属的经济实体。省级行政性公司原行政职能全部划归省粮食局机关处室，促进其加快转变职能，全部成为经济实体。2006年，甘肃省国有粮食企业改革全面展开，调整布局，明晰产权，解决“三老”问题。省财政认定1998年6月至2003年底发生的政策性亏损24.16亿元，扣除已预拨的1亿元，实际挂账23.16亿元。连同1992年4月至1998年5月发生的财务挂账共38.52亿元，从企业实行剥离，统一到县级粮食行政集中管理。5亿斤高价位库存粮食，由省财政给予一次性核定价差补贴，交企业包干销售。多方筹措资金51783万元，妥善安置分流职工32783人，占原有职工人数35519人的92.3%，其中：转换身份职工26278人，内退职工3237人，退休2146人，其他减员1122人。全省共安置职工20449人，其中：改制后的国有独资、控股和参股企业，根据企业经营发展需要，通过公开选聘，竞争上岗，安置职工8315人，社会其他企业安置1908人，政府公益性岗位安置122人，自谋职业4721人，企业“三老”包袱得到妥善解决。全省1028户国有粮食企业，改制983户，占改制前企业总数的95.62%，其中：保留的国有独资、国有控股企业167户；合并重组、兼并、破产、租赁经营、承包经营、出售拍卖等方式改制816户。

### （五）加快粮食法制建设，依法监管社会粮食流通

1. 粮食立法稳步推进。随着粮食流通体制改革的深入和粮食购销市场化步伐的加快，粮食行政管理部门的职责由管理国有粮食企业向管理全社会粮食市场转变，依法监管社会粮食流通，维护正常的流通秩序。为此，依照国家法律规定，兰州市粮食局在深入调研的基础上，研究起草了《兰州市粮食流通管理办法》。2002年8月，经兰州市政府研究通过后，以市长令公布实施，赋予了粮食行政管理部门负责本辖区社会粮食流通管理的职责，对技术监督、工商、税务、物价、卫生等部门，在各自职责范围内配合粮食行政主管部门做好粮食流通管理工作进行了明确；对粮食经营者从事收购、销售、储运加工等经营活动应具备的条件和经营过程中应当遵守的规定进行了规范；对粮食行政执法人员、粮食经营者违规行为应负的法律责任作了详细规

定。该办法成为甘肃省范围内第一个粮食流通管理的政府规章，为兰州市粮食行政管理部门依法监管全社会粮食流通，提供了法律依据，也为全国粮食法制建设作了积极的探索，执法实践为全省乃至全国粮食行政管理部门依法管粮积累了经验。2006年，根据《粮食流通管理条例》的规定，兰州市粮食局对《兰州市粮食流通管理办法》作了进一步修订，报经市政府常务会议讨论通过后再次以市长令公布实施。2008年，根据近两年的实施情况，组织有关专家起草了《兰州市粮食流通监督管理条例（草案）》，上报市人大常委会立法，目前已通过市人大一、二审，下一步将报省人大常委会审核批准。2006年底，为加强和规范地方储备粮管理，确保地方储备粮油库存真实、质量可靠，在必要时调得动、用得上，甘肃省粮食局上报省政府法制部门，把《甘肃省地方储备粮管理办法》列入2008年立法规划，修订完善后，以政府规章颁布实施；同时，把《甘肃省储备粮管理条例》列入省人大立法规划，正在积极做好立法调研和草案起草工作。

2. 依法行政，粮食流通监督管理进一步规范。2004年5月26日，国务院正式公布实施了《粮食流通管理条例》。作为我国规范粮食流通全过程的行政法规，条例的颁布实施为全国粮食行政管理部门依法执政提供了法律依据，标志着粮食流通管理工作正式步入法制化轨道。甘肃省各级粮食行政管理部门，按照《国务院关于进一步深化粮食流通改革的意见》、《国务院关于完善粮食流通体制改革政策措施的意见》的要求，加快职能转变，切实履行依法监管粮食流通的职责。一是按照国家粮食局的统一部署，甘肃省粮食局连续四年在全省开展了《条例》宣传活动，面向粮食经营者和社会群众宣传普及《条例》内容和依法行政的相关法律，增强了粮食经营者履行义务的自觉性和维护权益的主动性，提高了社会群众依法维护自身合法权益，主动参与粮食流通社会监督的意识，营造了安全、放心的粮食消费环境。二是加快执法队伍建设，联合省政府法制办对省、市、县三级粮食行政管理部门的执法人员和执法监督人员，进行了公共法律和专业法规的系统培训，638名执法人员和执法监督人员通过考核，取得了政府法制部门颁发的执法证和执法监督证。积极向当地政府汇报，争取支持，落实执法编制、人员和经费，组建执法队伍。全省7个市州和47个县区经编制部门批准，3个市和18个县区经内部调整，成立了粮食监督检查股和稽查队。三是建立完善相关配套规章和制度。2005年，经省政府同意印发了《甘肃省粮食收购资格审核管理暂行办法》和《甘肃省粮食市场监督检查暂行办法》。省粮食局制定了行政许可内部监督检查、集中审理行政许可事项、行政许可过错责任追究三个内部管理制度；向市县粮食行政管理部门印发了《粮食监督检查和处罚文书参考表式》；2006年后，陆续制定了《甘肃省粮食流通监督检查人员行政执法行为规范》、《甘肃省粮食流通行政处罚办法（试行）》、《甘肃省粮食流通监督检查工作程序（试行）》、《甘肃省粮食流通监督检查行政处罚文书（试行）》等行业规范性文件，报省政府法制办备案后实施；会同省发改委印发了《甘肃省粮食经营者最低和最高库存量标准规定》。这些规章、规范性文件、内部管理制度的制定实施，规范了全省粮食行政管理部门的执法行为、执法程序，细化了行政处罚的力度，切实做到了有法必依、违法必究、执法必严、处罚适度，树立了文明执法、公正执法的良好形象。兰州市粮食局、平凉市崆峒区粮食局被国家粮食局命名为全国粮食依法行政示范单位。

**（六）坚持发展抓项目，粮食产业化发展初见成效**

1993年，甘肃省放开粮食销价和经营、进入向社会主义市场经济过渡新阶段之后，国有粮食企业积极适应市场竞争和生存挑战，按照“立足粮食求生存，跳出粮食求发展”的思路，大力转换企业经营机制，开拓新的发展经营项目。到1996年，全省粮食企业多种经营已逐步形成了以种植、养殖、餐饮服务、粮油加工、粮油贸易、跨行业经营六大类项目为主导的经营格局，共有多种经营从业人员15203人，形成固定资产2.05亿元，当年多种经营实现利润3856万元。

2004年把“保护广大种粮农民利益，确保国家粮食安全”作为近几年粮食流通体制改革的出发点和落脚点。粮食产业化龙头企业，是加快粮食产业化发展、提高粮食转化增值能力、引导和带动种粮农民增收的重要力量。根据《国务院关于完善粮食流通体制改革政策措施的意见》中“积极培育粮食产业化龙头企业，加快以粮食购销、加工企业为龙头的粮食产业化体系建设，鼓励和发展粮食订单生产、订单收购，引导企业与农民建立利益共享、分险共担的合作机制。加大对国有粮食企业、大型粮食加工企业和其他多元化龙头企业的扶持力度，支持企业发展粮食精深加工，延长产业链，增加产品附加值。对以粮油为主要原料的加工企业，特别是龙头企业，各级人民政府要给予重点扶持”的精神和国家发改委、财政部等有关部委出台的支持粮食产业化龙头企业发展的相关政策。甘肃省国有粮食企业以经济利益为纽带，采取跨地域、跨所有制、跨行业等不同类型的联合方式，大抓有利于增加盈利、增强发展后劲的优势项目，仅“十五”期间，开发各类项目 98 个，总投资 7.66 亿元，其中引进外资和社会资金 2 亿元。2007 年，把发展粮食产业化经营作为增强行业发展实力的抓手，建成和启动了 42 个粮油精深加工、粮食物流和跨行业经营项目。目前，已连续建设 5 年的省级储备粮库项目累计新扩建大型房式仓 24956 万斤；陇南市奶花芸豆项目 1 年出口创汇 500 多万美元；以新的运营机制建成的景泰金源面业公司、平凉云翔面业公司等粮油加工企业，已成为保证大中城市供应的稳定器；省粮油储运公司所属天源房地产开发公司开发商品房面积 15 万平方米，总投资近 5 亿元；省粮油批发市场在完成服务功能改造提升的基础上，经国家粮食局和省政府共同批准组建“兰州国家粮食交易中心”。粮食产业化经营和项目建设，为粮食行业的发展不断注入了新的活力。

## 二、30 年改革的回顾和感悟

改革开放 30 年来，粮食流通从统购统销到购销市场全面放开，从政府统一定价到粮食价格由市场形成，从政企合一到政企分开，从国有粮食企业独家经营到多种市场主体共同参与、多渠道经营，粮食流通体制改革围绕发展粮食生产、搞活粮食流通、保障军需民食、确保国家粮食安全，逐步深入，稳步推进，最终实现了市场化，取得了显著成果。回顾 30 年改革的历程，我们深切地感悟到：

### （一）坚持改革开放，走市场化道路是粮食流通体制改革必须坚持的方向

遵循市场经济的基本规律，要充分发挥市场配置资源的基础性作用，就必须坚持粮食购销市场化的改革方向，广泛调动国有及国有控股企业、民营企业和其他多种市场主体，在粮食流通和加工转化方面的积极性，以流通带动粮食生产，以生产促进粮食流通，引导粮食生产，完善市场形成粮食价格的机制，通过市场调节和政府直接补贴，使粮食价格更贴近粮食价值，使种粮农民真正受益，实现粮食生产、流通、消费的可持续发展。

**（二）加强宏观调控，平衡供需，稳定价格，是确保国民经济又好又快发展的必要手段**

粮食是国民经济重要基础物资，粮食价格和物价总水平密切相关。与发达国家相比，我国农业基础还比较薄弱，人口众多，粮食生产和粮食消费的矛盾仍然比较突出，粮食流通体系尚不完善，要维持粮食供需平衡、基本稳定粮食价格，就必须加强宏观调控，充分发挥粮食储备的蓄水池作用，适时适度吞吐调节，平衡供需、稳定价格，保证国民经济又好又快发展。

**（三）稳定和发展粮食生产，促进农民增收，调动农民种粮积极性，是落实粮食行政首长负责制，确保国家粮食安全的重要基础**

粮食、金融和能源是当今世界共同关注的重要话题。2007 年以来，国际粮价大幅波动，对世界粮食安全构成严重威胁。党和国家非常重视粮食安全，党的十七大指出要“加大支农惠农政策力度，严格保护耕地，增加农业投入，促进农业科技进步，增强农业综合生产能力，确保国家粮食安全”。因此，各级政府必须加强农业的基础地位，重视和发展粮食生产，总结完善包括直补粮农在内的支农惠农的政策措施，加大对种粮农民的补贴力度，使有限的粮食直补资金真正用到粮食生产上，切实调动种粮农民的积极性，提高粮食自给保障能力，做到“手中有粮，心中不慌”，把粮食行政首长负责制落到实处，确保国家粮食安全。

**（四）培育龙头企业，促进粮食产业化经营是发展粮食流通产业化的必由之路**

我国粮食产业化发展刚刚起步，产业化水平还比较低。发展现代农业，实现粮食产业化，必须发挥粮食产业龙头企业的骨干带头作用，建立以工促农、以城带乡的长效机制，引导种粮农民与产业化龙头企业合作，建设粮食产业化基地，实现规模化生产，降低生产成本，提高产品质量，增加种粮农民收益，走中国特色农业现代化道路，形成城乡经济社会发展一体化新格局。

**（五）深化国有粮食企业产权制度改革，完善法人治理结构是转换企业经营机制，提高企业竞争能力的长期任务**

2004 年以来，国有粮食企业改革已经取得阶段性成果，困扰企业发展的“三老”历史包袱基本得到解决。但是，产权结构不合理，法人治理结构不完善，企业小而散，竞争能力不强的问题依然存在。国有粮食企业必须以产权结构调整为核心进一步深化改革，不断完善现代产权制度和现代企业制度，彻底转换经营机制，与种粮农民、粮食加工企业、科研院所联合，发展粮食企业集团，做大做强，才能在粮食产业化、粮食流通、农民增收、应急保障等方面更好地发挥主渠道作用。

**（六）转变粮食行政部门管理职能，加快粮食立法，指导、协调、服务，依法监管社会粮食流通是粮食行政管理部门的重要职责**

《粮食流通管理条例》、《中央储备粮管理条例》颁布实施后，粮食行政管理部门在依法监管粮食市场，指导、协调、服务粮食流通方面取得了较好的效果，积累了一定经验。但是，与建设法治政府、责任政府、服务政府的要求还有一定的差距，多头管理、监管不到位、服务滞后的问题仍然比较突出，职能转变还没有完全到位。要在总结近几年依法行政经验、深入调研存在的问题基础上，加快粮食立法进程，研究有效监管粮食流通全过程的方法和措施，理顺社会管理职能，把涉及广大人民群众身体健康的粮食及其制品的生产、流通和质量、卫生切实管好，让粮食生产者和经营者得到合理的回报，让消费者吃的放心。同时，各级粮食行政管理部门要完善粮食信息系统，及时收集粮食收购、储存、加工、销售和价格信息，定期发布，正确引导粮食生产、流通和消费，促进粮食价格形成机制进一步完善，使市场调节粮食供需的作用有效发挥，逐步建立生产稳定、流通有序、调控得当、价格基本稳定的粮食流通新秩序。营造诚信经营、放心消费的新环境。

## 三、进一步深化粮食流通体制改革的建议

2004 年以来的粮食流通体制改革，在粮食市场化进程、流通管理、宏观调控、国企改革、产业化发展、应急保障等方面取得了较好的效果，但是，粮食流通体制改革的任务还很艰巨，就甘肃省而言，稳定粮食生产的政策措施需要进一步完善，地方粮食储备体系和粮食宏观调控需要进一步加强，粮食行政管理部门的职能转变尚未完全到位，国有粮食企业改革需要进一步深化、经营机制还不能完全适应发展的需要，粮食产业化和龙头企业发

展刚刚起步。为了认真贯彻落实好党的十七大、十七届三中全会精神和中央经济工作会议、中央农村工作会议要求，进一步深化粮食流通体制改革，根据甘肃省实际，提出以下建议：

**（一）进一步完善直补粮农的政策**

目前，粮食价格得到恢复性增长，对促进粮食生产、增加种粮农民收入起到了积极作用。但是，相对于其他农产品，粮食价格尚未真正体现其价值，稳定粮食生产的基础仍然比较薄弱。应进一步完善粮食直补政策，按农民交售的商品粮数量计算直补资金，把有限的粮食风险资金真正用到稳定粮食生产上，通过市场调节和政府补贴，使粮食价格贴近其价值，切实保护种粮农民的积极性。省级政府可根据本省实际，规划粮食生产基地，结合粮食产业化发展和粮食生产基地建设，鼓励粮食产业化龙头企业与生产基地的种粮农民发展订单粮食，从直补资金拿出一部分对完成的订单粮食给予重点补贴，促进粮食产业化基地建设，稳定粮食面积，提高粮食产量和质量，使产业化基地的种粮农民从粮食生产中真正受益，提高种粮农民的积极性和本地区粮食自给保障能力，把确保国家粮食安全落到实处。

**（二）提高粮食行政管理部门行业指导能力和服务水平**

粮食行政管理部门在依法监管粮食市场的同时，应抓紧建立和完善粮食流通信息监测体系，及时收集本行政区域内粮食生产、储存、销售信息和价格信息，积极探索建立省间粮食信息交流机制，通过信息的收集、整理、分析和发布，有效发挥信息在引导粮食生产、促进粮食流通方面的积极作用，更好地指导和服务粮食生产和流通。

**（三）进一步完善粮食宏观调控手段**

完善储备粮油的轮换机制和最低收购价粮的收储机制，充分发挥储备粮油调节供需的蓄水池作用。储备粮油的轮换应根据市场供需和价格变化，安排计划，调节供需，稳定价格。最低收购价粮食的收购和储存应考虑粮食产销区之间的购销协作关系，协调好产区和销区的利益，把最低收购价粮收购和储存计划落实到省，切实做到收得进、调得动、销得出，促进省间粮食流通，维护市场稳定。

### （四）进一步深化国有粮食企业改革，促进企业发展

研究制定支持国有粮食企业跨区域、跨所有制强强联合的具体办法和政策，鼓励引导国有粮食企业进一步优化产权结构，延长产业链条，培育发展粮食产业集团，做大做强国有粮食企业，发挥国有粮食企业在促进粮食流通、保障国家粮食安全方面的主渠道作用。进一步研究支持和扶持粮食产业化龙头企业的政策措施，落实扶持资金，加快产能改造和技术创新步伐，提高粮食及其副产品综合利用和转化升值能力，发挥产业化龙头企业在引导粮食生产、增加农民收入、提高粮食资源利用方面的积极作用。

（作者：甘肃省粮食局）

# 新疆维吾尔自治区粮食流通体制改革回顾与启示

新疆维吾尔自治区（以下简称新疆）是一个远离内地、经济区域相对独立的少数民族省区，地处保卫西北边疆和反分裂斗争的第一线，始终确保粮食安全，对新疆具有特殊重要的意义。改革开放30年来，新疆粮食流通体制改革同全国一样取得了辉煌的成就。新疆的特殊地理位置和区情决定了它的改革既与全国步调相同，又有鲜明的地方特色。回顾30年改革历程，我们无比自豪，展望粮食流通的未来，我们信心倍增。

## 一、曲折前进的改革之路

### （一）放宽粮油购销政策，实行平价、议价双轨制（1979~1992年）

党的十一届三中全会后，新疆认真贯彻落实全会精神，在粮食流通领域采取了一系列政策措施：

1. 提高粮食收购价格。从1979年4月1日起，全区小麦、玉米、稻谷价格每公斤提高至0.338、0.298、0.226元，分别比1978年上调25.19%、23.10%、22.82%；小麦、稻谷、豆类超购加价幅度由原来的30%提高到60%，其他粮食由20%提高到40%。1985年合同定购价，按70%超购价、30%统购价计算，小麦超购价在统购价基础上加60%，其他品种加50%计算。1988年，除了提高合同定购价外，对县、农业师完成小麦合同定购任务90%后，余下的10%，每收购1公斤增发8分钱的“丰歉调节”款；农民和农业团场完成任务后，每交售1公斤小麦在国家定价基础上加价8分钱。1990年，新疆小麦收购保护价在国家定价基础上上浮10%，为每公斤0.62元；代国家收购的专项储备小麦价格是保护价的129%。至1992年，小麦、稻谷、玉米收购价格每公斤分别为 0.652、0.718、0.416 元，是 1978 年的 241%、160%、226%。

2. 减少征购，增加统销。1979 年，全区粮食征购一定五年基数由 61.5 万吨降为 42.1 万吨，降幅 31.6%；将原由农业队向牧业队调剂的 3700 万公斤粮食改由国家购销。1980 年，粮食起征点由 150 公斤提高至 170 公斤，缺粮队统销标准由 150 公斤提高至 160 公斤；减少吐鲁番地区种葡萄农民、石河子市甜菜生产者的粮食征购任务。1984 年再次提高缺粮队统销标准，南疆增至 170 公斤、北疆增至 180 公斤。

1985 年，由于粮食宽裕，根据国家安排将统购改为合同定购，定购品种减至小麦、稻谷、玉米三个。1986 年为增加农民收入，新疆定购任务由 140 万吨减至 130 万吨，并购进 15 万吨议价粮转入平价粮渠道。1990 年合同定购改为国家定购。

3. 开放粮油集贸市场，开展粮油议购议销。从 1979 年起，允许农民将剩余的粮油在集市出售，或以协议价格售给粮食部门。这是自 1957 年新疆实行粮食统购统销以来首次开放粮油集贸市场。1983 年新粮上市起，允许粮油多渠道经营。1988 年小麦登场后，内地 18 个省市在新疆以高于国家定价 30%~50%的价格抢购小麦，严重影响新疆小麦收购。为此，从 7 月 26 日起议价粮油外运由自治区粮食局签发“出疆证”。1990 年新疆粮多价落，新疆允许议价粮食自由出疆。

4. 不同寻常的粮食调拨。为了使农民休养生息和加强战备，新疆从 1978~1983 年平均每年调入粮食 16 万吨。1986 年，为了解决粮食过多问题，国家根据新疆要求紧急调出 50 万吨小麦，并每公斤补贴 0.20 元调拨费用。

5. 实施粮食收购“三挂钩”和粮食购销调包干政策。1987 年对合同定购粮食实行“三挂钩”政策，即按任务发放预购定金，按交售量供应平价化肥、柴油。1987~1992 年新疆对各地州市实行粮食购销调包干政策。

1979~1992 年，新疆通过适时调整购销政策和提高粮食价格，促进了粮食增产和农民增收，全区供求由紧缺转为富裕，市场供应品种增多、价格基本稳定。

### （二）初次粮食流通体制改革，放开粮油购销（1993~1997 年）

1993 年 3 月 3 日，新疆人民政府发出《关于新疆维吾尔自治区 1993 年粮食流通体制改革方案的通知》，规定从当年 4 月 1 日起，新疆在粮油阶段性过剩的情况下，放开粮油销售价格和经营，停止使用粮票和粮食供应证；粮食收购实行“保六放四”，即以1992年的132万吨定购任务为基础，60%继续实行国家定购，40%由多渠道经营、价格随行就市；同时，取消粮食计划调拨，设立6000万元粮食风险调节基金，给国家机关、企事业单位职工、离退休人员、优抚救济对象每人每月补贴9元、给民办教师、大中专院校学生每人每月补贴5元。从此，新疆进入了1957年以来粮油购销市场化的探索阶段，自治区针对粮食供求情况的变化采取了相应的政策措施。

1. 采取多项措施保护农民利益。粮食放开后，为解决产区农民卖粮难、粮食企业储粮难问题，1993年自治区以定购价为保护价，对主产区的粮食和非主产区“放四”部分的小麦按保护价收购，对执行保护价发生的差价予以补贴。同时，安排超储存粮食50万吨。

1997年，全区连年大丰收，市场粮价较低，为了保护农民利益，国有粮食企业按定购价敞开收购粮食，紧急安排从产区调出粮食；在收储企业露天存粮爆满后，又租用社会闲置仓库存粮和由生产者有偿代国家储粮，还多渠道安排资金建仓；分别增加中央专储和地方储备玉米规模，对玉米销售给予补贴、对出口玉米的中间费予以适当减免。至1997年末，小麦、稻谷、玉米收购价每公斤分别为1.52元、1.50元、1.06元，分别是1992年的233%、209%、256%。

2. 安排粮食指令性调拨计划。鉴于销区无力承担远距离调粮运费，1993年9月至1994年6月新疆紧急安排粮食指令性调拨计划10万吨，每公斤补贴运费0.15元。

3. 对牧区口粮和饲料实行补贴。为解决粮食放开后牧民难以承担增加的支出问题，1993年11月起，新疆根据牧区不同经济状况，分类给予口粮和饲料补贴。其中，塔什库尔干县为特殊补助县，每年100万元；民丰等14个县为重点补助县、布尔津等14个县为一般补助县，每年每个牧民分别补贴60元和36元，计980.45万元和519.54万元。

4. 稳定军粮供应。粮食销售放开后，新疆对军粮供应仍执行统销价，不加价，军粮供应差价由地方财政部门实报实销；面粉供应由标准粉改为特二粉，并取消粗粮供应；军队对外经营的宾馆、招待所及医院的本单位军人和接待、治疗军人所需粮、油、豆，仍按军粮供应办法供应；各地、州、市粮食局军供机构不撤销、军供行政管理人员的工资和费用列入行政开支。

5. 企业面临困难，发展多种经营。放开后，市场竞争激烈，国有粮食企业1993年年平均每公斤标准粉销售价1.00元，低于规定价格0.25~0.30元，当年企业亏损挂账增加3亿元。企业普遍开展精简机构、人员工作，层层实行承包，并对城镇粮店进行国有民营试点，同时大力发展种植、养殖、商店、宾馆等多种经营业务，新疆人民政府专项安排粮食多种经营周转资金1亿元，由自治区粮食局掌握放贷。

1997年，新疆粮价较高，导致区外面粉以平均每公斤低0.05元的价格大量进入乌鲁木齐市等主销区。国有粮食企业面粉销量大减、销价无法达到挂牌价格，企业又一次出现经营困难、亏损增加的局面，促使企业积极开拓城乡市场，大力开展多种经营业务。

6. 出台“以棉补粮”政策。1994年6月新疆大幅度提高粮食购销价格，考虑到新疆是少数民族地区、经济不发达、居民承受能力弱，自治区安排的面粉销售价格每公斤比国家定价低8.7%~16.2%，为此自治区实施了“以棉补粮”政策，即将少提的棉花收购价款补贴到粮食销售上。

从1995年6月1日起，新疆对农民交售的定购任务以内的粮食，在国家定购价基础上进行价外补贴，标准为：每公斤小麦0.40元、玉米0.40元、大米0.60元。

从1996年6月1日起又大幅度提高粮食购销价格，新疆对低收入居民的口粮仍按调整前价格执行，其差价通过补贴解决；对牧民口粮按城镇居民口粮供应办法执行；对部分贫困牧民的口粮继续给予补贴，至1997年3月末取消。

7. 恢复粮油指令性计划。由于1994年出现粮食生产减少、销售激增、购销逆差等情况，1995年5月26日新疆人民政府发出《关于深化粮食、棉花、化肥购销体制改革的通知》，要点是：实行“米袋子”专员、州、市长负责制；确保完成粮食计划种植面积和产量；1995年度恢复132万吨粮食定购和食油收购计划，完不成任务的用议价粮油补上；定购粮调拨、销售必须控制在计划之内；以县团场为单位未完成任务前不放开粮油市场，销往自治区外的粮油实行归口管理和统一报批。

8. 实行粮食凭本限量供应办法。鉴于南疆各地出现粮食供应紧张、价格上涨等情况，从1994年11月起，南疆5地、州城镇实行粮食凭本限量供应办法，按国家定价销售的粮食，每人每月限购10公斤，隔月作废。之后不久，北疆各地普遍凭本限量供应。

9. 粮食部门实行两条线运行。1996 年初，粮食两条线运行机制在自治区实施，并对 1986 年 4 月 1 日至 1992 年 3 月 31 日前的财务挂账进行了处理。

10. 建立地方粮食储备制度。为加强粮食宏观调控，1996 年 3 月 24 日，新疆人民政府决定建立地方粮油储备制度，确定了储备粮和储备食油规模，同时将 1993 年度安排的超储粮转为临时储备粮。

在 1993~1997 年的粮油购销市场化探索中，粮食供求宽裕和紧张状况交替出现，改革在曲折中前进，其标志是：粮食销售已经放开，市场供应丰富而活跃；实行了“米袋子”专员、州、市长负责制，建立了粮食风险调节基金和地方粮油储备制度，探索了多种促进粮食供求平衡和社会稳定的粮食补贴方式，为以后改革奠定了基础，积累了经验。

**（三）深化粮食流通体制改革，逐步推进粮食购销市场化（1998~2008 年）**

1998 年 5 月 20~21 日，新疆人民政府召开全区粮食流通体制改革工作会议精神，研究部署改革工作。之后，发出了《关于进一步深化粮食流通体制改革的实施意见》，要点是：实行政府粮食行政管理职能与粮食企业经营分开，粮食企业深化改革转换经营机制，实施下岗分流和再就业工程，粮食主附营业务分开；合理划分自治区和地州市的粮食事权，全面落实专员、州、市长负责制；完善粮食储备体系，自治区储备粮与企业经营的周转粮实行分开管理。根据宏观调控需要，将储备粮逐步集中到自治区直属储备库，直属库的人、财、物由自治区粮食局管理；完善粮食价格形成机制；妥善解决 1992 年 3 月 31 日前的挂账余额和 1992 年 4 月 1 日至 1998 年 5 月 31 日的挂账问题。

1. 执行三项政策一项改革。1998 年新疆小麦收购分三个价区，一、二、三价区国家定购价每公斤 1.43、1.38、1.25 元，下浮 20%为保护价。全区定购任务内小麦执行定购价，任务外小麦按保护价敞开收购，同时购销企业严格执行顺价销售粮食和收购资金封闭运行政策，粮食企业改革也在积极推进。

2. 稳步推进粮食购销市场化。由于新疆粮食产大于销和国库存粮处于高位，1999 年起玉米退出保护价收购范围，并调整农业种植结构，对粮食购销企业库存玉米实行促销补贴，对销往区外的小麦给予铁路、公路运费补贴。2001 年，实行大米购销市场化，对库存政策性大米给予一次性补贴。2002 年，乌鲁木齐等六个销区地州市放开粮食市场，政策性老粮三年内消化并逐步递减补贴。1999~2002 年新疆确定的小麦收购价格维持在每公斤 1.20 元左右。2003 年自治区放开小麦收购，全面实现了粮食购销市场化，允许有资质的多元经营主体收购小麦，小麦收购价随行就市；对国有粮食购销企业实行新老财务划断、新老粮划断，对政策性老粮继续按规定给予补贴，2003 年以后新购的小麦由企业自负盈亏。2005 年对城镇低保人员每人每月发放粮食补贴 5 元，2007 年又增加到 15 元。

3. 率先实行粮食直补政策。为了保护种粮农民利益，2003 年小麦价格随行就市，受全国粮价低迷和有些地区国有购销企业贷款难的影响，小麦收购价格每公斤低至 1 元左右。为了保护农民利益，自治区在加强对小麦收购的指导和协调的同时，对伊犁等 6 个主产地州的 7.74 亿公斤原定购计划小麦进行直接补贴，标准为每公斤 0.10 元，补贴款由财政逐级预拨到基层，凡农民向国有粮食购销企业交售的小麦，由购粮企业在支付粮款时一起发放补贴款。这在全国是直补较早的省区之一。

2004 年起，在全区范围内敞开收购直补小麦，补贴额由每公斤 0.10 元增至 0.20 元，并对阿克苏、昌吉、伊犁三地州的 3840 万公斤直补计划收购的大米给予每公斤 0.30 元的补贴；补贴改由财政直接发放，直补收购的单位除了国有粮食购销企业外又增加了中储粮新疆分公司。为使农民和企业对售购小麦价格有所依据，当年 6 月，自治区发改委等部门发布小麦市场信息参考价每公斤 1.28 元，此价格在 2005~2007 年基本不变。2007 年除继续按收购量发放直补款外，还按种植面积每亩小麦给予 31 元的综合补贴；大米直补收购计划增加到 5000 万公斤。2007 年平均每公斤小麦收购价加直补、综合补贴的合计收入为 1.58 元，比 1997 年增加 0.06 元。2008 年，小麦、大米直补标准不变；自治区小麦信息参考价提高到每公斤 1.54 元，综合补贴提高到北疆每亩 94 元、南疆 97 元；大米直补收购，由部分地州按计划收购改为在全区范围内敞开收购。

4. 稳步推进国有粮食企业改革。从 1998~2001 年，购销企业着重进行主附营业务分开和富余人员下岗分流、再就业工作；粮油加工、零售、运输等非购销企业通过改制、重组、拍卖、破产等多种形式，逐步退出国有序列；清理和处理了 1992 年 4 月 1 日至 1998 年 5 月 31 日的挂账。2002 年、2003 年购销企业撤并网点、调整布局。2004~2008 年逐步解决“老粮、老人、老账”问题，加快购销企业改制进程，转换企业经营机制。截至 2007 年末，全区国有粮食企业减至 254 个，比 1998 年减少 66.7%，其中购销企业减至

118 个，减少 57.7%；企业职工减至 1 万余人，比 1998 年减少 3 万余人，减幅达 72%；政策性商品老粮已由 2003 年的 10.6 亿公斤减至 6.9 亿公斤；清查剥离了 1998 年 6 月 1 日至 2004 年 10 月末的粮食政策性亏损。

5. 粮食部门政企分开，行政管理部门机构、人员减少。从 1999 年起，各级粮食行政管理部门不再直接管理企业，2002 年全区国家行政机构改革后粮食行政机构、人员大幅减少，至 2007 年末，104 个地州市县级粮食局中保留 45 个、并入其他部门 59 个；粮食行政管理人员由 1543 人减至 827 人，减幅 46%。2004 年《粮食流通管理条例》赋予粮食行政部门新的职能后，一些地州市县级粮食行政机构、人员缺少的矛盾开始突出。

6. 不断完善粮食法规、政策。2004~2007 年，新疆人民政府先后印发《新疆维吾尔自治区地方储备粮管理办法》、《关于贯彻粮食流通管理条例的意见》、《关于印发新疆维吾尔自治区粮食应急预案的通知》、《关于贯彻落实国务院完善粮食流通体制改革政策措施意见的通知》，自治区粮食、财政等多个厅局印发了《新疆维吾尔自治区粮食流通统计制度》、转发《国家发改委等五部门〈关于印发进一步深化国有粮食购销企业改革的指导意见的通知〉的通知》、《关于印发自治区粮食购销企业政策性粮食财务挂账剥离办法的通知》。

1998~2008 年，粮食流通体制改革取得了突破性进展和决定性胜利，新体制已经诞生并在风浪考验中成长。

## 二、辉煌卓越的改革成就

粮食统购统销是计划经济体制中最核心的部分之一，粮食流通体制由计划向市场的转变，也是涉及面最广、难度最大的改革之一，尤其在以农业为主、经济发展相对滞后的边疆少数民族省区，能够稳步、有序、卓有成效地推进改革，并且初步建立起适应社会主义市场经济需要的新的粮食流通体制，这是了不起的成就。尽管还有许多不足，但是 30 年改革的成就和成功经验，已经成为进军成熟市场经济的坚实基础和可靠保证。

### （一）建立了粮食宏观调控体系，确保了新疆粮食安全

全区实行了粮食工作各级地方行政首长责任制、各有关部门分工负责制，加强了对粮食生产、流通的领导、决策和协调以及各项政策措施的组织实施；建立了自治区粮食风险基金和自治区、地州市、县三级地方粮食储备，并充分发挥了调控功能；建立了由政府领导、各有关部门、单位参与的自治区粮食应急供应体系，随时准备应对可能发生的粮食突发事件。在粮食市场化改革的进程中，始终保护农民利益、维护消费者权益、支持经营者发展，始终确保了新疆的粮食安全。

### （二）建立了粮食市场体系，发挥了市场配置资源的基础作用

全区建立了以新疆粮油批发市场为中心、乌鲁木齐各粮油专业市场、各区域批发市场为骨干、覆盖城乡的粮油农贸市场、超市粮油专柜、粮油零售门店为基础的批发、零售网络，连同国有粮食购销企业、各类经济性质的粮油加工企业，组成了较完整的粮食市场体系。实现了市场经营主体多元化、粮食价格市场化，粮食流通自由化，市场粮油品种丰富、价格基本稳定。实现了农民自由种植、出售粮油，经营者自由、有序经营粮油，消费者自由、方便选购粮油，满意度大大超过改革前。市场配置粮食资源的基础作用得到比较充分的发挥，促进了生产和流通的发展。2007 年，全区粮食种植面积 2068.5 万亩，产量达 867 万吨，在面积比 1978 年减少 40%的情况下产量增加了 134%。以昌吉回族自治州为典型的“放心粮油进社区、进农村”活动，正在全区广大城乡深入开展，企业采取连锁经营、批发配送、上门服务等形式，不断提高为民、便民、利民水平，标志着粮食流通服务新阶段的到来。

### （三）依法管粮的新型粮政管理模式开始形成

《粮食流通管理条例》的颁布和新疆相应配套政策措施的出台，各级粮食行政管理部门粮食监督检查机构的增设，以及对全社会粮食监督检查的开展和加强，不仅表明新疆已经初步建立起依法管粮的粮食市场化管理体制和机制，而且标志着粮食行政管理部门已经较好地履行《粮食流通管理条例》赋予的新职能，粮食行政管理已经和正在进入一个全新的阶段。

**（四）国有粮食购销企业转换机制，继续发挥主渠道作用**

国有粮食购销企业经过改革，大幅度减少了人员，搞活了内部管理机制，转换了经营机制，增强了企业活力。其中一批企业已经改制，创建了一批国有独资、国有控股和国有参股的有限责任公司，建立了内部法人治理结构，更是大大提高了市场竞争力。在国家和新疆政策的支持下，国有粮食购销企业继续发挥着主渠道作用，不仅社会效益良好，而且经济效益显著，2007 年收购粮食 196.1 万吨、销售 241.7 万吨，分别比 1978 年增加了 119%、241%；当年全区实现了盈利。

**（五）粮食仓储设施增加，现代物流体系建设开始起步**

截至 2007 年末，全区国有各类粮食仓库容量 445 万吨，比 1978 年增加 248 万吨。近年来，粮食现代物流体系建设开始起步，以乌鲁木齐、伊犁和阿克苏粮食配送中心为全区物流一级节点的三个项目，已经自治区批准上报国家发改委；喀什市国储库等企业在当地政府的支持下，抓住城市建设和旧城改造的时机，实施退城进郊工程，新建了一批高质量的新型仓库，提升了企业的竞争力；为加强粮食仓储设施建设，新疆从 2007 年起每年安排 2000 万元，用于粮食仓储设施建设和维修。2007 年支持项目 44 个。其中，建仓项目 12 个、物流项目 5 个、维修项目 27 个。此外，为服务“三农”，推广农户科学储粮，已投资 40 万元为南疆农民无偿提供储粮器具 1200 套。

**（六）粮食龙头企业崛起，产业化发展迅速**

30 年来，粮油加工企业快速升级换代，截至 2007 年，全区小麦粉日加工能力 100 吨以上企业 115 家，200 吨以上企业 44 家，400 吨以上企业 12 家。粮油加工量不断增加，2007 年全区小麦粉加工 455.42 万吨，食用植物油加工 321.26 万吨，分别是 1978 年的 10.3 倍和 238 倍。粮油产品质量大幅提升，全区共创自治区级名牌产品 11 个，其中国家级名牌产品 1 个；有国家和自治区级“放心粮油”产品品牌 59 个。

目前全区有涉粮类自治区级农业产业化龙头企业 31 个，带动了当地粮食产业化发展，形成了沿天山北坡小麦加工产业带，南疆阿克苏、喀什的棉籽油加工产业带以及伊犁、塔城特色粮油加工产业带。许多国有粮食购销企业依托城乡网点的优势，实行农村连锁经营，兴办粮油超市，开展“两代一换”，兑换品种日益增多，服务“三农”，活跃了农村经济，实现了企业赢利。

## 三、深刻难忘的改革启示

### （一）必须始终高度重视和抓好粮食安全

要始终坚持结合新疆区情贯彻落实中央的方针、政策，要始终依靠各级党政的正确领导和正确决策，始终发挥粮食行政管理部门的党政参谋、助手和粮改组织实施者的职能作用，要始终加强各部门的分工负责和协同配合作用。

鉴于粮食流通体制转轨时期粮食宏观调控的艰巨性、特殊性以及调控涉及多部门性，必须建立和健全粮食宏观调控的协调、咨情、决策、执行和监督机制，以进一步发挥宏观调控体系作用。制定和实施自治区粮食宏观调控近期和中长期总目标、达标措施，并分解到各地区和各相关部门，形成相应的分目标和具体措施，加强对目标实施和措施落实的监控、检查和通报力度，并以此作为考核粮食工作行政首长责任制和部门分工负责制的主要依据。

### （二）必须进一步发挥市场配置资源的基础作用

必须坚定不移地贯彻实施好《粮食流通管理条例》和各项改革政策，加快完成国有粮食企业改革任务，实现从计划主体到市场主体的转变，大力发展粮食经营多元主体，只有充分有序竞争的市场才能真正发挥市场配置资源的基础作用，因此必须确保粮食市场规范化、市场主体多元化、多元竞争公平化、粮食价格市场化，才能加快完成向成熟市场的过渡进程。

### （三）必须防止粮食生产的大起大落，确保粮食供求平衡

粮食生产的大起大落，已经经历了多次，危害之大刻骨铭心。粮食增长的刚性需求和新疆市场容量的局限性决定了粮食太多、太少都会造成问题。当前要使粮食生产稳定在规定的计划指标上，除了按照自治区确定的各地农业产业定位和布局来分配计划外，必须将粮食直补收购计划同生产计划挂起钩来，落实到基层，并列为对地方党政和领导人的政绩考核内容，加强督查通报和赏罚力度，使生产计划具有刚性和含金量；对农民而言，两个计划指

标分解体现为：同补贴挂钩的粮食生产配额和收购配额指标，成为具有足够含金量的硬任务，以此作为稳定粮食生产的基础。这必将有利于保持粮食供求平衡，防止大起大落。

**（四）必须确保粮食产区和农民的利益**

实践反复证明，新疆有足够的粮食生产能力，能够生产满足经济发展和人口增长需要的足够的粮食。确保稳定和发展粮食生产的关键在保护粮食产区和种粮农民的积极性。从新疆的实际情况出发，保护积极性既要确保农民种粮收入不低于其他农业作物的平均收入，又要确保产区因产粮而财政收入增加。这种保护机制要有稳定性和长效性。鉴于财力的有限性，不仅粮食优惠政策必须更多地向粮食主产区和种粮农民倾斜，而且在新农村和农田基本建设等政策上也要向他们倾斜。同时，还要在扩大农户种植规模、提高小麦产量、质量，增加加工升值收入等多方面努力。

**（五）理顺各级粮食储备体系关系，实现调控载体的统一协调**

实践证明，在市场经济条件下，当市场失灵、粮价剧烈波动时政府必须干预，而通过粮食调控载体同市场逆向吞吐粮食，是最有效的宏观调控手段。这种调控的前提是：在特定的市场只能有一个政府指挥调控，各调控载体必须绝对服从政府指挥。要理顺各级粮食储备体系关系，进一步强化粮食宏观调控手段。

**（六）继续推进改革，向成熟市场迈进**

当前新疆的粮食宏观调控还在摸索中前进，国有粮食购销企业的改革到了关键时刻，不思改革、不愿改革的问题在一些地方并未完全解决，改革不到位所带来的困难还存在。我们必须继续深化改革，进一步转变观念，转变职能，认真学习借鉴古今中外粮食市场化运作的经验和做法，总结新疆粮食市场化改革的实践经验，针对新疆地域辽阔、多民族聚居、经济基础比较薄弱的区情，建立粮食安全的长效机制，加强粮食法律、法规和政策研究，支持全国粮食立法，争取区域粮食立法，进一步完善区域法规和政策，推动依法行政、依法管粮迈向更高、更成熟阶段。

（作者：新疆维吾尔自治区粮食局　王逸民　陈天甲　杨振立）

# 上海市粮食流通体制改革历程回顾

民以食为天，粮食问题一直是党中央、国务院以及各地政府关注的头等大事。上海作为我国特大型城市和粮食主销区之一，粮食自给率十分低，在长期的计划经济年代，粮食产需、供求矛盾尤为突出，上海市委、市政府历来非常重视粮食工作，对粮食流通体制改革一直十分重视。在改革开放 30 周年之际，本文简单回顾一下上海粮食流通体制改革走过的历程。

## 一、计划经济下的模式：改革开放前上海市粮食流通基本情况

新中国成立初期，中国人民解放军上海市军管会接管国民党“上海市粮食紧急购储会”及其存粮，并开始对粮食市场进行管理。由于长期战争，百废待兴，上海粮食市场依然是延续了过去的格局，实行粮食自由购销。当时，由于粮食供求矛盾十分尖锐，而且不法粮商投机活动猖獗，粮食价格剧烈波动，并推动物价大幅上涨，给人民生活和社会稳定造成极大的威胁。该时期，政府主要通过经济和行政相结合的措施，保护合法经营，打击投机操纵，并成功平抑了 4 次粮价大波动。

在 1949~1952 年这一时期，国家为保证粮食供应，稳定粮食市场和价格，采取的主要措施是加强粮食征购，加强对粮食市场的管理，取缔投机活动，成立了中国粮食公司，各地成立分公司（上海成立上海粮食市公司、上海市粮食零售公司），在全国范围内统一调配粮食。截至 1953 年底，在上海粮食市场上国营、公私合营等五种经济成分并存，国营粮食企业逐渐取得了粮食流通的主导地位。尽管国营粮食企业取得了对粮食流通的主渠道地位，但粮食短缺的局面依然没有得到解决，粮食市场依然处于剧烈的波动状态，已严重影响到社会安定。

1953 年 10 月，中共中央作出《关于实行粮食计划收购与计划供应的决议》，同年 11 月，政务院作出《关于实行粮食计划收购和计划供应的命令》，标志着我国传统粮食流通体制开始构建，其核心就是统购统销。1954 年 1 月，上海市执行国家粮食政策，开始全面实行粮食统购统销，并于同年 4 月撤销上海市粮食公司、上海市粮食零售公司，成立上海市人民政府粮食局（1955 年改为上海市粮食局），负责全市城乡粮食收购、供应和储运管理；同时关闭粮油交易市场，禁止粮油私营，实行凭证购粮，计划经济体制开始实行。

在随后的几十年中，粮食流通政策虽经过多次调整变化，但基本上仍是沿袭了传统的计划经济经营模式和管理体制，粮食流通基本上由国有粮食企业独家垄断，粮食购销价格由国家制定。由于计划经济在某种意义上也就是短缺经济，而粮食又是一种商品，是在国计民生中占有特殊地位的重要商品。因此，在粮食短缺、供求矛盾突出的情况下，根据我国的国情、粮情实行这个粮食流通模式，是将极其有限的资源进行了较好的配置，保障了我国社会的稳定和国民经济的发展。

## 二、计划向市场的渐变：1978~1998 年上海粮食流通体制改革基本情况

1978 年 12 月，中央召开十一届三中全会，揭开了我国经济体制改革的序幕。随着经济的发展和市场环境的变化，传统的粮食流通体制暴露出很多弊端和问题，不能适应社会主义市场经济的要求，也无法适应国民经济发展的要求。粮食流通体制须不断改革、不断深化。

从 1978 年 12 月开始，中央明确提出在完成粮食定购任务后，允许粮食进行集市贸易和议价经营。1978~1984 年，粮食部门主要是按照国家规定，调整价格政策，逐步搞活粮食流通。这一时期的理论背景是“计划经济为主、市场调节为辅”。上海认真执行国家政策，并结合上海实际，采取了一系列的变革调整措施，具体出台了新的粮食、油菜籽的统购价格和加价幅度，从 1979 年夏粮上市起，粮食统购价格提高 20%，并把超购加价幅度改为按新统购价加 50%；发展农贸集市，至年底，全市城乡农贸集市有 328

个。1980 年 1 月，上海郊区（县）粮食部门恢复农村粮油议价收购。2 月份，设立上海市议价粮油经营部，统一经营议购议销业务。1982 年 4 月起，执行中央下达的粮食购销、调拨一定三年的计划，并于次年展开具体实施。包干制度实行后，地方有了一定的粮权，有利于调整种植业结构，调动农民种粮积极性。1984 年下半年起，行业用油退出平价计划渠道，改为议价销售。

1985 年 1 月 1 日起，国家出台了《中共中央国务院关于进一步活跃农村经济的十项政策》，开始对粮食流通体制进行改革。主要是取消了统购、派购制度，采取合同定购和议价定购的“双轨制”，与此相应的合同定购的计划价格与议价收购的随行就市的粮食政策。按照中央文件的精神，上海从 1985 年起，取消粮食统购改为合同定购，定购以外的余粮由农民自由上市。上海还出台了一系列的配套措施，对合同定购的粮食实行优惠政策，如从乡镇企业税收中提取资金，实行以工补农，还适当调减农民合同定购任务，调减的粮食作为代市“议转平”收购，以增加农民的收入。粮食销售向市场调节方向发展：1985 年由国家供应的农村统销口粮、补助粮、种子粮、饲料专用粮都由统销价改为按比例价供应。1987 年 1 月起，工业用粮全部由平价改为议价销售。1988 年 4 月起，执行国务院有关决定实行粮食定购、销售、调拨和财务包干一定三年（1988~1990 年）的制度。在粮食平议“双轨制”下，多渠道经营迅猛发展，社会上经营议价粮油的单位越来越多，出现了粮食系统外部多渠道、系统内部渠道多的局面。据 1990 年 8 月统计，全市议价粮油经营网店中，专营商店增加到 58 家，兼营粮店增加到 1028 家，粮食系统经营议价粮油的批发企业（含零兼批）已达 322 家。

1990 年国家规定，将合同定购改为国家定购，继续实行三挂钩政策。同年，根据《国务院关于建立国家粮食储备制度的决定》，上海市建立市、郊区（县）两级粮食储备制度。

1993 年 2 月 15 日，国务院下发《关于加快粮食流通体制改革的通知》，将粮食流通体制向粮食商品化、经营市场化推进，其主要内容是保留定购、管住批发、放开零售，并在继续维护国有粮食企业主渠道地位的前提下，进一步推进粮食市场的多渠道“流通”。从此，上海取消了使用 39 年的粮票和油票，在确保重点对象供应的前提下，粮食商品按市场价随行就市，敞开销售，同时随着粮食经营放开力度加大，上海的粮食交易市场得到了快速发展和提升。1993 年 4 月，上海第一家市级上海粮油商品综合交易市场开张，至1995年，全市共建成13家粮油商品交易市场（其中郊区有6家）；交易方式以现货批发为主，也进行零售，市场商品达1000多个品种，同时发挥信息公布作用。1993年6月30日，由国内贸易部和上海市人民政府联合组建的国家级首家粮油期货交易所——上海粮油商品交易所正式运行（后在1999年5月1日合并为上海期货交易所）。1993年11月起，全国粮价迅速上涨，国家又出台了一系列重大措施，加强对粮食市场的管理，粮食销售的主要品种价格由国家统一确定，实行粮食省长负责制。

1995年底，为了减轻财政负担，划清责任界限，国务院下发了《关于粮食部门深化改革实行两条线运行的通知》，其核心是要将粮食部门同时承担的政策性业务和商业性经营，在业务和核算上彻底分开。1997年，贯彻国务院有关精神，本市按保护价敞开收购议价粮。至此，与经济体制改革相适应，与全国粮食流通体制改革相一致，上海粮食流通体制经历了一场渐进的转变。

## 三、以“购销市场化”为取向：1998年以来上海粮食流通体制改革情况

1998年4月，中央对深化粮食流通体制改革作出了重大决定，国务院召开了全国粮食流通体制改革工作会议，颁布了《国务院关于进一步深化粮食流通体制改革的决定》。改革的基本原则是“四分开、一完善”，即实行政企分开、储备与经营分开、中央与地方责任分开、新老财务账目分开、完善粮食价格机制。同时，国务院发布了《粮食收购条例》，明确粮食收购由国有粮食收储企业独家收购，并明确：当前深化粮食流通体制改革的工作重点是贯彻“三项政策一项改革”，即坚决贯彻按保护价敞开收购农民余粮、国有粮食收储企业实行顺价销售、农业发展银行收购资金封闭运行三项政策，加快国有粮食企业自身改革，转换经营机制、提高市场竞争力。

根据国务院文件精神和国务院领导同志在全国粮食工作会议上的讲话要求，上海市政府于1998年8月20日召开“深化粮食流通体制改革工作会议”，拉开了本市进一步深化粮食流通体制改革的帷幕。根据“四分开、一完善”原则，以“三项政策一项改革”为重点，结合上海市实际，随后相继

发布了《上海市人民政府关于进一步深化粮食流通体制改革的通知》以及市政府办公厅制定的七个粮改配套文件，下发了上海市人民政府批转市计委等四个部门《关于进一步深化市郊区粮食流通体制改革意见的通知》。这一阶段，上海粮改分三个层次推进：一是市粮食局实行政企分开组建新的市粮食局；市粮食局直属企业按现代企业要求组建上海良友（集团）有限公司（以下简称“良友集团”），加快体制机制转换走向市场；二是郊区粮改，建立粮食工作行政首长负责制，从健全机制、完善配套政策和抓好组织落实三个方面采取有力措施推进，促进粮食种植业结构调整，进一步完善相关政策，使国有粮食购销企业真正建立起自主经营、自负盈亏的新机制，加快走向市场；三是市区粮油零售企业理顺资产关系，大力推进连锁经营、扩大经营规模。1999 年 6 月 1 日，上海市政府召开“推进郊区粮食流通体制改革工作会议”，郊区粮食流通体制改革全面启动。在市委市政府的领导下，上海市各级政府、有关部门精心部署、密切配合、狠抓落实、努力推进，取得了明显成效。

为贯彻落实 2000 年全国粮食生产和流通会议精神，促进农业和粮食生产结构调整，适应粮食市场变化，上海市从 2000 年夏粮上市起，小麦和油菜籽退出保护价收购范围并取消了定购和调市计划，允许用粮企业和粮食经营企业直接收购退出保护价的粮食品种，拓宽收购渠道、搞活粮食流通。

2000 年 12 月 12 日，根据国务院领导同志指示精神，国家计委召开浙江、江苏、上海、福建四省市粮食座谈会，研究部分粮食主销区先行粮食购销市场化改革问题。国务院领导同志在国家计委《四部委粮食流通体制改革座谈会情况简报》上批示：“浙江、福建、江苏、上海等粮食主销区提出的加快粮食购销市场化的改革思路体现了从实际出发的精神，也是符合粮食流通体制改革方向的。”2001 年 4 月 21 日，上海市政府召开专题会议研究上海市粮食购销市场化改革问题。2001 年 7 月 3 日，上海市政府向国务院提出《关于我市推进粮食购销市场化改革的请示》。2001 年 9 月 14 日，上海市政府制定出台《关于本市推进粮食购销市场化改革的意见》，9 月 18 日召开“上海市推进粮食购销市场化工作会议”，全面推进粮食购销市场化改革。一是取消粮食购销计划；二是放开粮食收购价格；三是放开粮食收购市场，鼓励符合一定条件的多种所有制经济主体按照国家有关规定，从事粮食收购；四是推动国有粮食购销企业加快走向市场，并按照国家规定，扩大地方储备粮规模，以增强政府对粮食市场的宏观调控能力。

从此，上海市粮食流通体制改革贯彻落实中央精神和国务院部署，结合上海市实际，一步一步地推进，一步一步地深化，实现了粮食流通体制由统购统销走向粮食购销市场化。

## 四、30 年来上海市粮食流通体制改革取得显著成效

### （一）实现政企分开，加快粮食企业经营机制转换

上海市粮食局在全国粮食系统率先政企分开，与原所管辖的直属企业在人、财、物等方面彻底脱钩。内设机构精简 50%，人员精简 71%，转换职能，抓好全市粮食流通行政管理，不参与粮食经营，不直接干预企业的自主经营活动。上海市粮食局作为市政府的职能部门，实现了职能转变，开始由传统的计划管理向依法管理转变，由直接管理向间接管理转变，由对粮食系统内管理向社会粮食流通行政管理转变，在法律法规范围内对相关业务进行规划、指导、服务，加强和改善调控。按照政府职能强化、弱化、转化的要求，坚持从特大型城市粮食工作实际出发，正确处理好政府与市场、政府与企业、政府与社会的关系，较好地适应了粮食购销市场化新形势。

原上海市粮食局直属企业 6 大公司 238 家独立核算企业和 15817 名职工组建了以资产为纽带的良友集团。公司组建以来，按照现代企业制度要求，加大改革力度，理顺管理体制，通过清产核资、盘活资产存量、企业改制重组、减员分流、转换经营机制、依靠科技进步、调整产业结构、调整产品结构、增强企业核心竞争力。经过十年努力，集团经济实力大幅提升，从年销售收入 36 亿元上升到 106 亿元，开始时年利润亏损 9000 万元到盈利 7600 万元，净资产从 35 亿元，经过消化处置不良资产 15 亿元之后，增加到 38 亿元，政策性粮油业务费用年年控制在核定数额之内，并进入了中国企业 500 强、中国制造业企业 500 强、上海企业集团 100 强，荣获全国国有粮食企业改革工作先进单位，成为农业产业化龙头企业。

### （二）粮食财务挂账三年消化完毕，政策性补贴逐步减少

至 1998 年底，上海市郊区（县）国有粮食企业财务挂账达 126512 万

元，有些区（县）消化粮食财务挂账当地政府财力难以承受。市、区（县）两级政府对此十分重视，专题调研，将郊区（县）分别按区（县）人均财力、粮食产量收购量和挂账情况，按不同档次确定自行消化和市、区（县）两级财政合理分担消化的对象和办法。用 3 年时间到位，同时也使企业减轻负担，有利于转换经营机制，轻装上阵走向市场。

政策性补贴逐年减少，国有粮食购销企业总费用逐年下降，减轻了财政负担。全市 1998 年财政性补贴为 140164 万元，以后每年政策性补贴都大大低于 1998 年补贴水平，2003 年解决了全市陈粮问题，政策性补贴也仅为 129838 万元，比 1998 年减少 10306 万元，减幅为 7.35%，1998 年国有粮食购销企业总费用 139032 万元，以后逐年减少。2003 年国有粮食购销企业总费用为 80292 万元，比 1998 年减少 69018 万元，减幅为 49.64%。

**（三）仓储设施建设稳步发展，粮食物流布局战略性调整**

根据《上海市人民政府关于本市推进粮食购销市场化改革的意见》关于"高起点规划粮库布局、高标准建设粮库，粮库的规划和建设要适应购销市场化的新形势，体现本市的整体形象"的要求，近几年来，结合市政府规划和有关要求，积极新建、拓建、改建粮库，向大型化、现代化方向发展，提升科技含量，提升功能需求，并增加保粮设施投入，各新建、拟建粮库基本都配备完整的环流熏蒸，粮食检测和机械通风设施，有效保证了库存粮食安全。

良友集团组建后，集团按照上海市国民经济和社会发展的总体要求，以确保上海粮油安全为着眼点，以建设大型粮油储备库为重点，以建设布局合理、结构优化、功能配套、集散方便、管理先进、符合国际大都市要求的现代化一流粮油仓库和粮油物流体系为目标，高起点、大手笔来规划粮油仓储业的布局。2002 年经市政府批准，按市政府规划要求，对良友集团现有仓库布局作战略性调整，撤销了位于黄浦江、苏州河沿岸以及中心城区的 6 个粮库及 4 个食用油库。按东西南北中的大致框架，构划五大仓储区的布局，边撤边建、总量不变。近五年来，扩建完成了奉贤邬桥粮食储备库，粮食仓容量达 35 万吨，油库库容量达 5 万吨，配套设施科技含量走在全国同类粮库前列；并投资近 20 亿元建设占地面积 1060 亩、水路联运、具有"四散化"功能的浦东外高桥粮食储备物流中心，被列为市政府重大项目，有效推进本市粮食现代物流发展。

目前，上海市拥有专用码头的粮食企业由去年的 49 家增加到 55 家，散粮中转主要依靠水路运输、本市散装接受能力 2501 吨/小时，比去年提高 34.17%，发放能力 2371 吨/小时，比去年提高 27.2%，有力地促进了粮食“四散化”进程。

**（四）粮食调控手段不断强化，粮食流通监管走上法制化、规范化轨道**

上海地少人多，经济要素聚集，与国内国际市场关系密切，作为全国粮食主销区之一，粮食自给率比较低。粮食购销市场化后，粮食流通发生了深刻的变化，粮食供需平衡处于一个新的调整时期，稳定掌握粮源、维护粮食流通秩序成为保证本市粮食市场稳定和有效供给的关键。为此，一是逐步完善粮食储备制度，政府宏观调控能力增强。按照国家有关要求，调增了上海市地方储备粮食总规模，并不断优化储备粮品种结构，适时组织有序轮换，提高粮油储备管理水平，保证粮食库存质量，确保政府有效调控。二是市场体系逐步完善，市场配置作用明显。近几年来，以粮食批发市场为骨干，由连锁便利店大卖场为网络的粮食市场体系已具规模。目前上海市已建有 10 个骨干粮食批发市场，市场功能和粮食交易量稳步提升；粮食零售市场持续健康发展，有效满足了市民就近购买粮油商品的需求。三是大力推进粮食订单收购，积极拓展粮食产销合作。一方面足量收购本地粮源，另一方面稳定吸纳主产区粮源，增强了本市粮食的有效供给。四是加强粮食流通监管，粮食应急管理体系不断完善。国务院颁布实施《粮食流通管理条例》后，上海市各级粮食部门深入贯彻实施条例，制定完善地方性的配套规章，依法加强粮食流通监管，同时按照市委、市政府和国家粮食局应急管理工作部署，扎实推进上海粮食应急管理工作，有效维护粮食流通正常秩序。

改革开放 30 年来，在党中央、国务院的高度重视和正确决策下，在市委、市政府正确领导和本市有关部门的大力支持配合下，通过粮食部门的辛勤努力、开拓务实，上海市粮食流通体制改革和全国一起，从传统的计划经济走向社会主义市场经济，粮食购销市场化以来，取得了显著成效。当前粮食流通体制改革正面临着新的形势和新的内容，认真贯彻党的十七大精神，始终坚持把贯彻落实科学发展观作为粮食工作的主线。坚持与时俱进，改革创新、扎实工作，积极探索符合特大型粮食消费城市、符合社会主义市场经济规律的粮食流通改革发展新路。

（作者：上海市粮食局　陈士家）

# 推进“三位一体”改革<br>促进国有粮食企业发展

截至 2007 年底，江西省以解决“老粮、老人、老账”问题为主要内容的国有粮食企业改革已基本完成。为进一步促进国有粮食企业的发展，我们提出下一阶段全省国有粮食企业改革要按照“产权制度改革、培育龙头企业和发展粮食产业化经营三位一体”的要求整体推进。

## 一、江西省国有粮食企业改革和发展的现状及存在的问题

在江西省委、省政府的领导下，江西省粮食部门自 2002 年开始全面启动解决国有粮食企业“三老”问题“三步走”的改革。从 2002 年起用两年时间处理了 142 亿斤高价位周转粮，解决多年来的粮食压库问题；从 2003 年开始，用三年时间积极稳妥地推进企业劳动用工制度改革，全省绝大部分市、县（区）完成了改革，累计解除劳动关系和内部退养职工 13.15 万人；从 2004 年开始，组织对老账的清理，2005 年经审计认定，新增财务挂账剥离 56.63 亿元，全省国有粮食企业两轮共剥离亏损挂账 97.73 亿元。江西省国有粮食企业改革工作得到国家粮食局的充分肯定，2006 年被授予全国国有粮食企业改革先进单位称号。2006 年以来，江西省各级粮食部门认真贯彻落实《国务院关于完善粮食流通体制改革政策措施的意见》和《江西省人民政府关于完善粮食流通体制改革政策措施的实施意见》，在基本完成解决国有粮食企业“三老”问题的基础上，按照全省国有粮食企业改革发展思路和目标，积极深化国有粮食企业改革。

一是做大做强粮食企业集团有了良好开端。江西省粮油集团公司通过跨地区和内部的资源整合组建新的购销企业、做优做强金佳谷物有限责任公

司、创立了三个中国名牌。宜春市组建了江西金农米业集团和江西天地粮食企业集团。抚州市组建了八达米业集团。万年县组建了万年贡米业集团。吉安、宜春、新余市已分别提出了组建金庐米业集团、天地粮食集团和百乐米业集团的具体规划。

二是深化产权制度改革试点积极。各地按照江西省粮食局部署积极开展了产权制度改革试点。如宜春市粮食局组织在袁州区、万载县、宜丰县等县（市、区）的国有粮食购销企业进行了股份制改革试点，在高安市等县（市）进行了租赁经营或责任承包等形式的改革试点。九江市粮食局组织在修水县等县（市）进行了股份制改革试点。

三是粮食产业化经营正在努力推进。各地扶持国有粮食加工龙头企业不断扩大粮食订单和基地面积。江西省粮油集团金佳公司在新干县投资建设的18万吨优质米及其副产品综合利用项目一期工程建成投产，建立优质稻生产基地80万亩，带动了30万农户，并按欧盟标准建设2000亩有机稻基地，开发生产了有机大米；"金佳"、"玉珠"牌大米和"春丝"牌面条3个品牌获"中国名牌产品"称号。"昌碧"、"汇银"牌大米获2007年中国名牌农产品称号。19家国有粮食企业被列为国家粮食局和中国农业发展银行重点支持的粮油产业化企业。

四是国有粮食企业扭亏增盈取得明显成效。2006年首次实现全行业扭亏为盈，实现利润4522万元，列全国5个实现全行业盈利的省市第二位；2007年又累计实现盈利7020万元，是全国国有粮食行业唯一县县无亏损的省。

近年来的改革，为江西省国有粮食企业的发展和进入下一步的改革奠定了良好的基础，但国有粮食企业改革发展中还存在不少困难和问题，必须引起高度重视。

1. 一些干部思想观念滞后，缺乏实践创新意识。吃"政策饭"的观念仍比较强，还寄希望于政策的扶持，存在等、靠、要的思想；面对新的形势，缺乏创新意识、忧患意识，大胆实践的闯劲不足；在粮食购销等具体经营上想了一些办法，但从影响企业长远发展的体制机制上主动想办法的不多。

2. 企业产权结构单一，经营方式单一。在产权结构方面，总体上以国有独资为主，还没有真正建立现代企业制度，多数企业是采取承包经营的方式在管理。非国有经济主体参与国有粮食企业股份制改革的积极性不高。在经营方式上，以粮食收购、批发为主，大部分仍是"收原粮、卖原粮"，加工环节薄弱，没有终端销售业务。

3. 政企难以分开，企业难以走向市场。目前江西省各级粮食行政主管部门与所属企业从人、财、物等方面已经分开，但还没有完全脱钩。各级粮食行政主管部门除承担行政管理职能外，更多地承担了企业执行政策和经营的责任，许多本该由企业自主决定的经营方面的事情，还得由粮食行政管理部门决定。由于受长期政企合一体制的影响，不少县级粮食局行政经费还没有列入当地财政预算，必须通过企业经营来解决。国有粮食企业作为粮食行政管理部门的直属企业，既有依赖主管部门支持的思想，又因为经营管理权受到限制，主动走向市场、适应市场的积极性不高，难以真正成为自负盈亏的市场经营主体。

4. 遗留问题不少，制约企业进一步改革发展。在前几年国有粮食企业劳动用工制度改革中，由于缺乏改制资金等原因，还有不少遗留问题有待解决。企业除负担在职人员社保金外，还要负担 1.3 万内退人员的社保金及生活费，同时欠缴部分社保金。全省国有粮食企业有一些上岗保证金尚未退还职工。还有部分分流职工没有实现再就业。

5. 一些粮改政策落实不到位，也在一定程度上影响了企业改革。赣府发［2004］17 号、赣府发［2007］6 号等文件对江西省国有粮食企业改革作出了部署，并提出了一些支持的政策措施。但从实际情况看，一些政策措施落实不到位。如不少县市粮食行政管理部门职责、机构和人员不到位，工作经费未能列入当地财政预算；一些地方国有粮食企业处置资产所得未能用于企业改革发展，未能用于企业缴纳社会保险费、安置职工；大部分地方没有建立市县级粮食储备等。

6. 面临市场竞争压力，企业生存和发展面临挑战。近年来，江西省非国有市场主体迅速发展，企业总量是国有粮食企业的近两倍，粮食经营量与国有粮食企业基本接近。特别是在粮食加工、城镇供应方面都是非国有粮食企业唱主角。同时，政策性业务逐步减少，政策性业务优势丧失，享受的优惠政策有限。受体制、政策等方面因素的制约，国有粮食企业在政策性业务、收购资金贷款、税费等方面受到前所未有的压力，加上经营空间有限，企业生产经营面临较多困难。

## 二、推进国有粮食企业“三位一体”改革的必要性

“三位一体”是一个有机联系的整体。只有深化产权制度改革，才能激活企业经营机制，为培育龙头企业、推进粮食产业化经营提供体制保障；只有培育壮大龙头企业，搞好“两头延伸”，发展粮食产业化经营，才能巩固产权制度改革的成果。国有粮食企业改革要实现做大做强的目标，就必须改革产权制度，采取股份制等公有制实现形式，就必须以加工企业为龙头，实行产购加销一体化经营。如果割裂开来，无论单独推动哪一项工作都不可能达到预期的效果。国有粮食企业“三位一体”符合江西省国有粮食企业改革发展的实际，当前推进国有粮食企业“三位一体”改革非常必要。

### （一）推进国有粮食企业“三位一体”改革是适应江西省粮食主产省地位的迫切需要

江西省作为全国13个粮食主产省之一，长期以来为保障国家粮食安全做出了较大的贡献。随着粮食流通市场化、多元化、国际化的深入发展，粮食流通发生新的变化，出现新的形势。江西省必须有几个上规模、在国内有一定市场份额的粮食企业，才能与粮食主产省的地位相适应。江西省委、省政府也要求在全省培育几个年加工稻谷能力在100万吨以上的粮食龙头企业。因此，通过“三位一体”改革，整合国有粮食企业资源，做大做强几个粮食企业集团就显得非常必要。

### （二）推进国有粮食企业“三位一体”改革是发挥国有粮食企业资源优势的迫切需要

在长期计划经济体制下，国有粮食企业积累了价值数十亿元的仓储设施、购销网点等优势资源。随着改革的不断深入，这些优势资源如不切实加以保护和充分利用，就可能造成资产的静态流失，发挥不了应有的作用。必须通过“三位一体”改革，创新企业的体制机制，做大做强企业，保证国有资产增值，才能充分发挥国有粮食企业的资源优势。

**（三）推进国有粮食企业“三位一体”改革是适应粮食市场化要求、维护粮食市场稳定的迫切需要**

在社会主义市场经济体制下，只有有效的竞争才能充分发挥市场配置资源的基础性作用。在粮食流通中，同样要形成有竞争的市场环境，才能维护粮食市场的稳定，提高粮食市场的效率，维护生产者、经营者、消费者的利益。纯国有体制造成机制不活、权责利不清、大锅饭弊端和职工积极性不高；纯私营体制呈现的是私利严重、粮油市场波动时不保农、粮油市场紧俏时囤积居奇。单一的国有或私营体制都不利于粮食流通产业的发展和粮食市场的稳定。因此，必须通过“三位一体”改革，尤其是采取多种公有制的有效实现形式，引进多种市场主体，对国有粮食企业进行股份制改造。

**（四）推进国有粮食企业“三位一体”改革是巩固前一段改革成果的迫切需要**

前一阶段实施的解决“三老”问题的改革，目的就是要促进国有粮食企业更好的发展。现在面临一些遗留的和新的问题，如不进一步深化改革，必将影响国有粮食企业的发展，国家为解决“三老”问题付出的很多财力等也将失去意义。况且前一段的改革已为“三位一体”改革奠定了基础。截至 2007 年底，江西省有国有粮食经营企业由 1998 年的 2633 个精简为 1255 个，其中，国有粮食购销企业为 962 个；从业人员由 1998 年的 14 万人精简至 2.4 万人，其中购销企业从业人员 2.19 万人；还有 1930 个库点，11780 座仓房，仓库总容量 295 亿斤（按小麦仓容计），其中有效仓容 213 亿斤。截至 2008 年 5 月，全省国有及国有控股粮食龙头企业中有国家级龙头企业 2 家、省级龙头企业 12 家、市级龙头企业 31 家。良好的基础也要求进一步改革，保持企业良好发展势头。

## 三、推进国有粮食企业“三位一体”改革的对策

推进国有粮食企业“三位一体”改革，关键是进一步解放思想，根本是选择好改革模式，重要的是整合粮食资源。为此，提出以下几点思考：

## （一）进一步解放思想，不仅要转变观念，更重要的是改变思维方式

观念是金子，思维方式是点金术。因此，在解放思想上关键是改变思维方式。在政企分开、转变行政职能上要解决不利于行政管理、不利于企业发展的思维方式。在目前情况下，根据粮食部门的实际，可以采取一个过渡的办法，在征得当地党委、政府同意后，粮食局长可以兼任新组建的股份制企业的董事长。待企业改革到位走上正轨后，粮食局长既可以留在企业，也可以返回行政，实现政企分开。在发挥主渠道作用方面要破除陈旧的思维方式，既要强调国有粮食企业发挥主渠道作用，更要注重按照市场经济规律把国有粮食企业推向市场。要从经营一定购销量才是发挥主渠道作用的观念改变为对国有粮食企业的控制力也是发挥主渠道作用，比如仓储设施、收购网点在不改变其用途的情况下要充分发挥其经济价值。国有粮食企业承担社会责任更主要是靠两个方面：一方面由政府出钱来委托有条件的企业承担；另一方面就是要建立粮食储备，建立应急机制。不能靠一声令下由国有粮食企业无偿承担政府责任。在公有制实现形式方面要从体制上寻找突破，有了好的体制才会有好的机制，有了好的机制才能充分调动人的积极性，有了人的积极性企业就一定能得到发展。公有制多种实现形式可以因地制宜，但方向是实现产权多元化，建立现代企业制度；目的是搞活企业、盘活企业资产、做大做强企业。只要有利于企业发展，就要大胆地试、大胆地探索。要鼓励成功者，宽容失败者。鼓励县级粮食部门积极探索各种有利于调动经营管理人员积极性的改革举措。在促进粮食经济发展方面，要扩大粮食经营领域，向粮食流通各个环节延伸。不能只停留在政策性业务上，不能寄希望于依靠政策来维持国有粮食企业的正常运转。要在发展上动脑筋，从生产到加工到销售，实行产业化经营。要力争扩大就业渠道，帮助更多的下岗职工实现再就业。推进改革关键是创新体制、搞活机制。将来企业发展了，不是要减少人员，而是要增加人员。还要通过发展粮食经济，努力增加职工收入，提高职工的生活水平。

## （二）大胆探索产权制度改革，既要做大做强规模化企业集团，也要做优搞活县域粮食经济

主要从两个方面创新产权制度模式：

1. 做大做强，在全省组建4~5个上规模的粮食企业集团。鉴于江西省是

产粮大省之一，组建 4~5 个年处理稻谷能力在 100 万吨以上的加工龙头企业还是可行的，可以通过股份制的形式，经过几年努力，逐步到位，关键是先要做好规划。可以考虑由省粮油集团公司与主产区的若干市县联合组建一个股份制龙头企业，或在粮食主产区的几个县、跨区域组建一个国有或国有控股的股份制企业；也可以由主产区的粮食企业主动联合组建企业集团。这样通过组建龙头企业把框架搭起来以后，经过几年的努力，把加工企业搞起来，有了一定的基础后，想办法争取上市，通过资本市场的运作实现真正意义上的股份制。

2. 做优搞活，在县一级采取其他形式的股份制模式。要根据各地粮油特色，做特做优搞活粮食企业。可以采取以下几种模式：一是每一个县搞一个股份制企业。将国有独资的粮食购销公司改造成股份制企业。可以是在目前的基础上，增量部分，即企业的经营利润，把它量化到经营者，或给股权激励，让经营者逐步持有企业的一部分股份。也可以一步到位给企业经营者多少期权，让他持有企业股份，但要求企业一年必须要挣到多少钱，上缴多少利润和税收。二是设立一个新的股份制粮食加工企业，由经营者包括一些业务骨干和部分职工入股。国有粮食企业把仓库的一部分纳入这个加工企业，组成一个股份制企业。余下的仓储设施等国有资产由股份制企业租赁使用。企业做大后，逐步把这些仓储设施纳入进去，全部实现股份制。三是招商引资引进有实力的非国有企业，由其新建一个加工厂，国有粮食企业的仓库为其收购服务。或者新建一个股份制加工企业，由非国有企业控股，国有粮食企业拿一部分仓库入股，剩下的仓储设施还是为这个股份制企业服务。

**（三）发挥龙头企业产业化经营的辐射带动作用，不仅要抓好购销，更重要的是抓好粮食精深加工**

国有粮食企业今后的发展思路，可以归纳为三句话：关键在收购，重点在加工，出路在产业化。

1. 要掌握粮源。适应形势的需要，创新购销机制，积极发展粮食订单生产和订单收购，建立粮食生产者、经营者间风险共担的利益联结机制。鼓励粮食产业化龙头企业建立多种产业化模式，通过定向投入、定向服务、定向收购等方式，建立优质粮源和专用粮源基地，引导农民按照市场需求进行标准化、规模化生产，为粮食加工提供稳定可靠的优质粮源，提高粮食规模效益。在粮食产业化的初期，订单收购是推进粮食产业化的基础，也是粮食企业掌握粮源的重要途径。要采取“优质优价”、“二次结算”、“二次返利”等成功做法，提高订单的履约率。充分发挥农村专业合作组织在联结市场、企业与广大农户中的桥梁和纽带作用，不断完善和创新农企联结机制和合作机制。

2. 要大兴加工业。截至2007年底，江西省大米生产能力为年处理稻谷3432万吨，2007年实际大米产量654万吨，其中，国有（含控股，下同）企业年加工稻谷能力420万吨，占全省总生产能力的12.2%，2007年实际大米产量65.5万吨，占全省大米总产量的10%。国有粮食企业的加工量与所掌握的粮源极不匹配，发展加工业潜力巨大。要按照构建产购加销一体化经营模式，或做大做强，或做优做活，逐步向粮食深加工领域延伸。要坚持走新型工业化道路，用现代工业改造传统加工业，鼓励关键技术和科研成果通过技术转让、入股等方式进入企业，加快粮油加工转化的步伐，不断提高粮油加工增值率和加工转化率。要根据消费需求和市场变化，推进企业创新工作，大力开发适应市场需求和受消费者欢迎的新产品，不断推出绿色产品、有机产品、特色产品。在有条件的地区，采取退城进郊、盘活资产、招商引资等有效措施，充分利用现有基础设施和政策环境，发展粮食工业或物流园区，作为粮食产业化发展的有效载体。

3. 要发展粮食产业化。以龙头加工企业为核心，以资本、品牌和信誉为纽带，按照“公司＋基地＋农户”等多种产业化模式，把粮农带进市场，把市场引进农户，并因地、因企制宜发展粮食产业化。一个企业里的粮食产业化，主要是企业直接与农户，通过订单、基地、中介或其他形式建立紧密关系；一个县里的粮食产业化，主要是发展1~2个加工企业作为龙头，按照种植、收购、加工等产业分工，建立合作关系，构建利益共同体；一个区域里的粮食产业化，主要是在前两者基础上区域内的企业间、企业与农户间建立更高层次的合作关系，企业间跨地、跨所有制整合资源，提升产业化功能，向集团化方向发展。无论何类粮食产业化，都要实施粮食品牌战略，打造强势品牌，强化名牌意识，实行统一品牌，实现品牌效益。

**（四）转变行政管理职能，不仅要依法行政，还要加强对“三位一体”改革的指导和服务**

各级粮食行政管理部门要切实转变职能，真正把对国有粮食企业的管理从管企业具体的生产经营转向指导企业“三位一体”改革、保证国有资产保值增值。要在当地政府的统一领导下，切实加强对国有粮食企业“三位一体”改革工作的指导，结合实际，制定本地区国有粮食企业改革和发展的指导意见，因地制宜、精心组织、周密部署、统筹协调，积极推进国有粮食企业改革和发展。要积极协调配合有关部门，完善和落实有关政策，支持国有粮食企业“三位一体”改革和发展。要及时跟踪了解国有粮食企业“三位一体”改革的进展情况，认真总结经验，推广先进典型。要妥善处理改革、发展和稳定的关系，及时化解改革中的矛盾，促进国有粮食企业改革和发展。

**（五）进一步加强领导，不仅要党政领导重视，更要协调落实支持国有粮食企业改革的政策**

国有粮食企业的改革离不开当地党委、政府强有力的领导。各级党委、政府要按照“行政推动、市场运作”的原则，切实加强对国有粮食企业“三位一体”改革的领导，支持国有粮食企业与各类市场主体进行股份制改造，支持粮食部门实现政企分开。要给予国有粮食企业跨区域整合资源、进行产权制度改革政策支持；建立稳定的财政扶持粮食产业化龙头企业的投入机制，安排专项资金对重点龙头企业、生产基地和专业合作社进行扶持，对粮食龙头企业、粮食加工项目及技改项目给予贴息；加大对粮食产业化经营的信贷支持力度，实行粮食产业化政策性保险等。要进一步落实好已出台的支持政策。落实好粮食行政管理部门的机构、职能和人员，解决好其工作经费；不向国有粮食企业搞摊派；在国有粮食企业股份制改造重组过程中，对国有资产在粮食系统内划拨给予免收相关规费的政策，对粮食储备仓库“退城进郊”项目，给予免收相关的规费的政策支持。对粮食企业生产经营性用房和土地继续免征房产和城镇土地使用税的政策扶持。

（作者：江西省粮食局　熊根泉）

# 河南省国有粮食购销企业改革的成功探索与思考

作为人口大省、粮食大省的河南省，国有粮食购销企业有着辉煌的过去。进入新世纪以后，面临着市场化改革和中国加入世界贸易组织两大挑战。河南省审时度势，抓住机遇，在国有粮食购销企业人员多、包袱重、情况复杂、缺少改革资金的情况下，从2003年初开始历经4年多时间，在省委、省政府的统一部署和领导下，在国家粮食局的有力指导下，在有关部门的大力支持下，通过加强组织领导，完善配套政策，规范操作程序，加大财力支持，坚持分类指导，各部门齐抓共管等切实有效措施，扎实推进国有粮食购销企业改革工作，取得明显成效，完成了艰巨的改革任务。解决了长期困扰企业“三老”问题；初步实现了政企分开，企业成为自主经营、自负盈亏的市场主体；推进了企业产权制度改革，进行了战略性重组；建立了新的经营机制，创新了企业经营方式，粮食产业化经营取得了重要进展，企业活力不断增强，企业全面扭亏为盈，职工合法权益基本得到保障，社会大局保持基本稳定。这是一场波澜壮阔、凤凰涅槃式的改革，对于国有粮食企业走出困境、推动新农村建设有着重要意义，同时对于像河南这样的粮食主产省加快改革步伐、振兴粮食经济也有积极影响。改革又是无止境的，需要长期探索和不懈努力，市场化的道路还很长，企业发展壮大也还有艰难的路要走。

## 一、改革背景

河南省国有粮食购销企业是计划经济的产物。历经上个世纪五十年代以来的统购统销、平议双轨、省长负责、市场放开几个阶段，在保证国家粮食安全、确保军需民食、稳定粮食市场、落实国家粮食收购政策、保护农民利益等方面都发挥了重要作用。但是长期以来积淀下来的痼疾，沉重的债务包袱，就像计划温床上滋生下来的企业畸人，已不能适应时代的发展和需要。随着社会主义市场经济的建立和完善，特别是中国加入 WTO 后，国有粮食购销企业的地位和作用受到了严重的挑战，河南省国有粮食购销企业的状况更令人忧虑。突出的矛盾和问题表现在：一是企业规模小，数量多，点多面广，布局不合理，竞争力不强。全省 2658 家国有粮食购销企业，遍布城乡，基本上每个乡镇建一个粮所（站）。二是企业人员多，包袱重，全省共有国有粮食购销企业职工 23.4 万人，多数职工处于待岗、脱岗和转岗状态，职工的工资和生活费难以按时发放，社会保险金长期拖欠。河南省的国有粮食企业职工人数居全国第一位。三是由于政策等因素的影响，企业亏损严重，财务亏损挂账数量大，负债难行。2002 年底，河南省共有财务挂账 249 亿元。四是政企不分，一方面表现在政府直接干预企业的经营活动，政府及相关部门确定粮食收购数量、价格、品种、时间等，企业只能按政府要求负责粮食购销；另一方面表现在企业承担政府粮食行政管理职能，配合政府组织粮食收购，落实粮食政策，甚至以企业代替粮食管理工作。五是产权制度单一，纯一色的“国字号”粮食购销企业，企业机制不活。在经营上主要依靠“收原粮，卖原粮”传统观念与模式，思想观念陈旧，管理方式落后。

## 二、改革过程

按照党中央、国务院关于深化粮食流通体制改革的总体部署，在河南省委、省政府的正确领导下，在国家粮食局的大力指导下，作为人口大省、农业大省的河南省，在粮食流通体制改革方面大胆探索，强力推进国有粮食购销企业改革，从 2003 年初到 2007 年底，历经 4 年时间，河南省国有粮食购销企业各项改革任务已基本完成。温家宝总理对河南省国有粮食购销企业改革工作给予高度评价，专门作出批示。国家粮食局派调研组对河南省的改革经验进行了调研，并专题发文在全国推广。

### （一）改革的主要成果

一是减员分流任务超额完成。河南省国有粮食购销企业累计分流安置富余人员 19.7 万人，占 2002 年底改革前原有职工总数 23.4 万人的 84.1%。改革后企业在岗人数为3.7万人。二是企业改制工作走出了艰难一步。以县市为单位，实行兼并、租赁、拍卖等多种形式，对原有粮食购销企业进行重组和整合，组建一个或几个国有独资、国有控股的粮食公司，企业布局和结构趋于合理。全省国有和国有控股的粮食购销企业减少到700家，占原有企业2658家的26.3%，减少1958家。三是分流人员安置工作取得一定成效。全省国有粮食购销企业通过主辅分离、创办经济实体等办法安置分流职工再就业6万人，占分流19.7万人的31.7%。四是新的企业经营机制初步建立，经济效益明显好转。通过改革，建立了新的企业经营机制，打破了两个“大锅饭”，即“企业吃国家大锅饭”和“职工吃企业大锅饭”，在分配上实行绩效挂钩的新的分配制度，调动了广大职工的积极性，粮食企业经济效益明显提高。2007年全省粮食企业实现赢利0.85亿元，2008年实现赢利1.11亿元，经济效益全面好转，出现了良好的发展势头。五是多元化市场主体公平竞争的格局已经形成。鼓励各类有资质的市场主体从事粮食购销经营活动，依法为从事粮食经营活动的法人、其他经济组织和个体工商户创造公开公平竞争的法制环境、政策环境和市场环境，搞活粮食流通。全省累计批准了4074家粮食经营企业或工商户从事粮食经营活动。转换了价格形成机制，粮食购销价格由市场形成，市场配置粮食资源的基础性作用得到更好发挥。

### （二）改革的主要做法

1.各级政府重视，健全组织，强化责任，有效地保证了国有粮食购销企业改革工作顺利进行。河南省委、省政府对粮食流通体制改革给予了高度关注，省委常委会、省政府常务会议多次研究，省政府主要领导亲自抓，并多次深入基层督促粮改工作。省人民政府成立了“河南省粮食流通体制改革领导小组”，由省委常委、常务副省长任组长，省政府办公厅、发改委、财政厅、粮食局、审计厅、劳动和社会保障厅、工商局、农业厅、农发行、国资委、发展研究中心11个部门为成员单位，并下设办公室开展工作。省政府先后2次召开全省粮食流通体制改革大会、五次电视电话会、六次座谈会，安排部署推进粮改工作。各省辖市、县（市、区）党委、政府都把粮改工作摆到重要议事日程，党政“一把手”共同参与改革重大事项决策，亲自调查研究，抓重点、抓难点、促落实，加快了改革进程。各地都明确了各级政府的正职为粮改第一责任人，分管副职为主要责任人，粮食主管部门领导作为改革的具体组织者和实施者。各级政府不断地研究解决改革中的热点和难点问题，强化政府对改革工作的支持力度，从组织上确保了改革的顺利进行。粮食部门各级领导干部坚持在粮改第一线，明确目标，分工负责，及时反映和解决了改革中出现的矛盾和问题，积极稳妥地推进改革。各市粮食局都实行领导包干包点制度，加强对改革工作的督促指导。

2. 以人为本，周密部署，扎实有效地做好减员分流工作。各级政府及其粮食部门认真学习和把握政策，坚持以人为本，实行无情分流、有情操作，充分尊重职工的自愿选择，把政策交给职工，把出路指给职工，把感情倾注给职工，留走自愿，妥善分流安置富余职工，积极稳妥地推进粮改，保证减员分流不反弹。省政府提出分流人员达到“五个确保”的要求，即一是确保在册职工一个不漏。要对所有在册职工进行逐人复核，确保在这次改革中一人不漏。无论进入“四退一保”（退休、特退、病退、内退和协议保留关系）、继续返聘，还是解除劳动关系后，通过办实体择业或自主择业，每人都要能够对号入座，都有自己的位置。二是确保各项手续完备一人不漏。所有的国有粮食购销企业的职工，解除劳动关系的、“四退一保”的各类人员的人事关系、档案关系、党团组织关系等完善不缺、一个不漏地规范移交。解除劳动关系后自主择业的，要托管到失业中心或社区单位，必须有一个地方，不能丢掉不管。三是确保解除劳动关系职工的补偿金一个不欠。四是确保养老保险金和失业保险金补缴到位，做到不欠不漏。五是确保社保关系连续性。所有离开粮食企业的、解除劳动关系人员社保关系一个不漏地保持连续性。社保关系连续性是确保分流人员成果的根本保障。

3. 制定方案，规范操作，强力推进企业改制工作。

首先，在产权制度改革方面严格三项程序：一是认真做好清产核资工作，这是改制工作的第一步。组织有关部门和有关中介机构参与，对改制企业的现有资产进行全面清查、审计、评估，并将评估结果报国有资产管理部门核准确认，确保国有资产不流失，真正做到心中有数。二是周密制定实施改制方案。各地在全面摸清企业底子，学习借鉴外地改革经验的基础上，制订改制方案。方案拟订以后，分别召开不同层次、不同类型会议，广泛征求各方意见，然后提交全体职工讨论通过后，以政府的名义印发执行。三是构建新企业。各个企业依照自己制定的方案和《公司法》的有关规定，按制度、法律办事，改革实施都按规定的程序和要求运作；由股东大会通过《公司章程》，构建法人治理结构，注册登记运行。

其次，在产权制度改革中坚持推行四种模式。通过学习外地经验并结合河南省实际，总结了四种产权改制的模式：一是实行国有独资或国有控股模式。县级及县以上一般都成立了国有独资性质的粮油资产管理有限责任公司，集中管理原国有粮食购销企业的“老人、老粮、老账”，统一经营全县原国有粮食购销企业的全部资产，按照债随资产走和不悬空银行债务的原则，将经营性亏损挂账统一进行管理，负责“四退一保”人员的管理。对承担中央、地方储备粮管理和军粮供应企业，原则上实行国有独资或国有控股形式的产权制度，作为政府实施粮食宏观调控的载体。二是大量的实行股份制改造模式，支持和鼓励非公有资本参与国有粮食购销企业改组和改制，优化企业产权结构，实现投资主体多元化。三是实行龙头企业重组、兼并的模式，鼓励具有一定规模的粮食加工龙头企业重组兼并国有粮食购销企业，或由资产状况较好、购销量较大、经营管理和经营效益较好的国有粮食企业兼并其他实力较弱、经营较差的国有粮食购销企业，通过重组兼并，进一步壮大实力，形成购、销、加一体化的粮食产业化龙头企业集团。四是产权出让、拍卖、租赁承包等经营模式。在实际工作中，各地也结合自己的实际，积极探索出了产权制度改革的其他模式。

最后，在产权制度改革中突出四个重点工作：一是要创新经营理念。用新的理念指导企业制度的建立，彻底转变经营理念、创新经营方式。大力发展粮食产业化经营，加快以粮食购销、加工企业为龙头的粮食产业化体系建设，推广“企业+基地+农户”的组织方式，拉长产业链条，提高抗风险能力。全省出现了一批好的典型，如滑县、原阳、陕县、灵宝、偃师等成功的订单模式。二是要完善公司法人治理结构。依据《公司法》和建立现代企业制度的要求，明确股东会、董事会、监事会和经理层的职责，形成各司其职、各负其责、协调运转、有效制衡的公司法人治理结构。三是深化企业内部三项制度改革。建立管理人员应聘上岗、能上能下的人事制度和择优录用、能进能出的用工制度，与职工签订劳动合同，依法确定劳动关系；适当拉开收入差距，允许和鼓励资本、技术、管理等生产要素参与收益分配，建立能增能减、有效激励的收入分配制度。三项制度改革是以制度上巩固改革成果的保障。四是加强企业管理，提高经济效益。加强对国有资产监管力度，层层建立扭亏增盈责任制，逐步改善国有粮食购销企业经营状况，在剔除历史包袱、改革成本、少计提补贴等因素后，使全省粮食购销企业盈利逐步增加，实现了全年的扭亏增盈目标。

4. 做好分流人员的再就业工作。各级粮食部门在当地政府的领导下，制定规划，加大资金投入，利用当地资源优势，积极组织创办新的经济实体，安排分流人员再就业。主要做法有：一是积极适应市场需求和形势变化，通过国有粮食购销企业产权制度改革，通过资产重组，壮大企业规模，拉长产业链条，增加就业岗位；二是通过开拓城乡市场和延伸服务领域开辟新的就业门路，因地制宜，多业并举，宜工则工，宜农则农，宜商则商，宜种则种，宜养则养，进一步拓宽富余人员分流安置渠道；三是帮助有关企业和下岗失业人员落实再就业的各项扶持政策；四是坚持把粮食系统的分流职工统一纳入当地社会保障体系和再就业计划；五是重视和加强对下岗失业人员的职业技术培训，引导和帮扶职工自主创业，使部分职工重新找到就业岗位。

5. 出台政策，营造氛围，保证改革有序有效进行。适时出台企业改革政策。经过调研和多方征求意见，学习外地经验，结合河南省实际，先后出台了多项改革政策，包括《河南省人民政府办公厅关于进一步深化国有粮食企业改革意见的通知》、《河南省人民政府关于进一步深化粮食流通体制改革的意见》、《河南省发改委等九部门关于国有粮食购销企业产权制度改革若干意见》、《河南省粮食局国有粮食企业改革实施方案》、《河南省粮食局关于严明粮食工作纪律确保粮食流通体制改革顺利进行的通知》、《河南省粮食局关于做好国有粮食购销企业改革中人员聘用工作的指导意见》等。

加大培训和宣传力度，积极营造良好舆论氛围。为了组织好改革，河南省政府及有关部门先后举办了三次大规模的国有粮食企业改革培训班，主要有国有粮食购销企业改革政策法规培训班、产权制度改革培训班、产权制度改革督导培训班等，参加培训的人员达1500人次。各市层层召开了粮改动员会，并利用各种形式进行政策培训和宣传发动，形成浓厚的改革氛围，统一广大粮食职工思想认识，引导他们积极参与改革、支持改革。

做好验收工作。每一阶段的改革完成后，由省发改委、省财政厅、省劳动厅牵头，省粮食局抽调人员参加，组成联合验收组，先后对全省18个省辖市进行人员分流、产权制度改革进行验收，确保改革取得实质性效果。

6. 积极筹措资金，为改革提供了物质保证。为确保改革资金及时到位，河南省政府积极筹措资金，扶持支持国有粮食购销企业改革，共拨付补助资金10批，共计9.9亿元，对洛阳等五个试点市每分流1人补助6000元，对其他13个市每分流1人补助5000元。各省辖市、县（市、区）政府和粮食部门千方百计挖掘内部潜力，加大资金筹措力度，基本上满足了改革资金的需要，市县配套资金每人不少于2000元。

# 三、改革的经验启示

### （一）政府组织，是搞好国有企业改革的保证

面对大规模的国有粮食企业改革，分流职工近20万人，情况复杂，涉及面广，改革难度非常大。河南省委、省政府没有等闲视之，而是对粮食流通体制改革极为重视，成立了高规格的粮食流通体制改革领导小组，切实加强对国有粮食企业改革工作的组织领导，并明确了各级政府的“一把手”是改革工作的第一责任人，把粮改列入重要议事日程，涉改部门密切配合、通力合作，落实各项粮改优惠政策，为国有粮食企业改革提供更加宽松的环境，保持了社会大局的稳定。

### （二）以人为本，是搞好国有企业改革前提

改革是无情的，操作是有情的。改革中各级政府和粮食部门始终坚持以人为本的理念，最大限度地关注企业发展，照顾职工利益，使企业真正体会到政府的关怀，使职工真正感受到党的温暖，主动参与改革，积极支持改革。同时主要的组织者、操作者注意学习政策、把握政策、运用政策，连续举办由市（县、区）领导同志、粮食部门和粮食企业负责同志参加的培训班，起到了非常好的效果，在执行和操作中比较好地贯彻了各项政策。

### （三）规范运作，是搞好国有粮食购销企业改革成功的关键

国有粮食企业改革政策性强、涉及面广，敏感度高，处理不好极易引发连锁矛盾。河南省始终坚持以国务院和各级党委、政府出台的粮改政策、文件为依据，从宣传发动、制定方案、清产核资、资产评估，到募股动员、公司创立、法人治理结构的建立、注册登记等，均按照有关要求规范运作，有些还要经过职工民主表决程序，从而确保了国有粮食购销企业改革有条不紊进行。

### （四）典型引路，是搞好改革的有效办法

在具体工作中除了采取文件部署、会议部署、学习政策、领导督导推进

以外，还采取示范带动、典型引路的办法。省政府和省粮食局召开 8 次经验交流会，每次会议在不同方面都推出不同类型的典型，推动了全省国有粮食购销企业改革步伐。

## 四、继续改革道路探索的思考

### （一）正确处理粮食宏观调控下的政企关系，实现政企分开

粮食行政管理部门要严格按照国务院《粮食流通管理条例》和河南省人民政府制定的《〈粮食流通管理条例〉实施办法》，依法加强对全社会粮食市场主体的指导、监督、检查和服务，不参与粮食经营，不直接干预企业日常经营活动。国有粮食购销企业真正成为自主经营、自负盈亏的市场主体。鼓励多种所有制市场主体从事粮食经营活动，形成多种市场主体相互竞争、共同发展的多元化市场格局。严禁以非法手段阻碍粮食自由流通。规范政府宏观调控和企业经营之间的关系，当政府实施粮食宏观调控时，可委托指定具备资质的粮食经营企业承担相关政策性业务，政府按确定的标准给予补贴。国有独资和国有控股企业要带头服从政府实施粮食宏观调控的需要，发挥主渠道作用，为国家粮食安全服务。

### （二）加强对国有资产的管理，探索国有资产经营和监管的有效形式

要按照国家所有、分级管理、授权经营、分工监督的原则，加强对国有粮食企业国有资产的监督管理，真实反映国有资本的运行状况，维护国家所有者的权益，确保国有资产安全。要认真做好企业改革中的资产清查和债务核实工作，加强对改制企业的财务审计和资产评估，防止国有资产流失。要根据有利于宏观调控的实际需要，由政府授权部门对改制为国有独资和国有控股的粮食购销企业行使出资人职能，实现国有资产保值增值，探索国有资产经营和监管的有效形式。

### （三）完善法人治理结构，切实转换企业经营机制

国有粮食购销企业要按照现代企业制度的要求，健全法人治理结构，依据《中华人民共和国公司法》，明确股东会、董事会、监事会和经理层的职

责，形成各负其责、协调运转、有效制衡的公司法人治理结构，实行规范化运作。充分发挥董事会的作用，建立集体决策和可追溯个人责任的董事会议制度。加强企业基础管理，建立健全企业内部各项规章制度，形成完善的企业制度体系、责任体系、监督体系和考核体系。董事会和经理层要减少交叉任职，董事长和总经理原则上不得一人兼任。

**（四）充分发挥河南粮食主产省和小麦生产基地的优势，提高粮油加工业水平，加快发展粮食产业化的进程，把资源优势转化为经济优势，把粮食生产大省发展为粮食生产和加工大省，拉长粮食产业链条**

要围绕河南省主要农产品作文章，按照规模化生产、专业化分工、上下游配套、一体化发展的要求，突出专业面粉、工业化主食、速冻方便食品、饼干烘焙食品四个重点，提高产品档次和附加值，实现粮食加工品种多样化、系列化、专用化。在产粮大市和产粮大县，要大力发展粮油加工业，重点催生、培育一批起点高、带动力强、效益好并且主业突出、特色鲜明的龙头粮食加工企业，创立名牌产品。要以资本运营为纽带，以现有国有粮食企业的基础设施为依托，广泛吸纳社会资本参与国有粮食企业改革，整合资产、资金、技术、品牌、人才等要素，组建大型粮食产业化企业集团，发展产业集群，提高行业核心竞争力，创造可观效益，实现粮食经济的整体跨越式发展。

（作者：河南省粮食局　黄东民　田万林　于恒）

# “双轨制”是粮食流通从计划经济跨向市场经济的重要环节

## 一

30 年来，我国粮食流通体制改革坚持积极稳慎、循序渐进地持续深入推进，终于顺利实现了从统购统销的计划经济到社会主义市场经济的历史性跨越，成就举世瞩目，来之不易。

粮食流通体制改革的历程告诉我们，从统购统销的计划经济到社会主义市场经济的这一历史性跨越，并非毕其功于一役，而是多环节、多层次的改革一步一个脚印地持续深入推进的结果。可以说，30 年来粮食流通体制改革的过程，就是多环节、多层次的改革一步一步地持续深入推进的渐进过程。如果没有多环节、多层次改革的持续深入推进，就不可能顺利实现这一历史性的跨越。多环节、多层次改革过程中经历的粮食购销“双轨制”，则是顺利实现这一历史性跨越的重要环节，它的成功形成与发展，就为顺利实现这一历史性跨越准备了良好的前提条件。

所谓“双轨制”，顾名思义，就是两种体制并行的制度。从粮食流通来说，“双轨制”就是计划购销与市场购销、计划价格与市场价格、计划调节与市场调节相互结合并行的制度。在粮食流通体制改革深入推进的过程中，又把这一制度规范概括为“四管四放”，“管”“放”结合。“四管四放”就是：

——计划内的管，计划外的放开。即对关系社会安定团结的国家计划内的定购粮和统销粮，一定要管住，粮食定购计划要保证完成，粮食统销计划要严格控制，不能突破；计划收购以外的粮食，要放开搞活。要疏通计划外粮食的流通渠道，搞好地区间的余缺调剂，不搞地区封锁和变相垄断。

——大品种（主要指小麦、稻谷、玉米和主产区的大豆）要管大部分，大品种完成计划收购后的部分和小品种放开。即大品种的定购和超购计划部分要管，其余的部分和非定购品种完全放开，靠市场调节。

——城市销售管，农村销售逐步放开。即国家统销只管城市销售，农村返销，除因遭受严重自然灾害应由国家适当照顾和经国家批准按规定价格供应的以外，其他农村返销粮要逐步放开，逐步改由市场调节。

——非农业人口的定量口粮管，其他行业用粮逐步放开。即城市统销，除非农业人口定量口粮外，其他用粮要逐步改由市场调节。

## 二

粮食流通体制改革的历程同样告诉我们，粮食购销“双轨制”的形成和发展，也并非一蹴而就，它是在粮食减购、压销、包干、调价、开放市场等改革举措持续深入推进中逐渐形成和发展起来的。如果说粮食购销“双轨制”是顺利实现粮食流通从统购统销的计划经济到社会主义市场经济历史性跨越的重要环节和前提条件，那么粮食减购、压销、包干、调价、开放市场等改革举措的持续深入推进，则是粮食“双轨制”形成和发展的基础。贵州省按照国家的统一部署，结合本省实际，沿着减购、压销、包干、调价、开放市场等改革举措持续深入推进的路子而铸就了粮食购销“双轨制”。

——减购，即按照减轻农民负担，让农民休养生息的政策，逐步调减粮食统（定）购基数，减少粮食统（定）购品种。贵州省粮食统（定）购基数（含机动数），1978 年为 90.25 万吨，相继调减为 1979 年的 68.25 万吨、1981 年的 65.9 万吨、1984 年的 58.94 万吨、1986 年的 50 万吨。至此，较 1978 年调减了 44.60%，即累计调减了 40.25 万吨。统（定）购的粮食品种，1984 年把所有品种全部统购管死，改为只统购小麦、稻谷（大米）、玉米、大豆四个品种计划统购的部分，计划统购以外的部分和其他粮食品种完全放开，达到了减轻农民负担，让农民休养生息的目的。

——压销，即酌情逐步压缩除城镇居民定量口粮以外的粮食统销，扩大市场调节。按照需要与可能有机结合的原则，相继于 1983 年取消油菜籽和烤烟收购奖售粮；1984 年把各种饮料酒（包括茅台酒、董酒和各种中级酒、啤酒等）用粮改为供应议价粮或中价（即超购价加费用）粮，取消桐籽、桐油收购奖售粮，糕点生产用粮实行收粮票的供应平价粮，不收粮票的供应议价粮；1985 年取消生猪换购粮以外的所有奖售粮，工业用粮改为供应议价粮或实行市场调节；1988 年，除生猪换购粮和奶牛饲料粮以外的城乡饲料用粮、副食酿造用粮改为供应议价粮或实行市场调节，各项补贴粮，除农村集中住宿的中学生的补助粮由各地决定保留不保留外，一律取消；1989 年，农村缺粮户的口粮供应，除对“五保户”和少数特困户的救济粮供应外，改为借销、议销为主；1990 年，实行特制粉折差供应（即 8 斤特制粉顶抵口粮定量 10 斤），并规定非农业人口口粮定量每月 27 斤以上的，除大中专在校生外，每人每月节约 2 斤支援救灾，从而逐步有效地减少了国家粮食统销，扩大了市场调节。

——包干，即逐级实行计划内粮食购、销、调包干，把高度集中的粮食管理，有限度地变为分级管理。1982~1992 年，相继实行了四轮计划内粮食购、销、调包干一定三年。基本做法是，核定基数，包干执行，少购多销的亏空自负，多购少销的结余留用（主要用于充实库存，备作以丰补歉），调出必须完成，调入不能突破。这对强化各级政府管好用好粮食的责任，严格执行计划内粮食购、销、调计划，搞好粮食收支平衡，促进减购、压销，扩大市场调节，发挥了积极作用，取得了良好效果。四轮包干期间的统计数据显示，按省对各地（州、市）的包干口径统算，粮食统（定）购实绩为包干计划的 101.37%（为中央对省包干计划的 110.30%），粮食统销实绩为包干计划的 96.78%（为中央对省包干计划的 94.11%），多购少销粮食 51.49 万吨，年均多购少销粮食 4.68 万吨（按中央对省的包干口径计算为 140.19 万吨，年均 12.74 万吨），省外调入粮食实绩为包干计划的 94.85%，平均年末粮食库存为确定最低限量的 106.53%，议购议销粮食分别为 164.08 万吨和 352.02 万吨，分别为平议价粮食购销总量的 20.44%和 21.47%。

——调价，即按照国家、生产者、消费者利益统筹兼顾，维护改革、发展、稳定大局的原则，审时度势，适时适度调整粮食统（定）购统销价格。党的十一届三中全会以后至 1992 年，出于缩小工农业产品交换的差价，维护农民利益，保护农民的生产积极性，对粮食统购价格，相继进行了高频率、大幅度的调整。小麦、稻谷、玉米三个品种每百斤的平均统（定）购价格，由 1978 年的 10.68 元调为 1979 年的 12.95 元（超购加价幅度由 30%调为 50%）、1984 年的 16.60 元（并将征购、超购分别计价改为倒三七比例综合计价）、1985 年的 16.70 元、1986 年的 17.67 元、1987 年的 18.90 元、

1988年的19.67元、1989年的22.17元、1992年的26.13元，至此，较1979年调高了144.66%。粮食统销价格，出于稳定市场价格，稳定人民生活，保持社会政治安定和经济发展，党的十一届三中全会以后至1992年，除1985年把农业粮食销售改为购销同价外，又继续执行了12年，于1991年和1992年才采取对城镇居民适当给予粮价补贴的办法，对越拉越大的粮食购销价格倒挂差距作了适当调整。虽然调整的频率低，但调整的幅度大。面粉、大米、玉米三个品种每百斤的平均统销价格，1991年由此前的13.41元调为22.67元，调高幅度达69.05%，1992年又调为33.33元，在1991年调整的基础上又调高了47.02%，比1991年前调高了148.55%。

——开放粮食市场。即按照放开搞活，放而不乱，管而不死，管放结合的原则，采取渐进式的方法，开放“文革”期间关闭了的粮食市场。1979年，根据党的十一届三中全会关于“社员自留地、家庭副业和集市贸易是社会主义经济的必要补充部分，任何人不得干涉”的精神，明确规定，以县为单位，完成粮油征超购任务以后，开放粮油市场，允许社员通过集市进行少量粮油买卖，粮食部门也可以议价收购和出售。并制定颁发了粮油议购议销试行办法，相继组建了省、地（州、市）、县（市、区）粮油议购议销公司，专门从事粮油议购议销经营。但开放的头几年，管理较为严谨，曾作出过“三统一”的规定，即粮油议购议销由粮食部门统一经营，不准任何单位和个人插手；省间议价粮油调剂，由省粮食局统一组织办理；议价粮油运输归口粮食部门统一审批。1981年做了一点松动，即集体饮食业（包括有证个体户）以及某些合理需要的，经有关部门批准，可以在集市上采购粮油。到1983年才放宽为以县为单位，完成征超购任务以后的农村余粮，允许多渠道经营，粮食部门要积极开展议购议销，参与市场调节，发挥主渠道作用。供销社和农村其他合作商业组织可以灵活购销，农民私人也可以经营，可以进城，可以出县、出省。同时撤销了“三统一”的规定。还明确以粮食为原料的工商业、农村“四坊”和饮食业，可以自行采购部分粮食加工成成品出售，机关、部队、工矿企业、事业单位也可以采购自用。1984年又把以县为单位，完成征超购任务以后的农村余粮，允许多渠道经营的规定，改为在国家征购粮食的同时，实行多渠道经营。从而更进一步地疏通了粮食流通渠道，形成了在坚持计划购销的同时，国家、集体、个人一齐上的经营格局，扩大了市场调节比重。

减购、压销、包干、调价、开放市场等改革举措渐进式的持续深入推进，粮食购销逐渐凸显了粮食购进总量增加，其中省内收购减少，省外净调入增加；粮食销售总量增加，其中平价销售减少，议价销售增加；粮食议购议销从无到有，大幅增加，比重上升的可喜变化，呈现了“双轨制”的浓厚色彩。这个变化，从发展进程看，大体可以分为两个阶段，即 1979 年至 1984 年为端倪渐显阶段，1985 年取消粮食统购，实行计划定购（中央讲的是合同定购，此为贵州省变通提法）起至 1992 年，为明显加快阶段。对此，可从以下数据得到说明（见表 1~表 4）。

**表 1　　国家粮食总购进**

单位：年均万吨

| 时 段 | 合 计 | 其 中 | | | |
|---|---|---|---|---|---|
| | | 省内收购 | 为省内总收购% | 省外净调入 | 为省外净调入总数% |
| 1976~1978 | 112.47 | 90.71 | 80.65 | 21.76 | 19.35 |
| 1979~1984 | 137.40 | 79.14 | 57.60 | 58.26 | 42.40 |
| 为 1976~1978（%） | 122.17 | 87.25 | | 267.74 | |
| 1985~1992 | 161.07 | 67.01 | 41.60 | 94.06 | 58.40 |
| 为 1976~1978（%） | 143.21 | 73.87 | | 432.26 | |
| 为 1979~1984（%） | 117.23 | 84.67 | | 161.45 | |

**表 2　　粮食总购进中议价购进**

单位：年均万吨

| 时 段 | 合计 | 为总购进% | 其 中 | | | |
|---|---|---|---|---|---|---|
| | | | 省内收购 | 为省内总收购% | 省外净调入 | 为省外净调入总数% |
| 1976~1978 | | | | | | |
| 1979~1984 | 10.15 | 7.39 | 4.79 | 6.05 | 5.36 | 9.20 |
| 为 1976~1978（%） | | | | | | |
| 1985~1992 | 45.74 | 28.40 | 18.57 | 27.71 | 27.17 | 28.89 |
| 为 1976~1978（%） | | | | | | |
| 为 1979~1984（%） | 450.64 | | 387.68 | | 506.90 | |

**表 3　　国家粮食销售（按可比数计算）**

单位：年均万吨

| 时 段 | 合 计 | 其 中 | | | |
|---|---|---|---|---|---|
| | | 平 价 | % | 议 价 | % |
| 1976~1978 | 114.30 | 114.30 | 100.00 | | |
| 1979~1984 | 124.18 | 112.79 | 90.83 | 11.39 | 9.17 |
| 为 1976~1978（%） | 108.64 | 98.68 | | | |

续表

| 时　段 | 合　计 | 其　中 | | | |
|---|---|---|---|---|---|
| | | 平　价 | % | 议　价 | % |
| 1985~1992 | 149.88 | 111.68 | 74.51 | 38.20 | 25.49 |
| 为 1976~1978（%） | 131.13 | 97.71 | | | |
| 为 1979~1984（%） | 120.70 | 99.02 | | 335.38 | |

**表 4　　1985~1992 年社会粮食购销**

单位：年均万吨

| 项　目 | 合　计 | 其　中 | | | | 备　注 |
|---|---|---|---|---|---|---|
| | | 计划购销 | % | 市场购销 | % | |
| 收购 | 84.37 | 48.44 | 57.41 | 35.93 | 42.59 | 按全国 1985~1987 年重点调查的平均参数测算 |
| 其中：国有粮食企业 | 67.01 | 48.44 | 72.29 | 18.57 | 27.71 | |
| 多渠道 | 17.36 | | | 17.36 | 100.00 | |
| 销售 | 188.29 | 111.68 | 59.31 | 76.61 | 40.69 | |
| 其中：国有粮食企业 | 149.88 | 111.68 | 74.51 | 38.20 | 25.49 | |
| 多渠道 | 38.41 | | | 38.41 | 100.00 | |

## 三

上述情况表明，党的十一届三中全会以后，随着粮食减购、压销、包干、调价、开放市场等改革举措渐进式的持续深入推进，实际上也就一步一步地为议购议销与市场调节营造了空间，为“双轨制”的逐渐成功形成和发展创造了条件，奠定了基础。可以说，“双轨制”的成功形成和发展，就是减购、压销、包干、调价、开放市场等改革举措持续深入推进的必然结果，减购、压销、包干、调价、开放市场等改革举措的持续深入推进，则是“双轨制”成功形成和发展的必由之路。实践证明，粮食流通体制改革每一步持续深入推进，是互为因果的。每一步改革的成功，都是下一步改革顺利发展的良好条件。因此，“双轨制”的成功形成和发展，就为 1993 年开始的在国家宏观调控下放开价格，放开经营的改革创造了良好的前提条件。

“双轨制”成功形成和发展的主要标志是体现了“三有效”，即有效地贯彻落实了党中央、国务院减轻农民负担，让农民休养生息的政策；有效地实现了计划调节与市场调节的有机结合，在保障消费者基本需要的同时，顺利推进了减购、压销、包干、调价、开放市场等改革举措的持续深入发展，逐步疏通了粮食流通渠道，活跃了粮食流通，扩大了市场调节，丰富了市场供应，丰富了人民生活，调节满足了多方面的需要，维护了市场稳定、政治安定和经济社会发展；有效地培养和增强了人们的市场意识与适应市场经济的能力，从而消除或减少了深入进行市场取向改革的思想障碍。

“双轨制”之所以能够成功形成和发展，最主要的经验就是：坚定改革，稳步慎行，循序渐进，持续深化，逐步到位。因为我国是一个国家大，人口多，人均土地少，粮食需求量大，占有量低，供求紧，回旋余地小的国度，粮食又是关系国计民生，须臾不可缺少的重要商品，在此情况下进行粮食流通体制改革，必须十分稳慎，不可脱离实际，不然就会影响经济社会发展，影响改革、发展、稳定大局。所以，按照建立社会主义市场经济的要求，粮食统购统销的体制一定要改，但不能急于求成，一蹴而就，只能稳步慎行，循序渐进，持续深化，逐步到位。

（作者：贵州省粮食局　张纯良）

# 上海市粮食局行政管理体制改革的回顾与思考

改革开放30年，是我们党带领全国人民建设和发展中国特色社会主义的30年，是党和国家命运发生历史性变化的30年，也是上海市粮食行政管理体制发生重大变化的30年。30年来，为建立健全适应社会主义市场经济发展要求和符合特大型粮食消费城市实际的粮食流通体制，伴随着改革开放以来党和国家实行的五次较大规模的政府行政管理体制改革，上海市粮食行政管理部门先后于1982年、1987年、1992年、1996年、1998年、2000年进行了六次以转变职能和机构改革为主要内容的行政管理体制改革，通过转变职能、理顺关系、优化结构、提高效能，逐渐形成了权责一致、分工合理、决策科学、执行有力、监督有效的粮食行政管理体制，对促进粮食生产、搞活粮食流通、稳定粮食市场、确保粮食安全，发挥了重要作用。随着改革的深入发展和新情况新问题的不断出现，党的十七大作出了关于加快行政管理体制改革、建设服务型政府的重大决策，在加大机构整合力度、探索职能有机统一的大部门体制等方面迈出了重要步伐。回顾总结上海市粮食行政管理部门的六次行政管理体制改革，对于在新的形势下继续加快粮食行政管理体制改革具有重大的现实意义。

## 一、历次改革综述

计划经济时代的上海市粮食行政管理部门是在高度集权的计划经济体制管理下的政企合一的行政管理机构。自1978年4月复名为上海市粮食局以来，除承担政府管理职能外，还兼有企业管理、行业管理、社会管理等多方面的职能，担负着全市粮油收购、销售、调拨、储存及加工管理等工作。

为了提高政府工作效率，实现干部年轻化，党和国家在1982年启动了改革开放后的第一次政府行政管理体制改革，主要是开始废除领导干部职务终身制、精简各级领导班子和加快干部队伍年轻化建设步伐。为适应社会主义现代化建设新形势和政府行政管理体制改革的需要，在上海市委、市政府的统一领导下，粮食行政管理部门的改革重点是以调整领导班子为主，同时提出精简机构、紧缩编制，实行老干部离退休制度以及加强年轻干部队伍建设。根据干部“四化”方针，一批优秀年轻干部走上了局级领导岗位。同时，为适应党政分开的要求，局党委班子作了调整，行政副局长一般不再兼任党的职务。对局机关内部处室职责进行了修订，明确了各自职能配置。为了适应形势和工作需要，先后对一些处室和公司作了调整。局科技处与粮食科研所合并，更名为“生产科技处”，对外实行两块牌子，一套班子，为县团级单位。原宣教处更名为宣传处，增设了教育处。另外，撤销了基层处，将基层处的职责归为企业整顿办公室、集体事业办公室和局工会分管。1986 年 8 月，根据市委关于改革行政性公司机构的有关精神，将上海市粮食供应公司与粮油贸易公司合署办公，实行两块牌子，一套机构。1987 年 5 月，撤销上海市粮油工业公司，将其改组为局工业处，局党委也相应建立了工业基层工作处。

随着我国经济体制改革的重心由农村转向城市，面对传统计划体制的种种弊端，推动政治体制改革、深化体制层面的改革已成大势所趋。根据市委市政府提出的相应转变政府机构的职能和管理方式、调整机构设置的总体布局及其职责权限和加强政府内部制度化建设的要求，1987 年 10 月，对各处室职责重新作了修订，明确各自的职责分工，并根据职责分工精简了有关机构和相应人员，截至 1987 年末，局机关设有办公室、组织处、行政处、计划处、郊区工作处、财务处、审计室、法制处、宣传处、人事处、保卫处、教育处、基建处、科技处、集体事业办公室、经济研究室、引进办公室、外事办公室、工业处等 20 个处室，还有局纪委、工会和团委，局机关工作人员 184 人（其中编制数 178 人）。

进入 20 世纪 90 年代以后，随着粮食流通体制改革的不断深入，上海市粮食行业已由产品分配型向商品经营型过渡。实践要求，进一步深化经营机制改革，粮食行政管理部门必须要探索行政管理体制改革，进一步转变职能，精简机构，合理配置人员，才能增强在计划经济向市场经济转型过程中的竞争力，更好地维护国有粮食企业在粮食市场经营中的主体地位和发挥主渠道作用。1992 年 8 月，根据适应粮食流通体制改革，加快“粮食商品化、经营市场化”的指导思想，提出局机关的职能转变，主要是指行政职能要明责放权，从管具体事务转为管市场、管规划、管政策、管法规制订，从单纯利用行政手段转为依法治商、按经济规律进行调控、服务。针对当时存在的机构臃肿、人员膨胀这两个不利于职能转变的突出问题，根据上下对口和工作需要的原则，按照精简、高效、统一的方针，采用并和转的方法对局机关内部处室实施部分调整，进一步理顺关系、精简人员，增强服务，提高效率，更好地为粮食经济的改革、开放和发展服务。截至1992年10月，职能转变和机构调整基本结束，局机关处室从31个精简和调整为19个，人员总数由原来的302人缩减为216人（其中在编158人、借用40人、聘用18人）。

党的十四大将建立社会主义市场经济体制作为我国经济体制改革目标后，党和国家又进行了第三次政府行政管理体制改革，这次改革的目的是建立适应社会主义市场经济需要的组织机构。为进一步推进机关职能转变和精简机构，1996年，上海市人民政府以沪府办发［1996］39号文件对市粮食局的职能配置、内设机构和人员编制重新进行了确定，明确了上海市粮食局是市政府主管全市粮油流通和粮油储备工作的职能部门，其职能是在建立社会主义市场经济体制的新形势下，主要转变为加强宏观调控、强化依法行政和切实理顺关系。同时，精简机构和人员，着重强化体现宏观管理、指导基层、服务企业、加强政策研究和对重大问题的调研等职能，不强调与上级部门一一对口，但注意保持适当衔接，对现有的22个机关处室调整精简到16个，人员编制数由182名缩减为175名（其中在编、借调人员共197人）。

1998年，鉴于当时粮食行政管理机构设置与社会主义市场经济发展日益突出的现实矛盾，为了早日消除政企不分的组织基础，国务院实施了涉及面最广、改革力度最大的一次粮食流通体制改革，以进一步推进粮食流通市场化发展。1998年8月，根据国务院《关于进一步深化粮食流通体制改革的决定》和上海市政府《关于进一步深化粮食流通体制改革的通知》精神，明确本市粮食流通体制改革的目标是“四分开一完善”，即实行政企分开，储备与经营分开，市与区、县政府的粮食责权分开，新老账目分开，完善粮食价格机制，三年落实到位，粮食财务挂账三年消化完毕，企业转制三年基本完成。按照政企分开的原则，粮食行政管理机构与粮食企业在人、财、物等方面彻底脱钩，转变职能，精简机构，抓好粮食流通行政管理，组建了新的上海市粮食局，重新配置了内设机构和人员编制。明确内设机构为 8 个处室，行政编制定为 67 名（其中 17 人挂编）。新成立 1 个事业单位——上海市粮食局机关服务中心（上海市粮食局老干部活动室），人员编制为 15 人。上海市贸易学校、中共上海市粮食局党校（干校）、上海市贸易技术学校等事业单位委托上海良友（集团）公司管理，中央在沪企业中国盐业总公司上海市盐业公司由新的上海市粮食局代管。

为进一步转变政府职能，改进管理方式，提高行政效率，降低行政成本，逐步形成行为规范、运转协调、公正透明、廉洁高效的行政管理体制，2000 年，在党中央和国务院的统一领导下，上海市启动了新一轮的政府行政管理体制改革，根据市政府对市级机关机构改革“三定”工作的部署，市粮食局又重新进行了“三定”工作，明确市粮食局是市商业委员会管理的负责全市粮食（含食油）流通宏观调控具体业务和粮食储备管理的行政机构，并对部分职能进行了调整，将饲料行政管理职能划出，交给市农业委员会；将机关后勤服务工作交给有关事业单位。局机关人员重新定编为 46 人，其中，正副处级领导职数 15 名，内设机构为 7 个处室，即办公室、政策法规处、计划处（粮油储备管理处）、粮食行政管理处（粮油质量技术管理处、市粮油经营管理办公室）、市场处（军粮供应处）、财务处、人事处（老干部处），还按规定设置纪检监察机构和机关党委等。2005 年 6 月，根据《粮食流通管理条例》增加的加强粮食监督检查的职能，经市编委批准粮食行政管理处增挂监督检查处牌子。

## 二、历次改革取得的成效

“精简机构是一场革命，是对体制的革命”，改革开放以来，特别是党的十四大明确提出“要下决心进行行政管理体制和机构改革”以来，在党中央、国务院和市委、市政府的统一部署下，上海市粮食行政管理部门先后进行了多次行政管理体制改革。通过改革，以市场为取向的粮食流通体制改革在积极稳妥中推进，保护了广大种粮农民的利益，促进了农业生产结构调整和粮食生产与流通，粮食行政管理部门在转变政府职能、理顺关系、精兵简政、提高效率等方面取得了一定的进展。这些成绩的取得，既为做好新形势下的粮食流通工作、确保上海粮食安全提供了重要保障，又为进一步探索大部制下的粮食行政管理体制改革奠定了坚实的基础。回顾总结历次改革的实践，我们取得了不少有益的成效，概括起来主要有：

**（一）坚持粮食购销市场化的改革方向，把转变职能作为行政管理体制改革的关键**

建立社会主义市场经济体制是我国经济体制改革的目标。为了实现这一目标，必须改革与传统的计划经济体制相适应的原有的行政体制和政府机构设置框架。在历次行政管理体制改革中，上海市粮食行政管理部门始终从建立与社会主义市场经济体制相适应的粮食行政管理体制出发，明确粮食购销市场化的改革方向，按照政企分开、政事分开的原则，切实把行政机关的管理职能从传统的计划管理向法制管理转变，从直接管理向间接管理转变，从对粮食系统内管理向全社会粮食流通管理转变。并注意处理好政府与粮食企业的关系，粮食生产与流通的关系，产区和销区的合作关系，局部和全局的关系，眼前和长远的关系，把工作重心转移到依法行政、行业管理、市场监控和储备管理上，从而真正实现了管理模式从传统计划经济体制下的政企不分向市场经济体制下政企分开的新型粮食管理模式的转变。

**（二）坚持精简、统一、效能的改革原则，把提高行政效能作为行政管理体制改革的目标**

长期以来，上海市粮食行政管理部门机构庞大，政企不分，机构臃肿，人浮于事，有些内设机构设置不合理、职能交叉重叠普遍，导致敷衍塞责、推诿扯皮、效率低下、行政不作为等现象时有发生，造成了不良的影响，严重降低了政府行政效能。为此，在机构改革中，将粮食行政管理部门的主要职能逐条分解为单项工作任务，把内容和性质相近的工作任务归并分类，本着精简、统一、效能的原则科学合理地设置内设机构，最大限度地防止了职能交叉、错位、越位和缺位。同时，坚决不搞“一刀切”，根据加强的部门、保留的部门、撤并的部门等不同情况以及部门内设处室职能转变和职能配置的特点，分别调整精简内设机构。对人员编制数和领导职数建立在各部门职能分解的基础上，同时根据实际工作的需要予以确定。经过改革，局机关内设处室不断减少，人员编制大大压缩，但组织结构得到了优化，人员素质得到了提高，行政效率得到了提升。

**（三）坚持与干部人事制度改革同步推进的改革思路，把提高干部素质能力作为行政管理体制改革的重点**

在行政管理体制改革中，一些机构要撤并，一些人员要精简，一些干部要变动职位或调整岗位，这些都关系到每个干部的切身利益。为此，在做好思想政治工作，保持干部队伍特别是领导干部思想稳定的同时，利用改革带来的有利契机，把精简人员编制与深化干部人事制度改革结合起来，在改革中实行优胜劣汰，严格进、管、出三个环节，不断调整和改善干部的分布结构、知识结构和年龄结构，逐步建立公务员管理的科学机制，不断优化公务员队伍结构。在人员的定职定岗工作中，遵循党管干部的原则，严格按照干部管理权限和有关干部人事政策规定办事，把竞争机制引入干部人事管理，坚持德才兼备、以德为先，体现公开、公平、公正、合理，实行民主推荐、双向选择、合理流动、逐级录用，实现干部责权明确、能上能下，增强了干部工作透明度和选人用人公信度。一是召开机关全体干部职工大会，进行定编定岗工作的动员和部署。各处室组织讨论、统一思想、提高认识。二是及时张榜公布机关的机构设置及人员编制数，领导职数和岗位设置情况，推荐各处室主要负责人和填写个人工作意向。三是在民主推荐的基础上，干部人事部门结合平时考核情况，提出各处室主要负责人的初步名单，由局党组审定。各处室主要负责人确定后，由主要负责人提名副职人选，干部人事部门依据本人的意向、推荐结果、规定的职数，与各处室主要负责人协商，提出副职录用名单，报局党组审定。按照工作需要，结合组织选择和个人意愿及择优录用的原则，确定各处室的每一位工作人员。同时，结合实际，对每一位处级领导干部定岗定职采用任前公示制、任期制和试用期制，打破了处级领导干部终身制，如处级干部正式任职前，进行为期一周的公示，听取群众意见；处级领导干部任期暂定为三年，对新提任的处级领导干部试用一年，考核称职后再正式任命，这些措施极大地增强了干部队伍的生机和活力。

**（四）坚持一切从实际出发的改革方针，把实现改革、发展、稳定相统一作为行政管理体制改革的保障**

政府行政管理体制改革涉及面广、政策性强，关系到每一个人的去留和利益。为实现改革的平稳过渡，领导高度重视，成立领导小组，召开动员大会，组织学习讨论，明确改革的目的和意义。同时，认真贯彻积极稳妥的方针，坚持从实际出发，既着力解决体制性突出矛盾，坚定不移迈出改革步伐，又防止矛盾产生、激化和顾此失彼，出现一时震动，影响改革进程。在每次“三定”工作中，局党组都注意研究分析和正确把握改革的现实条件和有利时机，把改革精神和求实态度统一起来，对于已经具备条件的，坚决进行改革；对目前还不具备条件的，不求一步到位，创造条件分步实施、逐渐深化；对待涉及个人去留、人员分流安置等敏感问题，都能坚持以人为本，认真把握政策，从行政机关的特点和有利条件出发，制定配套措施，提出实施意见，帮助大家解决好思想问题，并合理妥善地解决个人的实际困难，真正做到对党和人民的事业负责、对每一个干部负责，使相关人员都能各得其所、各尽其能，心情愉快地投入到新的工作岗位中去，更好地发挥作用，从而把改革与发展、稳定有机统一起来，真正实现了思想统一、人心稳定，通过抓好行政管理体制改革有力地推动了局机关中心工作和其他各项工作的开展。

## 三、存在不足及对策思路

由于改革的渐进性和受各种条件的制约，随着时间的推移，一些未得到根本解决的深层次矛盾和问题逐渐暴露出来，上海市粮食行政管理部门职能配置和机构设置与社会主义市场经济依然存在着一定程度的不适应，特别是2004年以来，国务院为深入推进粮食流通体制改革，先后出台了《国务院关于进一步深化粮食流通体制改革的意见》、《粮食流通管理条例》和《国务院关于完善粮食流通体制改革政策措施的意见》等行政法规和规范性文件，着眼于新的发展形势，赋予粮食行政管理部门新的管理职能，对工作内容、工作方式和队伍建设提出了新的更高要求。但是，从当前本市粮食行政管理机构和人员的现状看，无论是在职能转变、管理模式、人员结构和队伍建设上，对照《条例》所赋予的新职能、新任务的现实需要与履行新的管理职能和依法管粮的要求还存在诸多不适应的地方，主要表现在：

一是职能配置不适应。长期以来，粮食行政管理部门管了许多“不该管、管不了又管不好”的事情，造成行政管理工作出现“越位、错位、缺位”的现象。尽管经历了多次行政管理体制改革的调整，特别是在2000年对职能的明确规定，但随着 2004 年后《条例》和国务院有关文件的颁布实施，原有的职能配置存在严重的“缺位”现象。总的看来，有些职能是被弱化了，有些新职能亟待加强。因此，在加入世界贸易组织和粮食流通市场化改革进一步深化的新形势下，原有的管理职能已不适应管理全社会粮食流通的需要。如行使行政处罚权，统计全社会粮食流通，加强对粮食质量的监督检查，还有建立健全粮食市场监测预警机制和应急机制，加强政府宏观调控等都是下一轮深化粮食流通管理体制改革所必须增加的新的重要内容。与市级粮食行政管理部门相对应的，区（县）粮食行政管理部门也新增加了承担全社会粮食流通统计、实施全社会粮食收购行政许可、实施全社会粮食流通监督检查、实施对原粮卫生的检查、实施对粮食市场供求情况监测分析和建立粮食市场预警机制等职责。而由于区（县）一级粮食行政管理部门的机构精简和人员减少，履行这些新职能的压力比过去加大。

二是管理模式不适应。市场经济的实质是法治经济，它要求政府及其主管部门要依法行政。当前，在公共管理和行业管理上，无论是市级粮食行政管理部门还是区（县）粮食行政管理部门，其管理模式的宏观性、法规性、服务性仍不强。部分区（县）由粮食企业行使粮食行政管理职责。在《条例》等法规实施以后，粮食行政管理部门的职能和工作重心发生了重大变化，由原来直接管国有企业经营转移到对全社会粮食流通的管理，从原来管具体事务转变到管政策、管流通、管执法、管质量、管市场培育、管市场环境、管流通统计、管安全体系和应急机制建立、提供政策性财政保障以及加强行业指导服务等方面上来，这就要求粮食行政管理模式在充分发挥市场配置资源的基础性作用的前提下，从原来以行政手段为主转变为以经济手段、法律手段为主，必要时辅之以行政手段，加快由微观管理向宏观调控转变，从管制型管理模式向服务型转变。

三是人员素质不适应。从人员现状来看，2001 年 10 月，上海市各区（县）政府对区（县）粮食局进行了新一轮的政府行政管理体制改革，机构明显精简，人员编制大大减少，导致区（县）粮食行政管理部门内设机构太少，人员普遍短缺，很多工作做不了。目前，除了个别区粮食行政管理部门人员比较充足外，大多数区（县）粮食行政管理部门的人员捉襟见肘，只能应付主要的粮食工作。从素质能力看，粮食行政管理人员特别是行政执法人员的专业素质要求，对适用法律、法规的把握、执法程序的安排、行政处罚的裁定、法律文书的制作等法律技术问题都比较缺乏；从观念意识看，市场经济意识、依法管粮意识、行政执法意识以及加强粮食宏观调控的意识、全社会行业性管理的意识、依法行政的意识、服务企业的意识比较淡薄。这些问题严重地制约着本市粮食行政管理部门履行《条例》的能力和水平。

由此不难看出，在新的形势下，粮食行政管理部门在完善宏观调控、确保粮食安全方面面临着新的严峻挑战，调整和完善粮食行政管理职能势在必行。我们应充分认识深化粮食行政管理体制改革的重要性和紧迫性，严格按照一件事情由一个部门负责和上下对口的原则，转变职能、理顺关系、改进方法、提高效率，不断完善本市粮食行政管理部门的主要职责。

**（一）必须以建立服务型政府为原则目标，着力推进职能转变**

政府职能是政府行政管理的核心问题。在市场经济条件下，政府的职能主要是“经济调节、市场监管、社会管理、公共服务”。粮食行政管理部门要履行好《条例》赋予的职责要求，必须以建立服务型政府为原则目标，加快职能转变。在管理对象由过去主要管理国有粮企转变为管理全社会粮食流通、管理内容由主要管理企业的经营活动转变为管理市场主体的准入和维护正常市场秩序、管理手段由过去单纯行政管理转变为依法管理、管理目标由过去的粮食购销调存加转变为确保粮食安全的情况下，粮食行政管理部门必须强化调控、监督、协调和服务四项基本职能。一是加强粮食宏观调控。建立储备粮吞吐、委托收购、进出口、价格干预等调控机制，加强对粮食市场的调控；实行分级粮食储备制度；建立健全粮食风险基金制度；建立粮食供需抽查制度；建立粮食应急体系和应急机制，提高宏观调控的能力和效率，确保粮食安全。二是行使管理全社会粮食流通的行政执法权。要依照《条例》赋予粮食行政管理部门对粮食流通进行监督检查的要求，依法行使行政处罚权，加强对全社会粮食经营企业的管理，维护正常的市场秩序和市场环境。三是做好全社会粮食流通统计工作。主要是做好粮食流转统计、粮食仓储设施统计、粮油加工业统计、粮食行业机构人员统计四个方面的统计工作。四是为粮食行业发展提供公共服务。根据《条例》等有关规定，上海市粮食行政管理部门和区（县）粮食行政管理部门都应增加以下具体的职能：依法加强对全社会粮食市场主体的指导、监督、检查和服务，实施行政处罚；实施全社会粮食收购行政许可，对已经取得粮食收购资格的企业要加强指导、服务和监管，定期进行审核；建立健全粮食市场监测预警机制，进一步完善粮食价格监测体系和粮食供求、质量、价格信息发布制度，健全粮食应急机制；承担全社会粮食流通统计，加强对粮食流通统计制度执行情况的监督检查，督促各类粮食经营企业和用粮企业自觉执行粮食流通统计制度并履行报送粮食购销存等基本数据和情况的义务。此外，市粮食行政管理部门还应增加实施对陈化粮购买资格的认定和销售、处理的监管，建立粮食销售出库检验制度的职能。

**（二）必须以规范行政行为为基本要求，着力推进依法管粮、依法行政**

职能转变了，必然要求管理方式也要跟着改变。要改革不适应《条例》要求和粮食流通管理体制改革需要的管理模式，加快从微观管理转向宏观管理、从直接管理转向间接管理、从政策管理转向法规管理、从以管理为主转向以服务为主的转变，粮食行政管理部门必须坚持依法管粮、依法行政的理念，主要用法制的手段、经济的手段来管理，把法律手段、经济手段和必要的行政手段结合起来，加强对全社会粮食流通的指导、管理、协调和服务，通过指导、协调和服务来加强监管；要严格贯彻执行《行政许可法》、《行政处罚法》和其他相关法律法规的规定，规范执法行为，按照依法行政中有关“合法行政、合理行政、程序正当、高效便民、诚实守信、权责统一”的基本要求，以法律为准绳，遵循公开、公平、公正的原则和法定程序，坚持权责统一，规范行政行为，提高办事效率，提供优质服务，建设法治型政府机关。

**（三）必须以提高素质能力为重点任务，着力推进干部队伍建设**

随着粮食行政管理部门职能转变和依法管粮、依法行政步伐加快，粮食行政管理部门和行政人员担负着粮食宏观调控、粮食流通监管执法和指导行业发展的重任，给粮食行政管理机构和管理人员履行岗位职责提出了新的更高的能力要求和素质要求。当前，针对目前区（县）粮食行政管理部门内设机构太少、人员紧缺的状况，根据有关规定充实区（县）级的机构和人员已成为当务之急，同时最主要的是要加强市级和区（县）级粮食行政管理部门的队伍建设，增强业务本领和法治意识，提高依法行政的能力。一是要加强学习，提高行政能力。把学习作为提高人员素质和行政能力的基本途径。通过政治理论学习，加强思想政治建设，牢固树立执政为民的理念宗旨，用科学发展观武装头脑，指导实践，推动工作，统领粮食流通工作，增强为人民管好粮的责任感；通过粮食法律法规的学习，增强法治意识，提高依法行政能力。当前要着重抓好《条例》、《行政许可法》、《行政处罚法》和其他粮食行业法律法规的学习和培训，提高行业的法治化水平和业务本领。二是要加强干部队伍建设，为依法管粮提供组织保证和人才支撑。要建立健全符合科学发展观要求的干部选拔任用机制，坚持公开、平等、竞争、择优原则，安排适当岗位，开展民主推荐和竞争上岗，不拘一格大力提拔政治上靠得住、发展上有本事、作风上过得硬、人民群众信得过的优秀干部；加快后备干部队伍建设，按照“缺什么，补什么”原则，针对后备干部的特点，加强针对性培养，创造各种机会加强教育培训和实践锻炼，为年轻干部的成长、成才提供更多的平台和机遇；建立科学的干部考核和监督机制，促进干部树立科学的发展观和正确的政绩观，全面推进依法行政、依法管粮。三是勤政廉洁，树立良好政风。要按照“为民、务实、清廉”的要求，深入开展党性党风教育，坚持走群众路线，为群众真心办好事、办实事；坚持求真务实推进各项工作；坚持调查研究，促进决策科学化，不断加强粮食行政管理部门自身建设，树立良好的政风和形象，切实把粮食行政管理工作的重心转移到加强监督、协调和服务方面上来，进一步转变思想，更新观念，改进作风，增强服务意识，提高办事效率。

（作者：上海市粮食局人事处）

# 山东省粮食财会工作回眸与前瞻

1978~2008 年，山东省粮食流通体制经过长期的探索、改革和完善，基本实现了粮食购销市场化的目标，形成了粮食购销多主体、粮食流通多渠道、粮食企业多成分、粮食经营多形式的新格局。粮食财会工作作为粮食工作的重要组成部分，以服务粮食流通体制改革和粮食宏观调控大局为中心，认真贯彻国家财经方针，积极落实财务政策，不断加强财务监管，努力搞好经济核算，为推动粮食事业发展发挥了积极作用，做出了重要贡献，积累了许多经验。

## 一、忆往昔，令人鼓舞

回首 30 年，山东省粮食财会工作围绕不同时期粮食流通工作重点，积极顺应形势要求，不断更新思想观念，努力发挥职能作用，有效地促进了全省粮食事业稳步发展。

### （一）调整财务管理体制，扩大企业理财能力

新中国成立后的较长一段时间，由于国家对粮食实行统购统销制度，因此，粮食财务也高度集中统一，企业费用向上要、亏损向上报、经营向上靠，缺乏应有的发展动力和经营自主权。党的十一届三中全会后，山东省对粮食财务进行了一系列改革：一是划小核算单位。自 1979 年开始，由县（市）粮食局统一核算盈亏改为基层企业独立核算。二是将财政补贴与企业盈亏分开。自 1979 年起，国家对提高粮油统购价所增加的支出和超购粮油加价支出给予补贴，不再列企业亏损。三是实行政策性亏损定额补贴。自 1980 年起，对粮食商业企业经营平价粮油所发生的政策性亏损，实行定额补贴。四是扩大企业财务自主权。自 1980 年起，对各类企业分别实行不同

形式的利润留成法，使企业财力与效益挂钩。五是实行盈亏两条线管理。自1985年起，粮食企业财务管理体制由省统管改为盈亏两条线，逐级下放到县。粮食财务体制通过一系列改革，结束了长期以来统收统支吃大锅饭的局面，初步理顺了各方面的经济关系，调动了地方政府和企业积极性，促进了粮油商品流通，带动了各项粮食事业的发展。

### （二）完善风险基金政策，调整风险基金功能

粮食风险基金是中央和地方政府专项用于保护粮食生产、维护粮食流通秩序、稳定粮食市场的宏观调控资金。十多年来，围绕粮食风险基金的建立、调整和完善，山东省做了大量工作：一是积极建立粮食风险基金。1994年，建立了粮食风险基金制度。1997年，为落实保护价收购政策，规定对超合理周转库存部分给予利息、费用补贴。二是逐步调整粮食风险基金政策。1999年，国务院决定对粮食风险基金实行包干，山东省粮食风险基金规模得到一定的增加；2001年，争取中央对山东省增加补助；2002年，为鼓励粮食促销，山东省将补贴重点由储存环节转向销售环节，截至2004年底，山东省100多亿斤老粮处理完毕。三是进一步完善粮食风险基金制度。为更好地适应粮食收购市场放开和粮食补贴方式改革的需要，2004年初，进一步完善了粮食风险基金补贴范围，主要包括对种粮农民直接补贴、地方储备粮油利息费用补贴等6个方面。2004年10月，根据实行直补后产销区不平衡的实际情况，又调整了部分市粮食风险基金规模，使分配逐步趋于合理。

各级粮食财会人员把配合财政部门落实好粮食风险基金政策，作为财会工作的重中之重，认真做好各项补贴的测算、争取工作，确保及时足额到位。2004~2008年，山东省在支付直补资金后风险基金比较紧张的情况下，争取到各项补贴近50亿元，不仅大大减轻了粮食企业的资金压力，也有效解决了许多历史遗留问题，促进了企业健康发展。

### （三）落实信贷资金政策，保证企业资金需求

改革开放30年，山东省各级粮食部门按照国家有关政策规定，加强资金管理，提高使用效益，有力地保证了粮油购销及其他各项工作的正常进行。一是保护农民利益。20世纪80年代至90年代初期，为支持种粮农民发展粮食生产，山东省认真落实预购定金和预约定金利息制度，较好地保护

了农民利益。二是资金集中管理。1995 年开始，山东省普遍在县级粮食部门建立起内部结算中心，将所属单位的财务收支全部纳入结算中心反映，不仅加强了监督，规范了管理，而且大大提高了资金周转速度，降低了利息支出。三是加强资金监管。对国有粮食购销企业实行“库贷挂钩、钱随粮走、封闭运行”的资金供应、管理办法；同时实行主附营业务资金分离，有效防止了挤占挪用资金等问题的发生。认真执行国务院颁布的《粮食收购条例》和《粮食购销违法行为处罚办法》，进一步强化了收购资金管理力度。

**（四）稳妥推进企业改革，大力推进产业发展**

1998 年以来，按照“因地制宜，因企制宜，分类指导，分步实施”的原则，山东省各级粮食财会部门努力做好本职工作，积极推进国有粮食企业改革。一是加快附营企业改革。山东省针对不同的附营企业，采取了不同的改革措施。经过改革，附营企业转换了机制，积极参与市场竞争，效益不断提高，保持了良好的发展态势，自 2000 年以来，山东省的附营企业每年盈利额都在亿元以上。二是加快购销企业改革。2004 年以来，为推动企业改革进程，山东省政府先后出台了《关于深化国有粮食企业改革的意见》和《国有粮食购销企业改革实施方案》。各级粮食财会部门充分发挥职能作用，推进改革顺利进行。首先，成功破解“三老”难题。通过调整风险基金政策，累计消化处理 100 多亿斤“老粮”；分流安置 10.23 万名职工；将政策性财务挂账剥离划转到县以上（含县级）粮食行政部门集中管理，同时解除了相应贷款的资产抵押手续。其次，想尽一切办法，千方百计推进产权制度改革。到 2007 年底，山东省国有粮食购销企业减少至 417 家，在岗职工 1.8 万人，企业活力明显增强。三是加快粮食产业化发展。在国有粮食购销企业改革任务基本完成之后，山东省及时将工作重点转移到产业化发展上来。为推动企业做大做强，财会部门加强与农发行的沟通和协作，积极争取将全省近百家粮油龙头加工企业列入国家重点扶持单位资料库，有效推动了企业做大做强。2004~2008 年，累计争取农发行对龙头企业注入资金 146 亿元，大大增强了粮油加工企业的竞争实力。2007 年度，山东省 631 家粮油加工企业产品销售收入完成 787.6 亿元，实现利润 28.5 亿元，均居全国第一位。

**（五）健全地方储备体系，增强政府调控能力**

近年来，山东省把加强地方储备体系建设作为粮食工作的重点，落实储备规模，完善管理体系，推行规范化管理，收到了明显成效。一是逐步扩大规模。山东省的地方粮食储备制度是1992年开始建立的。此后，为增强调控能力，省、市政府不断增加储备规模。2007年，省政府决定建立食用油储备。在增加储备的过程中，各级粮食财务部门积极协调财政、农发行，测算资金盘子，明确补贴政策，核定成本价格，落实收购贷款，确保储备任务顺利完成。二是加快粮库建设。为了建设与储备规模相适应的省、市两级储备库，山东省财会部门积极协调农发行、财政落实建仓贷款和贴息政策，千方百计争取发改委等部门支持。2004年以来，新（扩）建地方储备粮库容117万吨，投入建设资金5.2亿元。三是加强财务监督。山东省粮食局在全省开展了“地方储备粮规范化管理年”活动，制定出台了省级储备粮承储企业人员工资管理、费用包干管理等办法，同时，不断强化日常财务监管，定期对储备粮承储企业财务情况进行检查，对发现的问题限期整改，确保了储备粮安全。

### （六）着力抓好扭亏增盈，提升经济运行质量

长期以来，各级粮食部门认真贯彻党的路线、方针、政策，以提高经济效益为中心，狠抓扭亏增盈，各项粮食事业呈现出稳步发展的良好态势。2000~2007年（除2004年因清理挂账发生亏损）连续7年综合经济效益过亿元，经营性企业连续8年盈利，盈利总额达11亿元。2002年，在国家粮食局召开的全国部分省扭亏增盈现场座谈会上，与会代表对山东省的扭亏增盈工作给予了高度评价。我们的主要做法：一是实行扭亏增盈目标责任制。对完成核定目标的市予以表彰奖励。工作中建立联系点制度，深入基层调查研究，帮助企业解决困难；定期通报各市经济效益情况，充分调动企业积极性。二是认真落实各项财务政策，为粮食企业发展创造宽松环境。三是建立健全各项费用管理制度，最大限度地降低费用支出。同时，加大清收力度，减少不合理资金占用，提高资金回收率和使用效益。

## 二、看今朝，回味无穷

改革后的粮食企业甩掉了包袱，增强了实力，提高了效益。30年的工

作实践，使我们逐步加深了围绕不同时期工作重点、与时俱进做好粮食财会工作的认识，回顾以往，令人深思，一些体会，值得认真总结。

**（一）坚持以服务大局为主题，做好各项财务工作**

实践证明，粮食财会工作是粮食流通工作的重要一环，做好这项工作，必须牢固树立大局意识，既要算好收支账，更要算好政治账、经济账、发展账，充分发挥主观能动作用。当前最重要的是，继续坚持市场化的改革取向，围绕加强、改善粮食宏观调控、保障粮食安全这个中心任务，积极发挥职能作用，为促进全省粮食企业平稳较快发展作出应有的贡献。

**（二）坚持以发展经济为中心，解决前进中的问题**

粮食部门是一个老行业，困难多多，包袱重重。各级粮食财会部门始终把加快发展粮食事业作为解决矛盾和困难的根本途径，不等不靠，通过各种措施，较好地解决了“三老”问题。在新一轮粮食流通体制改革过程中，不断创新工作思路，破解工作难题，使整个财会工作富有朝气，充满活力。

**（三）坚持以扭亏增盈为目标，提高经济运行质量**

粮食企业的经济效益，既关系到粮改的成败，也关系到粮食企业的生存和发展。多年来，各级粮食财会部门始终把提高经济效益放在突出位置，克服等靠要思想，树立市场、效益观念，增强吃市场饭、辛苦饭的意识，寓盈利于服务之中。同时深化企业改革，转换经营机制，争取优惠政策，强化经营管理，规范会计核算，使扭亏增盈工作取得了显著成效。

**（四）坚持以联系实际为基础，促进粮食事业发展**

把上级政策与山东省实际相结合，因地制宜，实事求是，是做好粮食财会工作的成功秘诀。近几年，尽管粮食工作遇到的新情况、新问题比较多，工作难度很大，而山东省却呈现出购销两旺、事业发展、效益稳步提高的局面。这主要得益于我们在做好结合的文章上下了很大工夫。实际工作中，对党和国家一系列有关粮食工作的方针政策，我们都认真学习，领会实质，联系实际，贯彻落实。同时，深入调查研究，参与制定改革和发展方案，促进粮食事业稳定发展。

**（五）坚持以加强协调为保障，创造发展良好环境**

粮食行业是个专业性很强的经济部门，发展中的制约因素很多，协调好方方面面的关系至关重要。财会部门是对外协调的重要窗口，日常工作中，注意处理好与有关部门以及上下级之间的关系，多通气，多联系，把工作做深做细做扎实，求得他们的支持，为粮食企业发展创造宽松的政策环境。

**（六）坚持以行业指导为手段，提升财会工作水平**

理清工作思路，明确发展目标，是做好行业指导工作的关键。我们每年年初制定下发财会工作要点，召开财会工作会、半年经济活动分析会、决算布置会等，对全省粮食财会工作提出明确的指导思想和目标要求，加强调度，跟踪检查，确保落实。

## 三、展未来，昂首奋进

随着粮食流通体制改革的深入发展，未来的粮食流通工作既有良好的发展机遇，又面临许多新情况、新问题，这给粮食财会工作也提出了新任务、新要求。新形势下的粮食财会工作，必须以科学发展观为统领，围绕“协调、指导、监督、服务”“四个职能”，努力实现“四个创新”、“四个突破”。

**（一）创新协调方法，在优化企业环境上实现突破**

一是扶持购销企业发展。积极配合农发行做好收购资金的供应、管理工作，为购销企业开展收购提供资金支持，发挥主渠道作用。同时，积极协调中储粮直属库，确保收购资金充足供应，费用补贴足额到位。二是争取财务优惠政策。指导企业提高经济效益、提升信用等级，争取银行信贷资金支持；配合税务部门切实做好储备粮油承储企业的税收免征工作，确保优惠政策落到实处；积极争取财政部门支持，确保各项补贴的及时足额到位。三是加强财务挂账管理。对已剥离上划的政策性财务挂账，认真做好集中管理工作；对经营性财务挂账，采取积极措施，认真加以解决。

### （二）创新指导方法，在促进企业发展上实现突破

一是促进粮食产业发展。主动争取农发行从粮食生产基地建设、合同订单收购、设备更新改造方面给予信贷支持，促进龙头企业做大做强。配合财政部门合理调整粮食风险基金使用范围，争取对龙头企业的技术引进、技术改造所需信贷资金给予贴息补助。二是抓好扭亏增盈工作。继续加强政策引导，加大扶持力度，做大做强一批粮食产业化龙头企业；指导企业加强管理，通过内部挖潜，提高资金使用效率，降低成本费用。三是探索发展储备经济。积极探索战略储备和动态储备相结合的路子，做到储存有保障，轮换有效益；在以粮食储备为基础的前提下，充分利用储备设施，搞好搞活储备企业。

### （三）创新监督方法，在增强企业素质上实现突破

一是加强国有资产有效监管。有效整合资产资源，盘活闲置资产，提高运营效益，促进国有资产保值增值；建立国有资产管理绩效考核体系，科学制定绩效考核指标，调动企业法人管好国有资产的积极性。二是指导企业转换机制。加快对改革后的国有粮食购销企业资产的重组、整合和调整，建立一批新的骨干粮食购销企业，在社会粮食流通中当主角、挑重担；指导企业转换经营机制，推进企业制度、管理、技术创新，建立奖罚分明的激励约束机制，努力调动各方面的积极性。三是不断完善监督机制。加强财务监管，定期对粮食企业的费用开支、购销业务、财政补贴等情况进行业务指导和监督检查；指导企业建立健全相互联系、相互制约、相互监督的措施和办法，使内部监督制度落到实处。

### （四）创新服务方法，在提升工作档次上实现突破

一是更新服务观念。牢固树立“服务立业、服务固本”的新意识，巩固和扩大财务工作的地位和作用，做到有为有位。在日常工作中充分发挥桥梁、纽带作用，在粮食企业宏观管理上出力，扩大联合上牵线，维护企业权益上代言，发展经济上尽力，为粮食事业发展提供有效的服务。二是创新服务渠道。帮助改革改制后的企业融通资金、落实政策，促进发展。以召开财会工作会、座谈会等形式，为企业提供参谋服务。三是夯实服务基础。稳定和加强粮食财会机构建设，充实完善财务职能，当好领导参谋；加强粮食财

会队伍建设，努力培育一只开拓进取、爱岗敬业的高素质财会队伍，为粮食企业发展提供优质服务。

（作者：山东省粮食局财务处　迟心水　刘玉竹）

# 积极推进基层国有粮食企业改革与发展

国有粮食企业在国企改革中具有一定的滞后性，被喻为计划经济的最后“堡垒”。1998 年，中央推出“三项政策一项改革”，以推进国有粮食企业政企分离。粮改前，上海市嘉定区粮食企业面临着重重困难，包袱沉重，冗员大量，资金匮乏，经营困难，亏损严重，人心浮动。是任其恶性循环，还是坚持改革，走出困境？当时，上海市嘉定区粮食局领导班子算了一笔账，如果不尽快改革，全系统 3700 万元净资产 2~3 年将会被耗尽，距企业倒闭关门只有一步之遥。地区经济中粮食部门的缺失，必将影响人民生活和社会稳定。改革，也只有改革，才是企业生存发展逐步走出困境的唯一出路。全区粮食系统干部职工在区委、区政府的领导和市粮食局的关心指导下，迎难而上，锐意进取，推进改革摆脱困境，开拓创新促进发展。

## 一、在困境中求突破

1998 年，随着粮食流通体制改革的推进和粮食购销市场化步伐的加快，粮食企业的生产经营十分困难，这也给改革改制带来了挑战。

### （一）历史包袱沉重，企业陷于全面亏损

国有粮食企业在计划经济体制下，缺乏自主经营、自负盈亏、自我积累、自我发展的激励机制。企业缺乏生机和活力，与社会主义市场经济的发展严重不相适应，在日趋激烈的市场竞争中经济效益每况愈下。1998 年底，上海市嘉定区粮食系统共有大小企业 50 家，在册在岗职工 1620 人；账面总资产为 44563 万元，负债总额为 36879 万元，负债率 82.8%；账面净资产为 7684 万元，改制成本需 4500 万元，实际净资产仅存 3184 万元。此外，不良不实资产 6042 万元、库存潜亏 8500 万元、政策性财务挂账 8287 万元、

不合理占用农发行资金3880万元，经营企业大部分亏损，亏损累计达3301万元。

### （二）经营观念落后，跟不上市场经济的步伐

实施粮食购销市场化改革，原来由政府调控的政策性业务逐渐被市场调节取代，国有企业丧失了垄断地位，经营业务萎缩，市场占有率急剧下降，对国有粮食企业的生存和发展带来了沉重的压力和冲击。长期在国家计划经济的保护伞下工作的“粮食人”，缺乏市场经济的竞争意识、风险意识和法治意识，仍奢望手捧“大锅饭”；同时，对企业的前景又深感渺茫，发展信心不足，缺乏进取精神。

### （三）企业实力不足，缺乏市场竞争力

工业企业生产经营局限于面粉、饲料等粗加工，技术含量低，产品结构单一，缺乏市场竞争力。购销企业依赖于地产小麦、粳谷的购销，跨地区的粮食经营及跨行业的多种经营未能有效突破，市场占有率日趋下降，经营业务不断萎缩。由于粮食系统人员流动少，职工进单位时间长，职工队伍年龄老化，缺乏新生力量。1998年底，上海市嘉定区粮食系统年龄在35岁以下的职工不足2%。同时，由于缺乏自我积累，更新改造能力不足，致使厂房、仓库陈旧、设备老化，设施落后，加上经营管理不善等原因，严重制约了企业的发展。

面对严峻的现实，局党政班子知难而上，通过改革，求生存、求发展。

## 二、在改革中求新生

统一了思想认识后，通过请进来，走出去，广泛开展调查研究，结合本地区实际，制订了全系统整体改革方案，明确了改革的目标、措施和方法，制定了年度改革实施意见并对干部进行分批培训。本着整体推进、因企制宜、分类实施的原则积极推进改革。

### （一）把握大局，结合实际，创新粮食经营机制

上海市嘉定区粮食局在区委、区政府领导下分两步走、逐步完善了粮食

流通机制。第一步实行政企分开。重新确定粮食局的行政职能，新组建了国有独资的嘉定区粮油资产经营有限公司，政府粮食行政管理职能与粮食企业经营相分离，粮食行政主管部门与粮食企业在人、财、物等方面彻底脱钩。第二步在政企分开基础上，按照一局二公司模式，成立了归口于区粮食局领导的粮食购销公司和粮油资产经营公司，较好地处理了政府粮食行政职能部门与国有粮食企业的关系。区粮食局不参与具体经营业务，但在宏观上，在企业改革发展重大决策上加以指导、协调、服务。粮食局机关人员实行双向选择，竞聘上岗，局机关工作人员从原来的 78 人减为 19 人，解决了机构臃肿、人浮于事的状况。

**（二）整体推进，分类实施，全面进行企业改革**

1. 经营性企业推行以明晰产权为核心的企业改革。一是对产品工艺落后，扭亏无望，且已资不抵债的 8 家企业实行了停产歇业，清理债权债务；二是对产品尚有市场，运行正常的 8 家企业，实行股份制或改制为私营企业，国有资本全部退出，共置换资产 650 多万元。

2. 粮食购销企业全面进行精简整合。一是整体改制。对两家没有粮食收购储存等业务的城镇粮管所，整体改制为股份合作制企业。二是剥离附营业务，通过产权改革将企业附营业务与原企业剥离。原企业三产门店全部实行租赁、拍卖，由职工出资注册经营，改制为私营企业。原附属于购销企业的多种经营业务，推行以实行股份合作制为主要形式的产权改革。三是对保留的部分国有粮食购销企业进行以精简重组，将全系统原 20 家粮食购销企业重组为 8 家，缩减率为 60%。

3. 职工全部置换原国有企业职工身份。对停产、歇业、改制企业职工通过采取一次性经济补偿，协议保留社会保险关系、提前退休、内部退养等方式置换职工身份，做到企业彻底改制，职工与国有企业了断关系。对部分尚在国有粮食购销企业的职工，按照公正、公开、公平的原则由干部职工进行民主评议，竞聘上岗。落岗职工在置换身份基础上，由职工自主择业。上岗返聘职工，也在全部置换原国有企业职工身份基础上重新聘用。全系统除部分长病假、伤残职工外，已全部置换了原有身份，由企业人变为社会人。

**（三）明确目标，加快发展，拓宽经济发展新路子**

企业改制精简重组后，在统一思想、精心规划基础上，根据新形势、新情况在全系统掀起了新一轮发展热潮。

1. 以市场为导向，大力推进粮食购销经营。上海市嘉定区粮食购销公司始终以市场需求为导向，把发展优质粮食生产，推行粮食订单作为粮食购销的一项核心工作来抓。全区各粮食购销企业普遍与农户签订了优质稻和“嘉麦”等优质小麦的收购合同。积极开展跨区域向外拓展业务合作，与外区、外省市粮食购销企业和农场等部门签订了优质粮购销合同。积极拓展销售渠道，与有关农场联合加工大米进入了市区各大超市，与南方有关客户建立了稳固的优质小麦经销关系。2002 年，全系统在全区水稻种植面积比上年减少 3 万亩情况下，收购稻谷总量为 1536 万公斤，比上年增 9%，销售粮食 142731 万公斤。

2. 以盘活存量和资产运作为重点，构建多种经营发展体系。一是创造条件，积极开展招商引资，配备力量建立了招商引资专业队伍，落实考核责任制和奖惩措施，加大招商引资力度，全系统累计完成招商项目 41 个，注册资本 6500 万元。二是盘活存量，大力发展仓储租赁业。全系统共租出空置仓房 25735 平方米，协议年租金收入 400 余万元。三是大力开展资本运作。开发土地 68.5 亩，标准厂房 6000 多平方米，资产经营总量达 1800 万元。通过各方协调，成功处理了原关停企业的闲置资产，为开发增值创造了良好条件。

3. 坚持大粮食观念，积极营造多种所有制粮食企业发展的良好氛围。对改制企业采取各种措施予以扶助，使企业呈现良好的发展势头，竞争力明显增强。原粮油检测仪器厂长期亏损，通过企业改制，增强了企业活力，2002 年实现利润 18 万元。另一家大米加工厂几年累计亏损近 70 万元，改制后在全市率先取得食品生产许可证简称“QS”质量安全标志，大米、糯米粉进超市，销量成倍增加，企业实现了扭亏为盈。改制企业嘉良熏蒸仓储有限责任公司，对外熏蒸业务进一步扩大，改制当年营业收入 170 万元，创利近 20 万元。全区各种所有制的粮食交易市场在规范中发展，上海真新粮食交易市场 2007 年粮食批发成交量达 49.7 万吨，占全市粮食批发交易量的 40%，已成为上海的大米主要集散地。

# 三、在创新中求发展

“革命是解放生产力，改革也是解放生产力”。邓小平这一论断深刻揭示了改革的根本目的。回顾上海市嘉定区粮食部门十年改革发展之路主要经历走出困境、经济复苏、加强管理三个阶段，改革改制实践，取得积极成果。

**（一）改革改制，经济上翻身**

截至 2007 年底，全系统企业户数为 11 家，在册在岗职工 169 人，人数比 1998 年底减少 1451 人，减幅为 90%；账面总资产为 27409 万元，负债总额为 15327 万元，负债率从 82.8%下降到 55.9%，下降了 26.9 个百分点；净资产为 12082 万元，增值 2.8 倍。自 2002 年扭亏为盈，至 2006 年，实现利税 1805 万元，其中利润 1632 万元。经济打了“翻身仗”后，促进了各项工作的有效推进，干部职工的信心和凝聚力也有了明显增强。

**（二）调整经营，争创效益**

打破经营风险大、资金回报率低的粮油经营传统模式格局，积极探索非商品经营之路，联合参与兄弟单位经济发展中心招商，着力开展资产运作等多元经营活动。资产只有在运动中，才能带来增值，是市场经济的法则之一。近几年来，嘉定区粮食局充分发挥自身资产的优势，通过对嘉定油脂厂、嘉定面粉厂地块的置换，既解决了企业的巨额历史债务问题，又解决了下岗困难职工的生活问题。同时，全面收缩全系统商品经营活动摊子，集中资金开展资产运作等经营活动，取得了较好的经济回报。

**（三）盘活存量，挖潜增效**

企业关停并转和粮食流通实行市场化后，全系统有相当数量的厂房和不符合储粮基本条件的库房出现空置，嘉定区粮食局通过“三步曲”盘活存量资产。一是成立招商引资机构，大张旗鼓地开展招商引资工作。二是在全面盘活存量资产的基础上，开展整顿优化租赁企业的专项整治活动，清理了规模较小、安全隐患较多的劣势企业，引入管理规范、产出率高的优秀企业入驻，既减轻了粮食部门的协调管理工作，又增加了房屋年租金。三是结合新粮库建设，引进文化创意理念，重新整合资源，进行高起点的二次开发，从而改善粮食系统企业形象，优化投资环境，提升产业档次，最大限度地提高资产回报率。

**（四）加强党建，和谐稳定**

建立学习型组织，坚持每年举办干部系列培训班，加强对干部进行政治业务教育，提高干部队伍整体素质。在对基层单位班子和局管干部全面考核的基础上，上海市嘉定区粮食局进一步调整优化了干部队伍结构。加强局机关党组织建设，完成下属党支部和各企业工会的换届选举工作。关心企业协保、病退等困难职工，建立了非从业人员管理服务中心（老干部管理服务中心），关爱弱势群体，加强信访工作，为困难职工排忧解难，保持和谐稳定。通过制定《加强和改善离退休老干部工作意见》，进一步完善和加强老干部工作，丰富老干部生活。

上海市嘉定区粮食局近10年的改革实践，以及所取得的成果充分证明，只要坚持改革，解放思想，实事求是，与时俱进，就一定能破解难题，创新发展，创造辉煌。嘉定区粮食系统的干部群众以其非凡的胆识与智慧，在经济改革的大舞台上，开展了一场颇具风险的扭亏攻坚战，演绎了一曲负重奋进的时代壮歌。目前，上海市嘉定区粮食系统在党的十七大精神的指引下，全面贯彻邓小平理论和“三个代表”重要思想，深入学习贯彻科学发展观，按照区委、区政府的发展总体思路和市粮食工作会议精神，紧紧围绕稳定粮源、保障供应的目标，积极稳妥地开展经营活动，既要开拓经营，又必须规避风险，以安全为前提，开拓思路，扎实工作，以争创一流的精神，充分发挥自身的优势，努力实现新形势下粮食经济的振兴发展。

（作者：上海市嘉定区粮食局）

# 从粮食统购统销到放开粮食市场的历史性转变

解决了13亿人口的吃饭问题，是当代中国最引人注目的重大成就之一，也是人类历史上的伟大奇迹。这是中华人民共和国成立以来，特别是党的十一届三中全会以来，中国共产党领导全国各族人民，经过艰苦奋斗取得的。在这60年里，围绕粮食的多与少问题，中央在政策措施上作出过多次重大调整，确保了国家粮食安全。

## 一、历程回顾

### （一）新中国成立初期的粮食购销

新中国建立伊始，粮食产需、供求矛盾十分尖锐。面对严峻的粮食形势，党和政府一方面组织恢复和发展粮食生产，另一方面采取有效措施，尽快扭转市场剧烈动荡的局面，把粮食价格稳定下来。在粮食经营政策上主要把握两个环节：一个是规定适当的公私经营比重；一个是掌握合理的粮食价格水平，发挥国家牌价在市场上的主导作用。经过三年多的艰苦努力，克服了种种困难，粮食状况逐步有所好转，这对促进国民经济的恢复和发展发挥了积极的作用。

### （二）实行粮食统购统销政策

1953年开始，国家进入大规模的社会主义经济建设时期，对商品粮的需求日益增长，而当时的粮食情况却极不适应。为了保证国家经济建设和人民生活的需要，经过深入调查研究，在广泛征求意见的基础上，权衡利弊，党中央于1953年10月16日作出了《关于实行粮食的计划收购和计划供应的决议》。接着，中央人民政府于11月23日发布了《关于实行粮食的计划收购和计划供应的命令》。全国除西藏和台湾外，其他各省、自治区、直辖市均根据《决议》和《命令》从12月初开始贯彻实施。其内容包括计划收购和计划供应以及由国家严格控制粮食市场和中央对粮食实行统一管理四个组成部分。

1. 计划收购。《命令》规定："生产粮食的农民应按国家规定的收购粮种、收购价格和计划收购的分配数量将余粮售给国家。"按此规定，国家在农村统购粮食的对象是农村生产粮食的余粮户，所要统购的是余粮户的余粮。所谓余粮户，就是对生产粮食的农民，留足其全家口粮、种粮、饲料和缴纳农业税外，还有多余粮食的农户。对余粮户的余粮，一般统购80%~90%，统购的粮种和价格由中央统一规定。

2. 计划供应。《命令》规定的计划供应范围包括县以上城市、农村集镇、缺粮的经济作物产区、一般地区缺粮户和灾区的灾民，还有熟食业和食品工业等。按照这个范围，当时供应人口接近两亿，超过全国总人口的1/3。供应品种由少到多，供应办法由简到繁，由宽到严。

3. 由国家严格控制粮食市场。《命令》规定："一切从事粮食经营、加工的国营、地方国营、公私合营、合作社经营的粮店和工厂，统一归当地粮食部门领导；所有私营粮商一律不许私自经营粮食，但得在国家严格监督和管理下，由国家粮食部门委托代理销售粮食。""所有私营粮食加工厂及经营性的土碾、土磨，一律不得自购原料，自销产品，只能由国家粮食部门委托加工或在国家监督和管理下，代消费户按照国家规定的加工标准从事加工。""一切非粮食机构或私商，禁止跨行业经营粮食。农民运粮进城出售，由国营粮店或合作社收购。"

4. 中央对粮食实行统一管理。为保证粮食的计划收购和计划供应的实施，国家实行了"统一管理，统一指挥和调度"的粮食管理体制。《决议》中规定："所有方针政策的确定，所有收购量和供应量，收购标准和供应标准，收购价格和供应价格等，都必须由中央统一规定或经中央批准，地方则在既定的方针政策原则下，因地制宜，分工负责，保障其实施。"

《决议》指出："上述四项政策，是互相关联的，缺一不可的。只实行计划收购，不实行计划供应，就不能控制市场销量；只实行计划供应，而不实行计划收购，就无法取得足够的商品粮食。而如果不由国家严格地控制粮食市场和由中央实行统一管理，就不可能对付自由市场和投机商人，且将由于人为的粮食山头的互相对立，给投机商人以更多的捣乱机会，结果计划收购和计划供应亦将无法实施。”

在部署了粮食统购统销之后，中央又于同年 11 月 13 日作出了对油料实行计划收购和销售（统购统销）的决定。其主要精神是：油料由国家统一收购，统一经营，私商不得插手。油料中的主要品种，如花生、芝麻、油菜籽、胡麻籽和油茶籽，均由中央统一下达收购计划，逐级向下分配，并规定：对油料的统购，与粮食统购一同进行。

统购统销制度从 1953 年开始执行到 1985 年结束，长达 32 年之久。在执行过程中，随着经验的积累和农业生产的发展，这项制度也在不断发展。

1954 年，长江、淮河流域遭受百年不遇的洪涝灾害。为救灾需要，1954~1955 年在非灾区多购了约 35 亿公斤粮食，全国统算，也多购了 11.5 亿公斤（计划征购 434 亿公斤，实际征购 445.5 亿公斤）；加上 1953~1954 年、1954~1955 年两个粮食年度的统购，有许多强迫命令和卖“过头粮”等现象，加剧了国家与农民关系的紧张。到 1955 年春，许多地方几乎是“家家谈粮食，户户要统销”。这种虚虚实实的粮荒，不仅妨碍统购统销政策的贯彻实施，也影响农民的生产情绪。为此，中共中央、国务院于 1955 年 3 月 3 日发出《关于迅速布置粮食购销工作安定农民生产情绪的紧急指示》，除将 1955 年 7 月 1 日至下年 6 月 30 日的粮食年度内的征购任务，由 464.85 亿公斤减为 450 亿公斤（后又两次核减，最后减为 415 亿公斤）以外，决定在全国实行粮食“三定”（定产、定购、定销）制度，要求各地在春耕开始前，以乡为单位，将全乡的计划产量大体确定下来，并将国家对本乡的购销数字向农民宣布，使农民预先知道自己全年生产多少，国家收购多少，留用多少，缺粮户供应多少。在确定“三定”政策时，毛泽东提出：“粮食定产要低于实产，要使农民多留一点，多喂一点，多自由一点，做到‘人不叫，猪不叫，牲口不叫’。”结果，1955 年粮食定产一般为实产的 90%~95%。1955~1956 年度征购粮食完成 435 亿公斤，虽然超过计划 20 亿公斤，但因为这年大丰收，又实行了“三定”，征购工作进展顺利。“三定”的办法获得了广大农民群众的拥护。有的农民说，“三定是四定”，意思是有了定产、定购、定销，心也定下来了。

1955 年 8 月 25 日，国务院根据两年的经验，特别是 1955 年上半年处理粮食风潮的经验，发布了《农村粮食统购统销暂行办法》（简称《办法》）和《市镇粮食定量供应暂行办法》。前者对定产、定购、定销事宜作出了详细规定。关于定产，《办法》规定："1955年分户核定的余粮户粮食交售任务，在正常情况下，自1955年起，三年不变，增产不增购；缺粮户的粮食供应量，每年核定一次。"后者规定：市镇粮食统销由凭证购买，按户核实，改为按人定量供应，并发行粮票。

1956年初，初级形式的农业生产合作社已经普遍建立，正在一大批一大批地向高级形式的农业生产合作社转变。农业合作化后，农产品购销制度怎么办？国务院经过反复讨论，于1956年10月6日作出《关于农业生产合作社统购统销的规定》（简称《规定》），要求今后粮食统购和农村统销，"不论高级社或初级社，一般以社为单位，根据1955年分户、分社核定的粮食定产、定购、定销数字，统一计算和核定。归社统一计算的结果，粮食有余的为余粮社，粮食不余不缺的为自足社，粮食不足的为缺粮社。"这样，合作化后，国家不再跟农户发生直接的粮食关系。国家在农村统购统销的户头，就由原来的一亿几千万农户简化为几十万个合作社。1956年，部分地区遭灾减产，为了保证这些灾区的粮食供应，《规定》提出："国家对粮食丰收地区的余粮社，可以在定购数量以外，适当增购一部分，但增购部分不得超过余粮社增产部分的40%。"1957年10月11日，国务院又作出补充规定，根据1956年的经验和供销矛盾的新发展，提出坚持在"三定"的基础上，实行以丰补歉的方针。对超过粮食"三定"的余粮社、自足社，必须增购一部分粮食；对缺粮社必须减销一部分粮食。

这以后，经历"大跃进"和十年动乱，统购统销制度又作了若干新的规定：一是1960年10月以后，实行超购加价办法，即社队出售的粮食，超过统购任务的部分，国家按高出统购价格的一定比例计价收购。二是1961年9月以后，实行售粮奖售工业品制度。三是1961年、1962年严重困难时期，国家对那些暂时确有困难、以后有能力归还的生产大队实行粮食借销，借销的粮食在下一个季度或下一个年度必须归还。四是1958年2月，在中央管理权限大下放时，曾经将中央管理粮食的部分权力下放给地方。经历"大跃进"之后，1962年9月收回，重新实行中央统一集中管理。五是1955年一定三年不变期满之后，1959年、1965年重新定产、定购、定销，规定一定五年不变。由于"大跃进"浮夸风的影响，1959年全国定产指标为2500亿公斤原粮，而1959年、1960年、1961年的实际产量分别只为1700亿公斤、1435亿公斤、1475亿公斤。三年平均实产比1957年减少413.8亿公斤，但平均年征购粮食却比1957年增加了47.9亿公斤，相当多的地方购了农民的过头粮。“三定”本是一种好制度，但由于整个经济工作社会变革的指导思想发生失误，造成高估产、高征购，给农民带来严重的不利影响，也给粮食工作自身增加了困难。

党的十一届三中全会以后，严格的统购统销制度逐渐有所放松。从 1979 年开始，粮食统购指标，在 1971 年确定的“一定五年不变”的基础上，每年核减 25 亿公斤，同时增加进口粮食，让农民休养生息；从 1982 年开始，对粮食征购、销售、调拨，由中央向省、自治区、直辖市包干，一包三年不变，多购少销的粮食，归省、自治区、直辖市掌握，生产队、组、户在完成征购任务后，有权处理多余的粮食。国家除了统购外，开展议价收购，实行多渠道经营，并恢复了传统的米市和粮行。

由于农村经济体制改革的巨大成功和一系列鼓励农业生产政策的实施，粮食连续六年丰收。1984 年全国粮食产量达到 40731 万吨，粮食采购量达到 12945 万吨（含议购），粮食总产和采购量均创历史最高纪录。

### （三）实行粮食定购政策

1979 年以后，由于家庭联产承包责任制与提高粮食收购价格的双重作用，极大地解放了农村生产力，长期使人焦虑的农业生产得到全面发展。粮食生产形势和购销形势很好，出现了前所未有的新变化。与此同时，一些新的问题也随之出现：一是 1984 年出现了全国性的“卖粮难”，国家收储能力不足；二是由于购价提高而销价未动，导致国家财政补贴迅速增加，财政负担越来越重；三是市场粮价下跌，农民生产积极性也随之下降。这些变化表明，完全由国家统起来的统购统销体制已不能适应新的粮食形势的发展，必须彻底加以改革。针对这一情况，国务院决定，从 1985 年起，取消粮食统购，实行合同定购。定购的品种为稻谷、小麦、玉米和主产区大豆。定购价格全国统一实行“倒三七”比例价（30%按统购价，70%按超购价）。改革的核心，是要更大限度地发挥市场机制对粮食供求的调节作用。至此，实行 32 年之久的统购统销制度基本解体，取而代之的是“双轨制”的粮食购销体制，即政府通过一定的行政手段直接控制一部分粮食购销，另一部分粮食购销由生产者、消费者、经营者自主进行，实行完全的商品交换，由市场机制调节。

在确定“双轨制”的粮食购销体制后，政府还逐步进行一系列的改革：一是减少粮食定购数量，扩大市场调节的比重。1985 年，国家定购粮食数量为 790 亿公斤，1987 年降为 500 亿公斤。非定购品种和超过合同定购的部分粮食，自由购销。同时大力压缩平价粮销售，从 1984 年开始，逐步将酿造、食品等工业用粮油平价供应改为议价供应。二是通过多次提高国家定购部分的粮食收购价格，逐步使粮食定购价接近市场价。三是培育粮食市场，积极发展多渠道经营，建立了多种类型的议价粮油贸易中心、批发市场或货栈。为了打破地区封锁，克服初级市场的弊端，1990 年建立了中国第一个规范化的郑州粮食批发市场，之后，又建立了长春、武汉、哈尔滨、长沙、九江、芜湖等省级区域性批发市场，并积极探索和试办粮食期货市场。1991 年中国第一家从事远期合同交易的郑州商品交易所成立。至此，我国逐步建立起了以国家粮食批发市场为龙头，以区域性批发市场为骨干，以遍布全国城乡的初级市场为基础的三级粮食市场体系。四是提高统销价格，实现购销同价。1979 年以来，国家多次提高粮食收购价格，而销售价格没有相应提高，导致收购价格高于统销价格，再次出现购销价格倒挂。为了彻底解决这个问题，国务院 1991 年决定，对 26 年未动的粮食统销价格进行大幅度调整；1992 年又进一步大幅度提高粮食统销价格。通过两次大幅度调整，基本上实现了购销同价，为扭转粮食购销价格长期倒挂，逐步放开经营初步打下了基础。

在粮食购销体制改革的同时，开始积极探索国家对粮食的宏观调控。1990 年以后，建立了国家粮食储备调节制度，有条件的地区还建立了一些地方粮食储备，大大增加了国家粮食宏观调控的能力，以应付自然灾害及粮食市场的波动。1994 年又建立了中央和地方两级粮食风险基金制度，为国家粮食宏观调控提供了资金保证。

### （四）粮食放开、恢复定购再到全面放开

在全面实现购销同价的基础上，1993 年底全国除西藏和云南、甘肃两省的 25 个县以外，全部放开了粮食价格和经营，取消了国家低价定量供应的统销制度，实行了 30 多年的粮本、粮票制度也随之消亡。这次粮食放开，开始是在内蒙古卓资、四川广汉、山东长岛、福建石狮和深圳等一些县市试点，慢慢扩展开来的。放开的形式，有的保量放价，有的稳购放销，有的减购放销，也有购销都放开。安徽省实行的是稳购放销，定购品种、数量不变，与过去一样，任务逐级分配到基层，由粮食部门与农民签订定购合同。

粮食放开不久，由于一些地区遭受严重自然灾害，粮食减产，加上宏观

调控不力，粮价暴涨，市场动荡，国务院遂于 1994 年 5 月 9 日发出《关于深化粮食购销体制改革的通知》，恢复了国家定购，强调国家必须掌握必要的粮源，粮食部门必须收购社会商品粮的 70%~80%，即 900 亿公斤左右（贸易粮）。其中 500 亿公斤为国家下达的任务（含农业税征实），也是农民应尽的义务，各级政府要落实到生产单位和农户，确保完成；收购价格由国家根据粮食市场的供求情况和按照既能调动农民种粮的积极性、缩小工农产品价格的“剪刀差”，城市居民又能承受的原则，合理确定。其余 400 亿公斤，由各地按照市场价格随行就市组织收购。1996 年，国家提高粮食定购价格，提高 40%以上。同时调整销售价格。是年，全国粮食产量超过 5 亿吨，达到 5.045 亿吨，较上年增长 10.1%。1997 年定购价与市场价并轨，为保护农民利益，实行保护价并敞开收购。1998 年 10 月，党的十五届三中全会的决议，提出了“三项政策、一项改革”的政策措施。这项政策的实施，为新的粮食生产高潮的到来打下了一个好的基础。1999 年粮食产量达到 50839 万吨。粮食产量上来了，但品质不行，于是中央于 2000 年对农业和农村经济进行战略性调整，调整保护价收购范围。黑龙江、吉林、辽宁以及内蒙古东部、河北北部、山西北部的春小麦和南方早籼稻、江南红小麦，退出保护价收购范围，实行自由购销。为了促进农业和粮食生产结构调整，充分发挥粮食产区和销区的各自优势，2001 年国务院提出“放开销区、保护产区、省长负责、加强调控”的思路，浙江、上海、福建、广东、海南、江苏和北京、天津等省、市相继放开了粮食收购，价格实行市场调节。粮食主产区安徽省于 2003 年 6 月 1 日，全面放开粮食价格和购销市场；2004 年 5 月 31 日，国务院召开全国粮食流通体制改革工作会议，宣布全面放开粮食价格和购销市场，对种粮农民实行直接补贴，农业特别是粮食出现了“超常规”的增长。为了切实保护种粮农民利益，2005 年以来，除给种粮农民各种补贴外，国家对重点地区、重点粮食品种实行最低收购价政策。即根据粮食生产成本、合理利润等制定最低收购价格，低于最低收购价格的，在规定时间内敞开收购；超过最低收购价格时，由市场机制进行配置。这样，既能促进粮食生产，又利于国家掌握粮源。

# 二、主要经验教训

## （一）关于粮食统购统销问题

实行统购统销政策，是中央根据我国国情和粮情，在粮食分配和流通领域采取的一项重大政策，对国家经济生活产生过十分重要的影响，对保证粮食供应、支援社会主义建设，确实起了重要作用。但是，由于管得过多，统得过死，粮食价格偏低等，在一定程度上抑制了农民生产积极性，因而粮食生产发展不快，农产品供求矛盾仍然十分突出。党的十一届三中全会以后，我国农村经济体制、经济政策、粮食政策和粮食流通体制经过调整和改革，粮食生产很快就上来了，粮食总产上了几个大台阶，实现了古人“衣食足，仓廪实”的梦想。地还是那些地，人还是那些人，由于经济体制、经济政策的不同，其结果大不一样。这说明，生产关系必须适应生产力的发展，如果不适应，生产力就不会发展，甚至还会倒退。因此，我们必须不断深化改革，调整生产关系，使其更好地适应生产力的发展，推动我国粮食生产的发展。

## （二）关于粮食定购问题

1985~1994 年，我们走过了强化定购、取消定购到又恢复定购的曲折道路。长期以来，我们强调定购一定要完成，到 1984 年粮食上了一个新的台阶以后，1985 年 1 月宣布取消统购。随后，粮食生产又经过了几年的徘徊，到 1988 年、1989 年粮食趋于紧张，国务院发出文件，强调大米统一经营，其他任何行业和个人不得插手；接着，1990 年秋粮收购开始，改合同定购为国家定购。1992 年供需矛盾开始缓和了，又取消大米统一经营，各部门都可以经营。1993 年中央农村工作会议又提出保量放价，一直到 1993 年国务院 9 号文件还是主张保留定购。1994 年国务院 32 号文件又恢复了 1990 年的提法，强调保留定购任务，作为国家的任务下达，生产单位和农户要确保完成。

**（三）关于“双轨制”问题**

所谓“双轨制”，就是定购一块，议购一块。这也经历了一个发展过程。党的十一届三中全会以后，在完成定购任务的前提下，允许部分议购。1985 年又再次提出，从我国粮食供应和发展趋势看，必须执行合同定购与市场收购并行的“双轨制”。1994 年国务院又肯定保留定购一块，随行就市收购一块。这一过程，就是开始是单轨（统购），慢慢转向“双轨制”。实行“双轨制”，不同时期程度又不一样，方向是向单轨发展。

**（四）关于放开经营和市场开放问题**

1979 年以后，先规定不允许多渠道经营，只有国有粮食部门才能经营议价粮油，以后逐步放开，允许多渠道经营。到 1983 年，国务院文件提出撤销议价粮油由国家粮食部门统一经营的规定，提出以粮食为原料的工商行业、农村粮食业都可以自行采购。1984 年又明确提出：在国家征购的同时，放开市场，实行多渠道经营，允许供销社、农村合作商业及农民个人收购和运销，可以进城，可以出省出县。1987~1989 年，粮食偏紧，这期间又强调私人不能搞粮食批发业务，大米要由粮食部门统一收购。1991 年，国务院在《关于进一步搞活农产品流通的通知》中提出：粮食在保证完成国家定购任务的前提下，长年放开经营，集体和个体工商户都可以经营，可以长途贩运，也可以从事批发业务。其中粮油等关系国计民生的商品批发经营必须经过批准。1991 年 11 月，在《关于进一步加强农业生产和农村工作的决定》中提到：“八五”期间要在稳妥地做到购销同价的基础上，力争基本理顺价格关系，在国家宏观调控下逐步放开经营。1992 年 9 月，中央关于发展“两高一优”农业的决定中又提出，抓紧当前有利时机，加快粮食购销体制改革，进一步向粮食商品化、经营市场化方向迈进。根据各地不同情况，因地制宜，分散决策，在考虑各方面承受能力和各项保证措施配套的前提下，凡有条件放开的地区，可以放开粮食经营，一般可以继续保留定购，放开销售价格，即随行就市。1993 年 2 月 15 日，国务院《关于加快粮食流通体制改革的通知》中提出：“放开要统一政策，分散决策，分类指导，逐步推进，争取在二三年内全部放开粮食价格。”结果当年就放开了，使人感到突然。

### （五）关于价格问题

新中国成立以来，我国粮食价格的变动大体是：经济恢复时期，基本上是自由定价；1953~1984 年，粮食实行统购统销，价格由国家制定，而且全国基本上是一个价格，购销价格长期倒挂；1985 年实行合同定购，也是国家定价。1991 年国家大幅度提高粮食统销价格，1992 年提高粮食定购价格，同时调整粮食统销价格，实现了购销同价。1992 年下半年以后，各地以放开粮食购销价格为内容的粮改步伐加快，到 1993 年下半年，全国除西藏外，相继放开了粮食购销价格。粮价放开后不久，全国粮价波动，国务院决定对城镇居民口粮销售价格实行限价政策。1994 年，国务院大幅度提高定购价和城镇居民口粮销售价格，同时把国家定购粮的收购价和城镇居民口粮销售价格收归国家统一制定。1997 年中央决定，粮食定购价与市场价并轨，实行保护价，这一价格政策一直延续到全面放开。从 2004 年起，为了更好地保护农民利益，对稻谷、小麦两大品种实行最低收购价政策，在规定时间内，敞开收购，价格还是由国家制定。价格是宏观调控的重要杠杆，我国粮食问题的较好解决，主要得益于国家对价格的正确把握和宏观调控。

## 三、几点认识

新中国成立以来，经过几十年的实践，我们既有“四统一”管理粮食流通的经验教训，也有完全放开的经验教训；既有农民卖粮难的教训，也有国家买粮难的苦衷；既经历过市场波动的考验，也经历过自然灾害的考验，粮食流通工作的经验是丰富的。从中国国情、粮情出发，总结历史经验教训，可以形成以下几点认识：

### （一）我国粮食在较长时期内，仍将是紧张的平衡

这是新中国成立以来的实践告诉我们的。纵观历史，我国粮食处于供需不足和紧张平衡的时间较长，平衡有余的年份并不多。党的十一届三中全会以来，我国粮食生产虽然取得了突破性发展，但制约粮食生产的因素却越来越多，粮食资源严重不足，而对粮食的需求还在不断增加。这是我们不得不

面对的事实。因此，坚持“农业是国民经济的基础，粮食是基础的基础”的思想丝毫不能动摇。现在有些地方把粮食生产作为副业，放在可有可无的位置，这种思想如果不扭转，后果将是灾难性的。

**（二）解决中国人的吃饭问题，必须依靠我们自己**

这是由我国国情和世界粮情决定的。我国是一个人口众多的发展中国家，年消耗粮食超过 5 亿吨；全世界贸易量最好时期也不过 2.5 亿吨，2007 年以来，几十个国家闹粮荒，有钱根本买不到粮食。因此，解决中国人的吃饭问题，必须立足于自力更生。

**（三）充分认识中国社会主义市场经济的特点**

我们讲市场经济，是指现代的市场经济，而且具有中国特色的市场经济。所谓具有中国特色，就是既要以公有制为主体，各种经济成分共同发展，又要按市场经济规律发展生产力，实现国家的宏伟目标。社会主义市场经济不是自由放任经济，而是国家宏观调控下的市场经济。特别是在经济体制转轨时期，市场发育不成熟，竞争规则不规范，加强宏观调控尤为重要。现在有的人把放开与管理、微观搞活与宏观调控对立起来，一讲宏观调控，就认为是“管卡压”、“走老路”，这是不正确的。在市场经济条件下，发挥政府宏观调控职能，矫正市场经济运行中的不规则行为和偏差，对市场配置资源中出现的不合理倾向进行干预和调节，使整个国民经济真正按统一、开放、有序的市场经济规律来运行和发展，国民经济才能步入良性循环。这也是世界发达国家的共同做法。

**（四）充分认识粮食商品的特殊性**

国家反复强调：“粮食是具有战略意义的特殊商品，是战略物资。”“粮食是关系国家安全、社会稳定的特殊的重要商品。”“粮食是万物之首，粮价是百价之基。”这些论断我们必须很好领会和把握。首先要认识粮食商品属性，粮食既然是商品，它就要受价值等经济规律的制约。如果不认识粮食是商品，将在政策上进入误区。历史上一段时间刮共产风，就是忽视了粮食的商品属性。现在我们也要注意不要忽视粮食商品的特殊性，忽视了这一点，政策上也会进入误区。粮食，特殊在是关系国计民生的重要商品，特殊在是中国13 亿人民吃饭的第一商品，特殊在宏观调控的力度比其他商品都大。因此，在粮食商品的管理上要考虑它的特殊性，不能用管理小商品市场的方法来管理粮食市场。小商品可以完全放开，粮食要强调在国家宏观调控下的省长负责制，这就是它的特殊之处。

**（五）充分认识粮食宏观调控的必要性**

我国粮食生产除受自然条件制约外，其他制约因素也很多，诸如粮食生产的组织社会化程度很低，劳动生产率和经济效益都相对低下，生产极具分散性和盲目性，再加上农民自食比例高，商品率低，粮食丰歉的效果都会在市场上反映，造成对市场的冲击，引起社会动荡；我国粮食生产还存在结构性矛盾，南北方所食品种不同，北方歉收，南方难以补给小麦。再加上我国幅员辽阔，交通条件的制约，这些都是我国的国情和粮情。我国 13 亿人口，吃饭又不能指望国际市场。中央政府和省级政府都必须掌握充足的粮源，以保证城镇居民和社会各方面的需要。以上说明，我国的粮食比其他商品，比其他国家的粮食，都更需要政府的支持和调控。

**（六）充分认识在多元化、开放式、竞争型的流通格局中，粮食部门的主渠道地位仍很重要**

在多种经济成分参与经营的情况下，如果没有国有粮食部门的主渠道作用，市场很难稳定，调控措施很难落实。这是被多年救灾、平抑粮价和稳定市场证明了的。江泽民总书记 1992 年在武汉会议上总结说："没有主渠道不稳，没有多渠道不活。"这是科学的结论。国有粮食部门要继续深化改革，加强自身建设，再立新功。

（作者：安徽省宿州市粮食局　何跃芳　张光前）

# 福建省福州市粮食价格改革回顾与思考

福州市人口 676 万，是福建省最大的粮食消费市场。福州市粮食流通体制改革以价格改革为重点，经历了实行粮食平价、议价结合，市场“双轨制”运行，粮食统销价格放开经营与放开粮食定购（统购）价格三个发展阶段。粮食价格改革，为促进粮食生产、维护国家粮食安全和改善城乡人民生活、稳定市场粮价发挥了积极作用。

## 一、粮食购销价格改革回顾

### （一）实行粮食购销价格平、议结合，市场“双轨制”运行

党的十一届三中全会后，国务院公布福州市为中国对外开放的 14 个沿海城市之一。针对 1966 年以后，12 年粮食统购统销价格基本未动的情况，福州市解放思想，在财力有限的情况下，政府尽了最大可能，大幅度提高粮食统购价和超购加价幅度，并调整了征购基数，提高了超购比重；从 1979 年夏粮上市起，粮食统购价格提高 20%，超购加价幅度由原来按统购价加 30%，改为按新统购价加 50%，早晚籼稻等六种粮食品种统购价格，平均每 50 公斤由 10.64 元提到 12.86 元。与此同时，恢复了早晚稻的统购品种差价，这次粮食统购价的调整是 1949 年以来调整品种最多、调价幅度最大的一次，使长期偏低的粮食统购价基本合理，缩小了工农产品交换比价，调动了农民种粮积极性，福州市粮食产量不断跃上新台阶，长期困扰人们的粮食问题得到了缓解。

1984 年初，福州市及早放开粮食市场，发展粮行米市，鼓励私营企业开展粮食议价经营，市场粮价平、议结合“双轨制”运行。1985 年夏，福州市在农村取消粮食统购制度，实行合同定购；粮食合同定购价格，按原来

国家规定的统购价30%和超购价70%“倒三七”比例核定；早稻每50公斤调为15.5元，晚稻调为16.3元，对合同定购以外的粮食收购实行市场浮动价格即议价，如果市场价格低于合同定购价时，国家按合同定购价收购，保护粮农利益，同时，对农村缺粮居民供应，按“倒三七”收购价销售，实行购销同价。在实行合同定购这一年起，全市粮食统购任务（包括征购）由1.76亿公斤减为1.25亿公斤，当时，郊县农民每年种粮可增加收入351万元。粮食购销价平议结合，市场“双轨制”运行也是始于农村粮食统购制度改革；农村合同定购价购入与省内粮食部门调入的粮食为平价经营；粮食议价是农村在完成定购、超购任务后，国有粮食企业对其余粮进行协商收购，其价格随行就市。同时，在民间发展粮行米市，鼓励私人长途贩运，搞活流通，实行粮食议价进，议价出，充实国家粮源，繁荣米市，既作为消费者计划外的口粮补充和品种调剂，又是粮食使用行业的原料来源。

可是，1984年全国粮食丰收后，使人产生错觉，认为粮食已经“过关”，放松粮食生产，以致1988年粮食供需矛盾突出，省内外产粮区入榕粮食减少；集市粮食议价升高，1988年10月市场上中晚稻每50公斤从原来的31.6元涨为56.2元，中晚米从原来的45.6元涨为84.5元，粮食平议差价扩大，福州市也及时采取了措施，在粮食合同定购价格不变的基础上，实行生产资料价格补贴，稻谷每50公斤收购价外补贴4.5元、小麦3.8元、花生果11元。1989年4月，又调高粮食合同定购价，早稻每50公斤从17.5元调高为22.5元，晚稻从18.3元调高为23.7元，花生果从54元调高为57.6元，同时，取消稻谷生产资料价格补贴，逐步缩小粮食价格平、议差价，并搞好粮食产销协作关系，积极发展粮食议价经营，鼓励民营企业“引粮入榕”搞活流通，稳定市场粮价，1991年全市粮食销售量4.56亿公斤，议价粮食经营已占38%，向市场经济迈进一大步。

### （二）放开粮食统销价格和经营，取消居民口粮平价供应

为解决粮食统购统销长期倒挂问题，福州市于1988年6月、1991年5月和1992年4月连续三次调高粮食统销价格，中晚米统销价每50公斤从14.4元调高为50元，食用花生油每50公斤统销价从85元调高为220元与市场并轨。在粮食市场放开前，考虑缺粮销区粮食安全问题，重视粮食储备体系建设，1998年，福州市政府专门研究并决定全市（含八县市）增加专项粮食储备，为增强粮食调控能力打下良好基础。党的十四大确定建立社会

主义市场经济体制总目标之后，福州市粮食部门加快粮价改革步伐与改革力度，经市政府同意决定，1992 年 10 月放开粮食统销价格和经营，取消居民口粮平价供应，粮油票证也退出历史舞台。粮食统销价放开经营后，为保护居民消费利益，改暗补为明补，给居民职工以相应的粮价补贴，每人（含赡养系数 1.77）每月与工资挂钩明补 20 元（其中 1988 年每人每月补 9 元、1991 年增加 6 元、1992 年又增加 5 元）。

粮食统销价格放开经营后，也经历了严峻考验。1993 年底 1994 年初，全国从南到北出现市场粮价猛涨。这时全国部分大中城市对居民恢复口粮定量、定价、凭证供应，福州市只在国有粮店实行临时限价挂牌供应，并抛售储备粮 2000 多万公斤，使市场粮价走向稳定。当时，福州市市场上早晚米每 50 公斤平均销价没有超过 89 元，比闽南地区和广州还低 10 元左右，发挥了国有粮食企业渠道作用。

为促进农民粮食生产积极性，1994 年夏，福州市粮食部门强调国家粮食定购的重要性，并将早稻每 50 公斤定购价调为 53 元、晚稻调为 58 元，同时取消合同定购"三挂钩"生产资料差价补贴和财政预购定金贴息。自从粮食统销价放开经营后，福州市财政对粮食政策性补贴支出大为减少；1993 年、1994 年市财政对粮食政策性补贴支出为 2680 万元、3730 万元，分别比 1992 年下降 45%、41%。1996 年 6 月，福州市又大幅度提高粮食定购价，可是市场粮价依然下跌，粮食统销价放开经营后，再次出现粮食购销价倒挂，从当时福州市乃至全省粮价运行实际情况看，粮食合同定购价提幅比全国高 25%，稻谷加权平均定购价每 50 公斤从 53 元提到 68 元，再加 10%，新的加权平均价每 50 公斤为 75 元，而且每 50 公斤还有价外补贴 10 元和保留粮肥挂钩，这时福州市农村粮食合同定购收购量也大量增加，各县（市、区）一年原粮食合同定购任务为 1 亿公斤，原来粮食购价低时，农民交售定购粮以款顶购占定购任务的 50%~60%，现在定购价高了，农民都积极交现粮，两年福州市仅合同定购粮多收现粮 1 亿多公斤。1997 年，福州市国有粮食企业粮食购销库存每月从正常的 1.7 亿公斤增加到 3.5 亿公斤，超过历史最高水平。由于市场粮食销价仍在低价位徘徊，市场销售疲软，国有粮食企业亏损增加。

为妥善处理历年粮食定购粮和省内三明、南平对口调入粮价格高、库存大的问题，如早籼稻已明确要退出合同定购收购范围，抓紧对以早籼稻为主老库存粮适当削价推销，每月仅利息费用开支可节约 55 万元，差价由省、市、县粮食风险基金中各负担一部分解决。这样既可加快农发行资金回笼，企业减亏，也可引导农民调整粮食种植结构，发展优质粮食生产。从1998年4月粮食收购资金封闭运行以来，通过银企双方共同努力，采取有效措施，国有粮食企业合同定购资金贷款也得到较好保证。粮食合同定购收购贷款也基本实现了封闭运行，贷款利息收回率达96%，粮食收购资金封闭运行管理与服务工作也基本步入轨道。

### （三）放开粮食定购价格，实现粮食购销价格向市场调节转变

2001年夏，福州市率先放开粮食定购价，实现粮食统购统销价格全面放开，福州市城乡粮食购销价格基本由市场调节。2004年全国全面放开粮食市场和价格后，福州市为贯彻中央1号文件精神，减轻农民负担，鼓励农民扩大粮食生产，决定对种植水稻耕地全部免征农业税；对农民种粮实行直接补贴；国有粮食企业订单收购数量，按最低收购价（早稻每50公斤70元）或市场收购价每50公斤补贴4元；对种植良种水稻并为国家提供商品粮的农民，按国家粮食企业订单收购数量，每50公斤再补1元，补贴费按粮权由各县（市、区）政府粮食风险基金中支出。当年，福州市粮食订单收购11万公斤。随着2004年全国粮食购销市场全面放开后，市场粮价从长期低迷中温和走升，两年后市场粮价适度回落，2007年底2008年初市场粮价适度上涨；到2008年5月，福州市中晚米每50公斤批发价135元、丁优米145元、东北米146元，分别比2006年12月上涨6%、2.8%、8.1%，涨幅是适度的。这主要是在宏观调控下，现代粮食市场体系与市场调节的相互作用，保持了粮食市场稳定。

## 二、继续深化粮食价格改革面临的问题与建议

通过30年来粮食购销价格改革的历程回顾，我们认识到粮食价格改革必须坚持走切合实际的路子，粮食是关系国计民生的特殊重要商品，全面放开粮食购销价格，在国家统一、开放、竞争、有序的现代市场体系下，市场在粮源的配置中开始起基础作用，对促进粮食生产，维护国家粮食安全，保持市场粮价稳定发挥重要作用。但在“粮改”进程中也应吸取教训，在粮食

市场价格平价、议价“双轨”运行时，由于对我国粮食重要性、特殊性还缺乏足够认识，办米市与发展私人经营粮食门槛太低了，只讲放开市场发展粮食议价经营，不讲应负市场义务责任；由于市场机制自身所具有的自发性、盲目性，导致年度间市场粮食时多时少，价格忽高忽低的周期性循环；在产粮区议价粮多卖难时，有的卖方都是先发运粮食到销区私营粮食企业后付货款，所以市场粮价越卖越低；如在“粮改”中间阶段，城乡市场也出现过两次阶段性的粮价长时间下跌：一次是 1989 年因产粮区出现“卖粮难”，销区市场也疲软，粮价下跌大约三年之久；再一次是 1995 年 9 月，粮食主产区再一次出现“卖粮难”，销售市场疲软，价值规律自发作用，影响了农民种粮积极性。为此，应当进一步认识到粮食价格全面放开后，要以市场调节为主，必须加强宏观调控与市场机制结合，才能使市场粮价竞争有序规范运行。

当前，产粮区由于农资和劳动力价格上涨，造成粮食生产成本提高，而市场粮价显得偏低，需要进一步理顺粮食购销价格，兼顾好粮食生产者和消费者的利益。

### （一）建立粮食最低收购价确立机制，适当提高最低收购价

建议国家成立专门机构，当务之急应建立最低收购价确立机制，强调粮食最低收购价是市场机制的有效补充。2008 年夏粮早稻最低收购价每 50 公斤为 77 元，这个价位实际上还是福州市 1996 年 6 月早稻合同定购时的水平，明显偏低，而且现在市场价大大高于最低收购价，从 2009 年起应适当提高粮食最低收购价并及时发布，这样可以增加农民种粮收入和从事粮食生产的信心，提高农民种粮积极性。同时，粮食最低收购价政策实施中有必要进一步明确执行主体的权责，以市场为导向促进粮食企业完善销售方式，使粮食最低收购价政策起更好的作用。

### （二）完善“粮食直补”办法，调动农民种粮卖粮积极性

粮食购销价格放开后，实行粮食直补政策以来，绝大多数种粮农民得到了实惠。但现行的补贴在其操作过程中也存在一些弊端和不足，如粮食产量高与低、品种质量优与劣和卖与不卖商品粮一样，笔者认为，应完善“粮食直补”办法，使农民种粮多产、多卖、多得益，国家实行农民种粮补贴政策是一项惠民举措，最终目的是多产粮、产好粮、卖出好价钱，提高农民种粮积极性和效益，确保国家粮食安全。根据这个目标，在粮食补贴的方法上，

建议将现行的粮食补贴资金，以按计税面积直补改为在收购粮食时直补。对产量高的实行多补贴，品质优、质量好的按不同等级设计不同的补贴标准。向农民的粮食订单收购（包括委托产粮区企业收购的）与“卖粮直补”挂钩，能为国家储备粮的收购或轮换补库取得可靠的优质粮源。

**（三）加强粮食零售市场基础建设，保持市场粮食销价合理平稳**

粮食价格全面放开后，尤其近年来在粮食连续五年增产情况下，为何在销区市场上以大米为主的零售价常出现忽高忽低，一个重要原因是粮食零售市场主体受利益驱动的结果，还缺乏一个具有导向功能的服务网络。如福州市城区过去那么多国有粮店，“粮改”中消失了，现有粮食零售市场除好又多、沃尔玛、麦德龙、永辉、新华都等几家大超市外，大街小巷私营个体粮油零售店（包括日杂兼营的）达 364 家。当务之急是加强粮食零售基础建设，组建以国有粮食零售企业为主干的或国有控股的中心粮店连锁经营，以各大超市、私营粮食零售商为羽翼的新型粮食零售市场服务网络，使之成为主销区保持粮食零售价合理平稳的前沿阵地。建议福州市重新组新中国成立有粮油零售公司，逐步形成国家调控零售市场，规范运行，保持市场粮食零售价格合理平稳。

**（四）加大市场调控力度，防止粮价过度波动**

粮价是百价之基，粮食及其他食品类商品在居民消费价格指数中的权重约为 1/3，粮价的变动对全社会特别是低收入群众影响较大。我国粮食虽然连续五年增产，但大米生产供需仍有隐患。市场经济条件下粮食市场随着供求关系的变化而变化，适度的价格波动是调节粮食市场的重要方面。但是，不可预测的因素往往使粮食市场过度波动。2005~2007 年夏粮早稻登场，其收购价都有过度上涨；如 2007 年 8 月间，福州市粮食购销公司需要购进一批新早稻作为储备粮补库，在福州市粮食批发市场拍卖会上早稻每 50 公斤叫价 101 元，比当年最低收购价要高 31 元。为防止市场粮价格过度上涨波动，国家应进行必要干预，改善储备粮管理，加大市场调控力度。防市场粮价过度上涨，其中比较关键因素在于各级地方增加储备粮收购与储备粮轮换补库任务的刚性约束，建议国家储备粮收购与储备粮轮换制度能灵活一点。从主销区来说，在发现以早稻为主的储备粮价格短期内出现非正常的快速上涨苗头时，应及时停止硬性的收购与轮换补库任务，避免成为市场粮价助涨的力量，同时，也应改变储备品种较为单一的格局，适当增加晚粳稻谷的储备比例，优化原粮与成品粮储备结构，更好地发挥政府宏观调控的有效性。如果由于不可预测的因素使粮食市场出现过度波动时，国家要及时加大最低收购价粮食拍卖力度和频度，工商、物价、粮食等部门要加强粮食市场监管，对囤积居奇、哄抬粮价等扰乱粮食市场的行为，应按照《价格法》、《价格违法行为行政处罚规定》等法律法规，予以严厉打击，规范粮食市场。

（作者：福建省福州市粮食经济研究会　郑时藩）

# 粮食流通体制改革回顾与思考

改革开放30年，是粮食流通体制深刻变革的30年。30年来，经过一代又一代粮食人的艰难探索和改革创新，已经初步建立了以市场购销为核心的粮食流通制度，比较圆满地实现了粮食流通从计划经济体制向社会主义市场经济体制的历史性转变。总结、反思30年的改革历程，对于弘扬改革创新精神，把握改革特点和规律，继续探索符合我国国情粮情的粮食流通管理制度，维护国家粮食安全具有重要意义。

## 一、粮食流通体制改革回顾

从改革开放到现在，我国粮食流通体制改革大体经历了统购统销、“双轨制”、保护价收购和市场购销四个时期。

### （一）统购统销时期

从1953年开始直至1985年结束的统购统销时期共历时32年，其中在改革开放时期延续了7年。统购统销制度是一种高度集中统一的粮食计划收购和计划供应制度，它的推行，保证了国家对粮食流通的控制，不仅基本满足了城乡缺粮人口对粮食的需求，维护了社会稳定，而且通过工农产品“剪刀差”的形式为国民经济发展提供了大量的原始积累，支持了城市工业经济的发展。

但这一制度也存在种种弊端：人为地使价格背离价值，低价收购，严重挫伤了农民生产积极性，影响了粮食生产发展；而过低的销售价格，又助长了粮食消费的膨胀；购销价格倒挂所产生的巨额财政补贴，使国家背上了沉重包袱；单一指令性计划购销，割断了农民、消费者同市场的联系，影响了粮食种植结构调整和消费者食物结构改善，助长了粮食企业的官商作风，扼杀了国有粮食企业的应有活力。

## （二）“双轨制”时期

这一时期从 1985 年开始到 1997 年结束共历时 13 年，它经历了合同定购时期（1985~1989 年）、国家粮食定购时期（1990~1991 年）、粮价放开时期（1992~1994 年）和恢复定购时期（1995~1997 年）4 个不同的阶段。

粮食“双轨制”的产生有其历史背景。1978 年党的十一届三中全会召开，标志着我国进入改革开放的新时期，在农村首先发动的家庭联产承包责任制改革，极大地解放了农业生产力，调动了农民发展粮食生产积极性，到 1984 年，全国粮食总产达到历史最高水平，在我国第一次出现了粮食低水平的相对过剩，为改革统购统销制度提供了契机。1985 年，中央决定取消粮食统购，实行合同定购制度，并在 1986 年的中央农村工作会议上正式提出粮食流通“双轨制”概念。

粮食流通“双轨制”，即对一部分粮食实行合同定购，另一部分粮食实行市场价收购，也就是管一块、放一块，死一块、活一块。它使粮食流通开始按价值规律办事，农民能够从增产的粮食中通过市场价销售增加收入，进一步调动了农民发展粮食生产的积极性，使我国粮食生产进入一个快速发展阶段，全国粮食供给也由统购统销时期的严重短缺开始转变为供需基本平衡。

“双轨制”时期是粮食流通市场化的萌芽时期。在这期间，国家先后七次调整定购粮收购价水平，使其尽可能向市场价靠拢；压缩平价粮食销售，逐步理顺了粮食购销价格倒挂；顺利处理了历史遗留的数百亿斤粮票；开始处理历史遗留下来的巨额粮食财务挂账；建立了国家粮食储备制度；开始探索国有粮食企业政策性业务和商业性经营两条线彻底分开的运行机制。1992 年，随着党的十四大召开和我国社会主义市场经济体制的确立，全国大多数地区抓住这一历史性机遇，进行了放开粮食价格和经营的积极探索，不少地区取消了粮票和城镇居民粮食的定量供应。虽然 1993 年底出现的粮价暴涨使国家在 1995 年重新恢复粮食定购制度，并实行“米袋子”省长负责制，但这些探索为粮食流通市场化改革积累了宝贵经验。

## （三）保护价收购时期

这一时期从 1998 年开始到 2003 年结束，是我国粮食流通市场化改革的过渡时期。在这个阶段，我国粮食总量开始出现过剩，并出现较为突出的结构性矛盾，加之进口粮的冲击，国内市场粮价急剧下跌，市场竞争日趋激烈，国有粮食企业高度垄断、一统天下的购销格局被彻底打破，粮食流通表现出市场经济条件下买方市场的种种特征。为保护农民种粮积极性，巩固国家粮食安全基础和粮食流通体制改革成果，1998 年，国务院先后下发推进粮食流通体制改革的 15 号、35 号等两个重要文件，并批转了 6 个配套文件；颁布了《粮食收购条例》、《粮食购销违法行为处罚办法》；完善了粮食风险基金制度；提出了“三项政策、一项改革”（敞开收购、顺价销售、收购资金封闭运行、深化国有粮食企业内部改革）的改革政策；确立了“四分开一完善”（政企分开、储备与经营分开、中央与地方责任分开、新老财务账目分开、完善粮食价格机制）的改革原则。

这一阶段的改革有四个显著特征：一是 2001 年 5 月全国取消商品粮关系转移证，标志着实行 48 年之久的粮食计划供应制度的彻底终结，为粮食流通全面进入市场经济轨道扫清了最后障碍；二是 2001 年 11 月中国加入 WTO，标志着我国粮食流通开始与世界接轨；三是按保护价敞开收购政策推行后，由于相关措施不配套，以致顺价销售难以实现，国有粮食企业库存急剧上升，粮食主产区库存爆满；四是国有粮食企业改革成为粮食流通体制改革的重要组成部分。通过处理“三老”（老粮、老人、老账）的历史遗留问题，推进企业组织结构重组创新，实施股份制改造，国有粮食企业的经营机制得以全面转换，适应市场经济要求的微观基础重新确立。

**（四）市场化购销时期**

从 2004 年开始，至今仍在持续的这一时期，其主要特征是实行国家宏观调控下的粮食市场购销。国务院先后于 2004 年和 2006 年下发了关于推进粮食流通体制改革的 17 号、16 号文件；颁布了《粮食流通管理条例》、《中央储备粮管理条例》；制定出台了粮食生产直补制度和粮食最低收购价制度；逐步完善了中央、地方储备粮管理体系；开始建立粮食流通市场监管体制。在这一时期，粮食市场价格机制初步形成，市场主体多元化格局基本确立，国家宏观调控体系逐步建立，国有粮食企业改革发展进一步加快，我国粮食流通进入了在法律制度框架保障下的市场购销新阶段。

## 二、对粮食流通体制改革规律特点的几点认识

通过对我国改革开放 30 年粮食流通四个阶段制度演进及相关政策的比较研究，大体可以得出如下几个方面的基本认识和结论：

### （一）粮食流通体制改革的总体趋向是粮食流通市场化

粮食流通从“双轨制”初期的市场化改革开始萌芽，到 1992 年我国市场经济体制确立后的市场化进程不断加快，到目前的初步进入市场经济轨道，市场化取向的特征十分明显。尽管在这个过程中几度出现反复，但每次反复都是对市场化改革的探索和完善，市场化改革的方向确定无疑且不可逆转。

### （二）粮食流通体制改革必须以确保国家粮食安全为前提

粮食是关系国计民生的重要战略性商品，而粮食行业又是有别于一般性工商行业的有限竞争的公益性特殊行业，因此，粮食流通体制改革必须充分考虑粮食商品和粮食行业的特殊性，把确保国家粮食安全置于各项改革目标的首位。2007 年底 2008 年初，世界上发生了自“二战”结束以来最严重的一次粮食危机，许多国家因粮食严重短缺引发社会骚乱。中国作为世界上人口最多、粮食需求量最大的发展中国家，在这次危机中能够独善其身、岿然不动，充分体现了党和国家粮食方针政策的正确和驾驭粮食安全问题的能力，但决不能因此掉以轻心，必须时刻保持清醒头脑，警钟长鸣。

### （三）粮食流通体制改革必须适应粮食生产发展的基本要求

一方面，粮食流通制度是由某一阶段的粮食生产形势和供求关系决定的，这是生产关系适应生产力发展这一基本规律在粮食流通制度改革中的具体体现，如改革开放前的统购统销、改革开放初期的“双轨制”、现阶段的市场化购销的选择莫不如此。另一方面，及时调整和改革不适应粮食生产发展的流通制度，又可极大地促进粮食生产的发展和供求关系的改善。目前虽然初步建立了粮食市场化购销新体制，但生产力的不断发展和国际国内粮食市场的不断变化，客观上需要我们继续不断改革和完善这一制度，从这个意义上讲，改革永远没有止境。

### （四）粮食流通制度必须与国家的基本经济制度相适应

这是30年来粮食流通体制改革最显著的特征，如1985年前与我国高度集中的计划经济体制相适应的统购统销制度，1985年后与计划经济为主、市场调节为辅相适应的“双轨制”，1992年后与社会主义市场经济体制相适应的市场化购销制度等，都是这一基本特征的具体体现。这是因为粮食流通制度作为国家基本经济制度的一个重要组成部分，客观上要求它必须与国家基本经济制度的改革保持方向上的一致。

### （五）粮食流通体制改革的核心和突破口是价格问题

历次的改革无一不从粮价改革开始，而改革的直接目的，就是建立市场形成价格的机制，发挥市场在配置资源中的基础性作用。目前虽然已经初步确立了市场决定价格的机制，但并不表明价格改革任务的终结，这是因为，即使是在一个成熟的市场，往往也有“失灵”的时候，离不开政府的宏观调控和科学引导。在当前我国粮食市场化体制刚刚确立，粮食市场还很不成熟的情况下，如何引导市场价格机制的形成，避免粮价的大起大落和粮食市场的剧烈震荡，仍然是一个亟待研究的重大课题。

### （六）粮食流通体制改革成败的重要因素是财政支持

事权统一、财粮结合，是建立任何形式的粮食流通管理制度都不能回避的一个问题，古今中外概莫能外，这是由粮食产业的弱质性和粮食商品的特殊重要性所决定的，也为30年来的粮食流通体制改革实践所证明。如1993年粮食放开后出现的粮价暴涨和市场风波，很大程度上是财政急于对粮食“断奶”所致。在粮食流通市场化和全球经济一体化的背景下，目前的粮食市场面临的风险比以往任何时候都大，各种不确定因素比以往任何时候都多，粮食安全的地缘政治特征比以往任何时候都要突出，因而需要进一步加大财政对粮食的支持力度，以稳定粮食产业的基础地位，切实保护农民生产积极性，维护国家粮食安全。

### （七）国有粮食企业改革是粮食流通体制改革的重要组成部分

企业是市场经济的主体，推进以市场化为目标的粮食流通体制改革，必须理顺政府与企业的关系，真正做到政企分开，把国有粮食企业改造成为能够适应市场竞争需要的自主经营、自负盈亏的市场主体。由于长期计划经济的影响和政策方面的原因，国有粮食企业“三老”包袱异常沉重，职工分流安置压力巨大。近十年国有粮食企业改革的实践证明，要积极推进国有粮食企业改革，妥善处理好改革发展稳定的关系，确保改制后的国有粮食企业继续发挥主渠道作用，必须加强领导，精心组织，周密部署，统筹协调；必须因地制宜，一企一策，有的放矢，循序渐进；必须坚持以人为本，充分尊重和维护职工的合法权益，充分考虑企业、职工和社会的承受能力，推动改革平稳有序进行。

### （八）粮食流通体制改革是一项庞大复杂的系统工程

它的核心是改革调整阻碍粮食生产、流通、分配、消费的不合理利益关系，涉及生产与流通、流通与消费、产区与销区、城市与农村、国际与国内等社会生活的各个方面、各个阶层，影响面广，情况复杂，必须有整体的配套政策和措施予以保证，任何一项单项政策的调整都很难达到体制改革所预期的效果。

## 三、湖北省荆州市粮食流通体制改革的主要成效

荆州市是全国商品粮集中产区。改革开放 30 年来，荆州市认真贯彻落实党中央、国务院关于“三农”问题的方针政策，牢牢把握粮食流通市场化方向，紧紧抓住农民增收这个核心，不断推进粮食流通体制改革，初步建立了适应社会主义市场经济体制要求的粮食流通新模式，各项粮食工作取得了明显成效，为促进粮食生产发展、维护国家粮食安全作出了重大贡献。

### （一）综合生产能力稳步提高

通过狠抓基本农田保护，荆州市基本农田面积已经稳定在 850 万亩以上，粮食种植面积也恢复到 750 万亩左右，常年粮食总产 35 亿公斤以上，比改革开放前 1978 年的 22.5 亿公斤增产 12.5 亿公斤以上；通过大力开展水利工程建设，粮食产区抵御旱涝灾害的能力由原来的 5 年一遇提高到 10 年一遇；通过大力推广优质稻，粮食品质结构极大改善，全市国标三级以上优

质稻面积已经发展到 500 万亩，占水稻总面积的 80%以上，有 5 个县（市、区）被纳入国家优质粮食产业工程建设范围；通过大面积推广农业科技，全市植保机防面积达到 450 万亩，水稻机械、机整、机收等农业机械化综合作业水平达到 75%以上，粮食单产由 1978 年的平均 225 公斤增长到 435 公斤，基本上翻了一番。

### （二）商品粮贡献大幅度增长

目前荆州市每年可向国家提供商品粮 15 亿公斤以上，是改革开放前 1978 年的 3 倍。据不完全统计，1978~2007 年，荆州市共向国家提供商品粮 294 亿公斤，为国家粮食安全作出了重大贡献，特别是统购统销和“双轨制”时期大量的平价粮食调拨，有力支持了调入地城市工业经济的发展。

### （三）粮食仓储设施建设快速发展

一是仓库容量大幅度增长。经过 20 世纪 90 年代初期的大规模抢建仓棚及随后的国债投资高大平房仓建设，目前荆州市仓容总量达到 18.65 亿公斤，是 1978 年的 3 倍。二是仓库质量明显提高。改革开放前，荆州市 60%的粮仓为 20 世纪 50 年代的苏式仓及简易仓，且零星分散，全市没有一个 1500 万公斤以上的粮库，而 2008 年，荆州市 70%以上的粮仓为平房仓和高大平房仓，4000 万公斤以上的粮库发展到了 10 个。三是仓储配套设施逐步现代化。荆州市装备环流熏蒸系统的仓容近 5 亿公斤，粮温自动测控系统仓容 15 亿公斤，各类通风机、输送机、清扬机、谷物冷却机、烘干机等现代化设施已广泛应用于粮食收购和储存。

### （四）市场主体多元化格局基本形成

按照《粮食流通管理条例》的要求，所有取得粮食收购资格的企业和经营者均可从事粮食收购经营活动。截至目前，全市共为符合条件的粮食经营者办理粮食收购许可证 513 家，其中非国有粮食企业及个体工商户占 80%以上，其经营量已占到粮食经营总量的 60%以上。

### （五）粮食流通监督检查和质量监管体系初见雏形

根据粮食行政管理职能转变的需要，市、县（市、区）两级粮食局建立了政策法规科、粮食监督检查科、粮食执法大队、粮食质量监督检测站等粮食监督机构体系，并积极开展了粮食行政执法的探索和实践，粮食流通监督检查和粮食质量调查及品质测报发布工作开始向规范化管理方向运作。

### （六）粮食宏观调控体系初步建立

一是建立了地方粮食储备制度。根据《中央储备粮管理条例》和《湖北省地方储备粮管理办法》的要求，荆州市政府于 2005 年出台了《荆州市地方储备粮管理办法》，市直及 8 个县（市、区）建立了市、县两级粮食储备，成为地方政府调控粮食市场的重要物质手段。二是建立了粮食价格监测系统。全市确定粮食价格监测点 16 个，并按要求认真进行了价格监测和信息上报工作，为各级政府及时掌握粮食市场价格动态和实施粮食宏观调控提供了重要依据。三是建立了军粮供应体系。全市 8 个军供站（点）软硬件设施齐备，内部管理制度齐全，有效保证了驻荆部队近 40 个伙食单位的供应任务。四是建立了粮食应急预案。根据相关法律法规和《国家突发公共事件总体应急预案》，市政府于 2006 年制定并发布了《荆州市粮食应急预案》，各县（市、区）政府也制定了相应的预案，初步形成了市县两级粮食应急预案体系。

### （七）国有粮食企业改革取得重大进展

1.“三老”包袱妥善处理。一是“老人”安置全部到位。2007 年底，荆州市国有粮食企业在岗职工 2349 人，比企业改革前职工人数最多的 1998 年减少 32501 人，减幅 93%，所有在岗职工全部置换了身份，全市离退休及内退人员 6253 人已按要求全部移交社保机构托管。二是“老粮”（原定购粮和保护价粮）全部销完。荆州市粮食库存最高的 2000 年达到 21.33 亿公斤，其中陈化粮占一半以上。通过政策活销、奖励促销、责任包销、能人帮销、窗口直销和网上交易等多种形式的促销活动，全市“老粮”于 2004 年全部处理完毕。三是“老账”得到处理。按相关政策清理认定，到 2004 年底，荆州市国有粮食购销企业财务挂账总额为 555724 万元，其中政策性挂账 419777 万元，经营性挂账 135947 万元。对政策性挂账全部剥离上收到县（市、区）粮食局在农发行开设的挂账专户，实行政府兜底、挂账停息；对经营性挂账由企业用经营性盈利消化和上报农发行核销，原国有粮食企业已基本甩掉历史挂账包袱。

2. 产权制度改革基本到位。一是采取“分步转民”、“分块转民”、“整体转民”的方式，于 2000 年率先完成了市直粮食企业的民营化改造。二是 2001~2003 年在全市范围内重点实施了以国有粮食购销企业减官（精简领导职数）、减灶（撤并购销企业）、减人和粮食工贸企业的改制转民。三是从 2004 年开始，加快推进了国有粮食购销企业产权制度改革，大力推进股份制改造和租赁经营。通过资源整合重组和产权制度改革，到 2008 年荆州市共组新中国成立有粮食购销企业 77 家，比改革前减少 41 家，其中国有独资 20 家，国有控股 27 家，租赁经营 30 家。

3. 干部员工思想观念深刻变化。通过企业产权制度、干部人事制度、收入分配制度的改革，广大干部员工吃政策饭、“等靠要”的观念基本消除，竞争的观念逐步确立，思想观念发生深刻变化，自主经营、自负盈亏、自我约束、自我发展成为企业经营和干部员工共同追求的价值取向。

### （八）粮食经济发展方式发生根本性转变

计划经济时期种什么收什么、买原粮卖原粮的传统粮食经营格局和增长方式被彻底改变，以市场为导向，以加工转化为重点，以千家万户的农民为基础，以科技创新和品牌经济为支撑，区域化布局、专业化生产、一体化经营、社会化服务的粮食产业化经营方式正蓬勃兴起。2007 年底，荆州市共有市级以上粮食产业化龙头企业 50 家，其中国家级 3 家、省级 13 家，初步形成了 3 家粮食精深加工工业园区。2007 年，全市大米加工产量 143.95 万吨，是 1978 年 22.36 万吨的 6.4 倍，色选、抛光、真空小包装等现代化设备已普遍装备到粮食加工产业，骨干企业的大米加工工艺达到了国内一流水平。全市粮油产品被评为中国名牌和中国驰名商标 1 个，湖北名牌 5 个、湖北著名商标 7 个，有 12 个产品获得绿色食品认证，2 个产品获得有机食品认证。

## 四、当前粮食生产流通面临的主要问题

### （一）粮食生产面临隐忧

一是稳定耕地和粮食面积的压力大。受公路、铁路、工业园区建设占地和城镇化的影响，耕地面积总体上减少的趋势很难逆转，并已直接影响到粮

食种植面积的稳定。20 世纪七八十年代，荆州市粮食种植面积一直稳定在 1000 万亩以上，到 1993 年减至 600 万亩，目前虽然恢复到 750 万亩左右，但与 1978 年相比减幅仍在 25%以上。二是农业生产基础设施欠账多。全市沿江、沿湖和骨干排灌渠道的病险涵闸达 40%，排涝泵站及机电设施老损率达 70%，26 处大中型灌区的骨干建筑物坏损率近 40%，急需进行更新改造和续建配套。三是粮食生产比较效益低，农民积极性不高。在所有农产品中，粮食生产纯收益长期处于最低水平，2004 年以来虽然取消农业税并实施直补政策，但因政策补贴标准过低，对农民种粮的吸引力已经随着时间的推移开始出现钝化，青壮年农民纷纷外出打工并大量转移到城市，农村普遍出现空心化现象。四是有利于耕地合理流转、整合农业生产资源的机制难以真正建立，传统、分散的农业种植方式仍然制约着粮食生产发展。

**（二）粮食价格形成机制不合理**

一是尚未真正建立粮食最低收购价制定与调整的科学机制。前几年，最低收购价格一定几年不做调整，2008 年虽然有了较大幅度提高，但调整的幅度还难以准确反映近几年来粮食生产成本变化、CPI 上涨、国际国内市场供求及价格变化的趋势。在稻谷集中产区，中晚籼稻的最低收购价与市场价已普遍相差 30%以上。二是尚未真正最终建立市场形成价格的机制。目前国内粮食市场，在粮食供给上主要由四块构成，即中央储备粮的轮换抛售、地方储备粮的轮换抛售、最低收购价粮的拍卖抛售和其他各类市场主体自主经营粮食的销售。如果上述粮食抛售的时机选择不当，无论是中储粮系统，还是其他粮食企业，出于企业自身追求利益最大化的动因，都会给正常的市场注入很多非理性的无序的因素。三是粮价政策的战略取向问题。改革开放 30 年来，一直实行的是低粮价政策，现在来看，这一政策取向还需要与体现公平正义的社会理念、城乡经济协调发展、积极推进社会主义新农村建设和和谐社会建设的要求，以及促进粮食生产发展和保障国家粮食安全的要求相适应。2007 年以来，受国际市场粮价大幅上涨的影响，国内市场粮价有了一定的涨幅，2007 年底与 1995 年相比，全国三种主要粮食品种（稻谷、小麦、玉米）的平均收购价格，12 年间每 50 公斤只上涨了 6 元，涨幅为 8.4%。在这样的形势下，实行适度的高粮价政策应是未来一段时期内粮价政策的战略取向。

### （三）粮食管理体制不适应粮食安全的需要

一是地方粮食行政管理部门难以履行粮食行政管理职责。《粮食流通管理条例》规定："粮食行政管理部门负责粮食流通行政管理、行业指导、监督有关粮食法律、法规、政策及各项规章制度的执行"。但从目前的实际来看，粮食行政管理部门无法履行这一职责。比如最低收购价政策，这是目前种粮农民最关心、涉及面最广、影响最大的一项政策，理应由各级粮食行政管理部门负责这一政策执行的管理和监督，但实际上地方粮食行政管理部门无权参与，更谈不上监督。这种典型的事权分离、职能错位的管理体制，导致粮食最低收购价政策在执行过程中矛盾重重，影响了政策执行的效果。二是储备粮管理体制问题。我国储备粮体制几经变革，目前在管理体制上分为中央储备粮和地方储备粮，中央储备粮实行垂直管理，地方储备粮由地方各级粮食行政管理部门管理。这一体制，条块分割，多头管理，权责不清，力量分散，难以统一监管。三是"米袋子"省长负责制问题。从1995年开始实行的"米袋子"省长负责制，对于加强地方政府粮食安全的责任，推动国有粮食企业改革起到了积极作用。但是，这一制度要真正落实到位，还需要加大力度，强化责任。

### （四）粮食行政执法工作难以履行职责

一是《粮食流通管理条例》的立法层次和位阶较低，与之相应，粮食行政执法主体的法律地位明显不足，同工商、质监、卫生、物价等部门相比，粮食行政执法的效力等级和权威性都很难保证《条例》的落实。二是行政执法的职能不配套。如《条例》规定："未经粮食行政管理部门许可或未在工商行政管理部门登记，擅自从事粮食收购的……由粮食行政部门查出的，移交工商部门予以处罚。"这就形成粮食部门检查、工商部门处理、权责严重脱节的局面，而这种权责的脱节又直接影响到了粮食行政执法的效果。三是行政执法专业队伍、专项经费落实存在很大困难。目前，虽然各地的粮食行政执法机构体系初步建立，但有的人员配备不足，有的硬件设备老化，大部分县（市、区）监督检查经费没有纳入财政预算，影响到行政执法的正常开展。

### （五）国有粮食企业改革问题仍然比较突出

一是产权制度改革不规范，体制性障碍未从根本上消除。股份制改革的企业尚未按照现代企业制度的要求，真正建立起权力机构、决策机构和经营者各负其责、有效制衡的公司法人治理结构，仍然存在国有资产出资人职能缺位的问题；而租赁经营的企业又难以根据经营和发展的需要实现企业资本要素的流动重组和规模扩张，缺乏自我发展的内在活力。二是职工安置仍然存在一系列遗留问题，如拖欠的职工上岗责任风险抵押金、身份置换补偿金，欠缴的职工养老保险、医疗保险、失业保险金等，就是企业发展稳定的隐患。三是改制企业自主经营的活力不强。据 2007 年调查，荆州市大部分改制企业对政策性业务的依赖程度占到 80%以上，这说明职工思想观念的转变、企业经营机制的转换仍然有一个相当长的过程。四是国有粮食企业的主渠道地位面临严峻挑战。改革期间，为筹措巨额改革资金，粮食企业不得已对一些边远站点和国有资产公开拍卖和处置以安置职工，使得国有粮食企业资产总量和经营阵地大幅度萎缩，加之各改制企业之间相互分割、产业链脱节，竞争优势已不再明显甚至丧失。

### （六）粮食产业化发展面临种种"瓶颈"的约束

从荆州来看，粮食产业化龙头企业无论是在企业规模、发展实力、产品档次、品牌知名度方面，还是在市场竞争力、带动辐射能力等方面都与当前粮食市场竞争日益激烈的形势有很大差距。一是龙头企业的规模小、实力弱。虽然已有少数企业获得了国家级、省级龙头企业的称号，但真正能称得上"龙头"的企业并不多。二是产品结构单一，深加工项目少，产业链条不完善。目前全市真正称得上粮食深加工的项目只有福娃集团的系列食品、汉科公司的果糖和洪湖浪米业的生物柴油，其他绝大多数企业只是对粮食进行粗加工和精加工，产业链条短，产品科技含量和附加值低，企业创利税能力差，竞争力不强，发展后劲不足。三是高档优质稻发展滞后，稻米品质不高，特别是同湖南相比，无论是在高档优质稻的研究、开发还是在推广上都有很大差距。四是品牌过多过滥，名牌产品少。全市大米品牌数以百计，但每个品牌的生产量都不大，市场占有率都很低，很难形成强势品牌。五是思想认识不足，发展不平衡。安于现状、不思进取的思想在一些地方还普遍存在，少数地方的领导对粮食产业化工作重视不够，研究不深，办法不多，抓得不紧。

# 五、进一步完善粮食流通体制改革的对策及建议

## （一）进一步加强主产区商品粮基地建设

目前全国13个粮食主产省区粮食产量占全国的70%以上，粮食收购量占90%以上，因此，加强主产区商品粮基地建设是保证我国粮食生产发展和粮食安全的基础和关键。为此，一是要继续实施最严格的耕地保护制度，坚决制止城镇化、工业化过程中的新"圈地运动"，确保耕地总量的动态平衡。二是要加强粮食主产区的科学规划，加大水利等基础设施建设、农田开发、土地平整与江河、湖泊、水库整治、农村饮水安全、血防综合治理、新农村建设等项目的整合与投资力度，进一步提高粮食产区的抗灾减灾能力。三是中央财政要提高对粮食建设项目投入的比例，并尽可能减少地方财政配套比例。要加大对粮食主产区市、县、乡财政转移支付力度，缓解地方财政困难，调动地方发展粮食生产的积极性。四是积极探索适度规模的集约化生产。在认真落实农村土地二轮延包政策的前提下，进一步完善土地价格评估制度和土地流转补偿制度，因地制宜地探索土地流转形式，逐步实现土地向种粮大户、种田能手集中，进而向家庭农庄、合作农场、股份制农业的方向发展，推动粮食生产向科学化、规模化、现代化、标准化方向转变。

## （二）进一步完善粮食最低收购价制度

一是要建立科学的价格形成机制。要按照实行适度高粮价政策的战略取向，综合考虑粮食生产成本、CPI上涨、国际市场价格、财政承受能力和粮食总量平衡状况，科学制定粮食最低收购价格，一年一定，于粮食播种前发布，让农民吃"定心丸"。二是完善最低收购价政策的管理体制，实行管理权与经营权分离。中央储备粮库点、地方储备粮库点、国有粮食购销企业等具备资格的企业应一视同仁作为最低收购价政策的执行主体，负责最低收购价粮食的收购和储存。要合理设置收购网点、尽量方便农民售粮，使种粮农民利益得到充分保护。

**（三）进一步完善粮食生产补贴机制，重点是要完善以粮食直补为主要内容的一系列补贴政策**

目前的粮食直补主要存在三个方面的问题：首先从补贴数额来看，荆州市 2007 年粮食直补资金 10036 万元，按粮食产量匡算，每斤粮食只补了 1 分多钱，不仅补贴额度太小，对农民吸引力不大，也没有体现工业对农业的反哺。其次从补贴资金的来源来看，是用财政原包干给地方的粮食风险基金进行补贴，没有体现销区对产区的支持。最后从补贴方式来看，绝大多数地方是按耕地面积进行补贴，种植经济作物甚至撂荒的农民，照样享受粮食补贴，没有体现粮食直补对粮食生产的支持。对以粮食直补为主要内容的一系列补贴政策，应从三个方面加以完善：一是进一步完善粮食直补制度。要按照世界贸易组织“黄箱”政策的规定和中央财政承受能力，适当提高对农民种粮的直接补贴标准。我们认为对粮食主产区按粮食产量每斤至少应补 1 角钱以上，使主产区农民的补贴水平达到每亩 100 元以上，才能有效调动农民发展粮食生产的积极性。要调整补贴资金来源，建议国家开征粮食消费税，由中央财政集中用于对主产区粮食生产的直接补贴，进一步体现销区对产区的支持。要改进补贴方式，粮食直补要补在粮食交售环节，由各级粮食行政管理部门负责，与储备粮的轮入收购挂钩。要把良种补贴、农机购置补贴等与粮食生产直补合并为一块，与粮食交售直接挂起钩来。二是积极探索建立粮食保险补贴制度。对粮食生产的备耕、种植、管理、销售等主要环节进行保险，保险费由政府和农民各承担 50%，中央对主产区的保险费给予适当补助。三是适时试行休耕补贴。当全国粮食生产能力恢复到一定水平，粮食市场可能出现供大于求的局面、市场粮价下跌时，要鼓励主产区农民有计划地实行轮作和休耕，由政府对农民进行补贴。

**（四）进一步改革粮食行政管理体制**

一是建立垂直的粮食行政管理体制。在目前国际国内粮食安全形势日益严峻的形势下，实行粮食垂直管理体制不仅非常必要，而且十分迫切。粮食的垂直管理有利于落实国家的粮食方针政策，确保政令畅通，有利于统一意志和统一步调，提高粮食宏观调控的效率，维护粮食安全，有利于全国统一、开放、竞争、有序粮食大市场的形成，有利于各级粮食行政管理部门发挥市场监管作用，依法行政，依法管粮，特别是有利于改变当前粮食行政管理政出多门、权责不清、粮食流通和安全责任难以落实的问题。二是建立一体化的粮食行政管理与储备管理体制，将储备粮管理纳入粮食行政管理体制之中。三是切实解决粮食行政管理机构、人员、经费。要按照稳定、加强和确保完成全社会粮食流通监管职能的原则，对人员过少的县（市、区）粮食局适当增加行政编制。要根据《粮食流通管理条例》的要求，进一步加强和完善粮食行政执法机构体系建设，省、市、县粮食局都应增设政策法规、监督检查机构，并成立粮食监督检查执法大队，切实解决粮食行政管理经费。

### （五）进一步完善粮食储备体系

一是要按照属地管理的原则，由各级粮食行政管理机关对储备粮实施统一监管。二是合理确定中央和地方储备粮的规模和比例。要适度增加中央储备粮规模，储存要向产区倾斜，以利于粮食的轮换。地方储备粮要严格按照国务院的有关规定足额到位。三是建立中央财政与省级财政统一配套的储备粮利费补贴机制。中央及地方储备粮要统一管理办法、统一补贴标准。地方储备粮的利费补贴要统一列入省级财政预算，并由省级粮食行政管理部门足额拨补给承储企业。

### （六）进一步加大对粮食产业化发展的政策扶持

重点是要完善粮食风险基金制度，适度扩大主产区粮食风险基金规模，调整风险基金使用方式，进一步加大对粮食流通产业的政策扶持。一是加大对优质粮食品种和专用粮品种的研发推广力度，从整体上提升我国粮食品质。二是加大对粮食深加工的开发扶持力度，对粮食主产区重点骨干龙头企业的深加工项目建设和技术改造进行扶持，鼓励科研人员不断开发出科技含量高、附加值高的新产品。三是加大对绿色食品、无公害食品的开发力度。凡符合绿色食品、无公害食品要求的，对农民、农庄及企业进行奖励。四是加强对市场营销的政策扶持。

### （七）进一步推进国有粮食企业改革

一是对国家粮食储备库和国有粮食购销企业有一定规模的仓储设施、军供站等，统一收归各级粮食行政管理部门管理，在资源整合的基础上实施国有独资的股份制改造，作为粮食流通的骨干力量和国家实施宏观调控的重要载体。要按照现代企业制度的要求，逐步建立规范化的公司法人治理结构。

二是对其他国有粮食购销企业，要按照经济流向和精简效能的原则，大力整合资源，减少企业数量，做大企业规模，实行所有权和经营权分离、国有民营或租赁经营，使之继续发挥搞活粮食流通的重要作用。三是对国有粮食加工企业全部实行民营化改造，彻底转变经营机制。四是切实解决国有粮食企业改革改制中的遗留问题。对目前粮食主产区拖欠职工身份置换补偿金、风险抵押金、养老和医疗保险金等，中央财政应安排专项补助资金予以解决。

**（八）加快建立粮食现代物流体系**

一是科学规划、合理布局。要结合实际分级制定中长期粮食现代物流发展规划。二是加大政策扶持力度。要由政府投资，建立一批骨干节点，为粮食现代物流体系构建骨架，为市场化运作奠定基础。三是要通过招商引资、市场化运作，尽快实现粮食物流的“四散化”对接，降低粮食流通成本，提高粮食流通效率，力争通过 5~10 年的努力，逐步形成比较完善的粮食现代物流体系。中央财政要加大投入力度，支持粮食现代物流体系的发展。

**（九）尽快制定出台《粮食法》**

粮食问题，不仅是一个经济问题，而且是一个政治问题。从一个较长时期来看，我国粮食安全形势面临严峻挑战，行政法规已难以约束、规范粮食流通市场行为，难以引起全社会对粮食流通和粮食安全问题的高度关注，必须迅速制定出台《粮食法》。从《粮食收购条例》到《粮食流通管理条例》，对粮食的立法实践已经进行了 10 年，积累了比较丰富的经验，出台《粮食法》的时机和条件已经成熟。尽快制定出台《粮食法》，对于进一步深化粮食流通体制改革，构建中国特色的粮食市场流通制度，维护国家粮食安全具有重要意义。

（作者：湖北省荆州市粮食局　杨少华　沈联国）

# 切实抓好国有粮食购销企业改制重组 更好地发挥主渠道作用

国有粮食购销企业是粮食流通体系的重要组成部分，也是构建适应社会主义市场经济发展要求和符合我国国情的粮食安全保障体系的重要载体。有专家指出，我国加入世界贸易组织，标志着大粮食、大流通、大市场的真正形成。在国内外市场紧密联系、互相融通、范围极其广阔的大市场中，企业是主体，是市场经济的基本单元。搞好搞活企业，特别是帮助粮食企业扩大联合，组成一批具有经济实力、有竞争能力的大集团、大公司，以此作为骨干，作为龙头，形成企业群体，带动中小企业的发展，是我们的当务之急。《国务院关于完善粮食流通体制改革政策措施的意见》指出：要“加快国有粮食购销企业组织结构创新。在粮食主产区的产粮大县，可以现有国有粮食购销企业为基础，通过改制重组，因地制宜地组新中国成立有独资或国有控股的公司制粮食购销企业”。“支持国有粮食购销企业进行跨行业、跨地区、跨所有制的资产重组，鼓励各种资本参与企业改组改造，以资产为纽带，逐步培育若干个大型粮食企业集团。”《国家粮食安全中长期规划纲要》中指出：“继续深化国有粮食企业改革，推进国有粮食企业兼并重组，重点扶持一批国有粮食收购、仓储、加工骨干企业，提高市场营销能力，在粮食收购中继续发挥主渠道作用。”近10年来，各地在积极推进粮食流通体制改革和国有粮食企业改革取得可喜成效的同时，越来越深切地感觉到国有粮食购销企业面临“消亡”的危险，越来越强烈地感受到在激烈的市场竞争中心有余而力不足。国务院的文件精神，职工的切身体会，集合成一个十分重要的课题，就是在继续深化粮食流通体制改革中，要切实抓好国有粮食购销企业改制重组，以期在粮食流通中继续发挥主渠道作用。

# 一、充分认识国有粮食购销企业改制重组的必要性和重要性

## （一）从发达国家粮食流通的组织结构，看改制重组国有粮食购销企业的必要性和重要性

无论是美国、加拿大、澳大利亚、法国等粮食出口国，还是日本、德国、意大利等粮食进口国，其粮食流通组织结构均根本不同于我国，主要特点是：内有规模大的农场，外有实力强的跨国公司。早在 20 世纪 80 年代中期，美国农场总数就达到 209 万个，平均每个农场的土地面积近 3000 亩；加拿大共有农场总数 26 万个，每个农场平均占地近 4000 亩。美国 ADM 公司、邦吉公司、嘉吉公司、法国路易达孚公司等大公司，在历史上曾控制了占全世界 85%以上的谷物贸易。英国和荷兰的联合利华公司，在 70 多个国家设有 500 多家子公司，1983 年年销售收入达 230 亿美元之巨。由此可见，农场和跨国公司相结合是当今世界粮食流通组织发展的大结构和大趋势，松散的、分散的、弱小的粮食流通组织结构是很难适应大市场、大流通、强竞争需要的。

## （二）从粮食流通国际化，看改制重组国有粮食购销企业的必要性和重要性

入世后，国有粮食购销企业面临着竞争激烈的“国际化”大背景，这已是共识。未来粮食市场的竞争，是买方市场条件下的较量与竞争；是在大市场、大流通条件下，大企业之间的较量与竞争；是综合经济实力的较量与竞争。有专家称，我国目前分散的小农和小型的粮食企业，是没有办法应对这种国际化的格局的。在资本、人才、管理和市场策略的全面竞争中，与强大的“洋对手”相比，我国的粮食企业无疑仍只是一个“小舢板”，每年经销总额只有“洋对手”的零头。有资料显示，全美最大的粮油公司美国加吉公司 2001 年的营业额为 500 多亿美元；法国的舒福来集团在 20 多个国家和地区营运着超过 300 亿美元的实业和投资项目；法国路易达孚公司 2001 年的农产品贸易量达到了 260 亿美元。面对如此激烈的竞争，如此强大的对手，

国有粮食购销企业唯有改制重组，才能最终适应粮食流通国际化的需要，才有可能在市场竞争中争得立足之地。

**（三）从粮食购销市场化，看改制重组国有粮食购销企业的必要性和重要性**

粮食购销市场全面放开后，流通主体日益增多，国有粮食购销企业与多渠道竞争的格局已明朗化。20世纪90年代中期，湖北省荆门市从事粮食购销业务的国有粮食购销企业77家，个体、私营粮商微乎其微。但从90年代末以来，伴随粮食流通体制改革的不断深化和购销市场化步伐的加快，个体、私营及其他经济成分的粮商迅速崛起，由十几家、几十家，发展到几百家、几千家。截至2007年底，湖北省荆门市从事粮食购销业务的国有粮食购销企业58家（含7家国家粮食储备库），而规模不等的粮食经营者达2000余家，经粮食行政管理部门审核认定办理了粮食收购许可证的达379家，是国有粮食购销企业总数的近7倍。58家国有粮食购销企业，家家都感到了竞争的激烈，感到了生存与发展的艰难，感到了改制重组的紧迫性。

**（四）从发展粮食产业化经营，看改制重组国有粮食购销企业的必要性和重要性**

随着我国粮食产业化的发展和粮食流通体制改革的不断深化，生产与流通的结合日臻密切，产销衔接已是"唇齿相依"。在粮食产业化发展的过程中，少不了龙头企业的带动。实践证明，这个"龙头"如果国有粮食企业不去担当，有实力的其他所有制的粮食经营者就会担当。到2007年底，荆门有5家龙头企业进入全省粮食产业化龙头企业20强，非国有粮食企业就占了4家。在这种情况下，国有粮食企业如果坐山观"龙头"，还寄希望于政府干预，让国有粮食购销企业当"老大"，显然是幻想，结果只能被市场所淘汰，当"龙尾"也危险。因此，国有粮食购销企业在认真贯彻执行国家粮食方针政策、搞好粮食购销、管好粮食储备的同时，必须面向市场，正视现实，积极组建规模化、区域化的集团公司，真正扎根于生产者和消费者，大力推行粮农产销一体化、股份化，坚定不移地走"企业＋基地＋农户＋科技"的路子。只有这样，才能找回失去的阵地，重筑主渠道地位。

### （五）从国有粮食购销企业面临的现状，看改制重组国有粮食购销企业的必要性和重要性

从有利条件看，长期困扰国有粮食购销企业的“三老”历史包袱基本解决，改制重组可以轻装上阵；购销市场全面放开的新形势，促使国有粮食企业的干部职工转变观念，改制重组有较好的思想基础和群众基础；长期积累的粮食经营人才、购销渠道和较好的仓储设施设备等优势，为改制重组提供了保障；统一开放、竞争有序的粮食市场体系初步形成，也为改制重组创造了较好的外部环境。从不利因素看，目前国有粮食购销企业仍然是多、少、散、闲、弱。即数量上多，基本上是按行政区划设置购销企业，有多少个行政乡镇就有多少个购销企业；人员上少，有的购销公司只有 3~5 个人，粮食收购、保管都要请社会自然人“上岗”；布局上散，如湖北省荆门市 2007 年底有国有粮食购销企业 58 家，收储站点 386 个，每 30 平方公里只有 1 个收储站点；资产上闲，粮食购销市场全面放开后，国有粮食购销企业收购量减少，造成大量仓容闲置；经济实力和竞争力弱，相当一部分国有粮食购销企业靠收购托市粮和保管储备粮获取补贴过日子，自身“造血”功能殆尽，在与非国有粮食经营者的竞争中处于相当被动的地位。此外，还有部分员工仍难走出计划经济的阴影，落后的思想观念根深蒂固，前一轮改革遗留问题解决难度很大、管理体制仍有缺陷，政企很难真正彻底分开、经营机制没有从根本上转换、政策措施还不够完善等因素的制约。因此，要摆脱国有粮食购销企业目前的困境，使之真正在粮食流通中继续发挥主渠道作用，必须走改制重组、做大做强之路。

## 二、合理选择国有粮食购销企业改制重组的组织形式

### （一）行政区域性改制重组

要按行政机构改革后的行政区划设置国有粮食购销企业。湖北省荆门市改革后的镇乡设置数为 57 家，2007 年设置购销企业 58 家，剔除 7 家国家粮食储备库后，实有镇乡购销企业 51 家，比实有镇乡数少 6 家，应该说在重组国有粮食购销企业上是个进步。但这种重组，事实上并没有实现真正意

义上的政企分开，实行政府粮食行政管理职能与粮食企业经营的分离，购销企业没有成为真正的自主经营、自负盈亏、自我约束、自我发展的经济实体。因此，这种重组是不彻底的。特别要指出的是，在重组购销企业时，也要重组收购网点，对那些旧、小、偏、差的收购站点，该租的租，该卖的卖，该并的并，该撤的撤，不要怕打破坛坛罐罐，不要怕丢失那些对全局无决定意义的阵地。

## （二）经济区域性重组

经济区域有大、中、小之分，按经济区划重组国有粮食购销企业，最根本的就是要打破行政区划，按经济流向设置国有粮食购销企业。由于“一套班子、两块牌子”式的粮油购销总公司没有从根本上解决政企分开等问题，因而有的同志提出按县级经济区域设置具备企业法人资格的粮食储备公司和粮食购销公司，分别经营和管理县域内的粮食储备和购销业务。虽然这种重组有利于实行政企分开，但仍然存在实力不强、拳头没握紧的问题。笔者认为，从国家对中央级专储粮实行垂直管理，省、市、县（市、区），特别是粮食主产区储备粮数量不大的实际出发，按县级经济区域成立粮食购销总公司比较适宜，不必成立粮食储备和粮食购销两个公司。总公司与当地粮食局在人、财、物等方面实行真正意义的彻底脱钩，对国有资产实行租赁经营，以赢利为主，以提供公共服务为辅，主要任务是受当地粮食局的委托承担国家和省市专项储备粮的收购和保管，按要求组织军供等政策性粮油供应，执行国家宏观调控的托市粮等粮食购销业务；按购销市场全面放开的要求，自主经营其他粮食业务，并可以从事政策允许范围内的跨行业业务。总公司下设分公司，分公司可以是目前的购销企业，也可以打破现有格局，按经济流向重新设置。各级粮食局和总公司没有领导与被领导的关系，只经当地政府授权，行使国有资产出资人职责，履行政策监督、市场监管、业务指导、工作协调、提供服务的职责。这种按县级经济区划组建粮食购销总公司的模式，符合政企分开的基本要求，有利于建立现代企业制度，有利于国有粮食购销企业成为真正的“四自企业”，有利于粮改政策措施的到位。在目前尚不具备按更大经济区划组建粮食总公司或集团的情况下，按县级经济区域组建粮食购销总公司应该说是较实在的过渡模式。

### （三）经营专业化重组

按基本职能和业务性质划分，经过第一轮改革后的国有粮食购销企业目前主要有农村粮食购销企业、粮食仓储企业、集购加销存于一体的综合性企业。但企业规模大多比较小，且各自为政，常常出现争抢市场、抬价压价等内讧现象，大大削弱了国有粮食购销企业的整体作战能力，因而经营专业化重组是十分必要的。基本思路是：在县级经济区域内，以大中型骨干企业为龙头，组建粮食购销集团、粮油加工集团、粮油储存集团，最优配置资源、资金、设备、技术和人才，促进经济结构和产品结构合理化，形成规模生产，实行规模经营，最终实现规模效益，并按照建立现代企业制度的要求，实行公司法人结构治理，与粮食主管部门在人、财、物等方面彻底脱钩，成为真正的市场经营主体。在各地组建集团的基础上，视条件逐步组建市级、省级乃至全国性的集团公司。还可以在互利互惠、共同发展的原则下，组成跨区域、跨行业、跨所有制的城乡结合、产销结合和科技结合、工商结合、内外贸结合的集团化企业。

### （四）联营重组

实践证明，国有粮食购销企业各自为政不行，单兵作战不行，必须联合联营。目前，国有粮办工业基本全部实行了民营化，并与粮食主管部门彻底脱钩，国有粮食购销企业收原粮卖原粮的现状并没从根本上解决，资源配置上显得很不合理。事实上，只要坚持独立核算、财务分开、确保收购资金封闭运行，坚持粮食购销企业销货款足额回笼还贷，坚持购销企业与加工企业签订好委托收购或加工合同，坚持互惠互利、风险同担，联营重组是可行的。

### （五）按照投资主体多元化的要求重组

国有粮食购销企业要彻底从计划经济的阴影中走出来，放下“粮老大”的架子，丢掉独家经营的幻想，摆正自己的位置，打破地域、行业、所有制界限，积极主动地与经营机制较活、经济效益较好、占有较大市场份额、有较大经营规模和实力的粮食产业化龙头企业联合重组，按市场经济规律运作。要进行公司制改造，吸引多方投入，放大国有资本功能，坚持以名优产品为依托、以资本为纽带、以市场为导向、以诚信为保证、以双赢为目的，发展跨地区、跨行业、跨所有制的大型骨干企业或企业集团。在多元投资主体联合重组中，逐步实现从业务上的合作发展到资产的联合，从贸易上的合作发展到组建经济实体的联合，从单项的合作发展到整个产业链的联合，从对内的合作发展到对外的联合。

## 三、积极稳妥推进国有粮食购销企业改制重组

### （一）政府重视，加强领导

各级政府要高度重视改制重组国有粮食购销企业的工作，列入议事日程。要从根本上转变观念，不要怕改制重组国有粮食购销企业后，少了机构，少了粮食购销的载体，影响国家粮食政策的落实。要正确处理改革、发展、稳定三者之间的关系，不能因为保稳定而迟滞改革或停止改革，要用改革的办法处理和解决改制重组过程中出现的问题。要协调各方关系，落实有关政策，为国有粮食购销企业改制重组创造宽松环境。

### （二）实事求是，解决难题

主要有：一是解决“老人”的问题。通过第一轮的改革，国有粮食购销企业的在岗职工已大大减少。截至2007年底，荆门市国有粮食购销企业在岗员工2967人，比改革前的1999年底的9400人减少6433人，减幅达68.4%。但具体到各县（市、区），个别县的在岗员工仍然显得过多。如沙洋县，到2008年6月底，全县国有粮食购销企业仍有在岗员工近1000人，比按业务量算账实际需要的人数多600余人，需要一次性分流。而分流需经济补偿金1400多万元，企业根本无法解决。因此，需要地方财政给予必要的支持，需要允许从节约的粮食风险基金中拿出一部分资金用于安置职工，需要明确国有粮食购销企业在改制过程处置的国有资产的收益首先用于处理改制遗留问题，等等。二是解决“老账”的问题。虽然政策性粮食历史财务挂账已全部上收到县级以上粮食行政主管部门管理，但仍有“老账”的问题没有解决。主要是企业内退人员的费用、未交社保的离退休人员的费用、企业第一轮改革欠职工和欠缴的有关费用、2004年8月底前经营性挂账余额，荆门市国有粮食系统此四项金额合计达39315万元，在企业效益非常低下的

情况下，企业已无法承担。因此，需要出台相关政策措施，帮助企业卸包袱，让国有粮食购销企业轻装上阵改制重组。三是解决“老设施”的问题。对那些破旧的仓库、落后的设施设备，或闲置的土地等资产，应允许企业按有关政策规定自行处置。同时，要建立国有粮食购销企业设施设备维修保养和购置的长效机制，列入粮食风险基金用途的范围。四是解决粮食行政管理部门的机构和人员编制等问题。荆门市现辖 6 个县、市、区，成立粮食局的有 5 家，其中有 2 家为事业单位，还有 1 家没有单设粮食局，政策法规研究和市场监督检查有关机构、人员、经费不落实，影响了粮食行政管理部门职能的履行。因此，要研究和制定相关政策措施，解决此类问题。

**（三）分类决策，稳健推进**

改制重组国有粮食购销企业，必须坚持有利于减轻财政负担，有利于搞活企业，有利于保护农民利益，有利于保障国家粮食安全。要从主产区、主销区、产销平衡区的实际出发，从粮食购销、粮食储存、粮食加工、粮食物流等不同企业的实际出发，从当地社会和经济发展的实际出发，因企决策，分类指导。从目前看，粮食主产区的国有粮食购销企业应在政企分开的基础上，通过资产重组和布局调整，实行组织形式和管理机制创新，组建县级粮食购销总公司，政府与总公司建立委托与受委托的关系，总公司实行自主经营。粮食主销区已实行粮食购销市场化，可通过国有独资或控股的形式重点掌握和扶持一批骨干国有粮食购销企业（可以是与粮食局彻底脱钩的粮食购销总公司），经营或受政府委托管理省级和地方储备粮，其余非骨干国有粮食购销企业应彻底实行企业改制，走向市场，成为自主经营的经济实体。产销平衡区的国有粮食购销企业可比照粮食主销区的办法实行改制重组。

（作者：湖北省荆门市粮食局　周晓云）

# 调控监管篇

# 改革开放铸就北京粮食安全长效机制

改革开放30年来，北京市坚决贯彻执行党中央、国务院的各项政策措施，在国家粮食安全水平极大提高的大环境下，自身也走出了一条具有销区特色的粮食安全之路，主要体现为：粮食安全的认识水平逐步提高，粮食安全的物质基础更加牢固，粮食安全的调控机制更加有效，粮食安全的承载主体走向市场。北京市初步建立了政府宏观调控下的粮食市场化体系，市场配置粮食资源的基础性作用越来越大，效率越来越高，政府宏观调控市场的能力越来越强，有效地平抑了不同诱因引发的粮食市场波动。回顾北京市粮食流通体制改革30年的历程，对于我们进一步贯彻落实科学发展观，在新的历史起点上继续解放思想，巩固改革成果，建立市场经济条件下持久、永续的粮食安全长效机制具有重要意义。

## 一、粮食安全的认识水平逐步提高

改革之初，我们对粮食的认识更多体现在政治层面，如"国以民为本，民以食为天"，"为政之要，首在足食"，"粮食定、天下定，粮食紧、市场紧"，等等。在经济层面，我们认为粮食是一种特殊商品。因为粮食是人人必需、天天必食的重要食物，其使用价值具有不可替代性。随着30年粮食流通市场化改革的实践，我们的认识逐步扩展、提高，对于推进北京市粮食流通市场化改革，实现北京市粮食安全起到了积极的指导作用。

### （一）实现北京市粮食安全主要依靠流通

从国家层面讲，粮食安全并不单纯是生产问题，而是生产和流通并重的问题，既要总量平衡，也要货畅其流。北京市是特大粮食销区，粮食产量稳定在20亿斤左右，自给率只有20%。作为国家首都、国际城市、文化名城、宜居城市，今后增加耕地面积的可能性很小，依靠生产去解决 80%的产需缺口并不现实。因此，更加注重流通是实现北京市粮食安全的必由之路。

### （二）重大突发事件和国际市场变化成为影响粮食安全的重要因素

2003 年“非典”时期，市场上粮食数量并不短缺，价格也比较合理，但受到“封城”谣言的影响，引发公众短时间、大范围抢购米、面、油等生活必需品。2006 年、2007 年，国内粮食连年丰收，但受国际市场期货、石油、生物燃料加工等多种因素的影响，国内粮食尤其是食用油价格出现持续、大幅的波动。这些情况表明，粮食市场波动的诱因呈现多元化，粮食供求关系变化不再是粮食市场波动的唯一诱因，疫情、地震等重大突发事件和国际市场变化成为影响粮食安全不可忽视的重要因素。

### （三）粮食安全不仅是数量问题，还包括质量和价格

一是数量要安全，粮食供给能够满足公众需求。二是质量要安全，粮食品质必须符合国家质量标准。三是价格要安全，米、面、油等生活必需品的价格能够被低收入群体接受。

### （四）粮食安全是纯粹的公共服务

首先，粮食安全具有效用的不可分割性，因为它是政府为所有人而不是为某个人或某些人提供的。其次，粮食安全具有消费的非竞争性，因为某一个人对粮食安全这种服务的享用，不排斥、不妨碍其他人对其的同时享用。最后，粮食安全具备受益的非排他性，因为在技术上没有办法将某个人排除在粮食安全服务的受益范围之外。粮食安全同时具备了效用的不可分割性、消费的非竞争性和受益的非排他性，完全符合公共服务的特征，它是以整个社会为单位共同提出的需要。因此，粮食安全是一种纯粹的公共服务。

### （五）粮食安全的提供应以公共部门为主体

在粮食安全问题上，政府不能仅仅停留在一个“守夜人”的角色上，也不能背离市场化趋势回到计划经济的老路。在我国市场经济仍在完善的阶段下，比较现实可行的方式是由政府来安排，由市场来提供。即政府培育市场体系，通过市场配置粮食资源；政府弥补市场缺陷，使资源配置效率达到最佳。

# 二、粮食安全的物质基础更加牢固

储备粮是粮食安全的物质基础。20 世纪 80 年代，粮食储备体系主要由粮权属于中央、用于灾荒的“甲字粮”，粮权属于中央军委、用于备战的“506 粮”和“商业库存”构成，北京市没有用于调节市场供求和平抑年际间粮食波动的专项储备。1990 年，北京市政府按照国务院的要求，正式建立地方储备粮体系。2001 年以来，北京市储备粮按照“管理法制化、承储社会化、运作市场化、储存规范化”的原则，做到了“储得实，管得好，调得动，用得上”，在稳定市场粮价、平衡供求、应对突发事件等方面发挥了重要的作用，取得了良好的效果。

## （一）储备粮规模和形态不断适应调控需求

北京市储备粮规模于 1993 年、1998 年、2004 年、2007 年、2008 年进行了五次调整，储备油规模于 1993 年、1998 年、2008 年进行了三次调整。目前的规模参考了《2004 年北京市社会调查平衡表》的统计数据制定，既能满足宏观调控的需要，又避免了财政负担过重，得到了国家有关部门的认可。

随着储备规模的变化，储备形态也逐步扩展。目前，北京市储备粮分为三种形态。一是政府原粮储备和毛油储备。可分别保证全市城乡居民半年和 60 天的正常消费量。二是成品粮油储备。可以满足本市居民 10 天的正常消费。三是加工能力储备。日处理小麦 2720 吨，日处理稻谷 294 吨，食用油日精炼 440 吨，日灌装小包装食用油 600 吨。

## （二）储备粮储存设施步入现代化

改革开放之初，政府在粮食仓储设施的投入较少，仓容量不足、设施落后的情况相当普遍。一是缺，粮库不能满足粮食储备和流通规模迅猛扩大的需要。二是旧，粮库破损、漏雨、返潮、滋生虫霉。三是低，粮库技术装备水平落后、不利于四散、不利于保管、不利于流通。

改革开放 30 年来，北京市粮食仓储设施在中央有关部门的大力支持下得到较快发展，集中新建、改建了几批粮库项目，初步形成了以 15 个较大型粮库为骨干、辐射全市 38 个粮食收储库、布局基本合理的粮食储存网络。截至 2007 年底，10 个远郊区县全部具有亿斤以上规模的粮库。全市储备粮总仓容 308 万吨，其中高大平房仓 148 万吨，占总仓容的 48%。机械通风、环流熏蒸、电子粮情监测、低温储粮等新技术得到了广泛应用，保证了粮食储存安全。

### （三）储备粮管理体制、方式、内容与时俱进

储备粮体系建立之初，北京市采取分级管理体制，即市粮食局下达计划，各远郊区县粮食局和市直属库作为二级管理单位，对口各个存粮库点进行具体安排和平衡。

管理体制转为实物垂直管理。1998 年政企分开后，北京市开始采取实物垂直管理模式。所谓实物管理，就是市粮食局只管粮、不管库，只管物、不管人，承储粮库与市粮食局通过签订承储合同规范双方的权利和义务。所谓垂直管理，就是市粮食局直接对口承储库，并掌握到每一个货位。实物垂直管理体制保证了市储备粮管理的政令畅通，有利于提高宏观调控效率，降低管理成本。

管理方式步入法制化。2002 年 8 月 1 日，北京市政府颁布施行《北京市储备粮管理办法》（以下简称《办法》）。这是北京市有史以来第一个有关粮食工作的政府规章，也是全国粮食系统第一个关于地方储备粮管理办法的政府规章。《办法》明确规定了市储备粮的性质、权属、管理部门的职责及承储单位的权利和义务，为北京市管好、用好储备粮提供了法律依据。

管理内容侧重质量管理和过程管理。北京市实行三级质量检查制度，建立了以承储企业自查、市粮食局组织互查抽查、市商务局进行重点检查的三级检查工作机制。注重过程管理，按照“跟踪紧、过程全、检测准、把关严”的原则，对市储备粮进行全过程质量跟踪。截至 2007 年底，北京市储备粮油库存宜存率达到 100%。

## 三、粮食安全的调控机制更加有效

改革开放之初，北京市粮食安全的调控手段是单一的行政手段。粮食行

政管理部门通过发放粮票、制定统一价格、定量定点供应来保障居民口粮。如1993年平抑市场粮价，北京市政府对21种主要粮油、肉、蛋、菜实行限价，从1993年12月19日到1995年，通过全市1575个粮店共投放国家和市级储备粮144万吨，稳定了市场，保证了供应。

随着粮食流通市场化的深入，政府为确保粮食安全而采取的调控手段从过去单一的行政手段扩展为经济手段、法律手段、行政手段相结合，从过去的被动调控市场到主动监测、根据监测结果主动调控市场。

### （一）市场信息监测机制

通过覆盖18个区县的粮油批发市场、购销企业和连锁超市的102个粮油信息监测点，对北京市的粮食生产、需求、库存、价格实施监测。横向与上海、天津、广州、杭州、南京等主销区，河北、河南、黑龙江等主产区，纵向与国家粮油信息中心建立信息沟通机制，实现信息共享。正常情况下，每周编发一期《粮油市场信息》，每月编发一期《粮油综合信息》，每季度举行一次粮油市场形势分析会。特殊时期，实行信息日报制度。实践表明，市场信息监测机制把握了调控市场的主动权，监测反应灵敏，趋势判断准确，预测预警及时，为政府制定政策、调控市场提供了重要的信息支撑。

### （二）日常调控机制

一般情况下，如出现主要粮食品种供求短期失衡、市场价格连续上涨，我们主要是采取经济手段，通过储备粮正常的轮换来调节市场供应量，进而影响市场粮油价格。如2003年末和2004年初，北京市面粉价格出现了两次较大规模的上涨。我们向北京市面粉加工企业定向销售10万吨市储备小麦，增加了市场投放量，确保了市场供应。如2007年，北京市食用油价格出现波动，我们向北京市应急加工企业定向销售6000吨食用植物油和1.7万吨小麦。再如2008年，植物食用油价格不断上涨，我们按照城区80%、郊区20%的投放比例，通过两家应急加工企业，向北京市零售市场投放1000吨小包装大豆油。这种调控方式，既缓解了企业加工原料紧张的状况，又对充实市场货源起到了积极作用，稳定了价格，安定了民心。

### （三）应急投放机制

北京市粮油供给应急保障建设始于“非典”疫情过后。2003年，为保证特殊情况下的粮食有效供给，北京市制定了《北京市粮食供给应急预案》，经重新修订、完善后，于 2006 年 11 月由北京市应急委印发。依据粮食供给突发公共事件可能造成的影响范围、危害程度、发展趋势和紧迫性等因素，建立了由低到高分别采用蓝色、黄色、橙色和红色四个级别的粮食应急预警机制。目前，北京市、区县两级共落实应急粮油投放网点 400 多个，在北京市政府批准启动应急响应的指令下达后，四个小时内可将应急粮油投放到各区县指定的供应网点。

## 四、粮食安全的承载主体走向市场

企业是市场经济的主体，是实现粮食安全的载体。在计划体制下，国有粮食企业完全依赖政府粮食购销政策对粮食进行独家垄断经营，计划收购，计划供应。1999 年是北京市粮食企业发展的分水岭。这一年，北京市粮食局实行了政企分开机构改革。原市粮食局下属企业同市粮食局在人、财、物上彻底脱钩。至此，国有粮食企业走向市场，真正成为自主经营、自负盈亏的市场主体。

### （一）解决企业“三老”问题

北京市在解决“老粮、老人、老账”问题上所取得的成绩在全国范围内是比较突出的。采取销售延长存费、价差实报实销、运费补贴、损耗包干等措施，1999~2002 年消化“老粮”390 万吨。建立政府储备粮食库点集并专项资金，2002~2004 年消化“老人”7390 人。2007 年，国有粮食购销企业政策性财务挂账全部消化完毕，共计 45.5 亿元。“三老”问题的解决，卸掉了企业改革发展的包袱。

### （二）企业经济效益好转

1999 年，北京市国有粮食购销企业率先实现盈利 262 万元，是全国仅有的三个盈利省市之一。2002 年，北京市国有粮食企业实现了全行业扭亏为盈，实现利润 1582 万元，位居全国第三名，是全国八个主销区之中唯一盈利的省市。2007 年，北京市国有粮食企业盈利再创新高，实现利润 6288

万元，比2002年初次盈利增长了近3倍。至此，北京市国有粮食购销企业已连续九年、全行业连续六年实现盈利。

### （三）企业积极协助政府确保粮食安全

近些年，北京市已经形成了日常调控多元企业参与，应急调控国有企业为主的格局。多元企业中，国有粮食企业是原粮购进的主渠道。2007年原粮购进126万吨，占全市重点企业原粮购进量的65%。重点粮食批发市场是成品粮购进的主渠道，2007年成品粮购进141万吨，占全市重点企业成品粮购进量的90%。2003年“非典”时期，国有粮食企业承担了北京市应急粮油的调拨、接卸和储运工作，仅用一天半的时间便平抑了市场。2008年，在稳定食用油的过程中，国有粮食企业讲政治，顾大局，在市储备成品油未出库之前，不讲价钱，不讲条件，主动将企业现有商品库存先行出库，迅速投放市场。几次投放实践证明，国有企业始终是政府调控市场不可替代的、重要的、可以依靠的中坚力量。

改革开放30年，北京市粮食流通体制改革硕果累累。抚今追昔，展望未来，我们要继续解放思想，促进粮食行业科学发展、和谐发展、又好又快发展；继续以人为本，确保市场粮食供应充足、营养健康、价格稳定，让公众安全消费、放心消费；继续改革体制，增强粮食宏观调控的科学性、预见性和有效性，牢牢把握实现北京粮食安全的主动权，为国家粮食安全作出新的、更大的贡献。

（作者：北京市粮食局）

# 对完善粮食风险基金制度的思考

粮食风险基金是中央和地方政府宏观调控粮食市场的专项基金，是确保粮食安全、市场稳定和保护农民利益的一种经济管理手段。基金制度建立以来，对促进粮食生产发展和粮食流通体制改革起到了重要作用。当前，应根据粮食生产、流通形势的变化，进一步研究完善粮食风险金制度。

## 一、粮食风险基金的建立与沿革

粮食风险基金始建于 1994 年，当时以《粮食风险基金实施意见》的文件明确了建立粮食风险基金制度，明确了粮食风险基金是中央和地方政府用于平抑粮食市场价格，补贴部分吃返销粮农民因粮食销价提高而增加的开支，促进粮食生产稳定增长，维护粮食正常流通秩序，实施经济调控的专项资金。这个制度的建立为粮食安全和粮食经济发展奠定了良好的基础，也为平抑粮食价格和宏观管理粮食市场提供了有力的财力支持保障。

1994 年开始建立粮食风险基金时，规定的用途：一是国家储备粮油和中央专项储备粮食的利息、费用支出；二是特殊情况下需动用中央储备粮调节粮食市场价格时所需的开支；三是用于地方政府为平抑粮食市场价格吞吐粮食发生的利息、费用和价差支出；四是对贫困地区吃返销粮的农民由于粮价提高而增加的补助。此制度初建时，由于各种补贴都是通过粮食流通环节间接实现的，所以给国有粮食购销企业带来了一定的优惠，但在连续几年的大丰收后，国有粮食企业收购的难度加大，一度出现了企业库存爆满和农民卖粮难的现象。同时，各种补贴也因粮食库存量过大，基金不足出现了歉补，使国有粮食购销企业亏损逐年增加，为此，国家专门调整了粮食风险基金的使用范围。

1997 年，《关于进一步完善粮食风险基金使用管理办法的通知》中明确了为落实国务院按保护价敞开收购农民余粮政策，对超储粮食利息、费用实行补贴。基本办法是：先确定合理周转库存，超出部分按不同方法计算补贴，主要补贴在储存环节上。

1998年，《国务院办公厅转发财政部、中国农业发展银行关于完善粮食风险基金管理办法的通知》明确规定粮食风险基金必须专项用于支付省级储备粮油的利息、费用补贴和粮食企业执行敞开收购农民余粮的政策，致使经营周转粮库存增加，流转费用提高，而又不能通过顺价出售予以弥补的超正常库存的利息、费用补贴。从这一年起，农村返销粮、水库移民口粮补贴不再用粮食风险基金支付。同时还规定了粮食风险基金要本着丰年向产区倾斜、歉年向销区倾斜的分配原则和结余转下年滚动使用的管理办法。这一办法的实施又使得风险基金出现了各地方不尽平衡的现象，有的不足，有的结余，不足的地方出现了增加财政补贴挂账和增加企业潜亏的现象，从而，给这个办法的执行带来了不便。

1999年，《国务院关于进一步完善粮食流通体制改革政策措施的通知》提出：中央对地方粮食风险基金补助，在合理确定补贴基金基数的前提下，实行中央对地方政府包干使用办法，不足的由地方财政补齐，节余只能用于粮食方面的支出。

2000年，《关于进一步做好陈化粮处理工作的意见》又对处理陈化粮价差亏损进行了明确：中央和地方的储备粮分别由中央和地方财政负担；粮食企业周转库存中陈化粮价差亏损原则上由粮食风险基金负担。

2001年，《国务院关于进一步深化粮食流通体制改革的意见》又进一步明确适当增加中央对粮食主产区的风险基金补助，由地方包干使用的办法。节余的粮食风险基金要用于陈化粮价差亏损补贴、粮食出口补贴和消化粮食财务挂账等方面的开支，不准挪作他用。之后，财政部、国家计委、国家粮食局、中国农业发展银行四部门制定了《粮食风险基金监督管理暂行办法》，确立了粮食风险基金在国家对粮食进行宏观调控中的作用。

2002年后，有的省份把粮食风险基金的使用向奖励销售和出口粮上倾斜。一直到财政部文件《实行对种粮农民直接补贴、调整粮食风险基金使用范围的实施意见》出台后，粮食风险金又有了新的使命。主要用途明确为：一是对种粮农民的直接补贴；二是省级储备粮油的利息、费用补贴；三是对政策性挂账的利息补贴；四是按保护价收购的老库存粮食在销售之前的利息、费用补贴；五是对国有粮食购销企业分流人员给予的适当补助；六是为做好对农民直接补贴工作，与直接补贴相关的必要的工作经费。如有节余要用于陈化粮差价亏损补贴和消化粮食财务挂账等方面的开支，不准挪作他用。内蒙古自治区粮食流通体制改革以来，盟市级地方粮食储备的利息、费用支出也用粮食风险基金补贴。

## 二、粮食风险基金的积极作用

### （一）调动了农民种粮的积极性

自粮食风险基金建立以来，无论是先前将粮食风险基金通过补贴流通环节间接补贴农民，还是现在将粮食风险基金 50%以上直接补贴给农民政策的实施，都在一定程度上调动农民种粮的积极性。如 1998 年粮食流通体制改革实行的“三项政策、一项改革”，这是在粮食风险基金支撑下进行的改革，当时出台了按保护价敞开收购农民余粮的政策，规定不得限收和拒收，解决了农民卖粮难和提高了农民种粮的收益，充分激发了农民种粮的积极性，当年全国粮食产量达 10246 亿斤，创历史最高。内蒙古自治区粮食产量 315 亿斤，是 20 世纪第一个丰收年。1999 年，全国粮食产量达 10168 亿斤，仅次于 1998 年产量，是历史上第二个丰收年。从 2004 年起，粮食风险基金由通过粮食企业间接补贴农民调整为对农民实行直接补贴，再次激发了农民种粮的积极性，连续五年获得了粮食丰收并逐年增加。全国粮食产量 2004 年为 9389 亿斤，2005 年为 9680 亿斤，2006 年为 9900 多亿斤，2007 年为 10032 亿斤。内蒙古自治区粮食产量 2004 年为 301 亿斤，2005 年为 332 亿斤，2006 年为 341 亿斤，2007 年为 362 亿斤。

### （二）促进了粮食安全

由于粮食产量的增加，加之按保护价敞开收购和粮食风险基金的支撑作用，国家掌握了大量粮源，形成了当时所谓的“库满为患”的情况。现在回头总结一下，当时的“库满为患”正是为缓减接下来几年粮食产量下滑、库存减少，供求相对紧张做出了贡献，特别是在 2003 年“非典”、2003 年下半年及 2004 年上半年以后的几次粮食价格的大幅度波动期间，为城乡居民的满足供应、调节市场和粮价的相对稳定，为“菜篮子”、“米袋子”工程的实施发挥了举足轻重的作用，极大地促进了我国的粮食安全。

**（三）促进了储备粮油的建立，为宏观调控奠定了物质基础**

国家明确规定，储备粮油的利息、费用补贴从粮食风险基金中列支，为各级储备粮油的建立和完善提供了资金保障，在出现大的供求变化和价格波动时，可运用储备粮油适时进行吞吐调节、平抑价格、应对突发事件、稳定民心。特别是在2008年上半年国际粮价大幅波动的情况下，我国粮价相对波动较小，为经济社会的发展创造了稳定的环境。

**（四）促进了粮食流通体制和企业改革的顺利进行**

国家还明确规定，粮食风险基金可用于政策性财务挂账的利息补贴、陈化粮挂账利息开支、改革前按保护价购进的库存粮食销售发生的价差亏损和未销售之前的利息费用补贴，对国有粮食购销企业分流人员给予适当补助。这些政策规定为企业解决“三老”问题提供了财力支持，使企业比较好地解决了“三老”问题，挂账已剥离、老粮已处理、老人已基本分流，企业卸掉了沉重的历史包袱，为企业轻装上阵进行产权制度改革创造了条件。

## 三、粮食风险基金存在的主要问题

**（一）风险基金总量不足，使用范围调整频繁、用途不断扩大，造成巨额的潜亏挂账**

在建立风险基金规模之初和之后的规模调整，总体上是规模不足，再加上有的地区受财力的限制，配套资金不能及时配齐或无能力配套，造成了总额不足，特别是受使用范围频繁调整、用途不断扩展的影响，使本来就总额不足的风险基金更显得入不敷出，使企业按政策规定应由风险基金取得的补贴不能及时到位或无能力拨补，形成巨额的潜亏挂账。

### （二）按计税面积直接补贴农民，不能充分体现政府保护种粮农民的利益，不能充分体现政府发展粮食生产能力和掌握粮源的目标意图

按计税面积补贴是在发放补贴操作上比较省事的方式，因为费改税后计税面积已核定，各级都有资料，补贴核实到每个农户比较容易。这种补贴方式未与种植粮食的面积和出售商品粮挂钩，因此，形成不种粮、撂荒或种经济作物、饲草料，而养殖业均可得到补贴。

### （三）地区间、农户间风险基金包干总额、补贴标准苦乐不均

1999年，国家对粮食风险基金实行总额包干办法，有的地区对下逐级实行了包干的办法。包干的计算依据主要按照当时风险基金补贴范围、标准计算的，主要补贴范围有：省级储备粮油利息、费用；粮食企业实行敞开收购农民余粮政策后，在一段时间内粮食库存增加，致使周转库存和流转费用增加，而暂时又不能通过顺价出售予以弥补的超合理周转库存粮食的利息、费用补贴。超合理周转库存按平均粮食周转库存减去合理周转库存和市场畅销粮食品种（内蒙古自治区为大豆）的库存数量核定，对国家计划内地方自营出口的大米、玉米给予的补贴。就内蒙古自治区来看，当时按保护价收购的品种为小麦、玉米两大品种，大豆国家又规定为畅销品种，需从平均周转库存中减除，除小麦、玉米之外的其他粮食品种均不予补贴，超合理周转库存也不包括大豆和其他粮食，只按小麦、玉米的超合理周转库存计算补贴包干总额，这样就造成了当时风险基金包干总额的苦乐不均。一是由于合理周转库存核定的不尽合理；二是大豆不给予补贴；三是其他粮食不算超合理周转库存。如当时的呼伦贝尔盟合理周转库存核定高达8亿斤，该盟又是大豆主产区，大豆占总库存的一定比例，但不给补贴，故包干基数也不包括大豆库存的因素，包干总额也就少。再如当时乌兰察布盟，主要生产杂粮、杂豆、马铃薯，小麦、玉米占的比重也比较小，包干基数就上不去。这些地区2004年用风险基金对农民直补后，风险基金包干总额未做调整，拿出50%以上风险基金对农民直补，直补总额很少，造成了对农民直补金额很少，如乌兰察布盟每亩平均补贴2元左右。地区间也不平衡，有的盟市平均每亩补贴20多元，相差10倍左右。同是农民却得不到公平、公正的补贴，为此农民意见大，政府也很难开展工作。剩余40%多的风险基金仍用于粮食部门的改革更显得捉襟见肘，除用于挂账利息支出外，所剩无几，甚至有的地区连

挂账利息支出都有缺口，更谈不上用于建立地方储备粮油的利息、费用开支，致使地方无力建立地方储备，造成地方宏观调控物质基础薄弱、宏观调控凸显无力。

**（四）粮食风险基金对农民直补，资金分散，不利于集中财力办大事**

农村生产责任制改革后，土地实行了承包，承包到每户农民的土地不多，单位面积补贴标准又不高，补贴每户农民的钱很少，再加上农业生产资料价格上涨，上涨因素几乎抵消了补贴，农民真正的实惠没有多少，靠这点补贴也办不了什么大事。而农村目前农田水利设施十分薄弱，特别在浇灌土地的扬水设备、渠网配套设施很差，有的地方年久失修，使需浇灌土地无法灌溉，或由于灌溉设施简陋，只能粗放灌溉，既造成本来就不足的水资源的浪费，也增加了农民的灌溉成本，增加了粮食生产的成本。

## 四、进一步完善粮食风险基金制度的建议

**（一）继续实行粮食风险基金制度，适当调增粮食风险基金规模**

我国是一个有着十几亿人口、可利用耕地面积少、水资源匮乏、自然灾害频发的发展中国家，确保所有人口的吃饭问题始终是头等大事，任何时候都不能掉以轻心。如果吃饭没有保障，一切发展都无从谈起。粮食风险基金制度是党和政府支持粮食生产、流通的经济政策之一，一定要把这项政策制定好、贯彻好和落实好，使粮食生产、流通逐步走向良性、健康发展的路子。随着我国经济的发展、综合国力的增强及财力的好转，应适当增加粮食风险基金规模，用法律的形式按财政收入的一定比例建立粮食风险基金规模，并逐年有所增加，形成财政对粮食生产和流通良性、健康发展的财力支持保障，促进农民的粮食生产，以生产更多的优质粮，使国家多掌握粮源。立足国内生产是我国粮食安全必须坚持的原则。

**（二）粮食风险基金的使用范围应突出重点，不宜目标多元化**

过去对粮食风险基金曾有过多元使用的情况，风险基金就像一个装蔬菜的筐，所有蔬菜都往这个筐里装，重点不突出，涉及对粮食流通企业的补贴

几乎大多用粮食风险基金列支，结果造成都要补贴却都补贴不足，形成大量潜亏挂账。为了使粮食风险基金真正起到促进粮食生产、流通健康发展和保障国家粮食安全的作用，应本着突出重点、集中财力办大事的原则。一是继续对种粮农民进行直补，但补贴的依据将原按计税面积补贴，改为按粮食产量、商品量给予补贴，并同时提高补贴标准，这样才能更好地调动种粮农民的积极性，实现对农民直补政策目标。二是在国家粮食风险基金规模增加的前提下，增加粮食风险基金专门用于对农村小型农田水利基本建设的投入，以保证粮田面积的有效利用和单位面积产量的增加，提高抗御自然灾害的能力，节约水资源、降低粮食生产成本、增加农民收入，提升粮食的国际国内市场竞争能力，促进粮食生产的长久、良性和健康发展。三是应有足够的粮食风险基金用于按国家建立储备粮油规模规定数量的利息费用补贴。建议国家在调增风险基金规模时，要按照地方建立粮食储备"产区三个月、销区六个月销量"的规模及品种结构、地域布局打足建立地方储备粮油的利息费用补贴资金需求，调动地方落实国家对地方储备粮规模的积极性，使储备粮油真正起到年度间丰歉不平衡，调节供求平衡的"稳定器"、"蓄水池"作用。四是继续用于粮食流通体制和企业改革支持，使企业改革顺利进行，解除历史包袱轻装上阵，提高企业竞争力，使企业真正成为自主经营、自负盈亏的市场主体，不断提高经济效益，实现资产保值增值，壮大企业实力，成为国家进行粮食宏观调控的载体，为粮食经济的发展做出贡献。

**（三）应对粮食风险基金总额包干进行调整**

现在粮食风险基金包干总额是按 2001 年包干时的使用范围的政策规定测算的，已过去多年，使用范围做了较大的调整，粮食政策也发生了很大变化。所以，在粮食风险基金规模调增的前提下，要对粮食风险基金包干总额按现行政策规定予以调整，以解决总量上的不足和地区间的苦乐不均。

（作者：内蒙古自治区粮食局　张忠何）

# 学习实践科学发展观 增强粮食宏观调控能力

贯彻落实科学发展观，要求我们必须把粮食工作放到关系社会民生的大局中来把握，从公共产品的特殊属性出发，始终坚持为耕者谋利，为食者造福，确保粮食的供应安全。苏南销区是江苏省粮食安全保供的重点区域，苏南稳则全省稳。为进一步摸清苏南地区粮食安全保供现状和存在的问题，加强粮食宏观调控，我们就苏南5个销区市安全保供问题进行了专题调研，提出了下一步的工作思路及具体措施。

## 一、苏南地区粮食宏观调控基本情况

### （一）非农人口增长较快

随着苏南经济的迅猛发展，近几年外来人口数量增长较快。据调查统计，苏南5个销区市2007年末总人口达到3753万人，五年来人口总量增加了1250万人，其中外来人口增加了950万人。同时随着城市化和工业化的发展，人口结构中非农人口逐年增加。如苏州市农业人口所占比例从2002年的44.7%下降到2007年末的22.7%。

### （二）粮油自给率逐年降低

随着耕地资源的转化、农业人口的减少，销区市粮食产量逐年下降，2007年苏南5市粮食总产96亿斤，比2002年减少了30亿斤，减幅23.8%。而人口的刚性增长、食品和饲料工业的发展，导致口粮和转化用粮消费量逐年增加，2007年苏南5市粮食总消费量215亿斤，比2002年增加了30亿斤，当年产需缺口达119亿斤，自给率仅为44.6%。尤其苏州、南京、无锡更加突出，苏州不足 30%，南京、无锡不足 40%。在食用植物油方面，江苏省普遍产不足需，居民年口油产需缺口在 12 亿斤以上，产需矛盾非常突出。而江苏省的食用植物油加工生产主要集中在少数特大型外资或合资企业，尤其是成品小包装油市场基本被其垄断，本地油脂加工规模较小、产品辐射范围较窄、所占市场份额较低，且生产情况不稳定。

**（三）经营主体呈现多元化**

实行市场化后，国有粮食企业因为改制在数量上大大减少，民营企业、股份制企业、合资企业的数量显著增加。2007 年，苏南 5 个销区市国有粮食企业收购量 47 亿斤，占总量的 70%；年批发经营量 210 亿斤，占总量的 37%；年零售量 8 亿斤，占总量的 8%。由于国有粮食企业占据资金和仓容优势，仍保持着粮食购销环节的主渠道地位，但在批发零售环节已逐步被其他主体代替。

**（四）粮食调控能力逐步增强，保证了粮食市场供应和价格的基本稳定**

一是销区政府保安全意识增强。针对粮食产需缺口加大、保障供应安全物质基础薄弱的实际，大部分销区市县政府加大了政策和资金支持力度，促进粮食市场保供稳价。苏锡常三市粮食风险基金按比例征缴到位，促进了各项宏观调控措施的落实。同时在用地、税收、招商引资、拓展服务等方面给予适当的优惠和政策支持，扶持批发市场和物流中心建设。在储备体系建设、应急保供机制方面，政府积极协调相关部门组织落实，并出台了相关办法，总体进展情况良好。

二是粮食主管部门谋发展措施加强。在地方粮食储备建设方面，按照江苏省委省政府的要求，江苏省地方粮食储备规模已于 2005 年底全部充实到位。其中，苏南 5 市在承担省级储备任务的同时，建立了市县粮食储备，储备粮调节市场，保障粮油供应的功能日益显现。在粮食购销方面，积极组织指导做好夏秋两季收购工作，引导社会各类主体积极入市参与收购，创新购销方式，努力掌握粮源，奠定调控物质基础。在产销衔接方面，自 2004 年以来，由江苏省粮食局牵头，全省各级粮食主管部门积极组织辖区粮食企业对口洽谈。2008 年，销区市与产区签订的省内粮食产销衔接协议 52 亿斤，比 2004 年增加了 26 亿斤；在产区建立生产基地 88 万亩，比 2004 年增加了 49 万亩。苏州市对 15 亩以上的水稻规模种植户每斤给予 6 分钱的价外补贴，在锁定粮源的同时，又促进了农民增收。在市场体系建设方面，基本形成口粮批发市场和区域性中转批发市场为主体，其他专业批发市场、农村集贸市场为补充的粮食市场构架。粮食物流建设进程较快，苏州粮食物流中心和昆山粮食物流中心已建成，成为江苏省粮食行业的新亮点。南京、无锡、常州、镇江粮食现代物流中心（批发市场）正在建设中。在应急保供方面，按照《江苏省粮食应急预案》的要求，各地都制定了粮食应急预案，落实了粮油应急加工、供应网点，其中苏南5市落实应急加工企业65家、应急供应企业288家，并建立了应急企业数据库，以及市场价格监测制度和粮油价格直报联系点制度。

三是粮食企业促调控能力增强。在储备粮经营运作中，承储企业通过完善储备粮的收购、存储、轮换制度，在保障省内粮食安全的同时，努力调节市场供求平衡，较好地发挥了储备粮市场宏观调控功能。在产销衔接合作中，销区企业主动到产区进行贸易衔接，建立生产和加工基地，如无锡和常州的一些企业通过控股、租赁等多种形式，在产区开展订单收购、委托收购、代购代储等业务，积极发展多层次的企业间合作。在市场体系建设中，注重发挥批发市场在吸引粮源、保障供应、平抑粮价等方面的作用，市场规模和交易量逐年提高。南京下关粮油批发市场的成交量占到市区口粮消费总量的50%；苏州粮食批发交易市场2007年交易量达到了53.8万吨，占市区居民口粮消费的90%以上，销区口粮市场在正常粮食供应中的作用十分明显。

## 二、当前粮食宏观调控中存在的问题

### （一）依法管粮法制化体系不健全

《粮食流通管理条例》虽然颁布实施，但没有相应的地方法规和配套的实施细则。粮食行政管理部门的依法行政必须要依托其他的执法部门共同实施，在管理市场、宏观调控、违规处罚方面执行效能欠缺。《江苏省地方储备粮管理办法》新近已出台，但相关配套制度尚未制定完善，制约了地方粮食储备管理的规范化、法制化。

### （二）省长负责制下的市县长分级负责制有待加强

省政府明确，江苏省实行“米袋子”省长负责制下的市县长分级负责制，但缺乏具体的考核办法，一些地方对实施调控保安全的认识不足，重视程度不够。主要体现在执行省政府粮食调控政策方面不到位，粮食风险基金征缴不足、储备粮补贴等政策资金拨补不到位。有的市本级粮食风险基金只有 700 万元，仍是上世纪 90 年代建立基金之初的数量；据了解，苏北的市县粮食风险基金数量更是少之又少。

### （三）调控体系建设不够完善

一是地方储备粮补贴标准不到位。由于各地财力不同，一些地方储备粮三项补贴资金不到位，可能会影响储备粮的数量和质量安全。二是市场培植发育程度不够。规模性、多功能、产业化的物流市场群体在数量上较少，辐射能力弱；现货贸易信用体系不完善，期货交易、电子商务、连锁配送等尚处于起步阶段；物流基础设施落后、成本高、效率低。三是产销合作没有形成切实的利益联结纽带，履约率不稳定，在合作的深度上、合作的范围上、合作的方式上未形成长效机制。四是应急保供机制未经过实战考验。从部分市小规模应急演练的实践看，各环节间存在着脱节和不顺畅的现象，应急预案的实际操作性还不健全，突发事件下实施快速、畅通、高效应急能力尚不能得到可靠保证。

### （四）人才队伍建设有待加强

一方面随着企业的改制和人员的分流，传统的仓储、保管、统计等人才流失较多；另一方面由于粮食企业普遍存在效益低、待遇少，难以吸引和留住人才，在职人员又缺乏系统的培训，在统计报送、市场分析、库存管理等基础工作方面不扎实，执行政策的能力不强等问题，影响了粮食的宏观调控和粮食经济的发展。

## 三、保障粮食安全的措施及建议

江苏省委、省政府非常重视粮食工作，明确提出“基本口粮立足省内自给，工业饲料用粮缺口依靠市场调节”和“一个保护、两个确保”的目标，即保护好6606万亩的基本农田，确保水稻面积3000万亩，确保水稻总产330亿斤。但随着江苏省经济的发展、土地资源的减少、非农和外来人口的刚性增长，粮食供求将是紧平衡的趋势，粮食安全保供的任务将日益艰巨。为保证粮食供应安全，必须切实落实“米袋子”省长负责制下的市县长负责制，把粮食安全工作列入对地方政府考核的内容之一。重点加强法制化管理体系、市场流通体系、地方储备粮体系、应急保供体系四大体系的建设：

### （一）健全法制化管理体系

一是尽快制定完善《江苏省地方储备粮管理办法》的相关配套制度，明确相关部门在地方储备粮管理中相应的职责分工，规范承储企业管理运作行为和应履行的义务，促进地方储备粮管理运作的规范化、法制化。二是根据《粮食流通管理条例》，结合省情制定全面规范江苏省粮食流通管理的综合性地方法规，以加大对粮食市场依法监管力度，提高粮政管理效能，确保粮食政策落实到位。

### （二）发展现代粮食流通体系

一是巩固粮食生产和购销，奠定调控物质基础。着力推进粮食高产技术普及化和高效农业规模化，调动农民生产积极性，发展粮食生产。同时不断扩大购销经营规模和绩效，提升企业流通管理和购销经营水平，为做好宏观调控奠定物质和流通基础。二是发展现代物流，提升粮食流通效能。江苏位于全国六大跨省散粮通道中的长江中下游流出通道和华东沿海流入通道上，是全国唯一的涉及两大跨省通道的省份。又地处粮食产销过渡带和内外贸易对接线，南京、徐州、泰州、南通、苏州被国家列为内陆散粮物流节点，连云港被列为沿海散粮物流节点。应充分利用地理、区位、粮源等优势，加强重点物流企业、重大物流设施和重要物流信息系统建设，进一步改善物流条件，提高粮食流通效能。三是完善市场机制，营造良好调控环境。加大政策扶持，重点培育和发展以销区口粮市场为主体的粮食批发市场建设。支持省和区域性粮油批发市场建设，搭建信息平台，构筑省市县一体化发展的市场体系，形成信息集成和共享机制，为宏观调控营造良好的市场环境。四是加强产销衔接，引导粮食有序流通。支持销区市建立产销衔接基金，鼓励企业到产区建立生产基地，打造产、购、储、加、销产业链，切实掌控粮源，使销区市场有稳定的供粮渠道。积极发展与东北主产省和东南沿海销区省的产销协作，参与全国粮食流通，促进供需平衡。

**（三）加强地方储备粮管理运作体系**

一是逐步完善地方储备粮竞争存储、科学轮换、安全存储等机制，确保储备粮数量真实、安全可靠，储得进、调得动、用得上。二是确保储备粮运作三项资金足额到位。明确市县政府必须优先将市县级风险基金用于支付储备贷款利息和轮换费用补贴，不足部分市县政府统筹解决，促进地方储备粮的安全运营。三是合理调整地方粮食储备规模。针对销区市外来人口数量增加较快，粮食消费量明显增加的实际，考虑到安全保供需要，建议根据销区市的粮食消费量变化，按国家标准每三年测算一次市县储备规模应充实数，由当地政府负责适当调增落实。

**（四）完善应急保供体系**

一是加快充实成品粮油应急储备。按照下达的成品粮油储备计划，明确相关政策，落实好配套资金，抓紧充实到位。二是健全价格预警预报制度。加强粮食市场监测网络建设，严格市场价格监测，及时采价、报价，确保价格监测及时、准确，进一步完善价格预警预报制度。密切关注市场动态，准确分析和掌握购销、库存变化情况，提高监测数据的时效性和科学性。三是完善粮食应急工作机制。进一步落实粮食应急任务，优化粮油应急加工、供应网点布局，提高粮食应急保供效能。同时，结合日常工作适时进行演练，促使部门之间、地区之间、企业之间的有效对接，保障粮食应急供应的高效顺畅。

（作者：江苏省粮食局　王元慧　王建国　张生彬
于渭琪　高　巍　吴征光）

# 建立和完善地方粮食储备确保国家粮食安全

建立和完善地方粮食储备，是保一方粮食安全和社会稳定必不可少的物质基础。然而，随着粮食流通体制改革的深入和粮食贸易市场的活跃，有些人误以为粮食资源充足了，市场可以解决粮食安全问题，因而粮食储备意识淡薄了，出现了对粮食储备工作思想上不重视，行动上不作为的现象。对此，我们从学习实践科学发展观的要求出发，本着实事求是的态度，从建立和完善地方粮食储备的意义与作用，粮食主产省建立地方粮食储备的必要性，以及如何建立和完善地方粮食储备体系三方面进行分析，并期望以此在意识、机制及技术层面，对认识和解决目前江西省的地方储备粮所存在的不足有所裨益。

## 一、建立和完善地方粮食储备的意义和作用

尽快建立和完善地方粮食储备，是当前粮食市场形势发展的迫切需要。近几年来，我国采取了一系列惠农政策，粮食总产量连续五年增长，为经济的高速度发展、人民生活的改善和社会的稳定做出了重大贡献。但从全球范围看，2008 年发生了严重的粮食危机，国际上粮食价格的飞涨，在有的国家产生了内乱，对国家政局产生影响。

只有地方的小稳定，才有国家的大稳定，地方小稳定是国家大稳定的基础。面对严峻多变的国际国内粮食市场新形势，必须实事求是，正确认识粮食购销全面市场化改革后，江西省地方粮食储备薄弱，各级政府实施宏观调控手段少、能力不足的实际情况，做到未雨绸缪，防患于未然。要把保一方粮食安全与市场稳定的地方粮食储备尽快建立起来，以应对各种突发性事件，保障区域性粮油市场供应和价格基本稳定。

建立和完善地方粮食储备是各级地方政府的职责。建立和完善地方粮食储备，是落实粮食地方行政首长负责制的要求。《国务院关于进一步深化粮食流通体制改革的意见》第 25 条指出：按照中央和省级政府粮食事权划分，健全和完善中央与省级粮食储备制度和调控机制。当局部地区出现粮食供给短缺或农民“卖粮难”时，主要通过销售或收购地方储备粮等方式进行调节；当较大范围出现粮食供不应求或农民“卖粮难”时，通过销售或收购中央储备粮等方式进行调控。同时要求各省级人民政府必须按照“产区保持三个月销量，销区保持六个月销量”建立地方储备，没有达到国家规定规模的，要逐步充实和补充。

建立和完善地方粮食储备，是解决“三农”问题，切实保护种粮农民利益和消费者利益的需要。当局部地区出现粮食供给短缺或农民“卖粮难”时，通过抛售或增加储存地方粮食储备，保护消费者和种粮农民利益，特别是在国家最低价收购预案不能启动的情况下，通过采取“地方储备粮+农户”的模式，一是可以解决地方储备轮换用粮问题，二是向种粮农户提供生产信息，三是为农户生产产品提供出路保障，四是有利于农村粮食产业化发展，从而起到保护种粮农民利益的作用。

## 二、粮食主产省为何也要建立地方粮食储备

粮食购销全面市场化后，主产区与主销区在市场竞争、拥有市场资源等方面地位平等，因此，粮食主产区同主销区一样，也存在粮食安全方面的问题。近年，全国各地建立和完善地方粮食储备的意识不断提高，地方储备粮库存逐步得到充实和补充，地方政府的调控手段及调控能力不断增强。但粮食主产省在建立地方粮食储备过程中要进一步解放思想，开拓创新，树立新观念，在粮食安全问题上，走出粮食主产区不存在粮食安全问题的误区，正确认识粮食企业经营性粮食与国家政策性粮食、地方储备粮与中央储备粮的关系，把建立和完善地方粮食储备工作作为一项长期任务，以确保市场稳定。

### （一）主产区在建立地方粮食储备过程中存在的两大认识误区

第一个误区是：粮食主产省有粮，不存在粮食安全问题。一是认为我们

是产粮省，不缺粮；二是粮食部门仓库有粮，不会有安全问题。

存有这种观点，主要是计划经济的观念没有破除。必须按照科学发展观的理念，正确思考粮食资源优势问题。粮食大市场大流通后，主产区与主销区在粮食资源上所享有的优势并不是由主产区来决定，而是由经济实力决定的。谁经济实力强，谁就在拥有资源上占主导地位。据对江西省最大产粮区之一的抚州市临川区的调研，临川区 2008 年 4 月底国有粮食购销企业经营性库存大约为 0.8 亿斤，其中，省外委托收购储存的粮食超过 0.4 亿斤，粮权归属省外，剩余 0.4 亿斤粮是储备粮轮换用粮，企业经营性周转库存基本没有。这种主产区有粮而没粮权的现象，在江西省宜春、吉安、上饶、抚州等粮食主产区相当普遍。随着产销区粮食购销协作关系的加强，省外委托收购和储存粮食的现象有进一步发展的趋势，宜春市部分县为浙江等省代储了地方储备粮，看似仓库中有粮，其实其所有权已归属他人。这也有力地证明了主产区不一定就拥有资源优势。相反，主产区在地方储备没有建立，企业库存又十分薄弱，一旦遭遇突发事件的情况，应急保障用粮就有可能出现主产区反过来向主销区买粮回来的现象，这是需要经济实力支撑的。所以，粮食主产区要充分认识粮食大市场、大流通带来的新变化，摒弃主产区必定占有粮食资源优势的旧观念，在经济实力并不强的情况下，更要十分重视粮食储备问题。

按照科学发展观的理念，转变观念，正确认识政策性粮食与企业经营性粮食的关系，要面对政企分开现实。2004 年，粮食购销全面市场化改革后，粮食行政管理部门的职能实现了三大转变：由主要管理国有粮食企业向管理全社会粮食流通转变；由主要管理企业的经营活动向管理市场准入和维护市场正常秩序转变；由主要依靠政策管理向依法管理转变。粮食行政管理部门与国有粮食购销企业实行政企分开后，国有粮食购销企业成为了平等竞争、自主经营、自负盈亏的市场主体，不再是粮食行政管理部门的附属品。从市场的角度说，粮食购销企业掌握的粮食资源，是企业经营性粮食，粮食行政管理部门无权干预企业的经营活动，政府不能随意动用这类粮食。而储备在地方粮库中的有大量的政策性粮，主要有中央储备粮、最低收购价粮和省级储备粮等，这些粮都只能按照粮权归属使用，地方政府也是不能擅自动用的。

第二个误区是：粮食主产省财政困难，无力承担地方粮食储备。粮食主产省，农业人口比例较高，第一产业比重较大，与工业强省比较，在财力上相对困难，但不能把财政困难作为减少地方粮食储备的理由，应算大账，从讲政治、讲大局考虑。

要站在讲政治的高度，从吃饭财政中“抠”钱储粮。党和政府十分关心国家的粮食安全问题，胡锦涛总书记在 2008 年中央农村工作会议召开期间作出重要批示：“粮食安全问题，关系到防止明显通胀目标的实现，关系到经济全局，关系到人民群众的切实利益，大意不得！疏忽不得！放松不得！”三个“不得”将粮食安全问题提到非常的高度。近几年，中央高度关注农业问题，重中之重也还是粮食问题，百姓不能一日无粮，粮食问题事关国计民生，是国民经济的基础，保持粮食市场基本稳定，是实现整个国民经济又好又快发展的必然要求。中央对粮食的重视程度，使得各级地方政府必须保持清醒的头脑，高度重视粮食安全问题，充分认识地方粮食储备的重要性，逐步建立和完善地方粮食储备。

从应对区域性、突发性事件出发，充分认识建立地方粮食储备的必要性。2008 年初，南方遭遇历史罕见的冰雪灾害，江西省出现大范围灾情，交通受阻，工业断电，局部地区出现粮源告急等现象，时间又适逢两节、两会。为应对突发性事件，保障市场供应与市场价格基本稳定，南昌、赣州、鹰潭、新余、上饶、九江、宜春等 20 多个市（县）紧急启动了粮食应急预案，积极应对冰雪灾害。通过调研，我们发现江西省内各地方在总结抗冰救灾的经验教训时，有两种截然不同的反应。一是建立了市（县）粮食储备的地区，在地方政府紧急启动粮食应急预案后，能够迅速组织粮源，保证粮食供应，保障灾民的吃饭问题，保持了社会稳定。二是没有建立地方粮食储备，地方政府又紧急启动了粮食应急预案的地区，由于手中无粮，花高价购粮，有些还是产粮大县向外地购粮，以保市场稳定。大家普遍认为，这样的方式不仅粮价高、运费贵，时机难以把握，而且如果冰雪灾害时间再拖长，抗击冰雪灾害工作重点将转移到解决群众吃饭问题上，若无粮源保障，后果将不堪设想。因此，从应对区域性突发事件出发，地方政府应该建立一定数量的粮食储备。

### （二）建立和完善地方粮食储备，是粮食流通体制改革的客观需要，是一项长期的任务

随着粮食流通体制改革的深入，粮食购销全面市场化，粮食主产区与主销区平等地拥有社会粮食资源，粮食主产区与主销区一样，为应对突发事

件，保持和建立一定数量的粮食储备，特别是由政府掌握的地方粮食储备，是地方政府调控区域性市场的客观需要。

一是主销区产量、库存下降。客观上讲，粮食主销区调整了农业生产结构，高产值、高附加值的农副产品增加，粮食总产量总体呈下降的趋势。主销区强大的经济实力和市场活力，成为各粮食主产区竞争的热点地区，无形之中把粮食主产区打造成其“后勤部”。由于有强大的经济后盾，加上国家鼓励粮食生产，主销区一般不会库存太多的粮食。近年来，为降低经营成本，甚至将粮储存到了产区，所以，主销区的库存量总体呈下降的趋势。

二是主产区粮食库存下降。随着粮食主产区“三老”问题的解决，加上农发行“双结零”贷款政策的实施，各主产区国有粮食购销企业采取即购即销、快进快出、委托收购与委托储存等经营策略，降低经营成本，库存量大幅度下降；民营企业绝大多数都规模有限，从经济效益出发，平时一般不储粮；近些年，由于国库充裕，供给有保障，藏粮于民变为藏粮于市，城乡居民用粮无虞，随用即买，居民储粮也减少。

三是正确认识中央储备粮与地方储备粮的作用发挥问题。按事权划分，中央储备主要解决的是全国性大范围出现的问题，而地方出现粮情异常或遭遇区域性突发事件时，主要还得依靠地方储备来及时应对。

四是突发事件对市场负面影响。“非典”、禽流感、冰雪灾害，引发了居民抢购米、面、油、盐和方便食品等生活必需品，充分暴露了人们的恐慌性心理，这也是担心粮食安全的一种潜意识的集中反映。如果政府不能根据当前和今后的客观实际情况以及公共突发等事件引发的局部性粮食供应紧张现象，及时进行有效调控，保证市场供应，局部的粮食危机有可能引发全局性的粮食安全问题。因此，建立储备粮制度是一项长期的任务。

## 三、建立和完善江西省的地方粮食储备体系

面对粮食市场的全面放开及粮食市场的多元化，必须建立高效灵活的粮食储备调节体系，以加强对市场的调控。实践证明，政府对粮食市场能否有效控制，关键在于政府是否真正掌握了充足、随时可以动用的储备粮。因此，建立和完善粮食储备体系，是政府调节粮食供求关系、平抑粮食市场

价格波动的主要措施，也是保证粮食安全的必要手段。

**（一）加快地方粮食储备的行政立法工作**

地方粮食储备从网络层次看，包括省、市、县三级储备，涉及地方各级政府；从相关的职能看，包括财政、发改委、粮食、农发行等多个部门；从总体看，地方储备粮的管理层次多、范围广。由于对地方粮食储备认识和看法的差异，导致过去地方粮食储备管理上出现过一些问题。因此，必须加快江西省地方粮食储备的行政立法进程，以地方行政性法规的方式，把地方粮食储备的管理与操作加以规范，明确责任，确保各项工作落到实处。

**（二）建立健全地方粮食储备管理体系**

一是科学确定地方储备粮规模和品种。江西省委、省政府十分重视地方粮食储备工作，省政府主要负责同志在《关于我省地方储备粮油规模协调情况汇报》中作了重要批示："确定粮油储备规模务必确保供应和安全，务必根据实际情况科学合理确定。"根据省长的批示精神，按照国家"产区保持三个月的销量"标准计算，测算出江西省地方粮食储备的总规模，从粮食储备成本与价值比确定储备品种。

二是建立健全地方储备粮管理制度。建立地方储备粮的工作目标责任考核制度，将地方粮食储备工作的主要指标分解下达，使各级政府明确职责，认真担负起本地粮食生产、储备、流通和安全的责任；建立地方储备粮灵活的管理机制。储备粮过多，会增加地方的财政负担和工作压力，而且会增加轮换处理的难度，因此，实行灵活的管理机制十分必要。从多方面分析，江西省地方储备粮适合省级储备静态管理，市县储备动态管理的管理机制。

（作者：江西省粮食局　邱吉玲）

# 依法履行职责
# 推动粮食流通监督检查工作向纵深发展

依法实施对粮食流通的监督检查，是粮食流通体制改革的一项重要内容。在推进粮食流通体制改革的过程中，江西省粮食流通监督检查工作制度逐步完善，执法水平不断提高，为在全面放开粮食市场的情况下维护粮食流通正常秩序发挥了重要作用。同时，监督检查工作也还存在一些困难和问题，需要按照“巩固、完善、规范、提高、服务”的要求，进一步推动全省粮食流通监督检查工作向纵深发展。

## 一、粮食流通监督检查工作初步走上了正规化、规范化、法制化的发展道路

在各级粮食行政管理部门的共同努力下，江西省粮食流通监督检查机构从无到有，执法队伍从小到大，工作制度不断完善，执法水平不断提高，社会影响不断扩大。

### （一）积极贯彻有效推动，机构体系初步确立

江西省各级粮食行政管理部门认真贯彻国务院《关于完善粮食流通体制改革政策措施的意见》和江西省政府赣府发［2007］6号文件，积极推动机构体系建设。一方面，积极争取地方党委政府和有关部门的支持，努力解决监督检查机构编制问题；另一方面，在机构编制有限的情况下，从内部调整建立和完善监督检查工作机构。截至2008年12月底，江西省11个设区市已有10个完成了新的“三定”方案调整，成立了监督检查机构。92个县级粮食行政管理部门成立了专门的监督检查机构，占全省98个县级粮食局的93%，其中通过编办批准“三定”方案正式确认的机构有30个。

### （二）监管力量不断增强，执法队伍基本形成

目前，江西省各地正在不断充实和加强监督检查力量，把政治过硬、作风优良、业务精通的同志调整到监督检查岗位上来。部分市、县还成立了执法队伍，其中设区市成立执法支队 4 个（经编办批准的行政编制 2 个），县级执法大队 55 个（当地编办批准的 18 个，其中行政编制 7 个，事业编制 11 个）。全省监督检查科（股）实有人数为 212 人，执法（支）大队实有人数为 340 人。有些地方对执法大队的领导还实行高配，由副局级领导担任。

### （三）加强学习培训研修，着力提高人员素质

在机构逐步到位、队伍初具规模的情况下，江西省各级粮食行政管理部门抓了监督检查工作人员“三个提高”，即提高综合素质，提高依法行政能力，提高办案水平，较好地解决了不会执法，不敢执法的难题。为保证“三个提高”的顺利实现，各地采取了“内外兼修”的方式。一方面，内部加强案例学习，进行执法案例培训研讨，帮助粮食流通监督检查工作人员积累工作经验，进一步提高粮食行政执法工作能力和水平，推动监督检查工作的深入开展。另一方面，采取了“走出去、请进来”的办法。第一，鼓励外出取经，借鉴监督检查工作经验，以人之长补己之短。第二，积极参加国家粮食局和省粮食局组织的粮食流通监督检查行政执法人员培训班和全国粮食库存检查培训活动。截至 2008 年底，全省获得粮食监督检查证的人员达到 770 人。第三，通过派人到兄弟执法单位跟班锻炼、联合办案，请行家里手讲课等形式增长才干，提高实际操作能力。

### （四）制度建设不断加强，工作机制日益完善

制度建设具有根本性、全局性和长期性，建立和完善规章制度是搞好粮食流通监督检查工作的根本保障。为此，江西省各级粮食行政管理部门不断加强配套制度建设。一是江西省粮食局印发了《江西省粮食流通监督检查工作流程及使用文书》、《江西省粮食流通监督检查工作人员行为规范》、《江西省粮食行政管理部门行政执法主要处罚依据和种类》等。二是各市、县也十分重视内部相关工作制度的制定和落实，如宜春、赣州等市粮食局出台了《行政执法责任制》、《行政执法过错责任追究制》；安福县粮食局制定了执法人员管理制度、办案制度、监督与廉洁制度、举报投诉受理和举报奖励制度

等。江西省各地还把工作制度和工作程序向社会公示，自觉接受社会公众监督，有效防止了粮食行政执法中可能出现的违法违规问题，促进了粮食流通监督检查工作进一步走上法制化、制度化、规范化的轨道。

### （五）千方百计筹措经费，提供行政执法保障

江西省设区市粮食局和部分县粮食局的粮食监督检查工作经费得到了财政部门的监督检查专项经费支持。其他地方在没有财政经费支持的情况下，千方百计从本单位经费中调剂，为粮食行政执法配备了电脑、照相机、录像录音器材和专用车辆，保证了行政执法工作的顺利开展。据不完全统计，江西省执法车辆已达60多台。

## 二、依法履行职责　突出抓好“四个重点”的监督检查

近几年来，江西省各级粮食行政管理部门认真履行职责，勇于实践，紧扣以服务粮食工作大局为中心，以保障国家粮食安全为重点的主题，不断加大监督检查力度，仅在2008年，全省开展执法检查4267起，查办案件1855件。涉及粮食收购资格、收购活动、统计制度执行等。江西省各地对每次监督检查任务都做到了高度重视，精心组织，周密部署，切实维护了粮食流通秩序，提升了粮食质量安全。

### （一）突出抓好军粮、省级储备粮出库销售等重点领域的监督检查

江西省粮食局把军供粮、省级储备粮等具有特殊性质的粮食作为监督检查的重点，一方面组织开展全省军粮供应网点资格及管理专项检查，做到了自查全覆盖，抽查选重点，有错即纠正，进一步规范了军粮购销活动，提高了军粮供应和服务水平；另一方面对集中处理的省级储备粮陈化粮销售出库，采取了更为严格、更为有效的监管。与省粮食局纪检监察室合作制定了《省级储备粮销售出库监管办法》、《关于协助做好省级储备粮陈化粮加工使用监管工作的方案》和《省级储备粮陈化粮销售处理工作纪律的规定》，实行省级储备粮陈化粮销售出库、加工使用监管工作省、市、县三级粮食局负责制，努力从制度上确保陈化粮按规定用途使用，严防倒卖陈化粮或陈化粮流

入口粮市场现象的发生。江西省粮食局先后三次召开了全省陈化粮加工使用监管工作有关会议，研究部署协助工商部门做好省级储备粮陈化粮出库、加工使用监管工作。在对省级储备粮陈化粮出库的监管过程中，江西省各地粮食行政管理部门都按照省粮食局要求，选派了有行政执法资格的监督检查人员担任监管员，负责省级储备粮从出库到加工使用全过程的监管。

### （二）突出抓好收购、储存等重点环节的监督检查

2006 年，江西省共组织 630 人进行粮食收购资格核查，共核查具有粮食收购资格的粮食经营者 3396 户，占发放收购许可证数量的 81%，基本摸清了取得粮食收购资格的经营者基本情况；同时，全省各地根据粮食收购期间是粮食流通领域违法违规行为高发期的实际情况，加强了收购市场监管，坚持打击和维权并重。监督检查人员深入收购现场，检查督促粮食收购者公示收购价格、质量标准、依法计量等，严肃查处违反粮食收购准入制度和坑农害农行为。如吉安市、金溪县等粮食局对拖欠和拒不支付农民卖粮款的行为进行了查处；都昌县粮食局对短斤少两严重克扣农民粮食的案例及时移交工商部门查处，有力地维护了种粮农民利益。

在储存环节上，江西省从 2006 年到现在连续三年开展了粮食库存检查。各地在时间紧、任务重的情况下，合理安排，加班加点，对全省粮食库存数量、品种、性质进行了全面检查。检查结果表明，全省粮食库存账实、账账基本相符；库存粮食质量和原粮卫生符合规定；代储的中央储备粮管理规范，实际承储库点分布与存储数量一致，储备粮轮换符合规定和要求。江西省储粮是安全的。

### （三）突出抓好统计报表、经营台账等重要账证的监督检查

全面、真实的粮食统计数据是粮食行政管理部门管理全社会粮食流通的重要工作内容，江西省各地粮食行政管理部门在监督检查工作中，以及时报送统计报表、认真填制经营台账为切入点，做到监管与服务并重。对检查中发现的不建经营台账，或统计数据报送不主动、不及时、不连续的情况及时督促其整改。同时，纷纷举办了粮食统计知识培训班，帮助经营者学习掌握统计知识，进一步提高了统计数据质量。宜春市粮食局通过一系列的服务建立了比较完善的统计数据报送渠道。

## （四）突出抓好以粮食质量安全为重要内容的监督检查

以粮食质量安全专项整治行动为契机，全力提升粮食质量监管工作水平。根据国家粮食局《关于印发全国粮食质量安全专项整治行动方案的通知》要求，江西省于2007年9月中旬开始全面展开粮食质量安全专项整治行动。各地在整治时结合实际工作，细化落实了整治方案，严格按照省粮食局的全面部署、专项整治、整治验收三个阶段进行。做到了部门负责，分步推进，按时报告，整治成效明显。江西省各级粮食行政管理部门对3333家已发粮食收购资格证的经营者进行了资格审核，同时与之签订了《江西省粮食质量安全承诺责任书》，占全省已发证经营者数量的75%。在进行粮食质量安全专项整治的同时，特别注重从完善制度入手，力求做到标本兼治，逐步建立起粮食安全整治的长效机制，如江西省粮食局修订了《江西省储粮化学药剂使用管理办法》和《江西省军粮质量检验制度》，拟定了《江西省粮油出入库质量检验管理办法》。同时，各地还进一步强化了国有粮食企业质量意识，安全意识，服务水平得到提升。例如，南昌市粮食局开展大中专院校放心粮油连锁配送中心工程建设，对大中专院校实行“放心粮油”直供配送。该局属下的江西良友集团有限公司为确保南昌市28所大中专院校师生吃上安全卫生的粮食，采取了锁定粮源、定点加工、专仓储存、服务承诺的措施，从原粮、加工、储存、销售等各个环节全面进行质量安全控制。由于措施得力、服务到位，这一直供配送模式得到有关部门和广大师生的欢迎，并被南昌市人民政府列入民心工程。

从这两年粮食流通监督检查行政执法实践看，江西省粮食流通监督检查工作发挥了其应有的作用，收到良好效果，并呈现以下特点：

第一，监管办法不断创新。基层粮食行政管理部门积极创新工作方式和监管办法，积累了许多好的工作经验。安福县粮食局根据管理相对人点多面广，规模不大，流动性较强的特点，创新思路，主动应对，创造出“一图一表一录”的监管方式；金溪县粮食局建立行政处罚约谈机制，有效防止了执法行为过当，保护了相对人的合法权益。

第二，执法与服务密切结合。各地在开展粮食流通监督检查工作时，坚持以人为本，摒弃了为罚而罚的错误观念，牢固树立执法也是服务的理念，寓服务于执法中，热心为粮食经营者提供政策法规咨询、台账报表业务解答、储粮保粮知识介绍等。对一些违法违规行为做到了重教慎罚，旨在规范提高。

第三，执法行为逐渐规范。从全省近两年查处的 3799 起案例看，各地粮食监督检查工作人员能够比较准确运用相关法律法规，监管处罚力度把握恰当，没有出现一起行政复议和行政诉讼案件。

第四，监管组织形式多样化。各地粮食行政管理部门在工作中积极探索依法行政，依法管粮的组织形式，坚持齐抓共管，综合治理，实现优势互补。通过加强与工商、质检、卫生等部门的配合协作，增强了对全社会粮食流通的监管能力；通过与中储粮江西分公司的联合检查，强化了对代储中央储备粮的有效监督。

## 三、当前开展粮食流通监督检查工作存在的问题

在各级粮食行政管理部门和粮食流通监督检查工作人员的努力下，江西省粮食流通监督检查工作取得了不少成绩，但也存在一些困难和问题，主要表现在以下方面。

### （一）粮食流通监督检查机构建设有待加强

截至 2008 年底，江西省 98 个县级粮食行政管理部门中，内设监督检查机构的有 92 个，但是经编办批准独立设立监督检查科（股）的仅有 27 个，另外加挂监督检查科（股）牌子合署办公的三个，其余的都是粮食行政管理部门内部调整组建的监督检查科（股）。

### （二）粮食流通监督检查制度建设、工作机制建设、队伍素质建设有待加强

一些地方还没有建立健全粮食流通监督检查工作制度，工作人员存在工作流程不够熟练，办案程序不够规范，档案管理水平不高等现象。同时，由于学习不够，底气不足，不敢大胆执法，果断办案。

### （三）粮食行政执法保障不到位，人员不稳定

县级粮食行政管理部门普遍存在缺编制、少经费现象。由于没有编制，粮食流通监督检查工作经费难以纳入同级财政预算，粮食行政执法经费无着

落，监督检查工作人员只能从其他部门借调，工资在原单位发，导致人员思想不稳定。不但严重制约了粮食行政执法工作开展，而且难以形成具有较高执法水平和人员稳定的执法队伍。

**（四）粮食流通监督检查工作的社会认知度不高**

目前，社会上仍然有许多部门和单位对粮食行政执法不知道、不重视、不理解还比较普遍。粮食行政管理部门依法管粮氛围还没有形成。

**（五）粮食行政管理部门内部之间，与相关执法部门之间的联系、协调、合力等还有待提高**

**（六）个别地方对粮食流通监督检查工作重要性认识不足，重经营轻管理思想还未从根本上转变**

一是认为粮食流通监督检查工作没多少事情可做，无所作为；二是有些粮食行政管理部门行政管理职能还没有转变到位，领导的主要精力放在管理企业经营活动，对粮食行政执法工作不够重视，认为监督检查工作是花钱的事，与其花钱，不如赚钱。跑市场，出效益仍然是一些粮食行政管理部门领导的主导思想。

**（七）个别地方不能正确履行粮食流通监督检查职能**

厚此薄彼，内松外严的现象仍然存在。问题的根源是政企不分，粮食局既当“裁判员”，又当“运动员”。

## 四、做好今后粮食流通监督检查工作的对策

江西省粮食流通监督检查工作在初创阶段呈良好发展态势，下一阶段要针对目前存在的困难和问题，按照“巩固、完善、规范、提高、服务”的要求，采取以下应对措施。

**（一）注重营造氛围，法制宣传要拓宽广度**

为进一步提高粮食行政管理部门管理全社会粮食流通的认知度，营造依

法管粮的良好氛围，要着重加强对《粮食流通管理条例》等法律法规的宣传，拓宽法制教育的广度。一是集中宣传和分散宣传相结合。各级粮食行政管理部门既要利用农村赶圩迎节等人员相对集中的时机派发宣传单、宣传册等，又要利用粮食收购时期送法到乡村进农户，通过两者的有效结合，面对面地为广大农民朋友解疑释惑，提供法律服务。二是普及宣传和专业授课相结合。既要利用广播、电视等受众面较广的大众媒体开办法制专栏，普及粮食流通法规，又要根据粮食经营者粮食法律法规意识不强、粮食经营管理水平不高的特点，通过以会代训，重点解读等形式，帮助其知法懂法，提高其依法经营，守法经营的意识。

**（二）提高队伍素质，学习研究要具有深度**

抓好粮食流通监督检查队伍作风建设和业务培训，提高队伍政治业务素质，是进一步提高粮食行政执法队伍执法能力的根本途径，也是我们当前面临的一项十分重要的任务。监督检查人员的政治思想素质和政策业务水平的高低，将直接影响到粮食行政管理部门形象和声誉。因此，各级粮食行政管理部门要认真抓好监督检查人员的政治思想和业务知识的学习和培训，努力造就一支政治理论水平高，法律知识精通，粮食业务熟练的行政执法队伍。一是要抓好执法实务培训。江西省粮食局除了继续办好一年一度的案例分析研讨会外，还要结合监督检查工作开展执法资格、库存检查、库存检查软件等培训。二是各级粮食流通监督检查部门和工作人员要结合工作实际搞好集中学习和自学，把学习贯穿于监督检查工作的全过程。通过学习和培训，举一反三，学深学透相关粮食法律法规，进一步提高分析问题、研究问题、解决问题的能力。

**（三）加强组织领导，体系建设要加快进度**

目前，还有相当一部分的县（市、区）级粮食行政管理部门内设的监督检查机构，没有得到当地政府的认可，执法人员严重不足，与执法重心下移不相适应，也与新时期粮食流通监督检查工作不相适应。对此，有关粮食行政管理部门要引起高度重视，加强领导，要结合贯彻落实赣府发〔2007〕6号文件，把机构体系建设作为一项重要工作任务来抓，加快机构体系建设进度，实现监督检查机构体系延伸到县的目标。一是各级粮食行政要切实转变职能，从过去要管理国有粮食企业经营活动转变到依法行政、公平执法，做好粮食流通监管工作上来。从依靠行政管理手段转变到依靠经济手段、法律手段管理粮食流通上来。二是各地粮食行政管理部门要抓住当前政府机构改革的有利时机，积极主动工作，争取当地党委政府的重视，有关部门的大力支持，把监督检查机构体系全部建立起来。设区市粮食局要加大对所辖地方机构体系建设的帮助，江西省粮食局要对各地粮食流通监督检查机构建设进行督导，定期进行情况通报。三是要切实关心和解决好监督检查工作人员的切身利益，稳定粮食流通监督检查队伍，充分调动每一名监督检查工作人员的积极性和创造力，增强队伍的凝聚力和战斗力。

**（四）依法履行职责，行政执法要加大力度**

今后，粮食流通监督检查工作要紧紧围绕落实国家粮食宏观调控的目标和任务，服务粮食工作大局，进一步加大监督检查力度，突出解决粮食流通执法领域的热点、难点问题。一是要抓好粮食收购政策落实检查，特别是粮食最低收购价政策执行，确保中央政策惠及种粮农民。二是加强地方储备粮的监管，对代储中央储备粮协助有关单位搞好管理，确保国家宏观调控有可靠的物质基础。三是加强对粮食质量检查，巩固和扩大粮食质量安全整治行动的成果，确保人民群众消费粮食安全。四是加强涉粮案件查处，对群众反映强烈、领导关注的各类案件，特别是侵害种粮农民利益的坑农害农行为要坚决查处。

**（五）创新监管手段，要不断提高信息化程度**

目前，粮食流通监督检查力量和资源都十分有限，而且监管方式和手段原始落后。要使有限的人力和物力发挥最大效能，既要完善制度，规范行为，还要提倡科学监管，创新监管手段，依靠现代信息技术，提高监管的科技含量，实现粮食流通监督检查的长效性和可持续性。省粮食局要整合现有监管力量和资源，搞好“一心二点三体系”建设。即以粮食监督检查队伍为核心，建立专业监管为主、社会参与为辅的网络化防控体系；以三级质检机构为节点，建立质量安全支撑体系；以分类评估为基点，建立信用监管体系。为实现“一心二点三体系”建设规划，省粮食局要在全省粮食信息系统的规划建设中，统筹考虑开发建设“全省粮食流通监督检查工作信息管理系统”，为江西省粮食流通监督检查工作搭建一个平台，实现从收购、储存、运输、加工、销售全过程动态监督检查。全省各级粮食流通监督检查部门要认真做好相关原始数据的采集等基础工作，确保数据准确，情况可靠。

**（六）坚持齐抓共管，部门协作要深化强度**

粮食流通领域监督检查涉及多个部门，粮食行政管理部门作为执法主体之一，负责粮食收购、储存、运输和政策性用粮的购销活动，以及执行国家粮食流通统计制度的情况监督检查。因此，要在已有的合作、联合基础上，进一步强化与质监、工商、卫生等有关部门协调配合，坚持齐抓共管，深化合作，建立联席会议和部门协调机制；要发挥各自优势，通力协作，相互促进，形成信息与资源共享监管机制。粮食行政管理部门对于检查中发现的属于其他职能部门管辖范围的违法违规行为，要及时移送，并跟踪回访。通过各部门密切配合，进一步加强粮食经营各环节的质量、卫生监管，确保人民群众吃上放心、安全的粮食产品。

同时，全省各级粮食行政管理部门内部的有关职能部门，也要互通情况、及时沟通、形成监管合力。监督检查部门要加强层级指导，促进粮食流通监督检查工作更好开展。

**（七）促进和谐发展，为民服务要文明态度**

全省各级粮食行政管理部门和监督检查人员要按照构建社会主义和谐社会的要求，切实转变观念，牢固树立“依法行政，依法管粮”的意识。一是要做到“两个正确”。正确处理国有粮食企业与其他粮食经营者之间关系，正确处理严格执法与宽严相济的关系，真正做到以事实为依据，以法律为准绳，用公平、公正、公开的执法，维护粮食政策法规的权威性和统一性，提高粮食行政管理部门的社会公信力。二是树立执法即是服务的理念。要防止简单执法，杜绝粗暴执法，要通过文明执法，廉洁执法帮助粮食经营者提高经营能力和管理水平，构建和谐为民的执法关系。要始终把握执法为民的本质要求，切实保护好粮食生产者、经营者和消费者的合法权益，为粮食流通产业全面、协调、可持续发展营造良好的市场环境，进一步促进全社会的和谐发展。

（作者：江西省粮食局　路线）

# 总结粮食流通体制改革经验 科学构建现代粮食宏观调控体系

广东省素有“七山一水二分田”之称，1975年以前是余粮省；1976年后根据国家需要大量改种甘蔗等经济作物，同时由于人口增长，粮食由余变缺并且缺口越来越大。目前，广东省粮食消费人口超过1亿，六成以上的粮食需要从省外调入，是全国最大的粮食主销区之一。保障广东省粮食安全，对于确保国家粮食安全具有重要意义。改革开放以来，广东省按照中央的部署和要求，充分发挥改革试验田作用，解放思想，大胆探索，在粮食流通领域率先推行市场化改革，于全国率先放开粮食市场、经营和价格，率先实行粮食工作各级政府负责制，率先出台粮食安全责任考核办法，率先开展粮食安全立法，率先建立省、市、县三级地方粮食储备和粮食风险基金制度，率先出台粮食应急预案，大力建设“珠江粮食走廊”，初步形成了适应粮食流通市场化要求的现代粮食宏观调控体系，有效保障了广东省粮食供需平衡和应急情况下的粮食供应，为促进广东省经济社会平稳较快发展和确保国家粮食安全做出了积极贡献。

## 一、构建现代粮食宏观调控体系的主要做法

在30年的粮食流通体制改革历程中，广东省在打破传统的粮食统购统销计划体制、初步建立以市场配置粮食资源为主要手段、政府粮食储备和调控为后盾的粮食流通新体制的同时，围绕“一个中心、两项保障、三大支撑”，科学构建富有主销区特色的现代粮食宏观调控体系，在人多地少、粮食自给率较低的情况下，确保了全省粮食安全。

“一个中心”，即以坚持和完善粮食工作各级政府负责制为中心，全面落实政府粮食安全责任。1994年，广东省率先于全国实行粮食生产和供应各

级政府责任制，各地对辖区粮食种植、收购、储备和销售包干负责。1995年，按照国务院部署，实行“米袋子”各级政府负责制，考核内容包括粮食播种面积、粮食总产量、国家定购、总量平衡、储备任务、风险基金、粮库建设和市场建设等。2003 年起，广东省政府与各地级以上市政府每届均签订粮食安全责任书，促进各级政府切实承担起落实粮食播种面积、粮食总产量、粮食储备规模、粮食风险基金规模等责任，确保辖区粮食安全。2008年 2 月，广东省政府率先于全国出台了粮食安全责任考核办法，对各地级以上市政府每届任期的粮食安全责任进行届中和届满前考核，建立政府粮食工作问责制度。粮食工作各级政府负责制的全面落实，促进了广东省粮食工作的有效开展，为确保广东省军需民食提供了有力保证。

“两项保障”，即构建粮食储备体系和粮食应急体系两项保障，确保政府粮食宏观调控和应急任务的顺利完成。广东省粮食产不足需，在粮食流通市场化改革后，必须保有能够满足粮食宏观调控和应急需要的地方粮食储备，为在必要时调节粮食市场供求、保证粮食应急供应提供重要抓手。适应粮食主销区特点，广东省于 1992 年建立了省、市、县三级地方粮食储备制度。目前，全省地方储备粮规模已达储备粮制度建立初始的三倍。根据国家要求和广东省政府决定，近期将再次增加粮食储备规模，应对人口增长和粮食产需缺口扩大的挑战。此外，广东省地处南部沿海，粮食生产和供应易受热带风暴等自然灾害影响，做好粮食应急准备工作十分重要。2003 年，广东省率先于全国出台了第一个粮食应急预案。全省各地相继建立了本级粮食应急预案，基本形成了粮食应急预案体系，各级预案总数达 114 个。同时，全省已落实粮食应急加工联系点 372 个、运输联系点 222 个、供应联系点 774个，粮食应急体系初步形成。

“三大支撑”，即构建粮食宏观调控载体、粮食流通基础设施以及粮食法规规章体系三大支撑。

一是增强国有粮食企业活力，为政府粮食宏观调控提供重要载体支撑。粮食流通体制改革以来，广东省下大力气解决国有粮食企业“老粮、老人、老账”等历史遗留问题，统一处理了企业超期库存粮食；分流安置企业职工10.4 万人，支付职工经济补偿、社会保险等费用 20 多亿元；完成了粮食政策性财务挂账审计剥离工作并按计划于 2010 年底前逐步消化完毕。广东省国有粮食企业重组工作顺利完成，各市县原则上保留一家国有独资或控股粮食企业，作为政府粮食宏观调控的重要载体。在 2003 年“非典”引起的粮食抢购风波、2005 年超百年一遇洪涝灾害、2008 年初严重低温雨雪冰冻灾害等多次粮食市场突发事件中，国有粮食企业积极组织粮源、做好市场粮食供应工作，为维护粮食市场稳定做出了重要贡献。

二是大力建设粮库和粮食市场网络，为政府粮食宏观调控提供设施支撑。“九五”期间，广东省围绕“一系三线”（珠江水系、京广线、广梅汕线、广茂湛线）选点布局，全面启动“珠江粮食走廊”建设，新建 150 万吨仓容粮库。“十五”期间，省重点建设 50 万吨仓容直属粮库，各地积极推进市县粮库建设，不断提升“珠江粮食走廊”功能。目前，广东省基本形成以省直属粮库为核心、以市县粮库为骨干、以国家粮食储备库为后盾，与国内东北、长江和西南粮食走廊相衔接，辐射华南、调控全省的现代化粮库网络。纳入统计范围的粮食仓储企业 519 家，有效仓容 846 万吨。同时，广东省初步形成以广州国家粮食交易中心为龙头、以省内区域性粮食批发市场为骨干、以市县粮食批发市场为基础的粮食市场体系，县级以上粮食批发市场超过 150 个，粮油零售网点遍布城乡各地。

三是积极推进粮食法制建设，为政府粮食宏观调控提供法律支撑。在粮食统购统销体制下，政府粮食行政管理主要依靠计划手段进行。在粮食流通市场化条件下，政府对粮食市场的调控和管理则以经济和法律手段为主。良好的法律环境，是粮食市场有序运作的重要基础，同时也是政府粮食宏观调控规范和有效实施的重要保证。广东省适应粮食流通市场化要求，不遗余力地推进粮食法制建设，率先于全国制定了粮食安全保障法规——《广东省粮食安全保障条例》；颁布实施了《广东省粮食收购资格审核及监督管理暂行办法》、《关于实施粮食经营者最低和最高库存量标准的规定》、《广东省省级储备粮管理办法》、《广东省地方储备粮库存检查暂行办法》、《广东省粮食系统储粮化学药剂管理规定》等规章制度，促进了地方储备粮管理规范化、制度化、科学化，维护了良好的粮食市场秩序。

## 二、现代粮食宏观调控体系运作的主要成效

现代粮食宏观调控体系在广东省的初步建立和有效运作，使全省粮食工作实现了“供需平衡、应急有效、价格稳定”三大目标，为全省超亿人的粮

食消费提供了坚实保障。“供需平衡”体现在粮食自给率不足 40%的情况下，通过保持粮食顺畅流通、加强粮食产销合作、充实粮食储备等，有效解决了缺口粮源，实现了供需平衡（广东省粮食产量、消费量和供应情况见图 1、图 2 和图 3）。“应急有效”体现为粮食工作成功经受了多起突发事件的考验，包括 2003 年“非典”引起的粮食抢购风波、2003 年底和 2004 年初市场粮价快速上涨、2005 年超百年一遇洪涝灾害、2006 年连续多次强台风袭击以及 2008 年初严重低温雨雪冰冻灾害等。在多次突发事件中，粮食供应始终做到不断档、不脱销，实现了受灾地区“路断桥断粮不断”，为夺取抗灾救灾工作的全面胜利奠定了重要基础。“价格稳定”体现在广东省粮食价格保持总体稳定。1998~2007 年，广东省粮食价格指数上涨幅度除 2004 年和 2007 年以外都在 2%以内，有的年份甚至出现负增长，与每年 GDP 增长

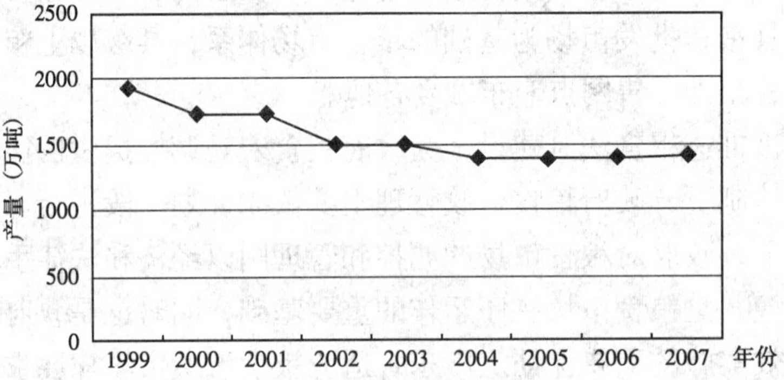


**图 1　广东省粮食产量**

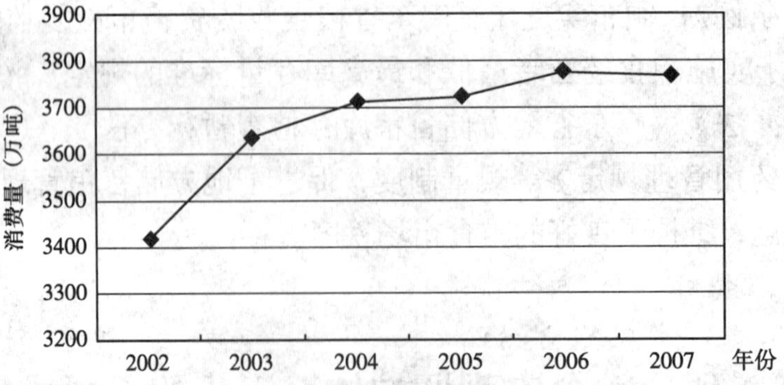


**图 2　广东省粮食消费情况**

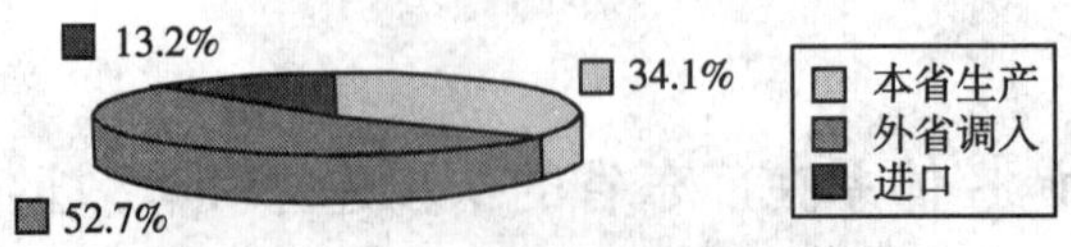


**图 3　2007 年广东省粮食供应情况**

9.4%~14.5%、城镇居民人均可支配收入（扣除价格因素）增长 4.7%~10.6%相比较，是相对稳定的。2007 年，广东省粮食价格指数上涨 4.4%，低于全国 6.6%的涨幅。

## 三、构建现代粮食宏观调控体系的主要体会

广东省现代粮食宏观调控体系构建工作得到了党中央、国务院，国家发展改革委、国家粮食局的关怀指导和大力支持，是在广东省委、省政府的正确领导下，一代代粮食人发扬“宁流千滴汗，不坏一粒粮”的光荣传统，解放思想、大胆探索、科学推进而取得良好成效的。广东省构建现代粮食宏观调控体系的主要体会是：

### （一）高度重视，是构建现代粮食宏观调控体系的重要前提

粮食流通市场化改革，是充分发挥市场机制配置粮食资源的基础性作用，活跃粮食流通，繁荣粮食市场，促进人民群众粮食消费需求的有效满足。但是，市场机制并不是万能的，市场调节存在一定的滞后性和盲目性。对市场失灵的预防和纠正，是政府的重要职责之一。粮食是关系国计民生的重要商品，粮食市场波动将对人民群众产生直接影响，并可能引发经济甚至政治问题。构建现代粮食宏观调控体系，增强政府粮食宏观调控能力，是粮食流通市场化改革的必然要求。一直以来，广东省高度重视粮食安全责任落实工作，把构建粮食宏观调控体系作为一项重要任务来抓，并取得了良好成效。实践证明，对粮食安全保障工作的高度重视，是构建粮食宏观调控体系的重要前提。

### （二）解放思想，是构建现代粮食宏观调控体系的内在要求

粮食统购统销体制下的粮食市场管理，主要以计划调节的方式进行。粮食流通市场化条件下，计划管理模式已不适应新形势的要求。政府在加强粮食市场监管的同时，需要对粮食市场进行必要的调控，以确保粮食市场稳定。这种管理方式的转变，要求管理思维相应转变。同时，粮食市场运作的有效程度越高，政府干预的必要性和难度就越小。政府粮食行政管理需要抛

弃过去那种包管到底的模式，有所为而有所不为，在为粮食市场运作提供良好环境的基础上，必要时对其加以调控，确保市场粮食供应和价格基本稳定。

**（三）科学谋划，是构建现代粮食宏观调控体系的关键所在**

广东省粮食消费人口超过 1 亿，粮食自给率较低，超过六成粮食需要从省外调入。在发生自然灾害等突发事件使粮食流通受阻时，粮食供应将受影响。因此，广东省率先于全国建立省、市、县三级地方粮食储备和粮食风险基金制度，率先出台粮食应急预案，大力建设“珠江粮食走廊”，不断夯实政府粮食宏观调控能力。实践证明，保障粮食安全方面的这些规划和投入，比任何其他投入都更为重要。因为当吃饭需求都不能满足的情况下，任何其他发展都显得毫无意义。在构建现代粮食宏观调控体系方面，政府要有超前眼光，科学谋划，加大投入，确保人民群众无温饱之忧，为促进经济社会平稳较快发展、构建和谐社会提供有力支撑。

**（四）培育抓手，是构建现代粮食宏观调控体系的重中之重**

粮食宏观调控的有效实施，必须借助一定的抓手。实践证明，粮食储备和应急体系在稳定粮食市场方面具有重要作用。在 2005 年超百年一遇的洪涝灾害和 2008 年初严重低温雨雪冰冻灾害中，灾区粮食系统积极组织粮源，及时动用储备粮，有效保障了粮食供应。2004 年、2007 年，在市场粮价上涨的情况下，广东省政府动用省级储备粮专供广州地区高等院校，有效减轻了粮价上涨对高校学生生活的影响，消除了相关社会安全事件隐患。此外，国有粮食企业在粮食宏观调控中发挥了重要载体作用。改革国有粮食企业，不能一改了之，要切实关心和促进国有粮食企业发展，使其更具竞争力，在组织市场粮食供应和承担粮食应急任务时发挥应有作用。

## 四、完善现代粮食宏观调控体系的主要措施

广东省是粮食消费大省和缺粮大省，受土地等种植资源有限以及粮食单产提高难度加大等因素制约，粮食增产空间有限；随着经济发展、城市化水

平提高以及人口不断增加，粮食消费需求刚性增长，产需缺口逐年扩大，保持粮食供需长期平衡的压力越来越大。同时，广东省易受自然灾害影响，粮食应急工作经常要接受考验。这些对完善现代粮食宏观调控体系提出了新的更高要求。

完善广东省现代粮食宏观调控体系的主要目标是：完善供给稳定、储备充足、调控有力、运转高效的现代粮食宏观调控体系，保障全省粮食市场稳定，确保粮食安全。主要做好“八个加强”：一是加强落实政府粮食安全责任。按照《广东省粮食安全责任书》和《广东省粮食安全责任考核办法》的要求，全面落实政府粮食安全责任。二是加强粮油储备。按照国家和省的有关决定，进一步充实地方储备粮规模，落实成品粮油应急储备，优化储备粮布局和品种结构。探索建立省级储备粮协调工作机制，推进建立动态粮油储备制度，加快建立政府储备与企业储备相结合的粮食储备体系。建立食用植物油储备制度。三是加强粮食应急体系建设。完善粮食应急预案体系。按照“有设施、有协议、有牌子”的要求，进一步健全覆盖全省的粮食应急网络。适时开展粮食应急演练。四是加强粮食市场形势预测预警机制建设。推进落实粮食市场监测报告制度，完善粮食市场监测网络，完善粮食流通统计制度，努力扩大统计覆盖面，提高统计质量。对涉及粮食安全的倾向性和苗头性问题及时提出预警建议。五是加强粮食法制及监管体系建设。争取早日出台《广东省粮食安全保障条例》等法规规章。探索建立粮食流通监管部门协作机制，通过部门联动加强粮食质量和价格监管，逐步建立粮食流通监督检查信息通报机制。六是加强粮食流通基础设施建设。抓好重点项目建设，带动广东省粮库设施发展，提升“珠江粮食走廊”功能。加强粮食市场体系建设规划，完善统一开放、竞争有序的粮食市场体系。加大粮食质检体系建设力度，争取早日形成区域性粮食质检网络。七是加强粮食产销合作。进一步发展与产区多形式、多层次的粮食产销合作，活跃粮食流通。八是加强国有粮食企业改革指导工作，促进国有粮食企业进一步增强市场竞争力。

（作者：广东省粮食局）

# 强化粮食工作行政首长负责制 落实粮食安全保障措施

民以食为天，食以粮为源。粮食问题是关系国计民生的基本问题，是古今中外各国都关注和必须解决的大问题，我国的粮食问题历来是举世瞩目的焦点和热点，成为国家和地方政府必须解决的首要问题，抓好粮食这个基础性、战略性资源的生产和供应，对我们这个世界上人口最多的国家来说，其重要性怎么强调都不过分。在这个问题上，我们要有很强的忧患意识，抓好粮食生产这根弦要始终绷紧，一刻也不能放松。为此，国务院多次强调要确保粮食安全问题，把实现粮食基本自给，确保国家粮食安全，看成是经济发展，建设和谐社会的基础。要确保国家粮食安全，应当落实好以下几项措施。

## 一、严格执行耕地保护制度，控制非农建设占用耕地

随着经济的发展，城镇化、工业化的水平不断提高，我国耕地和粮田面积逐步减少，而且减少幅度有逐年增大的趋势，特别是农业结构战略性调整的日益深入和生态建设的不断发展，种植业生产将呈现蔬菜产业和其他高效优势产品生产规模持续扩大、粮食生产规模逐渐缩减的趋向。因此，控制非农建设占用耕地，切实保护和建设好基本农田，显得尤为重要。

一是要强化对征用耕地的经济制约。正确处理好结构调整、退耕还草与确保粮食播种面积的矛盾，严格限制建设用地的无序扩张。要守住 18 亿亩耕地的底线不动摇，严厉查处非法侵占基本农田行为，增加粮食播种面积。二是要加强农业基础设施建设不松劲，逐步改变农田水利设施建设老化失修状况，增加农业特别是粮食生产后劲，增强抗御自然灾害能力。三是要加大农业科技投入不懈怠，加强农技推广网络和队伍建设，提高农民科学种田水

平，向科技要增产。四是要认真落实中央各项惠农政策，把党和国家对农业的投入和对农民的补贴真正落实到田间地头，落实到增加农民种田收益上，以政策调动农民种粮的积极性。

## 二、建立长期产销合作关系，提高粮食生产供给能力

各地应从实际出发，考虑人口数量、粮食消费总需求量、粮食品种生产周期、粮食产区和销区有别等因素，制定合理的粮食生产规划。粮食主销区尤要重视保护自主生产能力，建议销区地方粮食年总产量要确保在本地年消费量的一半以上。福建省莆田市年粮食消费总量为110万吨，就必须确保年有55万吨以上的自主粮食生产量为基础，此外，通过与产区发展长期稳定的粮食产销合作关系，大力引粮入莆，余缺调剂，搞好莆田市的粮食供求总量平衡。

建立粮食产销合作关系，要从各地的实际出发，可以在本辖区，也可以在辖区外。总之，要按照“政府推动、部门协调、市场调节、企业运作”的原则，积极支持和鼓励产销区双方以经济利益为纽带，以市场为导向，建立长期稳定的产销合作关系，要鼓励主销区粮食工贸企业在主产区建设粮食生产和收购基地。主产区粮食企业也可以在主销区粮食市场经销粮食，建立集收储、加工、销售为一体的粮食经营企业。长期以来，我国粮食主产区提供粮食商品量占全国的95%。因此，从某种意义上讲，抓好粮食主产区的粮食综合生产能力建设问题是确保我国粮食安全的关键。主产区政府应加强对主产区农户和各种经济组织的引导，鼓励他们按照市场的要求，立足于粮食生产优势，开展农业产业化经营，发展区域经济，促进农民增加收入。通过建立粮食生产基地，实行合同生产或订单农业，促进粮食产、销区间互惠互利的合作，这样既有利于充分发挥各自的地方优势，进行合理的产业结构调整，做到因地制宜，地尽其用，发挥最大的效益，也有利于促进发展粮食产业化、规模化生产，提高种粮的经济效益，调动粮农的生产积极性，以确保粮食总量稳定增长，为粮食安全奠定物质基础。

## 三、搞好储备粮管理体系建设，增强政府宏观调控能力

储备粮是地方政府调控粮食市场的重要抓手。粮食市场放开后，建立完善的地方储备粮管理体系、加强地方储备粮的管理是确保粮食安全的重要手段。因此，按照国家有关规定，建立健全地方储备粮管理体系是当务之急。

粮食行政管理部门要依法强化对地方储备粮的管理和监督，确保数量真实、质量良好、储存安全，确保需要时调得动、用得上。据调查，现在民间的群众性储粮很少，绝大多数民众的米缸就放在市场上。一旦出现自然灾害或突发事件，很容易引起粮价暴涨，影响人心和社会稳定。如 1999 年，因受 14 号台风暴雨袭击，福建省莆田县华亭镇因山洪暴发、中断交通后市场粮价一天之内猛涨为原价的 2~3 倍，并出现抢购现象。县政府及时发挥国有粮食企业和储备粮的作用，在三天内就平抑了粮价，安定了人心。因此说，各级政府必须储有一定数量的储备粮，作为以丰补歉、救灾救荒、预防突发性事件的物质保障。

在完善储备粮管理体制时，也应考虑加强储备粮仓建设。仓储设施建设是确保粮食安全的基础工作，粮食工作实行政府行政首长负责制后，地方政府有责任和义务做好粮食仓储设施建设工作。随着各级地方储备粮规模的不断递增，各级政府要加大资金投入，抓紧建设新型中心粮库，做好粮食仓储设施的维修工作。要充分利用建设项目涉及动用粮食仓储设施的机会，以拆迁安置为契机，统筹安排，合理布局，集中规划建设上规模的中心粮库。近几年来，随着各地工业化、城市化进程的加快，公路改线、铁路铺设、城镇改造等占用国有粮食企业流通设施的情况时有发生，特别是粮食仓储设施因建设项目的需要，有相当一部分将被动用或拆除，加剧了粮食仓储设施不足的问题。为此，各级政府和粮食部门要提高对粮食仓储设施重要性的认识，进一步增强责任感，确保粮食储备安全。各地仓储拆迁要严格执行有关规定，根据“因公路、旧城改造、城镇建设确需拆迁的，应本着‘先建后拆，拆一建一，谁拆迁谁赔偿’的原则处理；其中仓储设施拆迁由占用部门所在地政府报省级粮食行政主管部门批准”，认真履行报批程序。

## 四、适当调增粮食风险基金，确保粮食安全保障能力

实践证明，从1994年起建立的粮食风险基金在调控粮食市场、确保粮食安全方面发挥了很好的作用，必须继续完善。首先是粮食风险基金必须确保及时足额到位；其次是严格使用范围，做到专款专用。粮食风险基金的使用范围除了用于储备粮油的利息、费用补贴，执行保护性收购粮食所应支付的利息、费用补贴，为平抑市场粮价、抛售储备粮的差价补贴外，建议适当调增粮食风险基金规模，备足可以购买地方年粮食消费量1/3，或地方总人口三个月口粮的粮食预备金，以防备本地区发生自然灾害、突发事件的购粮所需。

## 五、建立粮食加工、供应体系，完善粮食安全调控条件

新中国成立以来，国有粮食企业通过做好粮食购、销、调、存、加等方面的工作，在市场调控确保军需民食、救灾救荒、发展生产等方面发挥了主渠道的作用。随着我国市场经济的发展，粮食市场化呈发展趋势，但粮食是特殊商品，粮食问题直接关系军民的生活、健康，影响市场物价和社会安定。目前，市场经济秩序尚未完全规范，粮食商贩经营的目的是谋取高额利润，回顾我国历史上稳定粮价、宏观调控的经验教训，以及目前市场粮油产品质量不容乐观的情况，为确保军需民食的粮油质量所需品种，调控市场粮价，确保救灾救济和突发性事件的急需用粮，确保政府在关键时候能调得动、拿得出、用得上，必须建立和完善国有粮食加工、供应机制，特别是军队驻地、海岛、城市、主销区，必须要有一定加工、供应规模的国有粮食企业或国家控股的粮食企业，作为政府宏观调控的载体，发挥其主渠道作用。企业生产规划可以根据当地驻军和居民生活消费量的多少测算确定，既可确保应急和调控需要，也可参与市场竞争。国家和地方政府对这类企业在政策上和经济上应给予扶持。目前各地建立的国有军供粮食定点加工厂和军粮供应站，以及城乡居民粮食供应中心店为骨干企业的做法应逐步完善，以确保

粮食调控、供应安全。

## 六、构建民营粮食经济网络，充分发挥多功能抗险力

随着粮食经济全球化、市场多样化的发展，建立多元化粮食安全保障体系已是大趋势。目前，我国粮食安全正在由过去国有粮食企业独家搭台唱戏的旧格局转向由多种经济成分齐声合唱的新局面，这是一种健康的、可经得起风浪的粮食安全机制，必须继续推进。要大力发展粮食民营经济，以激活粮食市场发育和补充国有粮食企业经营。同时，要对私营粮食企业进行必要的规范管理，包括规定企业经营规模、保证粮食质量安全、在紧急状态下听从国家调度，切实引导民营企业健康有序的发展。要采取切实措施鼓励民营粮食企业发展，扶持一批竞争力强的民营粮食龙头企业，组成一个新型的粮食经济网络，进一步完善、加固粮食安全体系。

## 七、加强粮食市场监管执法，营造良好的粮食流通环境

粮食市场既要放开又要管好，这是国务院 17 号文件和《粮食流通管理条例》明确赋予粮食等有关部门对粮食市场监督检查和行政处罚权，粮食、工商、物价、卫生、技术监督等有关部门，要切实负起对粮食市场监管的责任。

一是严格粮食市场准入制度。粮食、工商等部门要切实履行职责，严把市场准入关。进入粮食市场的经营者，必须在经营资金、仓储设施、检验和保管能力等方面符合国家规定的资质条件。二是加强对非国有粮食购销企业的服务和监管。非国有粮食企业参与粮食流通，对于方便农民售粮、活跃粮食市场、增强粮食安全保障具有重要作用。既要依法加强监管，引导他们合法经营，又要为他们提供服务，维护其正当权益。三是严厉打击违法经营行为。要坚决打击垄断经营、欺行霸市、强买强卖、囤积居奇、哄抬粮价、掺杂使假、坑农害农和损害消费者权益等不法行为，保护合法经营和公平竞争。公安、工商、粮食等部门要进一步强化对当地粮食经营者和跨区收购的

粮食经营者的日常管理，通过监督检查，保护正当经营，及时查处收购中的违法、违规行为。四是建立健全粮食经营信息统计体系。通过建立粮食台账制度，掌握粮食经营者的购销、储存等基本数据和有关情况，密切监测市场粮价动态，及时掌握粮食供求和价格的最新变化，及时发布粮食生产、消费、价格等信息，正确引导市场预测，保持市场稳定。

## 八、强化粮食安全行政首长负责制

粮食安全是政府行为，政府必须承担起保障粮食安全的义务，切实履行建立健全粮食安全体系的职责。为了实现稳定粮食生产、稳定粮食供应、保障低收入阶层粮食供给，1995 年中央规定“米袋子”省长负责制，从而形成粮食工作在省长负总责下的各级行政首长负责制，这是一个很好的措施，必须坚持和完善。目前，我国粮食形势比较好，在这种情况下，很容易忽视粮食生产和粮食安全问题。因此，粮食安全行政首长负责制必须强化，不能削弱，更不能错误认为粮食市场化后，可以盲目调减粮食播种面积，放松粮食生产。各级政府要真正重视起来，把确保粮食安全纳入各级行政首长的议事日程、政绩考核内容，并认真兑现落实，促进行政首长通过分管领导和有关职能部门抓落实。在强化行政首长负责制的同时，也要落实分管领导和有关职能部门的责任内容。让要求分管领导具体抓，认真指导、协调、解决有关职能部门的工作和问题，促进全社会都来关心支持粮食安全工作，确保粮食安全。总之，粮食是个“天”大的问题，是关系十几亿人吃饭的大问题，是社会稳定的前提条件。确保粮食安全的关键在于各级领导是否重视粮食安全问题，是否从国情和地方实际出发，采取行之有效的办法抓好粮食安全措施的落实，确保国家粮食经济形势长治久安。实践证明，要确保粮食安全，虽然会面临许多困难，但只要一把手重视了就不难。

（作者：福建省莆田市粮食局　赵鲜明）

# 明确职能定位　做好基层粮食工作

“国以民为本，民以食为天。”粮食问题至关重要，做好粮食工作意义重大。粮食行政管理作为政府职能的重要组成部分，其管理职能随着粮食购销市场化进程、国有粮食企业改革的步伐和政府行政审批职能的转变而有了很大变化。当前，基层粮食行政管理部门必须进一步深入学习贯彻《粮食流通管理条例》（以下简称《条例》），迅速转变粮食行政管理职能，正确履行国家赋予的粮食行政管理职能，以适应依法管粮要求。这既是粮食行政管理部门面临的现实课题，更是做好新形势下粮食工作的迫切需要。

## 一、新形势下的粮食行政管理职能

2004 年 5 月 26 日颁布的《条例》，是我国规范粮食流通活动的一部专门性行政法规。《条例》的颁布实施，标志着我国粮食流通管理进入新的阶段，同时也为做好新形势下的粮食工作明确了新的职能定位。《条例》出台后，粮食行政管理面临着“三个转变”，即管理对象由过去的国有粮食企业转变为全社会各种经济成分的粮食市场主体，管理手段由过去的以行政手段为主转变为以法律手段、经济手段为主，管理方式由过去的重事前审批转变为重事前、事中和事后的全过程监管。结合《粮食流通管理条例》、《中央储备粮管理条例》、《粮食质量监管实施办法（试行）》、《粮食流通监督检查暂行办法》、《湖北省粮食流通管理办法》等有关法规规章的规定，湖北省孝感市粮食行政管理部门的基本职能应明确定位在以下几个方面：

一是行业指导职能。规划协调区域内粮食产业政策和粮食行业发展战略，落实国家粮食流通和粮食储备工作的政策和法律法规，组织推进粮食流通体制改革；落实粮食工作行政首长负责制，确保区域粮食安全；研究粮食流通和粮食储备的发展战略、中长期规划、年度产需平衡、购销平衡计划并对粮食进出口进行有效管理。

二是宏观调控职能。组织区域内粮食宏观调控和总量平衡，负责粮食余缺和品种的调剂，稳定粮食市场价格；建立健全粮食安全预警系统，及时把握市场“风向标”，维护粮食市场稳定；协调指导产销之间粮食购销，建立稳定的粮食购销合作关系；建立粮食安全流通网络，保障城镇居民、军队和灾区、库区、贫困地区的粮食供应，以及国家重点项目的粮食供应。

三是监督检查职能。细分为办理储备粮的收储资格许可、粮食收购资格许可、陈化粮处理审核等粮食行政审批职能；配合工商、技术监督等部门对粮食购销行为的市场监管职能；对落实粮食政策、粮食流通统计等方面的监督检查；市（州）以上粮食行政管理部门对县（市、区）粮食流通监督检查行为投诉的行政复议职能。

四是协调服务职能。发布粮食市场和价格信息，引导粮食生产和流通；积极创造条件，大力发展社会中介服务组织在连接产销、技术咨询服务、处理企业贸易纠纷中的作用；培育和发展粮食市场，指导粮食市场建设与管理，负责市场准入审核，建立粮食质量监督体系，协助有关部门共同管好粮食市场，维护粮食流通秩序；负责社会粮食流通统计，监督检查社会粮食企业执行国家粮食流通政策和有关法律法规情况。

五是政策监管职能。监督落实粮食购、销、调、存各环节的政策到位；监督落实粮食收购许可等审批政策到位；监督落实专储粮费用补贴足额及时拨补到企业；监督落实工业技术改造贴息项目申报公开透明。

以上这些赋予的新职能，是粮食行政管理部门做好粮食工作的基石。今后，孝感市各级粮食行政管理部门要逐步理顺政企关系，属于企业的主动还给企业，属于市场的还给市场，与企业的日常管理脱钩，企业全面走向市场，实现彻底的政企分开；粮食行政管理部门不再是企业的“婆婆”，不能够既当“裁判员”，又当运动员；粮食行政管理部门要依法对全社会粮食流通进行行政管理、行业指导，以及对粮食经营者从事粮食收购、储存、运输和政策性用粮的购销活动、执行国家粮食流通统计制度等情况进行监督检查，国有粮食企业与其他主体的粮食经营企业都是粮食行政管理部门平等的监管对象。孝感市各级粮食行政管理部门要迅速转变粮食行政管理职能，明确新的职能定位，创造条件，创新机制，腾出精力，全力做好新形势下的粮食工作。

## 二、按照新的职能抓好孝感市粮食工作

粮食部门是重要的涉农部门。党和政府历来十分重视农业生产和粮食流通工作，特别是近年来出台了一系列的政策措施和相关的法律法规，来鼓励和发展粮食生产，加强粮食宏观调控，搞活粮食流通，保护农民利益。通过多年努力，我国的粮食综合生产能力已经提升到一个新水平，奠定了开放粮食购销市场和转变粮食行政职能的基础。围绕转变粮食行政管理职能，按照新的职能做好粮食工作，对于促进农村经济更好、更快发展，其意义和作用显而易见。作为政府部门，孝感市各级粮食行政管理部门要紧紧围绕当地党委、政府安排部署，以服务社会主义新农村建设为契机，以促进“三农”发展为己任，以推进农村经济为目标，认真履行粮食行政管理职能，切实抓好粮食工作，为全面建设小康孝感作出粮食部门应有的贡献。

**（一）充分认识粮食行政管理部门转变职能的艰巨性与复杂性，立即着手职能转换工作**

当前，基层粮食行政管理部门转变职能面临着很大的制约。主要表现在以下几个方面：一是思想认识的制约。计划经济年代的那一套老思想、老认识，以及由此派生出来的一些老做法、老习惯，目前还影响着基层粮食行政管理部门，大家在工作中仍然自觉或不自觉地沿袭过去的一套，这将严重影响职能的转变步伐。二是机构编制的制约。目前，基层粮食行政管理部门大多数行政编制少，未设置专门的粮食行政执法机构，致使新的职能没有专门的机构和人员去履行。三是管理经费的制约。目前，县（市、区）粮食行政管理部门相当一部分财政拨款留有缺口，粮食行政管理部门为了生存，不得不通过向所辖国有粮食企业收取管理费来维持运转。为此，基层粮食行政管理部门必须充分认识转变职能的艰巨性与复杂性，尽快摆脱传统计划经济思维定势的羁绊，外争支持，内求创新，积极而又广泛地探讨管理社会粮食流通的方法和手段，加快粮食行政职能转变步伐，切实代表政府搞好粮食宏观调控，管好社会粮食流通。

## （二）切实加强粮食宏观调控，真正管好用好各级储备粮食

孝感市各级粮食部门要切实按照国务院和省政府关于“产区三个月、销区六个月”的要求，结合当年的粮食收购工作，及时轮入、购进粮食，把市、县（市、区）两级地方储备粮食规模搞落实。为了确保储备粮储存安全：一是要改善仓储条件。继续加大对仓库维修的投入，逐步改善仓储条件，完善仓储设施。二是稳定保化队伍。各县（市、区）粮食局要有专门人员负责这项工作，各储存点要有固定的专职保管人员。三是加强业务培训。对保化人员要分级进行培训，使保化队伍掌握基本的储粮知识和技能。四是落实管理制度。要按粮食保管规定，落实“一符三专四落实”管理制度，加强各级储备粮油安全管理，确保不出现坏粮事故。五是建立粮食供求平衡的预警系统。要在当地党委、政府领导下，建立粮食安全监测系统和粮食安全应急系统，通过监测指标的动态分析，设定粮食市场变化的临界指标。一旦市场粮价上涨超过一幅度或有突发事件引起粮食市场大幅波动，经批准就可以及时启动应急预案，动用储备粮来平抑粮价，确保粮食市场稳定。

## （三）保护农民利益，落实粮食政策

一是要认真落实国家粮食收购政策，在收购中严格执行政策，既不压级压价，也不抬级抬价，确保国家的各项粮食惠农政策落到实处。二是要实行部门分工和市、县分级负责制，争取有关执法部门支持，有计划、有步骤、有目的地开展全市粮食流通监督执法活动，保护粮食生产者积极性，维护经营者、消费者的合法权益。三是要积极争取地方政府完善粮食风险基金筹措及使用管理办法，充分发挥风险基金支持农业发展、保护农民利益、促进粮食流通、确保粮食安全的作用。

## （四）培育市场主体，推进全社会收购工作

一是积极培育和引导各种经济主体的粮食收购者参与粮食收购，落实各项收购政策，注意引导各类粮食企业，面向市场多购粮源，为农民排忧解难，搞活流通，为农业增收服务。二是围绕推进社会主义新农村建设的主题，继续发挥国有粮食企业在粮食流通中的主渠道地位和作用，遵循粮食购销市场化规律，分品种做好以执行最低收购价政策为重点的粮食收购工作，积极收购农民的余粮，保护好种粮农民利益。三是进一步完善粮食预警系

统、突发事件应急体系和粮油质量检测体系建设。抓好军粮供应集中采购的改革工作。做好救灾粮、贫困地区缺粮的供应和借粮偿还工作。四是加快粮食市场体系建设。积极发展区域性现货批发市场，扩大规模，提升档次。巩固完善与主销区粮食经营合作关系，建立以销定产、以产促销、产销衔接的新机制，实现产销双赢。

### （五）搞好粮食质量安全监管，确保生活质量与安全

要重点把握好粮食收购入库和销售出库两个关口。一是严把粮食收购入库质量管理关。要依法监督从事粮食收购活动的粮食经营者挂牌收购，依质论价。要及时对收购的粮食进行整理，对不同收获年度的粮食不得混存，特别是霉变及病虫害超过标准规定的粮食应单独存放，并按有关规定销售或销毁处理，带有检疫对象的粮食应按国家有关规定处理。要实行粮食入库质量检验制度，按照国家粮食质量标准对入库的粮食进行质量检验。二是严把粮食销售出库质量管理关。要督促企业建立粮食销售出库质量检验制度。粮食储存企业对超过正常储存年限的陈粮，在出库前应当经过有资质的粮食质量检验机构进行质量鉴定，凡已陈化变质、不符合食用卫生标准的粮食，严禁流入口粮市场。正常储存年限内的粮食销售出库，可由粮食收购、储存企业自行检验并出具检验报告。超过正常储存年限的粮食销售出库，应当经过有资质的粮食质量检验机构进行质量鉴定。

### （六）紧贴中心，推进粮食产业化经营

一是要把进一步发展龙头企业提到重中之重的位置来对待，制定适合本地实际的粮食产业化发展战略，有步骤地抓好落实。二是要将科技成果转化为现实生产力，粮食加工企业要与大专院校等粮食科研机构形成长效的研发机制，在这个方面，粮食行政管理部门要充分发挥桥梁和纽带作用，促进企、院（校）联姻。三是要立足各地原料基础，进行粮食精深加工。各地的粮食有品质的不同，各有长处，要结合本地粮食资源，开发适销对路的产品。四是要积极争取省政府粮食加工企业技术改造贴息政策支持，集中扶持一批粮油精深加工及产业化项目，支持粮食产业化经营企业做大做强。

### （七）深化国有粮食购销产权制度改革，建立现代企业制度

一是要尽快完善改革试点。要按照孝感市政府办公室印发的《关于进一

步加快推进国有粮食购销企业产权制度改革的通知》和孝感市政府2008年下半年召开的改革座谈会议精神，对国有粮食购销企业产权制度改革工作进行再动员、再部署。要迅速行动起来，统一思想认识，制定实施方案，分解任务目标，把这一工作落到实处。要在安陆、应城基本完成产权制度改革任务的基础上，继续下大力气办好安陆、应城的改革试点，争取早点出经验、出成效，由点到面，逐步推广。二是要解决好粮食企业遗留问题。对还没有置换身份的粮食附营企业职工、欠缴的社保金及职工集资上岗金等改革煞尾问题，要尽快解决到位。同时，积极向湖北省粮食局和各级人行、农发行、农行等部门和单位汇报，充分利用政策机遇，积极争取政策支持，加强做好国有粮食企业（包括粮食附营企业）不良贷款的化解与核销工作。三是要加强粮食国有资产的监管，积极探索粮食企业国有资产经营和监管的形式，明确国有资产出资人职责，把资产用好、用活，实现国有资产的保值、增值，防止国有资产流失。

### （八）抓服务与协调，形成粮食工作合力

一是全力搞好服务。要为各级党委、政府中心工作搞好服务，履行好粮食部门职责。要为基层粮食部门搞好服务，在项目申报、资金拨付等方面给予支持。要为重点企业搞好服务，为企业协调外部关系，保驾护航。二是搞好调查研究。要根据实际情况，抓住重大问题、重点环节、重要事项、重大政策的调整变化，有针对性地开展调研，指导面上工作。三是搞好工作协调。要注意上下协调，对上沟通信息，争取政策。要多与省粮食局对口处室加强联系，多了解上面的政策，多争取上级的政策支持，争取工作主动。对下通报情况，互通有无。要加强横向协调，取得相关部门对粮食工作的重视、关心、理解和支持。要加强重点工作的协调。对重点工作，要注意跟踪督办，及时协调。

## 三、建设高素质干部队伍，适应粮食行政职能转化

当前，孝感市粮食行政管理队伍力量薄弱、结构不合理、年龄偏大、素质不高等问题，已越来越严重地制约着粮食行政管理部门履行《条例》的能

力和水平，明显不能适应《条例》赋予的新职能的需要。转变粮食行政管理职能，粮食行政管理队伍建设刻不容缓，迫在眉睫。必须从以下几个方面建设高素质干部队伍，以适应粮食行政职能转化的需要。

**（一）转变观念**

当前，孝感市各级粮食行政管理部门要积极地更新观念，改革工作方式，把贯彻实施《条例》作为推进粮食行政职能转变、做好当前粮食工作的一项十分重要而紧迫的任务来抓。要与时俱进，树立大粮食观念，从具体微观经济活动中脱离出来，把管理职能转变到经济调节、市场监管、社会管理和公共服务上来，转变到指导、监督、协调、服务上来，真正代表政府搞好宏观调控，管好社会粮食流通。

**（二）制定规划**

孝感市各级粮食行政管理部门要在对各类管理人员进行摸底的基础上，根据《干部教育培训工作条例（试行）》、《全面推进依法行政实施纲要》和《湖北省粮食行业“十一五”教育培训与人才队伍建设规划》要求，适应建立依法管粮和建立现代粮食流通业的需要，及时制定、完善粮食职业教育培训与人才队伍建设规划，把履行粮食行政管理新职能所必需的法律、市场分析、粮食经营与物流管理、粮食工程、粮油储藏、粮油食品检测、信息管理、行政管理等专门人才的学习培训，纳入“十一五”教育培训计划，以明确粮食行政管理队伍建设目标。力争到 2010 年，现有市、县（市、区）粮食行政管理干部数量保持相对稳定，学历层次要有较大提高。粮食流通监督检查行政执法队伍建设得到加强，依法行政、依法管粮的整体素质和水平有大的提高。

**（三）明确重点**

一是粮食局长培训。要按照湖北省粮食局“十一五”教育培训计划要求，逐步将所有县（市、区）粮食局长轮训一遍，培训内容主要为中央和省有关粮食工作的方针政策、粮食流通管理法规、粮食流通体制改革、粮食产业化经营与物流体系建设、现代管理与计算机网络运用知识等，以全面提高粮食行政管理部门领导干部的创新思维能力、宏观决策能力、综合协调能力、处理复杂问题能力、依法行政与电子政务能力。二是粮食行政管理机关公务员培训。要按照《中华人民共和国公务员法》、《干部教育培训工作条例（试行）》的规定和要求，以《粮食流通管理条例》和《湖北省粮食流通管理办法》为重点，对各级粮食行政管理机关公务员进行系统的粮食法规知识和粮食业务知识培训，增强法律意识，提高执法本领，做到知法、懂法、文明执法，全面提高粮食行政管理部门依法管粮水平。三是粮食专门业务培训与专业技术人员继续教育。要按需举办粮食专门业务短期培训，积极组织专业人员参加国家粮食局、省粮食局举办的短期业务培训班学习，重点培养一大批法律、粮油加工、储藏、检验、监督检查、粮食新会计制度、会计电算化、电子政务、军粮供应管理信息、粮食企业统计和粮食纪检监察等方面的专业人才，提高干部业务素质。

**（四）营造环境**

一是干部信息交流平台。孝感市各级粮食部门要逐步建立粮食行业干部供需信息交流平台，特别要注重做好粮食行政执法队伍建设方面的信息交流。二是积极引进优秀人才。要在编制许可范围内，采取公开招考或向组织、人事部门申请调入等办法，引进具有高学历、高学位或高级专业技术职务的高层次人才，如法律、粮食工程、生物技术、粮食安全检测、电子信息、现代物流等专业人才，充实到粮食行政管理专门队伍。三是营造吸纳人才的良好条件。尽可能创造优惠条件，引进各类急需的各类人才，粮食行政管理部门的领导，要为引进人才创造优厚条件，抢占人才制高点。

（作者：湖北省孝感市粮食局　武荣楚　胡江辉）

# 加强现代公共粮政建设的思考

粮政是一国政府对粮食的管理，不同时期不同体制下有不同的模式。计划经济时期，我国粮政以对微观市场主体的人财物管理为主。自 2004 年国家实施粮食购销市场化改革，颁布实施《粮食流通管理条例》依法管粮后，我国粮政纳入现代公共行政体系，主要从宏观上对粮食流通领域进行经济调节和市场监管。当前应该大力加强公共粮政建设，以现代公共行政理念和手段引领粮食干部职工思想大解放，推动粮食经济科学发展上水平。

## 一、加强公共行政思想建设，改变传统思维定式

公共行政是国家行政机关以公共利益为目的，通过科学制定和有效执行公共政策法规，依法运用公共行政权力，管理公共事务、提供公共产品、实施公共服务的活动。现代粮政管理部门应走出传统的管理思维定式。

### （一）树立现代公共利益观

公共利益是公共行政的目标导向，一切行政活动必须从公共利益出发，唯公共利益至上。科学发展是我们的公共利益，具体对粮食部门来说，实现科学发展的公共利益包括两个方面的内容：一是积极发挥流通环节对生产的促进作用，保护农民种粮积极性，稳定发展粮食生产，保障国计民生，为保障国家粮食数量安全作贡献。二是大力发展现代粮食流通产业，以新型工业化举措做大做强粮食产业，把粮食资源优势转化为经济发展优势，为区域经济发展和确保国家粮食产业安全作贡献。ABCD 四大跨国粮商通过期货、证券等先进的资本手段控制粮食种植收购，凭借强大的品牌、分销网络，通过收购、兼并、股权运作等经营集中手段控制粮食加工销售，进而垄断发展中国家粮食产业，影响这些国家的粮食安全，已是不争的事实。我国粮食加工

行业至今“小、散、低”的状况还相当突出，缺乏核心竞争能力和经济实力，在企业的组织规模、技术装备、深度加工、综合利用、人力开发、自主创新等诸多方面，与国际先进水平相比差距很大。许多米厂事实上刚从小作坊脱胎而出，整合提升、扩大联合刚刚起步，骨干企业带动能力不强，核心竞争力弱，更不用说与跨国公司展开竞争了。WTO关于外资企业进入我国粮食流通领域的过渡期已结束，跨国公司开始悄然进军，在我国建立小麦、大米等加工企业。隶属四大跨国粮商之一ADM公司的益海嘉里集团，已经在山东、河南、河北、黑龙江、湖南等粮食主产区建立或并购粮食加工企业，并在江苏等省准备建立粮食收储企业。这意味着跨国粮商已开始了他们在中国的粮食战略布局。跨国企业已掌控我国植物油定价权，如果进一步取得粮食流通的控制权，将会造成我国粮食定价权旁落，给我国粮食宏观调控和粮食产业安全造成极大影响。因此，粮食部门做大做强粮食产业，既解决了粮食经济问题，又解决了粮食政治问题。

### （二）树立现代公共权力观

在现代公共行政体制下，必须依法运用公共权力，履行公共职能，解决公共问题，保障公众利益，满足公众需求，承担公共义务和责任。公共权力是维护和发展公共利益的履职手段，与行使公共管理职责的部门和个人的利益脱钩，部门和个人的合法利益由公共财政予以保障。可以说，公共权力就是责任，公共管理就是服务。因此，一是要正确对待公共行政权力，不要把权力看成谋取部门和个人利益的手段而对已经失去的人财物管理权耿耿于怀。二是要为实现科学发展的公共利益而依法争取应有的公共权力。巧妇难为无米之炊，没有应有的公共权力，就无法对粮食流通行使经济调节和市场监管职责。在公共行政体系下，公共权力属于法治权，必须依法由公共政策法规赋予，经济调节权一般由公共政策赋予，市场监管权一般由公共立法赋予。

## 二、加强公共粮食政策建设，改善粮食经济调节

经济调节，主要是政府综合运用财政和信贷等经济杠杆对市场主体的经

济利益进行间接的调控，一揽子调控办法和措施构成公共政策体系。就粮食而言，经济调节主要包括对生产和流通两类主体的调节，自 2004 年购销市场化改革后，在政策层面上重生产轻流通，粮食流通领域的调节手段相对滞后，以直补为核心的生产领域调节手段也被实践证明需要完善。因此，建议着力从三个方面完善粮食公共政策。

### （一）完善粮食风险基金使用管理办法

现行粮食风险基金政策存在的问题：一是规模偏小，尤其是市、县一级可供使用的风险基金太少，现行风险基金规模是 20 世纪 90 年代初建立的，与现在的经济发展水平大相径庭；二是使用不合理，主要用于直补粮食生产者和支付政策性粮食挂账利息补贴，基本上不能用于建立市、县储备。而在实施直补时，出现了新的平均主义和大锅饭，纳入补贴范围的农民不管种粮与否都能撒胡椒面似的平分一杯羹，积极性依然难以调动，以致有的地方补贴领了，耕地照样抛荒，种植面积照样上不去。风险基金失去了抵御粮食风险的本意。因此，应从两个方面改革风险基金政策：一是调整规模。按照补贴种粮农民保护生产和建立储备、应急体系调控市场两大用途重新定位粮食风险基金规模。对经济发达、财力较好的地区，粮食风险基金规模中地方财政配套比例提高一些，对经济欠发达、财力较差的地区，地方财政配套比例降低一些，降低部分由中央财政通过转移支付补贴充实。整个风险基金规模随着社会经济发展水平的提高，每 3~5 年进行调整充实提高。二是合理使用。主要用于补贴奖励种粮农民，建立省、市、县三级粮食储备和应急体系。补贴奖励种粮农民时，将种粮补贴分成两部分：一部分补贴所有种粮农民，一部分奖励商品粮大户。每年初由粮食行政部门牵头，根据实施社会粮食流通统计掌握的上年粮食收购数据确定一个地方应予补贴的粮食商品量，会同同级财政部门计算出该地区的补贴总额，政府将补贴总额按统计部门抽样调查提供的上年种植面积量化到农户，通过财政专户直补给粮农。年底，粮食、财政、统计部门根据本年该地区实际商品粮收购量和种粮面积调整种粮补贴，不足部分补足，多出部分结转抵减下年补贴。同时，由粮食行政部门根据掌握的出售商品粮数量较多的种粮大户情况，每年向政府提交商品粮大户奖励清单，使整个种粮补贴既补种粮农户，又奖种粮大户，真正保护粮食生产。

### （二）建立现代粮食流通产业发展促进政策

借鉴跨国粮商发展壮大的成功实践，突出现代产业发展主题，重点完善两方面的政策。一是加强对现代流通体系建设的财政扶持。政府设立专项财政扶持资金，由粮食行政部门筛选一批骨干粮食经营企业，以骨干企业为依托，整合资源，规划建设一批粮食期货资本市场、电子信息平台和现代物流设施项目，对纳入规划建设的现代流通项目给予资金扶持，对骨干企业自主创造的知名品牌给予奖励。二是制定实施现代粮食流通产业中长期发展规划。以《国家粮食安全中长期规划纲要》为总纲，制定一部《现代粮食流通产业中长期发展总体规划》，明确现代粮食流通产业的发展目标、路径和一揽子政策措施，由全国人大对规划实施情况组织专项检查，使政府促进粮食流通产业发展的政策措施法制化、常态化。

### （三）落实各级政府首长对粮食工作的责任

省、市州政府应按粮食工作行政首长负责制的要求，把稳定发展粮食生产、建立健全粮食储备应急体系、加强粮食流通监督检查、推进现代粮食流通产业，纳入对下级政府工作的综合考核体系，使粮食工作始终在政府的领导下与时俱进。

## 三、加强公共粮食法制建设，健全粮食市场监管

市场监管，主要是通过法律制度约束市场主体的经营行为，粮食市场监管权力来源于粮食立法。当前粮食立法上的不足，使各级粮食行政管理部门监管粮食市场的法治权力难以落实到位。建议尽快启动粮食立法程序，从统筹监管全社会粮食流通的角度完善粮食流通法律制度。

### （一）完善粮食收购行政许可制度

一是将收购经纪人纳入收购资格许可实施对象。根据《粮食流通管理条例》，游离于法人、其他经济组织和个体工商户之外的经纪人不属于粮食收购许可实施对象，但近年来的实践表明，经纪人已经成为粮食收购市场的主力军，他们既活跃了粮食收购市场，也成了不执行国家粮食质量标准、扰

乱粮食收购市场的主要隐患，要管好粮食收购市场，就必须把经纪人纳入收购资格许可范围。二是将无证收购处罚执法权落实给粮食行政管理部门。根据《粮食流通管理条例》，对无证收购的处罚由工商行政部门实施，将许可权与对从事未经许可活动的处罚权人为割裂开来，分别隶属于两个执法主体，从法理上看既不符合行政许可法谁许可谁监管的立法原则，也违背了行政程序的效率原则。从近年的实践看，不符合公共行政管理体制改革中的权责一致原则，导致粮食行政部门有责无权，勉为其难，无法监管。

### （二）完善粮食流通监督检查处罚制度

一是赋予粮食行政部门监督检查查封扣押权。近年监督检查实践证明，没有查封扣押这项行政强制权，执法检查难以进行。二是赋予粮食行政部门对储存过程中的粮食数量、质量和原粮卫生违法行为以及运输过程中的质量卫生违法行为的处罚权。储存、运输活动和收购环节一样，直接关乎粮食质量，在这个环节没有处罚权，就不能落实质量监管工作职责。三是赋予粮食行政部门对拒绝接受监督检查和出租、出借、倒卖、涂改收购许可证行为的处罚权。

### （三）建立骨干粮食企业行政确认制度

粮食是特殊商品，关乎政治和经济两方面的问题。在政企分开的市场经济体制下，政府不能直接干预企业的日常经营活动，但为公共利益，动用法制手段依法掌握一批骨干粮食经营企业，在宏观调控时用得上，在促进粮食产业发展上拿得出手，不失为政治经济兼顾、两全其美的依法管粮之策。具体说，就是在法律上授权粮食行政部门代表政府，以行政确认的办法评审确认一批骨干粮食经营企业，储备粮、最低收购价粮、军粮、应急粮、进出口配额等政策性粮食经营者均从通过确认的骨干企业中选择，公共财政、信贷政策上的扶持重点向骨干企业的现代产业项目倾斜。

### （四）建立粮食产业安全监管制度

一是从法律上授权粮食行政部门，代表政府对粮食企业国有资产行使出资人职责，依法占有、使用、收益和处分，从源头上稳定政府对国有粮食经济的控制力，防止外资对国有粮食经济的恶意并购，避免重蹈油脂行业覆辙。二是从法律上规定，凡外资进入粮食经营领域，均应向粮食行政部门报告备案，粮食行政部门根据备案掌握的外资进入情况，适时会同国家反垄断部门启动反垄断调查执法。

## 四、加强公共粮政体系建设，提升履职保障能力

包括职能、机构、编制和经费在内的一整套公共粮政体系，是粮食行政部门行使经济调节和市场监管职责的履职保障。建议从三个方面加强公共粮食行政体系建设。

### （一）加强粮食行政机构建设

现行粮政机构的调整始于1998年粮改，成型于2002年政府机构改革。由于机构改革先于《粮食流通管理条例》和国务院国发［2006］16号文件，对粮食行政部门的公共行政职能定位模糊，在整个改革中粮食行政机构被缩减弱化，许多地方粮食行政机构被撤并。在新一轮机构改革中，政府应依法界定粮食行政部门的经济调节和市场监管职能，根据新界定的粮食公共行政职能，定位粮食行政机构、编制和人员，落实粮食行政部门的行政主体资格。

### （二）落实粮食行政经费保障

现行粮食行政经费主要来源于1995年粮食财务体制下放时核定的财政大包干基数。随着粮食行政职能的调整，公共粮政职能的增加，大包干基数远远不能满足公共粮食行政支出，应按照新定的粮政职能、机构和人员编制调增粮食财政包干基数，将基数全额纳入财政预算，确保粮食行政经费依法纳入公共财政框架。

### （三）建立粮政执法岗位津贴

根据公务员法及其配套规定，公务员的执法岗位津贴只能由国务院确定，或由国务院授权国家公务员管理部门和财政部联合确定。粮食行政管理部门是一个新的行政执法部门，目前尚无这方面的国家规定，无法向当地政府申请核定执法岗位津贴。建议国家参照其他行政执法部门的标准，统一核定粮食行政执法岗位津贴，供基层粮食行政管理部门操作执行。

（作者：湖南省娄底市粮食局　周泳兴）

# 关于新时期粮食安全和农民增收问题的几点思考

我国是一个人口大国，解决吃饭问题始终是头等大事。我国又是一个农业大国，农村人口占大多数，促进农民增收、提高农民生活水平非常重要。重农则兴，损农则衰。正确认识和处理农业、农村和农民问题，始终是关系党和国家的事业顺利发展的一个根本性问题。粮食流通体制改革是解决“三农”问题的一个重要举措，改革开放 30 年来，我国粮食流通体制经过多次改革，已经发生了深刻的变化，粮食购销主体多元化，流通渠道畅通，经营模式多样，平等竞争，互通互补，共同繁荣的粮食经济格局基本形成。但在改革的过程中也出现了一些新矛盾和新问题，突出表现在粮食安全和农民增收两个方面。一方面，我国人口呈刚性增长，而耕地面积连年减少，给粮食安全造成巨大威胁；另一方面，由于种粮比较效益低，农民收入增长缓慢，城乡居民收入差距不断拉大，即使粮食增产，农民收入增长幅度也不会很高，严重挫伤了农民的种粮积极性。如何在确保国家粮食安全的前提下，有效地促进农民特别是种粮农民增收，是一个迫切需要从理论和实践上解决的问题，更是一个事关全局的重大战略问题。

## 一、新时期粮食安全面临的新问题

从全球形势看，受人口增长、自然灾害、资源退化、城市化扩大等因素的影响，全球粮食供给的压力日趋紧张，国际粮食价格起伏不定，世界粮食安全受到严峻挑战。受世界大环境和自身发展影响，在我国，粮食安全问题也将长期存在。从一般对粮食安全的理解而言，特别是改革开放以来，我们的粮食安全虽然是紧张平衡，但是却没有什么问题。而事实上，我国人口基数大，在相当长的时期内人口绝对数量的增长是不争的事实，而伴随着工业化、城镇化的发展，大量土地特别是良田被占用，气候环境不断恶化，水资源严重短缺，特别是粮食生产的要素资源配置的不平衡，都给粮食生产的增加和粮食安全带来了越来越深刻的影响。其中，耕地和水资源是制约我国粮食生产的重要因素。以新疆为例，粮食安全虽然多年来维持着一种紧张平衡的局面，但在过去的两年里，我们的粮食安全形势正在遭受着前所未有的考验。

从粮食种植面积看，在经历了2007年粮食种植面积大幅度减少，粮食产量大幅度减产的情况后，尽管2008年新疆小麦播种面积较去年有了大幅度的增加，但是由于受自然灾害和农业产业结构调整等的影响，小麦单产并没有提高。有数据显示，在北疆，由于受干旱和干热风等严重自然灾害的破坏，伊犁小麦面积虽然比2007年增加近30万亩，但总产与2007年基本持平，塔城小麦面积比2007年增加近30万亩，总产却比2007年减少1亿公斤左右。同时，为了提高农民收益，在河灌区、井灌区大部分种植了经济作物和其他粮食作物，而小麦在山旱地、撂荒地、边远地块和新开垦土地种植的比重较大，在一些地方出现有面积没产量的现象。在南疆，由于大面积推广果粮间作的生产模式，虽然提高了单位面积的经济效益，但是小麦与林果的间作面积达到60%以上，在一定程度上影响了小麦的产量。

从粮食收购情况看，据测算，新疆全年商品小麦需求在20亿公斤以上，但2008年小麦收购量只能达到17亿公斤左右，南北疆大部分地州市都存在着不同程度的缺口，部分地州缺口还比较严重。由于受地理位置、交通运力以及世界粮食流通大格局的局限，长期从外地调粮或进口粮食来弥补新疆粮食缺口的行为是不现实的。只有增加种粮农民的收益，充分调动本地农民的种粮积极性，增加粮食产量，才能从根本上解决新疆当前的粮食缺口现状。

## 二、增加种粮农民收益是保障粮食安全的必由之路

从某种程度上说，确保粮食安全主要是政府追求的目标，具体到每一个种粮农民，最关心的是如何提高收入。因此，只有切实增加种粮农民收益，才能充分调动他们的种粮积极性，从而为粮食安全提供有力保障。然而，种粮农民的收益到底该如何保障呢？从现实情况看，粮食安全与农民增收的双

重目标是存在一定矛盾的。最直接的表现是农民种粮比较效益低下，影响种粮农民生产积极性，影响粮食生产要素投入和科技资源投入。近几年来中央和地方各级政府出台了“三补一减（免）”政策，但政策效应很快被农资涨价等因素所抵消，种粮农民实际得到的好处并不是太多。增产不增收的现状影响了农民的积极性。因此，一方面农民从自身收入角度考虑，就会进行种植结构调整，大力发展经济作物或非农产业，放弃部分粮食种植。一旦农业种植结构调整过度，势必会影响粮食安全。另一方面由于种粮效益低下，导致各类科研机构的设置、科研成果的转化、科研经费的投向上都会偏离促进粮食生产发展的方向。此外，农民种粮效益低下，必然会反映到以产粮为主的产粮区的政府对粮食种植的态度上。无论是从“为官一任，发展一方经济”的职业认同角度出发，还是从现行的对政府官员的考评体系来说，大多数产粮区必将选择“增经减粮”。同时，保护粮食生产的法律缺位是粮食生产保护无力的重要原因之一。到目前为止，我国并没有一部协调包括粮食生产、流通、消费等各方面的关系的法律，2004 年颁布实施的《粮食流通管理条例》也只仅对粮食流通环节加以规范。如何解决农民增收与粮食安全存在的客观矛盾，我们认为可以从以下几个方面入手。

一是适当提高粮食价格，让农民有利可图。在市场经济前提下，就要充分发挥市场的杠杆作用，粮食价格应该是随行就市的，政府的调控行为也应该紧紧围绕如何为农民增收做文章，只有切实保证了粮食价格，才能保证农民的收入，才能提高农民的种粮积极性。我们认为，应该适当地提高粮食最低收购价格，这样才有利于促进粮食生产，进而有利于稳定粮食市场供给和粮食价格总体水平。

二是加大工业反哺农业力度。世界经济发展规律表明，国家补贴农业、补贴粮食是一种必然结果。一个国家工业化初期，靠农业积累支持工业发展，经济学家称之为“农业哺工业”。随着工业化的发展壮大，到一定时期会“反哺”农业，而且经济越发达，反哺水平就越高。目前，我国国民经济的主导产业已由农业转变为非农产业，经济增长的动力主要来自非农产业。根据国际经验，我国现在已经到了工业反哺农业的阶段。工业反哺农业的政策重点，不仅是直接对农民进行收入补贴或对农产品价格进行补贴，更要加强对农业的扶持和保护，加大公共财政的支农力度，让公共服务更多地深入农村、惠及农民，让公共财政更多地覆盖农村。

三是让农民在粮食直补中真正获得好处。国家改革粮食补贴政策的目的是提高粮食生产者的积极性，保护农民利益。从各地的直补情况看，正确的选择粮食补贴范围和补贴方式是十分必要的。从区域上讲，粮食补贴要集中在主产区；从补贴的品种上看，补贴的是粮食品种，而不是其他的植物品种；从补贴对象来看，是粮农而不是其他群体，是“特惠”，而不是“普惠”。只有这样，粮农才能在粮食直补中得到切切实实的好处。

四是积极发展种粮大户。发达国家人均土地是我们的十几倍，农业人口比重小，农民收入比我国高得多，除国家给予大量补贴外，关键是土地规模经营大，人均生产效率高。我国农民从事的土地经营规模小，不仅制约了农业科技的推广，而且也直接影响了劳动生产率的提高。要在积极将农村劳动力向非农产业转移的同时，适度引导土地集约经营，向种粮大户集中，以获得其规模效益。

五是建立健全社会化服务体系。粮食生产与经营风险大，仅靠农民个人无力抵御，单靠政府的力量也难以解决，只有通过建立将农民联合起来的服务体系，才能有效地抵御农业风险或尽可能减少风险损失。如在农作物灾害保险方面，可通过农业服务体系来提供担保。对农业服务体系的建设，国家可适当投入一定的资金作为其活动经费，服务体系本身不应以营利为目的。服务体系的服务收入要及时返还给农户。具体操作中，既可以通过价格来实现，实行合同优价，也可以把服务所得按一定比例直接返还给农民，让农民从中得到实惠。

## 三、当前形势下如何处理好农民增收和粮食安全的关系

农民增收问题和粮食安全问题存在着一定的矛盾，但二者又具有关联性和互动性，是紧密不可分的，应当把二者结合起来统筹考虑。

### （一）建立新的粮食安全观

我国粮食安全是长期而不是短期问题。短期内粮食产量一定程度的波动是正常的。其原因有来自自然灾害，也有来自生产者对价格成本和风险变化的调整，但粮食需求在一定时期内是稳定的。解决这种产需不平衡，主要通过完善储备制度余缺调节。但从长期看，我国每年新增 50 亿公斤粮食的需

求是基本正常的，而粮食生产在长期内能否都稳定增长，则难以确定。因此，在粮食安全上，国家宏观调控政策的制定应以长期粮食安全为目标，不要因为短期的粮食供求导致粮食流通体制改革的反复，妨碍长期粮食安全目标的实现。

**（二）大力提高粮食综合生产能力**

粮食问题关系国计民生，关系经济发展和社会稳定，我们一定要把粮食生产抓得紧而又紧。粮食生产是粮食安全和农民增收的基础，而发展粮食生产根本的是要提高粮食综合生产能力。只有切实保护耕地资源，加强农村基础设施建设，改善农田灌排条件，加强农村生态环境保护，才能提高土地产出率，实现“藏粮于地”。只有大力推进农业科技进步，开发保障粮食安全、促进农民增收优质高效的粮食品种，推广先进适用的技术，才能实现“藏粮于科技”。只有发展农村教育、卫生、文化等社会事业，建设现代农村，培育现代农民，才能实现农业、农村的可持续发展，最终提高农业综合生产能力。

**（三）加大耕地保护力度**

耕地是实现粮食安全的基础，必须切实保护好。耕地是不可再生、不可替代、易于消失的稀缺资源，对国家粮食安全具有基础作用，对农民生计具有保障作用，对农村社会具有稳定作用。要实行严格的耕地保护制度，把基本农田的保护作为一条不可逾越的“红线”，遏止乱占耕地的违法行为。调整农业结构不能削弱粮食生产能力，不能在基本农田上挖鱼塘、栽种树木和造成永久性破坏活动的非农生产经营。耕地的数量与质量是决定粮食综合生产能力的两大关键因素，因而必须建立以数量保护为基础，以质量保护为重点的耕地全方位多层次保护机制。要建立基本农田保护的责任追究制度。要加快中低产田改造，大力发展节水灌溉农业，建设高标准基本农田，扩大高产、稳产、旱涝保收面积，大力实施土地整理工程，提高土地资源综合利用率。要全面清理工业园、开发区中尚未开发使用的耕地，对长期闲置的要坚决收回复耕。

**（四）调优粮食布局**

新疆可以根据各地经济发展现状，在区内进一步区分粮食产区、销区、重点粮食集散地、重点非农业人口城市、重点农村缺粮县，优化区域布局。一是对粮田面积、水资源、气候和种植技术有一定优势的地区应加大粮食种植面积的保护，发挥粮食种植的比较优势。二是对能够生产优质粮食，且有一定商品量的县市应扩大优质粮食种植面积。三是对粮食生产条件较差的地区应适当调减粮田面积，大幅度增加具有发展优势、经济效益好、适销对路的农作物面积。

### （五）加大对粮食生产的扶持力度

一是建议国家把扶持粮食生产的有限资金向粮食主产区倾斜。二是通过农民自愿、互动的形式适当将耕地集中给种粮能手，政府重点从资金、技术、税收等政策上给予扶持。三是政府通过转移支付的形式，将粮食销区的收入提出一部分补贴到粮食主产区，实现种粮与种其他经济作物的利益均衡。四是简化粮食收购程序，方便农民售粮。推行“一卡通”的工作应循序渐进，以提高服务效率和收购进度。比如在新疆南部各地州，由于其特殊原因，粮农交售到国有粮食购销企业的基层粮站（库）的粮食，其价外直补实行现场现金结算和兑付比较适宜。

### （六）发展粮食产业化经营

一是要向粮食生产领域延伸，发展订单生产、订单收购，解决好农民“种粮”与“卖粮”的问题。以国有粮食购销企业产权制度改革为契机，建立健全产、加、销一体化的优势龙头企业，充分发挥其一头连着市场，一头连着农民的桥梁纽带作用，支持企业大力开展以“代购、代销、代储存、代加工”业务为主要内容的优质服务活动，发展粮食订单，固定购销渠道，达到农企“双赢”的目的。二是要向粮食加工领域延伸，发展粮食精深加工，让农民分享粮食流通和加工效益，提高粮食生产的增值效益。积极引导和发展“龙头企业+合作组织+农户”的组织形式，支持一批竞争能力强、辐射能力广、带动能力大的粮食龙头企业，发展粮食精深加工，延长粮食产业链，增加产品附加值和种粮农民收入。三是要充分发挥流通对粮食生产的导向作用，优化粮食品种结构，提高粮食品质和种粮效益，积极引导农民种植适销对路的粮食品种，发展专用、优质的粮食生产。

（作者：新疆阿克苏地区粮食局　袁峻峰　谭京云　滕明松）

# 关于国家粮食政策的系统性效应分析

粮食政策是国家采取的能够对粮食供求产生实际性影响的措施，具体表现为政府对粮食生产、流通、交换和分配进行的干预行为。在粮食成为国家安全和社会稳定因素的特殊时期，政府对粮食交换和分配的直接干预可能是最有效的措施。在正常情况下，政府干预一般仅限于粮食生产和粮食流通领域，但由于不同时期农业资源条件、经济发展水平、国家管理效率和社会经济体制的差异，国家对粮食生产和流通干预的目标、形式及措施会有很大区别。一般说来，农业资源条件和经济发展水平决定着政府干预目标，国家管理效率和社会经济体制决定着政府干预形式，而政府干预目标和干预形式又决定了所采取的干预措施。由于粮食是农业产业的一部分，农业与非农产业存在着错综复杂的经济联系，并且在世界贸易组织框架内的国内农业又受到粮食国际贸易的影响，因而国家粮食政策的实施过程会给国民经济带来一系列的连锁反应。分析粮食政策的系统性效应，有利于我们深入认识政策愿望与政策结果转化过程的复杂性，事先预料到实施某项粮食政策的可能效果，以便从全局高度准确界定特定时期的政策目标，选择合适的干预形式和有效的干预措施，保证政策效应与预期目标的一致性。

## 一、我国粮食政策的目标及其制约因素

国家粮食政策目标具有阶段性特征，一定时期的政策目标，取决于该时期特有的粮情、国情和政治格局。在粮食供过于求和供不应求的不同情况下，国家粮食政策有着泾渭分明的差别。粮食供给有余和粮食严重短缺的不同国家，不仅对粮食重要性的认识不同，而且其政策目标和干预措施也截然不同。无论是决定政策目标的条件，还是影响政策实施的制约因素，都会随着社会经济发展和科学技术进步而有所改变，因而国家粮食政策在不同时期

的适当调整是一种合乎逻辑的客观要求。从我国现有经济水平和发展趋势看，未来一定时期可供选择的粮食政策主要包括以下四类：

### （一）争取国内自给自足的粮食政策

在国家无力参与国际经济循环、农业生产效率较低、粮食仍为战略性资源的情况下，可以把争取国内粮食自给自足作为基本政策目标。国家能否参与国际经济循环，与国家所实行的经济体制有一定联系，但主要取决于国民经济发展水平。在农业构成国民经济主体的社会发展阶段，尤其是在农业生产力水平较低、国内粮食供求存在一定缺口的情况下，确定以自给自足为目标的国家粮食政策，不仅是一种安邦治国的政治需要，而且也是保证国民经济平稳运行的重要措施。粮食的战略资源性与其使用价值有一定关系，但决定性因素是粮食供给能力。粮食供给能力受资源供给和生产技术两方面条件的限制，当生产技术足以让现有资源大量增加供给时，粮食就由战略资源转化为一般商品，如食盐、布匹、钢铁等，在我国已经完成了这个转化过程。

在现有农业资源和生产技术条件下，我国有能力实现国内粮食自给自足。党的十一届三中全会后，由于农村政策的完善和农业生产技术水平的提高，我国粮食综合生产能力不断提高。近几年国内粮食供求出现的少量缺口，主要是由国际粮价较低导致国内粮食生产边际收益下降造成的国内供应不足。尽管随着我国人口的惯性增长和人们食物消费结构的改变，粮食供需缺口可能有进一步加大的趋势，但如果实施积极的增加粮食供给政策，我国仍有可能实现国内粮食的供求平衡，如国家减免农业税政策，可使闲置的农业生产资源被重新利用；实行粮食价格补贴政策，将促使用于其他方面的农业生产资源转向粮食生产；通过国家粮食储备政策，可以实现不同年景的粮食丰歉调节。随着国家支持粮食生产政策的实施，农民收入会稳步增加，从而形成对农业新技术的强烈需求。农民对生产技术的市场化需求，将会引导社会科研力量向农业生产领域转移，从而进一步增加国内粮食供给的动力。

实施增加粮食供给政策所面临的问题，首先是财政所能够提供的支持资金不足。在以农民为主体的社会发展阶段，由于非农产业为国家提供税赋的能力较小，国家能够用于支持粮食生产的资金相对于广大农民的扶持需要无异于杯水车薪。对规模经营的粮食生产者可能会起到一定的激励作用，而对分散生产的农户而言，所发挥的刺激生产或脱贫致富作用不大。其次是对产业结构调整可能带来的消极影响。若财政的支持力度让所有农民形成对土地的眷恋，则会影响农业产业化和国民经济工业化的进程。

## （二）保障农民就业的粮食政策

当国民经济处于工业化发展阶段，在农业生产力大幅度提高和农民产业转移存在结构性障碍的过渡时期，国家可通过转销差价补贴方式扩大国内粮食需求，以保证农民能够充分就业。农民向城市转移是社会发展的必然规律，但在工业化发展的某一历史时期，会存在农民大规模向城市转移的结构性矛盾。特定经济结构的劳动力需要与现实劳动力供应之间的反差，会形成一方面农民大量剩余，而另一方面工业所需劳动力严重不足的局面。单纯靠市场这只“看不见的手”，不可能从根本上解决这个矛盾。在这种情况下，实施粮食转销差价补贴政策，不仅可以实现农民的充分就业和保持社会的稳定，而且有利于降低工业劳动力成本，推动工业经济的快速发展。

转销差价补贴与粮食价格补贴在形式上具有相似性，但除政策实施基础和政策目标不同外，最主要的区别在于政策效应和操作方式不同。转销差价补贴政策的实质是通过政府弥补生产者和消费者之间的价格差额，保持较高的粮食生产者价格和较低的粮食消费者价格，从而提高整个国民经济的国际竞争力。转销差价补贴方式，相当于国家以较高的价格收购农民的粮食，然后以较低的价格出售给消费者。简化的操作方法是农民可以凭售粮凭证直接到政府有关部门领取差价补贴。实行转销差价补贴政策的技术难题是如何避免粮食的重复性收购，防范投机者套取国家补贴。发挥国有粮食企业的主渠道作用，建立健全自律性粮食产业组织体系，通过网络化的稽核手段加强政府监管，就可以遏制投机套取补贴的不良行为。

在国民经济产业结构转换过程中，实行转销差价补贴政策的主要障碍来自于国家财力负担。如日本 1961 年颁布的《农业基本法》，将农业政策的最终目标定为：“改善农业与其他产业的生产率差距，提高农业的生产率；增加农业就业者的收入，使其与其他产业就业者享受平等的生活。”自 1969 年起，日本采取按生产费用及收入补偿方式作为计算生产者米价的补贴依据，形成大米价格的购销倒挂，由此导致的财政补贴由 1955 年的 90 亿日元急剧增加到 1975 年的 9810 亿日元。目前我国显然不具备这样的财力条件。从另一方面看，即使国家财力能够实施转销差价补贴政策，补贴额度也应维持在合理的价格水平。在工业化发展过程中，推动农业劳动力的有序转移是制定粮食政策的基本出发点。

### （三）维持平价价格的粮食政策

当国民经济步入工业经济或更高的“服务经济”阶段，按照平衡产业利益关系的原则，国家可通过贷款支持或政府收购办法实施维持粮食平价政策。维持粮食平价，就是保持农民出售粮食价格与购买其他物品价格的一定比例关系。尽管凭人们的直觉，一般会认为工业和服务业的技术进步速度快于农业，因而维持粮食平价对农民不利。但由于农业技术进步对节约劳动力的杠杆作用，以及随着人们收入的持续增长而用于食物消费的比例不断降低等，粮食平价比例具有长期下降的趋势，这已被西方发达国家的发展历史所证实。在农业与非农产业之间形成利益冲突的情况下，通过政府干预方式平衡产业间利益关系，不仅是保证国民经济持续协调发展的经济需要，而且也是协调不同利益集团关系的政治需要。让广大农民分享社会经济发展成果，有利于缩小城乡差距，维护社会政治稳定，促进国民经济的良性循环。

维护粮食平价的主要措施，主要是国家直接对粮食的保护价收购和储备政策，政府担保贷款的商业性粮食收购和储存政策等。要维持国内粮食较高价格，国家还要实行配套的粮食国际援助政策、粮食出口补贴政策和粮食储备补贴政策等。实施粮食平价政策必须解决好两个关键问题：一是平价基期的确定，即以何时的交换率作为平价对比基础。以农业的“黄金时代”作为平价基期，会带来巨额的财政负担，并影响到产业间公平；以农业的“萧条时期”作为平价基期，就失去了粮食平价政策的实际意义。二是交换率的内涵，即以不变价格或以消费结构比例来确定交换率。这实际上是一个静态交换率和动态交换率的问题。实行静态交换率的平价政策，有利于充分发挥政策效力，但由于不同产业技术进步的步伐不同，会带来产业间新的不平衡。实行动态交换率的平价政策，可以融合不同产业间的发展速度差异，但不利于推动社会技术进步和提高社会生产效率。

实施粮食平价政策存在的主要问题，首先是对产业结构的人为扭曲。由于农业技术进步对节约劳动力和增加粮食产量的杠杆作用，把粮食价格人为地维持在某一较高水平，长期趋势中会造成粮食的大量剩余。而由比较效益所带来的资本流动，将造成其他产业的生产相对不足，从而导致所有产品均维持较高的价格。西方发达国家曾经出现的经济“滞胀”现象，在很大程度上与政府的不恰当干预有关。以美国为例，第二次世界大战后的一些年份，农民在市场上出售的花生、高粱等，有一半以上的收入来源于政府的农业支持方案。其次是如何协调公平与平等的矛盾。平价政策的目标，是协调不同产业集团的利益要求，平衡城乡之间的收入差距，矫正社会收入分配中的严重不平等状况。但平等与公平之间存在着错综复杂的关系，在许多情况下又相互矛盾。解决收入分配的不平等问题，需要对国民收入进行再分配，而税赋过重又会影响人们对风险企业的投资，并对人们努力工作的态度产生负效应，从而会牺牲整个社会的效率。

**（四）保持平等贸易的粮食政策**

在国家有能力参与国际经济循环，或者国内形成的产业优势足以弥补农业资源不足的情况下，国家可按照平等贸易条件原则实行粮食自由贸易政策。国家有能力参与国际经济循环，意味着国民经济已经由农业经济阶段步入了工业化或“服务经济”阶段。若农业生产能形成某种优势，表明国内农业已基本具备了参与国际竞争的能力。保持粮食的平等贸易条件，就是使国内工农业产品贸易和国际间农产品贸易能够享受到大体一致的政策支持或支援。在此前提下实行粮食自由贸易政策，不仅是国民经济发展的内在要求，而且也是推动工业品和服务产品全球贸易所必须付出的代价。高效率的工业产品和现代化的服务产品，需要全球性贸易市场消化；国内资源向工业和服务业领域的转移，需要通过自由贸易方式补充国内可能产生的粮食缺口。同时，作为对等贸易的条件，也必须让出本国处于相对弱势的市场。

实行粮食自由贸易政策，首先可以优化农业产业结构。参与国际农业经济循环的结果，是逐步退出不具有比较优势的农业产业项目，集中资源从事国际比较效益较高的产业项目。由自然环境、生产技术、资源特点决定，每个国家均存在一些具有比较优势的产业项目，同时也存在处于劣势的产业项目。只要有组织地按照国际标准进行生产，就能够发挥出特有的产业优势。以此调整农业产业结构，可以在总量上增加农业生产能力。其次可以优化国民经济结构。国民经济在产业升级过程中需要大量的土地、资金和劳动力支持。将部分不具有国际比较优势的农业资源逐步转移到非农产业项目，不仅可以更好地发挥工业和服务产业的优势，而且对实现农民向城市转移和小城镇城市化具有重要的推动作用。

国民经济产业结构的优化，首先带来的是人们对国家粮食安全的忧虑。在国民经济产业结构转换过程中，保证国家粮食安全的措施是多方面的。只要能够保证产业转移的有序性和经济合理性，依靠由先进技术支撑的较高农业生产力，以及高附加值的工业品和服务产品的国际比较效益，就能够应对可能带来的粮食短缺风险。可能遇到的另一个难题是农民就业问题。我国有着丰富的农业劳动力资源，经过30年的改革开放，我国绝大多数农民的市场意识和接受新事物的能力有了很大提高，而且具有吃苦耐劳、善于学习的精神。只要充分利用丰富的劳动力资源优势和低廉的劳动力成本优势，通过组织化、标准化的产业引导，就可以将农业劣势转化为优势，并取得在国际农业产业分工中的有利地位。此外，依靠发展工业化或“服务经济”所积累的资金优势，也为落实农业劳动力转移政策奠定了坚实基础。

## 二、直接支持性粮食政策的系统性效应

实现上述目标的政策措施是多种多样的，按照政策发挥作用的方式不同，可分为直接支持性粮食政策和间接援助性粮食政策，而能够对产业产生明显系统性反应的，主要是对粮食产业的直接支持性政策。不同形式的直接支持性政策，其系统性反应机制及其所带来的后果也不同。粮食政策的系统性效应，表现为不同粮食政策的系统性作用和粮食政策对其他产业的系统性影响。不同作用方向的粮食政策，会抵消两方面政策的作用；同一作用方向但不同形式的粮食政策，也并不一定能形成政策合力，关键在于不同政策是否具有功能上的互补性。国家通过直接支持性政策干预粮食供求的自然规律，也影响着其他产业的供给与需求。适度的政府干预可以消除国民经济发展中的一些不协调因素，而干预过度则可能会影响产业发展的客观进程。

从粮食政策的目标指向看，不同政策的支持对象是不同的。除极端情况下直接对消费者的支持（如我国粮食统购统销时期）外，粮食政策主要表现为对粮食生产者的支持，对粮食生产者和消费者粮食的支持，对农业产业的支持以及对平等贸易条件的支持。由于粮食是人们的基础消费品，粮食产业又是农业的主导产业，因而粮食政策最终会演变为一种广义农业政策。从国民经济的产业结构分析，粮食政策对非农产业也会带来间接性影响，粮食国际贸易政策还会影响到不同国家的经济结构。

## （一）争取粮食自给自足的生产者支持政策的系统性效应

保证国内自给自足的粮食政策，主要是支持粮食生产者的粮食价格补贴政策，即按照固定的单位补贴标准，直接对农民生产的粮食进行价格补贴。在国家财力有限和粮食生产相对分散的情况下，粮食价格补贴政策对粮食生产的激励作用不大，只是会引起农业经济结构的局部调整。从另一方面看，在形式上国家支付给粮食生产者价格补贴，而实际受益的可能不是粮食生产者。

首先，粮食价格补贴有可能转化为具有“地租”性质的土地承包费。当补贴转化为土地承包费时，无论其用途是否规范或道德，都会失去刺激粮食生产的作用。通过国家法规形式限制“地租”水平，不仅会增加社会管理成本，而且也容易导致土地承包的“幕后交易”。决定补贴转化为“地租”的核心问题，是农村剩余劳动力和现有农业劳动力结构。只要农民不能顺利实现从粮食产业向非粮产业的转移，或者社会不能形成农民产业转移的明显比较利益差别，粮食价格补贴最终必然会转化为“地租”。

其次，即使补贴不转化为“地租”，粮食生产者也不能得到全部的补贴款。国家对粮食生产者补贴以后，由于边际成本的降低导致同一价格下的粮食供给增加，使消费者部分地分享了粮食价格补贴。当粮食价格补贴导致农业资源过度向粮食生产集中时，由于消费者在一定生活水平条件下的购买力构成的相对稳定性，就会形成短期的粮食供过于求，出现农民“卖粮难”问题。同时，由农业生产资源转移带来的经济作物供给减少将导致经济作物的价格上升，从而使粮食价格补贴通过不同产业供求关系改变而部分地转移到其他产业。如图 1 所示。

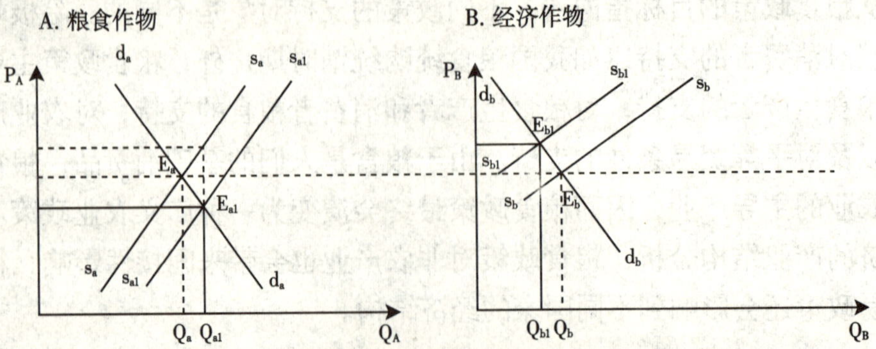


**图 1　粮食价格补贴政策的系统性效应模式**

注：图 A 为粮食作物的均衡模式，图 B 为经济作物的均衡模式。图中 P 为价格，Q 为数量，ss 为供给曲线，dd 为需求曲线，E 为供求均衡点。

图 1 为主要分析单纯对粮食生产者价格补贴政策在农业产业中的系统性效应。为便于分析，我们把经济作物按照粮食平均价格折算为一定的理论产量，从而可以在同一基础上讨论农业内部的产业均衡问题。其中图 A 为粮食作物的均衡模式，图 B 为经济作物的均衡模式，连接图 A 与图 B 的虚线为非政策干预下的农业内部产业均衡。在图 A 中，非政策干预下的粮食供给曲线为 $s_as_a$，需求曲线为 $d_ad_a$，均衡点为 $E_a$，粮食均衡产量为 $Q_a$。实行粮食价格补贴政策，并不改变粮食需求曲线 $d_ad_a$，但由于粮食生产的边际成本下降，会导致部分农业生产资源向粮食生产领域转移，从而使同一价格下的粮食供给增加，供给曲线将向右下方平移，形成新的供给曲线 $s_{a1}s_{a1}$，并与 $d_ad_a$ 相交于 $E_{a1}$ 点，相应粮食产量为 $Q_{a1}$。供给曲线 $s_as_a$ 与 $s_{a1}s_{a1}$ 的垂直距离为国家对粮食的单位补贴，单位补贴与 $Q_{a1}$ 之积为补贴总额，如图 A 中 $E_{a1}$ 以上的部分。其中图 A 与图 B 均衡线以下部分为消费者分享的补贴，均衡线以上部分为生产者实际得到的补贴。如果补贴最终全部转化为“地租”，供给曲线 $s_{a1}s_{a1}$ 将向左上方平移并与 $s_as_a$ 重合，补贴对生产者和消费者均失去原有的政策意义。

在图 B 中，非政策干预下的经济作物供给曲线为 $s_bs_b$，需求曲线为 $d_bd_b$，均衡点为 $E_b$，并与粮食作物的均衡点 $E_a$ 处于同一价格水平，均衡产量为 $Q_b$。实行粮食价格补贴政策，经济作物的需求曲线 $d_bd_b$ 不变，但由于农业生产资源的转移，经济作物的供给相应减少。在消费者用于农产品消费的总支出和支出结构不变的情况下，会推动经济作物的产量增加和价格上升。如图 B，供给曲线会向左上方平移，形成新的供给曲线 $s_{b1}s_{b1}$，并与 $d_bd_b$ 相交于 $E_{b1}$，相应的均衡产量为 $Q_{b1}$。最终结果是，消费者以较低的价格消费了其所需要的粮食，但又以较高的价格减少了对经济作物的消费。

因此，如果价格补贴政策不能促使形成新的农业生产力，只会引起农业产业结构的改变。人为改变农业生产结构若导致粮食生产过剩，不仅损失了社会资源的总利用效率，而且会收到与政策愿望相反的结果——真正受益的是经济作物种植者，而不是粮食生产者。

### （二）保障农民就业的粮食转销差价补贴政策的系统性效应

保障农民充分就业的粮食政策，主要是刺激粮食消费的转销差价补贴政策。尽管转销差价补贴也是一种价格补贴，但与上述粮食价格补贴有着很大区别。首先对粮食生产者的影响不同。转销差价补贴的供给价格是固定的，生产者无须考虑市场需求和市场价格，因而一定资源结构条件下的粮食供给数量是恒等的。而粮食价格补贴政策是固定单位补贴，粮食供给和生产者收益主要取决于市场需求和市场价格。其次对财政支出的影响不同。粮食价格补贴政策的财政支出是可控的，而转销差价补贴政策的财政支出主要取决于市场价格。

看似对粮食生产者和粮食消费者均有益的转销差价补贴政策，实际上并不能达到人们所期望的结果。假定在一定收入水平条件下，人们用于农产品消费的支出是一个恒量，如果单纯从农业内部产业结构分析，转销差价补贴政策既不能使粮食生产者比经济作物种植者取得更高的收益，也不能给消费者带来额外的好处。因为在一定资源条件下，任何一种农产品具有明显的比较效益时，都会导致农业生产资源的流入，从而使农产品价格和农业产业结构形成新的均衡。与粮食价格补贴政策不同的是，实行转销差价补贴政策不会造成农民“卖粮难”问题；但对消费者而言，只是在政策杠杆作用下，过多地消费了粮食而较少地消费了其他农产品。由于粮食是人们的基本消费品，转销差价补贴政策有利于解决贫困人口的温饱问题，降低劳动力成本。如图 2 所示。

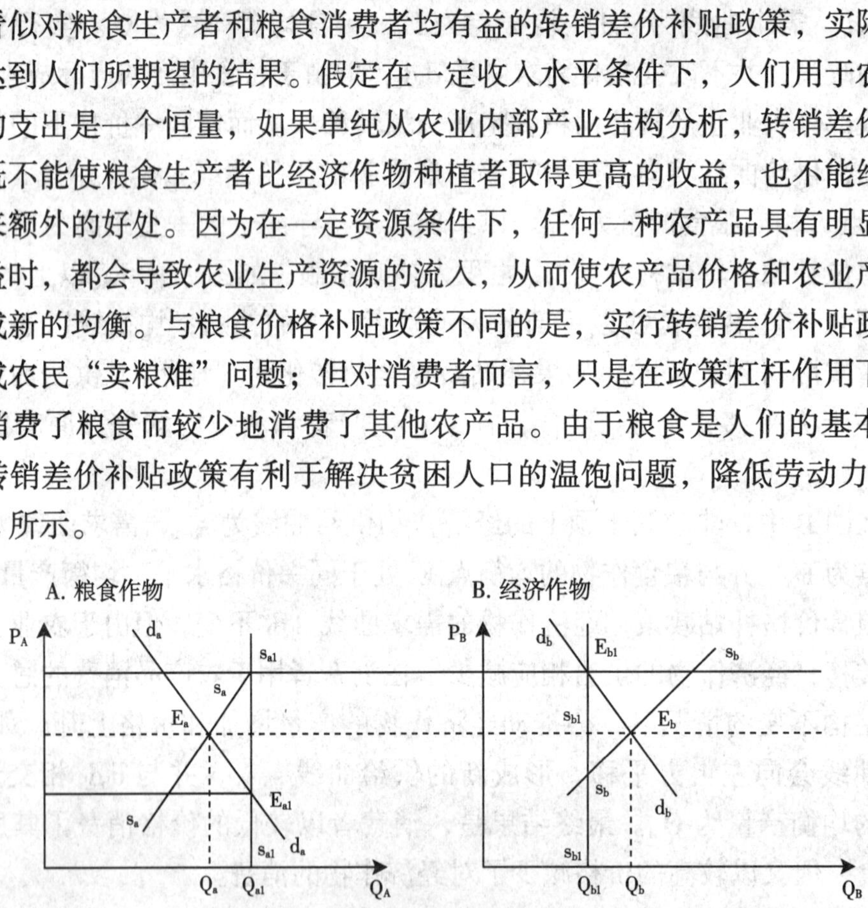


**图 2　转销差价补贴政策的系统性效应模式**

注：分析图结构及图中符号含义同图 1。

图 2 主要分析转销差价补贴政策在农业产业中的系统性效应。设定的分析基础和图表结构与图 1 相同。连接图 A 与图 B 的虚线为非政策干预下的农业内部产业均衡，连接图 A 与图 B 的实线为国家收购粮食或粮食补贴的价格水平。在图 A 中，非政策干预下的粮食供给曲线为 $s_as_a$，需求曲线为 $d_ad_a$，均衡点为 $E_a$，粮食均衡产量为 $Q_a$。实行转销差价补贴政策后，需求曲线 $d_ad_a$ 不变，但国家固定的收购价格，会导致具有边际效益的农业资源全部转向粮食生产，从而使粮食供给变为一个恒量，供给曲线演变为 $s_{a1}s_{a1}$，并与

$d_ad_a$ 相交于 $E_{a1}$ 点，相应粮食产量为 $Q_{a1}$。$E_{a1}$ 点以上部分为国家对粮食补贴的总额，其中图 A 与图 B 均衡线以下部分为消费者从补贴中的受益，均衡线以上部分为生产者实际得到的补贴。如果国家收购价格降低到 $E_a$ 点，则名义上对粮食生产者的支持，实际上转化为对消费者的补贴，只是保证了生产者的粮食能全部出售。

在图 B 中，非粮食政策干预下的经济作物供给曲线为 $s_bs_b$，需求曲线为 $d_bd_b$，均衡点为 $E_b$，并与粮食的均衡点 $E_a$ 处于同一价格水平，均衡产量为 $Q_b$。由于转销差价补贴政策并不影响人们的农产品消费结构，因而经济作物的需求曲线 $d_bd_b$ 不变。在一定的农业资源和生产技术条件下，由于国家固定粮食收购价格导致用于粮食生产的农业资源和相应的粮食产量是一个恒量，因而用于经济作物的农业资源和相应的产量也是一个恒量。根据比较利益原则，粮食作物与经济作物的均衡“恒量”，应为二者价格均衡的产量，如图 B 中的经济作物供给曲线演变为 $s_{b1}s_{b1}$，并与需求曲线 $d_bd_b$ 相交于 $E_{b1}$，相应的经济作物产量为 $Q_{b1}$。

从上图不难看出，在消费者的粮食消费支出、经济作物消费支出以及农产品消费总支出不变的情况下，通过补贴增加了粮食消费的同时，也相应减少了经济作物的消费，并由此改变了农业内部的经济结构。

### （三）平衡产业利益关系的维持粮食平价政策的系统性效应

维持粮食平价是平衡产业利益关系的有效政策措施。从图 2 分析中可知，实行任何一种或一组农产品的平价政策，最终都会导致全部农产品向平价靠拢，并使农业内部产业结构形成新的均衡。因此，粮食平价政策实际上也就是农产品平价政策。维持农产品平价，主要是协调农业与非农产业的利益矛盾。影响农业与非农产业利益关系的主要因素，来自于农业和非农产业劳动生产率的变化程度不同，具体表现为农产品与非农产品的交换率不同。市场均衡下的交换率，表现为不同产业技术进步的社会化，而维持平价交换率，则是承认不同产业的技术进步差别。

维持平价交换率所带来的后果，一方面可以保证农民的稳定收入，而且农业技术进步的步伐越快，农民收入增加的数量越多。在农业投入的边际效益大于非农产业投入的边际效益的情况下，会引起部分非农产业资源流向农业或直接为农业服务的部门，从而进一步推动农业技术的发展进程。另一方面，由非农产业资源流出所造成的非农产品或劳务供给减少，又会推动非农产品或劳务的价格上涨，最终会形成维持平价价格水平的产业结构均衡。如图 3 所示。

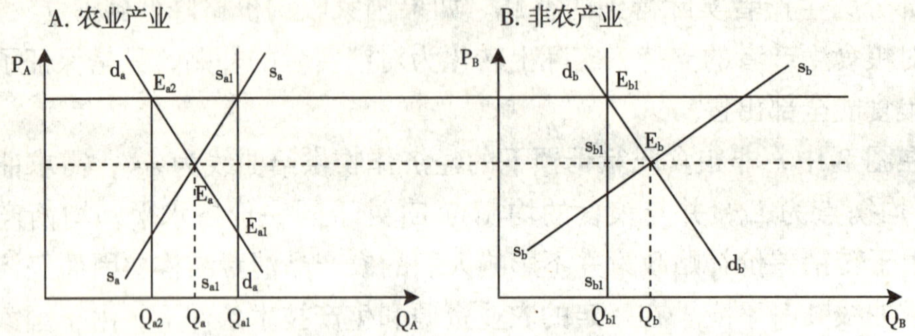


**图 3　维持农产品平价政策的系统性效应模式**

注：图 A 为农业产业的均衡模式，图 B 为非农业产业的均衡模式。图中符号含义同图 1。

图 3 主要分析维持农产品平价政策在国民经济中的系统性效应。为便于分析，我们把非农产品或劳务按照农产品平均价格折算为一定的理论产量，从而可以在同一基础上讨论国民经济的产业均衡问题。图中连接图 A 与图 B 的虚线为市场均衡下的农业与非农产业的产品价格水平，连接图 A 与图 B 的实线为国家维持平价下的农业与非农产业的产品价格水平。在图 A 中，非政策干预下的粮食供给曲线为 $s_as_a$，需求曲线为 $d_ad_a$，均衡点为 $E_a$，农产品均衡产量为 $Q_a$。实行农产品平价政策后，需求曲线 $d_ad_a$ 不变，但国家维持的农产品水平使需求量缩减到 $Q_{a2}$；另外，固定的农产品价格使供给变为一个恒量，供给曲线则演变为 $s_{a1}s_{a1}$，相应农产品产量为 $Q_{a1}$。由供给增加和需求减少而形成的农产品数量（$Q_{a1}$–$Q_{a2}$），必须由国家全部收购和储存。

图 B 反映了非农产业与农业的关联性。在人们用于非农产品或劳务的消费支出不变的情况下，维持农产品平价政策并不改变非农产品或劳务的需求曲线。在市场均衡下的非农产品或劳务的供给曲线为 $s_bs_b$，需求曲线为 $d_bd_b$，均衡点为 $E_b$，并与农产品的均衡点 $E_a$ 处于同一价格水平，均衡产量为 $Q_b$。当维持农产品平价形成边际效益差别时，会导致非农产业资源向农业及相关生产领域流动，最终实现农业投入的边际效益与非农产业投入的边际效益相等，并形成产业间资源配置的均衡。在一定社会总资源、一定技术水平和一定农业资源占用的前提下，用于非农产业的资源也是一定的，因而非农产品或劳务的供给曲线就演变为 $s_{b1}s_{b1}$，并与需求曲线 $d_bd_b$ 相交于 $E_{b1}$，相应的产量为 $Q_{b1}$。$E_{b1}$ 点的价格与维持的农产品平价相等，从而实现了维持农产品平价下的国内产业结构均衡。从图 B 中不难看出，由于维持农产品平价政策，消费者在支出总额不变的情况下，实际消费的农产品和非农产品或劳务的数量均有所减少。

由国家收购和储存的农产品，如果能被以后的歉收年景所消化，则说明被维持的农产品平价体现了国内产业间的长期均衡要求。另外一种比较可行的处置方式是，通过国际市场换回国内需要的非农产品或劳务。如果能够换回等值的国外产品，说明国内农业具有国际比较优势，通过国际贸易同样可以实现被维持的农产品平价目标，并使消费者获得更多的非农产品或劳务。如果换回较少的国外产品，其差额则表现为维持农产品平价的损失。因此，维持农产品平价政策的意义，主要在于实现农业的以丰补歉和平衡不同集团的利益矛盾。当农业的丰收年景导致谷贱伤农时，国家保护价收购和储存可以实现国民经济结构的长期均衡；当完全由市场均衡导致不同利益集团之间出现严重矛盾时，适当的政府干预有利于社会的协调发展。

### （四）保持平等贸易条件的粮食自由贸易政策的系统性效应

粮食自由贸易政策实际上是国家的对外贸易政策，不属于狭义的粮食政策范畴。但从政策的系统性效应分析，它又对粮食产业有着重要影响，并进一步影响着国民经济结构。另外，由于国内工农业产品和国际间粮食贸易政策事实上存在的差别，保持平等贸易条件意味着粮食政策要根据非农产业政策和其他国家的粮食政策进行适当调整。国内不同产业间的政策支持，要有利于国民经济的协调发展；实行粮食国际自由贸易政策，要采取与本国国力相近国家的同样农业支持政策。在此基础上的粮食自由贸易，有利于优化国民经济结构，提升国民经济的总量和水平，实现经济和社会的协调发展。

粮食自由贸易条件下的产业均衡，是整个国民经济参与国际经济循环的全球性产业平衡。对粮食进口国而言，主要是按照国际比较效益原则，对国内资源进行最优化配置，并形成非农产品或劳务在国际市场上的产业优势。而粮食出口国主要是充分发挥农业产业的明显优势，并以此来弥补非农产业的相对劣势。以粮食自由贸易为基础的产业均衡，具体表现为各国经济内部的不平衡和全球经济总量的平衡。如图 4 所示。

图 4 主要分析粮食自由贸易政策对本国经济和全球经济的系统性影响。为叙述方便，我们仍把非农产品或劳务按照农产品平均价格折算为一定的理论产量，并使用同一种货币表示价格，从而可以在同一基础上讨论不同国家的产业均衡问题。图中连接图 A 与图 B 的虚线，为粮食自由贸易下的全球

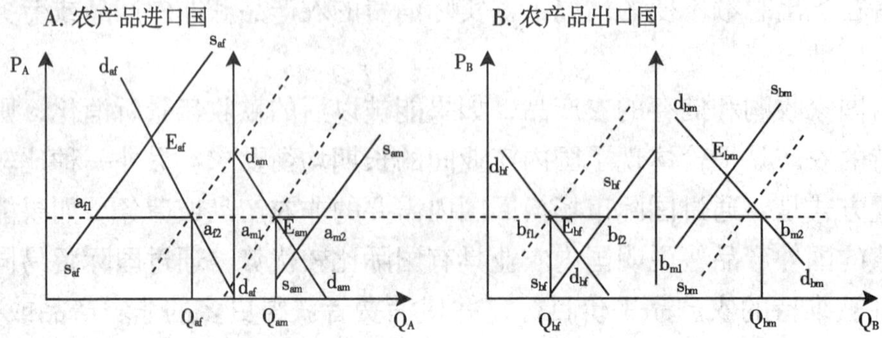


**图 4　粮食自由贸易政策的系统性效应模式**

注：图 A 为农产品进口国的产业均衡模式，图 B 为农产品出口国的产业均衡模式，下标变量 f 表示农产品，下标变量 m 表示工业品，其他符号含义同图 1。

产业均衡价格。图 A 为农产品进口国的产业结构，其中左半部分表示资源有效配置的国内农业产品供求均衡，供给曲线为 $s_{af}s_{af}$，需求曲线为 $d_{af}d_{af}$，均衡点为 $E_{af}$，按国际均衡价格的农产品需求量为 $Q_{af}$，所形成的缺口 $a_{f1}a_{f2}$ 通过进口平衡。右半部分表示资源有效配置的国内非农产业的供求均衡，供给曲线为 $s_{am}s_{am}$，需求曲线为 $d_{am}d_{am}$，均衡点为 $E_{am}$，按国际均衡价格的非农产品需求量为 $Q_{am}$，所剩余的非农产品或劳务 $a_{m1}a_{m2}$ 通过出口消化。在国内资源有效配置的产业结构中，在长期趋势上应该是出口非农产品或劳务的外汇收入与进口农产品的外汇支出平衡，因而图 A 中的 $a_{f1}a_{f2}$ 应等于 $a_{m1}a_{m2}$。从 $Q_{af}$ 对应的价格和 $E_{af}$ 对应的供给数量可以看出，粮食进口国的消费者以较低的价格获得了较多的农产品。

如果国内非农产业资源在向农业转移中的效率与国外农业生产效率相同，国内产业也可以实现有效率的均衡，具体表现为农产品供给曲线 $s_{af}s_{af}$ 向右下方平移至虚线所示位置，并与需求曲线 $d_{af}d_{af}$ 相交于 $a_{f2}$ 点，可以实现国内农产品的供求平衡。非农产业的供给曲线 $s_{am}s_{am}$ 相应地向左上方平移至虚线所示位置，并与需求曲线 $d_{am}d_{am}$ 相交于 $a_{m1}$ 点，非农产品或劳务也可以实现国内供求平衡，而且国内供给总效率与国际贸易下的效率相同。

图 B 为农产品出口国的产业结构，其中左半部分表示资源有效配置的农业产品供求关系，供给曲线为 $s_{bf}s_{bf}$，需求曲线为 $d_{bf}d_{bf}$，均衡点为 $E_{bf}$，按国际均衡价格的农产品国内需求量为 $Q_{bf}$，超过国内需求部分 $b_{f1}b_{f2}$ 需要通过出口消化。右半部分表示资源有效配置的非农产品的供求关系，供给曲线为 $s_{bm}s_{bm}$，需求曲线为 $d_{bm}d_{bm}$，均衡点为 $E_{bm}$，按国际均衡价格的非农产品需求量为 $Q_{bm}$，所形成的供求缺口 $b_{m1}b_{m2}$ 需要通过进口补充。因而图 B 中的 $b_{f1}b_{f2}$ 应等于

$b_{m1}b_{m2}$。从 $Q_{bm}$ 对应的价格和 $E_{bm}$ 对应的供给数量可以看出，粮食出口国的消费者以较低的价格获得了较多的非农产品或劳务。

从上述分析中可知，要实现国际经济的产业均衡，$a_{f1}a_{f2}$ 应等于 $b_{f1}b_{f2}$，$a_{m1}a_{m2}$ 应等于 $b_{m1}b_{m2}$。如果粮食进口国通过生产资源的产业转移寻求国内产业均衡，则粮食出口国也必须保证本国产业的内部均衡。表现为农产品供给曲线 $s_{bf}s_{bf}$ 向左上方平移至虚线所示位置，并与需求曲线 $d_{bf}d_{bf}$ 相交于 $b_{f1}$ 点，实现国内农产品的供求平衡。非农产业的供给曲线 $s_{bm}s_{bm}$ 相应地向右下方平移至虚线所示位置，并与需求曲线 $d_{bm}d_{bm}$ 相交于 $b_{m2}$ 点，实现非农产品或劳务的国内供求平衡。

事实上，由于各国存在产业优势差别，若各国自求国内产业均衡，会损失一部分生产效率；通过国际贸易实现的国际间产业均衡，可实现各国经济的高效率。因此，单纯从生产效率考虑，如果国际间贸易不存在客观的和人为的障碍限制，各国采取类似的农业政策对全球经济有益。

## 三、构筑国家间接援助性的农业政策体系

从粮食政策的系统性效应分析中，我们不难得出如下结论：在特定历史条件下，实施足够刺激量的直接支持性粮食政策，可以改变粮食的供求关系，而在价格机制的作用下，这些政策最终会导致整个农业或国民经济的产业结构改变。对农业进行“足够刺激量”的直接支持，需要有雄厚的国家财力基础，而且通过政府干预改变粮食的供求规律，不仅会降低社会资源的利用效率，而且也影响着国民经济的合理发展进程。为平衡产业利益关系而对农业进行的特别支持，应仅限于社会和谐稳定的目标，除非极端情况下的应急措施，超过目标要求的政策措施往往会收到与政策愿望相悖的效果。因此，尽管直接支持性粮食政策可以收到立竿见影的效果，但当前我国显然不宜过多地采用这些政策。

我国现阶段的政策目标，应在争取国内粮食供求基本平衡的前提下，努力营造和谐稳定的社会环境，大力推动国民经济协调快速发展。在一定政策目标下，政策实施效果主要取决于政策对象选择的准确性和对政策不利影响的控制能力。因此，制定国家粮食政策必须认真分析特定时期农业问题的根

源，充分考虑政策实施所带来的系统性效应，采取有力措施对政策的副作用进行控制。无论一个国家的物质生产资源是否充裕，在国民经济结构性转换过程中，都会遇到原有产业人员过剩而新兴产业人员不足的问题。不同的是，由农业经济向工业经济转轨过程中，面临的是剩余农民问题；而由工业经济向“服务经济”转轨过程中，将面临产业工人的剩余问题。这是由国民经济产业升级所带来的必然结果。因此，当前我国的农业问题主要是农民剩余问题，农业政策的核心是为农民产业转移铺平道路，而不是让其在原有产业中勉强生存。从这个前提出发，国家粮食政策的基本取向，应是国家依据财力可能，本着鼓励农业产业化经营、支持农民产业转移、保障弱势群体基本生活和协调产业利益关系的原则，对农业进行有选择性的间接援助，同时逐步弱化对农业的普遍性直接支持。间接选择性的农业援助政策与直接普遍性的农业支持政策相比，不仅政策作用的方式和效果不同，而且政策的导向效应也不同。在国家财力有限且农业生产分散的情况下，直接普遍性的农业支持政策无异于杯水车薪，而间接选择性的农业援助政策，则可以集中财力解决农业中的突出问题，起到以点带面的杠杆作用。从政策导向效应看，农业支持政策实际上是在固化原有产业结构，而农业援助政策则可引导国民经济的产业升级。因此，当前完善我国粮食政策的重点，是尽快建立起符合我国国情的间接援助性农业政策体系。

### （一）实行农业产业化援助政策，推进农业经济结构优化

当前，对我国而言，优化农业经济结构包括优化资源配置结构、优化产品类别结构和优化生产方式结构等多方面的含义，但主要是优化生产方式结构。因为生产方式结构直接影响或决定着产品结构和资源配置结构。生产方式结构指农业产业化生产与分散的农户小规模生产的比重，具体表现为农业生产的组织化程度或规模大小。实行农业产业化经营，不仅有利于提高农业生产效率和国家对农业的宏观调控，而且可以逐步解决我国农业生产中组织化、机械化水平低，生态意识、标准化意识、无公害意识差等问题，从而推动我国农业尽快与国际经济接轨。农业产业化经营会使农业隐蔽的剩余劳动力显现化，但只要加以合理疏导，这种产业结构转换中的劣势就能转化为新的产业优势。对农业产业化经营组织的援助，目前可行而有效的形式主要包括以下三个方面：

一是对农业产业化生产条件的援助。农业产业化经营的生产条件，主要

是农业公共设施、农业经营设施、农业生产技术等。对农业公共基础设施建设的援助，除重大水利等工程项目由政府直接投资建设和管理外，其他“六小工程”等项目可采取由政府部分资助或减免税费等方式吸引社会资金参与，并按照“谁投资谁受益”的原则由投资主体自主管理和使用。为实现特定的政策目标，政府也可直接对农业经营性设施建设进行适当资助。如欧盟每年用于农业的补贴约为500亿欧元，2003年已将这种被其他农业大国认为是“扭曲贸易”的不公平竞争政策改革为农业补贴与产量脱钩的“绿箱政策”，以提高农业生产的效益。农业技术进步需要农业技术研究实验和农业技术普及推广两个不同环节的有效配合。农业技术研究实验主要应依靠农业类大学或具备一定规模的农业生产组织的科研机构进行，可通过对研究实验条件配备和科研经费资助方式，由国家委托其进行项目研究实验。农业技术普及推广需要调动农业管理部门专业人员和示范性农业生产组织两方面的积极性。通过调整农业管理部门专业技术人员的结构和待遇，对示范性农业生产组织进行一定的风险补助等，可以实现农业技术普及推广的应有效率。

二是对预防农业意外灾害损失的援助。受自然灾害和市场价格波动的影响，农业生产和农民收入具有短期不稳定性的特点。实施非正常情况下的农业救助政策，可以保障农民收入的相对稳定和生产成本的合理补偿。对农业意外灾害损失的援助，主要包括成本补偿和收益保证两个方面。由于自然灾害等不可抗力因素给农民造成灾难性后果的，可借鉴加拿大等国家的做法，对实际收入低于其生产成本70%的部分，国家给予生产救助性补贴，以保证农民有能力恢复生产。由于粮食价格波动造成农民“增产歉收”时，国家可以实行保护价收购政策。保护价应依据生产成本和正常年景市场价格，按照国家财力可能和有利于产业平衡发展的原则确定。此外，改革现行的粮食价格补贴办法，用直补资金建立国家资助的农业保险体系，不仅符合WTO规则要求，而且更有利于保障农民的收益。通过农民自愿参与、国家补助一定比例保险费的方式，动员各方面的力量建立起我国的农业保险体系，可以收到事半功倍的农业保障效果。加拿大等西方国家，已在这方面探索出许多有益经验。

三是对农业产业组织运作的援助。借鉴法国的经验，需要建立健全的粮食产业组织，主要包括粮食生产者协会、粮食经营者协会和粮食加工业协会，以及统一协调这些协会关系的粮食行业理事会（法国称为中央理事会）等。与我国现存的行业协会不同，粮食行业理事会和各专业协会成员，主要应是直接从事粮食生产、加工和经营的当事人，而不是政府官员或学者。如法国的中央理事会，只有一名政府任命的公务员任总干事。以此为基础组建的粮食产业组织，其主要功能是维护行业利益和实现行业自律，从而不断增强行业的权威性和凝聚力。行业组织功能的发挥，既需要赋予其“参政议政”的实际权利，又需要给予必要的指导和支持。在健全农业产业组织的初期，国家有必要对产业组织的运作提供一定的人力和财力支援。

**（二）实施农民进城资助政策，搭建产业升级的支持平台**

在推动农业产业化经营的进程中，面临的主要问题是农业剩余劳动力的问题。这既是优化农业经济结构的结果，又是推动国民经济产业升级的条件。西方发达国家的产业发展历程表明，土地集中和农民进城是国民经济工业化阶段的一般规律。大规模农民进城所带来的社会压力是显而易见的，但又是国民经济的结构性转换所必需的。农民进城的积极意义，首先是把农村隐蔽性剩余劳动力分离出来，从而提高了农业生产效率和农民收入水平。其次是源源不断的劳动力供应，为城市经济发展提供了动力基础。劳动力是社会生产的最基本要素，丰富的劳动力资源不仅可以在某种程度上替代一定的资本要素，而且所形成的激烈竞争有利于保持劳动力的低成本优势，从而吸引发达国家的产业转移资本。我国改革开放以来，如果没有“农工潮”的支撑，不仅城市难以有现在的发展水平，而且可能早已失去了吸引外资的优势。在制度性障碍（户口限制）消除以后，当前影响农民进城的主要因素，是农民对城市高昂住房价格的恐惧和对就业竞争的忧虑。因此，国家对农民进城初期的住房和就业援助，不仅有利于加快农民进城的步伐，从长远看也为国民经济的发展奠定了坚实基础。

对进城农民就业的有效援助方式，是对农民接受职业技能教育的资助。通过政府直接投资或产业支持政策等方式，可以增加社会的就业机会，但最终的结果并不取决于政府投资或支持的力度，而在于社会是否具备高素质的劳动力基础。有人总结韩国经济起飞的经验，就是“廉价劳动力+高水平的职业教育”。因此，发展高水平的职业教育，既是保证进城农民就业的需要，也是实现国民经济产业转换的前提条件。职业教育的发展离不开国家的财力支持和政策倾斜，韩国发展职业教育的经验值得我们借鉴。韩国政府对职业教育态度的演变，表明了社会发展的客观要求。目前，在韩国政府对职教的财政拨款和财政奖励多于普高，职业高中学费低于高中而学生奖学金又高于普通高中。而美国的高等职业教育，通常学生只付学费和各种学业所需开支的 1/3 或不到 1/3 的费用，其余 2/3 左右的经费来自州政府或地方政府。家境困难、付不起学费的学生，可以享受种种助学金、补贴或帮助。根据我国现有情况，对从事一般岗位农民的短期培训，可以采取政府资助、企业培训的方式进行；对农民或其子女的正规职业教育，可通过政府对职业院校的资助，减半收取其学杂费，以鼓励更多的农民接受职业教育。

为经济困难的进城农民提供廉价住房或房租补贴，是经济发展到一定阶段国家比较普遍采用的政策。与目前国内一些城市的经济适用房相比，为进城农民提供的廉价住房应该有更多的优惠政策或提供更多的财政支持。比较可行的办法是，在县城以下的小城镇，采取由城区向外递延、以土地换土地的方式，在城镇建设专供进城农民使用的居民区，通过免费的土地和简化房屋结构功能等途径，最大限度地降低房屋建造成本。为鼓励进城农民让出原有住房所占用的土地，对拆除原有住房的农民，可给予一定的经济补偿。对于特别困难的进城农民，政府可以提供一定的过渡性房租补贴。在大中城市，可以利用土地使用权拍卖所形成的资金，作为国家对进城农民住房的专项援助基金。

### （三）完善财政转移支付制度，合理协调产业间利益矛盾

国家粮食政策的最终目的，是保持农业与其他产业之间的协调发展。实现产业均衡的措施，除实施促进农业产业化经营和分流农业剩余劳动力政策外，还需要建立起一个综合性的产业间利益均衡机制。农业与其他产业间的利益矛盾，主要表现为城乡居民的收入差距。由于城乡居民在资金、经验、能力、受教育水平和所面临机会方面的不同，城乡居民之间必然会存在一定的收入差距。但若城乡居民之间收入差距过大，不仅有失社会公允，而且最终会影响到城市居民收入水平的进一步提高。尽管改革开放以来我国实施了许多支持农业的优惠政策，但城乡居民之间的收入差距并没有缩小，反而有不断扩大的趋势。这种状况继续下去，会形成产业间和城乡间的利益矛盾，从而影响经济和社会的协调发展。因此，国家有必要进一步加大财政支持力度，逐步缩小城乡居民收入差距。当前可供选择的政策措施，主要是通过转移支付方式改革农业税收制度和健全农村保障制度。

改革农业税收制度，主要是调整农村税收种类，统一城乡税收体系。在取消农业税之后，可以考虑开征农民个人所得税，优化农村税收结构。经过

30 多年的改革开放，我国农村已经形成了一部分高收入人群，随着农业产业化进程的加快，高收入农民的比例会进一步提高，因而开征农民个人所得税的时机已基本成熟。取消农业税可降低农民的生产成本，开征农民个人所得税可实现农村的共同富裕。考虑到农民消费中所负担的“级差地租”和“服务附加值”较低的实际情况，农民所得税的起征点可低于城市居民。调整农村税种结构，近期可能会影响国家财政收入，但换来的是对广大低收入农民的扶持，带来的是粮食生产的持续增长。

健全农村保障制度，主要是完善农村救济和救助形式，保障弱势群体的基本生活。与建立城市基本生活保障制度相比，保障农村弱势群体基本生活所需要的资金数额有限。随着农业产业化和国民经济工业化进程的加快，农业人口的比例会大幅度地降低。此外，由于农村主要消费品中的“级差地租”和“服务附加费”较少，维持农村弱势群体基本生活所需要的费用也较低，一般只需要城市保障标准的 20%左右。农村弱势群体主要可分为三类：一是因家庭成员患上重病而把家庭拖入困境，二是由于失去劳动能力造成生活困难，三是出于自身能力或懒惰原因的贫困。无论是何种原因造成的贫困，保障其基本生活都体现了社会进步要求；而问题的关键在于，国家保障政策要有利于调动其自身的积极性。从建立社会主义市场经济体制的要求来看，建立农民自愿参与、国家适当资助的农民“大病”医疗保险制度，国家可以较少的财力动员社会力量参与农民救助，并且可以解救绝大部分因家庭成员患上重病而陷入困境的农民。建立农民自愿参与、国家适当资助的农民劳动保险制度，不仅可以较好地解决“独生子女”所带来的社会问题，而且可以调动农民自我保障的积极性，让农民主要以自身积累来保证自己的晚年生活。对于由自身能力或懒惰原因而贫困的人，实行负所得税制度可能是更为有效的政策措施。对生活在贫困线以下的人，通过转移支付方式，让不参加劳动的人仅能够勉强维持生计，而参加劳动的人可以适当改善自己的生活。通过这种激励机制，既可以相应减少财政支出，又可以调动弱势群体的劳动积极性。

（作者：山东商务职业学院　吕昭江　唐荣君）

# 产业发展篇

# 长三角地区粮食物流资源优化组合与管理体制创新的探讨

长三角地区区域经济一体化已经成为必然发展趋势。2007 年 5 月 15 日，国务院总理温家宝在长三角地区经济社会发展座谈会上指出，必须推进区域经济一体化，合理布局生产力，要统筹区域协调发展，推动区域资源整合，实现资源优化配置。现代粮食物流作为长三角地区未来发展的支撑产业——现代服务业的重要组成部分，长三角地区粮食物流发展方兴未艾。长三角地区各地要坚持优势互补、互利双赢的原则，互相融合、互相对接，将现有粮食物流资源科学、合理、有效地进行优化组合，充分发挥区域粮食物流整体优势，为推进长三角区域经济一体化作出积极努力。

## 一、长三角地区粮食物流现状与主要问题

### （一）现状

1. 长三角地区粮食流量、流向及运输方式。长三角地区是我国粮食主销区，16 个城市共有人口 9000 多万人，年粮食需求量近 3000 万吨，其中扬州、泰州 2 个城市是产粮区，稻谷、粳米主要流向上海、南京、苏州及浙江等地区，其他 14 个城市均是缺粮区（有的城市是品种余缺）。2004 年长三角地区粮食流入总量达到 2030 万吨，其中，稻谷 935 万吨、玉米 485 万吨、小麦 448 万吨、大豆 145 万吨、其他 25 万吨。该地区粮食来源中，稻谷主要来自东北主产区，玉米主要来自东北、内蒙古、河南、山东，小麦主要来自河南、山东、安徽。

长三角地区粮食运输以铁路运输和水路运输为主，分别占跨省运量的 48%和 42%，公路运输比重较低，仅占跨省运量的 10%。铁路运输通道主要

通过东北经山海关由京沪线运入，海上运输通道主要通过大连北良港沿渤海、黄海、东海运入，内河运输通道主要通过长江、京杭大运河进行运输。从运输方式来看，铁路运输基本采用传统的包粮运输，水路运输采用散粮运输的方式多一些。据估计，长三角地区散粮运输占运量的比例在 20%左右。

2. 长三角地区粮食物流建设基本情况。浙江省粮食物流体系建设步伐较快，目前，长三角区域内的 7 个地级市已经或将要建成区域性粮食物流中心，分别打造舟山、嘉兴、台州 3 个港口粮食物流基地。舟山粮食物流集散中心具有减载、转驳、加工、贸易、信息等功能，已有 2 个 5 万吨兼靠 8 万吨级码头，正在建设 12 万吨兼靠 15 万吨级码头，形成粮食进出口、辐射东西的重要粮食物流中心。杭州粮食物流中心已经动工建设，将建设仓容 12 万吨的粮库。嘉兴粮食物流中心也已建成 3.5 万~5 万吨级专用码头，还有 3 条铁路专用线。宁波正在利用综合性港口进行改造，首先解决南北粮食对接，然后打算建设 5 万吨级码头。

江苏省正在大力推进粮食物流体系建设，省粮食局制定了以“两纵两横”（东纵沿海、西纵京杭大运河，南横长江、北横陇海线）为主要内容的粮食物流发展规划，长三角区域内建设南京、南通（包括张家港至太仓港）两大粮食物流枢纽。目前，《南京市粮食现代物流发展规划》已经编制，规划中的南京现代粮食物流中心位于南京龙潭物流园区，利用龙潭港区 5 万吨兼靠 7.5 万吨级码头，建设仓容 25 万吨的中转储备库和罐容 5 万吨的油罐，还将建设大米、面粉、油脂加工厂。南通市粮食接运公司积极发挥粮食物流的有利条件，现有仓容 17.5 万吨的粮库和 5 万吨级码头，装卸能力每小时 450 吨；江苏省江海粮油集团有限公司利用张家港港区 5 万吨兼靠 7 万吨级码头，最高年吞吐量达 463 万吨，粮食辐射达 60%，油脂辐射达 70%，现有仓容 30 万吨的粮库和罐容 28 万吨的油罐，张家港目前已经发展成中转、仓储、加工、贸易等综合性的“长江粮食流通走廊的龙头”。

上海良友（集团）有限公司抓住黄浦江开发和苏州河整治而拆迁沿江、沿河粮库的契机，选址外高桥 5 号沟建设以粮食储存和中转为核心，具有加工、配送、贸易和信息服务功能，实行粮食散储、散运、散装、散卸的良友新港。一期工程建设仓容 35 万吨的粮食储备库（其中平房仓 18 万吨、圆筒仓 17 万吨），罐容 15 万吨的油罐，5 万吨兼靠 8 万吨级主码头 1 座、5000 吨级副码头 4 座、500 吨级内河码头 14 座，年粮食中转能力 635 万吨，正在建设大米、面粉、油脂加工厂，2008 年全部竣工，2009 年开港。良友新港连接长江、内河、铁路、公路，具有开阔的集散腹地，目标是建设成为现代粮食物流基地和我国北粮南运及粮食进出口的重要枢纽，为长三角及周边地区服务。目前，郐桥粮食储备库规模也较大，粮食仓容达到35万吨，沿黄浦江有3000吨级码头。

### （二）主要问题

1. 粮食物流分工趋同，基础设施重复建设。近几年，长三角地区各地积极建设规模较大、设施较全的粮食物流中心，靠港口的城市还分别建设吨位较大的粮食码头，对确保粮食安全起到积极作用，但是，物流基础设施项目趋同，并且都搞大而全，不仅形成重复建设，而且粮食物流资源将不能充分、有效利用。

2. 粮食流向不适应长三角区域经济一体化发展。各地发展粮食物流从本地区考虑，几个较大的粮食物流中心基本目标都是连接南北、辐射东西，形成粮食往同一方向流动，将有可能产生不合理竞争现象。

3. 粮食流通“四散化”程度还不适应现代粮食物流发展需要。目前，长三角地区粮食运输和装卸过程中包粮运输仍然占主导地位；由于配套设施跟不上，散存率还不高；主要粮食中转接运方式还是以包粮为主。

4. 仓储设施单一，库点仓容较小。目前，长三角地区粮食仓储设施以平房仓为主，平房仓占总仓容的95%左右，2.5万吨以下仓容的粮库达到95.6%。

## 二、长三角地区发展现代粮食物流的区位优势和有利条件

### （一）区位优势

长江三角洲地区位于我国东部沿海，北有环渤海地区，南有珠江三角洲地区。沿海有上海、嘉兴（乍埔港）、宁波、舟山、台州5个港口城市。长江是我国著名的黄金水道，自东向西连接上海、南通、镇江、扬州、南京5个长三角地区城市，还连接长三角地区太仓、张家港、江阴3个县级市，上游延伸至芜湖、九江、宜昌、武汉、重庆等20个主要城市。京杭大运河

（含江南运河）可称为我国第二黄金水道，全年通航里程 877 公里，由北向南连贯扬州、镇江、常州、无锡、苏州、嘉兴、杭州、湖州 8 个长三角地区城市。

### （二）有利条件

1. 交通便利。长三角地区水路运输有海运、内河航运，内河航道总里程达到 3.3 万公里，可以连接上海、宁波、舟山、台州、扬州、镇江、常州、无锡、苏州、嘉兴、杭州、湖州 12 个城市。铁路（沪宁线、沪杭线、杭甬线等）覆盖长三角地区除台州以外 15 个城市，其中，沪宁线、沪杭线连接南京、镇江、常州、无锡、苏州、上海、嘉兴、杭州等 8 个城市。甬（宁波）台（台州）温（温州）铁路将于 2009 年通车。区域公路网总里程达到 12 万公里左右，其中高速公路达到 4000 多公里。新建宁波至嘉兴的杭州湾跨海大桥使上海与宁波的距离缩短 120 公里。

2. 粮食产需缺口较大。长三角地区是我国主要粮食流入区，有 14 个城市是粮食产需缺口城市，其中，原产需平衡的嘉兴、镇江现在饲料用粮也存在缺口。上海是特大型粮食消费城市，粮食产需缺口达 450 万吨左右，短缺的品种主要是稻谷、玉米。浙江省是我国第二大粮食主销区，粮食产需缺口达 1000 万吨左右，短缺的品种主要是稻谷、玉米，杭州、宁波、绍兴、台州、舟山等城市粮食产需缺口较大。江苏省既有产区又有销区，粮食产需缺口达 250 万吨，短缺的品种主要是玉米，南京、常州、无锡、苏州等城市粮食产需缺口较大。

3. 粮食市场需求旺盛。江苏省涌现了苏州粮食批发市场、南京下关粮油批发市场、无锡粮油中心批发市场等一批骨干市场，2007 年全省粮食批发市场成交量 515 万吨。浙江省引进仓储式销售、配送和电子商务等现代营销方式，促进粮食批发市场向配送中心发展，2007 年全省粮食批发市场粮食成交量 550 万吨，其中，粳米占粮食总成交量的 50%。上海市现有农产品中心批发市场、真新粮食交易市场等 10 个粮食批发市场，2007 年全市粮食批发市场粮食成交量 152 万吨，其中，粳米成交量 122 万吨，占粮食总成交量的 80%。

4. 拥有 8 个散粮物流节点。国家有关部门制定的《粮食现代物流发展规划》明确，长三角地区年跨省粮食中转量 200 万吨以上的内陆城市散粮物流节点为南京、泰州、南通、苏州、杭州 5 个，城市港口中转库及码头年粮食中转量在 200 万吨以上的沿海港口城市散粮物流节点为上海、宁波—舟山、嘉兴（乍埔）3 个，为实现粮食“四散化”打下了物质基础。

## 三、长三角地区现代粮食物流发展目标和设想

### （一）发展原则

长三角地区现代粮食物流发展原则是：资源组合、区域分工、联动发展、互利共赢。

在现有粮食物流发展的基础上，各地要形成资源组合、区域联动、扬长避短的合力，在新的更高起点上谋划长三角地区的更好更大发展，将长三角地区粮食物流融入区域经济一体化中去。

### （二）发展目标

1. 加快发展现代粮食物流，促进长三角地区形成以高新技术产业为主导、先进制造业为主体、现代服务业为支撑的产业发展新格局。

2. 国家发展改革委制定的《粮食现代物流发展规划》提出，到 2010 年国内跨省流通量中散粮流通份额由现在的 20%提高到 50%。长三角地区条件比较优越，应当率先实现此目标，16 个城市到 2010 年实现城市之间原粮对接中散粮流通份额达到 60%。

3. 长三角地区努力实现粮食物流集约化、规模化、合理化的目标，达到节约资源、优化资源的根本目的。

4. 建立有序竞争、互相合作的长三角地区现代粮食物流体系。

### （三）长三角地区现代粮食物流发展设想

1. 制定长三角地区现代粮食物流发展与合作框架协议。在市场经济条件下，各地发挥自身积极性，积极发展现代粮食物流是必要的。但是，要做大做强粮食物流，充分发挥粮食物流基础设施的作用，就要按照温家宝总理关于长三角地区区域发展“既要发挥各地区、各城市的优势和积极性，又要加强统筹协调、合理布局，实现区域内合理分工、良性互动”的要求去做。长三角地区现代粮食物流发展与合作的基础是粮食流量较大，各地码头、粮

库、油罐等粮食物流基础设施具有集群优势。目前，重点是如何扬长避短，联动发展，发挥长三角地区现代粮食物流最大集群效应。制定框架协议就是为了打破区域分割、各自为政，根据粮食物流功能合理定位、恰当确定本身物流基础设施建设的规模，避免重复建设，将长三角地区各地粮食物流资源最大限度集中起来，并形成合力，切实推动长三角地区区域一体化发展。

2. 长三角地区粮食物流发展与合作总体设想。总体设想是建设“一横三纵”为框架的现代粮食物流体系：一横为沿东西走向的长江建立辐射东西通道；三纵分别为：一是东部沿海建立北粮南运和进出口海运通道，二是横贯南北的京杭大运河建立中部主产区粮食南运以及东北主产区和进口粮食集散、分流的水运主要通道，三是南北走向的沪宁线、沪杭线、杭甬线等铁路干线建立北粮南运及进口粮食集散、分流的铁路运输辅助通道。按照这个框架设想，长三角地区粮食物流布局形成一个“卅”字形。沿海沿江拥有较大码头的地区重点发挥减载、中转、辐射功能，沿京杭大运河与铁路线的地区重点发挥集散、分流、贸易功能，缺乏辐射腹地但机会成本较低的地区重点发挥加工功能。

3. 长三角地区各地粮食物流合理定位，优化组合。在“一横三纵”为框架的现代粮食物流体系设想下，长三角地区可以建设一个综合性粮食物流园区、两个粮食中转枢纽、三个粮食集散、分流中心。

（1）上海外高桥良友新港具有地理位置的优势，并且功能齐全，可以建设成为进出口、中转、集散、加工、配送、现货及期货贸易、信息服务等多功能的综合性粮食物流园区。良友新港拥有350米岸线及5万吨兼靠8万吨级的专用主码头，既可承担北粮南运，又可开展粮食进出口。良友新港连接长江、内河、铁路、公路，具有开阔的集散腹地，利用4个5000吨级、14个500吨级的辅码头和浦东在建铁路以及长三角地区主要粮食流入、流出通道等区位优势和交通便利条件，沿海努力发展铁海联运，建设北粮南运通道，沿长江积极建设长江粮食走廊辐射长江上游地区，利用铁路沪宁线、沪杭线、杭甬线连接河南、山东、安徽等粮食主产区和浙江、福建等粮食主销区，发挥向长三角地区及周边地区的辐射作用，建设成为我国北粮南运及粮食进出口的重要枢纽。现有35万吨仓容的粮食储备库（其中有适应“四散化”的圆筒仓17万吨仓容）、15万吨罐容的油罐（二期工程还将建设18万吨仓容的粮库、5万吨罐容的油罐），可以开展国内外粮食贸易。日加工稻谷300吨的大米加工厂、日处理小麦800吨的面粉加工厂、日加工大豆

1500吨的油脂加工厂重点发展深加工、精加工，与长三角地区其他粮食加工基地错位经营。将目前良友新港预留空地建设一个大型现代化粮食批发市场，吸引国内外大粮商进入市场。积极争取上海期货交易所开设稻谷（大米）上市品种，在良友新港设立粮食期货交易中心，开展粮食期货交易。

（2）舟山、南通—张家港可以建设成为长三角地区两个粮食中转的重要枢纽。舟山是沿海港口，位于上海、杭州、嘉兴、宁波围成的杭州湾入海口，又是沿海港口城市散粮物流节点，现代粮食物流中心拥有两个5万吨兼靠8万吨级码头，正在建设12万吨兼靠15万吨级码头，1个5000吨级装卸码头，年粮油吞吐量160万吨左右，岸线3500米，港口水深18米以上，具有每小时1300吨入库输送件、每小时300吨出库输送件，现有仓容8万吨的粮库，其中仓容3万吨的储备粮库，二期工程将建设仓容5万吨圆筒仓，具有减载、中转、加工、贸易、信息等综合性功能，但是缺乏粮食集散辐射的腹地，自身定位是进口粮集散中心，因此，适宜建设成为进口粮减载、中转的重要枢纽。南通—张家港粮食物流园区紧靠长江，南通通过铁路连接山东、河南、安徽等粮食主产区，又是内陆城市散粮物流节点，拥有仓容17.5万吨的粮库和5万吨级码头，可以将山东、河南、安徽等主产区的小麦、玉米中转至长江沿岸地区；张家港距上海吴淞口147公里，拥有5万吨兼靠7万吨级码头和20万平方米露天堆场，长江岸线800米，港口水深15米，开港20年来吞吐量保持较高水平，主要从事进出口粮食贸易和中转，进口油脂是全国第一位，辐射能力强，油脂辐射达到70%。因此，南通—张家港适宜建设成为长三角地区粮油进出口、中转的重要枢纽。作为粮食中转的重要枢纽，要重点建设周转粮库。

（3）宁波、南京、杭州可以建设成为长三角地区三个粮食集散、分流中心。国家有关部门制定的《粮食现代物流发展规划》明确，宁波是沿海港口城市散粮物流节点，南京、杭州是内陆城市散粮物流节点。因此，宁波、南京、杭州可以发挥以散粮运输为主的集散、分流优势，协助上海、舟山、南通—张家港尽快将进口或东北主产区的稻谷、玉米、小麦向周边地区分流。宁波处于沿海港口和铁路杭甬线的交汇点，可以将通过舟山进口的小麦、玉米经宁波—舟山大桥以及将东北主产区海运到宁波的稻谷、玉米经铁路分流给台州、绍兴等城市，还可以向福建辐射。杭州处于京杭大运河和铁路沪杭线的交汇点，可以将通过上海进口的小麦、玉米和东北主产区的稻谷、玉米以及河南、山东、安徽等主产区的小麦、玉米经京杭大运河或铁路分流给嘉兴、湖州、绍兴等城市。南京处于长江和铁路沪宁线的交汇点，可以将泰州、扬州的大米经京杭大运河分流给常州、无锡、苏州等城市，将河南、山东、安徽等主产区的小麦、玉米分流给镇江、常州、无锡、苏州等城市，还可以将通过上海进口的小麦、玉米和东北主产区运到上海的稻谷、玉米辐射到长江上游地区。作为粮食集散、分流中心，要建设具有一定规模仓容的粮库。

4. 积极推广散粮运输方式，大力发展能够承接散粮运输的第三方物流，形成跨省散粮物流通道。长三角地区沿海有上海、宁波、舟山、嘉兴、台州 5 个城市，沿长江有上海、南通、镇江、扬州、南京 5 个城市，沿京杭大运河及江南运河有扬州、镇江、苏州、湖州、杭州、常州、无锡、嘉兴 8 个城市，并且拥有长江第一黄金水道和京杭大运河第二黄金水道。海运、内河运输是长三角地区主要的粮食运输方式，因此，推广散粮运输具有很大的潜力。拥有较大码头的上海、舟山、南通—张家港、南京、宁波等沿海、沿江粮食物流中心可以建设一些接卸散粮的圆筒仓，长三角地区其他沿江、沿河城市粮食物流中心要相应配置简易散粮接卸设施。目前，长三角地区散粮铁路运输和公路运输还可以发展集装箱承运。散粮运输需要各地有关部门大力支持与配合，粮食部门要积极发展第三方物流。长三角地区 16 个城市的粮食物流中心（包括具备条件的大型粮库）要加快建设必要的散粮接卸设施，努力实现长三角区域内各城市散粮对接，在国内率先形成跨省散粮物流通道。

5. 加快粮食物流信息化建设，建立长三角地区粮食物流信息化网络。现代信息技术是发展现代粮食物流的重要组成部分。目前，江苏粮食系统粮食储备库已经实现联网和电子储粮台账管理。长三角地区各城市要加快粮食物流信息化进程，建立粮食采购、储存、加工、销售、配送等各类业务数据库，同时，建立粮油价格和市场信息的粮情数据库，长三角区域内形成一个与现代粮食物流相匹配的粮食数据管理中心和信息发布中心。

## 四、创新长三角地区现代粮食物流管理体制探索

**（一）建立长三角地区各城市粮食局局长联席会议制度，研究解决粮食物流发展中的有关政策问题**

在现代粮食物流建设过程中，科学、合理布局，粮食物流资源优化组合，需要每个城市、每个环节都紧紧相扣。因此可能会遇到一些新情况、新问题，尤其涉及政策支持和其他相关部门需要配合的问题，需要长三角地区16个城市粮食局建立局长联席会议制度，研究提出发展现代粮食物流的支持政策以及商请有关部门予以协助的措施，加强政府推动和支持力度。

**（二）建立苏浙沪两省一市粮食局通报制度，及时通报长三角地区各城市粮食物流建设项目进展情况**

当前，长三角地区各城市发展粮食物流的力度大、速度快。为了实现长三角区域经济一体化的总体目标，坚持扬长避短、互相合作、联动发展的原则，按照区域分工建设粮食物流工程，江苏、浙江、上海两省一市粮食局互相之间及时通报粮食物流发展规划及工程建设项目立项、建设进展情况，很有必要。

**（三）组建以资产为纽带的长三角地区粮食物流（集团）有限公司**

除了制定粮食物流发展与合作框架协议以外，制度障碍仍然是长三角地区粮食物流合作的主要瓶颈。因此，可以加大改革、创新力度，努力在体制上有重大突破，可以探索以上海良友新港储运有限公司、舟山粮食物流集散中心、南通市粮食接运公司（包括张家港江海粮油集团有限公司）、宁波粮食物流中心、杭州粮食物流中心、南京现代粮食物流中心等主要粮食物流中心为基础，以资产为纽带，组建长三角地区粮食物流（集团）有限公司，形成统一协调、统一运作的现代粮食物流管理体制，切实加强长三角地区现代粮食物流发展与合作，加快推进粮食流通“四散化”进程，使长三角地区粮食物流真正发挥集约化、规模化、合理化作用。

（作者：上海市粮食局　王立基）

# 坚持粮食市场化取向
# 不断健全和完善上海粮食市场体系

在党的十一届三中全会精神指引下，中国走过了改革开放 30 年的光辉历程。伴随着改革开放的脚步，上海粮食行业完成了从统购统销的计划经济向社会主义市场经济的历史性转变，粮食企业在改革中不断壮大，粮食市场体系不断发育完善，粮食安全体系建设得到进一步加强，促进了上海经济又好又快发展。

## 一

20 世纪 80 年代，我国粮食流通开始由计划经济向市场经济转变。1983 年中央在《当前农村经济政策的若干问题的通知》中指出，对农民完成派购任务后的粮食允许多渠道经营。根据国家有关部署，上海拉开了粮食流通体制改革序幕，粮食流通由单一计划渠道向多渠道经营发展，逐步恢复农副产品集贸市场，放开粮食议购议销。1985 年 1 月中央决定取消粮食统购，改为合同定购，这为逐步建立新的粮食市场体系和扩大粮食市场调节范围提供了有利条件，上海先后设立农副产品集贸市场 42 处，粮食议购议销数量逐年上升。1987 年国家明确粮食购销实行平议“双轨制”，社会上经营议价粮油批发的单位也越来越多，粮油成交量逐年上升，市场交易日趋活跃。

进入 90 年代以后，以粮食市场化为取向的粮食流通体制改革深入推进，上海粮食市场体系建设取得突破性进展。1991 年和 1992 年，国家两次提高城镇居民定量口粮销价后，基本实现了粮食购销同价，为走出粮食“双轨制”创造前提条件，促进了上海粮食市场体系的形成。1993 年 4 月 1 日起，全国取消了居民粮油计划供应，粮食零售市场逐渐放开，各种业态的零售企业（大卖场、超市）都可以经营粮食销售，促进了零售市场的繁荣。1993

年以后，在上海市政府支持下，先后建成了“上海粮油商品综合交易市场”等三家市级粮食批发市场，至1995年，上海已建成13家市、区县级粮油批发市场，两级粮食市场网络初步形成，粮油批发以现货为主，兼零售。市场以优惠的税收政策，提供多种服务，吸引了众多经营商进场交易，取得了较好效果。1993年6月，由原国内贸易部和上海市政府联合筹建的国家级粮油期货交易市场——上海粮油商品交易所试营业，首批上市的有粳米、大豆、小麦等八个品种。上海粮交所实行交易会员制、集中公开竞价制、涨跌停板制、保证金制和统一结存制。在全国率先实行每日结算制度，并迅速成为国内交易规模最大的农产品期货交易所。截至1993年底，上海粮交所有14个省市51家会员，累计交易期货合约629.57万手，粮油3130万吨，金额542.01亿元，实际发生商品交割数量31836吨，平均交割率1%，市场功能初步显露，社会影响逐步扩大。

从1995年11月开始，随着粮改深入，上海粮食市场体系建设经历一个调整、重组的阶段，由于政策调控、经营管理等因素，上海粮交所和市、区县的一些粮食批发市场先后关闭。2001年上海实行粮食购销市场化改革，上海粮食市场全面放开。2004年，国务院下发了《关于进一步深化粮食流通体制改革的意见》，决定全面放开粮食购销市场，实行粮食购销市场化改革，有力地推动了上海粮食市场体系的全面发展。

近年来，按照国家和市政府的要求和部署，上海粮食市场建设坚持市场化取向，逐步向规范、完善的方向发展，引入多元化经营主体和多种经营模式，建成10个粮食批发市场，大市场、大流通格局基本形成。坚持“市场吸引流量、价格引导流向”的原则，发挥市场配置粮食资源基础性作用，2007年粮食批发市场交易量达到152万吨，其中粳米交易量达到122万吨，占年粳米消费量的57%，在组织大宗粮食品种交易、形成现货市场价格、传递市场供求和价格信息、服务市场调控等方面发挥了重要作用，三个基本功能：现货交易、信息窗口、质量保证得到不断完善。目前，上海农产品中心市场和江桥批发市场等成功接入远程网络电子竞价交易系统，客户可以参与竞价中央及地方储备粮交易。零售市场方面，超市、大卖场、便利店已经成为粮食零售供应主渠道，专业粮油商店、菜市场粮食经营不断规范，帮困粮油供应点和军粮供应站更加完善，多业态、多形式的粮食零售供应网络方便居民购买，全市现有大卖场、超市、便利店、标准化菜市场和专业粮油经营门店等业态的粮食零售网点约5800家，遍布市区，货源充足，品种多样，极大方便居民购买。

## 二

当前，上海粮食市场体系建设面临新的发展机遇和新的经济环境。2008年上海市政府工作报告指出，今后五年是上海实现科学发展的重要时期，是加快推进“四个率先”、加快建设“四个中心”和社会主义现代化国际大都市的重要时期。当代中国正在发生广泛而深刻的变革，工业化、信息化、城镇化、市场化、国际化加快推进，上海既有改革开放以来奠定的坚实基础，还有举办世博会、浦东综合配套改革试点、长江三角洲地区联动发展等重大机遇；上海正加快向以“四个中心”为主要功能的社会主义现代化国际大都市跨越，向比较完善的社会主义市场经济体制发展，必须从制度上更好地发挥市场在资源配置中的基础性作用，加快建立与国际规范相衔接的经济运行方式，大力增强城市综合服务功能，不断提高城市综合实力和国际竞争力。

从政策层面看，党的十七大报告要求加快形成统一开放竞争有序的现代市场体系，发展各类生产要素市场，完善反映市场供求关系、资源稀缺程度、环境损害成本的生产要素和资源价格形成机制，规范发展行业协会和市场中介组织，健全社会信用体系。2007 年，国家粮食局印发的《全国粮食市场体系建设“十一五”规划》明确要求，在“十一五”期间，要全面贯彻落实科学发展观，按照建设社会主义新农村和构建社会主义和谐社会的要求，促进各类粮食市场健康有序、又好又快发展，保护粮食生产者、消费者和经营者利益，充分发挥市场对配置粮食资源的基础性作用，服务国家粮食宏观调控，确保国家粮食安全。

从上海市粮食市场经济发展状况看，按照国家要求，上海在逐步放开粮食市场的过程中，注意培育多元粮食市场主体参与市场竞争，推动粮食流通向多元化、规范化、法制化方向发展，粮食流通格局发生重大变化。一方面国有粮食企业充分发挥粮食收购、粮食储备、产销合作和粮食市场供应骨干示范作用，另一方面，多元粮食经营主体对稳定市场供应发挥了积极的作用。截至 2007 年底，上海市共发放粮食收购许可证 167 张，经营主体有国营企业、股份制企业、民营企业。近 5 年来，全市收购粮食 83.88 万吨，年均收购粮食 16.78 万吨。

为有效增强政府宏观调控能力，除了粮食批发市场稳定吸纳粮食来源以及各类粮食经营企业参与市场竞争调节外，2004 年起市政府与黑龙江、吉林省政府签订省市间粮食产销长期合作协议，协议购销量逐年增加，2007 年达到 86 万吨，上海还与江苏、安徽，山东等省建立了粮食产销合作关系，初步搭建了粮食产销合作平台。

完善的粮食储备机制是政府调控粮食价格，维护市场稳定的重要保障。目前，上海已建立粮食储备轮换新机制，合理调整储备粮品种结构，同时保持地方储备粮规模，加强储备粮费用管理，推进储备粮轮换竞价交易。上海粮食系统的重大工程项目——外高桥粮食储备库及码头设施项目进展顺利。

总之，上海粮食市场体系建设要紧紧抓住新一轮发展机遇，乘势而上，着力解决与上海城市整体功能不相适应的瓶颈问题，因地制宜，克难攻坚，加快建成以粮食收购市场和零售市场为基础、批发市场为骨干、期货市场为先导，商流与物流、传统交易与电子商务、现货与期货有机结合，布局更合理、功能更完善、制度更健全、运行更规范，统一开放、竞争有序的粮食市场体系。

## 三

上海是一个特大型粮食消费城市。上海粮食市场体系发展，要全面贯彻落实科学发展观，围绕加快推进“四个率先”、加快建设“四个中心”总目标，从城市特点出发，努力推进粮食流通产业现代化发展，确保上海市粮食安全。

### （一）依托上海金融市场体系，同期货市场发展步伐相融合

期货市场是发现价格的市场，现货市场是在期货价格的基础上，承担一个物流的过程。由于在期货市场上形成一个透明机制的市场和基准价格，才更好地促进了批发市场、现货市场作用的发挥。2007 年，我国粮食期货市场的发展是飞跃性的，规模得到很大提高，当年农产品成交量占市场的 86.6%。上海地区有发达的金融产业，许多期货和投资公司研发机构和总部

都设在上海，为符合条件的粮食市场主体参与粮食期货交易创造了非常好的客观条件，可以利用期、现货市场灵活开展业务，保证储备安全，充分发挥期货市场引导生产、发现价格、规避风险的作用，为粮食企业和农民提供服务。针对未来可能推出的农产品期权及大米期货等农产品衍生品，本市应该积极做好准备。

### （二）与现代物流体系建设结合

国家有关部门编制的《粮食现代物流发展规划》明确提出我国粮食物流发展的指导意见，粮食现代物流项目范围包括散粮中转库、散粮接受发放设施、散粮运输工具、企业粮食物流信息系统和检验检测四个方面。根据国家规划，结合本地区粮食流通形势和地区特点，上海粮食市场体系建设未来布局设想重点发展 4~5 家在外环线周边交通运输条件较好的粮食批发市场，其中投资建设 1~2 家大型现代化粮食批发市场；整合发展 3~4 家在外环与中环之间有较大发展潜力现已到达一定交易规模的粮食批发市场；强化单体批发市场的交易、信息、服务功能，做大批发市场交易规模，实现上海粮食批发市场的现代化、规模化和规范化运作。同时加快构筑上海粮食零售物流配送网络，重点推进社会化第三方粮食物流配送体系建设。充分利用现有粮食物流设施和连锁超市物流配送网络，积极发展上海粮食连锁经营配送网络，鼓励有条件的商业连锁企业整合资源、优化业务流程、创新粮食物流管理模式，提高粮食商品的统一配送率和粮食物流效率。

### （三）同现代信息技术相结合

依托互联网和计算机技术，加快构建以“信息资源数字化、信息传输网络化、信息技术应用行业化”为主要标志的“数字粮食”基本框架，结合上海市粮食流通数据中心建设，按照全国统一的粮食竞价交易系统的建设要求，上海多个粮食批发市场已成功接入启用远程网络电子竞价交易系统，大宗经营户通过网上竞价，参与交易中央和地方储备粮，整个过程透明公正，可以有效防止交易垄断行为的发生。未来随着各方面设施和服务的不断增强和完善，交易透明度的不断增加，将会有越来越多的经营户和单位通过这种方式参与交易，使得上海粮食批发市场成为设施现代化、交易规范化、管理信息化的粮食交易平台。

电子商务是利用电子网络进行的商务活动。粮食行业开展电子商务具有提高管理水平、降低交易成本、加速商品流转、增强竞争能力、促进大市场形成的重要作用。国家主管部门在安排临时存储粮销售时，明确提出现场和网上相结合的要求，极大地推动了粮食电子商务的开展。一个覆盖全国、联结各大批发市场和产销企业的电子交易网络已初步形成，上海粮食企业应该组建粮食交易平台，开展网上服务，致力于发展“无形粮食市场”，建立“互联互通、资源共享”的粮食交易网络，实现网上粮食招标、投标、竞价、协商及场内网上联动等多种交易方式开展交易活动。

## 四

上海粮食市场体系建设需要政府管理部门科学引导，粮食行政管理部门要按照宏观调控需要对粮食市场建设进行科学规划，确保市场建设布局合理；要注意坚持市场导向，充分发挥市场机制的作用，提高资源配置效率，针对各类市场的不同特点和功能，加强对粮食零售、批发和期货市场的分类指导，促进协调发展；要积极培育粮食市场经营主体，鼓励多元粮食市场主体入市参与交易，通过增加投入，引导和扶持大型的粮食流通和加工企业，培育农村粮食经纪人，探索多种收购粮食的方式，为整个上海粮食市场建设创造良好的发展条件。

当我们以审慎的目光回顾上海改革开放30年中粮食市场的发展历程时，欣喜地发现，在国家统一、开放、竞争、有序的现代市场体系基本原则的指导下，上海以零售市场为基础，以批发市场为主体，以期货市场为先导，以电子商务为方向的现代粮食市场体系的框架已然在形成之中，它是上海粮食市场建设者们在一张白纸上共同描绘的一幅最美的图画，相信这幅画卷未来将更加绚丽多姿。

（作者：上海市粮食局市场处）

# 以创建星级粮库为载体<br>建立新型仓储管理机制

和谐社会，粮食为首。浙江省是全国粮食主销区之一，每年粮食产需缺口约为 200 亿斤。为了保障全省粮食安全，浙江省确定了“抓创新、谋发展、保安全、促和谐”的粮食工作方针，并着手构建粮食安全四大保障体系：一是以切实加强地方粮食储备管理为重点的粮食调控体系；二是以加快发展区域性粮食现代物流为重点的粮食市场体系；三是以全面贯彻《粮食流通管理条例》为重点的粮食法治体系；四是以加强粮食行业自身建设为重点的粮食队伍体系。

粮食储备是政府实施宏观调控、保障军需民食、确保粮食安全的重要物质基础。根据温家宝总理提出的“储得进、管得好、调得动、用得上”的目标，近几年，浙江省采取一系列行之有效的措施，切实加强省市县各级地方粮食储备管理，确保了地方储备粮油“规模、资金、仓储”的三到位。

加强粮食仓储工作，对充分发挥粮食储备效能，改善粮食宏观调控，保障粮食安全意义重大。浙江省高度重视粮食仓储工作，把仓储工作放到确保粮食安全的高度来认识和理解。近几年，通过市县中心粮库的建设、地方储备粮集并和强化管理、科技储粮特别是生态储粮的实施、粮食流通“四散化”的应用、保管员职业资格的培训以及开展以创建星级粮库为载体，建立新型仓储管理机制的活动，极大地提升了全省粮食仓储管理水平。

## 一、出台“以奖代补”政策，加强中心粮库建设，<br>完善储备调控体系

为健全和完善浙江省地方粮食储备调控体系，切实加强对地方储备粮油的管理，增强省市县各级政府的调控能力，自 2000 年以来，浙江省结合国

有粮食企业改制，积极整合粮食流通资源，特别是粮库资源，盘活仓库、土地等存量资产，加大资金投入，建设市县中心粮库。省财政厅、省粮食局联合下发了《关于部分市县中心粮库建设有关问题的通知》，提出各地都要建设与当地地方粮食储备规模相匹配的中心粮库，省里通过“以奖代补”的形式适当给予资金奖励。通过这一政策的引导和支持，全省中心粮库建设取得了显著成效。到 2007 年底，已新建和改扩建市县中心粮库 50 个，建成仓容 24 亿斤。从而为地方储备粮的集中管理创造了良好的硬件条件，打下了坚实的基础。为进一步推进市县中心粮库建设，2007 年，省财政厅、省粮食局又联合下发了《关于继续实行市县中心粮库建设以奖代补政策的通知》，继续引导和支持各地建设中心粮库。

随着各地中心粮库的建成和投入使用，浙江省及时转移工作重点，从抓储备硬件建设转向抓储备管理。为提高粮食储备调控效率，确保地方储备“储得进、管得好、调得动、用得上”，浙江省结合储备粮轮换等业务，对原来分散储存的地方储备粮进行全面集并，集中存放到中心粮库，实现储备粮的规模化、集约化管理。截至 2007 年底，全省有 60%~65%的地方储备粮已集并存放到市县中心粮库。通过集并，市县级储备粮的储存库点从原来近 3000 个收缩到 800 个以内，基本实现了省政府提出的“市县储备粮存放市县中心粮库”的目标。通过储备集并这一举措，为浙江省地方储备粮集约化管理奠定了良好的基础。

## 二、创新仓储工作机制，导入星级管理模式，提升储备仓储管理水平

### （一）“四无粮仓”历史回顾

1.“四无粮仓”的创造和推广。余杭仓前粮库是全国“四无粮仓”的发源地。早在 1953 年，仓前粮库就创造了全国首批无虫粮仓，曾经轰动全国，震惊世界，被认为是中国粮食史上的伟大奇迹，给全国保粮工作树立了典范。1954 年，余杭县又提出并实现了以“无虫、无霉、无鼠、无雀”为主要内容的“四无”粮仓。1955 年，中央粮食部根据余杭县“四无粮仓”的内容和其他一些地方的粮食保管经验，经专家论证后，号召全国粮食系统推

广余杭县“四无粮仓”的经验，在全国范围内开展以“无害虫、无霉变、无鼠雀、无事故”为主要内容的“四无粮仓”活动。从此，“四无粮仓”活动便被作为我国粮食仓储基础管理工作的重要载体，一直沿用至今。

2.“四无粮仓”的完善和发展。从 1953 年创建到 2007 年，五十五年以来，“四无粮仓”的内容和标准并非一成不变，它经历了以下发展和完善的历程：1953 年余杭县首创“无虫”粮仓；1954 年余杭县首创以“无虫、无霉、无鼠、无雀”为内容的“四无粮仓”；1955 年中央粮食部经专家论证提出以“无虫害、无霉变、无鼠雀、无事故”为内容的“四无粮仓”；1994 年国家粮食储备局提出以“账实相符，无害虫、无变质、无鼠雀、无事故”为内容的“一符四无”粮仓；2007 年国家粮食局提出以“账实相符，无有害生物危害，无不宜存粮油，无有害物质污染，无人为责任事故”为内容的“一符四无”。至此，“四无粮仓”的内容和标准得到了丰富、发展、完善和提高。

3.“四无粮仓”的继承和发扬。“一符四无”是粮食部门广大仓储工作者几十年仓储工作实践的结晶，是粮食仓储工作的基石。几十年来，它为我国粮食安全储藏立下汗马功劳，为中国粮食仓储事业作出了巨大贡献，功不可没。因此，我们认为，“一符四无”过去管用，现在管用，将来仍然管用，我们首先要毫不动摇地坚持下去，特别是老一辈粮食保管员那种“宁流千滴汗，不坏一粒粮”的光荣传统，更值得今天我们粮食仓储工作者的学习、继承和发扬。

**（二）建立新型粮食仓储管理机制的必要性**

沧海桑田，随着粮食流通体制改革和粮食购销市场化改革的不断深入，粮食工作发生了翻天覆地的变化，粮食仓储管理工作也发生了巨大的变化。“一符四无”已经不能完全适应新形势下粮食仓储管理工作的新要求。如粮食安全对仓储工作提出了新的更高要求；粮食购销市场化对粮食仓储企业提出新的挑战；仓储设施的改善、储藏技术的进步和管理手段的现代化为仓储事业的发展创造了良好条件；粮食法制建设要求仓储工作要依法行政、依法管粮；随着经济社会的快速发展，人们生活水平不断提高，广大消费者对“吃好饭”提出了更高的要求，不仅要吃得卫生安全，而且要口感好、有营养、利于健康；等等。因此，以科学发展观为指导，建立新型粮食仓储管理机制，转变仓储管理模式，适应仓储管理工作的新形势，已经成为当前粮食仓储工作的重要课题。2007 年，国家粮食局在贵阳召开的全国粮食仓储工作会议上，提出了“从加强行业指导工作的角度，探讨建立新型仓储管理机制的方式方法”这个议题，把粮食仓储管理工作机制创新摆上了重要议事日程。

### （三）创新仓储管理机制，导入“星级”管理模式

众所周知，旅游行业的酒店管理是用“星级”来衡量软硬件条件和管理水平的，星级越高，表示条件越好、管理水平越高、客人可以享受更好的服务。那么，以粮库为载体的粮食仓储行业能否借鉴酒店“星级管理”模式，统一评定标准，实行规范管理，建立符合粮食仓储管理实际的考评标准体系，这是一个值得研究和探讨的问题。在这方面，浙江省粮食局根据本省粮食仓储工作的实际，作了一些探索和实践。2006 年，我省在基本完成中心粮库建设和地方储备粮集并之后，及时转移仓储工作重点，从抓仓储设施硬件建设转向抓仓储管理。并创新仓储管理工作机制，导入酒店“星级”管理模式，实现仓储管理模式的转变，在全省中心粮库开展“星级粮库”创建活动，并取得了显著成效。

## 三、“星级粮库”创建活动的具体做法

总的来说，“星级粮库”创建活动的具体做法是，省粮食局根据粮食仓储管理工作的目标、基础工作、重点工作和今后的发展方向，研究、制订、公布“星级粮库”考评的内容、标准和程序，对申请评定星级的中心粮库进行基本资格审核、资料审核、现场检查考评和综合评定，从而最终确定粮库管理的“星级”水平。

### （一）申报条件

凡申报“星级粮库”评定的市县中心粮库，必须同时具备八项基本资格条件，否则，不予受理。一是领导班子团结凝聚、廉洁干事，无违规违纪等情况；二是职工队伍必须有大专以上文凭的员工和高级保管员；三是市县储备粮油必须做到“规模、费用、仓储”三到位；四是储备粮油必须做到严格

管理，不擅自动用；五是认真完成省下达的市县储备粮集并奖励基数；六是年度实现“一符四无”粮库；七是库存储备粮油及时轮换，无重度不宜存情况发生；八是严格执行粮食销售出库质量检验制度。

**（二）考评内容**

“星级粮库”考评内容共十项二十个方面：

1. 职工队伍建设。主要考核中心粮库保管员参加粮油保管员职业技能培训、考核和鉴定，并取得相应职业资格证书的情况，以及职工政治理论、文化、业务知识学习和业务技术比武等情况。

2. 仓储设施建设。主要考核中心粮库国有资产管理情况，重点是仓库维护和设施设备维修保养等情况。

3. 储备粮集并。主要考核市县储备粮集并存放到中心粮库的数量情况。

4. 科学储粮技术应用。主要考核中心粮库低温储粮技术综合应用情况，机械通风、粮情测控、环流熏蒸、谷物冷却四项储粮技术应用情况，以及储备粮台账管理系统安装、联网、运行和数据报送等情况。

5. 粮油质量管理。主要考核中心粮库储备粮油质量情况以及储备粮油入库、储存、出库等环节的质量管理和质量档案管理等情况。重点是入库粮食的质量合格率和库存粮食储存品质的宜存率。

6. 库容库貌建设和仓储基础工作。主要考核中心粮库整个库区的绿化、环境卫生，以及各项仓储基础工作等情况。

7. 仓储管理制度建设。主要考核中心粮库执行《粮油储藏技术规范》情况，以及安全生产制度、各项仓储管理制度的建设和执行情况。

8. 人均劳动效率。主要考核中心粮库职工人均粮食保管量情况。

9. 粮食散储作业。主要考核中心粮库粮食“四散”作业中的“散粮储存”情况。

10. 绿色储粮实践。主要考核中心粮库在绿色储粮和生态储粮技术方面的研究、实践和应用情况。

**（三）考评办法**

“星级粮库”评定对象目前为各市县中心粮库，今后可视实际情况扩大至其他粮库。各地以设区市为单位组织申报。具体考评办法如下：

1. 制订实施方案。各市要根据省粮食局“星级粮库”评定的标准和要求，结合本市各中心粮库的实际，认真策划，周密安排，制订出切实可行的实施方案和工作计划，并于每年 4 月底前将创建活动方案和工作计划上报省粮食局备案。省粮食局将根据各市的实施方案，适时组织力量对各地创建活动的组织开展情况进行检查指导。

2. 上报申报材料。每年 11 月底前，各市要组织力量对创建活动情况进行检查、考核、总结，并将有关申报资料装订成册上报省粮食局管理监督处。

3. 现场检查审核。每年 12 月，省粮食局对各市上报评定星级的中心粮库的申报资格进行审核。对具备申报资格的中心粮库由省粮食局派出“星级粮库”考评工作小组，赴现场按《“星级粮库”考评标准》进行检查、审核。考评小组成员主要由省粮食局和各市从事仓储管理工作的专业人员组成。

4. 综合评定星级。根据现场审核的结果，综合评定星级。中心粮库的星级分为一星级（★）、二星级（★★）和三星级（★★★）三个等级。其中，综合得分≥90 分的评定为三星级，80 分≤得分<90 分的评定为二星级，70 分≤得分<80 分的评定为一星级。考评中发现申报资料弄虚作假的中心粮库，将取消今后评定“星级粮库”的资格。

5. 公布评定结果。每年 12 月底，省粮食局将在“粮油在线”网上公示“星级粮库”评定结果，公开接受监督。公示结束，正式公布“星级粮库”名单，并在适当场合（如全省粮食工作会议等）举行“星级粮库”发证授牌仪式。“星级粮库”评定结果将作为省粮食局对各市粮食安全责任制目标考核的内容之一。

6.“星级粮库”管理。“星级粮库”实行年审制，进行动态管理。对上年已评定的“星级粮库”，与当年申报星级的中心粮库按同一标准一并进行检查审核，并根据审核情况重新评定星级。对不符合条件的将限期整改，直至予以摘牌。

## 四、“星级粮库”创建活动的特点和成效

### （一）“星级粮库”创建活动的特点

浙江省开展的“星级粮库”创建活动，概括起来具有以下特点：

1. 综合性。即创建活动的内容可以涵盖仓储管理工作的方方面面，包括基础工作、重点工作和今后的发展方向等。创建活动的内容具有很强的包容性。

2. 指导性。考评本身实际上是上级对下级进行工作指导的一根指挥棒。星级粮库的考评内容具有很强的针对性和指导性，是省粮食局对全省粮食仓储管理工作的正确指导。如考评内容和标准中设置"绿色储粮实践"，就是指导粮食仓储企业在科学储粮方面，今后要向绿色、生态、无公害储粮技术方向发展，实现从常规储粮向生态储粮转变。

3. 灵活性。即星级粮库创建活动的内容，可以根据粮食仓储管理工作(包括仓储设施、储粮技术和仓储管理等)，不断发展进步的需要，进行灵活设置，机动调整，因此具有很强的灵活性和机动性。

4. 多样性。即星级粮库创建活动的内容十分丰富，形式多种多样，不拘一格，生动活泼，而且可以结合企业文化建设来开展。

5. 继承性。即星级粮库创建活动，没有把"一符四无"这个光荣传统丢掉，而是把它作为中心粮库申报评定星级的基本资格条件之一，很好地予以继承，并在更高更好的"星级"平台上进行发展。可以说，继承"一符四无"是为了夯实仓储基础，创建星级粮库是为了促提高上档次。因此，继承与发展，这是星级粮库创建活动的又一个显著特点。

### (二)"星级粮库"创建活动的成效

经过两年创建，截至 2007 年底，全省已评定了 37 个星级粮库，其中 35 个三星级粮库，2 个二星级粮库。"星级粮库"创建活动取得了显著成效。

1. 全省粮食仓储职工队伍素质进一步得到提高。粮油保管员职业资格培训已成为浙江省加强仓储职工队伍建设的长效机制，全省 37 个星级粮库的粮油保管员全部取得了职业资格证书。同时，中心粮库对政治理论、业务知识的学习以及业务技术比武的重视程度在不断提高，并且都建立了学习记录。

2. 仓储管理制度进一步健全和完善，仓储基础工作更加扎实规范。中心粮库都十分重视仓储制度建设，制度健全，装订成册，人手一册。制度执行良好，没有出现安全生产责任事故。很多中心粮库向德清省级粮食储备库学习精细化管理经验，各项仓储基础工作进一步得到加强和规范。

3. 科学储粮水平明显提高，绿色、生态、无公害储粮理念进一步确立。

粮温控制良好，37 个中心库有 34 个年平均粮温控制在 20℃以下，达到“准低温”水平。“四项”储粮新技术普遍应用三项，有 31 个中心粮库应用了机械通风、环流熏蒸、粮情检测。海盐县中心粮库投入约 50 万元资金购置两台谷物冷却机。部分中心粮库积极创造条件，开展绿色储粮实践，并取得一定成效。如永康中心库运用频振式杀虫灯对储粮害虫进行诱杀防治试验。衢江、江山中心库进行中草药防治储粮害虫试验。义乌、永康、金华市白龙桥、衢江、江山、路桥、温岭和富阳等中心库应用硅藻土粮面拌和防治害虫。瑞安市中心库的《自动化绿色粮食收储技术研究》、路桥区中心库的《仓顶智能喷淋控温结合粮面隔热毯保温储粮》、衢江区、江山市中心库的《中草药防治储粮害虫技术研究》等绿色储粮技术项目还通过当地科技局正式立项，争取部分资金。

4. 库存粮食质量良好，卫生合格，储存安全。中心粮库一般都建立了专门的化验室，常规的检化验仪器设备配置齐全，部分中心粮库还购置了粮食储存品质指标检化验设备。粮食入库、储存、出库等各个环节的质量检测和质量档案管理进一步得到规范。如海宁市中心粮库对库存粮食储存品质指标每月进行检验，切实做到心中有数，并为储备粮及时轮换提供科学依据。粮食库存检查结果也表明，浙江省粮食入库质量合格率和储备品质宜存率都处于全国领先水平。

5. 仓储设施条件进一步改善，库容库貌焕然一新。各地高度重视仓储设施建设和维护，借助创建活动，大力争取资金投入，改善硬件条件，不断提升仓储功能。新建中心粮库个个漂亮，通过改造，老中心库的面貌也焕然一新。中心粮库已成为粮食部门树立良好社会形象的窗口。

6. 企业文化建设得到加强，职工凝聚力不断增强。如瑞安市以“内强管理、外树形象、务实创新、争创一流”为指导思想，开展文明粮库、平安粮库、星级粮库“三库联创”活动。衢江区结合仓储管理规范年开展创星活动，区中心粮库用粮食企业信条来教育、凝聚职工。诸暨市则通过仓储技术比武等形式来丰富创建活动内容，提升创建活动质量。路桥区实行职工资格上岗制度，设立科学储粮创新奖、保管员职业技能与工资级别挂钩制度，实行“三星粮库”奖、业务操作技能比武奖、业务知识竞赛奖、安全生产奖等与绩效、工资挂钩政策，调动广大员工的工作积极性、创造性。路桥区收储公司还召开有区委宣传部、组织部、创建办、文明办等有关部门领导参加的粮食企业文化建设座谈会，进一步活跃企业文化，树立企业良好形象，提升积极向上的团队精神，增强企业凝聚力、战斗力。

7. 地方储备粮管理更趋规范，市县储备粮集并工作不断推进，地方储备粮油“三到位”得到巩固和加强。37 个星级粮库都完成了省粮食局下达的地方储备粮集并奖励基数，集并比例达 77%，其中江山等 13 个中心粮库全面完成集并任务。

两年来，浙江省粮食局以创建“星级粮库”为载体，建立新型粮食仓储管理机制，大大推动了浙江省仓储管理水平更上一个新台阶。实践证明，“星级粮库”创建活动受到全省各级粮食行政管理部门和粮食仓储企业的普遍好评。各地认为，“星级粮库”创建活动是提升粮食仓储管理工作整体水平的好载体，是对粮食仓储管理工作方式的一次创新，是对传统“一符四无”粮仓活动的一次完善、发展和提升，开创了浙江省粮食仓储管理工作的新局面，必将推动浙江省粮食仓储事业的新发展。

虽然浙江省在建立新型粮食仓储管理工作机制方面作了一些探索和实践，但“星级粮库”创建活动的内容和考评标准还不尽完善，有待进一步充实、完善和提高，使之成为推动浙江省粮食仓储管理工作不断进步的长效机制。下一步，将制订“四星”、“五星”级粮库的考评内容和标准；争取研究出台“星级粮库”创建活动的激励措施；“星级粮库”的活动范围将扩大到省级储备库和其他粮库；并对《星级粮库考评标准》进行完善，使之更加科学合理。

（作者：浙江省粮食局　张如祖　胡淑平　张谷平）

# 安徽省粮食产业化发展情况调查与思考

## 一、改革开放30年来安徽省粮食产业化取得长足进步

安徽省是全国产粮大省之一，改革开放30年来，省委、省政府高度重视粮食产业化的发展，历任主要领导就粮食产业化工作多次作出重要批示和指示，出台多项政策措施。全省各级粮食部门按照省委、省政府的决策部署，把发展粮食产业化作为各项工作重中之重来抓，明确提出了“农民是我们的衣食父母，粮源是我们的生存之本，产业化是我们的发展之路”的工作指导思想，把产业化作为发展粮食经济的第一要务，一以贯之抓落实，风吹浪打不动摇，粮食产业化经营水平得到迅速提升。特别是近几年来，粮食产业化经营已成为全省农村经济最具活力的增长点之一。

产业园区建设展现新面貌。改革开放初期，安徽省粮食产业规模还十分弱小，如今现代规模的粮食产业园区已遍及全省各地。目前，全省已有82个市、县（市、区）启动建设或规划粮食产业园区、产业集聚区94个，其中，退城进郊建设粮食产业园区和物流中心43个，龙头企业扩建26个，储备库扩建13个。园区总占地2.9万亩，已投资18.8亿元。项目设计能力（年产量），大米加工452.8万吨，面粉加工360.5万吨，油脂加工125.7万吨，仓容389.1万吨，其他项目432.4万吨。55个园区已动工兴建，占58.5%，其中22个园区基本建成或主体工程竣工已投入使用发挥效益。39个园区开始项目论证或规划征地。六安天业集团粮食产业园、宣城粮油食品工业园等是优秀粮食产业园区的代表。

龙头企业发展进入新阶段。随着改革开放的不断深入，安徽省粮食产业

化龙头企业数量大幅增加、规模快速扩张、实力明显增强。到 2007 年底，全省年销售收入超 10 亿元的企业有 8 个，超 5 亿元的 8 个，超 1 亿元的 29 个；粮油加工能力 5 万吨以上的企业达到 36 个；米、面、油加工企业设备利用率大幅提高。特别是在改革开放中发展起来的瑞福祥、皖王、新锦丰、家乐、槐祥、良夫、大平、天业等骨干龙头企业，通过扩建、新建、技改和集聚发展等方式，大大扩张了企业规模，有的已进入全国前列。

粮食产业化发展的每一步，都离不开省委、省政府的大力支持。从 2005 年起，省政府每年拿出 2000 万元资金，用于粮油精深加工和产业化项目贴息。通过政策引导，各地加大了粮油加工设备更新改造力度，增加了大米色选、小麦配粉、油脂精炼及真空包装等设备，提高了产品科技含量、工艺水平和设备档次。各地还开发了稻谷发电、米糠油、谷朊粉、利用碎米生产麦芽糖和蛋白粉、利用菜籽粕生产饲用蛋白、米糠饼提取植酸等高附加值和综合利用产品，提高了资源利用率。家乐米业开发的稻壳发电提取醋液、新锦丰开发的谷朊粉和工业酒精、华安粮油开发的专利产品番茄红素芝麻油等项目正呈方兴未艾之势。

品牌建设实现新突破。30 年前，安徽省粮油产业没有一个像样的品牌，现如今各种品牌竞相生辉。仅 2007 年，就有 11 个粮油产品荣获安徽名牌，占全省安徽名牌总数的 10%。皖王牌小麦粉、乡里乡亲牌大米（家乐米业）、槐祥牌大米、稼仙牌大米、丰大牌挂面 5 个产品荣获中国名牌，占全省中国名牌总数的 28%，占全国粮油类中国名牌总数的 8%。在全省各行业中，粮油类产品荣获安徽名牌和中国名牌所占的比重均居首位。此外，还有一大批产品荣获全国和省放心粮油、绿色产品、名牌农产品、著名商标、国家免检产品等称号。

粮食订单呈现新特点。省粮食局把大抓订单作为发展产业化的第一选择。近几年来，在稳定订单面积和订单收购量的基础上，更加注重品种优质率。2007 年全省粮油订单面积 3442 万亩，较上年增加 163 万亩，其中稻谷 1762 万亩，小麦 1146 万亩，油菜 534 万亩。到 2007 年底，订单粮油收购总量 514 万吨，其中稻谷 246 万吨，小麦 245 万吨，油菜籽 23 万吨。优质粮油订单收购量 424 万吨，订单品种优质率达到 83%，较上年提高了 3%。

强强联合迈出新步伐。这是安徽省粮食产业化工作在创新中发展的新亮点。如家乐米业、雁湖面粉注资天业集团，通过强强联合，实现优势互补，家乐的资金、品牌、市场和民营机制的优势与天业集团的原料、设备和网点优势融为一体，各自的发展潜能得到了充分的挖掘和发挥，家乐通过资本运营，以尽可能少的资金实现了规模的扩张，天业以优质的资产引进了民营资本和民营机制，实现了借力发展。良夫集团利用其规模和品牌优势，以无形资产控股当地具有一定规模和影响的4家面粉加工企业，整合了各自的人力、信息、技术、研发、管理和销售网络等资源，发挥了龙头带动作用，增强了抗风险能力，实现了集群发展、共同发展的目标。

对接“双赢”取得新成绩。呈现出企业愿望强、政府当红娘、形式更多样的特点。在粮价上升、最低收购价政策不能启动的新形势下，工商企业对接愿望明显增强，对接的自觉性、积极性都有了很大的提高，滁州、巢湖、安庆等市的不少粮库、购销企业都自发地与加工企业进行了对接。粮食行政管理部门在开展对接工作中甘当红娘，牵线搭桥，规范运作，积极推动，凤阳县粮食局专门召开了工商企业参加的对接“双赢”座谈会，制定了统一的委托收购协议规范文本，并考虑建立资金、价格、质量三大协调机制，增强对接的有效性，减少对接的随意性。对接形式更加多样，除了在收购、销售环节上进行对接外，更高层次的产权对接为粮食购销和加工企业、国有和民营企业的共同发展探索了新路子。

开拓市场有了新进展。如今的江淮大地上，粮食销售网点遍布城乡、展示展销树立形象。以龙头企业和粮站为主体建设的农村服务社已发展到2034个，全年销售收入4.09亿元。以龙头企业和军粮供应站为载体建设的城市连锁店已发展到2254个，实现销售收入4.91亿元。农村服务社和城市连锁店总数较上年增加586个。粮油展示展销活动取得了很好的效果，省粮食局每年组织龙头企业参加安徽国际农产品交易会、优质稻米交易会、中国粮油精品展交会等展示展销活动，展示了安徽粮油形象，宣传了品牌，拓展了市场，增强了对外交流与合作。近几年，年平均销往外省粮食350万~500万吨。

专业合作组织建设出现新局面。这是改革开放后，全省粮食工作的一个新举措。如今市、县粮食行业协会已有42家，以企业为主导的各类专业协会目前已有23家。协会的建设，加强了政府、企业与农户之间的联系。企业领办的农民专业合作组织在探索中发展，由2007年的2家发展到目前的226家，在引领农村经济发展中发挥了积极的作用，为企业赢得了利益，为政府分担了责任，为农民提供了服务。

## 二、安徽省粮食产业化发展的制约因素及存在问题

经过30年改革开放，安徽省粮食产业化工作虽然取得了明显成效，但粮食产业化龙头企业规模不大、实力不强、品牌不响、产业链不长、辐射面不广等问题还远未得到根本解决。

一是支撑粮食产业经济发展的龙头支柱尚未形成。全省龙头企业数量近年来快速增长，规模快速扩张，但企业的市场竞争力和产业带动力、辐射力还不强，尚未形成支撑粮食产业经济发展的龙头支柱，特别是研发能力薄弱，管理水平不高，成为制约企业进一步发展的“瓶颈”。

二是具备粮食精深加工水平的龙头企业不多。全省粮油加工业蓬勃发展，但生产力总体水平不高，设备利用率较低；粮油初加工能力较强，但具有高科技含量、高附加值的深加工项目凤毛麟角，85%~90%的企业主要加工大米及面粉。精深加工用粮只占10%~15%。

三是市场占有率不高、品牌影响力不强。从规模和加工能力来看，大米加工企业日加工能力1000吨以上的企业安徽省只有4家，小麦日加工1000吨以上的企业只有5家，油脂日加工能力1000吨以上的企业只有2家；从企业销售收入来看，河南双汇集团转化粮食60多万吨，销售收入超过200亿元，而处于安徽省粮食加工业前列的家乐米业有限公司年加工能力只有50万吨，2007年销售收入只有13亿元；从粮油品牌来看，虽有6家中国名牌，但品牌效应没有很好地发挥，品牌影响力还不强，市场占有率还不高。

四是特色不突出。安徽省虽然是粮食主产省，但优质稻米产业不如湖南，优质小麦产业不如河南，油菜籽加工产业不如苏浙，粮食产业化整体推进不如山东，粮食产业经济占全国的份额和全省的经济总量十分有限等。

五是工商对接还不够规范有效。安徽省粮食产业化工商对接的市场条件已经具备，并将成为企业发展的新趋势、新路子，但对接的规范性、有效性还有待进一步加强，工贸企业一体化、集团化、股份制的对接路子还需进一步探索。

六是粮食产业园区建设还不规范。我省粮食产业园区虽全面启动，但不少园区的项目和建设资金还没有落实，有的园区项目定位层次较低、功能

不全。

七是龙头企业与农民的利益联系还不够紧密。多数龙头企业与农户之间是一种订单关系、合同关系，龙头企业没有与农户形成真正的利益共同体，利益共享、风险共担的机制亟待完善。

## 三、粮食产业发展趋势及安徽省的独特优势

综合各方面资料分析，目前国际国内粮食产业总体呈现以下发展趋势：

一是粮油加工日益规模化、集约化。美国、法国、日本等国的面粉加工已经实现了规模化生产和集约化经营。目前，美国面粉企业仅有195家，最大面粉公司的生产能力占全国的22%，规模最大的前四家面粉公司的生产能力占全国的63%。

二是粮油产品朝着安全、优质、营养、方便的方向发展。发达国家对粮食加工企业实行严格的质量标准管理，推行GMPT和HACCP评估认证以及ISO9000族和ISO1400族认证，以保证食品“从田间到餐桌”的安全。绿色、有机粮油食品是粮食产业发展的方向。

三是粮油深加工将进一步加快。为满足膳食方便化、营养化、多样化的需要，粮油主食品工业化进程将进一步加快，方便面、方便米粉、方便米饭、冷冻食品、主食面包以及工业化生产的馒头、花卷、豆包等各种米面食品将大量出现。与此同时，传统主食品的各种生产工艺和设备的研究也将得到较快发展。冷冻技术、膨化技术、高压蒸煮技术和焙烤技术将被大力推广应用；以粮食为主要原料的休闲、旅游食品的销量将不断增加。“十一五”期间，国家将加大对粮食深加工综合利用项目的支持力度。生物发酵技术、膜分离技术、生物酶技术、生物质能源、生物质材料等高新技术，将更广泛地应用到粮食深加工上。粮油加工中的副产品如大米蛋白、米糠油、小麦胚芽、饼粕以及油脂精炼过程中产生皂荚、馏出物等也将随着粮油加工企业综合实力的提高以及提取技术的不断成熟而得到充分开发利用。

四是杂粮杂豆和特种油脂的开发利用将进一步受到重视。杂粮杂豆由于生产环境特殊，大多不施化肥、农药，无污染，是天然的有机绿色食品，营养丰富，有多种保健功能，越来越受人们喜爱。

五是粮油工业企业的质量意识、品牌意识将进一步增强。仅 2007 年，全国粮油行业共有 50 个中国名牌。

六是粮食工业更加注重节约能源和提高品质。一些煤、电消耗较高、易造成污染的粮食加工设备和工艺将被淘汰，取而代之的是能耗低、污染少、科技含量高的新工艺设备。稻米加工将向多机轻碾、降低碾白室温度和压力、强化后路色选、抛光等技术发展和推广，提高出米率、整米率，降低单位动力能耗。小麦加工将提高产业规模效益和集约化程度，大力发展专用粉，完善配粉工艺，实现面制食品手工制法向工业化生产的转变。油菜籽加工将积极推广低温冷榨、膨化浸出、低温脱溶、物理精炼等新技术、新设备，减少污染和能耗，提高产品质量。

从全国来看，安徽粮食产业比较优势突出，区位条件优越，特别是稻谷、面粉、油料加工科研和加工设备研制的综合优势较强。在国家“十一五”产业发展布局中具有举足轻重的地位，发展前景十分广阔。

一是原粮优势。粮食产业是一个资源依赖较高产业，必须有稳定、批量的原料供应。安徽省是全国 13 个粮食主产区之一，粮食商品量每年一般在 500 亿斤左右，居全国第六位；油菜籽产量每年 200 万吨左右，居全国第二位，是全国双低油菜籽基地。丰富的粮油资源为发展粮油产业提供了充裕的物质基地。

二是科技优势。安徽省会合肥有“中国科技城”美誉，科技研发产业发展令国内外瞩目。其粮油加工研发和设备研制有较好的基础条件，特别是合肥美亚光电技术有限公司研发制造的安科色选机械成为国内最大的色选机研发生产出口基地，国内市场占有率第一。这是安徽省粮食加工业发展的强有力的科技支撑。

三是物流优势。2006 年，国家粮食局正式批复同意建设合肥国家粮食交易中心，安徽省抓住这一机遇，加快粮食批发市场体系建设，使合肥国家粮食交易中心成为目前全国最大的粮食现货交易市场。

四是扶持政策优势。近年来，安徽省出台了一系列优惠政策，主要包括：发改委支持符合条件的粮食物流中心、粮食产业园区以及龙头企业的建设项目列入“861”行动计划重点项目；经委将符合条件的粮食精深加工项目纳入技术改造“百千工程”项目投资计划；财政继续安排龙头企业项目贴息；省级粮食产业化龙头企业可享受农业产业化龙头企业有关优惠政策；科技厅对农业科技成果转化项目进行扶持；农业发展银行按照企业风险承受能力，积极支持各类具有收购资质的粮食企业入市收购，并加大对粮食产业化龙头企业、粮食仓储基础设施建设等贷款支持力度。此外，对国家级农业产业化龙头企业免征所得税，各级财政对品牌建设实行奖励政策。

## 四、安徽省粮食产业发展新的目标和要求

对安徽省粮食产业发展的基本认识和判断是：普通大米、面粉、油脂加工能力基本饱和，加工布点基本完成，下一步的重点是向精深加工、规模品牌发展。省粮食局根据国际国内粮食加工企业的发展趋势和安徽的实际情况，于 2007 年底召开全省粮食产业化工作会议，提出了明确的指导思想和发展目标。安徽省粮食产业化发展总的奋斗目标是：粮食产业园区全部建成，龙头企业实力大大增强，粮油加工业总产值大幅提高，优质粮油订单稳步增长，现代粮食物流通道和物流中心建设快速启动，粮食批发市场体系不断完善，城乡连锁经营形成网络，中介和经合组织建设加速推进，实现粮食产业化大发展，形成粮食产业化大格局。到“十一五”末，全省建成 50 个大型粮食产业园区或产业集群，100 个省级（粮油类）农业产业化龙头企业，全省粮油加工总产值达到 800 亿元。突出抓好几项重点工作：

一是全面启动粮食产业化“518 提升工程”。为落实省政府农业产业化“532 提升行动”，省粮食局提出了实施粮食产业化“518 提升工程”意见，全面提升粮食产业化水平。

总体目标：从 2008 年起，到 2012 年，全省建成 50 个大型粮食产业园区或产业集群，培育 100 家规模以上省级粮油产业化龙头企业，全省粮油加工总产值达 800 亿元。

具体目标：粮食加工业总产值达到 600 亿元（2008 年达到 400 亿元，到 2012 年每年增加 50 亿元），培育年销售收入超 50 亿元的龙头企业 1 家，超 20 亿元的 6 家，超 10 亿元的 6 家，打造国家级名牌产品 5 个以上；油脂加工业总产值达到 200 亿元（2008 年达到 80 亿元，到 2012 年每年增加 30 亿元），培育年销售收入超 50 亿元的龙头企业 1 家，超 20 亿元的 2 家，超 10 亿元的 3 家，打造国家级名牌产品 1 个以上。

主要任务：通过实施粮食产业化“518 提升工程”，实现九个方面的跨

越式提升，即全面提升安徽省龙头企业的规模和实力，提升粮食产业园区的规模和实力，提升粮油精深加工和副产品综合利用水平，提升粮食产业经济和农民组织化程度，提升市场竞争能力，提升粮食产业化带动能力，提升粮食产业经济综合效益和整体发展水平。

二是进一步加快粮食产业园区建设。抓住工业强省战略机遇，重点实施三项工程。一要实施“进笼工程”。主动争取有关部门支持，加强项目建设和投资管理，将符合条件的园区重点项目，积极推荐列入省“861”行动计划和“百千工程”的笼子，寻求政策与资金扶持。二要实施“引凤工程”。改善投资环境，创新招商方式，采取走出去、请进来等形式，加强发展要素的引入。强化资本运作，吸纳多元资本、资源参与园区建设，加强项目遴选，杜绝高能耗、高污染项目进园区，确保园区科学、可持续发展。有条件的地方可组织粮食园区项目赴资本活跃、人才密集地区进行集中招商引资、引智。三要实施“孵化工程”。认真分析研究国家产业政策，做好园区建设总体规划和项目规划，保证园区建设高起点、高标准、高水平。重视园区建设与粮食现代物流项目的相互衔接，重点抓好一两个物流节点建设项目，培育和扶持一批起点高、规模大、功能全的大型园区，使之成为集粮食收购、仓储、加工、物流、销售为一体的产业集聚发展示范区。

三是发展壮大龙头企业。一要努力争取更多的企业进入省农业产业化龙头企业行列，抓住新一轮农业产业化大发展的先机。二要省粮食局组织新一轮粮食产业化龙头企业和行业排头兵评审，作为重点培育对象。三要对一批销售收入有望超 20 亿元的大型骨干龙头企业实行“一企一策”政策，全力扶持。四要积极推动工商对接和强强联合。引导工商企业在粮食收购、加工、储存、销售等环节，采取多种形式进行对接，优势互补，互利互赢；鼓励工商企业节能型产权对接，发挥各自在政策、体制、机制、市场、原料、资金等方面的优势，促进共同发展；推动龙头企业强强联合，重组品牌，共享技术，融合市场，实现生产力各要素的优化组合。五要引导企业以“六化”求发展，即企业规模化，致力做大企业；产品品牌化，致力增强竞争实力；生产标准化，致力完善生产各环节操作控制规程；管理精细化，致力练好企业发展内功；发展科学化，致力提倡发展循环经济和精深加工；市场多元化，致力开拓城乡市场和国内外市场。

四是实施科技带动战略。坚持以科技为先导的原则，引导企业加强与科研机构和院校的联系，构筑以科技合作与交流为切入点，以科技项目为载体，以企业为主体、市场为导向、产学研相结合的技术创新体系，努力提高自主创新能力，加快新成果、新技术的开发应用步伐。特别是鼓励和支持粮食专业院校在企业建立实验室，加强粮油工业产品的应用研究与开发。有条件的企业要建设自己的工程技术研究中心、新产品研发机构，加强技术研究，加大新产品开发力度。企业要充分利用现有的产业和技术基础，依靠高新技术特别是现代信息技术、生物技术、精细化工技术改造传统产业，增加科技含量。

五是推进优质粮油生产基地标准化建设。优质粮油生产基地建设是企业原料保障和产品质量保障的根本。是企业生产的第一车间。龙头企业都要建设标准化优质粮油生产基地，并积极争取成为基地建设的示范企业，按照优质粮油生产技术规程，从培育、供应种子到测土配方，从田间管理到对农民的技术培训，从质量检测到全程监管体系的建立，都要按照优质粮油标准化生产要求建好基地。各级粮食行政部门要主动与农业部门联系，积极参与优质粮油生产基地建设，特别是要发挥市场导向作用，在粮食播种前与农业部门共同向企业和农民发布、推荐优质品种。要大力发挥流通对生产的引导作用，继续推进优质粮油订单工程，促进优质粮油生产基地建设。

六是提高粮食产业经济和农民组织化程度。这是利益联结机制和服务体系建设的重要手段。要继续加强粮油专业协会建设，重点发展农民专业合作社，大力培育粮食经纪人队伍，积极推广“龙头企业 + 合作组织 + 农户”的组织模式，充分发挥其在引导粮食生产、落实粮食订单、粮食产销衔接、服务体系建设、农企利益联结等方面的重要作用。各类组织建设，要坚持企业领办、农民自愿、风险共担、利益共享的原则，把小生产与大市场联结起来，把企业经营与服务农民衔接起来，把诚信互惠与规范运作融合起来，把产业发展与农企利益提升起来，服务于粮食经济的发展。

## 五、支持粮食产业加快发展的政策建议

充分发挥粮食资源丰富和加工、装备研发等优势，加快粮食产业的发展，无论是从增强安徽省粮食产业在国内外市场上的竞争力，还是从促进本省农业现代化、新型工业化发展看，都显得十分必要和紧迫。必须加强政策

扶持引导，尤其是对辐射带动效应强的发展项目和重大科研攻关项目，给予重点支持。

一是加大对龙头企业的支持力度。要完善市场准入、项目支持、财政补贴政策，着力培育多元化的市场主体，促进企业竞争发展。要在科学论证的基础上，按照市场规律，以资本为纽带，以名牌产品为核心，把相同行业中具有地域特点、技术手段基本相同或相似的企业，通过整体兼并、出资买断、投资控股、租赁经营、联合经营等形式组建成紧密型的企业集团，共同开拓市场，提高品牌产品的市场占有率。要发挥农业产业化信用担保平台的作用，帮助龙头企业解决收购资金问题，确保粮食加工龙头企业“吃得饱”、“吃得好”、“长得快”。要支持龙头企业开展技术改造，不断开发新产品，延伸产业链条。要支持龙头企业建立原料生产基地。一方面鼓励粮食产业化龙头企业通过定向投入、定向服务、订单收购等方式实现产业化经营；另一方面，在省里选择主推品种、确定种植区域的过程中，让重点龙头企业直接参与进来，及时了解信息，参与决策，共同推广。同时，组织龙头企业与生产基地搞好产销对接，真正体现以企业为主体，发展粮食产业。省财政每年安排的粮食精深加工项目贴息，不撒“胡椒面”，要支持重点龙头企业，坚持每个重点企业连续扶持 3~5 年。贴息总额根据财力适当增加。

二是加大新产品开发、新技术应用支持力度。组织科研院所开展协作攻关，开发符合安徽气候、土壤特点的品种。加大优质高产品种的引进力度。建立优质稻、麦种子专用生产基地，抓好高档优质稻、麦品种的提纯复壮与繁殖工作。优化区域布局，坚持少而优的原则，加强名优品种的推广。按照“公司 + 中介 + 基地 + 农户”的产业模式，结合全省优质稻、麦板块基地建设，搞好区域布局，每个县（市）主推 2~3 个优质品种，集中连片种植。支持产业化龙头企业建立种子培育试验基地和种子公司，重点从事优质良种的培育、引进和对农民的技术指导等工作。农机补贴资金要对购置联合收割机、烘干机等核心设备进行重点支持。

三是加大对产学研结合的支持力度。鼓励和支持粮食产业化龙头企业与科研院校合作进行科研开发，对粮食精深加工关键技术攻关，开发米糠油、米蛋白、饴糖、方便食品、休闲食品、保鲜食品、医药产品和化工产品等深加工产品，研发生物柴油、燃料乙醇和高级复合材料等深加工技术，列入省科技扶持范围，并加大扶持力度。对关键攻关项目，在省科技型中小企业创新专项资金中给予重点支持。粮油机械制造是新型工业化和农业产业化的结合点，应借国家振兴装备制造业的东风，振兴安徽粮油机械产业的雄风。科技、农业、粮食等主管部门，要筛选一批基础较好、影响巨大的科研项目，进行重点扶持。

四是加大对各部门的协调力度，形成支持粮食产业发展的合力。农业部门、农科院所重点搞好优质粮品种，特别是中高档优质稻种的研发、引进和推广；粮食部门要负责整合粮食生产、收购、储运、加工、销售各环节、各种所有制企业的资源；财政部门要加大对粮食精深加工、龙头企业建基地等方面的支持力度；金融部门要在信用评定、贷款额度、期限等方面给予龙头企业以支持；质监部门要加大对创建粮油品牌的支持力度，培植安徽名牌，争创更多的国内品牌；科技部门要对发展粮食科技项目给予资金倾斜；统计部门要在粮食产业的信息化建设上发挥应有的作用。各有关部门都要按照省委、省政府的总体部署，在种植、加工、流通各环节充分发挥职能作用，为安徽省粮食经济又好又快发展多作贡献。

（作者：安徽省粮食局　褚绪轩　朱元友　汤小波）

# 河南省粮食加工业发展回顾与展望

## 一、改革开放以来河南省粮食加工业发展成效明显

河南省作为农业大省和全国粮食主产区，小麦种植历史悠久、播种面积全国最大、总产量和商品率全国最高。改革开放 30 年来，全省各级涉粮部门在省委、省政府的高度重视和正确领导下，积极实施国家优质粮食产业工程，依托小麦突出优势，努力打造河南粮食生产加工核心区域，使粮食加工业得到了跨越式发展，初步形成了以小麦粉初级加工为基础，以粮食精深加工为主导，以粮油食品加工为延伸的粮食加工产业格局。全省粮食加工业的不断发展壮大，不仅实现了本行业企业经营与效益同步增长，而且通过对农副产品的转化增值，在带动农业结构调整和产业升级，统筹城乡经济协调发展，提高粮食比较效益等方面作出了积极贡献，为使河南粮食资源优势转变商品经济优势提供了强大动力，为实现中原崛起创造了有利条件。实践证明，大力发展粮食加工业是推进河南粮食经济乃至富民强省的有效途径。

### （一）小麦粉加工能力进一步增强

改革开放以来，河南小麦粉加工能力进一步增强，奠定了小麦加工及其延伸产品在全国同行业中的领先地位。截至 2008 年 12 月，全省有工厂化的小麦、稻谷、玉米等粮食加工转化企业 2900 余家，常年粮食加工转化能力达 3100 万吨。其中小麦加工转化企业 2100 余家，小麦粉常年加工能力 2300 万吨、年产量达 1400 万吨，小麦加工转化企业个数，以及年加工转化能力、年产量均居全国同行业首位。同时，以小麦粉为主产品的粮食初级加工，企业数量不断增多，加工规模日益扩大，生产能力显著提高，步入了一个新的发展阶段。全省有日处理小麦 1000 吨以上的企业 7 家，500~1000 吨

的企业 15 家，300~500 吨的企业 30 家，300 吨以下的企业 2000 余家。同时还有遍布全省乡村用“自动上料单机磨”进行小麦粉初级加工的个体工商小业主 5 万多户。粮食加工业的快速发展促进了食品加工骨干企业的迅速崛起，三全、思念等优势企业利用其品牌、资本、技术和营销网络，形成了较大的市场扩张能力，白象、健丰等一大批以民营资本为主的后发企业，体制灵活，善于借鉴和创新，具有较好的成长性和快速发展的内在动力。在国家公布的 2003~2006 年四个年度的“中国食品工业百强”中，河南省 12 家企业上榜。其中白象集团年产方便面 50 亿包，位居全国第三位；三全、思念速冻食品年产量分别达到 21.4 万吨和 12 万吨，位居全国同行业前列。

### （二）龙头企业带动优势显现

河南粮食加工企业在激烈的市场竞争中，改变了过去生产规模越大越好的观念和做法，那些基础较好的大中型企业更加注重改建、引进先进设备和工艺技术，在扩大生产规模的同时，增加生产品种，提升产品品质，增强了市场竞争能力，从而推动了产业结构升级和产品结构调整。目前多数大中型粮食加工企业已经实现了由单纯追求数量扩张向重点提升技术装备能力和改善产品质量的转型，在行业中形成了龙头带动优势。如郑州金苑面业有限公司在原有日处理小麦千吨规模的基础上，国内首家研制并采用全八辊磨粉机生产技术扩建规模，扩建后日处理能力达 2200 吨，已成为目前全国单机加工规模最大的制粉企业。漯河雪健、郑州海嘉、新乡新良等全省过半数的市县磨粉企业都通过新建或改建的办法，建立了数条专用粉生产线，能够生产出满足不同需要的专用面粉或淀粉。以多品种、小包装和专用精制为主要特色的“神象”、“双鱼”牌等面粉，受到了消费者的广泛认可。在省市两级政府重点扶持下的天冠、南街村等一批粮食加工转化龙头骨干企业，愈加显现出对全省粮食经济的带动辐射作用。

### （三）以面米为原料的食品加工优势日益突出

河南省食品工业已经步入持续稳定快速发展的轨道，以面米为原料的食品加工已经成为全省食品工业中的高成长性行业。截至 2008 年 12 月，已有 24 个行业、23 个门类的食品工业分布在粮食、商业、轻工等部门及个体商户经营，形成了初具规模、比较完整的现代食品工业体系，成为全省工业经济最具竞争实力和发展优势的重要产业。据 2007 年河南省统计资料显示，全省规模以上食品工业企业 2200 家，资产总额达 1080.7 亿元，从业人员 44.78 万人。本年度完成工业增加值 643.86 亿元、主营业务收入 2448.87 亿元，均居全省规模以上工业 39 个大类中该两项指标前 10 位。主导产品产量位居全国前列，速冻米面食品、方便面、小麦粉等产量位居全国第一，味精位居全国第二，精制食用植物油等产量位居全国前八位。以面、米为原料的系列制品，也逐步实现了粗粮细做和细粮精做，由简单的复制品、熟食品发展成为节令食品、快餐食品和速冻食品，并日趋精细化和品牌化，远销全国 30 个省（区、市）。规模较大的食品加工企业中，有南街村、莲花等 6 家企业获得“中国驰名商标”称号，三全、思念等 16 家企业的 19 种产品获得“中国名牌”称号，有 48 家企业的 51 种产品获得“河南名牌”称号，55 种产品被评为河南优质产品。素有“中国粮仓”之称的河南，正在成为中国老百姓离不开的“厨房”。

### （四）粮食精深加工转化成绩斐然

河南省粮食加工业紧紧围绕粮食资源优势，开展精深加工，拉长产业链条，提高粮食转化能力。不少地方相继新建和续建了一批高起点、外向型的深加工和综合利用项目，研制开发出了一批高附加值、高科技含量的拳头、名牌产品，大大提高了粮食加工企业和粮食加工产品的知名度，部分产品还填补了国内空白。全省已有高科技、高附加值的粮油加工企业 10 余家，开发产品近百个品种。一是以小麦为原料提取小麦蛋白生产谷朊粉，增强面粉优良品质。如金苑面业有限公司运用先进的小麦分离技术，提取小麦蛋白生产谷朊粉，并将其添加到普通面粉中，提高湿面筋度和蛋白质含量。二是用小麦作为替代原料生产调味品。如河南莲花集团通过技改，以小麦、玉米等级粉加工分离为 A、B 淀粉、小麦胚芽、戊聚糖、膳食纤维等，以此为原料深加工成味精、葡萄糖、氨基酸系列产品，并用其副产品和污水分别生产饲料及各种复合肥料等。三是用陈化小麦生产燃料乙醇，代替普通汽油用于汽车动力燃料。如河南天冠集团所属天冠燃料乙醇有限公司，根据国家综合解决能源危机和促进农业良性循环和可持续发展，改善大气环境的战略要求，于 2004 年底建成了年产燃料乙醇 30 万吨项目，其产品在满足河南各地需求的同时，可供河北、湖北等省 13 个地市使用。四是用大豆做原料生产衣用纤维。如河南遂平华康生物工程有限公司，率先建成了国内唯一的年产 1500 吨大豆蛋白纤维生产线，已在江苏常熟市投入工业化生产。该项目以豆粕为原料提取蛋白质，利用生物工程技术和现代纺织设备，可纺出优于蚕丝性能不同规格的纤维，使农副产品增值数十倍。五是以粮食为主要原料经过提取应用于医药生物领域。如郑州方欣生物有限公司《HIV HB TSH 单克隆抗体规模化生产》项目，已被科技部列入国家级火炬计划予以重点扶持，目前初步显现出良好的经济和社会效益。

### （五）开放型多元化的粮食加工产业格局逐渐形成

河南省粮食加工资源优势的突出显现，出现了省外商家前来投资办企业的良好势头。如河北五得利集团、华龙集团、中旺集团，四川仁吉集团等10余家企业，近几年来通过新建、改建、租赁、投资参股等方式，已经在河南落户。与此同时，金苑面业、白象集团等省内知名企业积极向省外扩张，利用当地资源建立生产基地，提高市场占有份额，初步形成了引进来走出去的良性互动。全省不少粮食加工企业随着国有企业改革的不断深化，逐步转变为国有、集体、民营和股份制等多种所有制形式共同发展的粮食加工企业新格局。在现有的小麦加工企业中，国有企业376个、集体企业131个、民营企业911个、中国港、澳、台商及外商投资企业12个、其他企业670个，国有、集体、民营三类企业在企业总数中所占比重分别为18.6%、6.5%、45.2%。国有粮食加工企业已有90%以上经过改制、改组、改造成为混合型经济体。体制创新使这些企业改善了法人治理结构，为企业发展和粮食产业化经营注入了活力。

河南省粮食加工业在快速发展中虽然成效明显，但从整体上看，特别是与发达国家和先进地区相比，还存在着诸如粮食生产与粮食加工经营脱节，粮食加工业产能过剩，产业集群程度低，产品精深加工技术研究投入不足等差距，这也为今后粮食加工业如何进一步健康发展提出了新课题。

## 二、河南省粮食加工业发展的有利条件与面临的挑战

### （一）有利条件

1. 丰富的资源优势。河南省位于黄河中下游，中东部是广阔的黄淮海冲

积平原，境内分属长江、淮河、黄河、海河四大水系。根据统计资料显示，全省常年粮食种植面积达 1.42 亿亩，粮食总产量从 1998 年以来一直稳定在 800 亿斤以上，2007 年突破了 1000 亿斤大关，占全国粮食总产量的 1/10 左右。在粮食品种结构中小麦为主打品种，2007 年小麦种植面积达 7819 万亩，产量达 585 亿斤，已连续 6 年居全国第一位。优质专用小麦集中联片种植的县市已达 30 多个，种植面积达 4900 万亩，占小麦播种面积的 62.7%。全省小麦在品种利用上呈现以下明显特点：一是主导品种突出，搭配品种比较合理。郑麦 9023 号、豫麦 34 号、新麦 18 号稳产性好，适应性广，是小麦主栽品种。豫麦 69 号、58 号、47 号、41 号、54 号五个品种主要成为搭配品种，各有千秋，形成了省内较为合理的品种利用格局。二是强筋小麦品种的种植面积逐步扩大，品种水平进一步提高，进一步改善了河南强筋小麦品质中面筋强度较差、稳定时间较短的缺陷。三是以偃展 4110、新麦 9408 为主的高产和稳产小麦，以郑农 16 号为主的晚播、早熟强筋小麦为代表的新品种，在种植上越来越显示出良好的发展优势。随着农业结构的逐步调整和优化，河南省的农产品将进一步丰富化、特色化、优质化、专用化，资源优势更加突出。

2. 有利的行业基础和市场机遇。经过多年努力特别是改革开放以来，河南省粮食加工业基础格局已经形成。在中国粮食行业协会统计的小麦、稻谷、玉米、油脂四大类加工行业中，河南全部拥有，且小麦加工业尤为突出。基础优势还带来大省优势，即粮食生产大省对粮食市场占有份额的优势：河南粮食制品成为全国城乡居民食品的主要来源地之一，在国内市场上，每 3.3 袋方便面就有 1 袋是“河南造”，每 10 个速冻汤圆中有 5 个出自河南。香港来自内地的放心食品目录上，有半数为河南产品。粮食制品既是一次性消费，又是终身需求，对应的粮食加工业也成为永不衰落的朝阳行业。我国小康社会的总体实现，人们越来越需要从繁重的一日三餐劳作中解脱出来，使粮食制品消费结构加速变化和工业食品需求迅速上升，并呈现出多层次、个性化、多样化、成品化的特点。城市化进程也促进这一上升势头。据有关研究，一个消费者从农村迁移到中小城市对粮食的年直接消费量将下降 58.3 公斤，迁移到大城市将下降 64.2 公斤，对应的经过加工、品质较好的食品需求大量增加。所有这些都将为河南粮食加工业的发展带来良好的市场机遇。

3. 积极的政策支持。河南省委、省政府历来高度重视粮食加工业，特别是改革开放30年来，立足农业大省实际，通过制定和实施一系列政策措施，大力扶持粮食加工业逐步进入了持续发展的轨道。20世纪90年代初期，省政府就提出了“围绕农业上工业，上了工业促农业，大搞农副产品加工增值”的经济发展战略，为促进粮食加工业的较快发展指明了方向。进入新世纪以来，河南产粮大省的资源优势愈加显现，河南发展由原粮到成品粮的加工转化尤为重要。为此，省委省政府又明确提出“在‘十五’期间把河南建设成为全国重要的优质小麦生产和加工基地”的战略目标，从1999年开始，相继批转了《关于加快我省小麦加工转化工作的意见》、《关于建设全国重要优质小麦生产和加工基地的实施方案》、《关于培育改造提升五大支柱产业和发展高新技术产业的实施方案》，把粮食精深加工转化提升到全省五大支柱产业的首位进行积极扶持。“十一五”开局之年，在《河南省国民经济和社会发展第十一个五年规划纲要》中，又将粮食加工转化作为河南省的优势产业，提出“建设全国重要的食品工业基地”的目标，其中以食用植物油加工和糕点、彭化食品加工为重要内容的油脂行业和休闲食品行业，被确定为高成长性行业加以大力发展。把小麦产业化经营提升到了“小麦经济”的理念上来，要求形成产业带动优势。

4. 有效的部门联动机制。根据省委省政府关于发展粮食加工业的一系列正确决策和要求，全省涉农部门各司其职，各负其责，密切配合，形成了有利于加快粮食加工业发展的有效机制，合力推动各项工作的开展。时为政府组成部门的省经贸委于2000年起草并报经省政府批转了《关于河南省重点扶持小麦加工转化企业的规划意见》，在全省众多企业中筛选出河南正龙食品有限公司等10家省重点扶持龙头企业和30家分层次重点扶持的企业，予以项目建设、贷款贴息等方面的优惠扶持。省科技厅于2001年起草并报经省政府批转了《关于河南省小麦资源优势转化为经济优势科技行动实施意见》，提出以优化品种结构、实施区域化种植、规模化生产、提高加工转化技术水平、培育名牌产品和增强市场竞争能力为重点，以“企业＋科技＋基地＋农户”为主要运作形式，给予一系列保障措施。省农业部门有力开展省级农业产业化龙头企业的组织评审工作，促进粮食加工企业做大做强。截至2007年12月，全省被认定的省农业产业化龙头企业128个，其中粮油加工转化企业50个，占龙头企业总数的40%。河南省粮食局作为长期从事粮食加工业管理的部门，充分发挥粮食加工业管理主力军作用。一是高度重视粮食加工业的发展，指定有关处室专职负责对全省粮食加工业的管理指导。二是从推进全省粮食加工业大局出发，一方面站在全省粮食加工统一布局的高度，对全省粮食加工业进行总体规划，另一方面有效扶持粮食加工业弱势门类，努力培植龙头企业。在协调 40 家小麦加工转化企业一系列优惠政策及时落实的同时，重点保障生产规模大，产品有市场，带动辐射能力强的 76 家企业的加工用粮。三是大力开展科技攻关，做好基础性工作。如粮食生产的产业化经营、优质小麦品种的推广和实施，疏通了粮食加工业上下游的关系，锻造了整个产业链条，对发展粮食加工业十分有利。四是推进贷款、税收、土地等配套的优惠政策出台及落实，如中国农业发展银行《农业产业化龙头企业贷款办法》及《粮食加工企业贷款办法》的制定和落实，就是这种推进的结果。五是引导企业树立品牌意识，加强对粮食加工业挖潜改造指导，积极推进企业规模整合和产品升级，促进粮食加工业快速发展。

**（二）面临的挑战**

1. 全面建设小康社会为粮食精深加工提出了新要求。在实现全面建设小康社会奋斗目标的伟大进程中，随着人民生活水平的不断提高，人们对食物消费的数量和结构将发生一定的变化。据资料显示，预计到 2010 年，我国人口将达到 13.6 亿元，人均 GDP 达到 12800 元，恩格尔系数降至 43%左右。人均每日需摄入能量 2300 千卡，其中 80%来自植物性食物，20%来自动物性食物。人均每年主要食物摄入量为口粮 155 公斤，豆类 13 公斤。因此，今后一段时期对粮食加工品的需求将呈平稳增长和结构不断优化的态势。同时，消费者对粮食加工制品也将出现新的需求，花色品种齐全，质量上乘，营养更为丰富和更加安全卫生的粮油食品愈加受到消费者青睐，食物消费行为将呈现个性化、多样化趋势，对优质品牌的消费意识将普遍增强。另外，随着农村城镇化建设步伐的加快，农村消费将出现城市化倾向，自给型消费结构将进一步向商品型消费结构转化，这将使工业化食品的消费有较大增长，为粮食及其制品精加工提出了新的更高要求。

2. 粮食副产品综合利用和制成品的方便功能性成为行业发展趋势。我国目前许多小麦加工企业利用现有设备开发小麦胚芽的提取及深加工，如从小麦胚芽油中提取出的维生素 E1 制成高级营养美容产品，取得了很好的经济效益。小麦淀粉、谷朊粉的生产和产品开发近年发展也较快，特别是小麦活性谷朊粉作为良好的蛋白源广泛应用于食品、医药、水产和肉制品加工，作为添加剂应用于面包、火腿肠、鱼肠和冷冻食品，增加了食品的营养。小麦加工后的副产品麸皮，一改过去只用作饲料的传统习惯，更多用于食品工业，被经过加工处理后作为粗纤维添加到面包、糕点等食品中，对中老年人的营养保健起到很好作用。在国外称营养保健食品为功能食品、营养食品或健康食品。美国的健康食品开始于20世纪60年代，美国科学家更将功能食品列为新世纪食品发展的方向；日本从50年代起规定在面粉中添加维生素Bl、钙、赖氨酸等营养物质；英国和德国规定食品中要添加维生素、麦胚、尼克酸等营养成分，以提高儿童和中老年人的营养和健康水平。我国食品营养强化虽起步较晚，但发展却很快，特别在挂面、方便面、方便米和豆奶粉生产中强化营养的产品有很多。总之，随着国民经济的发展和大量的科技投入，粮食副产品综合利用以及粮食制品方便、功能、系列化将成为行业发展趋势，并挑战传统粮食加工方式方法。

3. 新时期转变经济发展方式为优化粮食加工业结构提出了高目标。新型工业化道路要求舍弃传统粗放型的经济增长方式，走集约化道路，建设资源节约型、环境友好型社会，为粮食加工业结构优化升级提出了更高的目标。粮食加工企业按照市场经济的要求进行体制创新、组织创新、产品创新，重新组织队伍，重新组合资产，重新划分市场，重新定位产品。在这个改组改造的过程中，市场是导向，企业是主体。目前这一重组已经从沿海向内地、从放开地区向将要放开地区、从国有向多种经济成分逐步推进。今后几年，以大型企业和集团为骨干、中小企业为依托的新的专业化、社会化、现代化的粮食加工企业群体，将成为河南粮食加工业基本构架，带动粮食加工业向规模化、集约化、深加工化发展，促进高附加值产品形成规模和产业。

4. 主产区粮食加工企业面临国内外强劲对手挑战加剧。一方面，当前国内粮食加工业发展势头强劲，沿海省份及粮食销区投资者，为降低原料物流成本，拓展市场空间，纷纷打破行政区划，在粮食主产省建厂办企业，发展粮食加工，粮油加工企业到粮食主产区发展已成为加工企业经营者的普遍共识。据资料显示，近几年来外省大中型粮油加工企业在河南投资数亿元，建成和在建500~1000吨/日的小麦加工企业13个，这些企业建设项目全部完成后，年消耗小麦可达320万吨，仅“康师傅”2005年在河南省投资4500万美元，进一步跻身河南粮食加工市场。这种外来投资在促进当地粮食加工、带来崭新管理理念的同时，也对河南本土市场带来了冲击。另一方面，受国内粮油市场与国际接轨和进口粮油对国内市场冲击影响，来自国外大企业、跨国公司的竞争加剧，对粮食主产省下一步走出国门战略带来不利影响。这是因为我国农业基础薄弱，农业生产率低，农产品生产成本高，竞争力弱。而经济发达的西方国家，工业反哺农业，并且政府还通过对农业给予巨大的财政补贴，增强了农产品的国际市场竞争力。

## 三、今后河南省粮食加工业发展的对策思路

### （一）以加工引导生产

根据粮食加工业需求，优化粮食种植结构，调整品种和品质，以粮食加工业的发展带动和引导粮食生产。在组织形式上，可以把粮食加工业和种植业紧密结合起来，大力推广股份合作以及签订长期收购合同的“公司＋农户”或“公司＋基地＋农户”等模式，使粮食加工企业与农户共享成果，保证农户生产的积极性。同时按照“统一规划、合理布局、适当集中、优质高效”的原则，建立与粮食加工业发展相适应的区域化、规模化、良种化、标准化的原料基地。使全省的小麦生产由以追求数量增长为主转到以提高质量和效益为主的轨道上来，达到优质与高产并重，质量与效益并举，生产与加工结合，以加工带动种植业结构调整，逐步形成不同区域、各具特色的优质小麦生产和加工格局。加强小麦种植基地的建设，根据农业区划研究成果，全省划分为 6 个优质小麦种植区，即豫西北强筋麦适宜种植区，豫西强筋麦次适宜、中筋麦适宜种植区，豫东北强筋麦次适宜、中筋麦适宜种植区，豫东及沿黄两岸中筋麦次适宜、强筋麦适宜种植区，豫中南弱筋麦次适宜、中筋麦适宜种植区和豫南弱筋麦次适宜、中筋麦次适宜种植区。特别抓好“中筋小麦”这一当家品种，突显河南中筋小麦产量大、质量好、适合国内广大消费者的传统食用习惯的特点。根据河南实际及未来对小麦总需求判断，全省小麦种植面积应稳定在 7300 万亩左右。其中用于生产高档面粉的强筋小麦种植面积以占 35%，用于省内食品加工和家庭用粉的中筋小麦以占 50%，用于制作饼干、糕点的弱筋小麦占 15%。

### （二）调整粮食加工业布局

一是调整粮食加工业组织结构。粮食主产区充分发挥资源优势，坚持“少新建、多技改”的原则，在保持和稳定现有能力的基础上，以骨干企业

为依托，通过技术改造和创新，提升具有当地特色的粮食加工企业规模，促进资源的优化配置。非主产区粮食加工企业规模一般不宜再扩大，应通过资产重组，优化增量、盘活存量，以现有生产规模大、联动作用强、辐射区域广的骨干企业为龙头组建大型企业，做强当地粮食加工业。二是打造粮食加工航空母舰。继续坚持扶优扶强原则，通过专业化生产，社会化服务，现代化管理，把贸工农、产供销等产业链有机连成一体。积极发展一批创新能力强，主业突出，拥有知名品牌和自主知识产权，市场开拓能力强，规模经济效益好，具有持续盈利能力和抵御风险能力的重点粮食加工企业和企业集团，走产业化，集约化发展道路。三是培育粮食加工产业集群。产业集群化是河南粮食加工业发展的主要趋势之一。一方面，应通过资产重组和资源整合，使生产要素向龙头企业集中，真正达到“扶持一个、带动一片”的目的。另一方面，应改善投资环境，通过吸收投资建立食品工业园区，加快产业集聚步伐，培育企业集团，形成产业群，引导企业向园区集中，形成优质粮食产地就近加工的产业格局。

### （三）优化粮食加工品种结构

一是优化粮食加工产品结构。坚持以提高产品质量档次、增加花色品种、实现规模效益为主攻方向，首先稳定发展普通粉。面粉生产是河南省一大优势，且有较好基础，但鉴于普通粉相对过剩，今后应稳定不再增加其产量。其次注重高档等级粉和专用、特种面粉新工艺、新技术、新装备的开发与利用，进一步开发各种专用粉和多维营养保健面粉，提高特一粉和精新优特产品的比重。再次则要切实加大小麦后续加工及二次、三次转化力度，延伸产业链条，扩大品种系列，着重从发展各类高档系列食品上下工夫。二是做强做大粮食精深加工转化。河南粮食精深加工虽然有较大发展，但还缺乏整体带动优势，可从以下方面抓好抓强：鼓励支持企业引进国内外具有先进水平的加工设备和技术，增强企业硬件市场竞争力；注重高档专用面粉新工艺、新技术、新装备的开发和利用，增强科技对粮食精深加工的贡献率；重点围绕味精、淀粉、饲料、酒精、药品、精细化工、环保产品和新材料等领域，大力开发研究生物技术、基因工程用于小麦做原料的替代工艺技术。三是大力发展食品工业。在继续引进推广国内外先进加工技术、大力开发方便面、速冻食品等名牌产品、努力扩大市场占有份额的同时，要努力培育一批分别以生产各类高档饼干、糕点、麦片、方便面和各种面筋食品为龙头的食品加工企业，合理调整食品工业结构，提升产品档次。四是强化食品安全和实施绿色工程。消费者对食品安全的要求随着生活水平的提高而水涨船高。同时走出国门是河南食品工业的重要方向，而国外以食品质量安全问题为口实的“绿色壁垒”却越筑越高，因此作为战略规划要大幅度提升对食品安全的重视程度。

### （四）引导企业走新型工业化道路

一是用新型工业化理念打造粮食加工业。根据“坚持以信息化带动工业化，以工业化促进信息化，走出一条科技含量高、经济效益好、资源消耗低、环境污染少、人力资源优势得到充分发挥的新型工业化路子”的要求，针对河南点多面广实力小的粮食加工业发现状，以及大型加工企业少、现代企业理念差的思维局限，要在观念上实现全面突破，树立大流通、大加工意识，打破小作坊式的小打小闹，改变河南粮食加工业传统的、旧式的“先污染、后治理”的现状，逐步实现清洁生产和环保生产，提高企业竞争力。二是创新现代企业管理和营销理念。从大工业企业管理的理念出发，把市场理念、质量理念、标准化理念等贯穿于管理全过程，形成一批技术先进、管理科学、效益显著的品牌企业群。同时，要降低管理成本，向规模要效益，向管理要效益，避免营销上的广告大战，竞相压价的恶性竞争行为。三是走“品牌+规模”的发展路子。粮食加工企业还要适应形势，树立品牌意识，实现由商品经营向品牌经营的转变，学会用商标来保护企业权益，用商标来扩大产品市场份额。打造全省优质小麦产品的整体形象，通过实施名牌战略，进一步占领国内外市场。

### （五）营造粮食加工业发展公平高效的市场环境

河南作为粮食加工转化大省，为粮食加工造就公平高效的市场环境势在必行。一是强化政府对企业的服务。通过制定统一的产业发展规划、产业政策、技术政策、投融资政策，实施分类指导和统一协调。重点支持粮食加工产业的基地建设、科技开发、技术服务、质量标准和信息网络体系建设，为粮食加工企业市场化改革提供政策保障。二是改进粮食加工业科技创新机制。构筑政策平台，突破体制性障碍，加大粮食精深加工技术和装备的科技开发与研究投入，强化基础性技术研究，激励企业自主开发创新。保证财政扶持资金真正扶持到重点区域、关键环节和重要项目上，扭转相对重视粮食产前、产中投入，忽视产后加工投入的局面。三是加大财政扶持。要从农业产业化综合发展角度，增加相应投资促进粮食深加工产业的发展。重点抓好已经推出的扶持优惠政策的落实，促进粮食加工业的快速健康发展，进一步为解决“三农”问题创造条件。税收政策要与世界贸易组织规则接轨，对粮食加工企业实行中性、平等的税收政策。四是提供金融政策支持。根据“有保有控”的原则，对粮食加工业给予中性的货币金融政策支持，在贷款政策上，消除歧视性规定，让不同经济性质的粮食加工企业都能以同等待遇获取银行贷款支持。同时加快建立政府引导型的市场化投融资体系，引导粮食加工企业积极从资金市场上筹资。政府充分发挥财税政策的诱导功能，吸纳市场资金投入粮食加工业。大力推行粮食加工业的产权制度改革，扩大融资渠道，通过资本运营、股份制改革、发行债券、股票上市、引进外资等扩大企业直接融资。

（作者：河南省粮食局　白新平）

# 湖北省发展现代粮食流通产业的对策研究

现代粮食流通产业是具有较高装备管理水平和较强市场竞争能力的现代产业，是保障国家粮食安全的重要基础产业。发展现代粮食流通产业，有利于粮食工作的科学发展，有利于推进现代农业建设、促进农民增收，有利于实现粮食流通现代化、提高粮食产业竞争力。各级粮食部门当前和今后一个时期的重要任务就是加快发展现代粮食流通产业。

## 一、湖北省粮食流通产业的现状

改革开放特别是“十五”以来，湖北省粮食流通产业发展较快。截至 2007 年底，全省纳入统计的各类粮食企业粮食收购量 877 万吨、销售量 987 万吨，分别居全国第 10、第 9 位。规模以上粮油工业企业 1170 家，其中，大米加工企业 983 家、年加工能力 1903 万吨，小麦粉加工企业 104 家、年加工能力 296 万吨，油脂加工企业 83 家、年处理油料加工能力 432 万吨、精炼油年生产能力 150 万吨；总销售收入 271 亿元，居全国第六位；有 2 个大米产品获中国名牌，1 个大米产品获中国驰名商标。全省规模以上国有粮食企业拥有库点 2831 个，粮食仓库 14808 栋，总容量 1292.1 万吨，其中，现代化粮库 527 栋，容量 132.9 万吨。发展壮大了华中粮食中心批发市场、宜昌泰丰粮油批发市场等一批重点粮食批发市场。

同时，我们也清醒地看到，目前湖北省粮食流通产业总体上处于初级发展阶段，存在着诸多亟待解决的问题。粮食流通设施落后，仓库大多年久失修，现代化粮库少，机械化、信息化程度低；粮油加工现代科学技术应用不广泛，粮油资源深度开发不够，企业核心竞争力不强，经营管理水平不高；物流建设资金短缺，进展缓慢；市场体系、质量检测体系不健全。随着国际、国内粮食形势的日趋复杂，对粮食流通产业的发展提出了新的更高的要求，迫切需要我们抓住机遇，加快粮食流通现代化步伐，提升粮食流通产业的整体水平和综合实力，促进全省粮食经济又好又快发展，更好地服务于粮食宏观调控，保障粮食安全。

## 二、湖北省发展现代粮食流通产业的指导思想和目标任务

指导思想：用现代发展理念、现代物质条件、现代科学技术、现代经营形式、新型人才队伍发展粮食流通产业，形成统一、开放、竞争、有序的粮食市场格局和现代产业化模式，以及面向全社会的粮食流通执法监督保障机制，实现粮食流通产业的现代化、信息化、集约化和管理的科学化、规范化。

目标任务：到“十一五”末，建设一批高起点的现代化粮库，打造现代粮油交易平台，实现网络化交易。建立反映迅捷的粮食储备、粮食价格预警机制和粮食应急管理系统，确保全省粮食安全。研发和引进具有世界先进水平的粮食加工技术与装备，开发新的适应市场需求的粮油食品，力争到2010年底，全省粮油食品工业销售收入达到800亿元，到2012年过千亿元，主要经济指标进入全国前5名。构建“高效、低耗、便捷、顺畅”的现代化的粮食物流网络和信息化的市场体系，把武汉建成全国的稻米交易中心，以武汉为中心枢纽，在全省建立20个工业园区和10个物流节点。建立以省粮油质检站为中心、地市区域站为骨干、主产县市站为基础的粮油质检体系，依法规范有序，市场监管到位。

## 三、湖北省发展现代粮食流通产业的主要措施

发展现代粮食流通产业是一项长期而艰巨的任务，是一项复杂的系统工程。建设现代粮食流通产业的过程，就是改造传统粮食流通产业的过程，就是促进粮食流通产业又好又快发展的过程。结合湖北省的实际情况，当前推

动湖北省现代粮食流通产业发展应重点抓好以下工作：

### （一）加强粮食宏观调控，确保全省粮食安全

按照“产区保持 3 个月销量、销区保持 6 个月销量”的要求，核定和充实地方储备规模，使湖北省地方储备粮规模和地方储备油规模全部达到国家要求，以保持粮食供求总量基本平衡，保障粮油市场供给与价格基本稳定，提高应急保障能力。完善地方储备粮油的管理和运行机制，制定《湖北省地方储备粮油管理办法》，确保需要时调得动，用得上，充分发挥吞吐调节、保障供应、平抑市价的作用。制定粮食应急预案细则和《湖北省省级粮食应急指定企业管理办法》，落实应急工作的各项配套措施。完善全省粮油市场监测体系，研究开发粮食预警平台，构建面向全社会的粮油市场信息服务体系。加强对粮食市场、库存的监测和调控，促进粮食生产和流通稳定发展，形成以国有粮食企业为主渠道、粮食储备为骨干、粮食应急供应系统为保障的粮食宏观调控体系。

### （二）大力发展粮油食品工业，夯实粮食流通的产业基础

通过优化粮油食品工业发展布局，着力培育大型产业化集团，延伸粮油加工产业链，促进粮食资源的转化增值，把粮油食品工业打造成工业兴省、工业强县的支柱产业，在湖北省千亿元食品产业中挑大梁，发挥主导作用。

1. 优化产业布局。根据全省资源和区位优势，运用市场机制，促进粮食加工生产要素的流动和集中，形成优势明显、区域发展、结构合理、重点突出的粮食产业化布局。在长江、汉江流域构建稻米加工产业群。重点抓好京山国宝桥米、监利福娃大米、洪湖浪米业、武汉佳宝糖业的发展，使湖北省大米加工及米糠、稻壳、碎米等综合利用进入全国同行业前列。在双低菜籽和棉花主产区的长江、汉江流域及武汉等地构建油料加工产业群。重点抓好中粮祥瑞、荆州永康、襄樊万宝等油脂加工企业的壮大。在汉十高速公路的优质小麦产业带和枣阳、随州、黄石等地构建面粉加工产业群。重点发展馒头、面包、饼干、糕点及其他专用粉生产，开发速冻饺子、汤包等冷链食品产品，并逐步扩大规模，创出品牌。在十堰、恩施等山区构建小杂粮加工产业群。重点发展绿豆、豌豆、红小豆、芸豆、魔芋等杂粮加工，形成具有杂粮特色的加工产业布局。在武汉、安陆等地构建粮食机械制造产业群。重点抓好粮食机械龙头企业组建，形成粮机集团和产业集群。

2. 壮大核心企业。发展现代粮食流通产业关键是培育市场主体。加大政策扶持，在项目、资金、税费等方面支持粮油食品工业发展。实施资产重组、优化资源配置、引进重要战略投资者等措施，实施一批重点项目，建设20个重点粮油食品工业园区，做强做大一批粮油食品工业龙头企业。推动企业创新，加大粮油食品工业的科技投入，建立20个国家级、省级企业技术中心，提高行业竞争力。重点发展以大米、面粉、玉米、杂粮为原料的粮油深加工，实现粮油食品系列化、方便化、功能化，尽力延伸粮油产业链条，提高产品附加值。大力开发稻壳、米糠、油料蛋白、油脚等粮油副产品，发展生物质能源产业，实现资源利用高效化、环保化。力争三年内形成年销售收入过50亿元的企业2家、30亿元的5家、10亿元的15家。

3. 打造强势品牌。优化产品结构，构建全省三级粮油品牌体系。一是争创“中国驰名商标”和“中国名牌产品”。充分发挥粮油品牌的“扩散效应”、“产品聚合效应”，以优势企业和名牌产品为核心，整合商标资源，优化产业结构，实行统一品牌、统一质量、统一包装、统一经营，打造强势品牌，形成产品系列，提高产品档次，扩大知名品牌市场占有率，提高商标的知名度。二是争创“湖北省著名商标”、“湖北名牌产品”、“绿色食品”和“有机食品”。三是积极开展绿色食品和ISO14000认证，采用优良操作规程（GMP）、关键危害点控制（HACCP）和卓越绩效模式等国际通行的管理标准，提高企业质量管理水平。

**（三）加快粮食物流体系建设，搞活粮食流通**

本着布局集中、产业集聚、用地集约和可持续发展原则，加快构建集综合运输、仓储服务、加工贸易、信息集散等现代物流功能于一体的粮食物流中心，培育市场主体，搞活粮食流通。

1. 构建现代粮食物流平台。制定《湖北省粮食现代物流发展规划》，着力构建全省“一个中心、两条通道、三级网络、十个节点”的总体物流布局，即以国家粮食现代物流（武汉）基地暨国家稻米交易中心为全省物流中心；建立以武汉为核心，以荆州、黄石、宜昌等沿江港口为支撑的“水—陆”、“水—铁”联运通道和以武汉、随州、襄樊、荆门、天门、潜江、仙桃沿线国家粮食储备库为物流节点的“公—铁”、“水—陆”联运通道；整合省内粮食物流资源，构建以粮食现代物流（武汉）基地暨国家稻米交易中心为核心，地市粮食收储企业为二级节点，县市购销企业为架构的三级网络粮食物流体系；按照粮食现代物流标准，重点建设武汉、荆州、襄樊、荆门、宜昌、随州、黄石、赤壁、利川、京山十个粮食现代物流节点。构建顺畅的跨省粮食物流通道，实现与全国粮食物流大通道的对接，保证湖北省粮食输入、输出网络畅通。

2. 提升粮食仓储水平。粮食仓储设施是发展现代粮食物流的基础。通过盘活存量、老库置换、退城进郊、争取政府支持等运作方式，多渠道筹集资金，在全省新、扩建一批设施配套、功能齐全、管理先进的现代化中心粮库，逐步构建中心骨干库和完好收纳库相辅相成、有机统一的粮食现代仓储设施网络体系，形成空间布局完善、基础设施配套、技术装备先进、区域功能清晰、生态环境优美的良好格局。同时，建设和改造一批现代化仓储设施，增加环流熏蒸、电子温控、微机控制等设备装置。在主要物流节点中心粮库和骨干收纳库建设与散粮车辆配套的卸粮坑，提升输送系统，提高散粮接卸能力。建设和完善以粮食仓储设施管理数据库为基础，以粮情测控为触角，以计算机网络为交换平台的粮食仓储信息管理系统。

3. 加快粮食市场建设。根据全省粮食经济中长期规划及粮食产销形势的需要，构建以粮食收购市场和零售市场为基础、批发市场为骨干、国家粮食交易中心为龙头，商流与物流、传统交易与电子商务、现货与期货有机结合的粮食市场体系。在收购市场建设上，进一步加快国有粮食经营企业改革创新，积极鼓励推动多元粮食经营主体参与粮食收购，形成以国有粮食企业为主渠道、市场主体多元化的收购市场体系。在市场发展重点上，充分发挥武汉独特的交通区位和湖北省丰富的稻谷生产优势，建设成面向全国、突出稻米特点的“武汉国家稻米交易中心”现货与期货交易市场。在地域上，实现中心市场、区域市场和地方集贸市场的合理分布，完善多层次粮食批发市场体系，建设宜昌、襄樊等区域性粮食批发市场。在市场功能上，实现设施现代化、管理规范化、交易电子化和信息网络化。

### （四）加强全社会粮食流通监管，维护粮食流通秩序

进一步完善粮食法律法规及配套制度，确立权责明确、行为规范、监督有效、保障有力的粮食行政监管机制，形成以粮食法律法规为依据、以库存监管为主线、以质量安全为重点的面向全社会的粮食流通行政执法监督体系。

1. 加强粮食流通法制建设。加大《粮食流通管理条例》、《湖北省粮食流

通管理办法》等法规、规章的学习和宣传力度，提高粮食执法能力和社会认知度。建立健全粮食行政执法责任制、行政执法过错追究制等相关配套制度，扎实推进粮食行政复议工作。开展监督检查行政执法培训，大力提高执法人员素质和文明执法水平。

2. 依法开展粮食流通监督检查。以粮食收购、加工、批发、零售为重点，积极开展面向全社会的粮食流通监督检查，依法将各类粮食经营主体纳入粮食行政监管和服务范围。建立各类粮食经营者电子监管档案，推行粮食经营者承诺制度，督促粮食经营者建立经营台账、报送统计数据和执行最低最高库存规定。创新监管方式，通过联合执法、专项检查，进一步规范粮食市场流通秩序。正确处理监管与服务的关系，树立粮食部门严格执法、公正执法、文明执法的良好形象。

3. 做好粮食质量检测。建立以省粮油质量监测站为中心，以15个市州粮食区域监测站为骨干，以42个粮食主产县（粮食商品入库在5万吨以上）粮食质检机构为支撑的三级粮食质量检测体系。按照省、市（区域）、县三级机构不同的工作任务和要求，规划相应的规模，配置相应的仪器和技术人员，达到适时监测、快速预警、保障有力的目标。加强对粮食收购、储存、运输环节和政策性粮食购销活动全过程的质量安全监管，确保全省原粮卫生和粮油质量安全。

（作者：湖北省粮食局　沈昌发　吴国勇）

# 湖南省粮食产业化经营回顾与思考

改革开放 30 年，湖南粮食人告别统购统销时代，迎来了市场全面放开的发展机遇。特别是起步于 20 世纪 90 年代中后期的粮食产业，历经改革改制的阵痛和洗礼，而今在新型工业化理念的引领下，正以崭新的面貌呈现于世。

## 一、湖南省粮食产业化经营的简要回顾

计划经济时期，湖南省主要是一些国有简易米厂，后来有了益阳兰溪小米机加工群，在全省乃至全国都有些影响，但总体规模小，谈不上产业化。此后，沐浴着改革开放的春风，从 20 世纪 90 年代中后期到现在，湖南的粮食产业化经营迈出了坚实的步伐，得到了一定发展。

一是政策引路。1995 年，省委省政府要求农业产业化经营迈出实质性步伐，次年下发的《关于加快推进农业产业化的意见》，提出“调整粮食种植结构，加快优质稻米开发，实施龙头企业带动”的发展战略；1997 年，部分县市建立优质稻生产基地。省粮食局等单位筛选一批对口基地的优质稻加工龙头企业；1998 年以来，《水稻优质品种》等 4 个地方标准实施，38 个县市区被确定为水稻优势产区，《湖南省优质食用水稻生产规程》出台，并多次评选优质稻品种；2004 年，省委省政府下发《关于深化农村改革促进农民增收的若干意见》，明确“大力发展农业产业化经营，推广龙头企业加基地加农户的产业化经营模式”；2005 年，42 个主产县列入国家优质粮食产业工程，省政府下发《关于加快五大产业链建设推进农业产业化经营的意见》，明确发展粮油等五大产业的总体思路和国家级、省级重点龙头企业在财税、收费、信贷方面的扶持政策。全省粮食部门积极参与粮食产业化经营，并将其作为粮食部门参与社会主义新农村建设的最佳切入点，大力推行“公司+基地+农户+市场”、“公司+中介组织+农户”、“公司+种粮大户”等模式。2007

年初，为实现由粮食生产大省向粮食经济强省转变的发展目标，省粮食局提出构建“龙头带动、科技支撑、产销对接、货畅其流”的粮食产业化经营体系的总体思路，确立了“大粮食、大物流、大产业、大市场”的理念，明确了以新型工业化理念引领全省粮食行业又好又快发展的路径。

二是建设基地。基地是粮食产业化经营的源头，也是“订单”粮食的基础，关系到产后各环节，优质粮源是粮食加工经营的保证。2007年，湖南省粮食加工龙头企业舞活了“基地”这个源头，完成订单面积2014万亩，投入基地建设资金8969万元，培训农户21.7万人次，带动428万农户增收15.8亿元，订单面积和带动农户增收分别比上年增加440万亩、6.9亿元。龙头企业兑现订单稻谷357万吨、小麦26.4万吨、油料62.3万吨，加工粮食397万吨，实现了农企“双赢”，为湖南省的社会主义新农村建设做出了应有的贡献。

三是科技创新。近几年，40多家龙头企业多方筹集技改资金3亿多元。省里从2005年起连年为龙头企业安排技改贷款贴息资金，如2007年为30家龙头企业安排技改贷款贴息1200万元，比上年增加236.9万元。通过引进新技术、新工艺、新设备，湖南省粮油加工科技水平不断提高，产品科技含量得以提升，部分企业的精加工水平超过国内先进水平。近年，科技含量高的湘字号粮油新产品，频频亮相全国粮油精品、中国稻米博览、全国中小企业等大型展销会，如隆平米业的富硒米、湘鲁万福米业的系列精深产品、黄贡米业的无公害保胚米等等，深受消费者青睐。

四是打造品牌。制定并实施品牌发展战略，投入大量宣传经费。通过努力，全省粮油企业中有中国名牌产品5个，中国驰名商标4个，湖南名牌39家，全国“放心粮油”企业63家。2007年9月，金健、天龙、银光3个大米品牌和裕湘面条、金健面条2个挂面产品被评为中国名牌，占湖南省获得中国名牌产品总数的1/3。湖南省虽不主产小麦，但获得的2个挂面中国名牌，占全国8个挂面中国名牌的1/4，有力提升了湖南粮油品牌的知名度、美誉度和竞争力。

经过十多年的发展，湖南省粮食产业化经营初具规模，形成了以大米、油脂、面条为支撑的加工体系，现有规模以上的粮油加工企业416家，总资产117亿元。其中大米加工企业388家，年加工能力540万吨；面粉加工企业7家，年生产能力63万吨；植物油加工企业27家，年预榨能力85万吨，精炼能力35万吨。拥有农业产业化国家级龙头企业7家、省级龙头企业64

家、市级龙头企业 166 家。特别是 2007 年以来，省粮食局牵头隆平高科、霞凝粮库、心连心连锁超市组建了隆平米业高科技股份有限公司，致力于打造“中国米——隆平米”概念，成立了隆平种粮专业合作社。与此同时，省政府重点建设项目、占地 1200 亩的湖南现代粮食物流园破土动工，计划总投资 11 亿元，其第一期工程基本竣工，仓储区已投入使用。2007 年，规模以上粮油企业加工大米 333 万吨、面粉 20.5 万吨、食用植物油 25.4 万吨、面条 18 万吨，销售收入达 133 亿元，实现利润 3.33 亿元，分别比上年增加 33%和 18.5%。2008 年年初，根据近年销售收入、资产总额、盈利能力及知名度，省粮食局考核评选出 15 家“湖南省粮油加工重点企业”，加大对其在技改贴息、动态储备等方面的扶持力度，同时实行动态管理。

## 二、湖南省粮食产业化经营存在的问题

一是企业规模小，大米品牌多。全省 64 家省级以上大米龙头企业中，资产总额一般都是几千万元，上亿元的只有 10 余家，加工能力一般是 5 万吨左右，超过 10 万吨的只有 5 家，且大多比较分散，各自为战。市级以上龙头企业几乎各有自家牌子，同类产品低水平重复，缺少名牌产品和拳头产品，湘米牌子超过 200 个，在国内市场占有较大份额、产生较大影响的名牌产品极少。

二是订单履约率不高。订单履约率不高一直是发展订单农业的难题，当合同价高于市场价时，农民要求企业按合同价兑现订单；当合同价低于市场价时，农民要求企业按市场价兑现订单，否则农民会将粮食出售给其他粮商，影响企业正常生产。企业与农户签订的合同没有法律保障，合同只对企业有约束力，企业承担的不仅是市场价格波动的风险，还有自然气候、灾害等风险。

三是政策支持力度不大。客观地看，粮食产业化经营的政策支持力度不大，在一定程度上制约着湖南省粮食产业化经营的快速发展。2007 年夏，由省粮食局局长吴奇修、副局长邓德林带队的考察团，分别考察了黑龙江、吉林和湖北省的粮食产业化情况，发现三省粮食产业化政策优势明显。如黑龙江省政府下发了《关于促进粮食加工业发展的意见》，明确各级政府逐年

增加粮食加工业扶持资金，对从省外引资5000万元以上的企业，给予企业所在地政府10%的借款扶持；湖北省政府下发了《关于大力推进粮食产业化的意见》，支持20家粮食产业化经营企业。2006~2010年，省财政安排1亿元专项资金用于粮食精深加工技改贴息。虽然湖南省政府一直高度重视粮食产业化经营，但有待以省政府名义专门布置粮食产业化经营工作。

四是资金问题仍是“瓶颈”。部分企业流动资金短缺，主要是在粮油收购旺季缺乏收购资金，影响企业的经营发展；缺乏中长期贷款，主要是缺乏技术改造资金贷款，装备水平得不到提升，影响粮油精深加工的发展和产品附加值的提高；企业缺少开展农业产业化、新产品开发、仓储设施建设等方面的专项资金支持。

## 三、湖南省粮食产业化发展的对策与建议

### （一）加强品牌整合，提升行业实力

无论从国际或国内企业的发展来看，品牌整合都是企业做大做强的趋势和关键。国际上的零售巨头沃尔玛、国内的北大荒米业等在品牌整合后取得的巨大成功很好地说明了这一点。要抓住湖南省粮食企业多而散的特点，通过兼并重组等方式，组建企业集团，对各地有条件的企业进行品牌整合，统一贴牌生产龙头企业的品牌大米。今后要以隆平米业和获中国名牌、中国驰名商标的金健、天龙、银利来米业和裕湘、陈克明面业为依托，指导一批骨干大米、面条企业整合提升。湖南省油茶籽产量居全国第一，金浩集团是湖南茶油的龙头企业，既要通过金浩等少数几家企业整合全省的数百家食用油加工企业，又要早日取得食用油脂的中国名牌。总之要以资本运营和优势品牌为纽带，整合资源要素，形成产业集团，提高湘米的品牌效应。

### （二）重视科技创新，发展精深加工

发展粮食精深加工，延长粮食产业链条，提高粮食附加值和产业竞争力，是湖南省粮食产业近年的主攻方向。近年如常德桃源湘鲁万福农业开发公司以稻谷为原料，生产出高麦芽糖浆、结晶葡萄糖、麦芽糊精、大米蛋

白、精制米糠油等系列产品，稻壳除作为锅炉燃料外，还生产出活性炭和偏硅酸钠等产品。该公司将一粒谷开发形成了 6 个深度加工产品，小小一粒粮，做活大文章。要通过抓优质稻米的加工，抓粮食系列产品的开发，依靠科技进步改造提升传统米、面、油等食品的加工水平，引导湖南省龙头企业建立生态稻米基地，加大生态环保食品的开发力度，发展循环经济，搞好综合利用，推动绿色增长，提高粮油转化水平和产品增值能力，不断促进企业增效，为“一化三基”战略的实施和“两型社会”建设作出积极探索与有益尝试。从而也通过科技创新推进产业升级，推动现代科技与传统粮食产业互动、互补，实现粮食产业的升级换代与提速提质。

**（三）培育产业龙头，打造粮油湘军**

发展粮食产业，必须培育龙头、做强龙头。要通过建立优质粮油基地、提高原粮品质、更新加工设备、改进加工工艺、改进产品包装、加大营销力度等措施创建名牌；金健、天龙、银光、裕湘、陈克明等中国名牌与中国驰名商标企业，要加快企业文化建设步伐，打造核心竞争力，改善经营业绩，保住荣誉称号；做大名牌规模，内强管理，外拓市场，加快扩张，积极拓展省外销路。在 3 年之内培育 2~3 家全国行业标杆企业，使之成为引领粮油湘军的旗帜。通过产业聚集，培育产业集团，形成规模效应，不断提高湘粮品牌的市场影响力。

**（四）完善市场体系，搞活粮食流通**

大力发展期货。经过多方努力，菜籽油期货交割库 2007 年 5 月下旬获国家证监会首批确认。与此同时，根据早籼稻期货上市的情况，湖南省粮食局积极做好稻谷期货指定交割库的申报工作。大力发展电子商务。2007 年 1 月，湖南粮食中心批发市场电子商务平台建成并投入使用，截至 2008 年 6 月，粮食交易量达 318.95 万吨，交易额 47.97 亿元。当前正在筹建网上粮油超市，全面整合提升功能，努力打造全国一流的综合性粮食电子商务平台。这样，以收购和零售市场为基础、以批发市场为主体、以期货市场为先导、以电子商务为方向的现代粮食市场体系初步形成。

**（五）加强园区建设，发展现代物流**

物流的滞后是湖南省粮食流通产业发展的“瓶颈”。湖南省粮食局把发展现代粮食物流作为当务之急，充分利用资源、区位、政策、网络、人才优势，构建以湖南现代粮食物流园为标志的现代粮食物流体系，促进粮食行业资源的大整合、物流的大集聚、效益的大提高、产业的大发展。按照《湖南省现代粮食物流发展规划》，重点建设以湖南现代粮食物流园为中心，以岳阳、衡阳、郴州、娄邵、怀化等区域性物流项目为骨干的统一开放、方便快捷、运转高效的现代粮食物流体系。依托京广线、洛湛线、枝柳线、湘黔线、湘桂线和洞庭湖水道，以市场为导向，打造跨省粮食通道。要把抓好湖南现代粮食物流园建设作为工作的重中之重，计划用 3 年左右时间，打造年卸货量超 100 万吨的散货接发中心。目前，已有 7 家单位落户园区。在整合现有资源的基础上，着手组建“湘粮物流科技有限公司”，计划用 4 年左右时间将其打造上市。湖南现代粮食物流园的建设，带动了全省区域性粮食物流体系的健康发展，据统计，全省在建 1000 万元以上的粮食物流项目 32 个，还有 20 多亿元的投资规模亟待建设。

**（六）创新体制机制，推动持续发展**

一是完善利益联结机制。要充分调动农民参与产业化的积极性，建立良好的农企关系。二是发挥中介组织作用。要充分发挥各级粮食行业协会作用。要引导中介组织特别是涉粮专业合作经济组织为企业和农户提供技术服务、产销衔接服务以及品种需求和价格信息服务，推进企业与企业、企业与农户的联合与协作，提高农民组织化程度。三是转换企业经营机制。要依靠科技、管理做大规模，走集约型、内涵式发展的道路，建立现代企业制度，提高管理水平。四是改造民营企业的家族式管理模式。民营经济的迅速崛起是湖南省粮食产业化发展的一大亮点，但现在大多数民营企业实行的是家族式管理，要引导这些企业建立规范的现代企业管理制度。五是创建产业化经营动态评估机制。安排专项资金重点扶持几家有一定经营规模、有较高科技水平、有较大市场份额、有较强竞争实力、有较好经济效益的重点粮油龙头企业大力发展精深加工和循环利用，以此激活全省企业的竞争意识、创新能力，从而营造充满生机与活力的新型产业格局。

（作者：湖南省粮食局）

# 云南省粮食产业化经营发展方向与措施研究

农业产业化经营是以农村家庭联产承包制为基础，在不改变土地承包关系、不影响农户生产经营自主权的条件下，应用合同、协议、订单、股权等多种契约形式和经济手段，把分散的、小规模的、千家万户的农业生产者——个体农户联合起来，在农业龙头企业带动下，围绕某一农业产业，组成利益共同体，形成农、工、商一体化，产、加、销一条龙的运行机制，实现农业产业化的专业化生产、区域化种养、集约化经营、企业化管理，达到扩大产业生产规模，增强产品的市场竞争力，提高农业综合经济效益，增加农民收入的目的。

农业产业化经营是在我国社会主义市场经济逐步建立和不断完善的条件下，从现有农业生产力发展水平和农村经济体制实际出发，对农业生产经营方式和产业组织形式提出的新要求。是农业农村工作新形势下的体制创新、制度创新和生产经营形式的创新，具有明显的时代特征和中国特色。

粮食产业化经营是农业产业化经营的重要部分，粮食产业化经营就是把土地、种子、粮食种植过程、粮食收购、运输、仓储、加工、销售，这些不同的环节和分属于不同部门的程序，用经济纽带连接起来，形成共同利益体推向市场。粮食产业化经营在云南省正处在起步阶段，各地正用不同的形式探索粮食产业化经营的渠道。应该说粮食产业化经营是未来粮食生产流通发展的方向，也是农民增收、企业降低风险、粮食调控增效的多赢举措，是农业经济和粮食流通发展的内在要求。

## 一、发展粮食产业化经营必须重视的几个关系

云南是资源大省、人口大省，也是粮食消费大省。2007 年全省粮食产

量1546.6万吨，人均占有粮食344公斤，低于全国平均水平。油料产量36.7万吨，可生产食用油约12多万吨，人均不足3公斤，远远低于全国的平均水平。虽然云南省粮食生产历史悠久，比较普及，但基本上是建立在自给自足的基础上，没有形成规模化的商品生产，也没有形成系统化的产、加、储、销体系，离粮食产业化经营还有很大差距。为切实增加粮食有效供给、确保全省粮食安全、提高农业经济效益、增加种粮农民的收入，发展粮食产业化经营，需要重视研究解决以下问题：

### （一）农业产业结构调整与粮食产业化经营的关系

农业产业结构调整是当前“三农”工作中的热门话题，也是“三农”工作中必须要下大力气解决的问题。当前进行的农业产业结构战略性调整是包括产业结构、产品结构、布局结构在内的全方位的调整，是用新技术和社会主义市场经济理论改造现有农业结构的大调整。这次调整要冲破“传统农业”“生产农业”“产量农业”的束缚，要重新审视农业资源和合理科学配置农业资源，向农业的深度和广度求发展、要效益。

农业产业化结构调整不能简单地理解为仅仅是粮经种植比例的调整，不能只限于在粮经比上做文章，压缩粮食种植面积，扩大经济作物面积。特别是2007年至2008年间，世界爆发了粮食危机，粮食在一些国家已成为政权动荡的导火线。就我国而言，在国家强有力的调控下，国内粮价基本稳定，粮食供应是有保障的，但全国供求形势还是趋于偏紧，云南省的粮食供求形势不容乐观。云南省每年都需要调入大量的粮食弥补本地的供需不足，因此云南农业产业结构调整不能通过调整粮经比来减少粮食生产，发展经济作物。而应该积极采取有力措施，在稳定粮播面积，保护基本粮田的基础上，增加对粮食生产的投入，加快粮食产业化进程，在提高粮食单产和品质上下工夫，通过提高种粮的比较效益，形成粮食生产的经济优势，达到农业产业结构调整和增加农民收入的目的。

### （二）农户、企业、政府的关系

在粮食产业化发展中，农户、粮食企业、政府是必不可少的三个基本要素。三者之间既有非常密切的关系，又有各自独特的职责和明确的位置，相互之间既不能代替，也不能越位。这就必须明确粮食产业化经营中农户、粮食企业、政府三者之间的关系。

农户是粮食产业化经营中粮食生产主体。在粮食产业化经营中，要把分散的、单个的、处于自然状态下的农户联合起来，以某种经济组织形式和一定的条款约束，形成农户的集合体。为此，一方面政府和粮食企业必须维护和保障农户的利益，使农户种粮有利可图，从粮食产业化经营中得到实惠。另一方面，农户也必需严格遵守产业化经营的游戏规则，完全按照相关的经济协议和合同的要求组织粮油生产，承担起自己的责任，把自身利益与企业利益牢牢地连接在一起。

粮食企业是粮食产业化经营中粮食产品的经营主体，处于关键的重要位置。它一头连着农户，一头连着市场，主要从事粮食产品的良种组织供应，粮食的收购、储存、加工、销售等工作。肩负着开拓市场、科技创新、带动农户和促进区域经济发展的重任。所以在粮食产业化经营中对龙头企业的要求：一是必须具备独立的法人资格，具有经营粮食产品的能力，能依法自主经营；二是能够带动一定数量的农户，保障农户的利益不受损失，并能把加工、销售中获得的利益适当向农户转移；三是具有一定的规模和某一方面的优势，如资本、加工、营销、仓储、科技等优势，能够促进产业的发展。

政府在粮食产业化经营中主要是充当教练员和裁判员的角色。在粮食产业化经营起步阶段，政府要侧重于当教练员，帮助、指导、服务于两个主体。通过政策措施、资金投入、舆论引导、必要的行政手段来培育、扶持、组建粮食产业化生产经营主体。在产业发展到一定水平，主体具备一定规模后，政府的主要职责是用经济、法律、行政等手段规范主体的市场行为，充当裁判员的角色。

### （三）粮食产业化经营与粮食安全的关系

我国的粮食流通领域的改革，经过 30 年的探索，基本实现了粮食购销市场化，经营主体多元化。粮食作为商品，在价值规律的作用下，按照市场需求合理流动。但粮食又具有特殊商品的属性，在粮食短缺时期，粮食就会演变为特殊商品，成为关系到国计民生、社会稳定的战略物资。不解决好国家的粮食安全问题，粮食购销市场化就不能稳定的健康发展，粮食产业化也就失去了依托基础。如何确保粮食安全，这是粮食产业化经营需要认真思考的问题，也是必须解决的问题。

云南作为粮食自求平衡省，实际上根本无法达到粮食产需平衡，产需缺口还比较大。每年需调入的口粮在 300 万吨左右，占全省粮食总产量的近

1/5，超过了商品粮的一半，随着城镇化率的提高和耕地的减少，调入量每年都在增长。调入的食用油每年 30 万吨左右，占食用油销量的近 3/4。而且全省区域内各级的储备粮总量较少，人均占有量远低于国家平均水平。一旦全国粮油供求偏紧，云南省的粮食安全就成问题。为了确保全省的粮食安全，政府采取保护耕地、增加农业投入、提高粮食生产、增加各级储备粮、实行动态储备、加强同主产区产销合作、加大调粮力度等有力措施外，确保全省粮食安全。发展粮食产业化经营有利于衔接产销，是符合确保粮食安全目标的，也是一条切合实际，行之有效的措施。

### （四）粮食生产与粮食流通的关系

云南省粮食生产由各级农业部门管理，基本上以自给自足为目标，生产单位以农户为主，集约化程度低，且比较分散。再加之云南区域内，山多坝区少，粮食生产显得更分散、规模更小。即便是宜良、陆良、罗平等粮油生产大县，一年形成的商品粮油也就是几万吨，商品粮总量少，很难形成大的规模。

粮食流通领域有三大块，中储粮云南分公司，省、市、县所属的国有或国有控股的粮食企业，粮食流通体制改革后快速发展起来的民营粮食企业、经营大户和个体粮商。在这种生产与流通分割的体制下，在流通企业规模小、层次多，利益分化，竞争激烈的状况下，要发展粮食产业化经营，难度很大。采用何种形式，应用何种手段，减少流通企业之间的无序竞争，将粮食生产和粮食流通有机结合起来，形成合力，实现生产流通一体化，这是粮油产业化经营要解决的主要问题。

## 二、云南省粮油产业化发展现状及存在的问题

由于云南气候、地理区位、土壤等的特殊性，烟、茶、糖、菜、花等经济作物发展较快，有与粮争地的现象。在一些地区，这些经济作物已成为当地农业的主导产业、农民收入的重要依托。在经济作物种植较多地区，粮油种植仅仅是为了自给，甚至有的农户已开始不种粮油，而且这一趋势还会加剧发展。

### （一）粮食生产状况

云南境内土壤、气候都比较适宜于农作物生产。多年来，全省各级政府各部门非常重视粮食生产，加大了粮食生产扶持力度，免除了农业税，每年都在逐步增加种粮补贴、种子补贴、农机补贴等支农补贴。在良种培育、先进种植技术推广、基本农田建设、水利建设等方面都有很大突破，粮食单产逐年提高，粮食总产趋于稳定。2007 年全省粮食产量取得连续 5 年增产的可喜成绩。2007 年，全省农作物总播面积为 9600 万亩，粮油种植面积 5950 万亩，经济作物种植面积 3650 万亩。全年粮食总产量 1546.6 万吨（其中稻谷 641 万吨、小米 108 万吨、玉米 458 万吨、豆类 88 万吨、薯类折粮 211 万吨），比上年增加 4.47 万吨,人均占有原粮（包括稻谷、小麦、玉米、杂粮、马铃薯折粮）约 344 公斤，低于全国水平，特别是稻谷和小麦的人均占有量仅为 165 公斤。油料产量 36.7 万吨，人均占有油料 8 公斤，人均可供食用油约 3 公斤，不能满足需求。

### （二）粮油流通情况

全省粮食流通环节已形成三分天下有其一的鼎力格局。以中储粮云南分公司为首的中央储备粮体系，拥有优惠的政策、优良的资产，先进的装备、精干的队伍，在粮食市场中居于强势地位，承担着国家粮食安全的第一重责。以省、市（州）县为主的国有或国有控股的地方粮食流通企业，在省粮食局的正确领导下，从 2003 年开始，全省粮食企业打了一场国有粮食企业改革的攻坚战，全省国有粮食企业由 800 多家减到 196 家，国有企业职工由近 4 万人，减到 4000 人。通过改革，基本解决了长期困扰粮食企业的“三老”问题，省、市、县所属国有或国有控股的粮食企业正凭借着历史形成的陈旧装备（政府近期基本上没有向地方储备粮体系投过资），在改革中求生存，在市场中求发展，艰难地承担着区域内的粮食安全重担。自从 2002 年 4 月云南省粮食市场放开后，全省粮食流通已基本形成购销市场化、经营主体多元化的格局。一大批民营企业和个体粮食经营户快速崛起，以民营和个体为主的粮食企业，没有负担，轻装上阵，靠着本土化优势，凭借着灵活的经营手段，擦着政策的边界，游刃有余地在粮食流通市场中快速成长，追逐利润，对粮食安全不承担任何责任。

### （三）粮油产业化经营情况

全省农业总产值 2007 年达到 1400 亿元，其中粮油生产总值 480 亿元，占农业总产值的 34.2%。粮油产业化生产总值不足 50 亿元，只占粮油生产总值的 10%。粮油生产总值在农业总产值中仅低于畜牧业，高于烟、糖、茶、菜、花等产业。但产业化的水平在畜、烟、糖、茶、菜、花中最低。在省级以上的 96 家重点农业产业化龙头企业中，涉粮企业仅有 3 家。从以上情况看，全省粮油产业化经营只处在起步阶段。

### （四）存在的问题

在各级政府的重视下，在全省粮食和农业部门的不懈努力下，近两年，云南粮油产业化经营已开始起步，涌现出了一批贸工农一体化、产加销一条龙的生产经营体系，呈现出了良好的发展势头。但仍存在与新阶段农业发展要求和确保粮食安全不相适应的一些问题。

1. 生产基础差，科技含量低。云南省粮食产业化经营起步晚、起点低，科技含量不高，产业发展的层次较低，产业优势未能突出，专业化生产还没形成，粮食生产投入严重不足，基础条件差，流通设施落后，许多地方还是靠天吃饭，粮食生产流通效率不高。

2. 认识不到位，资本投入少。在许多地方把粮食产业化经营与农业产业结构调整对立起来，认为调整农业产业结构就是调整粮经比例，减少粮食种植，增加经济作物种植。发展粮食产业化经营缺乏有力的资金支持，资金支持不力是制约云南省粮食产业化发展的突出问题。近几年虽然政府加大了种粮补贴的力度，但基本是撒了胡椒面，形不成规模，形不成优势。由于农业基础设施建设落后，容易受自然灾害影响，抗市场风险能力较弱，贷款风险大，金融对粮食产业化经营支持的力度也比较低。特别是粮食产业，生产周期长、流通效益低，是需要政府扶持、补贴的产业，没有优惠的获利条件，社会资本是不会自动进入的。

3. 企业规模小，带动能力弱。粮食产业化龙头企业是“千家万户”农民与广阔的大市场相连接的桥梁和纽带，龙头企业的规模和质量直接影响乃至决定着农户走向市场的广度和深度。目前，云南省除原有的按行政区划设立的，以仓储为主的国有或国有控股的粮油购销企业外，没有其他上规模的粮油产业化龙头企业。国有或国有控股的粮食流通企业又分属于国家、省、市、县四级所有，基本上是按行政区域组建，很难形成合力、形成规模。在众多的粮食龙头企业里，年销售收入上亿元企业是屈指可数。多数粮食龙头企业没有摆脱“小、散、低、弱”状态。企业经营规模小，经济实力弱，辐射面狭窄，带动能力不强，缺乏抵御市场风险和自然风险的能力，粮食的精深加工和产业链条延伸方面不足，品牌效应和产品知名度低，无法发挥粮食产业化经营中的龙头带动作用。

4. 利益机制不完善，农企联结不紧密。完善的利益机制是产业化持续发展的内在动力，粮食生产者——农户与粮食流通企业紧密的合作是粮食产业化发展的保证。目前云南省的现状是粮食生产、加工、仓储、销售环节脱节，粮食产业化龙头企业与农户之间的利益关系不紧密、不稳定。搞生产的不了解市场需求，搞流通和销售的不了解粮食生产。粮食流通企业很难把市场需求信息传递给粮食生产者——农户，粮食生产者——农户又很难把粮食生产的信息反馈给企业。一方面，龙头企业引导粮食生产的机制不够健全，不能很好地为粮食生产环节提供资金、技术、市场信息等各项服务，没有建立一种让生产者有利可图，让利于生产者的机制；另一方面，龙头企业与农户双方没有结成风险共担、利益共享、互助协作、联动发展的关系。粮食产业化经营企业与农户签订的订单数量很少，且履约率低，因而不能形成长久的互惠互利合作关系。

## 三、云南省粮油产业化经营发展方向及措施

大力发展农业产业化经营是云南农业发展的必然趋势，加快发展粮食产业化经营是粮食生产者——农户的合理企盼，是提高农业生产经济效益，增加农民收入的有效途径，同样也是粮食流通企业发展壮大的内在要求。为了促进粮食产业快速发展，提高粮食生产综合效益，延长粮食产业链条，把粮食产业做大做强，必须采取有力措施，加快发展粮食产业化经营的步伐。

### （一）以优势为起点

纵观云南粮食产业化经营的发展趋势，发展空间还是很大，有许多优势可发挥，一些基础性的条件已经具备。一是由于粮食产业化经营涉及粮食安

全和农民增收两大因素，已引起了各级政府的高度重视。例如曲靖市政府正式确定将粮油产业列为全市大力发展的 6 大农业支柱产业。二是已形成滇东北的专用玉米，滇西南的优质稻谷，罗平的油菜籽等生产优势，为扩大粮食产业化经营奠定了基础。三是由于云南十里不同天的气候特点，是中国小杂粮生产的最佳产地，发展小杂粮生产、加工的潜力很大。四是在全省确立的 47 个农产品名牌品牌中粮油品牌就有 6 个，这为今后围绕品牌发展产品提供了前提。五是订单生产形势已在粮食部门出现，如版纳州、红河州等地粮食部门与农户签订的优质水稻生产收购合同，曲靖的会泽县、宣威市向农户预先支付化肥，再按合同收购玉米等，都是结合本地实际的行之有效的订单形式。六是粮食企业正在抓住改革后的有利时机，通过资产联合，发展壮大企业规模，为发展粮食产业化经营创造条件。如红河州将四家粮食企业整合提升，扩大企业规模，为建立企业集团，做大做强企业，加快产业化经营迈出了可喜的一步。云南粮油产业化经营就是要充分发挥自身优势，以优势为起点，加快发展。

**（二）以市场为导向**

粮食是关系国计民生的重要特殊商品。粮食商品的双重属性，决定了粮食流通不能完全市场化、粮食流通企业不能完全民营化，政府必须要掌握一定的粮食资源，对粮食市场进行适度调控。但粮食作为商品，在大多数时期，粮食更多显示的是普通商品的特性，生产、流通应遵循市场规律。发展粮食产业化经营，必须以市场为导向，发挥市场配置资源的基础性作用，建立健全适应市场经济、统一开放、竞争有序的粮食市场体系。粮食生产主体和经营主体都要遵循市场规律，增强市场支撑能力。市场需要什么，就生产什么，什么粮食品种好销，就组织生产什么品种。政府部门要将工作重点转移到为两个主体服务上，不能直接干预企业日常生产经营活动。要加强市场服务体系建设，进一步完善粮食流通市场的各种功能，强化粮食市场信息的监测预警、统计分析、质量检验、标准规范、检查监督等方面的工作，为市场、为流通企业、为农户提供服务平台，为发展粮食产业化经营创造良好的外部环境。

**（三）以效益为目标**

粮食产业化经营必须以提高经济效益为目标，达到农业增效、农民增收、企业获利目的。农业增效就是要提高农业经营的规模化水平，专业化水平，增加科技含量，降低种粮成本，提高种粮的单位效益，比较效益。农民增收就是要调动和保护好农民种粮的积极性，通过合理的土地流转，将土地向种粮大户集中，形成不同规模的种粮基地；增加对种粮农户的投入，控制农业生产资料价格的涨幅，根据市场供给变化，不断调整最低收购价，切实保护种粮农民的利益。企业都是以获利为目的的，粮食产业化龙头企业也需要追逐利润。龙头企业的利润主要靠规模化经营、靠加工增值、靠优质产品、靠品牌效应、靠企业管理来获取，不能与农户争利，要与农户建立风险共担、利益共享、互惠互利、共同发展的关系，形成一种让利农户，让农户有利可图的机制。只有这样，合作才能持久，才能达到“双赢”的效果。

### （四）以投入为动力

农业是弱质产业，粮食生产效益更低，更需要保护、需要投入扶持来拉动。世界各国对粮食生产都采取了不同的扶持政策。我国近几年也在逐步的加大对农业的扶持力度。要大力发展粮食产业化经营，需要全社会的投入扶持。首先政府要加大财政的投入力度，要增加农村基础设施的投入，加快中低产田改造，不断完善水利配套设施，提高抗御自然灾害的能力，逐步摆脱“靠天吃饭”的局面。要加大对农业公共服务体系的投入，完善科技推广体系、信息服务体系等。要增加粮食流通环节的投入，降低农户的生产流通成本，提高企业的流通装备水平。把对粮食生产和流通的投入列入预算，定期投入、确保每年都有所增加，这是政府的职责。其次是金融的投入，采取组建农业产业化资金担保公司，化解金融风险，增加投入力度。最后是政府要通过宏观政策，引导鼓励民间资本投入农业，投入粮食产业化经营。同时对经营业绩好，有一定规模的粮食产业化龙头企业给予特别扶植，争取其上市募集资金。

### （五）以科技为支撑

科技创新是粮食产业化经营的重要支撑。在推进粮食产业化经营过程中，要狠抓科技创新，要以人为本，提高经营者和生产者的整体素质。粮食产业化经营的生产者，需要提高接受新事物、学习新技术、应用新成果的能力，提高市场意识、合作意识、质量意识。要加强对粮食产业化经营企业职工的政策法规、经营管理、科学技术、市场经济的教育培训，造就一批适应粮食产业化经营的高素质的管理人才。要加速优质粮油品种的选育、引进、推广、应用，大力开发适合当地种植的、市场有需求的高效粮油新品种。要加快科技成果的推广应用，使农业科技成果尽快转化为现实生产力。探索必须保有的种粮面积，以及在同一土地上种粮与其他作物的科学配置，形成合理的粮经比种植效益。

### （六）以企业为依托

粮食产业化龙头企业肩负着信息引导、市场开拓、产品开发、服务农户的重任，是粮食产业化发展的关键。因此，推动粮食产业化经营，首要任务就是要大力发展龙头企业，改变企业小、散、低、弱的状况，加速培养一批适应市场、带动农户、规模经营的龙头企业。粮食产业化龙头企业要向生产延伸，也要向加工延伸，改变购销企业收原粮，卖原粮的经营方式。同时还要向零售企业延伸，把向连锁零售企业、超市、饭店、食堂配送成品，作为粮食产业化企业的销售窗口，从而真正实现从田间到餐桌的经营模式。龙头企业要提升加工转化能力，加工水平要上规模、上档次。要组建粮食集团，以资本运营为纽带，整合盘活现有的存量资产，打破行政区域界限，构建多元化的市场主体。通过整合，在全省形成几个年销售收入上5亿元的大企业，10多个年销售收入上亿元的中型企业。要制定优惠政策，鼓励省内粮食企业与粮食主产区建立多形式、深层次、长期稳定的粮食产销合作关系。承担动态储备任务的企业，要把动态储备作为云南确保粮食安全的政治任务来完成，不断总结经验，使动态储备在云南粮食产业化经营中发挥更大作用，更好地维护云南粮食安全。

### （七）以契约为保障

利益机制是粮食产业化发展的核心。建立利益机制需要以契约为保障。要从企业发展的长远着眼，正确处理好企业与农户之间的利益关系，通过建立风险基金和最低收购价等方式，与农户建立风险共担、利益共享的利益机制。粮食产业化经营的利益联结形式很多，如：公司+基地+农户、农工商一体化、反租倒包、土地入股、生产订单等。相对来说，订单是简单易行、行之有效的形式。龙头企业与农户要在自愿、平等、互利的前提下，发展订单生产，通过订单明确产销双方的权利和义务。要以扩大订单规模为突破口，构建优势粮食生产带，形成专业化的生产区。要大力提高粮食订单的履约率，采取“最低收购价、二次结算、高补低不退”等多种收购方式，最大限度地让农民多得实惠，少担风险。要树立诚信守法经营的观念，订单一旦签订，双方就必须严格遵守。只有依法经营、诚信经营，粮食产业化经营才能健康的快速发展。

（作者：云南省粮油工业公司　李正华）

# 宁夏回族自治区粮食产业化发展情况调查与思考

粮食产业化是通过把粮食生产、收购、储运、加工、销售诸环节连成一体，形成一条完整的产业链条，实现区域化布局、规模化种植、标准化生产、企业化管理、社会化服务的生产组织形式。发展粮食产业化，有利于引导农民走向市场，有利于提高粮食的比较效益，有利于提高粮食产业的组织化程度，有利于提高粮食产业的科技水平。对促进粮食生产与流通协调发展和保证区域粮食安全具有十分重要的作用。

## 一、宁夏回族自治区（以下简称宁夏）粮食生产与加工的现状

### （一）宁夏粮食生产消费情况

宁夏粮食综合生产能力300万吨，消费总量280万吨左右，其中：口粮135万吨、种子16万吨、饲料74万吨、工业用粮55万吨。以银川为半径，能辐射方圆500公里约1000万人口，每年流入的原粮和成品粮约在51万吨左右，出境的粮食约在81万吨左右。基本形成了以川区为主的优质小麦、优质水稻和优质专用玉米生产基地，以南部山区为主的优质杂粮生产基地。

### （二）宁夏粮食加工基本现状

全区各类加工企业年处理小麦、水稻、玉米约464万吨，其中：小麦236万吨、水稻154万吨、玉米74万吨。全区日处理200吨以上的大米、面粉加工企业有8家，其中：面粉5家、大米3家，主要分布在银川、吴忠、中卫地区；日处理100吨以上的大米、面粉加工企业有36家，其中：

面粉 22 家、大米 14 家；日处理原料 100 吨以下的企业有 241 家，占现有粮食加工企业的 84.8%；全区玉米年加工能力在 5 万吨以上的企业有 7 家。

近年来，以塞北雪、兴唐米业、依品集团等为代表的粮食加工龙头企业根据市场需求，为农民提供种子、预购定金和技术服务，建立优质粮食品种建基地，与农民结成利益共同体，探索尝试"公司 + 基地 + 农户"和"库厂联营"等多种经营形式，有效促进了当地粮食增产、农民增收和企业增效。

## 二、制约宁夏粮食产业化发展的主要问题

宁夏粮食产业化经营还处于起步阶段，粮食产业化发展观念相对滞后，产业化发展科技、管理和营销人才匮乏，特别是在产业宏观发展政策措施和微观体制上，都存在许多需要亟待解决的问题。

### （一）粮食加工转化企业数量多、规模小、重复建设，初加工能力过剩

全区各类加工企业生产设计能力超过全区小麦、稻谷、玉米粮食总产量 265 万吨的 175%。168 家粮食加工企业中，年销售收入在 1 亿元以上的仅有 1 家。没有一家进入全国粮食加工企业的百强行列。2006 年，全区小麦、水稻实际加工量为 121.74 万吨，其中：小麦 69.91 万吨、水稻 51.83 万吨，仅占现有设计生产能力的 26.2%。粮食加工企业普遍生产规模小，产品档次低，精深加工少，品牌知名度不高。特别是一些小企业重复建设，致使区内粮食市场呈现出"大行业、多企业、小规模"的无序状态，造成了生产设计能力严重过剩和粮食资源的浪费。小企业加工设备粗糙、工艺落后，出粉率低、大米碎米率超标，影响了宁夏面粉、大米品质和品牌。

### （二）以利益链接的产业化集约经营体系尚未形成

粮食产业化规划和宏观政策调控滞后，粮食产业化宏观指导、统一规划协调工作由于涉及多个部门，各自为政，没有形成合力；粮食生产品种与企业需求脱节，农、科、贸及粮食龙头企业利益联结不紧密，没有可靠的保障机制，产业链不完整，制约着粮食产业化的发展。

### （三）现代企业管理理念缺位，经营管理机制滞后

加工企业普遍是家族式管理，企业经营受家族人员个人素质影响大，企业经营属于粗放型，自主创新能力差。特、优、精产品少，附加值低，没有形成粮食产业化的核心品牌和核心企业，市场“品牌效应”和核心竞争力低。加工企业数量多、分布散，带动力低，整体集约化经营水平和规模化程度不高。

### （四）优质粮食种植布局分散

农业基础设施投入不足，没有形成连片种植、区域种植，集约化和规模化程度不高，龙头企业与基地、农户利益联系不紧密，虽签有“粮食订单”，但受市场供求和价格波动影响较大，相互约束能力不强。

### （五）企业资金融资渠道单一

民营粮食企业主要依靠自身资本积累扩大再生产，商业性银行信贷条件限制较多，企业缺乏更新改造、扩张和研发的资金，抗风险能力总体较弱。资本运营水平不高，流动资金匮乏，限制了企业经营规模的扩张。

## 三、对宁夏粮食产业化发展方向的思考

宁夏粮食产业化经营的总体思路是：按照发挥优势、突出特色、力求规模、讲求实效、合理布局的原则，依据粮食生产、加工能力和辐射周边地区的实际情况，以市场为导向，发挥市场配置资源的优势，打破所有制、行业、地域界限，通过政府引导，遵循市场化运作方式，以资本运营和利益驱动为纽带，整合现有粮食产业资源，着力推进全区粮食产业化经营与发展。重点是支持和鼓励国有粮食储备企业、购销企业、军粮供应企业积极参与产业化经营；支持和鼓励粮食加工龙头企业采取入股、参股、兼并、联营、租赁等形式参与国有粮食购销企业改组、改制，进一步优化粮食产业结构与布局，实现产、购、储、加、销对接。通过市场竞争，优胜劣汰，使一批规模小、档次低、市场占有率低、竞争力差的小企业逐步退出粮食加工行业。以“塞北雪”、“银春”、“丹福”面粉等企业龙头，着力打造宁夏精品、专用面

粉、等级粉产业集群。这些企业的产品在区外内有一定的市场占有率和品牌的知名度。“塞北雪”、“银春”等面粉公司要根据银川市消费需求向专用粉、高档面粉转变，着力发展粮食高、精、深加工；其他企业重点生产等级粉，实现错位经营，避免恶性竞争。发挥龙头企业品牌、名牌产品辐射带动和凝聚作用，通过兼并、重组、加盟、特许经营、参股、入股等多种形式，组建跨行业、跨所有制的紧密型、半紧密型和松散型面粉产业集团，不断提升集约化组织程度和产业化经营水平。以兴唐、塞外香、金夏、昊王等米业为龙头，着力打造宁夏大米精、深加工产业集群。通过用信息工程、先进技术和工艺改造传统加工产业，着力提高大米的高、精、深加工产出率，打造宁夏精品大米。以地域为基础，联合、重组，以培植规模、做大做强为目标，通过宁夏粮食行业协会，积极引导企业进行兼并、联合或成立大米加工协会等方式，统一经营、统一品牌，有效整合各种资源，努力打造本地区大米特色产业和强势产业。以伊品集团、多维药业、银湖、昊王酒业、昊凯 L-乳酸企业、中宁淀粉厂、大北农科技有限公司、国雄饲为加工龙头，坚持利益驱动，积极引导兼并、联合经营做强做大，开发新产品，发展循环经济，增加产品附加值，打造宁夏玉米加工转化产业集群。重点培育“塞北雪”、“兴唐”等大型龙头企业、名牌产品和产业集群，加速粮食产业链延伸和粮食资源转化增值，鼎力打造成为西北地区重要的粮食加工基地。

到“十一五”期末，培育形成 2 个年加工玉米过 20 万吨的大型粮食产业化集团；1 个年加工小麦过 12 万吨的大型粮食产业化集团；7 个年加工小麦过 7 万吨的粮食产业化龙头企业；1 个年加工水稻过 14 万吨的大型粮食产业化集团。在现有 1 个中国名牌产品和 17 个宁夏名牌产品的基础上，再培育、争创 2 个中国名牌和 7 个宁夏名牌产品。

## 四、完善粮食产业化发展政策措施，推动产业化又好又快发展

粮食产业化是农业产业化的重要组成，要树立和运用“大农业”和“大粮食”理念，按照“进而有为、退而有序、产权多元、合理布局的原则，结合区域经济和设施农业发展，找准与农业产业化的结合点，促进粮食产业化

经营发展。

### (一)结合国有粮食企业改革，扶持培育粮食产业化龙头企业

打破行业、地域和所有制界限，大力开展招商引资，通过内引外联、靠大联强，积极寻求战略合作伙伴，引进区内、国内知名企业，引进资金和技术，采取联合、兼并、重组等方式，促进龙头企业做强做大。一是着力推动加工龙头企业与国有粮食购销企业战略性合作与重组。鼓励加工龙头企业积极参与国有购销企业改组、改制，支持加工龙头企业在同等条件下优先收购、兼并、入股国有粮食购销企业，使国有粮食购销企业遍布城乡的粮库成为龙头企业的优质粮食生产基地主体、原料收购基地、原料储存基地、订单粮食的载体。二是建立加工龙头企业与储备企业合作经营新机制。整合现有粮食仓储、加工资源，储备企业要积极参与粮食产业化经营，分清储备与经营，在确保储备粮数量真实、质量良好、储存安全的前提下，积极同加工龙头企业开展合作，使储备企业成为加工龙头企业的原料仓储基地，实现优势互补和共赢。储备粮轮换要向粮食生产、订单收购延伸和粮食加工、消费“两头”延伸。在同等条件下优先解决粮食产业化龙头企业和建立粮食订单企业的用粮问题。三是着力转变国有粮食企业经济增长方式。充分利用国有粮食企业点多、面广根植农村的特点，利用储备企业融资能力强、仓容大、免税、轮换量大的优势，切实改变厂库联营“坐收渔利”的利益分配模式，与农民结成风险共担、利益共享的利益共同体，由粗放式经营转变为集约化经营。采用订单收购、定向储存、定点加工与销售的办法，把购销公司、储备库、产业化龙头企业、放心粮油店在经营过程中以市场化的方式连接起来，真正实现产、收、存、加、销有效组合和延伸服务。

### (二)鼓励粮食产业化龙头企业大力发展优质粮生产基地建设

要按照“龙头企业 + 基地 + 农户 + 放心粮油店”、“龙头企业+中介组织+专业大户”等粮食产业化组织形式，实现粮食生产与流通的良性互动和资源的合理利用，促进粮食规模经营，使农民在粮食流通和产业化经营中切实得到实惠。可以通过预付定金、提供服务、市场价收购等方式，建立优质粮源基地，引导农民按照市场需求进行标准化生产，为粮食加工提供稳定可靠的优质粮源，提高粮食产品规模效益。

**（三）实施精品名牌战略，促进产业化经营**

鼓励龙头企业在争创“宁夏名牌产品”、“绿色食品”的同时，努力争创“中国名牌产品”。建议自治区政府出台创建名牌产品的奖励办法，鼓励企业创建驰名商标、著名商标和名牌产品。加强与区内新闻媒体的联系和沟通，切实做好粮食产业化经营企业的宣传和展示。提高自治区“放心粮油店”入市和“放心粮油”产品评选的门槛，对取得自治区“放心粮油店”经营资质的企业和个人，在同等条件下，优先购进粮食加工龙头企业生产的“放心粮油”产品。

**（四）鼓励支持企业加大科研经费投入，提升企业自主创新能力**

支持粮食产业化经营企业通过引进、消化、吸收，运用新技术、新工艺改造传统工艺、产品和营销方式，提高特色产品的科技含量和精深加工的能力和水平。优先推荐龙头企业申报高新技术和科研成果，增强企业自主创新能力，促进科研成果向现实生产力转化，不断提高企业的核心竞争力与综合实力。积极协调自治区财政、农业、科技部门对发展粮食科技项目给予资金支持，特别是在农产品科技成果转化专项资金上，要优先安排粮食产业化企业的发展项目。

**（五）加快现代粮食物流体系建设，为产业化经营与发展搭建流通平台**

充分利用金凤区现有物流基础设施，统一规划，加快粮食物流中心和重要的粮食物流节点建设，着力发展“散装、散运、散储、散卸”，降低粮食流通成本，努力形成产销信息一体化、结点无缝化、物流网络化、运作市场化的现代物流体系，为粮食产业化发展提供保障条件。

**（六）加大信贷资金扶持力度，切实帮助企业解决制约产业化发展资金的“瓶颈”问题**

充分发挥农业产业化信用担保平台作用，积极指导和帮助产业化经营企业申报列入宁夏产业化龙头企业，为他们争取农业发展银行的信贷支持。并根据国家粮食局有关文件精神，积极协调中国农业发展银行宁夏分行，制定推进宁夏粮食产业化龙头企业发展信贷资金扶持优惠政策措施，进一步放宽粮食产业化经营企业用于固定资产投资的贷款条件和额度。加大对粮食产业化经营的信贷支持力度，推动全区粮食产业化经营企业升级和跨越式发展。

**（七）加强市场监管，切实维护粮食市场秩序，营造龙头企业发展的外部环境**

加强粮食市场监管，严格执行粮食收购市场准入制度，鼓励符合条件的经营主体进入粮食收购领域，依法保护和规范各种市场主体的经营行为，依法严厉打击违规违法行为，严格限制不符合市场准入条件的“小加工”、“小作坊”进入粮食收购市场。对被国家和自治区命名的粮食产业化龙头企业，要按照《宁夏回族自治区地方储备粮管理条例》的有关规定，优先安排其作为自治区成品粮应急储备承储单位，支持企业良性循环发展。

（作者：宁夏回族自治区粮食局）

# 做好基层粮食工作　服务新农村建设

2008 年中央 1 号文件再次聚焦“三农”，立足强农惠农，着力加强农业基础建设，促进农业稳定发展和农民持续增收，凸显中央对农业基础地位的重视，也为下一步我国农业和农村发展指明了方向。

围绕建设社会主义新农村的主题，积极服务“三农”，促进农民增收，大力发展粮食产业化经营，切实转变和履行粮食行政管理职能是新时期粮食部门的一项重要工作。在国家支农惠农政策的扶持下，农村经济发展迅速，农民消费能力不断提高，农村市场蕴藏着巨大的消费需求潜力。如何搞好搞活农村粮食市场既是粮食部门自身发展的需要，也是服务新农村的体现。

本文根据笔者 2007 年在农村从事新农村建设工作一年的实践体会，就粮食部门如何服务社会主义新农村建设的主题，从三个方面谈点看法。

## 一、理清发展思路，明确服务重点

建设社会主义新农村总的要求是：“生产发展、生活宽裕、乡风文明、村容整洁、管理民主”。建设社会主义新农村，就需要从以上五方面积极努力。而种粮仍然是大部分农民增收的主要手段，作为粮食部门来说有必要做到：

### （一）认真搞好粮食生产调研

了解粮食生产情况，鼓励农民多种粮、种好粮，听取粮农对粮食问题的反映及建议，是一项很重要的工作。

笔者在调研中发现，影响农民种粮积极性的主要因数有：一是种粮成本过高，主要原因有化肥、农药等农资价格上涨，机耕、机割工资费用增加；二是有些农户选用的种子和自己的土质环境不匹配，产量不高；三是近几年中央财政陆续出台并实施了粮食直补、良种补贴、农机具购置补贴、农资综合直补等惠农补贴政策，使农民直接受益的程度大幅度提高，而在个别地方由于工作不认真，宣传不够，不是所有的农民对政策都详细了解，造成有些直补政策落实不到位，存在多种少补、少种多补、种植经济作物享受种粮补贴等现象。

### （二）深入宣传国家粮食政策

2008 年中央财政大幅度增加粮食直补、良种补贴、农机具购置补贴、农资综合直补等补贴资金，完善产粮大县奖励政策和粮食最低收购价政策。同时，国家颁布的新的《小麦国家标准》（GB1351–2008）已于 2008 年 5 月 1 日起正式实施。粮食部门要积极宣传国家粮食政策，做到让农民家喻户晓，使农民合理把握售粮时机，好粮卖好价。

### （三）积极开展粮食产后服务

一是提供信息，优化结构。2008 年国家继续在稻谷、小麦主产区实行最低收购价政策，并适当提高最低收购价。其中，小麦最低收购价格为每 50 公斤白小麦（三等，下同）77 元、红小麦和混合麦 72 元。小麦执行区域为河北、江苏、安徽、山东、河南、湖北 6 个小麦主产省。山西省也以同样的最低收购价格对小麦由省、市两级粮食储备库和批准委托的国有粮食购销企业，在运城、临汾、晋中、长治、晋城 5 个小麦主产市，挂牌收购农民交售的小麦，用于充实省、市两级粮食储备。粮食部门要充分发挥一头连着农户，一头连着市场的优势，积极为农民提供市场信息和价格信息，引导农民以市场为导向，调整优化粮食种植结构，通过生产优质绿色无公害粮食，提高市场竞争力和农民收入。

二是优质服务，签订订单。为粮农提供优质服务，政策宣传到户、合同签订到户、农资配送到户、技术指导到户；积极向农民推广良种良法，有条件的粮食企业在签订订单的同时尽量采取预付定金的方式，解决种粮大户的生产资金不足问题，促进农民增产增收。要提醒农民朋友一定要将小麦中的白小麦、红小麦、混合麦分开收割、分开储存，而不能混在一起，这样才能卖到好价钱。

## 二、“放心粮油”下乡，建立连锁粮店

随着人们安全意识的提高，城市居民对食品安全有了比较成熟的认识，而农民朋友的食品安全意识还有待提高，农村粮油食品安全形势也变得更加严峻。研究农村市场，满足农民需求，推广“放心粮油”工程，是粮食部门的一项民心工程，也是扩大就业，提高粮食企业经济效益的有效途径。

### （一）“放心粮油”进农村十分必要

首先，农民和城市居民一样大米和面粉是主要食物，现在完全依靠自留口粮食用的农户大大减少，需要品种调剂和余缺调剂的占消费量很大比例。

其次，农民成品粮油来源的渠道多，除兑换外，有的委托加工，还有的通过集市购买，但不论是委托加工，还是集市购买的成品粮、制成品或馒头等熟食品，大多是由小工厂、小作坊加工生产，小工厂、小作坊在设备、技术、环境、卫生等方面存在诸多问题。

### （二）严把粮油质量，建立“放心粮油”连锁店

农村市场销售的粮油商品质量好坏，直接关系到“放心粮油”工作为社会主义新农村建设服务的成败。粮食部门要始终把开展市场粮油质量检测，加强行业自律作为一项大事来抓，要经常与质检部门沟通，对市场销售的粮油进行定期与不定期的抽检，严把质量关。特别是对面粉增白剂的添加、陈粮出售、食用油品质等进行重点检查，积极开展粮油科普知识宣传。

“放心粮油”进农村，建立乡村“放心粮油”连锁店，既能满足人民群众的食品消费需求，有利于引导农民调整农业产业结构，扩大优质粮食产品生产，也是粮食企业提高农村市场占有率、增加效益的有效途径。推进“放心粮油”进农村工程与建设社会主义新农村紧密结合，既能增强粮食行业食品安全信用体系，又能保障人民群众粮食消费安全。通过政策支持等优惠措施，积极引导和鼓励龙头骨干企业在明确目标，合理布局，统一标识，打造品牌，发挥网络优势，拓宽服务范围的前提下走进农村，建立乡村“放心粮油”连锁店。

### （三）充分发挥龙头骨干企业在“放心粮油”进农村活动中的作用

“放心粮油”进农村的前提是要有粮油购销网络，要有好的便民惠民的内涵，要尽可能满足农民生产生活的需求。龙头骨干企业有网络服务领域的优势，能延伸产业链，他们的粮油产品一般都是经过行业认定的“放心粮油”。既能保证供应给农民的粮油食品是无污染、无残毒、无伪劣的，又能通过换代业务，帮助农民把自留的粮食纳入安全轨道，建立农民食品的安全保障体系。

## 三、发展订单粮食，建立生产基地

推进粮食产业化经营，指导农民按照市场需求，优化种植结构，实现农民增产增收，是服务新农村的重要工作。订单粮食是粮食企业融入农业、融入农业产业化经营的切入点，是粮食企业走产业化发展之路的载体。在农企双赢的条件下，粮食企业实施品牌战略，形成一批具有影响力的名牌企业和名牌产品，粮食购销、加工、经营产业化龙头企业在农村建设优质粮食生产基地，推行优质优价收购政策，积极发展粮食订单生产、订单收购，与农民建立利益共享、风险共担的合作机制。

### （一）在粮食订单的方式和订单数量上要有创新

在粮食播种前，根据市场需求，确定“订单粮食”品种。通过电视、广播、宣传资料等向农民传递介绍，落实种植面积，实行一个区域一个品种，区域化成片种植，从源头上保证订单粮食品种的质量；同时，依靠基层粮站网点多、面积广的优势开展购销。

组织职工包村到户抓粮食订单；加强和乡村干部的沟通，依靠他们的行政优势，宣传发动落实粮食订单；密切和粮食种植大户、粮食经纪人的联系，依靠他们的影响和示范优势，扩大粮食订单的面积和数量。

### （二）在粮食订单的履约和订单效益上要有突破

与农户签订粮食产销标准合同，明确订单双方的权利义务。进一步探索企业与农民利益共享、风险共担的利益机制。在粮食订单的结算方式上，推行“一次收购、二次分成”的做法，即根据收购后市场粮价的变化，销售盈利按比例与农民分成，返利于农，取信于民，提高粮食订单的履约率。

提高粮食订单的经营效益，在发展粮食订单时实行粮食订单与优质粮油生产相匹配，优质优价；粮食订单与精深加工相匹配，拉长粮食产业链，提高粮食的增值效益；粮食订单与粮食储备相匹配，将储备粮的采购任务直接与农民签订收购合同，提高种粮农民的比较收益；粮食订单与农民增收匹配，使农户既能对种植的粮食能销售出去心里有底，又能从粮食订单中获得合理收益，增加收入。

### （三）建立生产基地，促进农民增收

由于受传统习惯影响，相当一部分农民在种粮时缺乏市场意识，品种和种子的选择随意性强，粮食卖不上好价钱。作为粮食流通主渠道的国有粮食部门，要在粮食市场名优特产品销路看好，销价看涨的形势下，进一步加强与农业、乡镇部门的合作，从粮食种植源头入手，从基地建设抓起，把粮食企业与千家万户农民联结起来，引导种粮农民调优种植结构，推广优质品种，走优质、高效益农业发展之路。

### （四）拓展服务领域，培植龙头企业

一是为种粮农民提供市场信息，做好产前服务。及时准确地向农民传递粮食优质品种、粮食供求关系、粮食市场行情及品种市场认同度等方面的信息。二是积极推广粮食种植技术，做好产中服务。会同农业技术部门，组织人员深入田间地头察看苗情，进行技术指导。把科学种植的技术传授给种粮农民，改变农民传统的种粮方法，提高农民种粮的技术水平。三是落实国家收购政策，做好产后服务。认真履行订单合同，取信于民。采取电话预约、上门收购、增设网点等灵活多样的方式，方便群众卖粮。增添粮食烘干、输送设备，减轻售粮农民的劳动强度。利用场地、整晒工具，帮助农民晒干扬净，提升等级，多方面增加农民收入。

龙头企业对推动农业结构调整、农副产品深加工、开发新产品、拓展新市场、增加农民就业等方面具有举足轻重的作用，是发展粮食产业化经营的龙头。一要科学确定龙头企业发展目标，带动农民致富。组织、引导、协调好现有面粉、淀粉、饲料等加工企业，形成“龙头企业 + 生产基地 + 农户”模式的群体优势和规模优势，使之成为市场竞争优势。二要实施品牌战略，

促进农民致富。充分利用放心品牌，积极实施品牌战略，强化创品牌、名牌的措施，充分发挥粮食企业品牌战略在农民致富中的引导作用。

（作者：山西省晋城市粮食局　程卫国）

# 坚持服务“三农”
# 加快推进现代粮食流通产业发展

胡锦涛总书记在党的十七大报告中指出，“解决好农业、农村、农民问题，事关全面建设小康社会大局，必须始终作为全党工作的重中之重。要加强农业基础地位，走中国特色农业现代化道路，建立以工促农、以城带乡长效机制，形成城乡经济社会发展一体化的新格局。坚持把发展现代农业、繁荣农村经济作为首要任务，加强农村基础设施建设，健全农村市场和农民服务体系。加大支农惠农政策力度，严格保护耕地，增加农业投入，促进农业科技进步，增强农业综合生产能力，确保国家粮食安全”。胡锦涛总书记的重要讲话，充分体现党中央对农业的高度重视和对国家粮食安全的高度关注。作为我们县级粮食行政管理部门，要认真贯彻党的十七大精神，深入贯彻落实科学发展观，把稳定发展粮食生产、积极推进粮食产业化经营、促进粮食加工转化增值作为工作的重点，真正从思想认识上、思维观念上、工作部署上，把加快现代粮食流通产业发展摆上突出位置着力抓好，促进县域经济又快又好发展。

## 一、加快推进尚志市现代粮食流通产业发展非常必要

### （一）加快发展现代粮食流通产业是落实科学发展观，实现又好又快发展的重要基础

粮食是国民经济基础产业，在现代化建设中具有特殊地位。加快发展现代粮食流通产业，促进种粮农民增收，确保国家粮食安全，是防止国民经济大起大落，实现又好又快发展的重要前提，是促进城乡统筹发展，构建和谐社会的重要途径。就粮食流通产业本身来说，要贯彻科学发展观，实现又好又快发展，就必须大力发展现代粮食流通产业，加速传统流通业向现代流通

业的转型，跟上国家现代化建设的步伐，这才是粮食流通产业的希望所在。

**（二）加快发展现代粮食流通产业是顺应建设现代农业，全面推进新农村建设的客观要求**

现代农业本质特征就是科学化、商品化、集约化和产业化。粮食作为农业的主打产品，特别是随着我国社会经济发展到工业反哺农业、城市支持农村的新阶段，粮食流通工作不仅具有保障粮食供给，确保国家粮食安全的功能，而且具有支持引导发展粮食生产，保护种粮农民利益，增加社会就业，促进社会和谐的功能。推动现代粮食流通产业的发展，加快建立从粮食收购到居民餐桌的全程产业化服务，发挥现代粮食流通产业集聚效应，是顺应发展现代农业的现实需要，是提高粮食综合生产能力、保障国家粮食安全的重要举措，是促进农民增收，推进新农村建设的内在要求。

**（三）加快发展现代粮食流通产业是改造传统粮食流通业，实现粮食产业奋力崛起的必由之路**

从总体上看，当前我国粮食流通产业还处于初级的发展阶段。摆在我们面前的一个紧迫任务，就是加速粮食流通产业的转型，用现代发展理念、现代科学技术、现代经营方式、现代产业体系和现代基础设施，加快改造和提升传统粮食流通业，转变粮食经济增长方式，促进粮食流通产业又好又快发展。

目前，加快发展现代粮食流通产业的条件和时机已经成熟。经过粮食购销市场化改革，初步确立了以国有粮食企业为主渠道、多元市场主体并存的粮食流通新体制；连续三年粮食生产稳步增长，为发展现代粮食流通产业奠定了坚实的物质基础；国有粮食企业改革初见成效，困扰我们多年的“三老”问题基本解决，国有粮食企业市场竞争力和控制力明显增强；粮食产业化发展迅速，加工业整体水平大大提升；粮食现代物流崭露头角，多层次、多元化的现代市场体系正在逐步形成；粮食市场监管全面展开，流通秩序明显好转。特别是党的十七大和中央农村工作会议提出发展现代农业，全国粮食局长会议提出积极推动现代粮食流通产业的发展，都为我们提供了宏观政策背景和理论支撑。我们一定要紧紧抓住机遇，顺应大势，加速前进。

## 二、当前尚志市粮食流通产业发展状况

尚志市是黑龙江省哈尔滨市粮食主产市，也是水稻、大豆主产区。随着粮食市场的全面放开，我们坚持把促进粮食顺畅流通作为增加农民收入、推进新农村建设和保障国家粮食安全的重要举措来抓，努力探索和把握粮食流通产业发展的新机遇，主动顺应国家宏观调控的要求，把产业提升作为摆脱传统发展途径的首要选择，把发展转型作为新一轮竞争的第一标杆，着力推进粮食经济又好又快发展，为全面建设小康社会和新农村建设做出积极贡献。

### （一）全力推进粮食订单

我们把发展订单农业作为推进粮食产业化的第一选择，从抓订单覆盖率到收购履约率，从抓品种优质率到加工转化率，延伸拓展，逐步升级，确保全市社会粮食经营总量 35 万吨，其中水稻 15 万吨，大豆 10 万吨，玉米 10 万吨。

### （二）促进科技与产业结合

注重推广实用技术和项目，促进科技与产业的结合，形成科技与产业相互推进、共同发展的良好局面。组织召开项目推介会、报告会，邀请专家作发展循环经济、建设资源节约型社会的报告，从经济效益、社会效益、技术可靠性、理论和实际等方面进行重点介绍，并组织外出考察学习。

### （三）积极拓展城乡市场

积极发展农村粮油服务网点，推进农村粮油社会化服务体系建设，广泛开展代购、代销、代储、代加等便民服务，采取加入盟友、吸引合作、联合、租赁、自营等多种形式，加大向乡、村延伸网点的力度。

### （四）提升粮食现代物流发展

一是城郊东安大市场。现有粮食经营者 30 多户，在大豆上市季节，形成旺季购销，成为尚志市大豆购销集散地。二是珠江粮油市场。它依托沿线

优势，每年为客户代收代运储粮食15万吨左右。三是粮食企业物流集团。尚志市10个国有粮食购销企业有6个沿线库，全市粮库仓容31.5万吨，其中沿线库26万吨，铁路专用线3975米。我们依托完善的仓储、烘干、检验等设施，年吞吐购销粮食15万吨左右。

### （五）着力为新农村建设办实事

按照市委、市政府要求，帮扶乡镇扶贫、抗旱共投入资金6.5万元。粮食企业带动农户种植优质有机稻，无公害稻谷，送科技下乡，为农民传授科学储粮技术，提质降水技术，为农民增加收入提供优质服务。通过服务，把粮食购销企业同千家万户的农民组织起来，与农民形成利益共同体，最终实现农企“双赢”。目前尚志市粮食经纪人有300多个，活跃了粮食市场。2008年我们将继续培育粮食中介组织，扩展粮食专业合作社。通过培育粮食中介组织和粮食专业合作社，更好地为农民的产前、产中、产后服务，促进尚志市粮食增产、农民增收、企业增效。

近年来，尚志市粮食流通产业发展虽然取得了一定成绩，但与先进地区相比，还存在一些问题和不足：一是思想还不够解放，认为抓粮食流通产业发展缺乏有效抓手，难以推进；二是“高效资源，低效利用”和“特色产业，常规化发展”现象客观存在；三是规模与品牌效应还不够明显，特别是缺乏体量大、辐射与带动力强的企业；四是产业链还不够紧密，促进农民增收的效应还不够突出等。这些问题和不足，需要我们在今后的工作中努力加以解决。

## 三、实施四项战略，推动现代粮食流通产业发展

### （一）实施基地化战略，奠定现代粮食流通产业发展的物质基础

建立优质粮食订单生产基地，开展规模化、集约化订单经营，是提高粮食产业化经营规模效益的重要途径。要建设紧密型粮油订单生产基地，采取“国有粮食企业+农民专业合作组织+农户”和“粮油加工龙头企业+优质粮油生产基地”、“粮油加工龙头企业+农民专业合作组织+农户”等模式，与农业

科技部门加强联合，切实推进产加销一条龙、贸工农一体化，发展粮食产业化经营，在农业产业结构调整进程中培育和发展现代粮食流通产业基地。

**（二）实施集团化战略，打造现代粮食流通产业发展的强势主体**

发展现代粮食流通产业，关键是培育一批有规模、有实力、有特色的龙头企业，形成集约化新格局。要在拓展现有粮油精深加工领域，做好招大商、选好资、育亮点、高起点文章；要与国际国内大企业、大集团联络，迅速扩大本地粮食产业规模；与高等院校、科研院所联姻，迅速提升本地粮食产业实力；与相近企业、关联企业联系，实现资源共享、优势互补、对接“双赢”、共同发展的目标。尚志市粮食局决定在城北粮库有限责任公司，拟建设大型龙头加工企业，集收购、销售、加工、储存一体化的龙头企业。计划投资 300 万元，购置新型加工设备，抛光色选新流程，以扩大尚志市加工能力，带动地方经济发展。

**（三）实施品牌化战略，提升现代粮食流通产业的运行质量**

充分利用尚志市天时地利，在世界大冬会期间打造和叫响中国雪都，按照市政府的规划，统一大米销售品牌。从国有粮食购销企业开始打出雪都品牌，并在省外设立销售网点，打好品牌，扩大知名度和影响力，把尚志市大米品牌打响。进一步加强诚信粮食企业建设，继续扩大粮食食品安全信用体系建设，着力提升企业形象和核心竞争力。

**（四）实施市场化战略，构建现代粮食流通产业发展的良好平台**

建设粮食现代市场体系，是发展现代粮食流通产业的重要组成部分，是粮食产业化发展新阶段的必然要求。加快建设尚志城西粮食物流中心。今年我们将依据粮食流向和现有市场资源，逐步建立以城乡集贸市场和超市等零售市场为基础，以粮食批发市场、粮食物流中心和粮食产业园为依托，布局合理、功能完善、运行规范的开放、竞争、高效的现代粮食市场体系。

（作者：黑龙江省尚志市粮食局　郑之云）

# 改革创新抓粮食 促进粮食流通产业发展

改革开放30年，是梁山县粮食工作发生重大变革的时期，在上级粮食部门和县委、县政府的正确领导下，全县粮食部门认真贯彻落实国家粮食流通体制改革政策措施，以科学发展观为指导，以保障粮食安全和促进农民增收为目标，以不断深化国有粮食企业改革为动力，以贯彻落实《粮食流通管理条例》为契机，采取扎实措施，解放思想，深化改革，转换机制，勇于开拓，谋求发展，不断创业、创新、创优，全县粮食工作发生了历史性转变，取得了丰硕成果，呈现出崭新的局面。

## 一、粮食流通体制改革进程与成就

党的十一届三中全会后，农村积极推行农业生产承包责任制，极大地调动了广大农民生产粮食的积极性，全县粮食连年增产丰收。1981~1984年粮食流通实现重要转折，在坚持粮食统购统销和“四统一”的前提下，实行了粮食征购、销售、调拨一定三年不变的管理办法，这一重大改革体现了“统筹兼顾，适当安排”的方针和“兼顾”的原则。同时，连续几年相继出台了一系列与之相配套政策，特别是1983年实行了粮食多渠道经营，激发了农民种粮的积极性。夏粮入库时，广大农民在完成定购粮食任务后，踊跃交售爱国余粮。这是计划经济时代的一次重大政策变革，适应了农村改革后商品粮生产迅速发展和流通规模日益扩大的形势的需要，推动了全县农业结构的调整，拓宽了粮食流通渠道，激活了城乡粮食市场，确保了城乡人民生活的稳定。

1985年4月至1997年，国家为促进商品生产流通发展，进一步搞活农村经济，决定取消“统购统销”，改为“合同定购”，用合同的形式将粮食任务数量落实到农户，对非定购品种和合同定购外的粮食自由购销，实行了双轨制。在这期间全县连续 13 年一季完成全年粮食定购任务，议价粮食收购量年平均在 15000 吨以上，经营总量居全区（菏泽地区）、市前列。这一改革政策措施的施行，促进了全县加快农业种植结构的调整步伐，极大地调动了广大农民种粮的积极性，巩固了全县以种粮为主的农业大县的地位，保持了有效的耕地面积，确保了粮食安全。

1998~2004 年，国务院颁布实施《粮食收购条例》，并在粮食产区坚持实行“三项政策，一项改革”，按保护价敞开收购农民余粮，切实保护农民种粮积极性。这一时期国务院、省政府相继出台一系列关于粮食流通体制改革的政策措施，进一步加快了推进粮食购销市场化改革的进程。全县认真贯彻落实《粮食收购条例》，不折不扣地执行“三项政策、一项改革”，做到了在完成粮食定购任务后，按保护价收购农民的余粮，对于符合国家质量标准的粮食不拒收、不限收、不停收，不给农民打白条，妥善处理好国家、企业、农民三者利益的关系。同时，积极实行顺价销售，粮食收购资金实行封闭运行。这一时期，全县粮食定购任务 42800 吨，坚持一季完成全年粮食定购任务，按保护价收购在 5 万吨以上，销售在 5 万吨以上，经营总量居菏泽市同行业前列。“三项政策、一项改革”的贯彻执行，推动了全县粮食流通体制的改革，从而加快农业粮食生产结构的调整。优质粮食品种的生产和订单农业的推广，提高了农业经济效益和农民收入。同时粮食部门掌握了充足的粮源，更好地发挥了主渠道作用，为全县的经济建设和社会事业的发展做出了积极的贡献。

2004 年 5 月，国家为了建立与社会主义市场经济发展要求相适应的粮食流通体制，保护粮食生产者的积极性，促进粮食生产发展，维护经营者、消费者的合法权益，保障国家粮食安全，维护粮食流通秩序，颁布实施《关于进一步深化粮食流通体制改革的意见》等一系列文件，标志着粮食经济工作进入了一个新的时期。

## 二、粮办工业的兴办与发展

党的十一届三中全会以后，随着工农业生产的快速发展，农村产业结构的调整，粮食连年丰收，粮油产品资源较为丰富，城乡人民生活逐步提高。

根据各级党委、政府和上级部门的要求，粮食部门着力发展粮办工业，搞好粮食转化，以增加企业收入，减少国家财政补贴。

### (一) 面粉加工与经营

全县粮办工业兴办于1958年。1958年投资3.2万元建设梁山县面粉厂，日产面粉35吨，1978年扩建为日产面粉120吨。这一时期的面粉加工厂不仅担负着全县城镇非农业人口、军供、饮食业等的面粉供应，而且还外调其他地（市）县。

全县粮办面粉加工业的发展是从1986年开始的。1986年县面粉厂经过技改，新建日处理100吨联产面粉生产线，主要生产特一粉、特二粉和标准粉。1987年特二粉和标准粉分别被评为部优和省优产品；1988年特一粉被评为省优产品。1988年梁山县面粉厂晋升为省级先进企业。

### (二) 食品加工与经营

1982年投资56.6万元新建食品加工厂，建筑面积1359平方米，年产食品3438吨，主要产品有饼干、糕点、面包、挂面等三十多个大众化品种，同时还生产香油、麻汁等。1989年完成工业产值77万元，食品产量1550吨，利税6.6万元。食品工业的发展，为全县的市场增加了食品品种，丰富了人民生活，活跃了市场，繁荣了城乡经济。

### (三) 饲料加工与经营

随着农业产业结构的不断调整，粮食产量连年递增，人们生活水平不断提高，肉、蛋、奶的需求量日益增加，相继出现了大量饲养专业户。为此，1984年，省、地共同投资44万元在梁山县新建年产4000吨饲料加工厂。1985年，又分别在徐集、代庙粮所新建年生产1000吨饲料机组，使全县年生产配合饲料达6000吨。1991年饲料厂投资650万元新建养殖场，使全县饲料企业走向了饲料—饲养—孵化—加工—销售一条龙的新路子。全县饲料工业的发展，适应了农村产业结构的调整和畜牧业不断发展的需要，为提高城乡人民的生活，丰富城乡居民的“菜篮子”做出了显著成效，1998年县饲料加工厂被晋升为省级先进企业。

梁山县是农业大县，是粮食主产区，年产小麦30万吨。近几年，全县认真贯彻落实国务院和各级党委政府关于深化粮食流通体制政策的一系列方针和政策，把发展粮食产业化，壮大粮办面粉加工业作为重要工作来抓，制定了全县粮食加工企业的整体发展规划，大力培植骨干面粉加工企业，已形成了以梁山沃德面粉有限公司和水浒面粉有限公司为龙头的面粉加工集团公司，年加工各种品牌的面粉 9000 余吨，转化粮食 10 万吨。全县粮办面粉加工业的发展，带动了优质粮食品种的引进和种植，推动了农业种植结构调整，增加了农民收入，同时也增加地方税收，壮大了全县区域经济的实力。

## 三、开拓创新，不断发展壮大粮食产业

在新形势下，如何发展壮大粮食产业，保障粮食安全，促进和谐社会建设，是摆在粮食主管部门面前的一项重要工作。梁山县粮食局不等不靠，开拓进取，不断创业、创新、创优。

### （一）健全粮食行政执法体系，加强粮食市场监管

梁山县位于两省（山东省、河南省）、四地市（济宁、菏泽、泰安、濮阳）的结合部，是鲁西南重要的粮食集散地，全县拥有 150 多家粮食经营和粮食加工、转化企业，每年的粮食交易量均在 14 亿斤左右，粮食监管任务繁重。为规范粮食购销行为，维护粮食流通秩序，梁山县在实施依法管粮工作中进行大胆的尝试和探索新的工作机制，建立健全粮食执法体系，开创粮食工作的新局面。一是成立执法机构。针对全县粮食经营企业多、分布广、监管困难的情况，县粮食局不等不靠，树立“有为”才能“有位”的思想，根据《条例》赋予的职责，积极争取县领导的支持，经县政府批准成立 3 个执法机构：即粮食准入中心、粮食管理中心、粮食监督检查大队，为全县开展好粮食执法工作提供了坚实的组织保障。二是充实执法队伍。针对执法人员不足的情况，县粮食局把局机关中政治素质高、工作作风硬、法制观念强、业务知识精的人员充实到新成立的三个执法机构中去，为确保粮食执法工作的顺利开展，奠定了扎实基础。三是高标准配备执法用品设施。在经费比较紧张的情况下，县粮食局积极筹集资金，给每一位执法队员配备了统一服装，并购置了微机、打印机、复印机、照相机、摄像机、执法专用车等必

需的办公用品，确保了执法工作的顺利开展。四是严格标准，强化市场管理。严把粮食市场准入关，粮食市场秩序得到规范；做好粮食信息统计调查工作，规范了粮食信息报表工作；依法加强粮食市场监督检查，规范了全县粮食流通市场。五是夯实法律基础，提高执法水平。通过举办培训班，强化经营人员法律意识；通过加强管理，提高执法人员的素养；通过加大宣传力度，营造良好的执法氛围。六是加强对重点非国有粮食经营企业、用粮企业和粮食转化企业的监督指导，加大粮食执法力度，维护粮食市场正常秩序，确保了国家粮食安全，增加了地方财政收入。目前，全县具备粮食收购条件并办理收购许可证的118家，新增纳税单位97家，年新增地方税收300余万元。

### （二）强化地方储备粮管理，完善粮食应急体系

为进一步落实好粮食工作行政首长负责制，经多方论证，采取退城进郊的办法，迁建县粮食储备库，加快储备粮库建设，确保全县粮食安全。将县粮食储备库迁建到后孙庄粮站，以增加储备粮规模。计划建设仓容10万吨（其中仓储区5万吨，周转仓5万吨），并增加散粮接收发放设施、散粮运输工具以及粮食物流信息平台和检验检测设施。

为有效监测和控制各类突发公共事件或者其他原因引起的全县粮食市场异常波动，确保粮食购销企业改制后的市场供应，保持粮食市场价格基本稳定，维护正常的社会秩序和社会稳定，确保县内粮食安全，根据《中华人民共和国价格法》、《粮食流通管理条例》、《济宁市粮食应急预案》等，及时制定了《梁山县粮食应急预案》，并成立了县粮食应急工作指挥部。强化安全生产检查，完善应急救援体系，及时消除安全隐患，确保万无一失。在现有监测网络的基础上，科学调整粮食市场预警监测系统，进一步完善监测制度，健全覆盖城乡、布局合理的监测体系，确保在出现异常情况时，在第一时间发现，第一时间采取措施，确保市场基本稳定。

### （三）完善粮食产业化体系，促进农民增收、企业增效

1. 妥善解决国有粮食购销企业改革遗留问题，全面推进企业产权制度改革。按照上级粮改指示精神，积极稳妥地推进粮食企业改革，推进企业制度创新、管理创新和技术创新，建立归属清晰、权责明确的粮食企业产权制度。认真解决粮食购销企业改革遗留问题，加快资产处置进度，全面落实粮

改政策，妥善安置分流职工。全系统调整职工劳动关系 2656 人，对调整职工劳动关系的给予一定补助。不仅带着感情搞改革，还带着感情帮上岗，在新组建的沃德园粮油公司、鲁南粮油公司等单位优先安置分流人员，促进了国有粮食企业改革的深化。并对改革、改制后出现的新情况、新问题，如离退休人员、遗属、转业军人等医保问题，与县劳保处及清算组协商进行妥善解决，确保不留“后遗症”，维护社会稳定。

2. 大力发展订单粮食，促进农民增收、企业增效。积极探索提高订单覆盖率、粮食品种优质率和订单履约率的新途径，探索粮食订单与良种补贴、粮食直补相结合的新模式，建立企业与农户之间利益共享、风险共担的联结机制，确保农民种粮有销路，企业用粮有保障。根据市场调研了解到，目前小麦品种济宁 16、济宁 17 硬质率高，稳产高产，且适销对路，市场价格高。县粮食局紧紧抓住梁山县被国家定为全国小麦良种繁育基地县的有利条件，组织人员深入乡镇、农户推介，在全县大力发展订单农业，年增 20 万亩优质小麦，达到农民增收、企业增效。

3. 大力加强招商引资工作，做大做强粮油龙头企业。近几年，全县按照“政府推动，企业运作”的原则，采取“粮食局牵头、企业运作、对口衔接”的方式，组织粮食购销企业建立合作关系，促进供需平衡。依托资源、区位、经营优势，县粮食局采取走出去、请进来和参加招商引资推介会的办法，宣传梁山县的各种优势，积极推介项目。同时，粮食部门根据全县的实际，充分利用现有的厂房、技术人员等资源，采取对外招租的形式，吸引社会能人、私营老板来投资办企业，安排富余人员就业。全县粮食企业积极探索与省内外主产区企业多层次、多形式的购销合作，通过企业并购、合作经营等形式，扩大经营规模，有效掌握粮源和调节市场。与天津粮油集团西营门国家粮食储备库扩大合作，在梁山县大力发展订单农业，扩大种植济宁 16 等优质小麦品种。同时利用南水北调工程梁山码头站建设水路专运线，配置办公区、交易区、多功能食宿停车场等。

4. 搞好产销衔接，巩固和开拓销售市场。近几年，全县以“改造、提升、扩量、完善”为总体思路，按照“投资主体多元化、经营主体多样化”的原则，打破行政区域、行业和所有制的界限，鼓励多种经济实体，多种投资渠道，多种开办方式，参与粮食市场建设，着力搞活粮食流通。通过加强产区与销区的动态储备合作，鼓励和组织企业参加各种展示交易活动以及粮食批发市场网络的外向辐射作用等方式，搞好产销衔接，巩固和开拓销售市场，建立紧密的产销合作关系，平衡粮食供求，确保市场稳定。至2007年底，县粮食局已与全国20多个省市自治区的粮食购销企业建立了长期的合作关系。

**（四）坚持为民服务，支持“三农”**

按照粮食购销市场化的要求，充分发挥国有粮食企业购销主渠道作用，利用其网点、设施、资金、人力和政策优势，努力转换经营机制，搞活购销经营，最大限度地收购农民余粮，确保不出现农民“卖粮难”。近年来，充分利用现有仓储条件，与全国10多个用粮企业联合，共收购小麦12.8万吨，收购玉米5.4万吨，解决了农民“卖粮难”的问题，充分发挥了粮食购销主渠道作用。

积极推进“放心粮油”工程，加强对粮油市场质量和价格的监控，为让老百姓吃上放心粮油服务。为充分发挥城乡主食社会化供应主渠道作用，县粮食局于2006年在全市率先成立了梁山沃德园粮油服务公司，承担了梁山城乡居民的厨房供应，实现了“四统一”，即统一管理、统一价格、统一质量、统一配送。同时还开展了“电话一拨通，放心粮油送家中”活动，共购置配送车10辆，在城乡建立连锁店21处，寓盈利于服务之中。

由于成绩显著，2007年度县粮食局先后被评为全省粮食系统先进集体，全省粮食执法工作先进单位；全市粮食工作先进单位，全市粮食执法工作先进单位。梁山沃德粮油食品服务中心被评为山东省十佳粮油食品快餐连锁企业。

回顾改革开放30年，全县粮食工作不仅取得了很大的成绩，而且积累了宝贵的经验。一是坚持以解放思想为先导，以深化改革为动力，用改革的思路突破体制上的束缚，用创新的办法化解发展中的难题，促进了粮食流通体制和企业机制的转换；二是坚持以保障粮食安全为目标，以依法管粮为原则，正确处理运用市场机制和加强宏观调控的关系，增强了驾驭粮食市场的能力，维护了粮食市场秩序；三是坚持以发展为第一要务，以促进农民增收为己任，树立和落实科学发展观，把粮食流通融入地方“两个率先”的发展大局，推动了粮食经济又好又快的发展。

同时，全县粮食工作还存在一些矛盾和问题，突出表现在：一是粮食流通基础设施亟待加强；二是粮食企业小、弱、散的状况尚未根本改变；三是粮食行政管理部门依法行政以及调控市场的能力尚需进一步提高等。这些问题需要在今后工作中认真研究并逐步加以解决。

（作者：山东省梁山县粮食局）

# 切实把握三个层面
# 大力推进粮食产业化经营

改革开放使我国实现了从高度集中的计划经济体制到充满活力的社会主义市场经济体制、从封闭半封闭到全方位开放的伟大历史转折。伴随着社会主义市场经济的发展，粮食流通领域也经历了由统购统销、购销双轨制到粮食购销市场化以及困扰国有粮食企业"三老"等一系列难题破解的历史进程。而以粮食产业化经营为发端，国有粮食企业又进入了新一轮具有里程碑意义的深化改革发展机遇期。进一步解放思想，以改革创新精神推动粮食产业化经营加快发展，既是国有粮食企业的历史责任，也是破解持续发展难题的当务之急。作为担当粮食流通主渠道重任的国有粮食企业，要认真把握目前我国高度重视和大力支持农业产业化经营和龙头企业发展的时机，围绕全方位加快发展粮食产业化经营，从三个层面迈出积极步伐。

## 一、创新体制机制，夯实粮食产业化经营发展基础

我国国有粮食企业粮食产业化经营虽然取得了一定进展，但与国有粮食企业的地位极不相称，离加快发展的要求和提高发展的质量相差甚远。体制机制不够健全，在一定程度上制约了以国有粮食企业为主体的粮食产业化经营的发展进程。目前相当一部分国有粮食企业面对粮食产业化经营表现出无动于衷、力不从心或手足无措，思想还停留在旧的体制机制中徘徊，行动还处在经营水平不高、市场能力不强的地步，既不敢也不会开展粮食产业化经营，这是影响发展的难题。

对于发展粮食产业化经营来说，创新体制机制带有根本性、长远性意义。从大处着眼，在我国进一步深化粮食流通体制改革大背景下，创新体制机制是国有粮食企业贯彻落实科学发展观的具体行动，也是促进粮食产业化

经营的必然要求。面对发展的新形势、新任务、新要求、新期待，要奋起直追迎头赶上发展的潮流，就必须痛下决心创新体制机制，这也是国有粮食企业凤凰涅槃的重要抉择。就实质而言，要清醒地意识到，在我国多元化市场主体已成为粮食购销活动中重要力量的新形势下，创新体制机制是促进国有粮食企业发展粮食产业化经营和发挥粮食流通主渠道作用的根本途径。如果不加快体制机制创新，总循着老思路转，国有粮食企业迟早要步入发展的“死胡同”。因此，国有粮食企业要保持和发扬“解放思想、实事求是、与时俱进，勇于变革、勇于创新，永不僵化、永不停滞，不为任何风险所惧，不被任何干扰所惑”的改革锐气和勇气，义无反顾地抓紧抓实抓好体制机制创新，推动粮食产业化经营。

为此，需要坚定不移地加快国有粮食企业产权制度改革，大力推进企业兼并重组和公司制改造。整合资源，按照宜股则股、宜合则合等原则，根据各地不同情况采取股份制一步到位或分步到位，使国有粮食企业体制机制更加适应于发展粮食产业化经营。当前要以培育发展市场主体、组建粮食集团发展产业化龙头企业为重点，跳出“粮食”抓粮食，摒弃常见的小而散或小而全的片面做法，用“大粮食”统领粮食产业化经营，只要是有利于粮食产业化经营发展姓“粮”涉“粮”的，都要为我所用，助我发展。据有关资料介绍，在国外包括一些发达国家积极发展的以企业和农民为主体的粮食经济合作组织，都是有益的组织形态。它的存在和发展，对于稳定粮食生产、确保粮食安全起着独特的重要作用。要放宽眼界，大胆吸纳和借鉴一切有利于国有粮食企业体制机制创新的做法，真正把粮食产业化经营作为国有粮食企业参与现代粮食流通产业发展的重要抓手，不断延伸粮食流通产业链的具体措施。用“改革促进更快发展，发展需要改革推动”的思路，大刀阔斧推进股份制改造，促使国有粮食企业在打造出更加符合粮食产业化经营发展的体制机制中科学发展、和谐发展。

## 二、推进体系建设，拓展粮食产业化经营发展空间

国有粮食企业要把粮食产业化经营作为服务社会主义新农村建设的具体措施。创新粮食产业化经营模式，开展粮食标准化生产，建设紧密型优质粮

源基地，大力推行粮食订单生产、订单收购合作方式，建立国有粮食企业与农户之间利益共享、风险共担联结机制。

在现阶段，掌握粮源是国有粮食企业推行粮食产业化经营的中心环节。倘若没有稳定的粮源，粮食产业化经营就会成为无源之水、无本之木。而粮食订单生产、订单收购（以下称“订单粮食”）是目前国有粮食企业解决粮源问题的一种相对稳定且行之有效的形式。因此，要以掌握粮源为基础，大力发展订单粮食。以相互利益为核心，建立“公司＋基地＋农户”等国有粮食企业与农户之间更加广泛的利益共同体，构建新型粮食收购服务网络。再以订单粮食为纽带，不断健全和完善国有粮食企业与农民的利益联结机制，结合各地实际因地制宜发展多种订单粮食，带领农民共同面向市场，提高履约率。国有粮食企业要提高履约率，必须切实坚持依法签约、依法履约，这是规范购销双方行为的基础。要避免以往一些地方订单不规范、简化程序，甚至委托村委会等与农户签约。因表达的非农户本来意愿，导致履约率低或订单流产。这个细节至关紧要，千万不能忽视。同时，不能签约了事，还要搞好新型粮食产前、产中、产后服务：其一，充分发挥国有粮食企业在粮食经营上较为熟悉和了解市场的优势，产前及时尽早向种粮农民提供市场适销对路的粮食优质品种信息，引导农民在提高优质粮食比例中增加种粮收益；其二，聘请和组织农技人员等积极为农民提供粮食种植服务，深入田间地头手把手指导农民改进粮食种植结构，扶助发展优质粮食生产，尤其是传授“测土配方施肥”等多种先进实用技术，促进农民粮食增产；其三，在为农民提供粮食收获后的合同履约等多种收购服务的同时，还要注重利用自身储粮技术之长指导农户安全储粮，推动农村粮食产后安全保障工程，帮助农民产后储粮减损降耗，为构建“节约型社会”作出积极贡献，促进粮食增产增收。不仅如此，还要根据不同情况、不同对象及时帮助农民解决诸如缺资金、缺劳力、缺技术等问题，在提供各种力所能及的服务和帮助中与农民交朋友，使订单粮食融入双方的感情中，增强农民在实惠中合作履约的凝聚力，使双方逐步建立和形成具有特色的鱼水关系：即国有粮食企业发展离不开种粮农民，种粮农民增收也离不开国有粮食企业的新型合作关系。

国有粮食企业与农民结为紧密型利益关系，不应仅从掌握粮源上考虑，更应从持续发展上筹谋。目前各地开展的一次收购、二次乃至多次结算，只是权宜之计。从长远看，要吸引农民逐步走向以土地等物质资源和人力资源入股的粮食产业化经营发展高端，实现加快发展与科学发展的有机结合，在迅速做大龙头企业总量的同时，提升发展的质量和效益，打造更多收储加销和贸工农一体化的粮食产业化经营“航母”。

## 三、突出品牌战略，优化粮食产业化经营发展结构

国有粮食企业在发展粮食产业化经营中，要着力把品牌战略列为重中之重。在当今，衡量企业乃至产业可持续发展的重要标志是品牌。在社会主义市场经济条件下，品牌是企业的核心竞争力，也是全球通行的现代企业重要无形资产和运作资本。就市场而言，品牌有着举足轻重的作用，可以说品牌的效应深入人心、品牌的效果有目共睹，创立品牌有着纲举目张的作用，粮食产业化经营莫不如此。因此，要把品牌战略作为发展粮食产业化经营中健全市场网络的首要之举，顺应时代潮流，确立品牌就是生产力、品牌就是核心竞争力、品牌就是综合实力的思路。

国有粮食企业要针对全国粮油产品牌子不少，而在市场上叫得响或被市场和消费者认可的寥若晨星的现实，着力改变品牌散、小、弱状况，培育和打造强势品牌。以创立品牌为核心，实施“人才兴粮”战略，着眼于提升国有粮食企业员工队伍整体素质的同时，更加重视高技能人才队伍建设。在人才资源已成为最重要的战略资源，人才竞争已成为最具有决定性竞争的条件下，大胆引进高科技人才和营销行家，鼓励关键技术和科研成果通过转让、入股等形式进入企业。按温家宝总理在视察雅戈尔集团时提出的“生产出别人挑不出毛病的产品”素质要求，不断提升粮食产品的内在品质；以创立品牌为核心，靠科学技术现代化推动粮食经营产业化，运用高新技术改造传统加工业，高品位嫁接粮食精深加工，彻底改变不少国有粮食企业收原粮、卖原粮和初级成品粮现状，逐步由粮食加工初级产品向高精品牌产品转变，向现代营养、绿色、方便集约化生产经营转变，实现粮食资源的充分利用和综合利用，提高资源利用率和产品附加值。还要把创立品牌与生产“放心粮油”联为一体，通过大力推进“放心粮油”进社区、进农村及连锁经营等，提升品牌效应，扩大粮油市场品牌份额。在此基础上形成品牌大势，拓展营销网络，占领巩固市场，使品牌真正成为攻坚市场的“利器”。

国有粮食企业在粮食产业化经营中要整合品牌资源，抓好品牌扩张。以

品牌壮大实力，以品牌兼并企业，以品牌聚集能量。依托品牌优势，培育和打造实力雄厚、辐射面广、带动力强的粮食产业化经营龙头企业，加速各种要素向优势品牌，优势企业聚集，形成产业集群。要用发展的眼光和世界的眼光实施品牌战略，增强国有粮食企业“走出去”发展活力，真正使品牌成为粮食产业化经营中让市场看得见、摸得着、信得过的发展优势和高地。

国有粮食企业开展粮食产业化经营不可能一蹴而就，必将经历有序推进到发展成熟的过程。因此，必须按照科学发展观要求，坚持不断解放思想和持续改革创新，认真把握好上述三个层面，有力地促进粮食产业化经营又好又快发展。

（作者：江西省宜丰县新昌粮管所　刘俊）

# 河南省延津县粮食产业化经营的实践与思考

党的十七大提出：解决好农业、农村、农民问题，事关全面建设小康社会大局，必须始终作为全党工作的重中之重。要加强农业基础地位，走中国特色农业现代化道路，建立以工促农、以城带乡长效机制，形成城乡经济社会发展一体化新格局。这一基于现阶段基本国情做出的战略决策为解决我国粮食产业发展问题指明了方向。目前，河南省农业生产力水平不高，农户不仅数量多，经营规模普遍较小，而且结构、行为相似，与千变万化的大市场有效衔接非常困难，粮食商品率和粮食资源配置的市场化程度均较低，保持粮食稳定增长和农民持续增收的难度越来越大。近几年，河南省延津县大力发展粮食产业化经营，积极拓展粮食产业发展空间和领域，有效地提高了粮食比较效益，为发展现代粮食流通产业，促进农业现代化，保障国家粮食安全探索出了一条有效途径。

## 一、延津县粮食产业化经营的成功实践

延津县经过几年的实践探索，在粮食产业化经营方面走出了一条符合当地实际且行之有效的发展道路，形成了以“公司 + 协会 + 基地”为基本组织形式和以“订单 + 现货+ 期货”为基本经营方式的“延津模式”，实现了小麦订单化种植，标准化生产，品牌化经营，规模化管理，产业化发展。

2002 年，延津县粮食局创办了全国第一个小麦专业协会——河南金粒小麦协会。在协会的基础上，2006 年底，按照《合作社法》规定，组建了河南金粒小麦合作社，建立起新型的农企利益联结机制，制定了协会（合作社）章程和中心会（社）员管理办法。在金粒小麦协会（合作社）的组织保障下，以河南金粒麦业公司为产业龙头，组建金粒农业技术服务中心，聘请

农技专家编制《质量管理手册》、《优质专用小麦无公害生产技术明白纸》及《生产操作规程》，建立了全新模式的农业技术推广体系，大力发展优质专用小麦生产；成立金粒鑫大地种业公司，建立种子基地，推进种子原种化；成立金粒农资连锁公司，配送农资，推广配方施肥，服务规范化种植；成立金粒食品公司，发展粮食精深加工，形成了金粒麦业、种业、肥业、面业“四业”并举的产业化发展格局。中心会（社）员负责组织农户与企业签订订单，落实无公害标准，协助农技培训，配送农资化肥，组织购销订单粮食。中心会（社）员的劳务费由企业按其服务量按比例支付。在这种模式下，在粮食生产环节实行“五统一”，即统一供种、统一机播、统一管理、统一机收、统一收购；在销售环节实行“四统一”，即统一开拓市场、统一质量管理、统一商品包装、统一市场价格；在经营环节创新了“二次结算、两次返利”等办法，不仅提升了小麦品牌的市场竞争力，而且与农民建立起牢固的利益纽带。目前，延津县订单基地优质专用小麦种植已达 70 万亩，产量超过 30 万吨，订单粮食已覆盖全县 341 个行政村，并发展到周边 3 市 6 县，优质专用小麦订单履约率保持在 90%以上，促进农民增加收入近亿元，粮食企业多年实现盈利，取得了良好的经济和社会效益。

延津县粮食产业化经营的做法，被专家和媒体誉为“延津模式”，多次受到了国家、省、市各级领导的充分肯定和社会各界的广泛关注。这种模式可以概括为：以市场为导向，以利益为纽带，以家庭承包经营为基础，依靠中介组织和龙头企业带动，以政府支持和系列化服务为手段，通过实行粮食产、供、加、销一体化经营，将粮食再生产过程的产前、产中、产后诸环节联结为一个完整的产业系统，最终使龙头组织和多元参与主体达到利益共享、风险共担的产业化经营方式。

## 二、延津县粮食产业化经营的现实意义

“延津模式”实质在于对传统农业和粮食生产进行现代化改造和创新，运用工业化理念发展现代农业，有效解决了农民组织化程度低、农业科技水平较低、产品市场竞争力不强等制约粮食流通产业可持续发展的诸多问题，最终实现农民增收、企业增效、产业发展的目的。实践证明，粮食产业化经

营既适应农村以家庭承包经营为基础、统分结合的双层经营体制，又较好地适应多层次农业生产力发展的要求，优化了粮食生产要素配置，促进了传统粮食产销向现代粮食流通产业转化，推动了传统农业向现代农业转型，对于推进农业现代化和新农村建设具有重大的现实意义。

**（一）有利于改造传统农业，加快农业现代化进程**

粮食产业化经营可以促进粮食生产从小农经济到现代农业的转变，促进粮食生产组织结构由生产型向多元主体自由联合的生产经营型组织结构的转变，使农户经营与市场相联结，从而促进传统农业向市场农业转变。同时，粮食产业化系统的专业化、社会化服务相结合，可以为实用技术应用和高新技术产业化创造了条件，提高粮食加工业水平，加快农业现代化的进程。

**（二）有利于引导粮食种植结构合理调整，稳定和提高粮食综合生产能力**

发展粮食产业化经营，可以将多样化、专用化、优质化的市场需求表现为对粮食数量、质量、品种、规格等的具体要求，为粮食种植结构的调整提供市场信号和导向。粮食企业按照市场的要求与农户签订订单，可以使生产结构与市场需求结构相适应，有效缓解粮食供需的结构性矛盾，带动粮食结构的调整和优化，实现粮食资源的合理配置，有利于标准化、规模化生产，减少生产的盲目性。

**（三）有利于提高粮食比较效益，增加种粮农民收入**

粮食产业化经营能够提高粮食专业化水平和技术水平，并将一、二、三产业融为一体，通过规模经营和多层次加工使粮食产品实现多重增值。特别是通过“公司+农户”、“专业协会+农户”、“股份合作”等组织形式，使企业与农民之间形成利益共享、风险均担的经济利益共同体，在一体化经营体系内部进行利益互补，农民除了可以得到种植业的收入外，还可以分享加工业和服务业的部分利润，使农民分享粮食生产流通多环节的增值，提高粮食的比较效益，从而增加农民收入。延津县就是以发展粮食订单为突破口，将千家万户农民与千变万化市场连接起来，建立了新型的农企关系，促进农民增收 9000 多万元，实现了农企双赢。

### （四）有利于深化国有粮食企业改革，提高粮食行业效益

粮食购销市场化形势下，市场化手段不断加强和政策性因素不断弱化，国有粮食企业逐渐失去了原有的政策优势，传统的经营方式已难以应对激烈的市场竞争，促使国有粮食企业逐步向建立市场经营机制转变。一方面与粮食生产者建立紧密的联结关系，掌握粮源，把握生存和发展的主动权；另一方面，冲破条块分割，向农、工、贸一体化，产、购、销一条龙的方向发展。延津县在粮食播种前，通过小麦协会中心会员组织企业与农民签订收购合同，提供全过程优质服务，不仅调动了农民的种粮积极性，而且中心会员按照发展订单面积和交售小麦数量，获得较为丰厚的合理报酬。这种以利益为纽带的农企关系，为国有粮食企业掌握优质粮源发挥了重要作用。每年中心会员的收粮总和占全县收储企业收粮总量的 80%。近 5 年金粒麦业公司的年经营量都在 4 亿公斤左右，同时“四业”并举，形成较为完整的产业链，增强了企业综合实力和市场竞争力。

### （五）有利于发展粮食流通产业，保障国家粮食安全

粮食流通渠道不畅容易导致短期内粮食供求失衡、价格上涨，而发展粮食产业化经营，通过龙头企业一体化运作，可以有效解决粮食流通渠道不畅的问题。龙头企业作为政府实施宏观调控的载体，在粮食购销市场化形势下，可以充分发挥其在粮食收购上的主导作用，在粮食价格上的引导作用，在供应市场上的稳定作用。同时，发展粮食产业化经营，把企业与农民签订的“小订单”发展为与产销区之间的“大订单”，有利于促进产销区形成稳定的粮食购销关系，能够有效地解决销区粮食需求和缓解产区库存压力，促进粮食产销区之间粮食品种、结构和总量平衡，保证粮食市场供应和粮食价格合理稳定，为国家粮食安全提供保障。

## 三、延津县粮食产业化经营的启示

经过近些年的发展，许多地方粮食产业化经营取得了一定成效。但是应该看到，目前各地粮食产业化经营水平普遍较低，发展很不平衡；粮食订单

种植面积还需要进一步扩大，订单履约率不高；优质粮食品种连片种植和区域化、规模化程度仍然较低；龙头企业数量不多，并且多数龙头企业规模小、带动力不强；农产品知名品牌较少，缺乏市场竞争力，抗御风险的能力不强；粮食生产的组织化程度较低，难以适应市场经济发展的需要；多数地方企业与农民的利益关系不紧密，利益联结机制还没有建立，农企双方利益难以得到有效的保护；有些地方对龙头企业的支持服务不够，发展粮食产业化经营的外部环境有待进一步改善等。延津县以基地为依托、协会为纽带、订单为载体的粮食产业化经营模式，可以给我们以下几方面启示：

### （一）促进农民增收要有新思路

延津县以工业化理念发展粮食经济，其实质就是从社会大生产出发，提高分散的、千家万户的农民的组织化程度，建立与龙头企业的紧密联系，并以提高综合效益为中心，以体制机制创新为动力，以提高质量、创造品牌、增强市场竞争力为关键，以社会化服务、提高农民组织化程度为途径，实现了种子原种化，种植订单化，生产标准化，购销集团化，经营品牌化、贸工农一体化，从而实现了农民增收、企业增效。

### （二）引导农民进入市场要有新途径

延津县始终把农民作为推动小麦经济的主力，以利益紧密联结农企关系。他们探索和创新的“公司 + 协会 + 农户”模式的特点是：政府正确指导和引导，企业积极支持和扶持，农户完全自主和自决，协会组织成为企业与农户之间的桥梁，为农民提供技术、种子、肥料等多种服务。协会的中心会员负责组织农户与粮食购销企业签订订单，落实无公害标准，协助农技培训，配送农资化肥，组织农户交售订单粮食。中心会员的报酬和奖励由龙头企业按其服务量支付，使协会与中心会员之间建立了牢固的经济纽带，促使中心会员始终积极活跃在农业生产第一线，有力地推动了粮食产业化经营的各项工作的落实。而农民在订单收购和销售环节多次增加收入，更加信任中心会员和协会组织，使双方真正结成了利益共同体。

### （三）提高粮食产品竞争力要有新方法

延津县建设优质小麦订单基地中，坚持把提高产品质量、增强产品竞争力作为主攻方向，采取了一系列措施：消除污染源，严禁采用已取缔的农药和化学药品，关闭所有污染环境的小造纸厂；在技术人员指导下，严格按照技术部门规定的品种和数量施用化肥和农药，统一实行大田管理，统一供肥、供药、防治病虫害；建立质量监督检验机构，对小麦及其制品进行严格监督和监控；组织农业、环保、质检等部门在全国首家制定了高于国家标准的无公害小麦生产地方标准，经批准后全面贯彻实施，有效地改善了延津小麦的内在质量，确保了小麦品质的优良性和一致性。

### （四）政府职能要有新定位

延津县政府和粮食局等有关职能部门在推进粮食产业化中，始终发挥协调为农服务作用，一改过去包办代替者的老角色。在发展小麦经济之初，延津县政府把推进优质专用小麦产业化经营作为延津农业生产的“一号工程”来抓，具体协调各方面关系，重点抓好农业结构调整和粮食产业化经营的整体规划；加强舆论宣传，狠抓典型示范；提供市场信息和技术服务；规范自身审批、收费等行为，整顿市场秩序，优化发展的软硬件环境，吸引投资；强化技术培训，推广先进技术，提高农民素质，监督订单的落实，从而保证了发展小麦经济战略的顺利实施。

## 四、发展粮食产业化经营的政策思考

延津县粮食产业化经营的成功实践充分说明，粮食产业化经营是粮食市场经济在生产方式、交易方式和产业组织方式上的创新，是市场农业的基本运转机制，已成为推进现代粮食流通产业发展，加速农业现代化进程的新动力。因此，应当加大政策扶持力度，积极支持粮食产业化发展，不断提升粮食产业化经营水平。

### （一）加强农业基础建设，保护和提高粮食综合生产能力

切实提高对粮食生产基础地位的认识，既要防止粮食生产大起大落，又要考虑提高粮食综合效益；既不能因为粮食出现连续增长，就以为粮食生产过关了，更不能因为粮食生产比较效益低，就以为粮食生产不重要而忽视了，一定要把粮食生产与新农村建设和构建和谐社会的目标紧密联系起来，

统筹兼顾。要加大投入，加强农业基础设施建设，严格保护耕地，强化支农强农政策，充分调动农民种粮积极性。积极推进农业科技进步，促进粮食生产由数量型向质量效益型转变。

**（二）以工业理念发展粮食产业，拓宽粮食产业化思路**

把发展工业的理念引入粮食产业，充分发挥国有粮食企业购销网络、储运设施、加工设施的优势，借鉴推广“延津模式”，积极探索符合当地实际的粮食产业化经营模式。科学制定粮食产业化发展规划，合理布局，促进粮食生产和粮食加工的协调发展，提高粮食附加值和种粮比较效益，提升粮油产品的市场竞争力，带动农民进入附加值较高、经济效益较好的加工、流通环节，使农民分享农产品加工、销售环节的利益。

**（三）培育粮食产业化龙头企业，发挥示范带动作用**

进一步规范和完善国有粮食企业产权制度改革，推进组织结构创新，加快建立健全现代企业制度和新型企业经营机制，尽快形成布局比较合理的新型粮食购销企业群体。大力推进粮食购销企业与粮食加工企业、科研单位联合，催生一批生产、收购、加工和销售一体化的经济实体。落实好国家扶持粮食产业化龙头企业的优惠政策，加大资金支持力度，优先发展农产品加工项目，发展精深加工，开拓国内外市场。

**（四）发展粮食专业合作经济组织，提高农民组织化程度**

加快制定扶持政策和示范章程，引导农民在自愿的基础上，按照“民办、民管、民受益”的原则，发展各种新型的粮食专业合作经济组织，壮大农村经纪队伍，充分发挥其组织农民的作用，使农民真正变成市场竞争的主体。按照《合作社法》规定，粮食部门应充分利用组织优势和遍布城乡的经营网络优势，创新体制机制，调整农企关系，积极创办专业合作社、粮食专业协会，引导农民与市场有效对接。

**（五）建立多样化利益联结机制，引导农企向紧密型发展**

鼓励多种所有制市场主体积极参与和发展粮食产业化，形成多元市场主体相互竞争、共同发展的粮食购销新格局。坚持农民和企业自愿互利的原则，鼓励农企采取合同契约、订单粮食、股份合作、资产入股等利益联结形式，建立比较紧密的利益联结机制，真正结成利益共同体，引导其向规范化的方向发展，保证龙头企业和农户双方的合法利益。加强法治和信用体系建设，建立制约机制，提高粮食订单履约率。

### （六）大力实施品牌战略，提高粮食产品市场竞争力

指导企业牢固树立产品质量和食品安全意识，增加科技投入，采用先进的质量标准，组织开发和生产消费者所需产品。把巩固和发展粮油名牌产品作为粮食产业化经营中实施品牌化战略的重点，确立产品的市场定位，制定科学的产品开发计划，努力实现本地主导粮食产品品牌化、名牌化。按照市场需求，重点发展优质专用小麦、玉米、稻谷主导新品种、新品牌。

### （七）加快发展外向型粮食经济，全面提高对外开放水平

大力实施开放带动战略，坚持对外、对内开放并举，加快发展外向型粮食经济。推进实施“东引西进”，加强内地骨干粮食企业与东南沿海企业的战略合作，开拓中西部地区粮食市场。广泛开展对外经济技术交流，鼓励粮食企业引进国外和沿海发达地区的先进技术、管理经验和高素质外贸人才，提高企业经营管理水平。

### （八）加强科技和人才支撑，提高粮食行业自主创新能力

加快粮食行业创新体系建设，大力推动自主创新，全面提升粮食科技整体实力和粮食产业技术水平。加强粮食企业技术中心建设，增强企业核心竞争力；把引进先进技术、消化吸收和自主创新结合起来，走科技含量高、经济效益好、资源能耗低、环境污染少的新型粮食产业化道路。加强粮食企业经营管理人才队伍和粮食科技专家人才队伍建设，为粮食产业发展提供人才支持和智力保障。

### （九）加快粮食服务体系建设，为粮食产业化提供有力保障

建立健全粮食产业化信息服务体系，为粮食产业化经营提供生产、技术、市场、供求、价格、进出口信息服务。引导龙头企业、粮食经营大户投资农村信息服务事业。积极参与农业生产标准体系建设，加快建立健全粮食质量检测体系，推进粮食基地标准化生产。积极推进农村粮油服务体系建设，加强农村粮油服务组织建设，发展农产品、农业生产资料和消费品连锁

经营。

## （十）明确政府职能定位，促进粮食产业化持续健康发展

政府部门必须从关注民生、促进农村和谐发展的高度，彻底转变职能，担当起组织者和引导者的全新角色，充分发挥宏观调控、制定发展战略、创造有利环境、协调为农服务等作用，对粮食产业化发展给予积极的政策支持，正确引导，提供服务。积极协调财政、银行、农业、科研等部门关系，形成扶持和发展粮食产业化的合力。同时，坚持因地制宜，突出地方特色，尊重市场经济规律，认真开展调查研究，科学决策，找准与市场的结合点，采取适合本地区发展的粮食产业化模式，谋取最大的经济和社会效益。

（作者：河南省粮食局办公室　庆凌）

# 湖北省荆州市粮食产业化发展历程与展望

传说中有一种凤凰鸟，在大限到来之时，集梧桐枝于自燃而焚，在烈火中新生。其羽更丰，其音更清，其神更髓，是曰：凤凰涅槃。

荆州市是全国重要的商品粮基地，在实行统购统销的计划经济时代，好比金凤凰，不愁栖息的梧桐树！在改革开放的30年间，随着国家对粮食流通体制和产业政策的改革，计划经济的梧桐大树没有了，荆州市的粮食工作也经历了从失落—阵痛—求索—新生的过程。全市的粮食产业化也在凤凰涅槃的历程中应运而生、探索实践、蓬勃发展。荆州市的粮食工作在改革开放的30年间，实现了翻天覆地的变化！仅从粮食商品率和产业化方面看，成就有目共睹。

一是商品粮贡献大。荆州市常年粮食产量35亿公斤以上，商品量20亿公斤左右。2007年全年粮食播种面积745.5万亩，比上年增加25.1万亩，增长3.5%；粮食总产量358.89万吨，为近10年来最高水平，比上年增加37.42万吨，增长11.6%。其中夏粮总产37.92万吨，增长36.7%；早稻总产42.27万吨，增长3%；中稻总产209.02万吨，增长11.5%；晚稻总产53.45万吨，增长8.5%。据市粮食局统计资料，从新中国成立初期的1950~2007年，荆州市共向国家提供商品粮4560万吨之多，其中：1950~1977年，年平均提供商品粮60万吨；1978~1992年，年平均提供商品粮90万吨；特别是从1993~2007年，年平均提供商品粮120万吨。从1953年粮食统购统销开始到1997年粮食合同定购结束，荆州市为全国各地共调出平价粮食3380万吨，为国家粮食安全作出了重大贡献。

二是粮食产业化成效显著。截至2007年底，全市规模以上的粮油加工企业214家，其中：大米加工企业196家，小麦粉加工企业8家，食用油加工企业10家。大米年总生产能力380万吨；小麦粉年总生产能力41万吨；油脂年总油料处理能力41万吨，精炼能力19万吨。2007年，全市粮油加工总产量 154.88 万吨，同比增长 68%，是 1978 年的 1.89 倍；粮油加工业销售收入 53 亿元，是 1978 年的 20.46 倍；实现利润总额 9576 万元，比上年同期增加 3980 万元，同比增长 71.1%，是 1978 年的 11.54 倍。

回顾荆州市粮食产业化发展的艰辛历程，可谓“凤凰涅槃，浴火重生”！

## 一、一个历史时代的结束：从计划走向市场

伴随着国家经济体制的改革，荆州市的粮食流通体制在 30 年里也发生了从计划经济到放开购销、放开价格，到放开市场的一系列深刻变革。1983 年，全国所有的人民公社都改为乡、镇，是农业生产主体改革的一个标志。同时，上世纪 80 年代中期，特别是 1984 年的时候，全国性的“卖粮难”，粮食供应已经不再是严重的问题。因此，1985 年 1 月 1 日，党中央、国务院出台 1 号文件，取消粮食统购统销制度，改为“合同定购”，定购外的粮食自由购销。这一年标志着执行了 32 年之久的统购统销计划政策结束；1986 年实施“死一块，活一块”双轨制；1990 年国家实行专项储备粮制度；1991 年 5 月提高粮食销价；1992 年试点“放开价格，放开经营”，1993 年全国粮食价格和经营全面放开；1995 年实现“米袋子”省长负责制和“两线运行”；1996 年全国提高粮食定购价 44%；1998 年实行以“三项政策，一项改革”为主要内容的粮食流通体制改革；2004 年全国放开粮食购销市场；2006 年 1 月 1 日，全国取消农业税，标志着延续了两千多年的“皇粮国税”退出历史舞台，以及近年来实行的“最低收购价政策”等，荆州市粮食部门和几代粮食人都一步一步艰难地迈过了道道坎！

国家对粮食宏观政策的改革，为荆州市粮食产业化经营提供了大的政策背景。

## 二、两大刻骨铭心的变革：从国有走向多元

1998 年，党中央、国务院把粮食流通体制改革作为当年“五大改革”之首。力度之大、影响之深、领导之重视都是空前的。时任总理朱镕基在全

国粮食流通体制改革工作会议上强调，如果按照老的体制运行下去，各级政府负担不起、各级财政补贴不起、各级粮食企业承担不起，已经到了“非改不可、不改不行、刻不容缓”的时候！为此，国务院下发了国发［1998］15号《关于进一步深化粮食流通体制改革的决定》以及6个配套改革的文件。湖北省政府1999年下发了《湖北省粮食流通体制改革实施意见》。2000年，荆州市委下发了［2000］12号文件，市政府下发了［2000］45号文件。省粮食局也制定下发了一系列的文件。按照各级党政和部门对粮食流通体制改革的要求，荆州市在具体措施上，实施了深化国有粮食购销企业和粮食工贸企业两大改革。国有粮食购销企业改革以“减灶、减官、减员、改制”为重点；国有工贸企业改革以“一步转民、逐步转民、买断转民、置换身份转民、破产转民”等九大转民形式为重点，全部实行民营化。在各级党政和部门领导的高度重视下，在全市各级粮食局的强有力推动下，在全市粮食职工的全力参与下，市粮食局几次召开全市粮食流通体制改革工作会议，与各县（市、区）长签订粮食工作行政首长负责制目标责任状，多次组成工作专班分赴各县（市、区）检查、督办。2000~2005年，全市用了近五年的时间，全面完成了粮食企业改革任务。一是“老人”全部安置到位。2007年底，全市国有粮食企业在岗职工2349人，同改革前的34850人相比，减幅达到93%，大大超额完成省粮食局下达的减人目标，所有在岗职工全部置换了身份，全市离退休人员6253人全部移交社保机构托管。二是产权制度改革任务基本完成。在妥善安置粮食职工的前提下，积极推进以产权多元化为方向的多种形式的产权制度改革。其中对国家粮食储备库实行国有独资的产权制度；对集中产区的国有粮食购销企业，以中心粮站为依托，通过国有控股、参股和积极吸纳社会资本的方式组建新的公司，对边远地区小型国有粮食购销企业实行兼并、重组、出售或租赁经营；对粮食附营企业坚持民营化的改革方向，实现产权、身份、资产“三联动”。截至2008年底，全市共有国有粮食购销企业77家，其中国有独资20家，国有控股27家，租赁经营30家。国有粮食购销企业数量比改革前的133家减少了56家，减幅42.1%。企业全面推进了干部人事、劳动用工和收入分配“三项制度”改革。三是企业重组和联合经营步伐明显加快。按照购销、加工、储备“三位一体”的模式和“产、购、加、销、研”一体化经营的要求，积极推进企业的战略性重组，打造粮食产业化经营集团。全市已经打造了福娃、洪湖浪、荆谷三大粮食产业化经营集团，有65家国有粮食购销企业以参股或租赁经营等形式实现了与粮食产业化龙头企业的经济联合，占购销企业总数的 84.4%。

国有粮食企业体制的改革为粮食产业化发展提供了良好的基础前提。

## 三、三次产业理念的升华：从摸索走向成熟

荆州市的粮食产业化发展，经历了探索—实践—升华—成熟的过程。特别是在粮食产业化经营理念上经过了三次大的创新。每次理念上的创新都极大地促进了全市粮食产业化工作的大发展。

第一次是“三大支柱”理念的创新。1992 年，国务院决定加快粮食流通体制改革，其主要内容是积极稳妥地放开粮食价格和经营，加快粮食储备体系、市场体系、服务体系“三大体系”建设，逐步建立粮食政策性业务和商业性经营“两条线运行”机制。1993 年，荆州市粮油购销价格和经营全面放开。为适应新形势下不断变化的政策要求和行业必须快步发展的客观实际，市粮食局于 1993 年提出了加快发展粮食贸易、粮办工业、多种经营“三大支柱”产业的战略构想，并把此作为粮食企业走出困境的一项重大战略决策来抓。这是第一次把粮食贸易、加工、多业和粮食政策性主业明确分开，把贸易、工业、多业作为“支柱”产业独立开来。这为后来的全市粮食产业化搭下了框架雏形。在当时的环境条件下也取得了不错的效果。1993 年底，全市粮食系统全面实现扭亏为盈，实现综合净利润 1410 万元。1993~1997 年，全市共调销粮食 453 万吨，完成工业投资 1 亿元，累计完成工业产值 43.24 亿元，实现利润 3896 万元。当时已经形成了粮油加工、食品、饮料、饲料、酿酒、粮机等粮办工业体系，当时的松滋市油化总厂、公安县的粮机厂、荆州华龙集团公司、荆州挂面厂等企业已经崭露头角；全市多种经营产值营业额达到 6.7 亿元，实现利润 2812 万元，从业人员达到 1.32 万人。

第二次是“新型工业化”理念的创新。2003 年初，市粮食局提出了“用新型工业化的理念谋划粮食产业的发展，坚定不移地走工业化带动产业化，用产业化实现企业效益最大化”的指导思想，要求全市粮食部门和企业把粮食产业化作为“饭碗工程、希望工程、发展工程”的大事来抓。同年 3 月 18 日，市政府专题在洪湖、公安召开了县市区长、粮食局长、重点企业法人代表及市直经贸委、财政局、农业局、农发行等部门领导 80 多人参加

的全市粮食产业化经营工作现场会，全力进行推动。同年，市粮食局又按照“两年打基础，三年见成效，五年大发展”的总体思路，组织专班，在大量的调查研究、数据论证基础上，制定了《全市粮食企业粮食产业化发展五年（2003~2007年）规划》（以下简称《规则》），这个《规划》得到了荆州市委、市政府领导的肯定，得到了湖北省粮食局的高度评价，省粮食局专题发文各市州学习借鉴。在此《规划》指导下，2003~2007年，全市粮食产业化取得了突破性发展。全市上马了33个粮油精深加工新建和改造项目，获得省级财政贴息贷款额2.82亿元、贴息资金1558万元的政策扶持。同时，积极争取中央财政投资扶持，获得项目扶持资金2000万元。这五年是粮食企业加工项目投入力度最大、起点档次最高、发展速度最快、经济效益最好的时期。截至2007年底，全市8个县市区龙头企业实现了设备工艺由粗加工低档型向精加工中、高档型的转变。2007年，全市规模以上粮油加工企业共实现销售收入53亿元，实现利润9576万元，创历史最高，是2003年前的6.7倍。

第三次是“粮食荆州走向全国”理念的创新。2007年1月6日，荆州市委书记应代明同志在荆州市第三次党代会上的报告中提出了“粮食荆州走向全国”的战略部署。如果说市粮食局前两次产业理念对粮食产业化只是在局部的、行业内的初步探索和不断完善的话，那么“粮食荆州走向全国”的理念则是用科学发展的眼光、站在全局的、全国的眼光来指导荆州市的粮食产业化工作。高度更高、气魄更大、内涵更丰富、理念更成熟、指导性和目标性更强。这也是荆州市粮食产业化工作在相当长的一个时期的工作目标和发展方向。

## 四、四大工作成效的突破：从有为走向有位

在全市各级党政领导和部门的高度重视和支持下，粮食产业化经营取得显著成果。企业生产规模扩大、经济效益提高、科技含量增加、综合实力增强，实现了“四大工作成效”的突破。

一是实现了粮食产品“中国名牌”的突破。2007年9月，福娃集团生产的“福娃”牌大米荣获“中国名牌”殊荣，不仅是荆州农产品“中国名

牌”零的突破，也是全省农产品“中国名牌”零的突破；2008 年“福娃”牌大米又喜获“中国驰名商标”。荣获上述“双殊荣”的企业全省仅此一家。这是一个十分了不起的成绩，是历史性的突破！

二是实现了产业效益的突破。2007 年，全市粮食产业化工业产品销售收入 53 亿元（其中大米加工 48 亿元）；实现利润总额 9576 万元，均为历史最高。其中：省级以上龙头企业的销售收入 32.9 亿元，占全市销售收入 62%；实现利润 6537 万元，占全市利润 68%。福娃集团稻米加工规模达到年总加工能力 71.3 万吨，居全省第一，进入全国前十位。该公司 2007 年实现产值 20.2 亿元，实现利润 2926 万元。

三是实现了招大商的突破。全国赫赫有名的中兴公司和洪湖市洪湖浪米业有限公司合作，新建洪湖浪粮油工业园。总投资 3.8 亿元。2008 年底已经完成投资 1.3 亿元，已经完成了日产 300 吨大米的生产车间、年产 2 万吨生物柴油生产线等项目，2009 年将完成日加工菜籽 600 吨生产线及米糠油生产线、饲料等项目。监利县粮食局引进上市公司凯迪电力在监利总投资 4.47 亿元，兴建 4×12MW 生物质发电厂。项目建成投产后，可以每年消化 20 多万吨的稻壳。

四是实现了粮食工业园区的突破。全市荆州粮食工业园、福娃粮食工业区、洪湖浪粮食工业区“三大”园区已经形成雏形。仅这三大粮食工业园区年稻谷加工转化能力达到 125 万吨以上。

有为才能做到有位！市粮食局的粮食产业化工作得到了各级领导和部门的充分肯定。

1997 年 12 月，市粮食局起草了《荆州市粮油产业化实施方案》（以下简称《方案》），荆州市政府把此《方案》纳入《荆州市农业产业化九大主导产业实施方案》之首，用文件下发全市执行，并明确市粮食局为主要职能部门；2003 年 5 月，市粮食局制订了《荆州市粮食企业粮食产业化发展五年规划》，明确了具体的奋斗目标、实施办法、科学的发展方向。这个规划得到了湖北省粮食局的高度肯定并在全省进行推广；2005 年 1 月 19~21 日，市粮食局组团对湖南省常德、益阳等地粮食产业化调研后，写下《利用稻米资源，做强稻米产业》的调研报告，时任中央政治局委员、湖北省委书记俞正声对此调研报告高度肯定并予以批示，责成省有关部门具体研究解决粮食产业化工作中存在的问题，其中有很重要的一条是，省政府明确了省粮食局为全省粮食产业化工作职能部门；2005 年 3 月 26 日，湖北省粮食产业化工作现场会在荆州召开；2008 年 3 月 7 日，荆州市委召开会议专题研究荆州粮食产业发展，要求各级党委、政府一定要站在服务社会主义新农村建设的高度，站在维护国家粮食安全的高度，抢抓机遇，发挥优势，充分认识当前粮食产业化工作的重要意义，讲政治，顾大局，采取切实有效措施，切实抓好粮食工作。荆州市粮食局连续九年组织企业参加湖北粮油精品展销会，并连续九年获得优秀组织奖；市粮食局连续多年荣获全省先进市州粮食局荣誉等。

## 五、五大未来发展的方向：从荆州走向全国

用实事求是、科学发展的观点看，荆州市的粮食产业化工作还有很多不足。主要表现在：龙头企业的规模小、实力弱；深加工项目少，产业链条短；高档优质稻发展滞后，稻米品质不高；一般品牌多，名牌产品少等。无论是从纵向看，还是从横向比，工作差距还很大。

要全面实现"粮食荆州走向全国"的目标，全市必须把粮食产业化作为推动粮食经济又好又快发展的重要举措；必须把粮食加工业发展成为"工业兴市"的重要举措；必须做大做强龙头企业、发挥大龙头的带动作用；必须在建设粮食工业园区上狠下工夫；必须在实行规模化生产、标准化管理和品牌化经营上有新突破。具体讲就是必须加大"五个方面的力度"。

### （一）进一步思想大解放

荆州市粮食产业化工作要以科学发展观为指导，紧紧围绕"粮食荆州走向全国"的战略部署，适应当前粮食购销市场化、流通格局多样化、居民消费健康化、组织结构集团化、生产经营产业化、市场营销国际化的发展趋势，以市场为导向，以新型技术为载体，以资源循环利用为手段，制定科学的、可持续发展战略。真正放开思路，放开手脚，转变思想。紧密联系粮食产业化工作实际，围绕"工作差距在哪里"、"粮食产业如何扩大开放"、"企业如何做大做强"等问题，集思广益谋发展，明确开放的思路、措施和办法，以此推动荆州市粮食产业化工作又好又快的科学发展。

**（二）进一步扶持大龙头**

党的十七大报告指出，鼓励发展具有国际竞争力的大企业集团。这是党中央着眼于中国产业发展未来而提出的战略性、长远性、前瞻性奋斗目标。这对于荆州市的粮食产业来说，具有重要现实指导意义。每个县（市、区）都要组建 1~2 个以骨干龙头企业为核心的“联合舰队”，按照现代企业制度的要求，组建企业集团。要加快发展粮食工业园区，在“政府引导、市场运作、多元投入、企业联动”原则下，建立政府推动与市场化运作相结合的运行机制，既筑巢引凤，亦引凤筑巢。建立政府投入为引导、企业投入为主体、金融贷款为支撑的多层次、多元化投入体系。粮食企业通过深化改革，招大商，引大资，采取控股、参股、联盟等多种所有制形式，做大做强产业和企业。到“十一五”期末，荆州市力争 1 家企业销售收入过 25 亿元以上；3 家企业销售收入 5 亿元以上；4 家企业销售收入过亿元以上；加工转化增值的粮油占到商品粮油总量的 70%以上；实现利润 1 亿元以上。举全市之力，上下齐动、各方配合，扶持福娃集团等企业尽快上市。

**（三）进一步培植大品牌**

要十分注重培植产品品牌，大力发展名特优粮食产品，树立品牌形象，发挥品牌效应。借鉴福娃集团“福娃”大米荣获“中国名牌”、“中国驰名商标”称号的成功经验，每县（市、区）范围内着力打造一个核心品牌。按照荆州全市名牌发展规划，到 2010 年，全市要新增 4 个“中国名牌”，14 个“湖北名牌”。全市粮油企业要千方百计争创名牌，尽快实现湖北名牌、中国名牌、驰名商标的突破，增强荆州的粮食企业和产品在全国市场上的竞争力、影响力、市场占有率。

**（四）进一步品种大调整**

种子繁育企业和龙头企业以及科研单位要紧密结合，集中技术力量和资金，着力在优质粮食种子的研发、繁育、推广上集中攻关，尽快筛选出“米好看，饭好吃，产品好销”的、具有荆州市核心竞争力的水稻品种。每个县（市、区）每年主推 2~3 个优质水稻品种，实行集中连片种植，力争用 2~3 年的时间实现全市水稻生产优质化。市级龙头企业优质稻基地面积达到 5 万亩以上，省级龙头企业优质稻基地面积达到 10 万亩以上。要选择一批优质、高产、高效、抗性好、市场认可、消费者欢迎的粮食品种，逐步形成一镇一品，直至一县（市区）一品。加大粮食生产中的指导力度，逐步建立健全以病虫害测报、先进实用技术运用、农资供应等为主的科技社会化服务体系。龙头企业要积极探索市场经济条件下订单经营的成功模式和经验，切实做到“利益共享、风险共担”，按经济规律办事，使龙头企业转化粮食资源，农业增加效益，农民增加收入。

**（五）进一步开拓大市场**

真正把荆州的粮食资源优势变为商品优势和经济优势，必须走在市场前列，大力发展高科技含量、高附加值的大项目。要创新开发稻米深加工项目，使稻米加工向深加工、综合利用方向发展，走循环经济的发展道路。大米是人们一日三餐的主食，要向精加工、健康、营养、保健方向发展；碎米可以加工食品，要向米粉、米酒、果脯糖浆、米淀粉、米蛋白等方向发展；米糠可以制油；稻壳可以发电，为碾米、食品加工、制油提供能源；稻壳燃烧的灰烬可做肥料还田等。同时，全面发挥企业在仓储购销、市场营销等方面的优势，完善购销网络，大力拓展市场，不断扩大市场份额，实现农民、企业、社会三个方面效益的最大化，把荆州的稻米资源优势转化为商品优势和经济优势，为耕者谋利，为食者造福，为荆州社会、经济、政治的科学发展、和谐发展再做新的贡献！

（作者：湖北省荆州市粮食局　陈修柱）

# 北京京粮集团粮油工业企业品牌发展之路

改革开放30年来，在党的十一届三中全会路线指引下，我国粮食行业坚持改革开放，顺利实现了从统购统销的计划经济向社会主义市场经济的历史性转变，粮油企业不断发展壮大，粮食购销网络和市场体系日趋完善，为维护国家粮食安全和改善城乡人民生活做出了重要贡献，取得了举世瞩目的成就。

在我们这样一个人口大国，发展粮油加工业，对于提高人民生活质量，促进农村经济和国民经济持续快速健康发展，都有十分重要的作用。并且，在粮油加工业发展中不断调整优化粮食生产结构，促进粮食流通，从而实现粮食增值、农业增效和农民增收。

纵观改革开放以来特别是近十年，是我国粮油加工业长足发展的重要时期。改革的浪潮席卷神州大地，却也给粮油加工业带来了巨大的冲击，带来的既有难以适应、惨被淘汰的痛楚，更有转变观念、获得新生的佳话。这其中不仅仅是行业的面貌出现了新变化、新转折，而且更重要的是给人们带来了新思路、新观念，带来的是巨大的冲击和涤荡。随着改革开放的日益深入和推进，人们越来越认识到经济的发展和社会的进步离不开改革，改革发展的观念已经深入到了人心。

## 一、背景分析

粮食作为国民经济和社会发展中的重要战略物资，计划经济时期处在国家严格管控之中，粮油加工业完全按照计划经济体制的要求运行。在全国范围内，粮食由国家粮库收购，根据主管部门的指令性计划从粮库再运到加工企业，加工出来的大米、面粉、食用油直接按照政府部门计划发给粮店，最后粮店按照计划供应市民。

很长一段时间以来，粮油加工业其生产、销售完全不带有市场行为，不是按照市场运行规律来运作的，它只是政府职能在生产领域的一个延续。粮油加工企业作为国家职能部门的一个重要组成部分，在政府部门的统一管理下进行生产加工，其一切行为都与市场脱轨，完全按照计划体制运转。那时候，在北京市场上，人们很难看到品牌粮油产品，比如面粉，包装上只能看到标有生产厂家名称如“面粉一厂”、“面粉八厂”类似的时代印记。

粮食行业在计划经济年代发挥了巨大的作用，为国家经济建设做出了巨大的贡献。然而，到了 20 世纪 90 年代，粮食行业作为计划经济体制放开的最晚的行业之一，却经历着历史上从未有过的阵痛和艰辛。

京粮集团于 1999 年成立，当时旗下有近 300 个企业，职工有 2 万多人，85%以上的企业都亏损，亏损额达到近 30 亿元，下属粮油加工企业中的许多工厂由于多年来的积重难返，已是濒临破产。

这时候，国内粮油加工业几乎都面临着一个同样的困局和难题，应对的形势和选择都是相同的，那就是如何走向市场、如何在激烈的市场竞争中生存下来，找到自己的一席之地。京粮自己的路在何方，可以的选择是什么？不难看到，实现凤凰涅槃、浴火重生，唯一的出路就是改革，向改革要发展，向市场要出路。

## 二、战略布局

没有改革就没有出路，没有改革就没有发展。改革带给人们的是思想观念的转变，变则通，通则久。老路子不能再走了，脱胎换骨只能是唯一的希望，改革的支撑点是什么，从何处着手，这都是迫在眉睫需要解决的问题。

任何事情的落实不能说是很简单的，但是任何一件事情确定之前的过程却是很曲折和纷繁复杂的。一个战略的确定必然也要经过无数次的痛苦和艰辛才酝酿出来。企业债务的堆积、生产资金的匮乏、大量员工的生活保障、原有市场的萎缩，如此等等，无不需要统筹规划、整体思量，而所有如此种种问题的解决，又取决于企业长期、短期发展战略布局的效果。

围绕着诸多困境和难题，京粮人展开了大讨论。面对形势的巨大变化，特别是新思想、新观念的冲击，很多员工存在想不通、不敢想的情况，尤其是很多人都抱着怀疑的态度观望这场改革。时间和实践共同证明，运用积极的思维模式考量问题，找准定位，“战略先行”，“做正确的事比正确地做事更重要”，在任何困难面前都能找到出路。京粮集团决策层一方面进行广泛的动员，获取最大部分人的支持，另一方面，进行迅猛果敢、卓有成效的研究和论证，最终，思路决定出路，思想决定发展，京粮集团统一思想、统一观念，找到了一条适合自己的路——进行战略定位、实施战略布局，大力实施“做市场、做品牌、做资本”的发展战略。

自 1999 年成立以来，京粮集团积极参与市场竞争，在构筑“一链两翼多支撑”的总体格局中，以市场为先导、生产为基础、技术开发为依托，着力突出发展主业“一链”——粮油加工业。在整个集团粮油加工业的发展过程中，始终以“做市场、做品牌、做资本”为战略统领，立足于自身优势，借助于品牌知名度，实行品牌系列化，大力培育核心品牌群，取得了不菲的成绩。

通过制定“五年”发展规划，经过近十年的发展，目前京粮集团粮油加工业以“古船”品牌为核心，在大米、面粉、油脂、食品、饲料等领域拥有“古船”、“火鸟”、“绿宝”、“古币”、“华藤”、“正大”、“大磨坊”等品牌群，形成了知名的品牌系列，在激烈的市场竞争中成为合格的市场主体，在保障首都粮油供应安全方面更是发挥了主渠道作用。

## 三、品牌之路

京粮集团将品牌视为一个极具战略意义的无形资产来重点培养扶持，赋予它在市场经济条件下以需求为导向的市场经济新理念。下面以“古船”作为案例来分析和探讨京粮集团粮油加工业走品牌之路的发展历程。

“古船”这个品牌，其核心理念就是健康，像“古船相伴，健康永远”就是对健康理念的演绎。享誉京城的“古船”面粉作为老字号已有几十年的历史，但是真正成为一个有影响力的品牌只是近年来的事。作为北京享有盛誉的一家老面粉企业，“古船”在计划经济体制中有过辉煌的历史。然而，随着国家粮食流通体制改革和市场经济飞速发展，“古船”逐渐失去了昔日的光彩。到1999年京粮集团正式组建成立时，“古船”已处于举步维艰、生存困难的边缘。当时资产总规模有6亿多元，亏损就有2亿多元，处于停产半停产的状态。

2002年，京粮集团正式提出“做市场、做品牌、做资本”的发展战略，“古船”浴火重生，焕发新的活力。经过周密仔细的调研分析，京粮集团决定基于“古船”的品牌优势成立一个新公司。经过一段时间的运转，“古船”又重新杀回了北京大小超市的货架。京粮集团粮油加工业完成了从亏损到赢利的“蜕变”，旗下“古船”品牌在“做市场、做品牌、做资本”的战略指引下，如今“古船”产品囊括了面粉、油脂、大米、面包、杂粮等多个品类，已经走出北京，遍布全国大江南北。到2007年京粮集团粮油加工业中，“古船”企业经营的“古船”品牌的产品实现销售收入25亿元。2006年“古船”品牌被评为“最具市场竞争力品牌”，获得“人民信赖品牌”，2007年9月“古船”小麦粉再次蝉联中国名牌，2007年“古船”品牌价值达到了28.29亿元。

通过对上面的“古船”发展历程案例进行分析，可以看出，品牌之路对粮油加工业发展的重要促进作用。品牌的价值就在于，作为一种无形的资产，在某种意义上它比有形的工厂、车间还重要。一方面，有助于产品的销售和占领市场。品牌知名度形成后，企业可利用品牌优势扩大市场，促成消费者对于品牌的忠诚。另一方面，销售市场和销量的增加，进一步促使产品组合扩大、新品的开发、规模的扩张、产量的提高，促进企业进一步发展。

## 四、走向全面发展之路

通过制定全局性的发展战略，京粮集团粮油加工业在品牌之路上越走越稳，取得了巨大的成就，这也在很大程度上浓缩了改革以来我国粮油加工业取得的发展和成效，是整个国家经济社会发展的一个缩影。

京粮集团在企业改革和所有制结构调整上有了重大进展，企业活力进一步增强。在不断的发展过程中，加快建立和完善现代企业制度，转换经营机制，对内部粮油加工企业积极进行改革、重组，增强了企业活力，在激烈的市场竞争中显示出较强经济实力和市场竞争优势，并产生了一批知名品牌，产业规模化、集中化程度有了很大的提高。现代化经营和管理体系运用于企业发展之中，取得了较大的成绩。

京粮集团所属公司建立了适合自身实际的内控制度，涉及 22 项管理规章制度和 11 类业务流程，严格各生产环节及关键岗位做到责任到人，规范操作，重视过程控制管理，严格执行“5S”管理。销售工作严格要求以热情、周到的工作态度，为客户提供满意、优质的服务。各项管理工作中始终贯彻人性化管理、精细化管理和细节管理理念，各项管理制度、管理策略的实施以此为出发点，积极发挥企业人才优势，通过不断调整、完善主管团队与员工团队绩效考核激励机制，深入发掘员工的积极性与主观能动性，为企业发展提供原动力与后劲。

在经营管理水平不断提高的同时，也带动了企业生产能力和产品质量的不断提高，品种增加、产品结构调整取得较大进展，深加工综合利用有了很大的发展，开发出多种多样的高附加值产品在质量、档次、品种、功能以及包装等方面基本上满足了市场需求和不同消费层次的需要。集团所属北京古船食品有限公司集面粉、食品生产、研发、贸易、服务为一体，生产经营小麦粉、大米、食品和面制品。面粉和食品生产线从瑞士、英国、意大利和日本引进，日处理小麦 3150 吨，可生产通用粉、专用粉、营养强化面粉三大类四十余种产品，拥有完善的营销网络，产品国内畅销。古船食品公司的“古船面粉”与“古船饺子粉”两个包装设计，分别于 2007 年 5 月 16 日与 6 月 6 日通过了国家知识产权局的审核，被授予外观设计专利证书，对古船品牌、古船商标及古船企业的知识产权保护将起到更好的促进作用，提升了古船企业的无形资产分量。

高新技术在粮油加工业中正在得到推广应用，取得了一批重要的科研成果，企业的技术装备水平有了较大的提高。企业坚持以科技为生产力，加大了企业技术中心的投入，充实了人员和设备，积极争取政策支持，并得到了政府的扶持资金。积极瞄准市场，确定研发品种，开发油脂新品种，在同行业中处于领先水平，增强企业的发展后劲。

京粮集团实施战略管理，塑造品牌形象，带动企业全面发展，提升企业竞争力的做法得到社会和市场肯定。作为国有粮食企业如何摆脱旧的经营模式，既要考虑企业利益，又要肩负社会责任，在这一点上，京粮集团深刻认识到以高质量的产品打造让百姓认可、让百姓放心的品牌为突破口，明确战略统领，放大品牌优势，提高核心竞争力，才能在市场上立于不败之地。

京粮集团的变革和发展只是改革路上国家经济和社会进步的一个缩影，却也集合了改革带来的成就和进步。

回首过去，粮改之路征途漫漫，一路走来，京粮人因改革而生，在改革的浪潮中乘风破浪、不畏险阻。展望未来，而今迈步从头越，唯有振奋精神、思进思取，加快发展的步伐，向着既定的目标奋勇前行，才能在竞争中立于不败之地，为改革的进一步推进和发展添砖加瓦。

京粮集团的变革和发展只是改革路上国家经济和社会进步的一个缩影，却也集合了改革带来的成就和进步。回首过去，京粮集团全体干部职工以实际行动，演绎了粮食企业改革—扭亏—创新—腾飞的良性发展之路，为国有粮食企业走出困境做出了有益的尝试，塑造了跨世纪粮食企业品牌先行带动全面发展的腾飞发展的丰碑。展望未来，粮食企业会面对着更大的挑战和考验，不管前进的道路多么崎岖，我们的员工都坚信“只要我们有好的发展路子，只要我们不断地改革创新，京粮集团的明天一定会更美好”。

（作者：北京粮食集团有限责任公司　张新）

# 上海良友粮油品牌建设与发展

“民以食为天”、“开门七件事，柴米油盐酱醋茶”，这些耳熟能详的民谚形象地反映出了粮食在每日生活中的重要地位。粮食作为人类的第一需求，伴随着社会的进步而逐渐形成产业。

从新中国成立到改革开放前，由于我国处在计划经济主导的历史阶段，粮食作为关乎国计民生的重要物资，政府以保障人民的基本生活需求为目的，采用行政指令方式进行管理，统购统销，居民持购买凭证在指定地点购买。因此粮油行业的重点在于确保供应。党的十一届三中全会以后，粮食行业在改革开放的大潮下也逐步走向开放。

1992 年以后，根据党中央正式确立我国建设社会主义市场经济体系的要求，各行各业都开始了深入改革的实践探索，建立适合行业和自身特点的市场经济体制。1993 年粮油取消凭票证购买后，推进粮油企业走向市场，参与市场竞争，打造粮油品牌，让老百姓认识粮油品牌成为粮油企业的发展战略。上海市粮食储运公司的“乐惠”商标在大米行业里进行了大胆创新的尝试，辅助以广告宣传，形成了粮食消费新热点，推动了整个行业的发展。上海市油脂公司的“海狮”商标，用于食用精制油业务经营，重点开发上海的小包装食用油市场。上海面粉公司的“沪 1”商标，成为面粉行业中有影响力的品牌之一。

1998 年上海良友（集团）有限公司成立以后，开始开展规范的商标管理和品牌建设，通过十年的努力，良友集团的品牌保持了良好业绩。“海狮”是上海食用油市场冠军品牌，市场占有率持续保持在 30%以上；“乐惠”是上海大米市场冠军品牌，市场占有率持续保持在 15%左右；“三添”是上海麻油市场冠军品牌，市场占有率持续保持在 40%以上；“福新”是上海面粉市场冠军品牌。“海狮”、“乐惠”、“三添”、“雪雀（福新）”和“味都”都获得“上海市著名商标”或“上海市名牌产品”、行业“放心粮油”等荣誉。“海狮”和“乐惠”还被国家商务部评为“最具市场竞争力品牌”，初步实现了向全国性品牌的突破。“海狮”、“三添”和“福新”入选国家商务部“中华老字号”的申报范围。

回顾良友集团十年的品牌建设和发展，主要特点是结合集团整体发展的阶段性任务，重新整合配置资源，由产品向品牌深化，由静态管理向动态管理转变，强调体系性、规范性和实效性。

## 一、加快产品结构调整，为品牌建设创造条件

市场竞争逼迫企业用市场的思维逻辑去策划经营行为，对各项经营资源开始考虑投入产出比，考虑价值创造，商标亦复如是。2003 年，良友集团在完成了第一个五年的改革改制的任务，清产核资、盘活资产、减员分流取得阶段性成果之后，良友集团领导开始对发展进行高屋建瓴地布局谋篇。品牌作为企业在市场竞争中最能创造价值的战略资源，受到领导高度重视，引进专业人员，调整组织构架，为品牌建设创造条件。

品牌建设与产品结构调整是相辅相成的两项工作。良友集团成立之初，粮油食品加工产品多达 38 个大类 133 个品种，但是大多数产品是附加价值低、市场占有率低、经济效益低的产品。在 1999 年集团粮油食品总产值 10.92 亿元中，产值低于 50 万元的产品有 30 种。这样的产品结构很不利于在市场中通过马太效应建设强势品牌。集团所属子公司根据粮食工业的发展方向，结合年度经营任务，准确把握市场需求，认真梳理各自的产品，坚决淘汰附加价值低、市场销路差、经济效益低的产品，积极开发市场欢迎，有一定科技含量，代表发展趋势的新产品。据统计，从 1998 年到 2005 年间淘汰了 23 个品种，通过企业改制转出了近 30 个品种，新开发了 74 个品种；2006~2007 年，又淘汰了 38 个品种，新开发了 77 个新品种。速度越来越快，真正切入了粮油食品作为快速消费品的本质，为集中建设强势品牌创造了条件。

## 二、集中整合，规范商标管理，为品牌建设配置资源

品牌建设的第一步是商标整合与统一管理。由于良友集团的主要企业原先都是上海市粮食局的直属企业，拥有大量的商标，其中部分商标积淀了不菲的价值，但是商标管理和使用均不规范，也缺乏有效的规划，很多商标接近无价值的状态。例如，面粉公司从其前身算起甚至有超过 100 年的历史，“福新”商标从 1913 年荣氏家族的福新面粉厂建立开始就使用了，但是解放后的很长一段时期内并未在国家工商管理机构注册。又如，以前油脂公司直属的多个企业都有自己的注册商标，覆盖产品或重复或交叉，但又有空白。据统计，集团所属企业持有的注册商标有 115 件，而处于未使用状态的商标近 70 件。

集团通过行政管理措施将所属企业持有的各类注册商标收回，及时完成了商标权利人的变更，成为这些注册商标的持有人。随后，集团又迅速制定了《上海良友集团知识产权管理暂行办法》、《上海良友（集团）有限公司注册商标管理暂行办法》和《上海良友（集团）有限公司关于加强商标管理的通知》等相关的管理制度，对商标管理和使用进行了明确的规定，采取许可使用的方式，并按照相应程序办理商标使用手续，以规范所属企业使用商标的行为。

集团统一管理商标之后，根据各商标的不同情况及时做好续展、维护工作，同时又针对新发展业务以及商标外围保护的要求注册了新商标，商标管理随即进入规范可控的状态，做到档案准确完整、管理规范有序。

## 三、梳理和构架品牌体系，制定品牌发展规划，为品牌建设设定目标

品牌建设的第二步是为良友集团梳理和构架品牌体系。经过几年的品牌运作和规划工作，集团的品牌发展策略基本成熟，形成了三个层次的集团商标品牌体系。第一层次是企业品牌，即把集团名称作为品牌来予以维护和推

广。第二层次是油脂、大米、面粉、面条和方便食品等核心品类业务的旗舰品牌，是企业的重要资产，直接创造收入和利润，需要重点保护、宣传和推广。第三层次是核心品类业务的辅助品牌和非核心品类业务的品牌，对旗舰品牌起到丰满形象的作用，对稳定核心品类业务的销量、价格、毛利有重要贡献。

在三个层次的品牌体系中选择核心品类业务的旗舰品牌，制定相应的品牌发展规划。食用油、大米、挂面和方便食品、芝麻油和调味品、面粉五大品类是良友集团粮食精深加工板块的重点发展业务。针对这五大品类的品牌发展规划是品牌建设的重点工作。到目前为止，食用油、大米、挂面和方便食品三个品类的品牌发展规划已经完成并付诸实践。

例如，针对食用油市场近年来市场细分趋势日益明显，作为上海市场食用油领导品牌的“海狮”必须应对这一趋势调整品牌策略，实现不同消费群的全覆盖。但是食用油又是一种感性程度较低的商品，因此制定了“以‘海狮’为中心组合有限多品牌”的品牌发展策略，充分发挥集团食用油投资企业的产能、采购、技术和销售渠道的优势，以“金海狮”、“海狮”和“海狮玉兰”满足不同细分市场消费群的需求，在产品结构上各有侧重，保证了合理的经营组合。

又如，大米业务根据消费者的品牌意识不强的实际特点，但是，充分认识到消费者的大米消费随着生活水平的提高会逐渐平稳下降的趋势，制定了“做精‘乐惠’保价值，做大‘众惠’促总量”的品牌发展策略，以总量突破为重点建设“乐惠”品牌赢得战略优化时间，目标是将“乐惠”塑造成全国乃至世界上优质稻米的专业集成品牌，以营销服务为主，以生产加工为辅。目前大米产品的升级换代已经开始按照这一规划逐步推进，来源于全国各地的优质产品正在充实“乐惠”品牌，不断丰富品牌内涵最终形成品牌资产。

## 四、调整管理模式，培养专业队伍，为品牌建设增加动力

品牌建设的第三步是推进品牌管理流程的优化和专业品牌管理人员的培

养。针对传统粮油企业比较缺乏品牌意识、市场观念、营销实践的实际情况，良友集团采取从上而下推进品牌建设的模式。

良友集团总部和所属企业的营销管理职能可以分别概括为“品牌总设计师”和“品类总设计师”。总部的市场营销管理以品牌为主线，品类为辅线，以确保战略一体化；通过管理流程实现承担市场营销战略管控者的角色；具体任务可以归纳为“业务管理、体系建立、团队建设、资源整合”。

良友集团的品牌建设也推动了上海市场上粮食行业品牌建设的良性发展，共同促进了产业发展，使百年前肇始于上海的工业化粮食加工在改革开放以来的 30 年中又焕发出勃勃生机，在良友集团成立以来的十年中健康、稳定、快速发展。

2008 年是良友集团成立十周年的重要年份，见证了十年取得的包括品牌在内的各项成就。但是 2008 年也是新的起点，品牌建设要在第三个五年中真正成为中国名牌，走向全国。

（作者：上海良友（集团）有限公司　钟安）

# 上海良友金伴便利零售连锁 10年探索之路

改革开放30年，是中国千年变革中一段催人奋进的乐章。30年来，上海市粮食行业始终走在改革的前列，经历了由计划经济向市场经济的全面过渡，粮食流通体制改革不断深化，服务社会的体制和机制不断完善，宏观调控、依法治粮的能力不断提高，粮食经济实力不断增强。“上海良友金伴便利连锁有限公司”在粮食流通体制改革的浪潮中诞生。

1998年9月，根据国务院、上海市政府关于深化粮食流通体制改革的精神，良友集团控股组建了上海良友连锁经营有限公司，2002年底企业改制后更名为上海良友金伴便利连锁有限公司。经过10年的整合提升，拥有便利门店近600家，资产1.8亿元，2007年销售额达15亿元，发展成为一家以便利连锁业态为主的大型国有商业零售企业，跻身全国连锁100强，“良友便利”成了上海知名的便利店品牌。不仅形成了上海市粮食企业走向市场后保障粮油供给稳定的骨干网络，而且为粮食零售企业在新形势下创出新路作出了积极的探索。

## 一、拓展品牌快速发展

连锁规模经营是公司发展和参与市场竞争的基础。为了在零售业强手如林的激烈的市场竞争中站稳脚跟，抢占尽可能大的市场份额，规模迅速扩大，成为公司发展的主要战略。

公司刚成立就以资产为纽带，积极推进市、区联手，大量吸纳原各区粮食部门的网点。市区联手共同发展连锁经营的做法得到了市、区各级政府、市粮食局和区属企业的大力支持，很快将传统粮油零售商店改造成为现代化的连锁经营便利店。第一家市区联手是徐汇区粮食企业。至1999年7月仅用了一年的时间，就有 100 家门店开张；至 2000 年底开设了便利门店 300 家，至 2002 年底全面完成了与 13 个区的网点交接，成立了 12 个下属子公司，开设了便利门店 470 家，共吸纳市区粮食企业员工 3600 余人。

同时，公司采取并购租用同时推进的方法扩大网点分布，一是租用社会网点；二是成功接收了由于经营不善而关闭的上海最早开设的香港独资的“百式”便利店的转让；三是整体兼并了长宁“美天”便利店公司；四是通过集团内部资产结构调整，将原分散在各公司的商业零售网点也全部划归“良友便利”。使“良友便利”在短短的三年时间内，实现了四个突破，即市区地域界限、行业界限、市属公司间的界限及所有制界限的突破，形成了公司连锁便利经营网点的最初形态和规模，从而使“良友便利”初步创出自己的“招牌和形象”。

特许加盟是利用社会资源，实施低成本快速扩张的有效途径。随着“良友便利”直营门店规模的扩张，品牌影响力和社会美誉度日益扩大，公司借鉴国内外同行的先进经验，将特许加盟发展作为企业快速持续发展的重大经营战略，详尽地拟订了开展特许加盟工作的业务流程、营运制度和加盟政策。大胆探索，积极推出社会特许加盟、内部转制特许加盟、经营保底加盟等类型的加盟形式。

在上海中心城区大力发展门店的同时，按照市政府“十五”规划中开发“一城九镇”的精神，积极推进网点向市郊重镇拓展，先后在嘉定、金山、南汇、青浦、松江等偏远区域开设了 30 多家便利店。为了进一步加快便利店网络化和规模化发展的速度，2003 年公司确立了向市外拓展的战略，面向全国，在经济发达的城市陆续建立自己的销售网络。2003 年 8 月，在无锡开设了第一家外地子公司。之后又在苏州等地建立子公司，开设直营门店，加快发展加盟门店。在快速发展的同时，实施整合和发展并重的原则，紧紧围绕中高档收入顾客群的商圈条件选择店铺，充分考虑改革开放中国加入 WTO 后给经济发展带来的新机遇，将商住两用楼、商务楼、高档住宅区、医院、学校、娱乐区、通道区作为店铺商圈的开发重点，对一些经营不佳的门店和子公司实施整顿或关闭，经过多年的努力，“良友便利”门店遍及上海、苏州、无锡的街头巷尾、闹市社区。

## 二、便民利民凸显特色

为使“良友便利”在众多的便利店中显示自己的特色，公司确立了“为民、便民、利民”的经营宗旨，充分发挥“优质、便捷、舒适”的服务，受到市民的喜爱。

便利店最突出的特点是“方便”。公司以青少年、单身者、过路人、家庭主妇、高收入者为“粮油便利”主要服务对象的经营定位。同时，把街坊邻居们列入目标顾客群，搞社会型的服务，把周边人口的消费市场做透做足。为此“良友便利”经营的商品主要以即食品、冷藏冷冻食品、粮油食品及日用品为重点，不断扩大“即食、即用、时令”商品的经销比例。所经营商品做到满足两头需求，一是对确定为品牌、畅销、广告宣传等市场占有份额高的商品，不断审视现有商品的味道、形状、材料、包装，充分考虑它们的流行性与功能性，尤其凸显在面包、休闲食品、饮料、烟酒类、家庭日用品等商品上，满足和吸引了年轻时尚顾客的消费需求，提升了“良友便利”的时尚、高品质形象。二是为了做好“老百姓开门七件事”的销售，加强与集团粮油产品生产企业联合，充分利用便利店的“窗口”，设立粮油专架和开展各类营销活动，满足消费者的需求。

公司不断开拓符合便利店消费需求的服务项目，延伸便利店功能，积极参与社区建设，尤其注重便利网点与日趋完善的居住小区商业的结合。如在门店推出了多项为民服务项目，有免费微波炉加热、供应开水、快餐盒饭、零售书刊报纸、公共交通卡充值、移动通信充资等服务项目，发挥了便利店便民利民的服务功能。

为了给顾客提供更舒适便捷的购物环境，2007 年底起，“良友便利”对门店的店招和店堂进行了又一轮改造。重塑门店 logo 店招，彰显品牌视觉效果，体现永续发展，积极向上的特征。门店商品陈列货架采用轻型便利货架，方便顾客挑选，布局合理，通道宽敞，操作功能增强。改造后的“良友便利”门店焕然一新，使人有一种强烈的购物欲望。

长期来，公司坚持发挥保障粮油市场供给的骨干网络作用。如 2003 年发生“非典”疫情、近几年粮油市场价格发生波动、2008 年的冰雪凝冻灾害，公司积极组织货源，安排好粮油供应工作，为稳定粮油价格和保障市场供应发挥了重要的作用。2003 年被中国商业联合会评为“全国商业服务业抗击‘非典’先进单位”。帮困粮油供应是社会保障救助的一部分，是市政府一项“民生工程”，体现了党和政府对城镇低收入家庭的关心。传统的粮油网点撤销后，公司主动请缨，成为上海市政府帮困居民粮油供应的主渠道，承担起每月 50 万户的帮困粮油供应工作。公司以诚心的服务、优质的商品、实惠的价格，把党和政府的关怀和温暖送到每一位帮困者的手里。2007 年公司被中国粮食行业协会授予“全国放心粮油进农村进社区先进单位”荣誉称号。

为了建立和完善上海市粮食应急供应销售网络，增强政府粮食宏观调控能力，保障城乡居民生活必需和城市经济正常运转，2007 年，公司根据《上海市粮食应急预案》和《上海良友（集团）有限公司粮食应急预案》的要求，按照合理布局，就近便捷、责任效率的原则，精选了 338 家门店作为“上海市粮食应急供应指定零售网点”，承担粮食应急供应任务，为确保市民生活安定和社会稳定、和谐发展做出贡献，进一步提升了“良友便利”的品牌形象。

## 三、规范管理稳健经营

作为粮食流通体制改革的新型企业，公司自建立开始，就按照现代企业制度要求，建立起法人治理架构，组建了精简高效的管理体系，并不断建立健全企业各项规章制度和门店营运规则，不断完善企业内部激励机制，积极推行规范化、标准化、精细化的管理，形成有特色的门店经营管理模式，为公司的进一步发展奠定了坚实的基础。

结合门店发展要求和管理体制的变化，不断健全完善各项规范标准和规章制度。按照标准化管理和科学发展的要求，积极导入 ISO9001 质量管理体系，并顺利通过了 ISO9001：2000 版的服务质量管理体系认证。现已汇编了公司规章、部门及岗位职责、业务流程等管理制度，并健全了岗位绩效考核体系。还建立了门店设计、门店装潢、货架摆放、商品陈列等管理标准，以及门店营运、督导工作等手册，使企业的各项工作有章可循、有法可依。

在便利业态激烈竞争的时代，创新能力决定成败。因此，公司提出“做好做强，全面提高”的经营策略，建立品类管理创新机制，推出商品品类精细化管理。为确保卖场布局科学，经营商品适销对路，备货充足，陈列规范，实现销售最大化，公司对供应商进行分类，根据供应商提供商品的销售额、毛利额的贡献度，以及信誉度，分成三种类型，把一类供应商作为重点客户，视为战略合作伙伴；对门店进行分类，根据门店所处的地理环境、市口位置，将门店分为四种类型，商圈与门店匹配，充分体现出便利店的专业特征。为了实施好商品品类管理，还成立了新品评审小组，听取来自各方面的意见，让适销、有竞争力的商品进入门店销售。并吸收加盟店共同参与特殊项目的陈列，调动了加盟业主的积极性，也赢得供应商较好的口碑，取得了明显的效果。

为了提高员工的技能和综合素质，强化对员工的培训，公司制定了岗前、岗中一系列的培训制度。2003 年还投入 130 万元改建了员工培训中心，添置了教学设备，建成了集多媒体电化教育、电脑视频训练、收银机操作训练、门店陈列、食品加工模拟训练实验室等功能的教育培训基地。采用内聘外请形式充实师资力量，并结合不同发展阶段需要，邀请社会知名专家举办讲座，为提高培训质量提供了保证。

为规范加盟管理，提升品牌形象，公司推出对加盟店的星级管理模式，明确了特许加盟店星级评定的范围、组织分工、评定条件、激励方式等具体操作意见，使加盟店现场管理、商品陈列、卖场环境、员工面貌有了显著的提高，同时提升了加盟店的盈利能力。

近年来，公司以“节俭办企业”为立足点，推出一系列修旧利废、节能节支新举措。对闲置立式拉门冷柜进行再利用；门店的电水壶、微波炉、电加热器具等小电器由公司专门人员统一维护维修，延长使用周期；店招、门店、店堂采用节能型 T5 日光照明光源，比原照明节电 30%；门店冷柜采用节能环保型分体商用冷柜，无须设置室内机房，压缩机制冷能力翻倍提高，理论节电数达 40%；对饮料冷柜实行冬季停机，在饮料的销量保持同期水平的情况下，年节电金额超百万元。

10 年来，公司围绕集团提出的“三增强一提高”的工作要求，踏准改革的节奏和步伐，顺势而为，经济效益显著增长，单店日均销售从初创时的 3400 元，提高到现在的 9000 多元，增幅 265%以上，全年实现销售额 15 亿元。公司连续七年被中国连锁经营协会评定为中国连锁业百强企业。连续三年被上海连锁经营协会授予“最具影响力特许品牌”的称号。

“用诚信打造良友，用真情赢得顾客”，是良友便利人的格言，也是公司持续发展的方向。今后上海良友金伴便利连锁有限公司将坚持贯彻落实科学发展观，抓住一切机遇加快企业发展；坚持改革创新思路，继续施行“做好做强，全面提高”的经营策略，不断做强做精良友便利业态；坚持各项制度的完善和建设，进一步实施精细化经营和管理，提高经济效益；坚持以人为本，培育企业文化，提高员工素质，营造温馨和谐的企业氛围，努力开创上海粮油零售连锁的新纪元。

（作者：上海良友金伴便利连锁有限公司）

# 山东金德利中式快餐连锁经营发展前景分析

随着社会发展和人民生活水平继续提高，粮店转营快餐业的发展环境和条件更加成熟，市场需求进一步增强，快餐业发展前景更加广阔，市场竞争愈加激烈。面对新的形势，新的机遇，粮店转营快餐业要继续坚持大众化的市场定位，个性化的经营方式，规范化的连锁经营，讲究实效，投入注重回报，发展注重基础，扩张注重生存，不断积累内在功力，稳扎稳打，维系企业持久发展。现以山东省济南市粮店转营金德利快餐业为例，对粮店转营快餐业进行分析。

## 一、粮店转营快餐业现状分析

### （一）济南市粮店转营快餐业的发展历程

20 世纪 90 年代，济南城区的 160 余家粮店，在由计划经济转向市场经济的过程中，陷入了经营困境。当时仅靠“米、面、油”等经营，已难以维持生计。经过艰苦的探索，努力谋求发展，改变了过去粮店只卖生粮不卖熟食的做法，开始生熟兼顾，外卖熟食，取得了良好的效果。随后政府推出的“早餐工程”，使粮店变成了餐厅，主营业务转变为快餐，打造了“金德利”快餐品牌，同时深入开展“居民厨房工程”，基本承包了居民的一日三餐，并不断拓宽领域，将快餐店开进了部队、食堂、学校、超市，规模不断扩大，品牌逐渐统一壮大。

### （二）金德利快餐基本情况及现状

截至目前，金德利共有快餐连锁店 120 余家，另有子公司管理下的各种贸易公司、粮油公司、招待所以及房地产出租业务等；企业职工超过 3500 余人，其中原国有身份职工 1300 余人，整个企业职工的文化结构、技术结构，特别是文化结构相对于金德利发展的要求还普遍偏低。

金德利快餐网点主要分布在济南市区，分别归四个子公司管理。大型活动，相互之间的协调配合主要由市粮食局组织；企业产品花色品种较多，同时兼顾生食销售，各网点设立粮油专柜，部分原料、成品、半成品能够通过二个不同的配送中心配送；四个子公司在新产品研发、企业的市场开发运作上各显身手，各子公司、各快餐店在经营中形成了不同的激励机制，企业文化也在不断创新中发展。经过多年努力以金德利快餐经营为主的四个子公司年营业收入已超过 2 亿元，金德利已经成为济南市快餐连锁企业的第一品牌，先后荣获"全国绿色餐饮企业"、"中华餐饮名店"、"中国快餐连锁品牌企业"、"山东金牌快餐"，"中华百家儒商企业"、"中国快餐十佳品牌企业"，以及 2007 年度全国餐饮百强企业之一。

## 二、中式快餐业 SWOT 分析

### （一）优势

一是有着深厚的文化底蕴。在博大精深的东方饮食文化基础上发展起来的中式快餐，必然具有鲜明的中国特色。

二是有着广阔的市场空间，中式快餐的市场之大，不可低估。

三是有着传统的特色品种，洋快餐品种都较为单一。目前国内可称得上中式快餐的有：天津的狗不理包子、煎饼果子，云南的过桥米线，兰州的牛肉刀削面、牛肉拉面，永和豆浆，可谓是：东、西、南、北、酸、甜、苦、辣、咸应有尽有。还有许多有名的小吃，稍加开发、形成规模，就能发展成为中式快餐。

四是有着较为低廉的价格、可口的味道。

五是有着合理的营养搭配。洋快餐主食以高蛋白、高脂肪、高热量为特点，而小吃和饮料则是以高糖、高盐和多味精为主。相反，人体所必需的纤维素、维生素和矿物质则很少，多吃对人的健康很不利。而中式快餐则采用中国传统的烹饪方法，大多有着较为合理的营养和膳食搭配。中式快餐花色品种很多，特别是金德利快餐是在鲁菜的基础上，引进开发全国各种各样的快餐、小吃，特色突出，适合中国人的口味，特别是适合北方人的口味。

六是有着强大的品牌优势。目前济南市粮食局“金德利”已是一个品牌企业，也就是说已经能够使在金德利品牌之下生产的各种产品，开展的各项业务，提供的各种服务具有吸引力和影响力。品牌优势对金德利今后的发展，对于企业的市场开发等都将起到很大的促进作用。

七是有着准确的市场定位。金德利快餐定位于“居民厨房工程”，做好老百姓盘中餐，服务市民三顿饭。既区别于沿街小摊，又区别于中高档酒店，客户群体广泛。

八是有着正确的经营理念。金德利快餐的经营理念是“国以民为本、民以食为天、食以洁为本”，这是为顾客服务的基本理念。

**（二）劣势**

一是缺乏高水准的企业形象管理。凡是到过麦当劳的人，无论走到天涯海角，只要你看到路边那“M”形的黄色拱门标志，你就知道，麦当劳在恭候着你；进入餐厅，世界各地的麦当劳服务员，一样的红白条相间的着装，一样的笑脸相迎，一样的殷勤服务使你顿时感到“宾至如归”。无论你走到哪里，麦当劳都是如此。然而，中式快餐有哪一个品牌能像麦当劳那样拥有高水准的企业形象管理，成为世界级的名牌企业呢？

二是缺乏高效率。目前的中式快餐之所以无法与西式快餐相媲美，手工操作导致效率低下是一个很重要的原因。

三是缺乏标准化和规范化管理。中国餐饮业经营者向来只注重对食物的外观形状和口味进行改进和完善，而对于提高其服务水平之类的“软性指标”往往有所疏忽，这是中国餐饮业普遍存在的问题，然而追求高档的服务恰恰正好是现代消费的显著特点。

四是缺乏连锁经营战略。中式快餐与西式快餐的另一个明显的区别是，西式快餐大多是全国甚至全球性连锁式经营，而中式快餐一般都局限于本地区、本省区，较少有全国性连锁经营的，更不用说是全球性的了。中式快餐由于一直停留在“小打小闹”的封闭式经营模式上，所以始终上不了规模，出不了大效益，成不了大气候。

### （三）机会

中式快餐业还存在着巨大的等待发掘的潜在市场，以 20%的年递增率迅猛增长，以其价格低廉、经济实惠、更符合大众口味等特色，将占据相当一部分的市场份额。

我国可望由低收入国家进入中等收入国家的行列，生产力发展水平将接近美、日等国当初快餐业进入全面发展阶段的水平，居民消费水平提高，消费层次提升，这些都将为中式快餐业进入全面发展的黄金时期提供最有利的因素和条件。

### （四）威胁

洋快餐依靠连锁经营这个武器，占领了广阔的市场，尤其是在中国，它们都创造了高于本土的经营业绩，发展势头有增无减。越来越多品牌的洋快餐会把眼光锁定巨大的中国市场，陆陆续续进入中国，他们会带来先进的生产技术、营销思想、服务方式和独特的企业形象，又会对本来就很脆弱的中式快餐市场形成巨大的威胁和挑战。

## 三、制约金德利快餐业发展的主要因素

### （一）外部竞争因素

1. 潜在的进入者。目前，国内很多快餐企业发展很快，不少其他行业的企业开始涉足快餐业，很多正餐和火锅企业开始进入快餐行业，快餐业的竞争越来越激烈。

2. 竞争对手。以肯德基、麦当劳为代表的国际快餐品牌在我国迅速扩张，发展速度明显加快，成为中国快餐以及餐饮行业的领头企业，对行业发展的作用和影响不断扩大。从其发展的特点看，由中国的一、二类城市向三、四类城市延伸，由东部城市向西部城市拓展；企业发展的战略布局、体系建设和本土化理念基本完成，“立足中国、融入生活”的思想得到确立；品种开发调整力度加大，中式品种的引入和营养内涵增强，中西融合的趋势更加明显等。

3. 替代的威胁。在目前可称得上中式快餐的有：天津的狗不理包子、煎饼果子，云南的过桥米线，兰州的牛肉刀削面、牛肉拉面，永和豆浆，阿洪锅贴王，陕西高记秦镇大米面皮等餐饮企业纷纷抢滩餐饮专区，还有许多有名的小吃，稍加开发、形成规模，就能发展成为中式快餐。

### （二）内部主要因素

1. 体制因素。金德利快餐企业的体制是，一个金德利品牌、两大配送体系、四个子公司在经营。这就造成统一化、规范化和标准化很难实现。

2. 机制因素。四个子公司的激励制约机制不统一，不平衡，有些地方有激励机制，有的还没有形成；激励机制在有些网点起到了作用，但在不平衡的状况下扩大到公司面、扩大到整个金德利，还没有起到积极作用。

3. 标准化因素。一是标准制定难。中餐标准制定很大程度上是一种体验型的操作，很多情况是由厨师在现场边尝边修正的。这是制定标准时面临的实实在在的问题。二是标准落实难。标准制定了，但是操作者的观念也随之改变并不容易。同时，餐饮业的人员流动性大，边培训边流动，所以企业就陷入了无休止的初级技能培训的泥潭，增加了培训和管理费用。三是标准考核难。中餐有大量的质量控制点不容易量化。比如，你说面软了，我说不软；你说面揉得没劲道，我说还可以。这样在考核上就会出现弹性，在品质上就会出现不确定性。

4. 人力资源因素。一是管理技术人员文化素质、管理技能相对较低。二是聘请、雇用人员不足，劳动强度大，劳动时间较长，人员流动过快，有为别人培养人的趋势。

5. 经营模式因素。虽然金德利现已有一定规模，但其产品尤其是主打产品不能通过规范、提升和量化标准控制，最核心的技术不能加以垄断和控制，不能做到统一配料、统一标准、统一配送、统一模式、统一形象向外扩张加盟。

6. 信息化因素。我们的信息化手段不够，信息化程度不高，传递达不到要求，管理跟不上。

# 四、中式快餐业发展形势分析

## （一）宏观形势分析

从总体部署看，2008 年的宏观经济政策具有两大特点：一是保持政策的连续性和稳定性。继续实施积极的财政政策和适度宽松的货币政策，立足扩大内需，努力保持国民经济发展的好势头。二是在政策取向上做了进一步调整，把扩大内需同经济结构战略性调整、深化经济体制改革、增加城镇就业、改善人民生活和国民经济可持续发展相结合。通过这样的决策思路，政府希望达到两个目的：一是既保持经济的近期平稳快速增长，又为中长期可持续发展打下了较为牢固的基础。二是逐步形成供给不断改善、需求稳步上升的良性经济运作机制，促进经济体制改革不断深化。分析目前国民经济发展态势，可清楚地看到，当前经济运行还没有走出商品供大于求、价格低迷的状态，市场有效需求依然不足。

## （二）快餐行业趋势分析

1. 快餐行业发展现状。一是中式快餐发展由感性认识向理性积累阶段转变。二是快餐的社会地位和行业地位得到确立，作用更加突出。三是行业与企业规模继续扩大，发展质量和水平明显提高。四是西式快餐连锁企业迅速扩张，中西融合的趋势增强。五是快餐领域不断开拓创新，发展空间继续延伸拓展。六是相关行业间的联合更加深入，产业连接逐步形成。

2. 快餐行业发展趋势分析。一是消费需求更趋多样化、多元化、细分化和个性化。二是小型化和简单化的企业模式发展潜力大，“小、专、多”的路子应当重视和倡导。三是品牌企业不断发展壮大，连锁经营推进要谨防急躁冒进。四是专业人才队伍逐步扩大，快餐业的发展更注重理论导向、科技支撑和产业推动。五是中西快餐、海内外快餐相互借鉴、融合的步伐加快。

## （三）快餐企业发展分析

1. 洋快餐发展分析（以米力乃为例）。济南米力乃餐饮有限公司以市场为导向，立足于中国优秀传统饮食文化，吸收西方现代快餐经营管理的长处，除炸鸡、冷饮等东西方通常食品外，中餐以极富传统特色的牛肉面、蛋炒饭为主，西餐以体现西洋风味的汉堡包、三明治为主，还有特别开发的休闲食品，形成了独具特色的中西合璧式的现代快餐。

经营理念：中西合璧、创新、服务。融合中西产品与智慧，创新民族快餐经营，服务现代，消费大众。追求和实践 QSCV，即统一完美的品质、亲切快捷的服务、绝对的清洁、合理的价格。

服务理念：顾客第一，用心用情。顾客的需求是第一位的，用爱心、关心、细心，用真情、亲情真诚地为顾客服务。

管理理念：大力规范共性，适当保持个性。在公司统一经营理念和发展方针的指引下，规范和发展公司的统一性和统一价值与管理模式，根据具体情况和各店的特殊性适度发展各店的特色经营。

加盟理念：连锁经营，复制成功。把成功经验和先进的经营理念传播给更多的人，让更多的人通过米力乃的商业平台获得事业成功。

米力乃快餐是由米力乃公司引进国际现代快餐成功经验和先进的经营管理理念，结合中国人的饮食习惯，把中华民族历史悠久的饮食文化与现代人的生活消费观念完美的结合起来，创建的中西合璧式现代快餐。其特点是中西合璧，西式经典美味，中式传统佳肴，经由现代工艺精工细作，多种美味再加上简洁明快、舒适高雅的用餐环境，亲切温馨的服务，造就了快捷方便、欢乐愉悦的用餐体验。

2. 中式快餐企业发展分析。一是多品种快餐企业现状分析。早中晚餐综合的中式快餐类型的企业一般规模不大，属于小型的较多，其经营方式比较灵活，重点以大众消费需求为主，按需所供，随客下菜，地点多设在商业区某个巷口，或社区门前，有些在大社区院内，比较受大众消费者欢迎，特别是收入较低的打工者和周边居民。

二是单一化快餐企业现状分析。单一化的早餐工程，其经营品种主要有 3 类，即粥类（包括甜沫、胡辣汤、黑米粥、南瓜粥、小米粥、玉米糁粥等）、油炸面食类（包括油条、油饼、油旋等）和非油炸面食类（包括肉馅包子和素馅包子），另配有熟鸡蛋和咸鸭蛋。另外，这种早餐式快餐还有以不同类别的出品表现其特色的，如有以十几种不同花色的粥为主要特色的，其中包括豆浆和豆腐脑；有以近 10 种油炸面食类和非油炸面食类为特色的；有以数种蛋饼、肉饼、油饼、甜饼为主要特色的；还有以胡辣汤、水煎包为主要特色的等。企业通常全天一次性营业，一般从早上 6 点到中午 11 点。

## 五、金德利中式快餐发展战略目标

### （一）产品战略

应深入研究中国消费者的特点及需求，开发出适合中国人口味和消费习惯的快餐食品。如蛋炒饭、油酥火烧、小米粥等深受消费者欢迎的食品。应该在此基础上选出一批为大众所喜爱并适合工业化生产的快餐食品。中式快餐在注重口味的同时，还应加强对快餐食品营养合理配比的研究，并制定量化指标，以便于实行规范化生产，向工业化发展，增强产品品质的稳定性和一致性，生产出中式快餐的拳头产品。

### （二）品牌战略

以创新品种，提高质量，统一管理，强化服务为重点，强化企业品牌建设。

### （三）人力资源战略

企业发展中，专业人才的作用越来越突出，培养人才、引进人才和建立人才培育机制成为当务之急。要通过外来引进和自我培养相结合，树立以自我培养为主，完善企业的人力资源系统，逐步建立企业的内部培训体系，形成人才的输送机制，这是支撑企业发展的重要基础。同时，要增强在岗培训力度，不断提升员工素质与专业水平，使员工与企业共同成长，才能满足企业发展壮大的迫切要求。

### （四）企业文化战略

企业文化是企业在长期的生产经营实践中，所创造和形成的具有企业特色的精神观念，并且把这种精神观念具体体现和落实在企业经营管理的制度、行为、物质和企业形象建设和各个层面中，用优秀的企业文化提升企业核心竞争力，已成为企业实现现代化制度的必然要求，一是各级管理人员要提高对企业文化系统构建的认识，明确用优秀的企业文化提升核心竞争力的战略意义。当前乃至今后一个时期，是中式快餐发展难得的机遇期，要把握时机，明确目标，形成优势，扬长避短，开拓进取，各级经营管理层要牢固树立大局意识、前瞻意识、战略意识和危机意识，用企业精神带领全体员工把企业做大、做强、做精。二是做到有计划、有组织、有目标、有措施，紧密联系本公司管理实践宣传、贯彻和培育企业文化，形成良好的人文环境、组织环境和管理环境，把公司管理层的意志贯穿到每一个员工中去，让员工按照管理层指定的决策去理解、去办事，让公司的决策成为员工的行动，为企业的改革、发展和稳定打好基础，为员工的发展提供平台。

### （五）连锁加盟战略

在积极发展直营连锁的基础上，加快发展加盟连锁，实施规模扩张战略，实现连锁直营和特许加盟的有机结合，通过合资合作建立合资公司，共同开拓异地市场，充分发挥异地合作伙伴的优势，实现较快时间抢占当地市场，实现稳步扩张规模。

### （六）信息化战略

实施信息化发展是实现企业科学化管理的基础和前提。一要完善收费、结算手续，重点是完善和延伸刷卡功能；二要建立完善的收费结算系统，开发和建立以快餐店微机收费系统，通过互联网与各子公司、集团公司实现数据共享，对于缩短购餐时间、方便顾客就餐、减少服务环节、优化财务核算等都将发挥重要作用。

### （七）营销战略

快餐企业的营销战略应以竞争为导向。由于餐饮服务业本身所具有的特性——产品无专利，任何一道特色食品、任何一种好的服务方式都容易被对手模仿。因此，单靠产品和服务本身，已不足以吸引并保住市场，企业必须创立自己的品牌，树立起独特的企业形象，努力建立顾客对本企业产品的品牌偏好，并进一步以优质产品长期培养顾客对企业品牌的忠诚感，最终建立起企业的常客市场。采用竞争导向的营销战略，企业必须了解竞争对手的情况，比较自己与竞争对手产品和服务的区别，在此基础上制定出具体的营销计划和方案，在实施计划的过程中，通过宣扬本企业的独特产品或经营风格，树立起鲜明的企业形象。

（作者：山东金德利集团中式快餐连锁有限责任公司　韩步荣）

# 后　记

为隆重纪念改革开放30周年，全面贯彻落实党的十七大和十七届三中全会精神，2008年，国家粮食局在全国范围内开展了“国粮杯”粮食流通体制改革与现代粮食流通产业发展征文活动。活动开展以来，各地粮食行政管理部门认真组织和精心实施，关心粮食事业发展的社会各界人士积极响应和广泛参与，围绕改革开放30年来粮食流通体制改革和现代粮食流通产业发展问题进行了大量研究，形成了一批具有理论意义和实践价值的成果。在征文活动中，共有320多篇征文参选，内容涵盖粮食购销体制改革、国有粮食企业改革、粮食宏观调控、粮食流通产业发展以及粮食行政执法等诸多方面。本书汇集了这次全国粮食流通体制改革和现代粮食流通产业发展理论研究和实践探索的主要成果，编辑成册，以飨读者。

本书分为总论和综合改革篇、调控监管篇、产业发展篇。总论部分系统回顾了我国粮食流通体制改革30年来的发展变化，阐述了一系列重大粮食方针政策出台的背景和重要意义，并对下一步粮食流通工作发展进行了展望。综合改革篇、调控监管篇和产业发展篇是在“国粮杯”粮食流通体制改革与现代粮食流通产业发展征文评选的基础上，对部分获奖作品进行分类整理而成，部分文章还作了修改和删节。

在本书的编辑、出版过程中，得到了国家粮食局党组的高度重视，国家粮食局局长、党组书记聂振邦同志担任主编，认真编审，并亲自作序；局领导郄建伟、任正晓、张桂凤、杨兵、曾丽瑛担任副主编，对书稿进行了认真审阅。孙鉴奇、徐京华、刘韧、卢景波、颜波、程传秀、邓亦武、何毅、金刚、辛志光、张普、赵素丽、韩继志、陈玉中等同志对专题征文进行了细致评审。参与本书策划、组稿、编辑的同志有颜波、陈玉中、周辉、亢霞。颜波、陈玉中同志负责总纂、审校，亢霞、周辉同志负责收集文稿并进行编辑。王耀鹏、孔伟娟、杨绪珍、王永圣、李亚莉、田野、贺伟、肖玲、于涛等同志为本书的出版给予了大力支持，谨此一并致谢。

2008 年是极不寻常、极不平凡的一年，2009 年是充满机遇、充满挑战的一年。本书的出版，不仅是改革开放 30 周年粮食流通体制改革成果的展现，更是对新中国成立 60 周年粮食流通工作发展的纪念。

以史为镜，昭示未来。我们期待着更多热爱粮食工作、关心粮食流通事业的各界人士为深化粮食流通体制改革、推进现代粮食流通产业发展、确保国家粮食安全建言献策，让我们携起手来与时代同步伐、与实践共发展，共同弹奏新时期粮食事业的和音。

鉴于编者水平有限，书中不足之处，恳请广大读者批评指正。

编　者

2009 年 1 月于北京